हिंदी वाक्यविज्ञान

(जटिल वाक्य)

चतुर्भुज सहाय

वाणी प्रकाशन

वाणी प्रकाशन

4695, 21-ए, दरियागंज, नयी दिल्ली 110 002

फ़ोन : +91 11 23273167 फ़ैक्स : +91 11 23275710

शाखाएँ

अशोक राजपथ, पटना 800 004, बिहार

कॉफ़ी हाउस कैम्पस, महात्मा गांधी मार्ग, इलाहाबाद 211 001, उत्तर प्रदेश

महात्मा गांधी अन्तरराष्ट्रीय हिन्दी विश्वविद्यालय, वर्धा 442 001, महाराष्ट्र

सुल्तानिया रोड, मोतिया पार्क, भोपाल 462 001, मध्य प्रदेश

www.vaniprakashan.com
marketing@vaniprakashan.in
sales@vaniprakashan.in

HINDI VAKYAVIGYAN
by Chaturbhuj Sahay

ISBN : 978-93-89915-14-3
Linguistics

प्रथम संस्करण 2020

मूल्य : ₹ 695

सिटी प्रेस, दिल्ली-110 095 में मुद्रित

वाणी प्रकाशन का लोगो मक़बूल फ़िदा हुसेन की कूची से

अनन्तपारं किल शब्दशास्त्रं
स्वल्पं तथायुर्बहवश्च विघ्नाः।
सारं ततो ग्राह्यमपास्य फल्गु
हंसैर्यथाक्षीरमिवाम्बुमध्यात्।।

आभार

यह पुस्तक हिंदी भाषा में प्रयुक्त संयोजकों का वर्णन प्रस्तुत करती है। इसमें लेखक को कितनी सफलता मिली है। इसका निर्णय सुविज्ञ पाठकों को करना है। पुस्तक लेखन में मुझे जिन ग्रंथों एवं विद्वानों से प्रेरणा और सहायता मिली है उनके प्रति हृदय से आभार व्यक्त करता हूँ। पुस्तक के प्रकाशन में श्री भगवती प्रसाद निदारिया का सहयोग अविस्मरणीय है।

इस अवसर पर परम आदरणीय गुरु प्रो. वि. कृष्णस्वामी अय्यंगार का स्मरण हो आना स्वाभाविक है। संस्कृत व्याकरण एवं भारतीय काव्यशास्त्र का उनका ज्ञान चमत्कृत करनेवाला था। व्याकरण के कठिन स्थलों पर भी मैंने उनको कभी रुकते नहीं देखा। पाँच भाषाओं में वे धाराप्रवाह बोलते थे, तमिल, कन्नड़, हिंदी, संस्कृत तथा अंग्रेजी।

श्री अरुण माहेश्वरी ने पुस्तक के प्रकाशन का भार सहर्ष स्वीकार किया। उनको मैं हृदय से धन्यवाद देता हूँ।

श्री दीपेन्द्र कुमार शर्मा ने मेरी दुर्बोध लिखावट को सुंदर एवं सुगम रूप में प्रस्तुत किया, इसके लिए वे धन्यवाद के पात्र हैं।

पुस्तक के प्रकाशन के लिए केंद्रीय हिंदी निदेशालय, नई दिल्ली ने अनुदान देकर मुझे अनुगृहीत किया है। साहित्य की समृद्धि में निदेशालय का यह सहयोग सराहनीय है।

—चतुर्भुज सहाय

विषय सूची

मिश्र वाक्य

क्रियाविशेषण उपवाक्य 219—268

संयुक्त वाक्य

विषय प्रवेश

0.0. भाषा वाक्यों का समुच्चय है। भाषा व्यवहार में हम वाक्यों का ही उच्चारण और श्रवण करते हैं। इस अर्थ में वाक्य भाषा की लघुतम इकाई है। इसलिए भारतीय व्याकरण परंपरा में अखण्ड वाक्यस्फोट के सिद्धांत का प्रतिपादन किया गया है। 'पदप्रकृतिः संहिता' की व्याख्या दो रूपों में की जाती है, (1) पद मूल है उसी से वाक्य (संहिता) है, अर्थात पहले पद और फिर पदों से वाक्य बनता है, (2) पद का मूल वाक्य अर्थात संहिता है। वाक्य में पद की कल्पना की जाती है, यानी पहले वाक्य फिर पद। दूसरी व्याख्या ही वैयाकरणों को मान्य है। भाषा सीखने की प्रक्रिया में भी बालक का सामना पहले वाक्यों से पड़ता है। वह सीधे वाक्य और लोक में घटित व्यापार या परिदृश्य के संबंध को ग्रहण करता है। इस संबंध को ही शक्ति कहा गया है। इस तरह बालक को सर्व प्रथम वाक्य में ही शक्तिग्रह होता है। तनंतर अन्वय और व्यतिरेक पद्धति से पदों में शक्तिग्रह होता है।

भाषा व्यक्ति के रूप में काम करती है। जैसे व्यक्ति के हर व्यापार में शरीर के सभी अवयव, प्रकट–अप्रकट रूप में, मन और मस्तिष्क के साथ हिस्सा लेते हैं वैसे ही भाषा के हर व्यवहार में पूरी भाषा एक इकाई के रूप में काम करती है। भाषा व्यवहार में एक समय में व्यक्ति थोड़े से शब्दों और वाक्यों का ही उच्चारण तथा श्रवण करता है किंतु इस लघु भाषा व्यवहार में भी उसकी पूरी भाषायी क्षमता काम करती है। कोई भी शब्द या वाक्य अन्य शब्दों तथा वाक्यों के संसर्ग से ही अर्थवान बनता है। हम जिन शब्दों और वाक्यों का उच्चारण नहीं करते वे भी उच्चारित शब्द और वाक्य को अर्थवत्ता प्रदान करते हैं। वाक्य के कर्तृवाच्य और कर्मवाच्य में रूपों में हम एक समय में एक का ही उच्चारण करते हैं किंतु वाच्य व्यवस्था में वे मिलकर एक दूसरे के अर्थ को पूर्णता प्रदान करते हैं। 'एकः शब्दः सम्यग्ज्ञातः सुष्ठुप्रयुक्तः स्वर्गे लोके च कामधुग् भवति' इस कथन का रहस्य भी यही है। एक शब्द का सम्यक् ज्ञान तथा उसका सुष्ठु प्रयोग अन्य शब्दों के सम्यक् ज्ञान तथा सुष्ठु प्रयोगों पर ही अवलंबित है। दूसरे शब्दों में, प्रत्येक शब्द के ज्ञान व प्रयोग के पीछे व्यक्ति की पूरी भाषायी क्षमता विद्यमान रहती है।

'इतरान्वितो घटो घटपद वाच्यः' इस उक्ति का भी सार यही है। 'घट' का अर्थ विशुद्ध घट नहीं है बल्कि अन्य पदों या पदार्थों से अन्वित घट 'घट' का वाच्यार्थ है। सच यह है कि भाषा में कोई भी पद अन्य पदों से निर्लिप्त नहीं रहता।

भाषा एकावयव है। किंतु अध्ययन हेतु उसका विश्लेषण अनेक छोटे–बड़े अवयवों में किया जाता है। भाषा मनुष्य के इतने निकट है कि उसे ठीक–ठीक देखना और समझना आसान नहीं होता। भाषा को अपने से अलग करना कठिन है किंतु ठीक से देखने के लिए उसे अलग भी करना पड़ता है। भाषा विश्लेषण के पीछे यह प्रयोजन होता है कि हम जानें कि भाषा की प्रकृति क्या है, वह कैसे काम करती है, उसकी क्षमता में कैसे वृद्धि की जा सकती है, उसको कैसे समृद्ध किया जा सकता है, नयी भाषा का निर्माण कैसे किया जा सकता है। आखिर मनुष्य द्वारा संचित एवं विकासमान ज्ञानराशि के पीछे भाषा की शक्ति ही तो है।

0.1. भाषा अगणित वाक्यों का समुच्चय है। यह इसलिए संभव होता है कि भाषा में सर्जनात्मक शक्ति होती है। विचारों तथा भावों की अनंतता के साथ भाषा के वाक्यों की अनंतता का संबंध है। किंतु भाषा या व्याकरण के नियम अनंत नहीं होते। नियम सीमित होते हैं, इसीलिए थोड़े समय में ही बच्चा इन नियमों को आत्मसात कर लेता है और अपनी मातृभाषा में दक्षता प्राप्त कर लेता है। वह सीमित नियमों के सहारे भाषा में अनगिनत वाक्यों की सर्जना में सक्षम हो जाता है। सीमित नियमों में बँधे रहते हुए हम भाषा में अनंत वाक्यों, वाक्य समूहों (पाठों) की सृष्टि कैसे कर लेते हैं, इसे समझने में शतरंज के खेल को सामने रख सकते हैं। शतरंज के खेल में गिने हुए मोहरे होते हैं। इनके विभिन्न मूल्य तथा चालें होती हैं। खेलनेवाले नियमों की सीमा में रहते हुए हर बार एक नया खेल खेलते हैं। हर खेल पहलेवाले खेल से अलग और नया होता है। इस तरह शतरंज के असंख्य खेल पहले हो चुके हैं और आगे असंख्य खेल होंगे। यही उत्पादकता भाषा में है। साधन सीमित हैं, परिणाम अनंत हैं। किंतु उत्पादकता केवल भाषा की विशेषता नहीं है। मनुष्य की अन्य अर्जित क्रियाओं में भी यह विशेषता देखने को मिलती है। साधारण चलना एकबार सीख लेने पर चलनेवाला पहाड़ पर चढ़ता है, पहाड़ से उतरता है, टेढ़े–मेढ़े, ऊबड़–खाबड़ रास्ते पर चलता है, बालू पर चलता है जिसमें पैर धँस जाते हैं, फिसलन भरी ज़मीन पर चलता है, इत्यादि। हर प्रकार के 'चलना' को वह पहले से सीखे हुए नहीं होता। वह नयी–नयी परिस्थितियों में नये–नये ढंग से चलता है।

0.2. भाषा या किसी संघटना या प्राकृतिक विशेषता का वैज्ञानिक अध्ययन प्रेक्षण और अनुमिति (inference) पर निर्भर है। प्रेक्षण साधारण देखना नहीं है। किसी एक विंदु पर या किसी विशेष विंदु पर ध्यान केंद्रित करना प्रेक्षण है। प्रेक्षण प्राक्कल्पना (hypothesis) द्वारा साधित होता है। विज्ञान किसी विशेष वस्तु या घटना का अध्ययन नहीं करता अपितु एक प्रकार की अनेक वस्तुओं या एक

प्रकार की अनेक घटनाओं का अध्ययन करता है, उनका वर्गीकरण तथा वर्णन करता है। वैज्ञानिक यथार्थ द्रष्टा तथा यथार्थ वक्ता होता है। यथार्थ द्रष्टा जो वस्तु जैसी है उसको उसी रूप में देखता है, वह चाँदी को चाँदी के रूप में और सीप को सीप के रूप में देखता है। इसके लिए तीक्ष्ण बुद्धि और अच्छे स्वास्थ्य की आवश्यकता होती है। यथार्थ वक्ता जो वस्तु जैसी है उसको उसी रूप में सामने रखता है। इसके लिए आवश्यक है कि वह राग–द्वेष से ऊपर हो और निर्भय हो। इसीलिए ऋषि–मुनियों ने चरित्र पर विशेष बल दिया है।

किसी विषय का प्रेक्षण (Observation) और वर्णन (Description) जितना गहरा और विश्वसनीय होता है वह विषय उतना ही पुष्ट होता है। व्याकरण में भी प्रेक्षण की पर्याप्ति (Observational adequacy) तथा वर्णन की पर्याप्ति (descriptive adequacy) की बात की जाती है। भाषा क्या है, उसकी सामान्य विशेषताएँ क्या हैं, वह कैसे काम करती है, विशिष्ट भाषा क्या है, आदि प्रश्नों के उत्तर पाने के लिए व्याकरणकार भाषा का प्रेक्षण करता है। उसका प्रेक्षण जितना गहरा और सही होगा वह उतने ही संतोषजनक ढंग से उपर्युक्त प्रश्नों के उत्तर दे सकेगा। प्रेक्षण से प्राक्कल्पना बनती है और प्राक्कल्पना से प्रेक्षण सही दिशा में आगे बढ़ता है। अर्थात् प्रेक्षण प्राक्कल्पना (hypothesis) तथा अनुमिति (inference) के साथ चलता है। प्रेक्षण से व्याकरणकार जिन निष्कर्षों पर पहुँचता है वह उनका वर्णन करता है। किंतु सामान्य भाषा का वर्णन वह सामान्य भाषा में नहीं करता। व्याकरण की भाषा, जिसमें व्याकरण लिखते हैं, वह अलग होती है। वर्णन की पर्याप्ति व्याकरण की भाषा की पर्याप्ति पर निर्भर है। प्रेक्षण और वर्णन की पर्याप्ति के साथ व्याख्यात्मक पर्याप्ति (Explanatory adequacy) की भी बात की जाती है। किंतु व्याख्या (Explanation) प्रेक्षण और वर्णन से अलग नहीं है। दोनों की पर्याप्ति में ही इसकी पर्याप्ति है। वस्तुतः विज्ञान की कोई भी शाखा 'क्यों' का नहीं, बल्कि 'कैसे' का उत्तर ढूँढती है, जबकि व्याख्या (Explanation) को 'क्यों' का उत्तर चाहिए। किंतु प्राकृतिक घटनाओं में 'क्यों' का उत्तर या कोई प्रयोजन ढूँढ़ना व्यर्थ है, क्योंकि सारी सृष्टि ही निष्प्रयोजन है।

0.3. भाषा विशेष का वर्णन करने में भाषा सामान्य (language in general) की विशेषताओं का ज्ञान सहायक होता है। भाषा सामान्य की विशेषताओं को भाषा की सार्वभौम विशेषताओं (language universals) के रूप में भी जाना जाता है। भाषा सामान्य का जितना व्यापक और गहरा ज्ञान होगा, भाषा विशेष के वर्णन में उतनी ही सुकरता तथा प्रामाणिकता का अंश होगा। इसीलिए आज अनेक भाषाविद् भाषा की सार्वभौम विशेषताओं की खोज में लगे हुए हैं। इस दिशा में सफलता भी मिली है, किंतु अभी भी हम लक्ष्य से काफ़ी दूर हैं। लक्ष्य तक पहुँचने के लिए भाषाविदों ने अलग–अलग दो रास्ते चुने हैं। कुछ भाषाविद् सार्वभौम विशेषताओं के लिए विभिन्न भाषा परिवारों की विभिन्न भाषाओं के अध्ययन पर बल देते हैं।

अध्येय भाषाओं की संख्या जितनी अधिक होगी, निष्कर्ष उतने ही व्यापक तथा प्रामाणिक होंगे। कुछ भाषाविद् इसके विपरीत भाषाओं के गहरे अध्ययन पर बल देते हैं, भले ये भाषाएँ संख्या में थोड़ी हों। इनके लिए संख्या का महत्व नहीं है, बल्कि गहराई और कल्पना का महत्व है। पहले वर्ग के विद्वान, जिनमें जे.एच. ग्रीनबर्ग तथा बी. कॉमरी के नाम उल्लेखनीय हैं, भाषा सामग्री की विविधता तथा अधिकता पर बल देते हैं। ये जो उपलब्ध है, प्रत्यक्ष है उसका विश्लेषण करते हैं, इसलिए इनका विश्लेषण अपेक्षाकृत मूर्त विश्लेषण (Concrete analysis) होता है। इनके निष्कर्ष आगमनात्मक अनुमिति (inductive inference) की कोटि के होते हैं। दूसरे वर्ग के विद्वान, जिनमें नोम चॉमस्की का नाम मुख्य है, भाषा सामग्री की विभिन्नता तथा व्यापकता से अधिक उसके गहरे अध्ययन पर बल देते हैं। कल्पना की प्रधानता होने से इनका विश्लेषण अपेक्षाकृत अमूर्त विश्लेषण (abstract analysis) होता है। इनके निष्कर्ष निगमनात्मक अनुमिति (deductive inference) की कोटि के होते हैं।

ऊपर जिन दो रास्तों का उल्लेख किया गया है उनकी अपनी अच्छाइयाँ और दुर्बलताएँ हैं। पहला मार्ग अनुभव आधारित होने से अधिक अनुभवगम्य और प्रत्यक्ष है तथा इसके निष्कर्ष सहजता से सत्यापित या प्रमाणीकृत किये जा सकते हैं। किंतु इस पद्धति का दोष यह है कि इसके निष्कर्ष दी हुई भाषा सामग्री से बँधे होते हैं। भाषा सामग्री चाहे जितनी विशाल और विविध हो उसकी सीमा होती है। इसके विपरीत दूसरे मार्ग में भाषा सामग्री की सीमा मान्य नहीं होती। इसलिए इसके निष्कर्ष दी हुई भाषा सामग्री से आगे निकल जाते हैं। आखिर बच्चा भाषा की किन सार्वभौम विशेषताओं के साथ जन्म लेता है? सीमित समय में सीमित भाषा सामग्री, जो प्रायः त्रुटिपूर्ण और अननुस्तरित होती है, के संपर्क में आने पर वह अपनी भाषा में दक्ष हो जाता है। जन्म के बाद बच्चे को उठाकर संसार के किसी भी भाषा समुदाय में रख दें, वह उस भाषा में वही दक्षता प्राप्त कर लेता है। इससे तो यही संकेत मिलता है कि निश्चय ही भाषा की कुछ सामान्य और गिनी हुई विशेषताएँ हैं और इन विशेषताओं तक पहुँचने के लिए भाषा की बहुलता या विशाल भाषा सामग्री आवश्यक नहीं है। नहीं तो बच्चा इतने कम समय में अपनी मातृभाषा में दक्षता प्राप्त ही नहीं कर सकता। भाषाविद् कुछ मान्यताओं और कल्पनाओं के माध्यम से इन विशेषताओं तक पहुँचने का प्रयास करता है, भले इन मान्यताओं और कल्पनाओं में बार–बार उसे परिवर्तन व परिवर्धन करना पड़े। यही कारण है कि इस मार्ग में भाषा विश्लेषण अधिक अमूर्त (abstract) होने लगता है।

यहाँ भाषा की सार्वभौम विशेषताओं में से कुछ का उल्लेख करना उपयुक्त होगा। भाषाविदों ने इन विशेषताओं को वर्गीकृत रूप में रखने का प्रयास किया है। (1) कुछ विशेषताएँ सार्वभौम और स्वतंत्र हैं, ये भाषा की किसी अन्य विशेषता पर आश्रित या उसमें निहित नहीं होतीं, जैसे–संसार की सभी भाषाओं में स्वर ध्वनियाँ विद्यमान हैं। (2) कुछ विशेषताएँ सार्वभौम हैं किंतु निहितार्थ के रूप में हैं,

जैसे–यदि किसी भाषा में [ङ.] नासिक्य ध्वनि है तो उस भाषा में [न] और [म] नासिक्य ध्वनियाँ अवश्य होंगी, किंतु इसका उलटा सदैव सत्य नहीं होगा अर्थात् यदि किसी भाषा में [न] तथा [म] नासिक्य ध्वनियाँ हैं तो यह आवश्यक नहीं है कि उसमें [ङ] नासिक्य ध्वनि भी हो। इसी तरह यदि किसी भाषा में [त्स] स्पर्शसंघर्षी ध्वनि है तो उस भाषा में [स] संघर्षी ध्वनि भी होगी किंतु इसका उलटा सदैव सही नहीं है। भाषा की कुछ विशेषताएँ सार्वभौम नहीं, बल्कि प्रवृत्ति (tendency) के रूप में होती हैं। ये भी स्वतंत्र तथा निहितार्थ दोनों रूपों में प्राप्त हैं, जैसे–(1) लगभग सभी भाषाओं में नासिक्य ध्वनियाँ हैं (स्वतंत्र प्रवृत्ति), (2) यदि किसी भाषा में सामान्य शब्दक्रम 'कर्ता–कर्म–क्रिया' (SOV) है तो उस भाषा में बहुत करके परसर्ग (Postposition) का प्रयोग होता है, (निहितार्थ प्रवृत्ति)। एक दूसरे प्रकार से भी भाषा की सामान्य विशेषताओं की श्रेणियाँ बनायी ज़ा सकती हैं। कुछ विशेषताएँ काफ़ी संभाव्य और एकबार प्रकट होने पर काफ़ी स्थिर होती हैं। इस संभावना और स्थिरता को ध्यान में रखकर इन विशेषताओं की चार श्रेणियाँ बनायी जा सकती हैं–

	संभावना	**स्थिरता**	**विशेषताएँ**
(1)	अधिक	अधिक	अग्र अवृत्ताकार स्वर
(2)	अधिक	कम	स्वरों की अनुनासिकता
(3)	कम	अधिक	स्वर–संगति नियम (vowel harmony)
(4)	कम	कम	कंठ्य अंतःस्फोटी (velar implosive)

अग्र अवृत्ताकर स्वर लगभग सार्वभौम है। भाषा में इसका होना अत्यधिक संभावित है। यह अत्यधिक स्थिर भी है। इसी प्रकार अन्य विशेषताओं का वर्णन कर सकते हैं।

0.4. अनुभाग (0.0) में वाक्य की प्रकृति पर विचार किया गया है। यह वाक्य दो प्रकार का होता है। कभी एक वाक्य का एक वाक्य होता है, कभी अनेक वाक्यों का एक वाक्य होता है। पहले प्रकार के वाक्य को सरल वाक्य तथा दूसरे प्रकार के वाक्य को जटिल वाक्य नाम दिया गया है। जहाँ एक वाक्य में अनेक वाक्यों का अंतर्भाव हो वहाँ अंतर्भुक्त वाक्यों को उपवाक्य नाम दिया जाता है। अर्थात् जटिल वाक्य में एक से अधिक उपवाक्य होते हैं। जटिल वाक्य की भी दो श्रेणियाँ हैं, कभी जटिल वाक्य के सभी उपवाक्य स्वतंत्र और तुल्यबल होते हैं, कभी उसके उपवाक्यों में एक स्वतंत्र या मुख्य उपवाक्य होता है और दूसरा आश्रित या गौण उपवाक्य होता है। पहली श्रेणी के जटिल वाक्य को संयुक्त वाक्य तथा दूसरी श्रेणी के जटिल वाक्य को मिश्र वाक्य कहते हैं। संयुक्त वाक्य के सभी उपवाक्य स्वतंत्र और तुल्यबल होते हैं। हम यह भी कह सकते हैं कि संयुक्त वाक्य सरल वाक्यों की एक श्रृंखला है। यदि संयोजकों को हटाकर दो उपवाक्यों के बीच खड़ी पाई रखते जाएँ तो संयुक्त वाक्य सरल वाक्यों के एक समूह के रूप में दिखायी देगा।

यह संयुक्त वाक्य का संयोजक विहीन (asyndetic) रूप होगा। संयुक्त वाक्य को सरल वाक्यों की शृंखला कहने के पीछे संयुक्त वाक्य की यह विशेषता भी है कि उसके सभी उपवाक्य वक्ता के तात्पर्य से सीधे जुड़ सकते हैं, जैसे प्रत्येक सरल वाक्य वक्ता के तात्पर्य से जुड़ते हैं। यह विशेषता मिश्र वाक्य के उपवाक्यों में नहीं होती। मिश्र वाक्य में एक उपवाक्य मुख्य होता है और दूसरा गौण होता है। इनमें केवल मुख्य उपवाक्य वक्ता के तात्पर्य का वाहक होता है, गौण उपवाक्य वक्ता के तात्पर्य के लिए उपलब्ध नहीं होता। उपवाक्यों में मुख्य और गौण के भेद से मिश्र वाक्य संरचना की दृष्टि से संयुक्त वाक्य की तुलना में जटिल होता है।

कुछ विद्वान संयुक्त वाक्य तथा मिश्र वाक्य की सरलता और जटिलता का संबंध समाज की संरचना से जोड़ते हैं। समाज की संरचना भी सरल तथा जटिल होती है। समाज सरलता से जटिलता की ओर निरंतर बढ़ रहा है। वह अपनों के समाज (society of intimates) से अजनबियों के समाज (society of strangers) की ओर बढ़ रहा है। सरल समाज में सरलता होती है, सिधाई होती है, स्पष्टोक्ति होती है। इसकी भाषा में एकवाक्यात्मक प्रोक्ति (monopropositional discourse) की प्रधानता होती है। कुछ विद्वान यहाँ तक कहते हैं कि इस भाषा के लिए कर्ता–कर्म–क्रिया (SOV) शब्दक्रम अधिक उपयुक्त है। दूसरी तरफ़ जटिल समाज, जो जितना ही सभ्य है, उसकी भाषा में उतनी ही वक्रोक्ति होती है, उलटबाँसियाँ होती हैं, अनेकार्थकता (ambiguity) होती है। इस समाज की भाषा में बहुवाक्यात्मक प्रोक्ति (multipropositional discourse) की प्रधानता होती है। शब्दक्रम की दृष्टि से कर्ता–क्रिया–कर्म/क्रिया–कर्ता–कर्म (SVO/VSO) इसके लिए अधिक उपयुक्त हैं। संयुक्त वाक्य की संरचना सरल समाज के अधिक अनुकूल है तथा मिश्र वाक्य की संरचना जटिल समाज के अधिक अनुकूल है। अस्तु।

मिश्र वाक्य में एक मुख्य उपवाक्य के साथ कम से कम एक गौण उपवाक्य होता है। गौण उपवाक्य की कई विशेषताएँ हैं, जो इसे मुख्य उपवाक्य से अलग करती हैं। इन विशेषताओं में सबसे महत्वपूर्ण विशेषता यह है कि गौण उपवाक्य वक्ता के तात्पर्य–अभिकथन, प्रश्न, आज्ञा आदि–के लिए उपलब्ध नहीं होता। वहीं मुख्य उपवाक्य वक्ता के तात्पर्य का वाहक होता है, उसके माध्यम से वक्ता अभिकथन, प्रश्न आदि का प्रकार्य पूरा करता है। इसके अलावा गौण उपवाक्य में मुख्य उपवाक्य के मुकाबले शब्दों का क्रम स्थिर होता है। यह स्वाभाविक भी है। मुख्य उपवाक्य में प्रायः शब्दों के क्रम में उलटफेर करके शब्द विशेष को उद्दीप्त या बलवान करते हैं। कभी शब्दक्रम में परिवर्तन के साथ बलाघात आदि की भी सहायता लेते हैं। किसी वाक्यांश को उद्दीप्त करने की जितनी आवश्यकता मुख्य उपवाक्य में पड़ती है, उतनी गौण उपवाक्य में नहीं। आखिरकार, मुख्य उपवाक्य ही तो संदर्भ से सीधा जुड़ा होता है। हम यह भी कह सकते हैं कि मुख्य उपवाक्य में शब्दक्रम जितना सार्थक होता है, उतना गौण उपवाक्य में नहीं। गौण उपवाक्य

में शब्दक्रम अपेक्षाकृत निष्प्रभाव दीखता है। यही बात समापिका क्रिया को लेकर कही जा सकती है। मुख्य उपवाक्य में किसी क्रिया के जितने समापिका रूपों का व्यवहार किया जा सकता है प्रायः उतने रूपों का गौण उपवाक्य में व्यवहार नहीं किया जा सकता। अर्थात् कई विकारी क्रियारूप गौण उपवाक्य में निष्प्रभाव हो जाते हैं। इस तरह स्पष्ट है कि अपनी कई विशेषताओं के कारण गौण उपवाक्य मुख्य उपवाक्य से अलग हो जाता है। वस्तुतः गौण उपवाक्य मुख्य उपवाक्य के व्यवहार की पृष्ठभूमि तैयार करता है।

0.5. इस पुस्तक के दो भाग हैं, मिश्र वाक्य तथा संयुक्त वाक्य। पहले भाग में विभिन्न प्रकार के गौण उपवाक्यों का वर्णन किया गया है। सारे गौण उपवाक्य रचना एवं प्रयोग की दृष्टि से एक नहीं हैं। पहले अध्याय में संज्ञा उपवाक्य का वर्णन है। वाक्य को संज्ञा उपवाक्य में बदलने वाले पूरणकारी तत्वों का वर्णन है। संज्ञा उपवाक्य के विभिन्न प्रकार्यों की चर्चा की गयी है। दूसरे अध्याय में विशेषण उपवाक्य का वर्णन किया गया है। विशेषण उपवाक्य ज–उपवाक्यों का ही एक भेद है। 'जो', 'जब', 'जहाँ', 'जैसे' आदि ज–शब्दों से आरंभ होने वाले उपवाक्यों को ज–उपवाक्य की संज्ञा दी गयी है। इन्हें संबंधवाचक उपवाक्य भी कहा गया है।

विशेषण उपवाक्य के दो भेद हैं, निर्देशात्मक विशेषण उपवाक्य तथा वर्णनात्मक विशेषण उपवाक्य। निर्देशात्मक के दो उपभेद हैं, समुद्दिष्ट निर्देशात्मक विशेषण उपवाक्य (referential restrictive relative clause) तथा समुद्दिष्ट–इतर निर्देशात्मक विशेषण उपवाक्य (Non-referential resrictive relative clause)। वर्णनात्मक विशेषण उपवाक्य की विशेष स्थिति का उल्लेख किया गया है। वर्णनात्मक जो–उपवाक्य में 'जो' अन्वादेशक (anaphoric) सर्वनाम है। इसे अन्य संयोजकों में रूपांतरित किया जा सकता है। तीसरे अध्याय में क्रियाविशेषण ज–उपवाक्यों का वर्णन है। इसके अंतर्गत 'जब', 'जहाँ', आदि के विविध प्रयोगों का वर्णन है। 'जब', 'जहाँ' आदि कालवाचक क्रियाविशेषण आदि का ही प्रकार्य नहीं करते, अपितु ये काल आदि को वर्ण्य वस्तु (topic) के रूप में भी प्रस्तुत करते हैं। चौथे अध्याय में सामान्य क्रियाविशेषण उपवाक्यों का वर्णन है। इस कोटि के क्रियाविशेषण क्रियाविशेषण ज–उपवाक्यों से महत्वपूर्ण ढंग से भिन्न होते हैं। पाँचवें और अंतिम अध्याय में संयुक्त वाक्यों का वर्णन है। विभिन्न समानाधिकरण संयोजकों का वर्णन किया गया है। 'और' तथा 'या' के संबंध पर नये ढंग से विचार किया गया है। इनकी प्रकृति को समझने में तर्कशास्त्र की भी सहायता ली गयी है।

मिश्र वाक्य

संज्ञा उपवाक्य

1.0. गौण उपवाक्य

मिश्र वाक्य में एक मुख्य उपवाक्य के अलावा एक या एक से अधिक गौण उपवाक्य होते हैं। इन गौण उपवाक्यों में संज्ञा उपवाक्य, विशेषण उपवाक्य तथा क्रियाविशेषण उपवाक्य, इन तीन प्रकार के उपवाक्यों का उल्लेख किया गया है। आगे इन गौण उपवाक्यों का क्रमशः वर्णन किया जाएगा। पहले संज्ञा उपवाक्य पर विचार करते हैं।

1.1. वाक्य के दो भिन्न प्रयोग

साधारण वाक्य में संज्ञापद कर्ता, कर्म आदि संबंधों में क्रिया से अन्वित होते हैं। संज्ञापद विभिन्न वस्तुओं, भावों आदि के संकेत होते हैं। संज्ञा की तरह वाक्य भी गौण रूप से विभिन्न घटनाओं, स्थितियों, विचारों, तथ्यों आदि के संकेत होते हैं। 'पानी बरस रहा है', 'फूल सुंदर है', 'लड़का बुद्धिमान है', 'जगत नश्वर है', आदि वाक्य मुख्य रूप से घटना, गुण, तथ्य आदि का विधान कर रहे हैं, किंतु गौण रूप से ये वाक्य विशेष घटना, स्थिति आदि के संकेत (Sign) का भी काम रहे हैं। जब वाक्य संकेत (Sign) के रूप में काम करते हैं तब वे संज्ञा के समान होते हैं और उनका प्रयोग संज्ञा की तरह किसी अन्य वाक्य के घटक के रूप में किया जा सकता है। वाक्यों में जिन घटनाओं, भावों या विचारों का वर्णन किया जाता है उनको अलग–अलग नाम देना संभव नहीं है। घटनाओं, स्थितियों एवं विचारों की कोई सीमा नहीं है और इसलिए इन्हें व्यक्त करनेवाले वाक्यों की भी कोई सीमा नहीं है। किंतु वाक्यों के मुकाबले किसी भी भाषा में संज्ञाएँ सीमित होती हैं। जिन संज्ञाओं का हम सामान्य रूप से व्यवहार करते हैं वे तो और भी सीमित होती हैं। इसलिए वाक्यों का संकेत के रूप में प्रयोग करना एक अनिवार्यता है।

ऊपर वाक्य के दो प्रकार के प्रयोगों की बात कही गयी। इसे और स्पष्ट करने की आवश्यकता है। वक्ता वाक्य का प्रयोग किसी–न–किसी तात्पर्य से करता है। कथन, प्रश्न, आज्ञा, विस्मयादि को व्यक्त करने के तात्पर्य से ही वह वाक्य का उच्चारण करता है। वाक्य का मुख्य प्रकार्य कथन, प्रश्नादि प्रयोजनों को व्यक्त

करना ही है। इस दृष्टि से वाक्य **तात्पर्यबोधक** होता है। नीचे के वाक्य वक्ता के विभिन्न प्रयोजनों को व्यक्त करते हैं–

(1). रमेश बीमार है। (कथन)

(2). कौन बाजार जा रहा है? (प्रश्न)

(3). तुम घर जाओ। (आज्ञा)

(4). अहा, कितना सुंदर फूल है! (विस्मयादि)

वाक्य का दूसरा प्रयोग संकेत के रूप में होता है। वाक्य में व्यक्त घटना, स्थिति, विचार आदि का संकेत स्वयं वाक्य हो सकता है। अपने इस प्रकार्य में वाक्य संज्ञावत होता है और संज्ञा की तरह ही वह अन्य वाक्य का घटक बनकर आ सकता है। इस अर्थ में वाक्य संज्ञा की तरह एक संकेत है। (1) से (3) तक के वाक्य नीचे अन्य वाक्यों के घटक के रूप में प्रयुक्त हुए हैं–

(5). लड़का जानता है कि रमेश बीमार है।

(6). मोहन जानता है कि कौन बाजार जा रहा है।

(7). उसने कहा कि तुम घर जाओ।

वाक्य (5) में वाक्य (1) कर्म के रूप में प्रयुक्त है तथा वाक्य (6) और (7) में वाक्य (2) और (3) भी कर्म के रूप में प्रयुक्त हैं। संज्ञावत इनका प्रयोग होने से अब ये संज्ञा उपवाक्य कहलाएँगे, जो गौण उपवाक्य का ही एक भेद है। यह ध्यान देने योग्य है कि संज्ञा उपवाक्यों के साथ 'कि' का प्रयोग हुआ है। जैसे संज्ञा वाक्य का एक घटक होता है वैसे ही संज्ञा उपवाक्य भी वाक्य का एक घटक है। अन्य वाक्य का घटक होने से संज्ञा उपवाक्य स्वतंत्र वाक्यों की भाँति वक्ता के तात्पर्य का वाहक नहीं बनता, अर्थात कथन, प्रश्न आदि के लिए यह उपलब्ध नहीं होता। मुख्य उपवाक्य वक्ता के तात्पर्य का बोधक होता है और यह इसकी मुख्यता का एक कारण है, जबकि तात्पर्य बोधक न होने से संज्ञा उपवाक्य गौण होता है। उदाहरण के लिए वाक्य (5) के प्रश्नवाचक रूप को देखिए–

(8). (क्या) लड़का जानता है ↑ कि रमेश बीमार है। ↓

(9). (क्या) लड़का जानता है → कि रमेश बीमार है। ↑

दोनों वाक्य हाँ / नहीं के प्रश्न हैं। चाहे मुख्य उपवाक्य का आरोही अनुतान में उच्चारण किया जाए, चाहे गौण उपवाक्य का आरोही अनुतान में उच्चारण किया जाए, दोनों परिस्थितियों में प्रश्न का संबंध मुख्य उपवाक्य से ही है।

ऊपर के उदाहरणों में संज्ञा उपवाक्य 'कि' से जुड़कर आया है, अर्थात् वाक्य का संज्ञावत प्रयोग करने के लिए उसके साथ 'कि' जोड़ना चाहिए। 'कि' संयोजक भी है तथा संज्ञा उपवाक्य का चिह्न भी है। 'कि' के अलावा अन्य तत्व भी संज्ञा उपवाक्य के चिह्न के रूप में आते हैं। किंतु यह विशेष रूप से ध्यान देने योग्य है कि वाक्य का संज्ञा के रूप में प्रयोग करने के लिए उसके रूप में परिवर्तन करना

अनिवार्य नहीं होता। वाक्य को ज्यों–का–त्यों, बिना उसमें कोई परिवर्तन किये या बिना कुछ घटाये–बढ़ाये संज्ञा के स्थान पर रखा जा सकता है। उदाहरणार्थ–

(10). **नेपाल में स्वायत्तता को लेकर पिछले चार दिनों से चला आ रहा गतिरोध समाप्त हो गया** लगता है।

(11). वह **रमेश बीमार है** बता रहा है।

(12). वह **फ्रेश होकर आया** लगता था।

(13). **बरात घर के निकट आई** सुन सब स्त्रियाँ बाहर निकल आईं।

उपर्युक्त सभी वाक्य पाठ से लिए गये हैं, गढ़े हुए नहीं हैं। वाक्य (10) में कर्ता के स्थान पर वाक्य का प्रयोग हुआ है। (11) और (13) में कर्म के स्थान पर वाक्य का प्रयोग हुआ है। वाक्य (12) में 'वह फ्रेश होकर आया' को कर्ता के रूप में ले सकते हैं या 'वह' को कर्ता और 'फ्रेश होकर आया' इतने को पूरक मान सकते हैं। ऊपर के उदाहरणों से यह स्पष्ट है कि वाक्य सीधे अन्य वाक्य में कर्ता, कर्म आदि स्थानों पर संज्ञा की भाँति प्रयुक्त हो सकता है। किंतु वाक्य के संज्ञावत प्रयोग को अधिक स्पष्ट करने के लिए उसके साथ 'कि' आदि चिह्न जोड़ दिये जाते हैं।

उपर्युक्त वाक्यों के परिवर्तित रूप देखिए–

(14). लगता है कि नेपाल में स्वायत्तता को लेकर पिछले चार दिनों से चला आ रहा गतिरोध समाप्त हो गया।

(15). वह बता रहा है कि रमेश बीमार है।

(16). लगता था कि वह फ्रेश होकर आया।

(17). सुन (कर) कि बरात घर के निकट आई सब स्त्रियाँ बाहर निकल आईं।

वाक्य का तात्पर्यवाहक के अलावा संकेत के रूप में प्रयोग असहज नहीं है। वाक्य में समापिका क्रिया (आख्यात) की प्रधानता होती है, वही वाक्य के स्वरूप को निश्चित करती है। समापिका क्रिया में साध्य (क्रिया) और साधन (यानी संज्ञा) दोनों के अंश विद्यमान होते हैं। इसलिए वाक्य का प्रयोग साध्य और साधन दोनों रूपों में संभव है।

संस्कृत वैयाकरणों ने भी वाक्य में आख्यात की प्रधानता स्वीकार की है तथा आख्यात में साध्य और साधन दोनों अंशों के विद्यमान होने की बात कही है–

आख्यातशब्दे भागाम्यां साध्यसाधनवर्तिता।
प्रकल्पिता यथा शास्त्रे स घञादिष्वपि क्रमः।

उदाहरण के लिए, 'पश्य, मृगो धावति' इस वाक्य में दो तिङन्त हैं। इनमें 'पश्य' साध्यपरक है तथा 'धावति' साधनपरक है। उक्त वाक्य में 'मृगो धावति' कर्म है। इसी प्रकार 'पचति भवति' में 'पचति' कर्ता है, साधन है। 'त्वं पचसि भवति' में 'त्वं पचसि' कर्ता है। 'अश्वो गच्छत्यानय' में 'अश्वो गच्छति' कर्म है। इन उदाहरणों में वाक्य सीधे अपने मूल रूप में ही कर्ता या कर्म के रूप में प्रयुक्त हुए हैं।

यही बात (10) से (13) तक के वाक्यों में दिखायी देती है। समापिका क्रिया में साध्य एवं साधन दोनों अंशों की विद्‌यमानता देखने के लिए नीचे के वाक्यों पर विचार करें–

(18). मुझे यह डर है कि कहीं वह आ न जाए।

(19). मैं यह डरता हूँ कि कहीं वह आ न जाए।

वाक्य (18) में 'यह' सर्वनाम का संबंध 'डर' संज्ञा से है और संज्ञा उपवाक्य (यानी कि–उपवाक्य) 'डर' का पूरक है। दूसरे वाक्य में 'यह' का संबंध किससे है? 'डरना' अकर्मक क्रिया है, इसलिए 'यह' को डरना क्रिया का कर्म नहीं कह सकते। यहाँ वस्तुतः 'यह' समापिका क्रिया 'डरता है' में विद्‌यमान संज्ञारूप साधन अंश 'डर' की ओर संकेत कर रहा है। यह उसी से अन्वित है। इसका मतलब है कि 'डरता है' में साध्य तथा साधन, दोनों अंश विद्‌यमान हैं। सजातीय कर्म (Cognate Object) भी यही संकेत करते हैं कि क्रिया में संज्ञातत्व भी विद्‌यमान होता है।

वाक्य जब साधन के रूप में प्रयुक्त होता है तो सामान्य संज्ञा की भाँति उसमें भी लिंग, वचन और कारक का अन्वय होता है। संज्ञा उपवाक्य भाववाचक संज्ञा के समान है जो कर्ता, कर्म आदि कारकों में प्रयुक्त होता है और सर्वदा पुल्लिंग, एकवचन में रहता है।

उदाहरणार्थ–

(20). उसके पीछे सारी दुनिया दीवानी **लगती है।**

(21). उसके पीछे सारी दुनिया दीवानी हो गयी **लगता है।**

(22). सारी दुनिया **लगता है** कि उसके पीछे दीवानी हो गयी।

(23). *सारी दुनिया **लगती है** कि उसके पीछे दीवानी हो गयी।

पहले वाक्य में 'दुनिया' कर्ता है और उससे क्रिया अन्वित है, किंतु दूसरे वाक्य में कर्ता के स्थान पर संज्ञा उपवाक्य है, जो पुल्लिंग एकवचन है, इसलिए क्रिया भी पुल्लिंग एकवचन है। तीसरे वाक्य में 'सारी दुनिया' से क्रिया अन्वित नहीं है, क्योंकि वह कर्ता नहीं है। इस वाक्य में भी संज्ञा उपवाक्य ही कर्ता हैं। वाक्य (23) में सारी दुनिया को कर्ता मानकर उससे क्रिया को अन्वित करने के कारण वाक्य गलत है।

वाक्य के बदले 'यह' सर्वनाम का प्रयोग भी यही संकेत करता है कि वाक्य का संज्ञा के रूप में भी प्रयोग हो सकता है।

(24). मैंने **यह** देखा कि घोड़ा दौड़ रहा है।

(25). घोड़ा दौड़ रहा है, **यह** मैंने देखा।

1.2.0. संज्ञा उपवाक्य लेनेवाली क्रियाएँ

संज्ञा उपवाक्य को कर्ता और कर्म के रूप में लेनेवाली क्रियाएँ विशेष संवर्ग की होती हैं। जो सकर्मक क्रियाएँ ठोस एवं मूर्त वस्तुओं को कर्म के रूप में लेती हैं

वे संज्ञा उपवाक्य को कर्म के रूप में नहीं लेतीं। संज्ञा उपवाक्य भाववाचक संज्ञा के समान है, इसलिए इसे कर्म के रूप में केवल वे क्रियाएँ स्वीकार करती हैं जिनमें भाववाचक संज्ञा को कर्म रूप में स्वीकार करने की योग्यता होती है। संज्ञा उपवाक्य को कर्म रूप में लेनेवाली क्रियाएँ सामान्य रूप से वाचिक एवं मानसिक संवर्ग की होती हैं, जैसे कहना, बोलना, पूछना, सोचना, मानना, समझना आदि। उदाहरणार्थ–

(1). वह कहता है कि बालक बुद्धिमान है।

(2). मैं सोचता हूँ कि आज विद्यालय न जाऊँ। इत्यादि।

*वह काटता है कि ...*वह खाता है कि... जैसे प्रयोग संभव नहीं हैं, क्योंकि काटना, खाना आदि ठोस वस्तुओं को कर्म के रूप में लेती हैं।

संज्ञा उपवाक्य को कर्ता के रूप में लेनेवाली क्रियाएँ अकर्मक संवर्ग की हैं। कुछ उदाहरण नीचे दिये जा रहे हैं–

(3). लगता है कि आज बारिश होगी।

(4). पता चला है कि कल छुट्टी है।

(1) से (4) तक के वाक्यों में संज्ञा उपवाक्य क्रिया की आकांक्षा से बँधे हैं। सकर्मक क्रिया को कर्म की आकांक्षा होती है। इस आकांक्षा की पूर्ति वाक्य (1) तथा (2) में संज्ञा उपवाक्य द्वारा हो रही है। इसी प्रकार क्रिया को कर्ता की भी आकांक्षा होती है। वाक्य (3) तथा (4) में अकर्मक क्रियाओं का प्रयोग हुआ है, जिन्हें कर्ता की आकांक्षा है। इस आकांक्षा की पूर्ति इन वाक्यों में संज्ञा उपवाक्य द्वारा हो रही है। (1) से (4) तक के वाक्यों में संज्ञा उपवाक्य का पृथक कोई शीर्ष घटक नहीं है, जिस घटक का उसे पूरक कहा जाए। कर्ता या कर्म के स्थान पर संज्ञा उपवाक्य अपनेआप में पूर्ण एक इकाई के रूप में प्रयुक्त हुआ है। किंतु संज्ञा उपवाक्य एक भारी भरकम इकाई है जिसे अन्य प्रक्रियाओं में ले जाना सुविधाजनक नहीं है। इसलिए जब संज्ञा उपवाक्य पर बल देना हो, उसका दूसरे से व्यतिरेक दिखाना हो, उसमें कुछ जोड़ना हो तो वाक्य में उससे पृथक शीर्ष घटक का प्रादुर्भाव होता है। जो लघु होता है तथा अर्थ की दृष्टि से अपूर्ण होता है या रिक्त होता है। संज्ञा उपवाक्य उस शीर्ष घटक का पूरक होता है। (1) से (4) तक के वाक्यों के निम्नलिखित रूप देखिए–

(5). वह **यह** कहता है कि बालक बुद्धिमान है।

(6). मैं **यह** सोचता हूँ कि आज विद्यालय न जाऊँ।

(7). **यह** लगता है कि आज बारिश होगी।

(8). **यह** पता चला है कि कल छुट्टी है।

इन वाक्यों में 'यह' संज्ञा उपवाक्य का शीर्ष है और सर्वनाम है। संज्ञा उपवाक्य के बारे में जब कुछ विशेष कहना हो तभी 'यह' का शीर्ष के रूप में प्रादुर्भाव होता है। शीर्ष घटक के रूप में 'यह' पर आगे विचार किया जाएगा।

1.2.1. संज्ञा उपवाक्य लेनेवाले विशेषण

'कर्ता+पूरक+क्रिया' के वाक्यों में विशेष संवर्ग के विशेषण भी कर्ता के रूप में संज्ञा उपवाक्य की आकांक्षा रखते हैं, जैसे–

(1). (यह) **स्पष्ट** है कि अब उनमें समझौता नहीं होगा।

(2). (यह) **संभव** है कि अब वह न आए।

(3). (यह) **अच्छा** होगा कि आप यहीं रुकें।

इन वाक्यों में संज्ञा उपवाक्य कर्ता के रूप में प्रयुक्त है। मुख्य उपवाक्य में संज्ञा उपवाक्य के शीर्ष घटक के रूप में 'यह' का प्रयोग किया जा सकता है। इन वाक्यों में कर्तास्थानी संज्ञा उपवाक्य का प्रयोग 'स्पष्ट', 'संभव' तथा 'अच्छा' विशेषण ों के कारण संभव हुआ है। सारे विशेषणों में यह योग्यता नहीं होती, *यह **लंबा** है कि, *यह **बीमार** है कि, यह **भारी** है कि ...आदि प्रयोग संभव नहीं हैं, क्योंकि 'लंबा' आदि विशेषणों में कर्ता के रूप में संज्ञा उपवाक्य लेने की योग्यता नहीं है।

इस प्रकार स्पष्ट है कि विशेष प्रकार की क्रियाएँ एवं विशेषण संज्ञा उपवाक्य को कर्म या कर्ता के रूप में लेने की योग्यता रखते हैं। किंतु यह ध्यान देने की बात है कि संज्ञा उपवाक्य तथा क्रिया में और संज्ञा उपवाक्य तथा विशेषण में पूरक तथा शीर्ष घटक का संबंध नहीं है। सच तो यह है कि मूल संरचना में शीर्ष घटक है ही नहीं। वह तो संज्ञा उपवाक्य को अन्य प्रक्रियाओं के लिए सुलभ करने के लिए मुख्य उपवाक्य में प्रादुर्भूत होता है।

1.2.2. संज्ञा उपवाक्य लेनेवाली संज्ञाएँ

क्रिया व विशेषण की भाँति विशेष संवर्ग की भाववाचक संज्ञाएँ भी संज्ञा उपवाक्य लेती हैं। किंतु दोनों में महत्वपूर्ण भेद हैं। संज्ञा उपवाक्य क्रिया या विशेषण का पूरक नहीं होता, जबकि वह भाववाचक संज्ञा का पूरक होता है। वाक्य में भाववाचक संज्ञा संज्ञा उपवाक्य के शीर्ष के रूप में प्रयुक्त होती है जबकि क्रिया तथा विशेषण से जुड़े संज्ञा उपवाक्य का मूल संरचना में कोई शीर्ष नहीं होता।

जो भाववाचक संज्ञाएँ संज्ञा उपवाक्य लेती हैं उनमें कुछ इस प्रकार हैं, विचार, आशा, इच्छा, विश्वास, भरोसा आदि। उदाहरणार्थ–

(1). मेरा **विचार** है **कि अब चला जाए।**

(2). मुझे **आशा** है **कि वह अवश्य आएगा।**

(3). मेरी **इच्छा** है **कि उसे बुला लिया जाए।** इत्यादि।

*मुझे **प्रेम** है कि..., *मुझे **दया** है कि... जैसे प्रयोग नहीं होंगे, क्योंकि प्रेम, दया आदि भाववाचक संज्ञा तो हैं किंतु उनमें संज्ञा उपवाक्य लेने की योग्यता नहीं है। दूसरा कारण शायद यह है कि प्रेम, दया, घृणा आदि अनुभूतियाँ हैं और उनका स्वरूप स्वतः स्पष्ट है। प्रेमभाव एक है, किंतु विचार अनेक हैं। इसलिए विचार

के स्वरूप को स्पष्ट करने के लिए संज्ञा उपवाक्य का प्रयोग किया जाता है। व्यक्तिवाचक तथा जातिवाचक संज्ञाओं में भी संज्ञा उपवाक्य लेने की योग्यता नहीं होती। जातिवाचक संज्ञाएँ मूर्त स्वरूपवाली होती हैं, भले उनमें कुछ गणनीय होती हैं तथा कुछ अगणनीय होती हैं। मूर्त स्वरूपवाली होने से इनमें सरलता से व्यक्ति भेद हो जाता है। किंतु दो विचारों में भेद करने के लिए भिन्न संज्ञा उपवाक्यों का प्रयोग करना आवश्यक है। हमारे और आपके विचार अलग हो सकते हैं, उनमें भिन्नता दिखाने के लिए संज्ञा उपवाक्य का प्रयोग किया जाना चाहिए–

(4). मोहन का विचार है कि उसे आज भेज दें।

(5). सोहन का विचार है कि उसे दो दिन बाद भेजें।

मोहन और सोहन के विचार अलग–अलग हैं। इसी तरह एक ही व्यक्ति के अलग–अलग समयों में दो भिन्न विचार हो सकते हैं। उनमें भेद संज्ञा उपवाक्य की सहायता से दिखाया जाएगा। वस्तुतः विचार, आशा, इच्छा, विश्वास आदि संज्ञाएँ अर्थ की दृष्टि से अपूर्ण हैं। उन्हें अर्थ की पूर्णता संज्ञा उपवाक्यों से यानी पूरक उपवाक्यों से मिलती है। 'मुझे आशा है', 'मेरा विचार है', 'उसका विश्वास है', आदि वाक्य अपूर्ण हैं। क्या आशा है? क्या विचार है? क्या विश्वास है? जब तक इन प्रश्नों के उत्तर नहीं मिलते वाक्य अपूर्ण रहेंगे। संज्ञा उपवाक्य आशा, विचार, विश्वास, इच्छा आदि के स्वरूप को स्पष्ट करते हैं। कामताप्रसाद गुरू ने 'कि' को स्वरूपवाचक कहा है, जो संज्ञा उपवाक्य का विशेष चिह्न है।

प्रश्न– उसे क्या आशा है?

उत्तर– उसे आशा है कि वह पास हो जाएगा।

'उसे प्रेम है' यह भी अर्थ की दृष्टि से अपूर्ण है, किंतु उसकी पूर्णता के लिए 'क्या प्रेम है?', इस प्रश्न का उत्तर नहीं ढूँढना है, बल्कि 'किससे प्रेम है?' इस प्रश्न का उत्तर ढूँढना होगा।

दो विचारों में भेद दिखलाने के लिए विशेषण उपवाक्य का भी प्रयोग किया जा सकता है, किंतु ध्यान देने योग्य है कि विशेषण उपवाक्य दो विचारों में भेद तो दिखलाते हैं किंतु उनके स्वरूप को स्पष्ट नहीं करते। स्वरूप संज्ञा उपवाक्य से स्पष्ट होता है। कौन–सा विचार?, इसे स्पष्ट करने के लिए विशेषण उपवाक्य का प्रयोग करेंगे, क्या विचार?, इसे स्पष्ट करने के लिए संज्ञा उपवाक्य का प्रयोग करेंगे। उदाहरण के लिए–

(6). (क) इस विषय पर तुमने जो विचार व्यक्त किया वह सही है,

(ख) मोहन ने जो विचार व्यक्त किया वह गलत है।

ऊपर के वाक्यों में दो अलग–अलग विचारों का उल्लेख है, किंतु विचार क्या हैं, यह स्पष्ट नहीं है। इसके लिए संज्ञा उपवाक्यों का प्रयोग करना होगा।

पहले संज्ञा उपवाक्य के शीर्ष के रूप में 'यह' का उल्लेख किया जा चुका है। यहाँ संज्ञा उपवाक्य के शीर्ष के रूप में भाववाचक संज्ञाओं को लिया जा रहा है।

क्या 'यह' तथा भाववाचक संज्ञाएँ एक ही प्रकार के शीर्ष हैं? नहीं। 'यह' वैकल्पिक घटक है, किंतु शीर्ष के रूप में भाववाचक संज्ञा वैकल्पिक घटक नहीं है। उदाहरणार्थ–

(7). (क) मैं **यह** सोचता हूँ कि उसे बुला लें।

(ख) मैं सोचता हूँ कि उसे बुला लें।

(8). (क) मुझे **विश्वास** है कि वह आएगा।

(ख) *मुझे है कि वह आएगा।

'विश्वास' का लोप करने के कारण वाक्य (8–ख) गलत है।

पीछे क्रिया तथा विशेषण के प्रसंग में यह कहा गया कि 'यह' बल आदि का वाहक है, उसका स्वयं में कोई आर्थी मूल्य नहीं है। यही कारण है कि उसका प्रयोग न होने पर भी वाक्य पूर्ण बना रहता है। इसके विपरीत भाववाचक संज्ञाओं का अपना आर्थी मूल्य है, इसलिए उनको हटाते ही वाक्य अपूर्ण हो जाता है। बल आदि के वाहक के रूप में 'यह' का प्रयोग भाववाचक संज्ञाओं के साथ भी होता है और यहाँ भी वह वैकल्पिक घटक के रूप में ही आता है।

(9). (क) मुझे **यह** आशा है कि पानी बरसेगा।

(ख) मुझे आशा है कि पानी बरसेगा।

यों तो सामान्य रूप से भाववाचक संज्ञाओं का प्रयोग एकवचन में ही होता है किंतु संज्ञा उपवाक्य लेनेवाली भाववाचक संज्ञाएँ विशेष रूप से एकवचन में ही प्रयुक्त होती हैं। जिन भाववाचक संज्ञाओं का प्रयोग बहुवचन में हो सकता है वे भी संज्ञा उपवाक्य लेने की योग्यता तभी रखती हैं जब उनका प्रयोग एकवचन में होता है। इसलिए इनके साथ संख्यावाचक शब्दों का प्रयोग नहीं होता। सामान्य गति यही है। भाववाचक संज्ञा के साथ प्रयुक्त 'एक' वस्तुतः संख्यावाचक न होकर विशेष अर्थ–बल आदि–का वाहक ही होता है।

(10). **एक खास बात** कि लोग नंगे पाँव हैं, इस ओर किसी का ध्यान नहीं गया।

(11). **एक बात यह** है कि लोग देर से उठते हैं।

दोनों वाक्यों में विशेष बात है। इस विशेष बात को अन्य बातों से अलग करने में 'एक' सहायक है। 'दो बातें ये हैं कि' ..., 'दो खास बातें कि' ..., जैसे प्रयोग नहीं मिलते। वाक्य (12) में दो बातें अलग–अलग कही गयी हैं। उन्हीं को एक बात बनाकर वाक्य (13) में रखा गया है–

(12). मैंने दो बातें कही थीं; एक, तुम मकान खरीद लो, दो, तुम व्यापार शुरू करो।

(13). मैंने एक बात कही थी कि तुम मकान खरीद लो और व्यापार शुरू करो।

वाक्य (12) में 'कि' का प्रयोग नहीं हुआ है, न ही इसमें कोई संज्ञा उपवाक्य है। वाक्य (12) को इस रूप में रख सकते हैं–

(14). मैंने दो बातें कही थीं, एक (बात), कि तुम मकान खरीद लो, दो (दूसरी बात), कि तुम व्यापार शुरू करो।

अर्थात् संज्ञा उपवाक्य लेने के लिए भाववाचक संज्ञा का एक वचन में होना वांछनीय है। अपवाद रूप में कुछ प्रयोग मिलते हैं जिनमें भाववाचक संज्ञाएँ बहुवचन में हैं–

(15). मुझे मालती देवी से बातें करते देख एक भीड़ घिर आती है मेरे चारों तरफ़ और शुरू हो जाता है **परिवादों** का सिलसिला **कि** सारे दिन के बाद सिर्फ़ घंटाभर को डॉक्टर आता है, **कि** कीमती दवाएँ बाहर ही बाहर चली जाती हैं, **कि** हर मर्ज़ के लिए सिर्फ़ गिनी–चुनी गोलियाँ हैं।

(16). उसके बाद मुझे सिर्फ़ **सूचनाएँ** मिलीं इधर–उधर से **कि** माँ का हाल बहुत बुरा हो गया है, **कि** उसकी उमर में उतनी ही बन–ठन अब भी है जितनी पहले थी, **कि** लोगों को साथ...

1.3.0. शीर्ष 'यह'

जहाँ संज्ञा उपवाक्य क्रिया या विशेषण की आकांक्षा से बँधा हुआ कर्ता या कर्म के रूप में प्रयुक्त होता है वहाँ उसके शीर्ष घटक के रूप में 'यह' का विकल्प से प्रयोग किया जा सकता है। 'यह' शीर्ष घटक होते हुए भी संज्ञा उपवाक्य की आंतरिक संरचना को नियंत्रित नहीं करता। संज्ञा उपवाक्य की आंतरिक संरचना का नियंत्रण मुख्य उपवाक्य में प्रयुक्त समापिका क्रिया या विशेषण के द्वारा होता है।

उदाहरणार्थ–

(1). मैं यह जानता हूँ कि वह बीमार है। (निश्चयार्थक)

(2). मैंने यह पूछा कि क्या वह आएगा। (प्रश्नार्थक)

(3). मैं यह चाहता हूँ कि वह ज़रूर आए। (इच्छार्थक)

(4). यह स्पष्ट है कि वह झूठ बोल रहा है। (निश्चयार्थक)

(5). यह उचित है कि वह तुम्हारी मदद करे। (इच्छार्थक)

इन उदाहरणों से स्पष्ट है कि संज्ञा उपवाक्य पर 'यह' का नियंत्रण नहीं है, बल्कि मुख्य उपवाक्य में प्रयुक्त क्रिया या विशेषण का नियंत्रण है।

इस संदर्भ में 'यह' वस्तुतः अर्थ शून्य होता है। वह केवल बलाघात, 'ही', 'तो', 'भी' आदि के वाहक के रूप में आता है, क्योंकि बलाघात आदि को सीधे संज्ञा उपवाक्य से नहीं जोड़ सकते। 'यह' संज्ञा उपवाक्य के लिए बलाघात आदि का वाहक बनता है। इस विंदु को और स्पष्ट करने के लिए कुछ उदाहरण नीचे दिये जा रहे हैं–

(6). (क) मैंने कहा कि वह बीमार है।

(ख) मैंने यह' कहा कि वह बीमार है (यह नहीं कहा कि वह आना नहीं चाहता।)

(ग) मैंने यह **भी** कहा कि वह बीमार है (और यह **भी** कहा कि वह आना नहीं चाहता)

(घ) मैंने **यही** कहा कि वह बीमार है। (यह नहीं कहा कि वह दवा नहीं ले रहा है)

(ङ) मैंने यह **तो** कहा था कि तुम आओ (लेकिन यह नहीं कहा था कि उसे भी ले आओ)

वाक्य (क) में संज्ञा उपवाक्य निर्विशेष रूप में कथित है, जबकि अन्य वाक्यों में संज्ञा उपवाक्य को विशेष रूप में प्रस्तुत किया गया है। 'यह' बलाघात ('), 'ही', 'भी', 'तो' का वाहक मात्र है। वस्तुतः बलाघात आदि का अन्वय संज्ञा उपवाक्य से है। बलाघात तथा 'ही' अन्य कथन का निषेध करते हैं, 'भी' अन्य कथन को पूर्व कथन से जोड़ता है तथा 'तो' अन्य कथन का पूर्व कथन से विरोध दर्शाता है। इसी तरह 'ही', 'भी', 'तो' आदि का अन्वय 'यह' के द्वारा विशेषणों के साथ आनेवाले संज्ञा उपवाक्यों से होता है, **उचित है कि ..., यह उचित है कि... यही उचित है कि ..., यह भी उचित है कि ... आदि।**

. जहाँ संज्ञा उपवाक्य के शीर्ष के रूप में भाववाचक संज्ञा 'आशा' आदि का प्रयोग होता है वहाँ भी बलादि के वाहक के रूप में 'यह' का प्रयोग किया जाता है। 'यह' भाववाचक संज्ञा का विशेषक होते हुए भी मुख्यतः वाहक का ही कार्य करता है। यहाँ भी 'यह' संज्ञा उपवाक्य की आंतरिक संरचना को प्रभावित नहीं करता, बल्कि संज्ञा उपवाक्य की आंतरिक संरचना और उसके रूप का नियंत्रण शीर्ष के रूप में प्रयुक्त भाववाचक संज्ञा द्वारा ही होता है। नीचे वाहक के रूप में 'यह' के कुछ उदाहरण दिये जा रहे हैं–

(7). (क) मुझे आशा है कि तुम आओगे।

(ख) मुझे यह' आशा है कि तुम आओगे।

(ग) मुझे **यह भी** आशा है कि तुम आओगे।

(घ) मुझे आशा **यह** है कि तुम आओगे। इत्यादि।

वाक्य (घ) में 'यह' का स्थान बलात्मक है। शीर्ष संज्ञा आशा, विश्वास आदि के साथ भी 'ही' 'भी' आदि का संबंध हो सकता है, किंतु तब अर्थ दूसरा होगा, जैसे–

(8). मुझे **यह भी** आशा है कि तुम आओगे (और **यह भी** आशा है कि कुछ दिन हमारे साथ रहोगे।)

(9). तुम मदद कर सकते हो और मुझे आशा **भी** है कि तुम मदद करोगे।

(10). मुझे आशा **भी** है कि तुम मदद करोगे और तुम पर भरोसा **भी** है कि तुम मदद करोगे।

वाक्य (8) में 'यह' के द्वारा दो भिन्न आशाओं का संयोजन है, आशा से भिन्न कोई भाव नहीं है। वाक्य (9) में आशा और विश्वास का संयोजन है। तुम मदद कर सकते हो, इस कथन के पीछे वक्ता का विश्वास दिया हुआ है। वाक्य (10) में 'आशा' और 'भरोसा' का संयोजन है। (9) तथा (10) में आशा का आशा से भिन्न भावों से संयोजन है। इस तरह स्पष्ट है कि 'यह' से जुड़े 'ही', 'भी', 'तो', आदि संज्ञा उपवाक्य से अन्वित होते हैं, जबकि शीर्ष संज्ञा आशा, विश्वास आदि से जुड़े 'ही', 'भी', 'तो' आदि इन भावों का संबंध अन्य भावों से दर्शाते हैं।

1.3.1. शीर्ष 'बात'

शीर्ष घटक के रूप में 'बात' का प्रयोग दो रूपों में होता है, कभी यह शीर्ष 'यह' के समान बल आदि के वाहक के रूप में होता है और अर्थ की दृष्टि से निर्विशेष या उदासीन होता है, कभी यह आशा, विश्वास, इच्छा आदि भाववाचक संज्ञाओं की तरह होता है और अर्थ को दृष्टि से पूर्ण होता है। अपने पहले रूप में 'बात' 'यह' की भाँति संरचना का वैकल्पिक घटक होता है। जहाँ संज्ञा उपवाक्य क्रिया, विशेषण या भाववाचक संज्ञा के अधीन होता है वहाँ 'बात' का प्रयोग 'ही', 'भी' 'तो' आदि के वाहक के रूप में होता है। संरचना में 'बात' का प्रयोग तभी करते हैं जब संज्ञा उपवाक्य पर बल आदि देना होता है। 'बात' जब अन्य भाववाचक संज्ञाओं की भाँति अर्थ से पूर्ण हो और संज्ञा उपवाक्य को अपने अधीन रखे तब वह अनिवार्य घटक के रूप में होता है। 'बात' के दोनों प्रयोगों को आगे स्पष्ट किया गया है।

संरचना के वैकल्पिक घटक के रूप में 'बात' का प्रयोग नीचे के वाक्यों में देखिए। बल आदि के प्रयोजन से ही वाक्य में 'बात' का प्रयोग किया गया है।

(1). (क) मैंने **यह बात** कही थी कि तुमको वहाँ नहीं जाना है।
(ख) मैंने **यह** कहा था कि तुमको वहाँ नहीं जाना है।
(ग) मैंने कहा था कि तुमको वहाँ नहीं जाना है।

(2). (क) अब **यह बात** स्पष्ट है कि वह झूठ बोल रहा है।
(ख) अब **यह** स्पष्ट है कि वह झूठ बोल रहा है।
(ग) अब स्पष्ट है कि वह झूठ बोल रहा है।

संरचना में 'यह' तथा 'यह बात' की वैकल्पिकता स्पष्ट है, क्योंकि इनके बिना भी (ग) वाक्यों की व्याकरणिकता पर कोई आँच नहीं आती। (ग) वाक्यों से यह भी स्पष्ट है कि इन वाक्यों में संज्ञा उपवाक्य या तो क्रिया 'कहना' के अधीन है या विशेषण 'स्पष्ट' के। 'यह' तथा 'यह बात' पर बलाघात देकर या इनसे 'ही', 'भी' 'तो' आदि जोड़कर संज्ञा उपवाक्य को विशेषित किया जा सकता है, 'यह बात **भी** कही थी कि' 'यह बात **तो** कही थी कि' इत्यादि। वाक्य में 'यह'

या 'यह बात' का प्रयोग करने से संरचना की गुरुता में सहज ही वृद्धि होती है, जो वृद्धि स्वयं संज्ञा उपवाक्य को विशेषित करने में सहायक बनती है। 'यह' के अलावा अन्य विशेषकों का प्रयोग भी 'बात' के पूर्व हो सकता है, 'अन्य', 'दूसरी', 'कठोर', 'असत्य' आदि। एक उदाहरण नीचे है–

(3). (क) भीष्म ने **दूसरी बात यह** कही कि या तो पहले कर्ण ही युद्ध कर ले या मैं युद्ध करूँगा।

'दूसरी' का संबंध 'बात' से है। 'दूसरी बात यह' यह पूरा संरचना की दृष्टि से वैकल्पिक घटक है।

नीचे के वाक्यों में 'बात' का प्रयोग देखिए–

(4). (क) मुझे **इस बात का** डर है कि वह कहीं पकड़ा न जाए।
(ख) मुझे **यह** डर है कि वह कहीं पकड़ा न जाए।
(ग) मुझे डर है कि वह कहीं पकड़ा न जाए।

(5). (क) मुझे **इस बात की** जानकारी है कि वह आ रहा है।
(ख) मुझे **यह** जानकारी है कि वह आ रहा है।
(ग) मुझे जानकारी है कि वह आ रहा है।

(6). (क) मुझे **इस बात की** जिज्ञासा है कि क्या वह कल आएगा।
(ख) मुझे **यह** जिज्ञासा है कि क्या वह कल आएगा।
(ग) मुझे जिज्ञासा है कि क्या वह कल आएगा।

(क) वाक्यों में संज्ञा उपवाक्यों पर विशेष बल डालने के उद्देश्य से ही 'बात' का प्रयोग किया गया है। इन वाक्यों में अर्थ की दृष्टि से 'बात' की उदासीनता भी स्पष्ट है। संज्ञा उपवाक्य की संरचना पर 'बात' का कोई प्रभाव नहीं है। सभी वाक्यों में संज्ञा उपवाक्य क्रमशः 'डर', 'जानकारी' तथा 'जिज्ञासा' के अधीन हैं। संज्ञा उपवाक्य की संरचना तथा उसमें प्रयुक्त समापिका क्रिया के रूप पर ध्यान दें। दूसरी बात ध्यान देने योग्य यह है कि (क) वाक्यों में मुख्य उपवाक्य में दो–दो भाववाचक संज्ञाओं का प्रयोग हुआ है। दोनों में महत्वपूर्ण अंतर है? 'बात' वैकल्पिक घटक है और अन्य संज्ञा अनिवार्य घटक है। 'बात' अर्थ की दृष्टि से रंगहीन या उदासीन है तथा अन्य संज्ञा अर्थ पूर्ण है। अन्य संज्ञा का जो अर्थ है वही 'बात' का अर्थ बन जाता है। इस दृष्टि से दोनों में अभेद स्थापित हो जाता है और मिलकर दोनों का संज्ञा उपवाक्य से अभेद होता है, क्योंकि संज्ञा उपवाक्य अन्य संज्ञा 'डर' आदि का पूरक है। दोनों संज्ञाओं का अभेद संबंध 'का' परसर्ग से भी सूचित होता है, 'इस बात **का** डर', 'इस बात **की** जानकारी' तथा 'इस बात **की** जिज्ञासा।' 'बात' तिर्यक विभक्ति में होता है। जहाँ संज्ञा उपवाक्य क्रिया या विशेषण की आकांक्षा के अधीन होता है वहाँ 'बात' सामान्य रूप से सरल विभक्ति में यानी परसर्गरहित रूप में होता है, जैसे **यह बात** स्पष्ट है/

उचित है, आदि, **यह बात** कही/सुनी/बतायी, इत्यादि। किंतु 'बात' सभी संज्ञाओं से नहीं जुड़ता, *'इस बात की राय है कि, *इस बात का प्रयोजन है कि' ... आदि।

जब 'बात' अन्य भाववाचक संज्ञाओं, आशा, विश्वास आदि की भाँति अर्थपूर्ण होता है तब यह अन्य संज्ञाओं की भाँति संज्ञा उपवाक्य को अपने अधीन रखता है। संज्ञा उपवाक्य 'बात' का पूरक होता है और 'बात' संरचना के अनिवार्य घटक के रूप में प्रयुक्त होता है। नीचे के उदाहरण देखें–

(7). उसके मन में **यह बात** बड़ी मजबूती से घर कर गयी है कि पिछले जन्म के बुरे कर्मों का फल उसे आज भुगतना पड़ रहा है।

(8). उसने **यह बात** छिपायी कि लड़के को टी.बी. है।

(9). **यह बात** हजम नहीं हुई कि उसके पास पैसे नहीं हैं।

(10). **यह बात** बड़ी चटपटी है कि वह दोनों से संबंध बनाये हुए है।

इन वाक्यों में संज्ञा उपवाक्य 'बात' का पूरक है। 'बात' संज्ञा उपवाक्य का वास्तविक शीर्ष है और इसलिए अन्य भाववाचक संज्ञाओं की तरह इसका लोप नहीं होगा। ध्यान दें, जब भाववाचक संज्ञा संज्ञा उपवाक्य लेती है तो मुख्य उपवाक्य में किसी भी संवर्ग की क्रिया या विशेषण का प्रयोग किया जा सकता है। (7) से (10) तक के वाक्यों में मुख्य उपवाक्य में प्रयुक्त क्रियाओं और 'चटपटी' विशेषण पर ध्यान दें। ये संज्ञा उपवाक्य की आकांक्षा रखनेवाली क्रियाएँ या विशेषण नहीं हैं। अन्य उदाहरण देखिए–

(11). आशा **रखो** कि अच्छे दिन आएँगे।

(12). उसको चिंता **खाये जा रही है** कि बेटी की शादी कैसे होगी।

(13). मेरा यह विश्वास **डिग गया** कि वह ईमानदार है।

(14). उसकी यह धारणा बहुत **पुरानी** है कि मैं उसका हित नहीं चाहता।

'रखना', 'खाना', 'डिगना', 'पुराना', ये कि–उपवाक्य यानी संज्ञा उपवाक्य लेनेवाले पद नहीं हैं। संज्ञा उपवाक्य 'आशा', 'चिंता' आदि के अधीन है और उनका पूरक है। 'आशा' आदि तथा 'बात' में एक भिन्नता यह ज़रूर दिखायी दे रही है कि 'बात' के पूर्व सामान्यतया किसी विशेषक का प्रयोग मिलता है, **यह** बात, **एक** बात, **दूसरी** बात आदि।

'आशा' आदि का प्रयोग बिना विशेषक के भी सुलभ है, देखिए, वाक्य (11) तथा (12)।

'बात' की तरह ही 'चीज़' का भी प्रयोग मिलता है। उदाहरण के लिए–

(15). मास्को में **इस चीज़ का** कोई महत्व नहीं है कि आप किस रेस्त्राँ में खा रहे हैं।

(16). **एक चीज़** बताओ, वह कब आ रहा है।

(17). **एक चीज़** बड़ी भद्दी है कि वह बात–बात में गाली देता है।

इन वाक्यों में 'चीज़' के स्थान पर 'बात' का प्रयोग सहजता से किया जा सकता है। कुछ प्रयोगों में भाववाचक संज्ञा क्रिया से सजातीय संबंध रखती दिखायी देती है–

(18). मैंने **प्रश्न पूछा** कि तुम्हारा क्या नाम है।

(19). मैं यह **तथ्य जानता हूँ** कि उसने तुम्हारे साथ ठगी की है।

(20). मैं **उपाय सोच रहा हूँ** कि कैसे निकलूँ यहाँ से।

प्रश्न, तथ्य, उपाय आदि क्रिया के ही अंग हैं। इनका उच्चारण न भी करें तो अर्थ की कोई हानि नहीं होगी।

1.3.2. अन्य शीर्ष घटक

संज्ञा उपवाक्य के शीर्ष के रूप में 'यह' के अलावा जो दूसरा शब्द प्रायः प्रयोग में आता है वह 'ऐसा' है, जैसे–

(1). **ऐसा** राम के राज्य में ही हो सकता था कि कोई अदना–सा व्यक्ति भी राजा के विरुद्ध **आवाज़** उठाए और उसकी बात मान ली जाए।

ऊपर 'ऐसा' के स्थान पर 'यह' का प्रयोग बिना विशेष अर्थ परिवर्तन के किया जा सकता है। 'यह' और 'ऐसा' दोनों शीर्ष के रूप में प्रयुक्त हो सकते हैं किंतु उनमें किंचित अर्थभेद देखा जा सकता है। नीचे के उदाहरणों पर विचार करें–

(2). **यह** किसने कहा?

(3). **ऐसा** किसने कहा?

'यह' को शब्दपरक और अर्थपरक दोनों दृष्टियों से व्याख्यायित किया जा सकता है, 'यह किसने कहा?' की एक व्याख्या यह हो सकती है, 'ये शब्द किसने कहे?' ये किसके शब्द हैं? अर्थात् 'यह' शब्दों पर जा सकता है। 'यह किसने कहा?' की दूसरी व्याख्या इस प्रकार की जा सकती है, 'यह बात किसने कही?', 'यह विचार किसका है?' अर्थात् 'यह' अर्थपरक हो सकता है।

'यह' के शब्दपरक प्रयोग को अधिक स्पष्ट करने के लिए शब्दों को उद्धरण चिह्नों के भीतर उल्लिखित कर सकते हैं–

(4). 'मीठी बानी बोलिए, मन का आपा खोय', यह किसने कहा है?

दूसरी ओर, 'ऐसा' की अधिक सहज और सामान्य व्याख्या अर्थपरक है, शब्दपरक नहीं। वाक्य (4) में 'यह' के बदले 'ऐसा' का प्रयोग असामान्य है। वाक्य (1) के साथ निम्नलिखित वाक्य देखिए। दोनों में 'ऐसा' का अर्थपरक रूप स्पष्ट है–

(5). भीष्म वासुदेव कृष्ण के बड़े भक्त थे, **ऐसा** महाभारत के शांति पर्व में आये हुए भीष्मस्तवराज नामक स्तोत्र से सूचित होता है।

अर्थपरक व्याख्या में 'यह' और 'ऐसा' एक दूसरे के निकट हैं, किंतु सदा एकार्थी नहीं हैं।

(6). मैंने **यह/ऐसा** नहीं देखा कि कोई किसी को अपने दरवाजे से इस तरह लौटा दे।

उपर्युक्त वाक्य में 'यह' और 'ऐसा' समानार्थी हैं। किंतु इस पर्यायता के बावजूद दोनों में निश्चय–अनिश्चय का भेद प्रतीत होता है। 'यह' यदि निश्चयवाचक की ओर है तो 'ऐसा' अनिश्चवाचक की ओर है। अर्थ से शब्द अधिक निश्चयात्मक होता है। अतः यह स्वाभाविक भी लगता है कि 'यह' निश्चयात्मक हो, क्योंकि अर्थपरक के साथ–साथ इसकी शब्दपरक व्याख्या भी सहज है, जबकि 'ऐसा' की केवल अर्थपरक व्याख्या अधिक सहज है। 'ऐसा' के जो प्रयोग मिले हैं उनमें अधिकांश अनिश्चय के वातावरण में मिले हैं, प्रश्न, निषेध, शर्त, संभावना आदि के वातावरण में। कुछ उदाहरण प्रस्तुत हैं–

(7). और अब एकचित्त हो इन मुनियों की सेवा व योग तप करूँगी, **ऐसा** विचार करने लगी।

(8). घर छोटा हो, **ऐसी** बात नहीं है।

(9). दूसरे देशों में उपचार के दौरान मरीज न मरता हो, **ऐसी** बात नहीं है।

नीचे 'यह' और 'ऐसा' के कुछ और उदाहरण दिये जा रहे हैं, जिनसे दोनों में निश्चय–अनिश्चय का भेद स्पष्ट होता है–

(10). |ऐसा| करो कि तुम उसको लिवा आओ।
|?यह|

(11). यदि |ऐसी| बात हुई तो काफ़ी उलटफेर करनी पड़ेगी।
|?यह|

(12). चूँकि |यह| बात सच निकली इसलिए वह परेशान है।
|?ऐसी|

(13). |यह| बात सबको मालूम है कि वह आजकल यहाँ नहीं है।
|?ऐसी|

(14). |ऐसा| मालूम पड़ता है कि कहीं कुछ गड़बड़ है।
|?यह|

(15). |यह| जानकर प्रसन्नता हुई कि आप स्वस्थ हैं।
|?ऐसा|

इत्यादि।

'यह', 'ऐसा' के अलावा संज्ञा उपवाक्य के शीर्ष के रूप में कुछ अन्य शब्दों का प्रयोग देखिए–

(16). मैं **इतना** कहूँगा कि तुम वहाँ मत जाओ।

(17). वह देखती **क्या** है कि वह योगी सच ही उलटा लटका हुआ है।

(18). फिर लगा कि बच्चे **क्या** सोचेंगे कि मम्मी किसलिए छिपकर उनकी बातें सुनती हैं।

(19). वहाँ मैंने **क्या** देखा कि एक झरने के पास छत्ते से टपका हुआ शहद जमा हुआ है और चीटियाँ जमा हैं।

'क्या' संज्ञा उपवाक्य को उच्च प्रकाश में ला रहा है।

1.3.3. शीर्ष 'यह' और 'बात' तथा अल्पविराम

शीर्ष घटक के रूप में प्रयुक्त 'यह' और 'बात' की एक अन्य विशेषता यहाँ उल्लेखनीय है। ये दोनों शब्द मुख्य उपवाक्य तथा गौण उपवाक्य की अति सन्निकटता सूचित करते हैं। मुख्य उपवाक्य तथा गौण उपवाक्य के बीच यदि 'कि' के बदले अल्पविराम का प्रयोग करते हैं तो गौण उपवाक्य अपेक्षाकृत शिथिल रूप में मुख्य उपवाक्य से जुड़ा होता है। दूसरे शब्दों में, 'कि' अल्पविराम की तुलना में दृढ़ संबंध का सूचक है। इसलिए 'यह' और 'बात' का प्रयोग होने पर 'कि' का प्रयोग आवश्यक प्रतीत होता है, उदाहरणार्थ–

(1). क. मुझे आशा है कि आप ज़रूर आएँगे।
 ख. मुझे आशा है, आप ज़रूर आएँगे।
 ग. मुझे यह आशा है कि आप ज़रूर आएँगे।
 घ. ??मुझे यह आशा है, आप ज़रूर आएँगे।

(2). क. मैं जानता हूँ कि तुम ईमानदार हो।
 ख. मैं जानता हूँ, तुम ईमानदार हो।
 ग. मैं यह (बात) जानता हूँ कि तुम ईमानदार हो।
 घ. ??मैं यह (बात) जानता हूँ, तुम ईमानदार हो।

1.4.0. पूरणकारी तत्व

वाक्य का संज्ञा के रूप में प्रयोग करने के लिए कभी वाक्य को ज्यों–का–त्यों, बिना उसमें कोई रूप परिवर्तन किये, संज्ञा के स्थान पर रख देते हैं (देखिए–अनुच्छेद 1.1.) तो कभी उसमें सरंचनागत परिवर्तन करके संज्ञा के रूप में प्रयुक्त करते हैं। जहाँ वाक्य को बिना किसी परिवर्तन के यानी यथावत संज्ञा के स्थान पर रखते हैं वहाँ हम कल्पना कर सकते हैं कि शून्य के रूप में पूरणकारी तत्व (Complementizer) वाक्य से जुड़ा हुआ है और वही तत्व उसे संज्ञा के रूप में प्रयोग के योग्य बनाता है। वाक्य सामान्य रूप से वक्ता के तात्पर्य को प्रकट करता है किंतु जब उससे शून्य पूरणकारी तत्व जुड़ जाता है तब वह संज्ञा के रूप में काम करता है अर्थात् वह संज्ञा उपवाक्य में बदल जाता है और वक्ता के तात्पर्य से उसका संबंध नहीं रह जाता। उदाहरण के लिए–

(1). विनोबा ने कहा, **आपके जाँचने में कहीं चूक रह गई** दीखती है, जो आपने चार महीने छोड़ दिये।

(2). **चलिहि बरात** सुनत सब रानी (केलॉग, 504)

पहले वाक्य में रेखांकित अंश कर्ता के रूप में प्रयुक्त है। यहाँ कर्ता के स्थान पर एक वाक्य को यथावत रखा गया है। शून्य पूरणकारी तत्व इस वाक्य को संज्ञा उपवाक्य में बदल देता है। दूसरे वाक्य में 'चलिहि बरात' एक पूर्ण वाक्य है, जो कर्म के स्थान पर प्रयुक्त हुआ है। यहाँ भी शून्य पूरणकारी तत्व की सहायता ली गयी है। इस तरह हम शून्य को **पहले पूरणकारी तत्व के** रूप में स्वीकार कर सकते हैं। जहाँ हम वाक्य के लिए सर्वनाम का प्रयोग करते हैं वहाँ भी शून्य तत्व को स्वीकार किया जा सकता है–

(3). वह घर पर है, यह किसने बताया?

'यह' सर्वनाम है और इसका प्रयोग 'वह घर पर है', इस संज्ञा (उपवाक्य) के लिए किया गया है।

1.4.1. पूरणकारी 'कि'

वाक्य को संज्ञा उपवाक्य में बदलनेवाला **दूसरा पूरणकारी तत्व 'कि'** है। पूरणकारी तत्व 'कि' का विकास संस्कृत के प्रश्नवाचक किम् से माना जा सकता है। कि–उपवाक्य जिन भाववाचक संज्ञाओं का पूरक बनता है, वस्तुतः वह उनके अर्थ को स्पष्ट करता है। 'मुझे आशा है', **क्या** आशा है? उत्तर–'**कि** वह आज आएगा', 'मुझे आशा है कि वह आज आएगा'। इसी प्रकार कि–उपवाक्य, जो प्रयोजनवाचक के रूप में आता है, प्रयोजन को स्पष्ट करता है, वह आया है, **क्यों** आया है? उत्तर–'कि तुम से मिल सके', 'वह आया है कि तुम से मिल सके।' प्रयोजन को और स्पष्ट करने के लिए मुख्य उपवाक्य में 'इसलिए' का प्रयोग किया जा सकता है, 'वह इसलिए आया है कि तुमसे मिल सके।' उर्दू में प्रयोजन के लिए **'ताकि'** का प्रयोग होता है, जिसमें 'कि' विद्यमान है।

'कि' का प्रयोग अनेक अर्थों में होता है। उनमें से उसका एक प्रयोग पूरणकारी तत्व के रूप में है। शून्य पूरणकारी तत्व के मुकाबले इसका प्रयोग अधिक किया जाता है।

(1). यह किसने बताया कि वह घर पर है?

'कि वह घर पर है' संज्ञा उपवाक्य है।

पूरणकारी तत्व के रूप में 'कि' की कुछ विशेषताएँ हैं, जिनकी चर्चा यहाँ अपेक्षित है। कि–उपवाक्य अर्थ प्रधान होता है, इसलिए वह अपेक्षाकृत अधिक अमूर्त होता है तथा जीवंत संदर्भ से दूर होता है। देखिए–

(2). क. उसने कहा, 'धन्यवाद'।

ख. ?उसने कहा कि धन्यवाद।

(क) में 'धन्यवाद' शब्दपरक है तथा औपचारिकता का निर्वाह करने के लिए उसका उच्चारण किया गया है। 'धन्यवाद' की रिपोर्टिंग का कोई मतलब नहीं है, इसलिए (ख) वाक्य खटकता है। प्रत्यक्ष कथन में शब्दों को दुहराया जाता है। संदर्भ अधिक मूर्त और जीवंत होता है। प्रश्न, आज्ञा, चेतावनी, धमकी, फटकार

विस्मय आदि भावों को जिस जीवंतता से प्रत्यक्ष कथन में अभिव्यक्त किया जा सकता है उतनी जीवंतता से कि–उपवाक्य में नहीं। कि–उपवाक्य में भाव नहीं होता, भाव का उल्लेख होता है। भावों के लिए अक्सर शब्दों का प्रयोग कर दिया जाता है–

(3). क. उसने कहा, 'अरे, तुम आ गये!'

ख. उसने **आश्चर्य** से कहा कि तुम आ गये।

(क) वाक्य में जो आश्चर्य व्यंजित है वह (ख) वाक्य में शब्द द्वारा कथित है। (क) में 'कि' का प्रयोग नहीं किया जा सकता। 'कि तुम आ गये' अर्थपरक है और अधिक अमूर्त है, उसी हद तक जीवंतता से दूर है। नीचे कुछ वाक्य दिये जा रहे हैं, जिनमें 'कि' का प्रयोग नहीं हुआ है–

(4). तभी निर्मला गरजी, 'खबरदार, जो घर से बाहर एक कदम भी निकाला।'

(5). लड़का चिल्लाया, 'भागो, भागो, भेड़िया आया।'

(6). डाकू ने धमकाया, 'जो हो सब रख दो, नहीं उड़ा दूँगा।'

ध्यान दें, इन वाक्यों में मुख्य उपवाक्य में प्रयुक्त क्रियाएँ गरजना, चिल्लाना आदि मुख्यतः ध्वनिपरक हैं, शब्दपरक हैं, 'कहना', 'बताना' आदि की तरह अर्थ धारण करनेवाली क्रियाएँ नहीं हैं। इसलिए सहज रूप में ये क्रियाएँ कि–उपवाक्य, जो अर्थगर्भित होता है, नहीं लेतीं। वाक्य (4) का निम्नलिखित रूप देखिए–

(7). ?? तभी निर्मला गरजी **कि** खबरदार, जो घर से बाहर एक कदम भी निकाला।

'कि' के साथ इस वाक्य का यह रूप उचित है–

(8). तभी निर्मला ने **धमकाते हुए** कहा **कि** घर से बाहर एक कदम भी न निकालना।

वाक्य (9) में धमकी की रिपोर्टिंग है, धमकी नहीं है। 'गरजना' और 'कहना' में पहली क्रिया भाव या प्रतिक्रिया व्यक्त करती है जबकि दूसरी क्रिया अर्थ या विचार व्यक्त करती है।

कि–संज्ञा उपवाक्य की रूप रचना पर ध्यान दें तो उसकी एक अन्य विशेषता दिखायी देती है। कि–संज्ञा उपवाक्य की संरचना में जो विविधता है वह अन्य गौण उपवाक्यों में परिलक्षित नहीं होती। कथन, प्रश्न, आज्ञा तथा विस्मय को व्यक्त करनेवाले स्वतंत्र वाक्य सीधे अपने मूलरूप में संज्ञा उपवाक्य बन सकते हैं, उदाहरणार्थ–

(9). लड़के ने बताया **कि उसकी माँ पड़ोस में गयी है।** (कथन)

(10). वह जानता है **कि कौन दिल्ली जा रहा है।** (प्रश्न)

(11). मैं ने पूछा **कि क्या तुम कल आये थे।** (हाँ/नहीं प्रश्न)

(12). मैं आज्ञा देता हूँ **कि तुम घर जाओ।** (आज्ञा)

(13). उसने आश्चर्य से देखा **कि बच्चा कितना दुर्बल है।** (विस्मय)

'कि' को हटाने पर 'कि उपवाक्य' का जो रूप मिलता है वह स्वतंत्र वाक्यों के रूप से भिन्न नहीं है, उसकी माँ पड़ोस में गयी है (कथन), कौन दिल्ली जा रहा है? (प्रश्न) इत्यादि। वाक्य (14) में 'कि–उपवाक्य' रूप से विस्मयादिबोधक है, इसका संकेत 'कितना' से मिलता है। 'देखना' क्रिया में विस्मय का अंश नहीं है, देखिए–

(14). क. ?? उसने देखा कि बच्चा **कितना** दुर्बल है।

ख. उसने देखा कि बच्चा **बहुत** दुर्बल है।

वाक्य (14) में 'आश्चर्य से' का प्रयोग होने से 'देखना' आश्चर्यसूचक बना है। (14) की तुलना वाक्य (16) से कीजिए–

(15). उसे आश्चर्य हुआ कि बच्चा | कितना | दुर्बल है।
| ?बहुत |

अन्य गौण उपवाक्यों में रूप की यह विविधता नहीं मिलती है। विशेषण जो–उपवाक्य का रूप कथनात्मक होता है, प्रश्न, विस्मय आदि के लिए वहाँ जगह नहीं है, देखिए–

(16). **जो लड़का वहाँ बैठा है** वह मेरा भाई है।

'जो लड़का वहाँ बैठा है' के स्थान पर 'जो लड़का कहाँ बैठा है', 'क्या जो लड़का वहाँ बैठा है' आदि रूप प्रयुक्त नहीं होंगे। इसी तरह चूँकि–उपवाक्य का रूप कथनात्मक होता है, भले–उपवाक्य का रूप सामान्यतः इच्छार्थक होता है, ताकि–उपवाक्य का रूप सदैव इच्छार्थक होता है, इत्यादि। कि–संज्ञा उपवाक्य जैसी विविधता इनके रूपों में नहीं मिलती। किंतु यहाँ यह बात विशेष रूप से ध्यान देने योग्य है कि कि–संज्ञा उपवाक्य की यह संरचनात्मक विविधता रूप के स्तर पर ही है, अर्थ के स्तर पर नहीं, क्योंकि संज्ञा उपवाक्य स्वयं कथन, प्रश्न, विस्मय या आज्ञा का अर्थ नहीं देता। कथन, प्रश्न विस्मय तथा आज्ञा के अर्थ मुख्य उपवाक्य में ही निहित होते हैं। मुख्य उपवाक्य का जो अर्थ या तात्पर्य होता है वही पूरे वाक्य का अर्थ या तात्पर्य होता है। (10) से (14) तक के वाक्यों को देखें। सभी वाक्यों के अंत में पूर्ण विराम का चिह्न खड़ी पाई लगी हुई है। प्रश्नवाचक या विस्मयादिबोधक चिह्नों का प्रयोग नहीं हुआ है। खड़ी पाई इसलिए कि सभी वाक्य तात्पर्य की दृष्टि से कथनात्मक हैं, वाक्य (13) को छोड़कर। मुख्य उपवाक्यों में प्रयुक्त क्रियाओं में सूचना, प्रश्न, विस्मय आदि के अर्थ निहित हैं। दूसरे शब्दों में, ये क्रियाएँ कथनात्मक, प्रश्नवाचक, आज्ञार्थक तथा विस्मयादिबोधक रूपों में संज्ञा उपवाक्य को लेने की विशेष योग्यता रखती हैं। 'बताना' सूचना देनेवाली क्रिया है, 'जानना' का संबंध जिज्ञासा से है, क्या है, कौन है, कैसे है आदि, 'पूछना' में प्रश्न निहित है, 'आज्ञा देना' स्पष्ट ही आज्ञार्थक है तथा 'देखना', 'आश्चर्य' के संयोग से विस्मयसूचक है।

1.4.2. पूरणकारी 'जो'

संज्ञा उपवाक्य के चिह्न के रूप में 'कि' के स्थान पर 'जो' का प्रयोग भी मिलता है, प्रायः हिंदी के पुराने रूपों में। नीचे कुछ उदाहरण दिये जा रहे हैं–

(1). बाबा से समझाकर कहो **जो** मुझे ग्वालों के संग पठाय दें। (प्रेमसागर)

(2). तुम राजा परीक्षित को जाके जता दो **जो** तुम्हें श्रृंगी ने श्राप दिया है। (प्रेमसागर)

(3). तब राजा जनमेजय ने वैशम्पायन ऋषि से कहा' ऐ महाराज, सुना है **जो** स्थान पर आके कुछ दिन के बीते पर पिता के शाप से जीवित ही नासिकेत यम के पास गये.... (नासिकेतोपाख्यान)

(4). इतने में कुछ अमराइयाँ देख पड़ीं तो उधर चल निकला; तो देखता है **जो** चालीस पचास रंडियाँ एक से एक जोबन में अगली झूला डाले पड़ी झूल रही हैं और सावन गातियाँ है। (रानी केतकी की कहानी)

उपर्युक्त सभी उदाहरणों में 'जो' के स्थान पर आज की हिंदी में 'कि' का प्रयोग प्राप्त है। 'कि' और 'जो' का यह संबंध नया नहीं जान पड़ता। संस्कृत में 'कि' के अर्थ में 'यत्' का प्रयोग सामान्य बात है, 'विजानाम्यहं यत्प्राणो ब्रह्म' (मैं जानता हूँ कि प्राणवायु ब्रह्म है), 'तस्मिन्हते सर्वो जनो वदिष्यति यत्प्रभूतक्षत्रियैर्मिलित्वा वासुदेवो गरुडश्च निपातितः' (उसके मारे जाने पर लोग कहेंगे कि तमाम क्षत्रियों ने मिलकर वासुदेव और गरुड़ का वध कर दिया) इत्यादि। अन्य अर्थों में भी हिंदी में 'जो' और 'कि' में अतिव्याप्ति का संबंध दिखायी देता है–

(5). वह बीमार नहीं है	जो कि	तुम दवा पिला रहे हो।

बीमार होना कारण है, दवा पिलाना कार्य है। उक्त वाक्य में कारण के न होने पर भी कार्य का होना बताया गया है। कारण–कार्य का संबंध नीचे के वाक्य में स्पष्ट है–

(6). चूँकि वह बीमार है इसलिए तुम दवा पिला रहे हो।

'कि' और 'जो' के एक दूसरे के क्षेत्र में अतिचरण के और उदाहरण यथास्थान दिये जाएँगे। यहाँ अंग्रेजी के That की तरफ़ भी ध्यान दे सकते हैं, That 'कि' का भी काम करता है तथा 'जो' का भी काम करता है।

'कि' और 'जो' के साथ 'यदि' को देखिए–

(7). यह अच्छा होगा	कि जो यदि	हम उनको भी यहीं बुला लें।

(8). यह अच्छा होता | कि / जो / यदि | झमाझम पानी बरसता।

उपर्युक्त वाक्यों को इस रूप में रख सकते हैं–

(9). | *कि / जो / यदि | हम उनको भी यहीं बुला लें तो (यह) अच्छा होगा।

मुख्य उपवाक्य में 'यह' का प्रयोग महत्वपूर्ण है। यह गौण उपवाक्य का शीर्ष है और कर्ता है। सामान्य शर्तवाचक वाक्यों में 'यह' का प्रयोग नहीं है–

(10). यदि बरसात | होगी / होती | तो (*यह) फसल अच्छी | होगी। / होती |

स्पष्ट है, 'यह' का प्रयोग वाक्य (10) में नहीं होगा।

अनेक स्थानों पर 'कि' और 'जो' एक साथ होंगे, वहाँ 'यदि' नहीं आएगा। इसी तरह अनेक स्थानों पर 'जो' और 'यदि' एक साथ होंगे, वहाँ 'कि' नहीं आएगा।

1.4.3. पूरणकारी 'का.........ना'

वाक्य को संज्ञा में बदलनेवाला **तीसरा पूरणकारी तत्व '(का)–ना'** है। शून्य एवं 'कि' तत्वों के संयोग से वाक्य की रचना प्रभावित नहीं होती और वह संज्ञा उपवाक्य में बदल जाता है। किंतु '(का)...ना' वाक्य की संरचना में परिवर्तन करता है। वाक्य का परिवर्तित रूप संज्ञा की तरह प्रयुक्त होता है। क्रिया के कर्ता के साथ 'का' परसर्ग जुड़ता है तथा क्रिया की मुख्य धातु से –'ना' प्रत्यय जुड़ता है–

मोहन घर जा रहा है → मोहन **का** घर **जाना**

'मोहन का घर जाना' में 'जाना' क्रिया का असमापिका रूप है, जबकि 'जा रहा है' क्रिया का समापिका रूप है। यह महत्वपूर्ण भेद है। 'मोहन का घर जाना' वाक्य या उपवाक्य नहीं है, बल्कि यह वाक्यांश या पदबंध है। पद की तरह पदबंध भी संकेत मात्र होता है, तात्पर्यबोधक नहीं। वाक्य के दो प्रकार के प्रयोगों का उल्लेख ऊपर किया जा चुका है (दे. अनुच्छेद 1.1.)। वाक्य किसी घटना, विचार आदि का संकेत भी है तथा तात्पर्यबोधक भी है। वक्ता के तात्पर्य को केवल वाक्य अभिव्यक्त करता है, पद या पदबंध नहीं। 'मोहन का घर जाना' में न केवल बाक्य का रूप सुरक्षित नहीं है, बल्कि यह वक्ता के तात्पर्य का बोधक भी नहीं है। इसलिए '(का)...ना' से निष्पन्न रूप में अधिक संज्ञापन होता है। शून्य या 'कि' संज्ञा उपवाक्य में वाक्य का रूप सुरक्षित होता है इसलिए इस पर संज्ञा के कार्यों को लागू करने के लिए आवश्यकतानुसार शीर्ष घटक के रूप में 'यह' या '(यह) बात' को लाना पड़ता है।

पदबंध के मुकाबले वाक्य स्वतंत्र होता है और इसलिए अर्थ की दृष्टि से वह संकुचित होता है, देखिए–

(क) मोहन घर जा रहा है। (ख) मोहन घर गया था। (ग) मोहन घर जाएगा। (घ) मोहन घर गया होगा।	⇒	मोहन का घर जाना

बायीं तरफ़ पूर्ण वाक्य हैं। '(का) ..... ना' रूपांतरण द्‌वारा इनका एक ही रूप बनता है, जो दाहिनी तरफ़ है।

बायीं ओर के सभी वाक्य अर्थ की दृष्टि से विशिष्ट हैं, जबकि 'मोहन का घर जाना' अर्थ की दृष्टि से अविशिष्ट है और इसलिए व्यापक है। इसमें सभी वाक्यों के अर्थ समाविष्ट हैं।

'(का)........ना' से निष्पन्न रूप में अधिक संज्ञापन होता है, इसलिए इस पर संज्ञा के कार्यों को लागू करने के लिए शीर्ष घटक जैसे किसी पृथक तत्व की आवश्यकता नहीं होती। 'ही', 'भी', 'तो', बलाघात आदि का संयोग सीधे '(का)... ना)' से निष्पन्न रूप से हो सकता है–

मोहन का घर जाना	भी ही तो	(उचित है)

...'जाना' पर बलाघात भी डाला जा सकता है। 'का....ना' रूप से परसर्ग भी सीधे जुड़ सकते हैं, बीच में किसी अन्य तत्व की ज़रूरत नहीं पड़ती। देखिए–

(1). (क) मुझे **इसका** डर है **कि वह आएगा।**

(ख) मुझे **उसके आने का** डर है।

(2). (क) वह **इससे** ख़फ़ा है **कि तुम आये नहीं।**

(ख) वह **तुम्हारे न आने से** ख़फ़ा है।

(क) वाक्यों में जो परसर्ग कि–उपवाक्य के शीर्ष घटकों से संयुक्त हैं वे (ख) वाक्यों में सीधे '(का)...ना' रूपों से संयुक्त हैं। शून्य या कि–उपवाक्यों से सीधे परसर्ग जुड़ने के उदाहरण कभी–कभार मिल जाते हैं–

(3). **आपने फ़ार्म भर दिया है से** काम नहीं चलेगा, पैसे भी भरिए।

यह झल्लाहट में कहा गया वाक्य है। '(का)...ना' रूप सामान्य संज्ञापद की भाँति वाक्य में कर्ता, कर्म, कारण आदि के सामान्य स्थानों पर प्रयुक्त होता है–

(4). **टहलना** स्वास्थ्य के लिए लाभदायक है। (कर्ता)

(5). वह **घर जाना** चाहता है। (कर्म)

(6). वह **फ़ेल होने के कारण** दुखी है। (कारण)

जो क्रियाएँ सामान्य रूप से कर्म के रूप में मूर्त या ठोस पदार्थों की वाचक संज्ञाओं को लेती हैं उनमें से कतिपय क्रियाएँ '(का)...ना' रूप को कर्म के रूप में ले सकती हैं। इससे भी संकेत मिलता है कि इस रूप में संज्ञात्व का गुण अधिक है, उदाहरण–

(7). उसने **शराब पीना** छोड़ दिया।

(8). लड़के ने **खेलना** बंद कर दिया है।

1.4.4. पूरणकारी '–ने के लिए/को'

'(का)...ना' रूप के साथ एक अन्य रूप '–ने के लिए/को' का उल्लेख अलग से किया जा सकता है। कई विद्वान इसे अन्य पूरणकारी तत्वों के समान एक अलग पूरणकारी तत्व के रूप में देखते हैं। इस रूप का प्रयोग नीचे के वाक्य में है–

(1). (क) सुरेश ने मोहन से घर जाने के लिए कहा था।

(ख) सुरेश ने मोहन से कहा था कि वह (मोहन) घर जाए।

(ग) सुरेश ने मोहन से कहा था कि वह (सुरेश) घर जाएगा।

(क) वाक्य (ख) या (ग) किसी का भी रूप हो सकता है। कि–उपवाक्य में प्रयुक्त कर्ता की तद्रूपता मुख्य उपवाक्य के कर्म से या कर्ता से हो सकती है। दोनों स्थितियों में उसका लोप (क) वाक्य में वांछित है। (ख) में मुख्य उपवाक्य की क्रिया तथा गौण उपवाक्य की क्रिया भिन्नकर्तृक हैं तथा (ग) में दोनों समानकर्तृक हैं। कर्ता का लोप करते हुए दोनों उपवाक्यों का रूपांतरित रूप एक ही होगा।

(मोहन) घर जाए। (सुरेश) घर जाएगा।	⇒ घर जाने **के लिए / को**

'घर जाने के लिए/को' का प्रयोग (क) वाक्य में मुख्य कर्म के स्थान पर हुआ है। इस वाक्य में प्रयुक्त 'के लिए' या 'को' प्रयोजनवाचक नहीं है। प्रयोजनवाचक के रूप में इनका प्रयोग निम्नलिखित वाक्य में देखिए–

(2). वह यहाँ पढ़ने के लिए/पढ़ने को आया है।

यहाँ 'पढ़ने के लिए/को' क्रियाविशेषण है। इनका रूपांतरण इस रूप में संभव है–

(3). वह यहाँ इसलिए आया है कि पढ़े।

वाक्य (1–क) का इस तरह रूपांतरण संभव नहीं है। वाक्य (1–क) में 'घर जाने के लिए/को' कर्म है, क्रियाविशेषण नहीं है।

1.5.0. संज्ञा उपवाक्य के प्रकार्य

ऊपर के अनुच्छेद में वाक्यं को संज्ञा उपवाक्य में परिवर्तित करनेवाले चार पूरणकारी तत्वों का वर्णन किया गया। इनमें पहला पूरणकारी तत्व शून्य है।

वस्तुतः यह इस बात का सूचक है कि वाक्य का प्रयोग दोनों रूपों में किया जा सकता है; तात्पर्यबोधक के रूप में तथा किसी भाव, विचार, घटना आदि के संकेत के रूप में। संज्ञा उपवाक्य के स्वरूप का वर्णन करने के बाद अब उसके प्रकार्यों के वर्णन की बारी है। वाक्य में संज्ञा उपवाक्य कर्ता, कर्म या क्रियाविशेषण के रूप में प्रयुक्त होता है। यही उसका प्रकार्य है। पूरणकारी तत्वों को आधार बनाते हुए संज्ञा उपवाक्य को चार कोटियों में रख सकते हैं, शून्य–संज्ञा उपवाक्य, कि–संज्ञा उपवाक्य इत्यादि। आगे प्रत्येक कोटि के संज्ञा उपवाक्यों के प्रकार्यों का अलग–अलग वर्णन प्रस्तुत है।

1.5.1. शून्य–संज्ञा उपवाक्य

कर्ता, कर्म तथा क्रियाविशेषण के रूप में शून्य–संज्ञा उपवाक्य के एक–एक उदाहरण नीचे दिये जा रहे हैं–

1. **वह बेहोश हो गया** लगता है।
2. वह **मोहन घर गया** बता रहा है।
3. प्लेटफ़ार्म संख्या दो पर गुरुवार को 40 वर्षीय यात्री का शव मिला। **उसकी बीमारी के कारण मौत हुई** बताया जाता है।
4. **तुमने फ़ार्म भर दिया है से** काम नहीं चलेगा, पैसे भी कल तक जमा करो।
5. **हाँ और देखेंगे** में निपटा गये कमिश्नर।

   पाँचवें उदाहरण का संदर्भ यह है कि कमिश्नर हर सवाल और समस्या के लिए 'हाँ और देखेंगे' कहते रहे, कोई समाधान प्रस्तुत नहीं किया।

1.5.2.0. कि–संज्ञा उपवाक्य

वाक्य में कि–संज्ञा उपवाक्य की आकांक्षा रखनेवाली क्रियाओं एवं विशेषणों का पहले उल्लेख किया जा चुका है। उन भाववाचक संज्ञाओं का भी उल्लेख किया जा चुका है जिनके पूरक के रूप में कि–संज्ञा उपवाक्य का प्रयोग किया जाता है। (दे. अनुच्छेद 1.2.0, 1.2.1, 1.2.2)।

यहाँ पहले कर्ता के रूप में संज्ञा उपवाक्य के प्रयोग का वर्णन किया जाएगा। इसी संदर्भ में कर्ता के रूप में संज्ञा उपवाक्य लेनेवाली क्रियाओं, विशेषणों तथा संज्ञाओं का वर्गीकरण एवं वर्णन भी किया जाएगा। तदुपरांत कर्म तथा क्रियाविशेषण के रूप में प्रयुक्त संज्ञा उपवाक्य का वर्णन किया जाएगा।

1.5.2.1. कि–संज्ञा उपवाक्य – कर्ता के रूप में

क्रिया

कर्ता के रूप में कि–संज्ञा उपवाक्य लेनेवाली सभी क्रियाएँ प्रायः अकर्मक हैं। शायद ही कोई सकर्मक क्रिया हो। सिद्ध करना, साबित करना ये सकर्मक मिश्र क्रियाएँ कर्ता के रूप में संज्ञा उपवाक्य ले सकती हैं, 'वह गया, यह साबित करता है कि उसका मन यहाँ नहीं लगा' इत्यादि। अकर्मक क्रियाओं से बने वाक्य

मुख्यतः दो साँचों में मिलते हैं, कर्ता+क्रिया या कर्ता+पूरक+क्रिया। कि–उपवाक्य सामान्यतः मुख्य उपवाक्य के बाद आता है। कुछ उदाहरण द्रष्टव्य हैं–

(1). लगता है कि आज बरसात होगी।

(2). पता चला है कि वह विदेश गया है।

(3). हो सकता है कि कल छुट्‌टी रहे।

(4). उन्हें नहीं सुहाता कि मैं सुखपूर्वक रहूँ।

(5). अच्छा हुआ कि कातिल पकड़ा गया।

वाक्य में शीर्ष घटक के रूप में 'यह' / 'ऐसा' का प्रयोग किया जा सकता है। अधिकांश क्रियाओं से बने वाक्यों में 'को' परसर्ग के साथ **अनुभविता** या ज्ञाता का उल्लेख किया जा सकता है। कुछ उदाहरण देखिए–

(6). **यह** भी हो सकता है कि वह माधुरी के साथ मैत्री स्थापित करे।

(7). **मुझे यह** सूझ रहा है कि उनको घर जाना चाहिए।

(8). **ऐसा** कभी नहीं लगा कि वह अपनी घरवाली पर शक करता हो।

(9). **सत्तार** को लगता था कि अभी तक सलमा को उसने अच्छी तरह भर आँख नहीं देखा है।

(10). **मुझे** याद नहीं आता कि मैंने अपने लिखने में कभी इस शब्द का उपयोग किया हो।

(11). **बुद्धिमान को** चाहिए कि ऐसे मर्मघाती तीर दूसरे पर न छोड़े।

(12). **ऐसा** हुआ कि एक बार वह चाबी लाना भूल गया।

इस वर्ग की क्रियाओं की एक सूची नीचे दी जा रही है–

अखरना

आना – पसंद आना, ध्यान आना, खयाल आना, याद आना, नज़र आना
– मन में आना, जी में आना, समझ में आना

खलना

चलना – पता चलना

चाहिए

जँचना

दीखना

पड़ना – मालूम पड़ना, जान पड़ना, ज़रूरत पड़ना

भाना

सुहाना

सूझना

लगना – लगना, अच्छा लगना, बुरा लगना
– पता लगना, शर्त लगना
होना – होना, अच्छा होना, बुरा होना, भला होना
– मालूम होना, ज्ञात होना
– जी होना/करना, मन होना/करना तबीयत होना/करना, इच्छा होना
– महसूस होना, अनुभव होना

जिन विशेषण या संज्ञा शब्दों को जोड़कर ऊपर आना, चलना, पड़ना, लगना तथा होना क्रियाओं के मिश्र रूप दिये गये हैं उनमें से अधिकांश इन क्रियाओं से स्वतंत्र रहकर भी कि–उपवाक्य लेने की योग्यता रखते हैं, जैसे–मुझे **पसंद** है कि ...., मुझे **ध्यान** है कि ...., उसे **पता** है कि...., सबको **ज्ञात** है कि.... इत्यादि।

उपर्युक्त क्रियाओं पर इस दृष्टि से भी विचार किया जा सकता है कि इनके साथ आनेवाले कि–उपवाक्यों का स्वरूप क्या है।

ज्ञानार्थक तथा अनुभूतिवाली क्रियाएँ सामान्य रूप से निश्चयार्थक कि–उपवाक्य लेती हैं, जैसे–याद आना, पता चलना, मालूम पड़ना, जान पड़ना, लगना, खयाल आना, दीखना, खलना, अखरना आदि।

उदाहरणार्थ–

(13). मुझे याद आया कि कल तुम्हारा जन्मदिन **है**।

(14). पता चला है कि सब लोग धर्मशाला में **ठहरे हैं।**

(15). उसे यह खलता है कि उसके साथ सौतेला व्यवहार **किया जाता है।**

(16). मुझे यह बहुत अखरता है कि तुम दोनों में **पटती** नहीं।

इच्छा, उपाय, औचित्यवाली क्रियाएँ सामान्यतः संभावनार्थक कि–उपवाक्य लेती हैं, जैसे, हो सकना, सुहाना, भाना, पसंद आना, सूझना, चाहिए, जँचना, मन में आना, ज़रूरत पड़ना आदि। भाना, सुहाना जँचना का प्रयोग प्रायः 'नहीं' के साथ होता है।

उदाहरणार्थ –

(17). मुझे बिल्कुल नहीं सुहाता कि वह तुमसे हँस–हँस कर बातें **करे।**

(18). मन में आता है कि उड़कर तुम्हारे पास **पहुँच जाऊँ।**

(19). उसे यह नहीं सूझा कि घर फोन **कर दे।**

(20). उसको यह पसंद आया कि मैं तुमसे मिलकर **रहूँ।**

(21). तुमको चाहिए कि उसके सारे पैसे **लौटा दो।**

(22). मुझे यह कतई नहीं भाता कि वह रोज उससे **मिले।**

(23). लड़के को ज़रूरत पड़ सकती है कि वह ट्यूशन **पढ़े।**

ज्ञानार्थक क्रियाएँ प्रश्नवाचक रूप में में कि–उपवाक्य ले सकती हैं–

(24). पता चल गया कि कल **कौन** आया था।

(25). मालूम नहीं पड़ा कि वह **कब** निकल गया।

(26). उसे ध्यान आ गया कि **किसके** यहाँ जाना है।

(27). उसको नहीं सूझा कि वहाँ **कौन** बैठा है।

कि–संज्ञा उपवाक्य का प्रयोग मुख्य उपवाक्य से पहले भी किया जा सकता है। ऐसा कि–उपवाक्य को बलात्मक बनाने के लिए किया जाता है। वाक्य के इस परिवर्तित रूप में शीर्ष घटक के रूप में 'यह/ऐसा' का प्रयोग मुख्य उपवाक्य के साथ किया जाता है, 'कि' का लोप होता है तथा संज्ञा उपवाक्य के अंत में अल्पविराम का प्रयोग किया जाता है, उदाहरण के लिए–

(28). तुम दोनों में पटती नहीं, यह मुझे बहुत अखरता है।

(29). शाम हो गयी है, ऐसा जान पड़ता है।

(30). वह चाबी लाना भूल गया, एक बार ऐसा भी हुआ।

(31). वह विदेश गया है, यह पता चला है। इत्यादि।

विशेषण

कर्ता के रूप में कि–संज्ञा उपवाक्य लेनेवाले विशेषण वाक्य रचना की दृष्टि से अकर्मक क्रियाओं के समान हैं। जैसे अकर्मक क्रिया को केवल कर्ता की आकांक्षा होती है वैसे ही इस वर्ग के विशेषणों को भी केवल कर्ता की आकांक्षा होती है। ये विशेषण वाक्य में स्वयं पूरक के स्थान पर होते हैं तथा वाक्य का साँचा 'कर्ता+पूरक+क्रिया' होता है। कुछ उदाहरण द्रष्टव्य हैं–

(32). स्वाभाविक था कि सम्राट सलावत खाँ का पक्ष लेता।

(33). स्पष्ट है कि अब वह आनेवाला नहीं है।

इन वाक्यों में प्रयुक्त विशेषण 'स्वाभाविक' तथा 'स्पष्ट' के अकर्मक स्वभाव को समझने के लिए इनकी तुलना 'परेशान', 'दुखी' जैसे विशेषणों से की जा सकती है–

(34). क– लड़का परेशान है।

ख– लड़का परेशान है कि उसे प्रतियोगिता में जगह नहीं मिली।

(35). क– वह दुखी है।

ख– वह दुखी है कि परीक्षा में उत्तीर्ण नहीं हुआ।

(क) वाक्य अपूर्ण हैं, क्योंकि इनमें प्रयुक्त 'परेशान' तथा 'दुखी' निराकांक्ष नहीं हैं। (ख) वाक्यों में कि–उपवाक्य के प्रयोग से इनकी आकांक्षा पूरी होती हैं और वाक्य पूर्ण होते हैं। यह भी ध्यान देने योग्य है कि (ख) वाक्यों में प्रयुक्त कि–उपवाक्य मुख्य उपवाक्य के कर्ता नहीं हैं, जबकि वाक्य (32) तथा (33) में कि–उपवाक्य मुख्य उपवाक्य के कर्ता हैं। (34) और (35) में मुख्य उपवाक्य के

कर्ता कि–उपवाक्य से भिन्न हैं। (32) और (33) में विकल्प से मुख्य उपवाक्य में कर्ता के स्थान पर कि–उपवाक्य के शीर्ष के रूप में 'यह' का प्रयोग किया जा सकता है, **'यह** स्वाभाविक था कि'..., **'यह** स्पष्ट है कि...।

इस तरह स्पष्ट है कि कर्ता के रूप में कि–संज्ञा उपवाक्य लेनेवाले विशेषण अन्य विशेषणों से अलग हैं। इस वर्ग के कुछ विशेषण इस प्रकार हैं, स्वाभाविक, स्पष्ट, उचित, आवश्यक, सच, ज्ञात, महत्वपूर्ण, संभव, कठिन, आसान इत्यादि। इस वर्ग के अनेक विशेषणों से बने वाक्यों में ऐच्छिक घटक के रूप में ज्ञाता या लाभार्थी का उल्लेख किया जा सकता है। इस घटक के साथ 'के लिए' या 'को' का प्रयोग होता है, उदाहरणार्थ–

(36). **उसे** मालूम न था कि यमराज बाघिन का रूप लेकर बैठे हुए हैं।

(37). **मेरे लिए** यह महत्वपूर्ण है कि बेटी की शादी कर दी जाए।

(38). **मनुष्य के लिए** यह संभव नहीं है कि वह इकहरा जीवन जिए।

कि–उपवाक्य के रूप को ध्यान में रखते हुए इस वर्ग के विशेषणों को तीन उपवर्गों में विभाजित किया जा सकता है। रूप की दृष्टि से तीन प्रकार के कि–उपवाक्य इस प्रकार हैं, (1) दुर्बल संभावना या इच्छार्थक क्रिया रूपवाले कि–उपवाक्य (2) निश्चयार्थक क्रिया रूपवाले कि–उपवाक्य तथा (3) प्रश्नवाचक रूपवाले कि–उपवाक्य।

तीनों उपवर्गों के विशेषणों की एक सूची नीचे दी जा रही है। कुछ विशेषण एक से अधिक उपवर्गों में दिखायी देते हैं।

(1) इच्छार्थक कि–उपवाक्य लेनेवाले विशेषण

स्वाभाविक, सहज
संभव, मुमकिन, असंभव
हास्यास्पद, विचित्र, आश्चर्यजनक, अजीब
महत्वपूर्ण
न्यायसंगत, युक्तिसंगत, नीतिसंगत, तर्कसंगत
संगत, असंगत
उचित, अनुचित, आवश्यक, ज़रूरी, लाज़िमी, उपयुक्त
मना, निषिद्ध
अच्छा, बुरा, गलत, भला, ठीक, सही
असह्य, सह्य नहीं,
मुश्किल, आसान, कठिन, सरल

(2) निश्चयार्थक कि–उपवाक्य लेनेवाले विशेषण

स्पष्ट, ज़ाहिर, साफ़
सूचित
प्रमाणित, सिद्ध, साबित
सच, झूठ, सत्य, असत्य, सही, गलत

विचित्र, हास्यास्पद, अजीब, आश्चर्यजनक
याद, सुध, पता, ज्ञात, मालूम, विदित,
स्मरणीय, ध्यातव्य
निश्चित, पक्का, तय
महत्वपूर्ण, उल्लेखनीय

(3) प्रश्नवाचक कि–उपवाक्य लेनेवाले विशेषण

स्पष्ट, साफ़, ज़ाहिर
सूचित
याद, मालूम, विदित, पता, ज्ञात
तय, निश्चित, पक्का

नीचे इन विशेषणों के कुछ प्रयोग दिये जा रहे हैं–

(39). इतना **स्पष्ट** है कि जीवद्रव्य के गुणों में ही जीवन विद्‌यमान **है।**

(40). **सच** (बात) यह है कि ये पुस्तकें महासागर की भाँति **हैं।**

(41). यह **संभव** है कि ताप्ती के अतिरिक्त किसी दूसरी नदी की संज्ञा भी पयोष्णी **रही हो।**

(42). यह बड़ा **हास्यास्पद** है कि वह ऐसा काम **करे।**

(43). तुम्हारी चमक को देखते हुए यह **लाज़िम** था कि तुम्हारा नाम चमकी **होता।**

(44). किसी को **याद** तक न रहा था कि दादी ने हमारे बीच में अंतिम साँस **छोड़ी थी।**

(45). किसी को नहीं **मालूम** था कि चुनाव **क्या** होता **है।**

(46). यह बहुत ही **महत्वपूर्ण** है कि इनके आस–पास के वातावरण को साफ़ सुथरा **रखा जाए।**

(47). यह **नीतिसंगत** मालूम होता है कि खालाजान को माहवार खर्च **दिया जाए।**

(48). मैं **तय** नहीं कर पा रहा था कि **कौन–सी** चीज़ पहले **खायी जाए।**

(49). यह **गलत** है कि हम उन्हें न **बुलाएँ।**

(50). यह **आसान** है कि हम इसे झुका **दें।**

(51). यह कितना **अजीब** है कि किसी की जवान बेटी लापता **हो** और आप खाने की बात **करें।**

(52). समझू को **उचित** है कि बैल का पूरा दाम **दे।**

कि–उपवाक्य को मुख्य उपवाक्य से पूर्व रखने पर 'कि' का लोप होगा तथा कि–उपवाक्य के बाद अल्पविराम का प्रयोग होगा। मुख्य उपवाक्य में शीर्ष 'यह' का प्रयोग किया जाएगा; उदाहरणार्थ–

(53). हम उन्हें न बुलाएँ, यह गलत है।

(54). कौन–सी चीज़ पहले खायी जाए, मैं यह तय नहीं कर पा रहा था।
इत्यादि।

संज्ञा

क्रिया और विशेषण की भाँति विशेष वर्ग की संज्ञाएँ भी संज्ञा कि–उपवाक्य लेती हैं। किंतु यहाँ एक विशेष बात ध्यान देने योग्य यह है कि संज्ञा कि–उपवाक्य का जैसा संबंध क्रिया और विशेषण से होता है वैसा संबंध संज्ञा से नहीं होता। कि–उपवाक्य का क्रिया या विशेषण से अभेद संबंध नहीं होता, बल्कि यह उनकी आकांक्षा से बँधा होता है। इसके बिना वाक्य संरचना की दृष्टि से अपूर्ण होता है, जैसे, 'स्पष्ट है'। (अपूर्ण वाक्य), 'स्वाभाविक है।' (अपूर्ण वाक्य), 'लगता है।' (अपूर्ण वाक्य)। दूसरी तरफ़ संज्ञा कि–उपवाक्य का संज्ञा से अभेद संबंध होता है। दोनों में अभेद संबंध हो भी क्यों न? दोनों संज्ञाएँ हैं। संज्ञा उपवाक्य शीर्ष संज्ञा के सामान्य अर्थ को विशेष बनाता है, और इस दृष्टि से वह शीर्ष संज्ञा का सही अर्थों में पूरक होता है। 'उसे बोध है' यह वाक्य संरचनात्मक दृष्टि से पूर्ण है, वाक्य में अन्य किसी घटक की आवश्यकता नहीं है। आवश्यकता है तो इस बात की कि 'बोध' के अर्थ को पूरा किया जाए, 'उसे बोध है कि दूसरों को सताना पाप है।' अब अर्थ की दृष्टि से भी यह वाक्य पूरा है। कि–उपवाक्य और 'बोध' में अभेद संबंध है। संरचना की दृष्टि से 'बोध–कि दूसरों को सताना पाप है' एक घटक है।

जहाँ कर्ता के रूप में प्रयुक्त कि–उपवाक्य की चर्चा होगी वहाँ इस प्रकार के वाक्यों पर विचार किया जाएगा–

(55). उसे बोध है कि दूसरों को सताना पाप है।

(56). आशा थी कि चुनावों में हार के कारणों पर पार्टी विचार करेगी।

(57). दोनों में समझौता हुआ कि वे एक दूसरे के काम में दखल नहीं देंगे।

इन वाक्यों में कि–उपवाक्य कर्ता है, क्योंकि कि–उपवाक्य का जिन संज्ञाओं से अभेद संबंध है वे सभी वाक्य में कर्ता के स्थान पर प्रयुक्त हैं, 'बोध', 'आशा' तथा 'समझौता'। क्रिया की तरह संज्ञा को कारकों की यानी साधनों की आकांक्षा नहीं होती, बल्कि संज्ञा स्वयं विभिन्न कारकों में प्रयुक्त होती है। जिस कारक में संज्ञा होगी उसी कारक में उसका पूरक कि–उपवाक्य भी होगा। इसी अर्थ में वाक्य (55), (56) तथा (57) में प्रयुक्त कि–उपवाक्य कर्ता हैं। संज्ञा अपने पूरक के साथ विभिन्न कारकों में प्रयुक्त हो सकती है। कुछ उदाहरण नीचे दिये जा रहे हैं–

(58). **आशा** रखो कि तुम्हें भी अवसर मिलेगा। (कर्म)

(59). वह इस **डर से** नहीं आया कि तुम उससे पैसे माँगोगे। (कारण)

(60). उस्मान इसी **चिंता में** निकला था कि कहीं कुछ हाथ आ जाए।
(अधिकरण)

(61). **करार** तो यह था कि सिर्फ़ भैंसों की देखभाल टेपचू को करनी पड़ेगी। (कर्ता)

(62). **इस बात के लिए** आपको खुद जाना पड़ेगा कि उनमें समझौता हो जाए। (प्रयोजन)

उपर्युक्त वाक्यों में जिस कारक संबंध में संज्ञा है उसी कारक संबंध में पूरक कि–उपवाक्य भी है।

संज्ञा उपवाक्य लेनेवाली संज्ञाओं के दो वर्ग किये जा सकते हैं, **तथ्यात्मक संज्ञाएँ** तथा **इतर संज्ञाएँ।** पहले वर्ग में दुख, खेद, अफ़सोस, खुशी, हैरानी, कमाल, आश्चर्य आदि संज्ञाएँ परिगणित की जा सकती हैं। दूसरे वर्ग में **आशा, विश्वास, आशंका, चिंता, डर** प्रभृति संज्ञाओं को डाला जा सकता है। दुख आदि संज्ञाएँ इसलिए तथ्यात्मक हैं कि इनके पूरक उपवाक्य तथ्य के रूप में होते हैं, इनकी सत्यता असंदिग्ध होती है। ये हमारी पूर्वमान्यता के विषय होते हैं, जिनका व्याघात सह्य में नहीं होता। दूसरे वर्ग की संज्ञाओं में यह विशेषता नहीं होती। उदाहरण द्वारा इस भेद को और स्पष्ट किया जा सकता है–

(63). लड़के को दुख है कि वह फ़ेल हो गया। (*लेकिन वह फ़ेल नहीं हुआ है।)

(64). लड़के को चिंता है कि वह फ़ेल हो जाएगा। (लेकिन वह फ़ेल नहीं होगा।)

'दुख' के पूरक उपवाक्य का व्याघात स्वीकार्य नहीं है। 'लड़का फ़ेल हो गया', इसकी सत्यता पूर्वमान्य है। पूरा वाक्य असत्य हो सकता है; 'लड़का फ़ेल हो गया है लेकिन उसे फ़ेल होने का दुख नहीं है।' इस स्थिति में (63) असत्य है। इसके विपरीत 'चिंता' के पूरक उपवाक्य का व्याघात सहजता से स्वीकार्य है।

तथ्यात्मक संज्ञाओं के कि–उपवाक्य में कारण का अंश निहित प्रतीत होता है, जो वाक्य के विभिन्न रूपांतरणों में स्पष्ट दिखायी देने लगता है। नीचे 'दुख' के कुछ प्रयोग द्रष्टव्य हैं–

(65). क. मुझे दुख है कि तुम्हें पहला पुरस्कार नहीं मिला।
ख. मुझे दुख है, क्योंकि तुम्हें पहला पुरस्कार नहीं मिला।
ग. चूँकि तुम्हें पहला पुरस्कार नहीं मिला इसलिए मुझे दुख है।

'तुम्हें पहला पुरस्कार नहीं मिला' यह दुख का स्वरूप और कारण दोनों है–

– आपको **क्या** दुख है?
मुझे (यह) दुख है कि तुम्हें पहला पुरस्कार नहीं मिला।

– आपको **क्यों** दुख है?
मुझे (इसलिए) दुख है क्योंकि तुम्हें पहला पुरस्कार नहीं मिला।

'आशा' तथ्येतर वर्ग की संज्ञा है। इसके प्रयोग देखिए–

(66). क. मुझे आशा है कि तुम्हें पहला पुरस्कार मिलेगा।

ख. *मुझे आशा है, क्योंकि तुम्हें पहला पुरस्कार मिलेगा।

ग. *चूँकि तुम्हें पहला पुरस्कार मिलेगा इसलिए मुझे आशा है।

'तुम्हें पहला पुरस्कार मिलेगा' यह आशा का स्वरूप है, कारण नहीं–

– आपको **क्या** आशा है?

मुझे (यह) आशा है कि तुम्हें पहला पुरस्कार मिलेगा।

– ? आपको **क्यों** आशा है?

?? मुझे (इसलिए) आशा है, क्योंकि तुम्हें पहला पुरस्कार मिलेगा।

परसर्गों के प्रयोग से भी तथ्यात्मक तथा तथ्येतर संज्ञाओं का भेद स्पष्ट होता है–

(67). क. मुझे आशा है कि वह स्वस्थ एवं प्रसन्न होगा।

ख. मुझे इस बात **की** आशा है कि वह स्वस्थ एवं प्रसन्न होगा।

ग. *मुझे इस बात **से** आशा है कि वह स्वस्थ एवं प्रसन्न होगा।

(68). क. मुझे खुशी है कि वह स्वस्थ एवं प्रसन्न है।

ख. मुझे इस बात **की** खुशी है कि वह स्वस्थ एवं प्रसन्न है।

ग. मुझे इस बात **से** खुशी है कि वह स्वस्थ एवं प्रसन्न है।

'आशा' तथ्येतर वर्ग की संज्ञा है और 'खुशी' तथ्यात्मक वर्ग की संज्ञा है। 'की' परसर्ग का प्रयोग दोनों के साथ है, किंतु 'से' का प्रयोग केवल 'खुशी' के साथ सही है। 'का' में विभिन्न कारक–संबंधों का समाहार संभव है, इसलिए उसका प्रयोग व्यापक है। इतना ही नहीं, कारकों से इतर संबंधों का भी 'का' सूचक है जैसे–स्वस्वामिभाव, अंगागिभाव, जन्यजनकभाव इत्यादि।

दोनों वर्गों की कुछ संज्ञाओं के प्रयोग द्रष्टव्य हैं–

(69). उसी रात को मालती के मन में यह **विश्वास** बैठ गया था कि/?? **क्योंकि** किसी दैवी अभिशाप के रूप में सुषमा उसके जीवन में उतरी है।

(70). उन्हें **आशंका** नहीं थी **कि/??क्योंकि** बात उलटी पड़ जाएगी।

(71). मुझे **डर** था **कि/**??**क्योंकि** मैं धाड़ मार कर रो पड़ूँगा।

(72). **कमाल** है **कि/क्योंकि** इतना कुछ हो गया पर उसकी आँखों में एक कतरा आँसू भी न आया।

(73). अफ़सोस है **कि/क्योंकि** ऐसे व्यक्ति बहुत थोड़े हैं जिन्होंने इस मामले पर गंभीरता से विचार किया हो।

संज्ञा का पूरक उपवाक्य जिन वाक्यों में कर्ता के रूप में प्रयुक्त होता है उनका सामान्य साँचा 'कर्ता+क्रिया' या '(संज्ञा–को) + कर्ता + क्रिया' है। क्रिया के

स्थान पर जो अकर्मक क्रियाएँ प्रयुक्त होती हैं उनमें से कुछ इस प्रकार हैं, होना, मिलना, रहना, बनना, बैठना, जगना, लगना, पैदा होना, खुलना आदि। उदाहरणार्थ कुछ वाक्य दिये जा रहे हैं–

(74). मुझे संदेह **है** कि उसने हत्या की है।

(75). अचंभा नहीं कि उस पलायन के पीछे एक कारण वह व्यक्ति भी रहा हो।

(76). मुझे विश्वास **हो गया** कि वह अब नहीं लौटेगा।

(77). उसे अवसर नहीं **मिला** कि तुमसे बात कर ले।

(78). इसके अलावा अन्य कोई विकल्प नहीं **रह गया था** कि उनकी जगह किसी दूसरे को नियुक्त किया जाता।

(79). इसके खिलाफ़ ऐसा मामला **बन गया है** कि यह हमेशा ही दारू लाता है और उसकी अवैध बिक्री करता है।

(80). उसके फाँसी चढ़ जाने के बाद यह भेद **खुला है** कि वह कातिल नहीं था।

(81). मन में एक प्रश्न **पैदा हुआ** कि नीम से प्रसाद का क्या संबंध है।

(82). मेरे अंदर अपराध भावना **जगी** कि कहीं मैंने अनजाने में उसे पीड़ा तो नहीं पहुँचायी है।

(83). केतकी के मन में तो कभी यह खयाल ही नहीं **आता था** कि विमल इस प्रकार भी सोचेगा। इत्यादि।

निम्नलिखित वाक्य समुच्चयों पर विचार करें–

(84). क. मुझे भरोसा है कि सुरेश मेरा काम कर देगा।
ख. मुझे **सुरेश पर** भरोसा है कि वह मेरा काम कर देगा।
ग. मुझे सुरेश पर भरोसा है।
घ. मेरे लिए सुरेश भरोसेमंद है।

(85). क. मुझे आशा है कि सुरेश मेरा काम कर देगा।
ख. मुझे **सुरेश से** आशा है कि वह मेरा काम कर देगा।
ग. मुझे सुरेश से (बड़ी) आशा है।
घ. (i) मेरे लिए सुरेश आशाजनक/आशायोग्य है।
(ii) मेरे लिए सुरेश आशा की किरण है।

(86). क. मुझे बोध है कि संसार असार है।
ख. मुझे **संसार का** बोध है कि यह असार है।
ग. मुझे संसार का बोध है।
घ. मेरे लिए संसार बोधगम्य है।

(क) और (ख) वाक्यों में अंतर यह है कि (क) वाक्य के कि–उपवाक्य से कर्ता निकलकर (ख) वाक्य के मुख्य उपवाक्य में आ गय है। मुख्य उपवाक्य में यह

विभिन्न परसर्गों के साथ है, सुरेश **पर** भरोसा, सुरेश **से** आशा तथा संसार **का** बोध। परसर्गों पर 'भरोसा' आदि संज्ञाओं का नियंत्रण है। (ग) वाक्यों में कि–उपवाक्य नहीं हैं, किंतु 'पर', 'से' तथा 'का' का प्रयोग यथावत है। कि–उपवाक्य से कर्ता को निकालकर मुख्य उपवाक्य में रखने का प्रयोजन कर्ता पर विशेष बल देने का जान पड़ता है। (क) वाक्य (ख) वाक्यों की तुलना में सामान्य हैं। (क) वाक्यों की एक व्याख्या यह भी हो सकती है कि सुरेश भरोसा या आशा का स्रोत नहीं है। भरोसा या आशा अन्य कारणों से है। (क) वाक्यों की तुलना इन वाक्यों से करें–

(87). क. मुझे भरोसा है कि बरसात होगी।
  ख. ??मुझे बरसात पर भरोसा है कि वह होगी।

(88). क. मुझे आशा है कि धूप निकलेगी।
  ख. ?? मुझे धूप से आशा है कि वह निकलेगी।

स्पष्ट है कि बरसात और धूप हमारे भरोसा या आशा के कारण या स्रोत नहीं हो सकते, इसलिए (87) तथा (88) के (ख) वाक्य स्वीकार्य नहीं हैं। भरोसा, आशा, विश्वास आदि भावों का स्रोत हमेशा मानव वर्ग का या प्राणिवर्ग का सदस्य होगा, यह आवश्यक नहीं है–

(89). क. मुझे भरोसा है कि यह परीक्षण सफल होगा।
  ख. मुझे इस परीक्षण पर भरोसा है कि यह सफल होगा।

(90). क. मुझे भरोसा है कि यह घोड़ा रेस जीत जाएगा।
  ख. मुझे इस घोड़े पर भरोसा है कि यह रेस जीत जाएगा।

आदि।

(84), (85) तथा (86) के (क) तथा (ख) वाक्यों को एक साथ रखें। (ग) की तुलना में (क) विशिष्ट है। (84–क) में एक विशिष्ट भरोसे की बात कही गयी है। सुरेश मेरा काम कर देगा, यह विशिष्ट भरोसा है। (84–ग) में सुरेश पर सामान्य भरोसे की बात कही गयी है। अन्य बातों के लिए भी मैं सुरेश पर भरोसा कर सकता हूँ। इसी अर्थ को (84–घ) में अधिक स्पष्टता के साथ व्यक्त किया गया है। (85–क) तथा (85–ग) में भी इसी प्रकार का संबंध है। (86–क) में एक विशिष्ट बोध का उल्लेख है। संसार की असारता के बोध का उल्लेख है। किंतु (86–ग) में संसार के विषय में सामान्य बोध का उल्लेख है, संसार असार ही नहीं है, अपितु यह छल, प्रपंच, स्वार्थ, माया, मोह का आगार भी है।

इस प्रसंग में कुछ अन्य उदाहरण द्रष्टव्य हैं–

(91). क. कमाल है कि लड़के ने इतना भारी बक्स उठा लिया।
  ख. यह लड़के का कमाल है कि उसने इतना भारी बक्स उठा लिया।

(92). क. पता है कि कैंसर बुढ़ापे में मोटे आदमियों को होता है।
  ख. कैंसर का पता है कि वह बुढ़ापे में मोटे आदमियों को होता है।

(93). क. निश्चय है कि कल छुट्टी रहेगी।
ख. कल का निश्चय है कि छुट्टी रहेगी।

(94). क. इंतज़ार रहेगा कि आप आएँगे।
ख. आप का इंतज़ार रहेगा कि (आप) आएँगे।

पूरक कि–उपवाक्य का सामान्य स्थान मुख्य उपवाक्य के बाद है। अब तक के लगभग सभी उदाहरणों में मुख्य उपवाक्य के बाद ही पूरक उपवाक्य का प्रयोग हुआ है। किंतु पूरक उपवाक्य को यदि उच्च प्रकाश में लाना होता है तो उसे मुख्य उपवाक्य के पूर्व भी रखा जा सकता है। कुछ उदाहरण प्रस्तुत हैं–

(95). घर में तुलसी के नीचे दीपक जले, गृहिणी आँचल से दीपक बुझाए, फूँककर नहीं..., यह हमारी संस्कृति थी, हमारा रिवाज़ था।

(96). नवशिक्षित, अपरिपक्व–सा दीखनेवाला यही लड़का इस नाटक का दिग्दर्शक होगा, एकबार तो विश्वास ही नहीं होता।

(97). उसकी पसंद क्यों और कैसे मेरी पसंद बन गयी, इसका रहस्य कभी मेरी समझ में न आया।

(98). दूसरे देशों में उपचार के दौरान मरीज़ न मरता हो, ऐसी बात नहीं।

पूरक उपवाक्य के आदि स्थान पर आने पर 'कि' का लोप होता है, पूरक उपवाक्य के बाद अल्पविराम का प्रयोग होता है तथा मुख्य उपवाक्य में 'यह' 'ऐसा' 'इसका' का प्रयोग होता है, या कभी इनमें से किसी का भी प्रयोग नहीं होता।

कभी पूरक कि–उपवाक्य शीर्ष संज्ञा के साथ चिपका हुआ चलता है, देखिए–

(99). उससे हमारी ऊपर की **बात** कि **स्त्रियाँ पुरुषों के सुख के लिए हैं,** अच्छी तरह स्पष्ट है।

यदि संज्ञा के साथ परसर्ग का प्रयोग हुआ हो तो पूरक उपवाक्य परसर्ग के बाद आता है–

(100). इस **आशा से कि कदाचित किसी महात्मा से भेंट हो जाए और उसकी कृपा से घर पहुँच सकें,** वे हिमालय में भटकने लगे।

पूरक उपवाक्य में प्रयुक्त समापिका क्रिया के रूपों पर विचार करें तो संज्ञाओं को कई उपवर्गों में रखा जा सकता है। यह पहले कहा जा चुका है कि पूरक उपवाक्य की संरचना पर शीर्ष संज्ञा का नियंत्रण रहता है। संज्ञा अपनी प्रकृति के अनुसार पूरक उपवाक्य को अधिशासित करती है। कुछ संज्ञाएँ दुर्बल संभावना या इच्छार्थक वृति में पूरक उपवाक्य को अधिशासित करती हैं, जैसे–इच्छा, कामना, आशीर्वाद आदि। उदाहरणार्थ–

(101). मेरी इच्छा है कि वह घर जाए/*जाएगा/*जाता है।

कुछ संज्ञाएँ दृढ़ संभावना यानी भविष्यार्थक वृत्ति में पूरक उपवाक्य को स्वीकार करती हैं, जैसे, आशा, विश्वास आदि।

(102). मुझे आशा है कि वह कल आएगा/*आए/*आता है।

कुछ संज्ञाएँ आज्ञार्थक रूप में पूरक उपवाक्य लेती हैं, जैसे, आज्ञा, आदेश, निर्देश आदि।

(103). मेरी आज्ञा है कि तुम अभी **लौट जाओ।**

(104). निदेशक का आदेश है कि वह शीघ्र कार्यभार **सँभाल ले।**

कुछ संज्ञाएँ निश्चयार्थक वृत्ति में पूरक उपवाक्य लेती हैं, जैसे, ज्ञान, बोध, संदेह आदि।

(105). लड़के को ज्ञान है कि उसे किसी ने ठगा है।

ज्ञानार्थक संज्ञाओं में कई प्रश्नवाचक पूरक उपवाक्य को स्वीकार करती हैं–

(106). उसे जानकारी है कि रमेश कहाँ जा रहा है।

(107). प्रश्न है कि क्या वह इस बात को स्वीकार करेगा।

1.5.2.2. कि–उपवाक्य कर्म के रूप में

कर्ता के रूप में कि–उपवाक्यों के प्रयोग पर विचार करने के बाद अब कर्म के रूप में उनके प्रयोगों पर विचार करना है। कर्ता के रूप में कि–उपवाक्य लेने की योग्यता अकर्मक क्रिया, विशेषण तथा संज्ञापदों, तीनों में होती है, जबकि कर्म के रूप में कि–उपवाक्य लेने की योग्यता केवल क्रियाओं में–सकर्मक क्रियाओं–में होती है।

उदाहरण के लिए निम्नलिखित वाक्य देखिए–

(1). मैं जानता हूँ कि मोहन ईमानदार है।

वाक्य में सकर्मक क्रिया 'जानना' का प्रयोग हुआ है। इस वाक्य में कि–उपवाक्य 'जानना' का कर्म है। किंतु सभी सकर्मक क्रियाएँ कर्म के रूप में कि–उपवाक्य नहीं लेतीं। जो लेती हैं, वे विशेष वर्गों की होती हैं। सकर्मक क्रियाओं के अलावा कुछ विशेष अकर्मक क्रियाएँ भी कर्मस्थानी कि–उपवाक्य लेती हैं। इस प्रकार की लगभग सभी अकर्मक क्रियाएँ वाचिक हैं, कुछ अस्फुट और कुछ स्फुट ध्वनियोंवाली। आगे क्रम से इस प्रकार की **सकर्मक** और **अकर्मक** क्रियाओं का वर्णन किया जाएगा।

सकर्मक क्रिया

रचना की दृष्टि से इन क्रियाओं को दो वर्गों में रखा जा सकता है–

(1) साधारण क्रिया (2) मिश्र क्रिया

पहले वर्ग की कुछ क्रियाएँ इस प्रकार हैं–

जानना, मानना, समझना, सोचना, कहना, बताना, भूलना, देखना, सुनना आदि।

दूसरे वर्ग की क्रियाओं के दो उपवर्ग हैं–

(क) संज्ञा + क्रिया

आशा करना, प्रार्थना करना, फ़ोन करना, तार देना, प्रतिज्ञा करना, शपथ लेना, स्वीकार करना, इल्ज़ाम लगाना, पता लगाना आदि।

(ख) विशेषण + क्रिया

स्पष्ट करना, मालूम करना, पता करना, ज्ञात करना, राज़ी करना, सूचित करना, प्रमाणित करना, अच्छा करना, तय करना, सही करना आदि।

यह ध्यान देने योग्य है कि जिन भाववाचक संज्ञाओं तथा विशेषणों के योग से मिश्र क्रियाएँ बनती हैं वे संज्ञाएँ तथा विशेषण स्वतंत्र रूप में भी कि–उपवाक्य लेती हैं। इतना ही नहीं, कि–उपवाक्य के स्वरूप को नियंत्रित करने की उनकी योग्यता भी वही रहती है, अर्थात संज्ञा या विशेषण की जो योग्यता उसके स्वतंत्र प्रयोगों में होती है वही योग्यता मिश्र क्रिया के घटक के रूप में प्रयोग होने पर भी उसमें बनी रहती है, उदाहरणार्थ–

(2). क. मैं **आशा करता हूँ** कि वह पास हो जाएगा।
 ख. मुझे **आशा** है कि वह पास हो जाएगा।
 ग. मैं **आशान्वित** हूँ कि वह पास हो जाएगा।

(3). क. मैं **इच्छा करता हूँ** कि वह निरंतर उन्नति करे।
 ख. मेरा **इच्छा** है कि वह निरंतर उन्नति करे।
 ग. मैं **इच्छुक** हूँ कि वह निरंतर उन्नति करे।

(4). क. मैंने **ज्ञात किया** कि उसकी अंक तालिका खो गयी है।
 ख. मुझे **ज्ञान** है कि उसकी अंक तालिका खो गयी है।
 ग. मुझे **ज्ञात** है कि उसकी अंक तालिका खो गयी है।

(क) वाक्यों में मिश्र क्रियाओं का प्रयोग हुआ है। जिस संज्ञा या विशेषण से मिश्र क्रिया बनी है उस संज्ञा और विशेषण का स्वतंत्र प्रयोग (ख) तथा (ग) वाक्यों में हुआ है। (क), (ख) तथा (ग) तीनों में स्वरूप की दृष्टि से एक ही प्रकार के कि–उपवाक्यों का प्रयोग हुआ है। अर्थात एक ही मूल की मिश्र क्रिया, संज्ञा तथा विशेषण में समान योग्यता है। वाक्य (2) के तीनों कि–उपवाक्यों में क्रिया भविष्यार्थक है, वाक्य (3) के तीनों कि–उपवाक्यों में क्रिया इच्छार्थक है तथा वाक्य (4) के तीनों कि–उपवाक्यों में क्रिया निश्चयार्थक है। बस, अंतर यह है कि मिश्र क्रिया के सकर्मक होने से उसके साथ प्रयुक्त कि–उपवाक्य कर्म है, जबकि संज्ञा तथा विशेषण के साथ प्रयुक्त कि–उपवाक्य कर्म नहीं हैं।

एक मूल की (मिश्र) क्रिया, संज्ञा तथा विशेषण के कुछ समुच्चय द्रष्टव्य हैं–

संज्ञा	**विशेषण**	**क्रिया / मिश्र क्रिया**
प्रार्थना	–	प्रार्थना करना
फ़ैसला	–	फ़ैसला करना
मान्यता	मान्य	मानना

–	राज़ी	राज़ी करना
प्रमाण	प्रमाणित	प्रमाणित करना
ज्ञान	ज्ञात	जानना
संतोष	संतुष्ट	संतोष करना
सोच	–	सोचना
चिंता	चिंतित	चिंता करना
आज्ञा	–	आज्ञा देना
मनौती	–	मनौती मानना
शर्त	–	शर्त लगाना
सुझाव	–	सुझाव देना इत्यादि।

कर्म के रूप में कि–संज्ञा उपवाक्य लेनेवाली सकर्मक क्रियाओं का दूसरा वर्गीकरण उनके अर्थ के आधार पर किया जा सकता है। अर्थ के आधार पर उनका एक वर्गीकरण नीचे प्रस्तुत है–

1. संप्रेषणात्मक या वाचिक क्रियाएँ

कहना, बताना, जताना, बोलना, बतलाना, तार देना, फ़ोन करना, सूचित करना आदि।

2. प्रवर्तनात्मक क्रियाएँ

प्रार्थना करना	अनुरोध करना	याचना करना
पुकारना	अर्ज़ करना	निवेदन करना
विनती करना	आह्वान करना	बुलाना
कहना	आज्ञा देना	आदेश देना
राज़ी करना	उकसाना	भड़काना
फुसलाना	समझाना	बरगलाना आदि।

3. ज्ञानात्मक या अनुभवात्मक क्रियाएँ

जानना	ताड़ना	भाँपना	परखना	
बूझना	पहचानना	पाना	भूलना	
पता लगाना,	पता करना	मालूम करना	ज्ञात करना	
याद करना	सलाह करना	ध्यान देना	देखना	
सुनना	पढ़ना	पूछना	प्रश्न करना,	जिज्ञासा करना
x	x	x	x	x
अनुभव करना		महसूस करना, सहना		झेलना
x	x	x		
विचार करना		सोचना	मानना	समझना आदि।

4. **संकल्पात्मक क्रियाएँ**

प्रतिज्ञा करना	शपथ लेना	वचन देना	संकल्प करना
शर्त लगाना	शर्त रखना	चुनौती देना	मनौती मानना
x	x	x	
तय करना	निश्चय करना	निर्णय करना	
ठानना	फ़ैसला करना	हठ करना	ज़िद करना

पहले वर्ग की क्रियाएँ **संप्रेषणात्मक** हैं। इनको वाचिक क्रियाएँ भी कह सकते हैं, क्योंकि संप्रेषण का माध्यम वाचिक प्रयत्न है। वक्ता इन क्रियाओं द्वारा अपने विचारों को संप्रेषित करता है। उसका प्रयोजन श्रोता के ज्ञान जगत में वृद्धि या परिवर्तन करना होता है। इसलिए उसका कथन सामान्य कथन न होकर अभिकथन (assertion) होता है। वक्ता संप्रेषण को सफल तभी मानता है जब श्रोता उसके कथन से प्रभावित होता है। श्रोता का प्रभावित होना वक्ता की विश्वसनीयता तथा साख पर निर्भर है। इन क्रियाओं से बने कुछ वाक्य नीचे उद्धृत हैं–

(5). मुझे चर्च के अधिकारियों का एक पत्र मिला, जिसमें **लिखा** था **कि** उनका चर्च बिना किसी पादरी के सूना पड़ा है।

(6). उसने अपने पति को **तार दे दिया था कि** वह आज नहीं, बल्कि कल रात को ही उसके पास पहुँच सकेगी।

(7). फ़िलासफ़र प्लेटो ने समय–समय पर यही **जताया** है **कि** पुरुष और पुरुष के बीच का प्यार ऊँचे प्रकार का प्यार होता है।

(8). उसने **बयान दिया** है **कि** वह कत्ल के समय वहाँ नहीं था।

(9). रमेश **बोला कि** वह अब ऐसी गलती कभी नहीं करेगा।

इस वर्ग की क्रियाओं में कुछ ऐसी क्रियाएँ भी हैं जिनसे प्रकट होता है कि वक्ता इस बात से उदासीन है कि श्रोता उसकी बात से प्रभावित हुआ है या नहीं। ज़िक्र करना, चर्चा करना, उल्लेख करना को इस श्रेणी में रखा जा सकता है। इन क्रियाओं के प्रयोग से यह प्रतीत होता है कि वक्ता विषय की ओर श्रोता का ध्यान भर आकृष्ट करता है, श्रोता विषय को कैसे लेता है, यह उसी पर छोड़ देता है। उदाहरण के लिए–

(10). मैंने **ज़िक्र किया था कि** आजकल वह कहीं काम पर जाने लगा है।

(11). वहाँ यह **उल्लेख कर दिया गया था कि** जो यात्रा पर जाना चाहेंगे उन्हें पहले अपना नाम देना होगा।

बहाना बनाना, टिप्पणी करना, उलाहना देना, शिकायत करना आदि भी भाषिक क्रियाएँ हैं, यद्यपि इन क्रियाओं द्वारा श्रोता के ज्ञा जगत में वृद्धि करना वक्ता का प्रयोजन नहीं होता, बल्कि उलटे वक्ता श्रोता से सही बात छिपाता है या उसके किये काम की आलोचना या उस पर नाराज़गी प्रकट करता है।

संप्रेषणात्मक क्रियाओं में कई का द्विकर्मक प्रयोग मिलता है, उदाहरण के लिए–

(12). मैंने **ड्राइवर को** फ़ोन कर दिया था कि ट्रेन 10:00 तक आएगी।

(13). उसने **पिता जी को** पत्र लिखा कि वह परीक्षा में उत्तीर्ण हो गया है।

(14). वे **हमको** उलाहना दे रहे थे कि हम उनकी शादी में नहीं पहुँचे।

(15). उसने **हमको** बताया था कि कल छुट्‌टी रहेगी।

(16). रमेश ने **उस पर** टिप्पणी की कि वह बेवक्त बोलता है।

इन वाक्यों में उभरे अंश गौण कर्म हैं। 'बताना' तथा 'जताना' इस दृष्टि से विशिष्ट क्रियाएँ हैं कि ये कथन की सत्यता के प्रति वाक्योच्चारण करनेवाले की प्रतिबद्‌धता को भी सूचित करती हैं, जबकि इस वर्ग की अन्य क्रियाओं में ऐसी विशेषता नहीं देखी जाती। नीचे के वाक्यों पर विचार करें–

(17). क. किसने कहा कि मैं बुद्‌धू हूँ?

ख. किसने बताया कि मैं बुद्‌धू हूँ?

(18). क. लड़के ने कहा कि लखनऊ बिहार की राजधानी है।

ख. ??लड़के ने बताया कि लखनऊ बिहार की राजधानी है।

(17–क) से यह स्पष्ट नहीं है कि प्रश्नकर्ता स्वयं अपने को बुद्‌धू मान रहा है या नहीं। वह नकार भी सकता है, अर्थात् कह सकता है कि मैं बुद्‌धू नहीं हूँ। किंतु (17–ख) में स्थिति भिन्न है। प्रश्नकर्ता स्वयं अपने को बुद्‌धू स्वीकार कर रहा है, बस, वह इतना जानना चाहता है कि इस तथ्य को किसने प्रकट किया।

देखिए–

(19). किसने कहा कि मैं बुद्‌धू हूँ? मैं बुद्‌धू नहीं हूँ।

(20). किसने बताया कि मैं बुद्‌धू हूँ? ?? मैं बुद्‌धू नहीं हूँ।

(18–क) में लड़के के कथन से वाक्योच्चारण करनेवाले की प्रतिबद्‌धता नहीं सूचित होती, किंतु (18–ख) में वाक्योच्चारण करनेवाले की लड़के के कथन से प्रतिबद्‌धता स्पष्ट है। वस्तुतः लखनऊ उत्तर प्रदेश की राजधानी है, बिहार की नहीं। 'बताना' की तरह 'जताना' भी तथ्यात्मक है।

प्रवर्तनात्मक वर्ग की क्रियाओं में मना करना, इंकार करना, स्वीकार करना तथा अस्वीकार करना की भी गणना की जा सकती है। इन चारों क्रियाओं को 'कहना' के साथ रखकर देखने पर कुछ रोचक तथ्य सामने आते हैं। 'स्वीकार करना' तथा 'अस्वीकार करना' 'कहना' से कुछ अधिक हैं, 'स्वीकार करना' में कहना के साथ 'सहमति' का योग है, तथा 'अस्वीकार करना' में कहना के साथ 'असहमति' का योग है–

(21). मोहन	कह रहा है	कि लड़का बीमार है।
	स्वीकार कर रहा है	
	अस्वीकार कर रहा है	

<table>
<tr><td>(22). मोहन</td><td>कह रहा है
स्वीकार कर रहा है
अस्वीकार कर रहा है</td><td>कि लड़का बीमार नहीं है।</td></tr>
<tr><td>(23). मोहन</td><td>नहीं कह रहा है
?? स्वीकार नहीं कर रहा है
?? अस्वीकार नहीं कर रहा है</td><td>कि लड़का बीमार है या नहीं।</td></tr>
</table>

वाक्य (23) 'कहना' के साथ सहज है, किंतु 'स्वीकार करना' तथा 'अस्वीकार करना' के साथ अटपटा है। मोहन को लड़के के स्वास्थ्य के बारे में पता नहीं है या पता तो है किंतु वह इस बारे में कुछ कहना नहीं चाहता। इस स्थिति में 'कहना' के साथ वाक्य सहज है। स्वीकार या अस्वीकार करने के लिए यह आवश्यक है कि मोहन को वस्तुस्थिति का पता भी हो और वह इसे व्यक्त भी करना चाहता हो।

'मना करना' में 'कहना' तथा 'निषेध' दोनों के अर्थ हैं। इन वाक्यों पर विचार करें–

(24). रमेश कह रहा है कि काम हो जाएगा। (काम होगा)

(25). रमेश मना कर रहा है कि काम होगा। (काम नहीं होगा)

(26). रमेश मना कर रहा है कि काम नहीं होगा। (काम नहीं होगा)

वाक्य (24) का अर्थ है कि काम होगा, जबकि वाक्य (25) तथा (26) का अर्थ है कि काम नहीं होगा। वाक्य (26) में तो स्पष्ट ही उपवाक्य का रूप है, 'काम नहीं होगा।'

'मना' में 'नहीं' निहित है, इसलिए (25) और (26) दोनों में काम न होने की बात कही गयी है। वाक्य (26) के कि–उपवाक्य में प्रयुक्त 'नहीं' वस्तुतः निषेधार्थक नहीं है, बल्कि वह 'मना' में निहित निषेध का पुनर्बलन कर रहा है। यदि कि–उपवाक्य में प्रयुक्त 'नहीं' 'मना' से स्वतंत्र होता तथा वस्तुतः निषेधार्थक होता तो वाक्य (26) का अर्थ होता 'काम होगा', क्योंकि दो निषेध मिलकर सकारात्मक हो जाते हैं। (25) और (26) में हम यह अंतर कर सकते हैं कि (25) में निषेध दुर्बल है और (26) में निषेध का पुनर्बलन है। हम सामान्य रूप में वाक्य (25) के बजाय वाक्य (26) का ही प्रयोग करते हैं। एक और बात ध्यान देने की है। वाक्य (24) में 'काम हो जाएगा' का प्रयोग है। 'हो जाएगा' का प्रयोग निषेध के साथ सामान्य रूप से नहीं होता। 'काम नहीं हो जाएगा' यह हम नहीं कहते, बल्कि 'काम नहीं होगा' यही कहते हैं। 'मना' चूँकि निषेधात्मक है इसलिए वाक्य (25) में कि–उपवाक्य में 'काम हो जाएगा' का प्रयोग चिंत्य है,?? वह मना कर रहा है कि काम हो जाएगा।' यह पुनः इस ओर संकेत करता है कि वाक्य (25) में कि–उपवाक्य निषेध के प्रभाव में है।

इन वाक्यों को देखें–

(27). रमेश कह रहा है कि काम नहीं होगा।

(28). रमेश मना कर रहा है कि काम नहीं होगा।

दोनों वाक्यों का एक ही अर्थ है, काम नहीं होगा।

वाक्य (27) में 'नहीं' निषेधार्थक है और वाक्य (28) में वह 'मना' में निहित निषेध का मात्र पुनर्बलन। मुख्य उपवाक्य में 'नहीं' रखकर देखें।

(29). रमेश नहीं कह रहा है कि काम नहीं होगा। (काम होगा)

(30). रमेश नहीं मना कर रहा है कि काम नहीं होगा। (काम होगा)

(27) तथा (28) की तरह (29) तथा (30) भी समानार्थी हैं। दोनों का अर्थ है, 'काम होगा/हो सकता है।'

संप्रेषणात्मक वर्ग में 'मना करना' की तरह 'इंकार करना' का भी प्रयोग किया जा सकता है। 'इंकार करना' में भी 'कहना' और 'नहीं' दोनों के अर्थ निहित हैं। उदाहरणार्थ–

(31). वह कह रहा है कि लड़का पास हो जाएगा। (पास होगा)

(32). वह इंकार कर रहा है कि लड़का पास होगा। (नहीं पास होगा)

(33). वह इंकार कर रहा है कि लड़का पास नहीं होगा। (नहीं पास होगा)

निम्नलिखित वाक्य देखें–

(34). वे **नहीं** कह रहे हैं कि मैंने पैसे लिए हैं। (पैसे नहीं लिए हैं)

(35). वे इंकार **नहीं** कर रहे हैं कि मैंने पैसे लिए हैं। (पैसे लिए हैं)

(36). वे इंकार **नहीं** कर रहे हैं कि मैंने पैसे नहीं लिए हैं। (पैसे लिए हैं)

इन उदाहरणों से स्पष्ट है कि 'मना करना' की तरह 'इंकार करना' में भी निषेधात्मक तत्व निहित है। इन क्रियाओं के गौण उपवाक्य का 'नहीं' इनके निषेध तत्व को काटता नहीं, बल्कि उसका पुनर्बलन करता है।

प्रवर्तनात्मक क्रियाएँ

प्रवर्तनात्मक क्रियाओं में कुछ स्पष्ट ही व्यक्ति को किसी कार्य में प्रवृत्त करने वाली हैं, जैसे, आज्ञा देना, प्रार्थना करना आदि। कुछ क्रियाएँ स्पष्ट रूप में प्रवर्तनात्मक नहीं हैं, किंतु किसी क्रिया में संलग्न होने के पीछे उनकी उपस्थिति अपेक्षित है। किसी क्रिया में संलग्न होने से पूर्व क्रिया करने की इच्छा का उत्पन्न होना आवश्यक है। इसी प्रकार किसी फल की आशा में ही व्यक्ति क्रिया में प्रवृत्त होता है। कहने का तात्पर्य यह है कि इच्छा तथा आशा भले आदेश या प्रार्थना की तरह सीधे प्रवर्तनात्मक न हों किंतु क्रिया में प्रवृत्त होने के लिए उनका होना आवश्यक है। इस अर्थ में इच्छा करना, चाहना, आशा करना आदि को प्रवर्तना वर्ग में परिगणित किया जा सकता है। आज्ञा देना, प्रार्थना करना आदि प्रवर्तनात्मक क्रियाओं की भाँति इच्छा करना तथा आशा करना भी भविष्योन्मुख क्रियाएँ हैं।

आज्ञा, इच्छा या आशा सभी भविष्य में पूरी होनेवाली क्रियाओं से संबंध रखती हैं। इनके अधीन जो गौण उपवाक्य होते हैं उनमें आज्ञार्थक, भविष्यार्थक या इच्छार्थक समापिका क्रियाओं का प्रयोग भी यही इंगित करता है कि ये सभी भविष्योन्मुख हैं और इसलिए सभी अनिश्चयार्थक हैं।

जो क्रियाएँ प्रत्यक्षतः प्रवर्तनात्मक हैं उनके भी दो वर्ग हैं। पहले वर्ग में **'आज्ञा देना'** को तथा दूसरे वर्ग में **'राज़ी करना'** को रख सकते हैं। दोनों क्रियाएँ व्यक्ति को क्रिया में प्रवृत्त करने का काम करती हैं। किंतु दोनों में महत्वपूर्ण भेद है। आज्ञा देने से व्यक्ति क्रिया में प्रवृत्त होगा ही, यह आवश्यक नहीं है। कई बार आज्ञा का उल्लंघन भी होता है। किंतु किसी व्यक्ति को किसी काम के लिए राज़ी करने का मतलब है कि वह व्यक्ति काम करेगा। राज़ी करने की क्रिया तभी सफल तथा पूर्ण मानी जाएगी। यदि व्यक्ति ने काम नहीं किया तो इसका अर्थ यही होगा कि वह काम करने को राज़ी नहीं हुआ। अर्थात् राज़ी करने की क्रिया पूरी नहीं हुई। आज्ञा पाकर व्यक्ति कार्य करने में संलग्न हो भी सकता है और नहीं भी। किंतु दोनों स्थितियों में आज्ञा देने की क्रिया पूरी मानी जाएगी। इन प्रयोगों को देखें–

(37). क. मैंने उसे आज्ञा दी कि वह घर जाए, तब वह घर गया।
ख. मैंने उसे आज्ञा दी कि वह घर जाए किंतु वह घर नहीं गया।

(38). क. मैंने उसे राज़ी किया कि वह घर जाए, तब वह घर गया।
ख. ?? मैंने उसे राज़ी किया किया कि वह घर जाए, किंतु वह घर नहीं गया।

आज्ञा देने की क्रिया दोनों स्थितियों में पूरी है किंतु राज़ी करने की क्रिया (38–ख) में पूरी नहीं हुई है। जब वह घर गया ही नहीं तो राज़ी करने का क्या मतलब हो सकता है?

ये प्रयोग देखिए–

(39). ?? मैंने उसे आज्ञा देने की कोशिश की कि वह घर जाए।

(40). मैंने उसे राज़ी करने की कोशिश की कि वह घर जाए।

राज़ी करने की कोशिश इसलिए करनी पड़ती है कि जिसे हम राज़ी करते हैं वह काम करने को तैयार हो जाए। तभी राज़ी करने की क्रिया पूर्ण होगी। आज्ञा देने में यह बात नहीं है। आज्ञा देना अपनी जगह है और आज्ञा पाकर काम करने को तैयार होना न होना अपनी जगह है। दोनों स्वतंत्र हैं।

दोनों वर्गों की क्रियाओं में एक दूसरा भेद भी है। आज्ञा देने के लिए केवल मुँह खोलना होता है यानी कुछ शब्दों का उच्चारण भर करना होता है, जबकि राज़ी करने के लिए वाचिक क्रिया के साथ–साथ अन्य क्रियाएँ भी चल सकती हैं। हम किसी को राज़ी करने के लिए अनुनय–विनय के अलावा दण्ड या प्रलोभन का भी सहारा ले सकते हैं। बिना किसी भाषिक प्रयत्न के भी केवल दण्ड या प्रलोभन के द्वारा भी राज़ी करने की क्रिया सम्पन्न हो सकती है।

नीचे दोनों वर्गों की क्रियाओं की अलग–अलग सूची दी जा रही है–

आज्ञा देना वर्ग

(Illocutionary Verbs)

(को) आज्ञा देना, आदेश देना

(से) प्रार्थना करना, कहना, बोलना

(को) पुकारना, बुलाना, बताना

(का) आह्वान करना, (को) मना करना,

रोकना, लिखना इत्यादि।

राज़ी करना वर्ग

(Perlocutionary Verbs)

(को) बहकाना, उकसाना

भड़काना, फुसलाना

(को) समझाना, बरगलाना

इत्यादि।

उदाहरणार्थ कुछ वाक्य दिये जा रहे हैं–

(41). बादशाह ने कप्तान को बुलाया और उसे **आज्ञा दी** कि वह एक वर्ष के भीतर विश्व की सबसे बहुमूल्य वस्तु लेकर **आए**।

(42). माँ, तू बलदाऊ से **कह दे** कि वह मुझे अकेला वन में न **छोड़ें**।

(43). मैं कब से **पुकार रहा** हूँ कि यहाँ **आओ।** लेकिन तुम सुनते नहीं।

(44). हमने उसे **बता दिया था** कि वह रास्ते में नहीं **उतरेगी**।

(45). उन्होंने **लिखा** कि मैं फौरन घर **आ जाऊँ**।

(46). उसने लड़के को **उकसाया** कि मुझे पत्थर **मारे।**

(47). उसने मुझे **मना कर दिया** कि मत **आना**।

आज्ञा वर्ग में विधि और निषेध दोनों प्रकार की क्रियाएँ सम्मिलित हैं। किसी व्यक्ति को किसी कार्य में लगाना या प्रवृत्त करना विधि है तथा कोई कार्य करने को उद्यत व्यक्ति को उस कार्य से हटाना या निवृत्त करना निषेध है। सामान्य रूप से क्रिया में प्रवृत्त करने के लिए आज्ञा देना, आदेश देना जैसी क्रियाएँ प्रयुक्त होती हैं तथा क्रिया से निवृत्त करने के लिए मना करना, रोकना, निषेध करना, टोकना जैसी क्रियाएँ प्रयुक्त होती हैं।

सुझाव या सलाह किसी को कार्य में प्रवृत्त करने का एक नया अवसर प्रदान करता है। सुझाव या सलाह देनेवाला प्रत्यक्षतः किसी को कार्य में प्रवृत्त होने की प्रेरणा नहीं देता। वह आदेश या प्रार्थना करने की स्थिति में नहीं होता–

(48). डॉक्टर ने मरीज़ को सलाह दी कि वह कुछ दिन तक हल्का काम करे।

(49). डॉक्टर ने सलाह दी कि जब तक दर्द रहे तब तक दिन में दो बार आयोडेक्स मलिए।

(50). किसी ने सुझाव दिया कि मीतू को स्कूल भेज दो।

सुझाव देना, सलाह देना के साथ चेतावनी देना को भी रखा जा सकता है। चेतावनी देनेवाला कार्य से निवृत्त करने के लिए व्यक्ति को चेतावनी देता है। चेतावनी भी आदेश तथा प्रार्थना से अलग है।

प्रवर्तनात्मक वर्ग की क्रियाओं को एक दृष्टि में देखने के लिए उनका एक आरेख नीचे दिया जा रहा है–

- प्रवर्तनात्मक क्रिया
  - प्रत्यक्ष प्रवर्तना
    - आज्ञा वर्ग (illocutionary)
      - विधि
        जैसे–
        आज्ञा देना,
        प्रार्थना करना,
        कहना आदि
      - निषेध
        जैसे–
        मना करना
        रोकना
        निषेध करना
        टोकना आदि
    - राज़ी करना वर्ग (perlocutionary)
      जैसे–
      राज़ी करना
      बहकाना
      फुसलाना आदि
  - अप्रत्यक्ष प्रवर्तना
    - इच्छा
      जैसे–
      चाहना
      इच्छा करना
      कामना करना
    - आशा
      जैसे–
      इंतज़ार करना
      राह देखना
      आशा करना
    - सलाह
      जैसे–
      सलाह देना
      सुझाव देना
      चेतावनी देना

ज्ञानात्मक तथा अनुभवात्मक क्रियाएँ

तीसरे वर्ग की क्रियाएँ ज्ञानात्मक या अनुभवात्मक हैं। इस वर्ग की क्रियाओं में कुछ इस अर्थ में तथ्यात्मक हैं कि इनके साथ प्रयुक्त कि–संज्ञा उपवाक्य में व्यक्त भाव तथ्य के रूप में होता है, उनका निषेध करना असंगति पैदा करता है। इसके विपरीत कुछ क्रियाएँ ऐसी हैं जिनके साथ प्रयुक्त कि–संज्ञा उपवाक्य में व्यक्त भाव ज़रूरी नहीं है कि तथ्य के रूप में हो। वह तथ्येतर भाव या विचार भी हो सकता है। इसलिए इसके निषेध से कोई असंगति पैदा नहीं होती। जानना, भाँपना, ताड़ना आदि को तथ्यात्मक तथा समझना, सोचना, मानना आदि को तथ्येतर क्रियाओं के रूप में समझिए। उदाहरणों से यह बात अच्छी तरह स्पष्ट हो सकती है–

(51). क. रमेश समझता है कि मोहन बीमार है। (लेकिन मोहन बीमार नहीं है।)

ख. रमेश जानता है कि मोहन बीमार है। (?? लेकिन मोहन बीमार नहीं है)

(52). क. रमेश मानता है कि मोहन ने साइकिल चुरायी है। (लेकिन मोहन ने साइकिल नहीं चुरायी है।)

ख. रमेश जानता है कि मोहन ने साइकिल चुरायी है। (??लेकिन मोहन ने साइकिल नहीं चुरायी है।)

(क) वाक्यों के गौण उपवाक्यों में व्यक्त भाव का निषेध करने पर कोई असंगति पैदा नहीं होती। इनके साथ लेकिन–वाक्य स्वीकार्य हैं। किंतु (ख) वाक्यों के गौण उपवाक्यों में व्यक्त भाव का निषेध असंगति पैदा करता है, क्योंकि इन गौण उपवाक्यों में व्यक्त भाव तथ्यात्मक कोटि के हैं। दोनों वर्गों की क्रियाओं के इस अंतर को इस रूप में भी देख सकते हैं। हम कह सकते हैं कि 'समझना' तथा 'मानना' क्रिया के कर्ता के विचारों से वाक्योच्चारण करनेवाले यानी वक्ता की कोई प्रतिबद्धता नहीं है। (51–क) तथा (52–क) में व्यक्त विचार रमेश के हैं। इसके विपरीत 'जानना' क्रिया के कर्ता के विचारों से वक्ता की भी प्रतिबद्धता है। (51–ख) तथा (52–ख) में व्यक्त विचार केवल रमेश के नहीं हैं, बल्कि वाक्य के वक्ता के भी हैं। इन वाक्यों में रमेश तथा वक्ता की जानकारी में भिन्नता नहीं है। तीसरा व्यक्ति भले इन दोनों को गलत ठहरा सकता है। एक व्यक्ति ने दूसरे व्यक्ति से कहा 'रमेश जानता है कि मोहन पूना में है।' इस पर दूसरा व्यक्ति पहले व्यक्ति से कह सकता है, तुम दोनों नहीं जानते, मोहन दिल्ली में है। यहाँ भी वक्ता तथा वाक्य के कर्ता का साथ स्पष्ट है, क्योंकि दोनों का एक साथ खण्डन हो रहा है।

तथ्य ज्ञानस्वरूप है। जिज्ञासा या प्रश्न का ज्ञान से गहरा संबंध है। इस संबंध के कारण तथ्यात्मक क्रियाएँ प्रश्नवाचक गौण उपवाक्यों को सहजता से स्वीकार करती हैं, उदाहरणार्थ–

(53). मैं जानता हूँ कि कमरे में **कौन** बैठा है।

(54). वह ताड़ गया कि झाड़ी के पीछे **कौन** छिपा है।

(55). लड़के को नहीं सूझा कि **कैसे** बर्तन को चूल्हे पर से उतारे।

(56). ?? वह मानता है कि **कौन** विद्वान है।

(57). ?? मैं समझता हूँ कि दीपक **कहाँ** गया है।

(53) से (55) तक वाक्यों में तथ्यात्मक क्रिया का प्रयोग हुआ है, जिससे इनमें प्रश्नवाचक गौण उपवाक्य स्वीकार्य हैं। वाक्य (56) तथा (57) में क्रिया के तथ्यात्मक न होने से प्रश्नवाचक गौण उपवाक्य स्वीकार्य नहीं हैं।

इस वर्ग की कतिपय क्रियाओं का सोदाहरण वर्णन प्रस्तुत है।

जानना

यह तथ्यात्मक क्रिया है तथा कर्म के रूप में ज्ञेय विषय को लेती है। विषय मूर्त या अमूर्त दोनों प्रकार का हो सकता है, किंतु विषय का ज्ञान सदैव अमूर्त तथा भावात्मक होता है, जिसकी अभिव्यक्ति साधारणतः कि–उपवाक्य के रूप में अथवा क्रियार्थक संज्ञा के रूप में होती है। 'मैं मोहन को जानता हूँ' इस वाक्य का भावपल्लवन सहजता से इस रूप में किया जा सकता है, 'मैं मोहन को जानता हूँ कि वह कौन है, कहाँ रहता है, क्या काम करता है, उसका स्वभाव कैसा है, इत्यादि।'

निम्नलिखित वाक्यों पर विचार करें–

(58). क. मैं जानता हूँ कि मोहन ईमानदार है।

ख. मैं मोहन को जानता हूँ कि वह ईमानदार है।

(59). क. मैं जानता हूँ कि मोहन बीमार है।

ख. ? मैं मोहन को जानता हूँ कि वह बीमार है।

(60). ? मैं मोहन को ईमानदार जानता हूँ।

(61). मैं मोहन को जानता हूँ।

(58) के (क) तथा (ख) वाक्यों में क्या संबंध है? कह सकते हैं कि (क) में गौण उपवाक्य में प्रयुक्त 'मोहन' (ख) में मुख्य उपवाक्य में कर्म के स्थान पर आ गया है और अपने पूर्व स्थान पर सर्वनाम 'वह' को छोड़ आया है। इस परिवर्तन के पीछे यह प्रयोजन जान पड़ता है कि वक्ता 'मोहन' को उच्च प्रकाश में रखना चाहता है। अर्थ की दृष्टि से वाक्य (क) तथा (ख) में इससे अधिक भेद क्या हो सकता है? (क) तथा (ख) वाक्यों में एक अर्थगत अंतर और देखा जा सकता है। (ख) से यह संकेत मिलता है कि मोहन को जाननेवाला मोहन को व्यक्तिगत रूप से जानता है। वह सुनी–सुनायी बात नहीं कर रहा है, बल्कि अपने अनुभवों से कह रहा है कि मोहन ईमानदार है। (58–क) में यह बात नहीं है। संरचना की दृष्टि से देखें तो वाक्य (58–क) में एक कर्म है और एक स्थान पर है (कि मोहन ईमानदार है), जबकि (58–ख) में कर्म तो एक ही है, किंतु वह विभक्त होकर दो स्थानों पर है (मुख्य उपवाक्य में 'मोहन' तथा 'कि वह ईमानदार है')। (58–ख) में दो कर्म नहीं हैं। क्रिया सकर्मक ही है, द्विकर्मक नहीं। वाक्य (58–ख) को सरलता से इस रूप में भी रख सकते हैं, 'मैं मोहन को जानता हूँ। वह ईमानदार है।' (59) के (क) तथा (ख) वाक्यों पर ध्यान दें। ये (58) के (क) तथा (ख) वाक्यों के समानांतर हैं, किंतु (59–ख) सही नहीं लगता। यह अंतर 'ईमानदार' और 'बीमार' का अंतर है। एक चरित्रगत गुण है, स्थायी है, व्यक्ति के व्यक्तिगत संपर्क में आने पर यह गुण परिलक्षित होता है, दूसरा एक शारीरिक अवस्था मात्र है, तथा अस्थायी है, इसे परिलक्षित होने के लिए व्यक्तिगत संपर्क आवश्यक नहीं है। (58) तथा (61) के वाक्यों में सामान्य और विशेष का संबंध दिखायी देता है। (61) में मोहन के संबंध में सामान्य जानकारी की बात कही गयी है। मोहन ईमानदार है, इसके अलावा मोहन के विषय में अन्य जानकारियाँ भी जाननेवाले के पास हैं, मोहन सरल है, उदार है, परिश्रमी है, इत्यादि। किंतु (58) में मोहन के विषय में केवल एक विशेष जानकारी की बात कही गयी है, मोहन ईमानदार है, बस। वाक्य (60) स्वीकार्य नहीं है। 'मैं मोहन को एक ईमानदार व्यक्ति के रूप में जानता हूँ', यह कह सकते हैं।

अन्य तथ्यात्मक क्रियाओं में ताड़ना, भाँपना, बूझना, सूझना, पाना, पता लगाना, पता करना, मालूम करना, ज्ञात करना, याद करना, भूलना, ध्यान करना, ध्यान देना आदि परिगणित हैं।

उदाहरण–

(62). थोड़ा विश्राम करने के बाद उसने पाया कि उसका अंग–अंग दुःख रहा है।

(63). एकाएक उसने पाया कि एक युवती सड़क पर आगे बढ़कर उससे कार रोकने का अनुरोध कर रही है।

(64). इस तरह दो बार भोजन करने पर मेहमान ताड़ गया कि ये लोग गरीबी के शिकार हो रहे हैं।

(65). वह ताड़ गया कि क्या हो रहा है।

(66). मैं यह भूल गया कि मुझे घर जाना है।

(67). नाम बताने पर वो याद करने लगे कि हम कहीं मिले थे।

(68). ध्यान करो कि हम पहलीबार कब मिले थे।

परखना, पहचानना

(69). मैंने तो सिर्फ़ आपको परखा था कि आप एक अच्छे पति साबित हो सकते हैं या नहीं।

(70). मैंने भलीभाँति परख लिया है कि वह खरा आदमी है।

(71). मैंने उसको तुरंत पहचान लिया कि वह उषा का भाई है।

पूछना, प्रश्न करना, जिज्ञासा करना

(72). मैं पूछूँ हूँ कि वह कुछ पढ़ता लिखता भी है या हर वक्त गेंद ही खेलता रहता है।

(73). राजा ने बार–बार ब्राह्मणों से पूछा कि ऐसे किसी पुरुष का नाम बताओ जो मेरे सामने डट सके।

(74). अगले अध्याय में धृतराष्ट्र प्रश्न करते हैं कि युधिष्ठिर का वह प्रज्ञायुक्त आचार क्या है।

मानना, समझना, सोचना

ये क्रियाएँ 'जानना' तथा अन्य तथ्यात्मक क्रियाओं से भिन्न हैं। गौण कि–उपवाक्य में व्यक्त भाव या विचार से वक्ता की कोई प्रतिबद्धता नहीं होती। गौण उपवाक्य में व्यक्त विचार 'मानना' आदि के कर्ता का अपना विचार होता है। यह विचार सत्य अथवा असत्य हो सकता है, जबकि तथ्यात्मक क्रियाओं के गौण उपवाक्य में व्यक्त विचार सत्य होता है। उदाहरण के लिए इन वाक्यों को देखें–

(75). सुरेश मानता है कि पृथ्वी चिपटी है।

(76). सुरेश समझता है कि पृथ्वी चिपटी है।

(77). सुरेश सोचता है कि पृथ्वी चिपटी है।

इन वाक्यों का उच्चारण करनेवाले के लिए यह आवश्यक नहीं है कि वह सुरेश के विचार से सहमत हो। उसकी सुरेश से वैचारिक प्रतिबद्धता नहीं है। आगे इन क्रियाओं के अलग–अलग उदाहरण दिये जा रहे हैं–

मानना

(78). मोहन मानता है कि लड़का ईमानदार है।

(79). ?? मोहन लड़के को मानता है कि वह ईमानदार है।

(80). मोहन लड़के को ईमानदार मानता है।

(81). मोहन लड़के को बहुत मानता है।

वाक्य (78) तथा (80) अर्थ की दृष्टि से समान लगते हैं, उनमें केवल वाक्य रूपांतरण का भेद दिखायी देता है। किंतु ऐसा नहीं है, उनमें महत्वपूर्ण अर्थभेद है। वाक्य (78) में 'लड़का ईमानदार है', यह एक सार्वजनिक बात के रूप में प्रस्तुत है जिससे मोहन अपनी सहमति प्रकट कर रहा है। लड़का ईमानदार है, यह बहुतों की राय है, मोहन की निजी राय नहीं है। वह इस सच से केवल अपनी सहमति जता रहा है। 'मानना' का प्रयोग सहमत होना या स्वीकार करना के अर्थ में हुआ है। वाक्य (80) में लड़के का ईमानदार होना मोहन की निजी राय के रूप में है, और लोगों की राय इससे भिन्न भी हो सकती है। इस वाक्य में 'मानना' का प्रयोग समझना या लेना के अर्थ में हुआ है; मोहन लड़के को ईमानदार के रूप में लेता है, समझता है। इन वाक्यों को देखने से यह अंतर भलीभाँति स्पष्ट हो जाता है–

(82). क. मोहन मानता है कि पृथ्वी गोल है।

ख. ?? मोहन पृथ्वी को गोल मानता है।

(83). क. मोहन मानता है कि प्रेम उसका बेटा है।

ख. मोहन प्रेम को अपना बेटा मानता है।

(83–ख) का अर्थ है कि प्रेम मोहन का बेटा नहीं है, बल्कि मोहन उसे अपने बेटे की तरह मानता है।

वाक्य (79) को स्वीकार करना कठिन है। वाक्य (81) में 'मानना' का अर्थ इज़्ज़त देना, खयाल रखना है। इस तरह स्पष्ट है कि 'मानना' का प्रयोग कम से कम तीन भिन्न अर्थों में होता है, (1) सहमत होना–स्वीकार करना, (2) समझना–लेना। (3) इज़्ज़त देना–ख़याल रखना।

समझना

'मानना' की तरह 'समझना' भी किंचित भिन्न अर्थों में प्रयुक्त होता है। निम्नलिखित प्रयोग देखिए,

(84). वह इतना तो समझ गया कि यह आदमी का दाँत है।

(85). यहाँ उन्हें हर कोई जानता था। इसलिए वे समझ गये थे कि अब यहाँ पर उनकी पति–पत्नी की कहानी चलनेवाली नहीं थी।

(86). मैं तो समझता था कि वह अपने और मुन्ने के लिए सामान खरीदने गयी होगी।

(87). अपने ऊपर होनेवाले आवश्यक खर्च को भी वे यह समझते थे कि इसे गरीबों का पेट काटकर किया जा रहा है।

(88). वह कुछ न समझा कि क्या किधर गया और उसे कौन उठा ले गया।

(84) में 'समझना' का अर्थ है, समझ में आना, किसी समस्या का हल ढूँढ निकालना। इसी अर्थ में वाक्य (85) तथा (88) में भी 'समझना' प्रयुक्त है। अन्य वाक्यों में समझना का प्रयोग अनुमान लगाना, सोचना या मानना के अर्थ में हुआ है।

इस वाक्य समुच्चय को देखिए–

(89). मैं समझता हूँ कि लड़का होशियार है।

(90). ?? मैं लड़के को समझता हूँ कि वह होशियार है।

(91). मैं लड़के को होशियार समझता हूँ।

(89) तथा (91) अर्थ की दृष्टि से एक नहीं हैं, इसलिए दोनों के लिए एक मूल संरचना की कल्पना करना और रूपांतरणों द्वारा इनको जोड़ना ग्राह्य नहीं हो सकता।

वाक्य (90) के साथ वाक्य (92) को रखकर देखें–

(92). हम उन बच्चों को खिलाते हैं जिन्हें (बच्चों को) हम समझते हैं कि भूखे हैं।

उक्त वाक्य में संबंधवाचक जो–उपवाक्य की रचना वही है जो वाक्य (90) की है। फ़र्क यह है कि एक सन्निविष्ट वाक्य है तथा सहज स्वीकार्य है और दूसरा स्वतंत्र वाक्य है किंतु सहज स्वीकार्य नहीं है। वाक्य (92) का अन्य रूप इस प्रकार हो सकता है।

(93). हम उन बच्चों को खिलाते हैं जिन्हें हम भूखा समझते हैं।

सोचना

'सोचना' चिंता करना, उपाय ढूँढ़ना, अनुमान लगाना आदि अर्थों में प्रयुक्त होता है। कुछ उदाहरण नीचे दिये जा रहे हैं–

(94). मैं कभी–कभी सोचता हूँ कि जमुना के किनारे बसे हुए अपने छोटे गाँव लौट जाऊँ।

(95). मैं सोचने लगी कि चावल कहाँ गये।

(96). मैं सोचता था कि तुम पास हो गये हो।

(97). वह सोच रहा था कि लड़के को कैसे बुलाया जाए।

'समझना' तथा 'सोचना' के गौण उपवाक्यों में प्रयुक्त नकार का अंतरण मुख्य उपवाक्य में हो सकता है, इन वाक्य–युग्मों पर विचार करें–

(98). क. मैं समझता हूँ कि अब बारिश **नहीं** होगी।

ख. मैं **नहीं** समझता कि अब बारिश होगी।

(99). क. मैं सोचता हूँ कि अब बारिश **नहीं** होगी।

ख. मैं **नहीं** सोचता कि अब बारिश होगी।

युग्म के दोनों वाक्यों का मूल अर्थ एक ही है। दोनों में गौण उपवाक्य की क्रिया का निषेध है। किंतु यह ध्यान देने योग्य है कि जो गौण उपवाक्य सीधे मुख्य उपवाक्य में सन्निबिष्ट होता है उससे ही नकार निकलकर मुख्य उपवाक्य में जाता है। गौण उपवाक्य में सन्निविष्ट गौण उपवाक्य से निकलकर नकार का मुख्य उपवाक्य में पहुँचना संदेहास्पद है। निम्नलिखित प्रयोग देखिए–

(100). क. मैं **नहीं** समझता कि उसने यह कहा कि रमेश आएगा।

ख. मैं समझता हूँ कि उसने यह **नहीं** कहा कि रमेश आएगा।

ग. मैं समझता हूँ कि उसने यह कहा कि रमेश **नहीं** आएगा।

(101). क. मैं **नहीं** समझता कि जो लड़का आया है वह रमेश का भाई है।

ख. मैं समझता हूँ कि जो लड़का आया है वह रमेश का भाई **नहीं** है।

ग. मैं समझता हूँ जो लड़का **नहीं** आया है वह रमेश का भाई है।

(क) और (ख) वाक्यों का अर्थगत संबंध स्पष्ट है। वाक्य (100) के (क) तथा (ग) वाक्य एक ही अर्थवाले हैं किंतु वाक्य (101) के (क) तथा (ग) मिन्नार्थी हैं।

सन्निविष्ट संयुक्त वाक्य के दोनों उपवाक्यों से नकार का मुख्य उपवाक्य में आना संभव है–

(102). क. मैं **नहीं** समझता कि अब बारिश रुकेगी और हम जा सकेंगे।

ख. मैं समझता हूँ कि अब बारिश **नहीं** रुकेगी और हम **नहीं** जा सकेंगे।

दोनों वाक्यों में एक ही बात कही गयी है। वाक्य (102–क) में 'जा सकेंगे' का प्रयोग ध्यातव्य है। यह क्रियारूप सामान्यतः नकारात्मक रूपों के साथ आता है। यह संकेत करता है कि मुख्य उपवाक्य में प्रयुक्त 'नहीं' यहीं से निकलकर गया है। 'समझना' की तरह 'सोचना' के भी प्रयोग किये जा सकते हैं।

सोचना, समझना का कर्ता यदि उत्तम पुरुष सर्वनाम है तो क्या सोचना तथा समझना का निषेध संभव है? यह विचारणीय है। 'मैं नहीं सोचता', 'मैं नहीं समझता', यह कुछ सोच–समझकर ही तो कहा जाएगा। इन वाक्यों पर विचार करें–

(103). **मैं** नहीं समझता कि जब शादी होगी तो खर्च बढ़ेगा।

(104). **वह** नहीं समझता कि जब शादी होगी तो खर्च बढ़ेगा।

(105). **तुम** नहीं समझते कि जब शादी होगी तो खर्च बढ़ेगा।

केवल वाक्य (103) में 'नहीं' गौण उपवाक्य से स्थानांतरित होकर मुख्य उपवाक्य में आया है। वाक्य (104) तथा (105) में 'नहीं' अपने मूल स्थान पर है तथा मूल उपवाक्य में प्रयुक्त क्रिया का निषेध करता है, वह गौण उपवाक्य से स्थानांतरित होकर नहीं आया है। (103) में 'नहीं' गौण उपवाक्य में प्रयुक्त क्रिया का निषेध करता है, 'मैं समझता हूँ कि जब शादी होगी तो खर्च नहीं बढ़ेगा'।

देखना, सुनना

हमारी पाँच ज्ञानेन्द्रियाँ हैं जिनसे हम पाँच क्रियाएँ करते हैं, देखना, सुनना, सूँघना, छूना तथा चखना। इनमें प्रथम दो क्रियाएँ ज्ञानार्जन की दृष्टि से विशेष महत्व रखती हैं। पाँचों क्रियाओं में मानसिक तथा शारीरिक दोनों प्रकार की क्रियाएँ शामिल हैं। किंतु इनमें 'देखना' तथा 'सुनना' अन्य तीन क्रियाओं से इस माने में भिन्न हैं कि इनमें कभी मानसिक क्रिया की प्रधानता इतनी बढ़ जाती है कि ये केवल भाववाचक वस्तुओं को कर्म के रूप में स्वीकार करती हैं और इसी योग्यता के चलते ये कर्म के रूप में कि–संज्ञा उपवाक्य लेती हैं–

(106). मैं देखता हूँ कि अब यह काम नहीं होनेवाला है।

(107). मैंने सुना कि आजकल उसकी मौसी आई हुई हैं।

पहले वाक्य में कि–उपवाक्य में एक तथ्य का कथन है, जो साधारण आँखों के लिए प्रत्यक्ष नहीं है, बल्कि बुद्धि की आँखों के लिए प्रत्यक्ष है। दूसरे वाक्य में कि–उपवाक्य में एक घटना का उल्लेख है, जो केवल बुद्धिग्राह्य है, श्रुतिग्राह्य नहीं। इस तरह का प्रयोग सूँघना, छूना तथा चखना क्रियाओं का नहीं होता, क्योंकि इनका कर्म या विषय भौतिक वस्तु होता है। केवल लाक्षणिक प्रयोगों में इन क्रियाओं का कर्म भावात्मक वस्तु हो सकता है, जैसे 'कोई भी भेद उससे छिपा नहीं रहता, वह **सूँघ लेता** है, 'मैं इस नाजुक मामले को नहीं **छू सकता,**' 'अब तुम्हें हार का मजा **चखना पड़ेगा**', इत्यादि।

वस्तुतः 'देखना' तथा 'सुनना' के दोनों प्रकार के प्रयोग मिलते हैं, भाववाचक कर्म के साथ तथा भौतिक कर्म के साथ। ठोस वस्तु जो दृश्य है, वह 'देखना' का कर्म बन सकता है–

(108). मैं दीवाल पर टँगी तस्वीर देख रहा हूँ।

इस अर्थ में देखना कि–उपवाक्य नहीं ले सकता। 'मैं देख रहा हूँ कि दीवाल पर तस्वीर टँगी है', यह बिल्कुल अलग संरचना है। इसी तरह ध्वनि जो कानों में पड़ती है, वह सुनना क्रिया के लिए भौतिक कर्म है–

(109). मैं बाँसुरी की मधुर ध्वनि सुन रहा हूँ।

'बाँसुरी की मधुर ध्वनि' को कि–उपवाक्य में नहीं रख सकते, क्योंकि यह भौतिक कर्म है और कि–उपवाक्य भाववाचक कर्म बनता है।

'देखना' तथा 'सुनना' के दोनों तरह के प्रयोगों के कुछ उदाहरण नीचे दिये जा रहे हैं–

पहले 'देखना' के प्रयोग

(110). मैंने देखा कि चोर भाग रहा है।

(111). मैंने चोर को देखा कि वह भाग रहा है।

(112). मैंने चोर को भागते हुए देखा।

(113) मैंने भागते हुए चोर को देखा।

वाक्य (110) तथा (111) को छोड़कर अन्य सभी वाक्यों में 'देखना' का कर्म भौतिक पदार्थ है। (110) तथा (111) में 'देखना' का मुख्यतः एक मानसिक क्रिया के रूप में प्रयोग हुआ है और अन्य वाक्यों में इसका प्रयोग शारीरिक क्रिया के रूप में हुआ है, चखना, सूँघना तथा छूना की तरह। वाक्य (111) में कि–उपवाक्य का प्रयोग विचारणीय है। यह वाक्य (110) में प्रयुक्त कि–उपवाक्य की तुलना में स्वतंत्र प्रतीत होता है। (111) के तथ्य को दो स्वतंत्र वाक्यों में रख सकते हैं, मैंने चोर को देखा। वह भाग रहा था। इस तरह (110) को नहीं प्रस्तुत कर सकते। वाक्य (111) में 'चोर' गौण उपवाक्य से उन्नयन द्वारा मुख्य उपवाक्य में आया है।

निम्नलिखित वाक्य देखिए–

(114). कमरे में घुसा तो मैंने देखा कि बिल्ली सारा दूध पी गयी है।

(115). कमरे में घुसा तो मैंने बिल्ली को देखा कि वह सारा दूधी पी गयी है।

(116). कमरे में घुसा तो मैंने बिल्ली को सारा दूध पीते हुए देखा।

वाक्य (114) तथा (116) को हम अर्थ की दृष्टि से जोड़ नहीं सकते। (116) में 'सारा' का प्रयोग भी खटकता है।

सुनना के प्रयोग

(117). मैंने सुना कि रमेश गा रहा है।

(118). ? मैंने रमेश को सुना कि वह गा रहा है।

(119). मैंने रमेश को गाते हुए सुना।

(120). मैंने रमेश को कई बार सुना है।

वाक्य (117) तथा (119) को एक अर्थवाला नहीं कह सकते।

(119) तथा (120) जुड़े हुए हैं। (120) का भी यही अर्थ है कि मैंने रमेश को गाते हुए या भाषण देते हुए सुना है।

'देखना' तथा 'सुनना' के दो प्रकार के प्रयोगों की बात ऊपर कही गयी, (क) सामान्य रूप से 'देखना' और 'सुनना' (जो भौतिक पदार्थ को कर्म के रूप में लेते हैं) तथा (ख) समझना के अर्थ में 'देखना' और 'सुनना' (जो भावात्मक पदार्थ को कर्म के रूप में लेते हैं। आखिर समझना बुद्धि का व्यापार है)। यहाँ विशेष बात यह उल्लेखनीय है कि 'देखना' और 'सुनना' के इन दो भिन्न प्रयोगों के लिए भाषा में दो अलग–अलग रूप व्यवहार में दिखायी दे रहे हैं–

(1)	(2)
देखना	दिखायी देना/दिखायी पड़ना
सुनना	सुनायी देना/ सुनायी पड़ना

'देखना' तथा 'सुनना' भौतिक तथा भाववाचक दोनों प्रकार के कर्म ले सकते हैं जबकि इनके व्युत्पन्न रूप 'दिखायी देना' तथा 'सुनायी देना' साधारणतया भौतिक कर्म लेते हैं। कुछ प्रयोग देखें–

(121). क. मैंने ध्यान से तस्वीर देखी।

ख. ?? मुझे ध्यान से तस्वीर दिखायी पड़ी।

(122). क. मैं वह पेड़ स्पष्ट देख रहा हूँ।

ख. मुझे वह पेड़ स्पष्ट दिखायी पड़ रहा है।

(123). क. मैंने उसकी बात ध्यान से सुनी।

ख. ?? मुझे उसकी बात ध्यान से सुनायी पड़ी।

(124). क. मैंने उसकी आवाज़ साफ़ सुनी।

ख. मुझे उसकी आवाज़ साफ़ सुनायी पड़ी।

वाक्य (121) तथा (123) में भावात्मक कर्म का प्रयोग हुआ है। इसलिए इन वाक्यों के (ख) वाक्य स्वीकार्य नहीं हैं, क्योंकि दिखायी पड़ना तथा सुनायी पड़ना साधारणतया भौतिक कर्म लेते हैं। (121) में 'तस्वीर' भौतिक वस्तु अवश्य है किंतु तस्वीर का निरीक्षण करना, उसको पहचानना ही प्रधान है, जो बुद्धि व्यापार है। क्रियाविशेषण 'ध्यान से' के प्रयोग से यह अर्थ और स्पष्ट हो गया है। यदि इतने से भी संतोष न हो तो यह उदाहरण लें–

(125). क. मैंने इस मामले को ध्यान से देखा है।

ख. ?? मुझे यह मामला ध्यान से दिखायी पड़ा है।

वाक्य (122) तथा (124) के (क) और (ख) दोनों वाक्य स्वीकार्य हैं। इन वाक्यों में भौतिक कर्म का प्रयोग हुआ है।

देखना–दिखायी देना/पड़ना तथा सुनना–सुनायी देना/पड़ना

इन संबंधों को इस रूप में देख सकते हैं–

	भौतिक कर्म	**भाववाचक कर्म**
देखना/सुनना	+	+
देखायी देना/पड़ना सुनायी देना/पड़ना	+	–

दिखायी देना तथा सुनायी देना के साथ कि–उपवाक्य का प्रयोग सहज नहीं है।

सूँघना, चखना तथा छूना के दो भिन्न प्रयोग नहीं हैं तो इनके दो भिन्न रूप भी नहीं हैं। ये साधारणतया भौतिक कर्म लेनेवाली क्रियाएँ हैं। भाषा में 'सुँघायी देना/पड़ना' आदि रूप उपलब्ध नहीं हैं। यही बात 'चखना' और 'छूना' के साथ है। इनके भी 'चखायी देना' आदि रूप प्राप्त नहीं होते हैं।

सहना, महसूस करना, झेलना

इन अनुभूतिवाली क्रियाओं के साथ भी कि–उपवाक्य का प्रयोग होता है।

(126). यह कैसे सहन किया जा सकता है कि आपसी फूट के कारण बाहरी दुश्मन की जीत हो और हमारे भाइयों की हार हो।

(127). मैं महसूस करता हूँ कि इस मामले में मुझसे गलती हुई है।

वाक्य (126) नकारात्मक रंग में है। यह सहना की विशेषता है।

ज्ञानात्मक क्रियाओं के वर्ग में 'सीखना' की भी गणना की गयी है। किंतु उपवाक्य के बदले 'का...ना' संरचना का प्रयोग इसके साथ अधिक होता है।

(128). उन्हें अपने अनुभवों से सीखना है कि वे क्या पढ़ें।

(129). बच्चे बड़ों को देखकर सीखते हैं कि उन्हें दूसरों के साथ कैसा व्यवहार करना चाहिए।

संकल्पात्मक क्रियाएँ

कर्म के रूप में कि–उपवाक्य लेनेवाली चौथे वर्ग की क्रियाओं को **संकल्पात्मक** कह सकते हैं। प्रतिज्ञा करना, शपथ लेना, वचन देना, निश्चय करना, तय करना, ठानना आदि इसी कोटि की क्रियाएँ हैं। यह ध्यान देने योग्य है कि इन क्रियाओं के संकल्पात्मक प्रयोग के लिए यह आवश्यक है कि कर्ता के स्थान पर उत्तम पुरुष सर्वनाम रखें तथा क्रिया का अभ्यास वर्तमानकालिक रूप चुनें। प्रायः संकल्प लेते समय कुछ अन्य क्रियाएँ भी संपादित की जाती हैं, जैसे हाथ उठाकर प्रतिज्ञा करना, गंगाजल लेकर शपथ लेना, अस्त्र–शस्त्र लहराते हुए चुनौती देना, हाथ पर हाथ मारकर शर्त लगाना आदि। उदाहरणार्थ–

(130). **मैं प्रतिज्ञा करता हूँ** कि दुश्मनों को देश की सीमा के बाहर खदेड़कर दम लूँगा।

(131). **हम शपथ लेते हैं** कि जिस दीये को तुमने अपने खून से जलाया है उसे हम बुझने नहीं देंगे।

ऊपर कर्म के रूप में कि–संज्ञा उपवाक्य लेनेवाली सकर्मक क्रियाओं का वर्णन किया गया। जैसा कि पहले उल्लेख किया गया है, कुछ अकर्मक क्रियाएँ भी कर्म के रूप में कि–संज्ञा उपवाक्य लेती हैं। अकर्मक क्रियाएँ और वे कर्म लें, यह कहने में विरोध ज़रूर दिखायी देता है। किंतु विचार करने पर यह विरोध दूर हो जाता है। इन क्रियाओं के साथ प्रयुक्त संज्ञा उपवाक्य मुख्यतः वाचिक होता है। वाचिक इस अर्थ में कि संज्ञा उपवाक्य का केवल भाव ही महत्वपूर्ण नहीं होता, बल्कि उसका संरचनात्मक तथा ध्वन्यात्मक स्वरूप भी सुरक्षित बना रहता है, उदाहरणार्थ–

(132). वह चिल्लाया, 'भागो, भागो'।

प्र0–वह क्या चिल्लाया?

उ0–भागो भागो।

'क्या' का प्रश्न और उसका उत्तर दोनों कर्म का संकेत करते हैं। यहाँ 'भागो, भागो' का आज्ञार्थक रूप तथा उच्च सुर दोनों सुरक्षित हैं। उद्धरण चिह्नों में

प्रस्तुत उच्चार संदर्भ से जुड़ा हुआ, अधिक मूर्त और जीवंत होता है। 'वह चिल्लाया कि भागो, भागो', यह बेअसर सूचना मात्र है। उद्धरण चिह्न और 'कि' का यह फ़र्क सामान्य सकर्मक क्रियाओं के साथ भी देखा जा सकता है–

(133). उसने कहा, 'धन्यवाद'।

? कि धन्यवाद।

इस वर्ग की अकर्मक क्रियाओं को हम सुविधा के लिए तीन उपवर्गों में विभाजित कर सकते हैं–

(क) चीखना, चिल्लाना, चिढ़ना, दहाड़ना, गरजना
गुर्राना, झींकना, तुनकना, तमकना

(ख) डाँटना, बिगड़ना, झिड़कना, फटकारना, धमकाना, ढाँढस बँधाना, टोकना, छेंकना

(ग) कराहना, बुदबुदाना, बड़बड़ाना, चहकना

यह ध्यान देने योग्य है कि इन सभी क्रियाओं के निष्पादन में स्फुट या अस्फुट ध्वनियों का उच्चारण करना पड़ता है। बिना ध्वनियों का उच्चारण किये चीखना या चिल्लाना नहीं हो सकता। डाँटने, फटकारने के लिए कुछ शब्दों का उच्चारण करना ही होगा। कराहना, बुदबुदाना अस्फुट ध्वनियों का उच्चारण ही है। इन क्रियाओं का दूसरा सामान्य गुण यह है कि ये साधारणतया उच्चार को उद्धरण चिह्नों में या प्रत्यक्ष भाषण के रूप में लेती हैं। किंतु 'कि' का प्रयोग इनके साथ कभी नहीं होता, ऐसा भी नहीं है। इनका तीसरा सामान्य गुण यह है कि इनके गर्भ में कहना, बोलना, पूछना, पुकारना या बुलाना जैसी क्रियाएँ बैठी हुई हैं। कहना आदि सामान्य सकर्मक क्रियाएँ हैं और वाचिक हैं। इनके संयोग से ही ऊपर से अकर्मक दिखनेवाली चीखना, चिल्लाना आदि क्रियाएँ सकर्मक क्रियाओं की तरह व्यवहार करती हैं, उदाहरणार्थ–

उसने चीखते हुए/चीखकर कहा, "..................."

उसने चिल्लाते हुए/चिल्लाकर पुकारा, "....................."

उसने डाँटते हुए/डाँटकर पूछा, "..........................."

वह गुर्राते हुए /गुर्राकर बोला, "......................." इत्यादि।

'उसने चिल्लाकर कहा' की जगह 'वह चिल्लाया' का व्यवहार प्रयत्नलाघव के लिए जान पड़ता है। कहना, पूछना आदि का धर्म चिर संसर्ग के कारण चीखना, डाँटना आदि में संक्रमित हो गया और चीखना आदि सकर्मक के रूप में व्यवहार करने लगीं। उदाहरणार्थ कुछ वाक्य नीचे दिये जा रहे हैं–

(134). काली टोपीवाले गांधी जी पर **बिगड़ते थे,** "म्लेच्छों को सर पर चढ़ा लिया है।"

(135). वह **दहाड़ा,** 'आगे मत बढ़ना'।

(136). ''ऐ है, उनके चाहने से क्या होता है। क्या हम अपनी लड़की नंगी बुच्ची रुख़सत करेंगे ...अरे वाह'' बड़ी फूफी **तमक उठीं**।

(137). ''तुम लोगों की ज़बान कभी बंद रहेगी?'' अम्मी ने दोनों को **डाँटा**।

(138). ''चुप कमख़्त, गला है या फटा बाँस'' अम्मी ने उसे **झिड़क दिया**।

(139). ''नहीं'' वह ज़ोर से **चीखी**।

(140). ''तोका एक चीज़ न देवै, समझी कल्लो की माई'' चंदा **चिढ़ गयी**।

(141). ''बिजनेस ठीक चल रहा है उनका, वे लोग मान जाएँगे, फूफी जान'', फिरोज़ **चहका**।

(142). वह **कराह उठी**, ''पानी''।

(143). वह **बुदबुदायी** ''आँगन में कौन है?''

(क), (ख) तथा (ग) उपवर्ग की क्रियाओं की अपनी कुछ अलग–अलग विशेषताएँ हैं। जिसको प्रभावित करने के लिए चीखने–चिल्लाने की क्रिया की जाती है उसके साथ 'पर' परसर्ग का प्रयोग किया जाता है, मुझ **पर** क्यों चीख रहे हो? उस **पर** क्यों चिल्ला रहे हो?/गरज रहे हो?/गुर्रा रहे हो? आदि। (क) उपवर्ग की अन्य क्रियाओं का भी इस तरह प्रयोग किया जा सकता है, तुनकना, तमकना, चिढ़ना आदि। (ख) उपवर्ग की क्रियाओं का प्रयोग होने पर 'पर' के स्थान पर 'को' का प्रयोग करते हैं, वह **हमको** डाँट रहा है, लड़के **को** बिगड़ रहा है, नौकर **को** फटकार रहा है, इत्यादि। यहाँ यह ध्यान देने योग्य है कि संज्ञा के साथ 'को' का प्रयोग देखकर डाँटना, फटकारना, बिगड़ना आदि को सकर्मक क्रिया के रूप में स्वीकार करना कठिन है। यहाँ 'को' कर्म का नहीं, अपितु सम्प्रदान या चेतन पात्र का सूचक है। इन संरचनाओं में 'को' का प्रयोग अनिवार्य है, वैकल्पिक नहीं। संप्रदान के साथ भी 'को' का प्रयोग अनिवार्य होता है, वैकल्पिक नहीं। डाँटना, फटकारना, झिड़कना, घुड़कना आदि का प्रयोग सामान्य रूप से कर्मवाच्य रूपों में भी नहीं मिलता। अन्य सकर्मक क्रियाओं की भाँति, डाँटना, फटकारना आदि के कृंदत विशेषण के रूप व्यवहार में नहीं हैं, *डाँटा हुआ लड़का, *फटकारा हुआ आदमी आदि। अन्य सकर्मक क्रियाओं की तरह इन क्रियाओं के अकर्मक रूप भी उपलब्ध नहीं हैं, डाँटना–डँटना, धमकाना–धमकना, फटकारना–फटकरना जैसे युग्म नहीं बनते। यदि इन संरचनाओं में 'को' के साथ प्रयुक्त संज्ञापद को कर्म मानते हैं तो प्रश्न उठता है कि इनके साथ प्रयुक्त संज्ञा उपवाक्यों की क्या स्थिति बनेगी। क्या इन्हें द्वितीय कर्म या गौण कर्म कहा जाए? फिर तो डाँटना आदि को द्विकर्मक क्रिया की कोटि में रखना होगा। इन संज्ञा उपवाक्यों का को–संज्ञापद से अभेद भी नहीं होता कि इन्हें को–संज्ञापद का पूरक मानकर द्वितीय कर्म के संकट से बचा जा सके।

तीसरे उपवर्ग (ग) की क्रियाएँ आत्मकेंद्रित होती हैं, अन्य व्यक्ति को प्रभावित करने का प्रयोजन नहीं होता, कराहना, बुदबुदाना आदि। इसलिए इनके साथ 'पर' 'को' या अन्य किसी परसर्ग के प्रयोग का अवसर नहीं बनता।

ऊपर यह कहा गया कि इस वर्ग की अकर्मक क्रियाओं का यह एक सामान्य गुण है कि ये संज्ञा उपवाक्य को उद्धरण चिह्नों में या प्रत्यक्ष कथन के रूप में ही सहज रूप में लेती हैं। यह शैली अधिक जीवंत और प्रभावोत्पादक होती है। किंतु इसका मतलब यह नहीं है कि इन क्रियाओं के साथ कि–संज्ञा उपवाक्य का प्रयोग बिल्कुल नहीं होता। कुछ उदाहरण नीचे दिये जा रहे हैं–

(144). उसने मुझको **टोक दिया** कि तुम कहाँ जा रहे हो।

(145). मुझे **डाँटो** कि मैं भीगकर क्यों आयी हूँ।

(146). वो नौकरानी को **बिगड़ रहे हैं** कि तुमने उनको कमरे में क्यों नहीं बैठाया।

(147). चारपाई पर पड़ी माँ **बुदबुदाती रहती** कि मुझे कोई तकलीफ़ नहीं, मैं चंगी हूँ।

(148). दुर्योधन ने भीष्म को **छेंका** कि यह आपकी क्या आदत है जो सदा पाण्डवों की ही जय चाहते हैं।

(149). वे इस बात पर **झींक रहे थे** कि अब प्रेम कविताएँ लगभग नहीं लिखी जा रही हैं।

1.5.2.3.0. क्रियाविशेषण के रूप में कि–उपवाक्य

जैसे संज्ञा का प्रयोग सरल और तिर्यक विभक्तियों में होता है उसी प्रकार संज्ञा उपवाक्य का प्रयोग भी इन दोनों विभक्तियों में होता है। कर्ता तथा कर्म कारकों को सरल विभक्ति में तथा अन्य कारकों को तिर्यक विभक्ति में रखा जाता है। सरल विभक्ति में यानी कर्ता तथा कर्म कारकों में प्रयुक्त संज्ञा उपवाक्यों का वर्णन पीछे किया गया। आगे तिर्यक विभक्ति में प्रयुक्त संज्ञा उपवाक्यों का वर्णन करना अभीष्ट है। तिर्यक विभक्ति में संज्ञा के साथ विभिन्न परसर्गों का प्रयोग किया जाता है। चूँकि कि–संज्ञा उपवाक्य की रचना वाक्य की रचना से भिन्न नहीं है इसलिए इसके साथ प्रत्यक्ष रूप में परसर्गों का प्रयोग नहीं होता। कि–संज्ञा उपवाक्य का रूपांतर 'का...ना' संज्ञा रूप में करते ही ये परसर्ग प्रकट हो जाते हैं या कि–संज्ञा उपवाक्य के शीर्ष संज्ञा पद को मुख्य उपवाक्य में रखने पर परसर्ग प्रकट हो जाते हैं; उदाहरणार्थ–

(1). सच है **कि वह बीमार है।** (कर्ता, सरल विभक्ति)

(2). मैंने सोचा **कि वह बीमार है।** (कर्म, सरल विभक्ति)

(3). मुझे दुख है **कि वह बीमार है।** (कारण, तिर्यक वि.)

तीनों वाक्यों में शीर्ष संज्ञा के रूप में 'बात' का प्रयोग करते हुए इन वाक्यों को इस रूप में रख सकते हैं–

(4). **यह बात** सच है कि वह बीमार है।

(5). मैंने **यह बात** सोची कि वह बीमार है।

(6). मुझे **इस बात से/का** दुख है कि वह बीमार है।

छठे वाक्य में 'बात' तिर्यक विभक्ति में है और कि–उपवाक्य उसका पूरक है। वाक्य (3) का 'का...ना' रूपांतरण करने पर भी परसर्ग प्रकट होंगे–

(7). उसके बीमार होने **से/का** मुझे दुख है।

वाक्य (1) तथा (2) में कि–उपवाक्य सरल विभक्ति में अर्थात् कर्ता या कर्म के रूप में प्रयुक्त हैं, इसलिए इनकी रचना या रचनांतरण में परसर्ग नहीं दिखायी देता।

कर्ता के रूप में कि–संज्ञा उपवाक्य लेनेवाले पद तीन वर्गों के हैं, क्रिया, विशेषण तथा संज्ञा। किंतु कर्म के रूप में कि–संज्ञा उपवाक्य लेने की योग्यता केवल क्रिया वर्ग के पदों में है, और वह भी केवल सकर्मक क्रियाओं में। केवल कुछ विशेष प्रकार की अकर्मक क्रियाएँ ही कर्म के रूप में कि–संज्ञा उपवाक्य लेती हैं। किंतु इन अकर्मक क्रियाओं के गर्भ में सकर्मक क्रिया के बीज विद्यमान होते हैं। इन क्रियाओं पर विचार करते समय यह स्पष्ट किया जा चुका है (देखिए पृष्ठ 26)। कर्ता की भाँति क्रियाविशेषण के रूप में भी कि–संज्ञा उपवाक्य लेने की योग्यता विभिन्न वर्गों के पदों में है, संज्ञा, विशेषण तथा क्रियापद।

कि–संज्ञा उपवाक्य जिस संज्ञापद का पूरक होता है उस संज्ञापद के साथ वह उन सभी कारकों में प्रयुक्त होता है जिनमें वह संज्ञापद प्रयुक्त होता है। इन कारकों में सरल और तिर्यक दोनों प्रकार के कारक सम्मिलित हैं। तिर्यक के उदाहरण–

(8). **इस बात पर कि वह पैसे नहीं देगा,** मोहन बिगड़ गया।

(9). अब **इस बात में** क्या रखा है **कि दोनों अलग हो गये हैं?**

(10). **इस बात ने** तहलका मचा दिया है **कि उसकी बेटी घर छोड़कर चली गयी है।**

(11). मोहन **इस बात से** परेशान है कि **उसकी बेटी की शादी टूट गयी है।**

किंतु संज्ञा उपवाक्य का सभी संज्ञाओं से पूरक संबंध नहीं होता। जहाँ पूरक संबंध होता है वहाँ संज्ञा तथा संज्ञा–उपवाक्य में अभेद होता है तथा उनमें समानाधिकरण संबंध होता है। पूरक संज्ञा उपवाक्य वस्तुतः शीर्ष संज्ञा के स्वरूप का वाचक होता है। इसीलिए यहाँ संज्ञा उपवाक्य के साथ प्रयुक्त 'कि' को स्वरूपवाचक कहा गया है (दे. गुरु पृ. 494)। उदाहरणार्थ, वाक्य (8) में 'बात' अर्थ की दृष्टि से अपनेआप में अपूर्ण है, उसे पूर्ण अर्थवत्ता प्रदान करता है कि–उपवाक्य, 'कि वह पैसे नहीं देगा'। जहाँ कि–संज्ञा उपवाक्य का संज्ञा से पूरक संबंध नहीं होता वहाँ वह संज्ञा की आकांक्षा से बँधा होता है। संज्ञा और उसकी आकांक्षा से बँधे संज्ञा उपवाक्य में अभेद संबंध नहीं होता, क्योंकि दोनों दो भिन्न पदार्थों के बोधक होते हैं। उदाहरण द्वारा दोनों प्रकार की संज्ञाओं का भेद स्पष्ट किया जा सकता है–

(12). मुझे आशा है कि उसे पुरस्कार मिलेगा।

(13). मुझे अफ़सोस है कि उसे पुरस्कार नहीं मिलेगा।

'आशा' और 'अफ़सोस' एक वर्ग की संज्ञाएँ नहीं हैं। 'आशा' तथा कि–उपवाक्य में पूरक संबंध है तथा दोनों में अभेद है और 'अफ़सोस' तथा कि–उपवाक्य में कार्य–कारण संबंध है और दोनों में भेद है। निम्नलिखित प्रयोगों को देखने से तो यही संकेत मिलता है–

(14). क. मुझे आशा है कि उसे पुरस्कार मिलेगा।
ख. मुझे आशा है ??क्योंकि उसे पुरस्कार मिलेगा।
ग. मुझे आशा है कि उसे पुरस्कार मिलेगा क्योंकि उसने कड़ी मेहनत की है।

(15). क. मुझे अफ़सोस है कि उसे पुरस्कार नहीं मिलेगा।
ख. मुझे अफ़सोस है क्योंकि उसे पुरस्कार नहीं मिलेगा।
ग. मुझे अफ़सोस है कि उसे पुरस्कार नहीं मिलेगा ??क्योंकि उसने कड़ी मेहनत की है।

दोनों प्रकार की संज्ञाओं की भेदक विशेषताओं का आगे वर्णन किया जाएगा।

1.5.2.3.1. संज्ञा उपवाक्य–क्रियाविशेषण तथा सामान्य क्रियाविशेषण उपवाक्य

कि–संज्ञा उपवाक्य को क्रियाविशेषण के रूप में लेनेवाली संज्ञाओं, विशेषणों तथा क्रियाओं का वर्णन करने से पूर्व **सामान्य क्रियाविशेषण उपवाक्य** तथा **कि–संज्ञा उपवाक्य–क्रियाविशेषण उपवाक्य** के अंतर को देखना आवश्यक है। सामान्य क्रियाविशेषण उपवाक्य मुख्य उपवाक्य के किसी घटक विशेष से न बँधकर सामान्य रूप से पूरे मुख्य उपवाक्य से संबंध रखता है, जबकि संज्ञा उपवाक्य क्रियाविशेषण मुख्य उपवाक्य के किसी न किसी घटक की आकांक्षा से बँधा होता है। इसलिए यद्यपि दोनों प्रकार के क्रियाविशेषण उपवाक्य आश्रित या परतंत्र होते हैं फिर भी उनमें सामान्य क्रियाविशेषण उपवाक्य अपेक्षाकृत स्वतंत्र होता है। दूसरे शब्दों में, कि–संज्ञा उपवाक्य–क्रियाविशेषण सामान्य क्रियाविशेषण उपवाक्य की तुलना में अधिक परतंत्र होता है। निम्नलिखित वाक्यों पर दृष्टि डालें–

(1). वह दौड़ा कि लड़के को बचा ले।

(2). माँ ने बच्चे को फुसलाया कि वह दूध पी ले।

वाक्य (1) में प्रयुक्त क्रियाविशेषण उपवाक्य सामान्य क्रियाविशेषण उपवाक्य है। वह मुख्य उपवाक्य 'वह दौड़ा' के किसी घटक विशेष से नहीं बँधा है। इसके विपरीत वाक्य (2) में संज्ञा उपवाक्य–क्रियाविशेषण का प्रयोग हुआ है और वह 'फुसलाया' क्रिया की आकांक्षा से बँधा है। 'वह दौड़ा' जैसे एक पूर्ण और निराकांक्ष

वाक्य है वैसे 'माँ ने बच्चे को फुसलाया', यह एक पूर्ण और निराकांक्ष वाक्य नहीं है। इस वाक्य की आकांक्षा तब पूरी होगी जब कि–उपवाक्य के साथ इसे रखें। इस उदाहरण से सामान्य क्रियाविशेषण उपवाक्य की स्वतंत्रता स्पष्ट है। अब वाक्य (1) वाक्य (2) को इन रूपों में देखें–

(3). वह इस बात के लिए दौड़ा कि लड़के को बचा ले।

(4). माँ ने बच्चे को इस बात के लिए फुसलाया कि वह दूध पी ले।

यहाँ दोनों वाक्यों में कि–उपवाक्य स्पष्ट ही मुख्य उपवाक्य में प्रयुक्त 'बात' का पूरक है अर्थात् अब वह संज्ञा उपवाक्य–क्रियाविशेषण है। वाक्य (1) में 'कि' तथा 'ताकि' दोनों स्वीकार्य हैं किंतु वाक्य (3) में केवल 'कि' स्वीकार्य है। यह ध्यान देने योग्य है कि 'कि' संज्ञा उपवाक्य का भी चिह्न है और अनेक क्रियाविशेषण उपवाक्यों का भी चिह्न है। 'ताकि' केवल सामान्य क्रियाविशेषण उपवाक्य का चिह्न है। हिंदी के संयोजकों में 'कि' और 'जो' सर्वाधिक जटिल हैं। अस्तु।

सामान्य क्रियाविशेषण उपवाक्य तथा संज्ञा उपवाक्य–क्रियाविशेषण के भेद को स्पष्ट करने के लिए दूसरा उदाहरण लीजिए–

(5). लड़के को बुखार है | ***कि**
क्योंकि | वह ठंडे पानी से नहाया है।

(6). मोहन को प्रसन्नता है | **कि**
क्योंकि | उसके नाम लाटरी निकली है।

(7). वह सुंदर है | ***कि**
क्योंकि | उसकी आँखें बड़ी–बड़ी हैं।

(8). मोहन प्रसन्न है | **कि**
क्योंकि | उसके नाम लाटरी निकली है।

'बुखार' तथा 'सुंदर' निराकांक्ष पद हैं। इनके साथ केवल क्योंकि–उपवाक्य का प्रयोग सहज है, जो सामान्य क्रियाविशेषण उपवाक्य है और जो कि–संज्ञा उपवाक्य–क्रियाविशेषण की तुलना में स्वतंत्र है। 'प्रसन्नता' तथा 'प्रसन्न' दोनों साकांक्ष पद हैं। इनके साथ 'कि' तथा 'क्योंकि' दोनों उपवाक्य सहज हैं। यदि वाक्य (6) तथा (8) में मुख्य उपवाक्य में शीर्ष संज्ञा के रूप में 'बात' का प्रयोग किया जाए तो इन वाक्यों में भी एक ही विकल्प शेष रहता है। गौण उपवाक्य की मुख्य उपवाक्य पर निर्भरता बढ़ने से 'क्योंकि–उपवाक्य' का विकल्प समाप्त हो जाता है–

(9). मोहन को **इस बात से/की** प्रसन्नता है | **कि**
??क्योंकि | उसके नाम लाटरी निकली है।

(10). मोहन **इस बात से** प्रसन्न है | **कि**
??क्योंकि | उसके नाम लाटरी निकली है।

यह ध्यान देने योग्य है कि भले (6) तथा (8) में कि–उपवाक्य तथा क्योंकि–उपवाक्य मुख्य उपवाक्य में स्थित साकांक्ष पदों पर आश्रित हों किंतु स्वतंत्रता की दृष्टि से क्योंकि–उपवाक्य ही अधिक स्वतंत्र है। 'कि' से पूर्व अल्पविराम के लिए अवकाश नहीं है किंतु 'क्योंकि' के पूर्व है–

(11). क. ?? मोहन को प्रसन्नता है, कि उसके नाम लाटरी निकली है।

ख. मोहन को प्रसन्नता है, क्योंकि उसके नाम लाटरी निकली है।

(12). क. ??मोहन प्रसन्न है, कि उसके नाम लाटरी निकली है।

ख. मोहन प्रसन्न है, क्योंकि उसके नाम लाटरी निकली है।

ऊपर यह स्पष्ट करने का प्रयास किया गया कि क्रियाविशेषण के रूप में प्रयुक्त संज्ञा उपवाक्य में तथा सामान्य क्रियाविशेषण उपवाक्य में मुख्य उपवाक्य पर निर्भरता को लेकर महत्वूपर्ण भेद है।

इस निर्भरता के अलावा यदि हम क्रियाविशेषण के रूप में प्रयुक्त संज्ञा उपवाक्य तथा सामान्य क्रियाविशेषण उपवाक्य की आंतरिक संरचना पर ध्यान दें तो पुनः दोनों में महत्वपूर्ण अंतर मिलेगा। संज्ञा उपवाक्य की कई संरचनात्मक विशेषताएँ सामान्य क्रियाविशेषण उपवाक्य में नहीं दिखायी पड़तीं। वस्तुतः क्रियाविशेषण के रूप में प्रयुक्त संज्ञा उपवाक्य की प्रकृति में दुहरापन है। वह सामान्य संज्ञा उपवाक्य की तरह भी व्यवहार करता है तथा क्रियाविशेषण के रूप में भी व्यवहार करता है।

दोनों प्रकार के क्रियाविशेषण उपवाक्यों में जो संरचनात्मक भेद दिखायी देता है उसकी जड़ में प्रमुख तीन प्रकार के तत्व काम करते दिखायी देते हैं। (I) प्रश्न एवं विस्मय आदि सूचक शब्द, (II) क्रियारूप तथा (III) प्रत्यक्ष–अप्रत्यक्ष कथन की शैली। इन तीनों प्रकार के तत्वों का विश्लेषण एवं वर्णन यथास्थान संज्ञा, विशेषण तथा क्रियाओं के संदर्भ में किया जाएगा।

1.5.2.3.2. संज्ञा क्रियाविशेषण उपवाक्य लेनेवाले पद

संज्ञा

सबसे पहले क्रियाविशेषण के रूप में संज्ञा उपवाक्य लेनेवाली **संज्ञाओं** का वर्णन प्रस्तुत है। जिस संज्ञा के साथ संज्ञा उपवाक्य का पूरक संबंध होता है यानी जिस संज्ञा से उसका समानाधिकरण संबंध होता है वह संज्ञा जिन कारकों में जाती है उस संज्ञा से संबंधित संज्ञा उपवाक्य भी उन कारकों में जाता है। इन कारकों में सरल तथा तिर्यक दोनों प्रकार के कारक सम्मिलित हैं। जो संज्ञा उपवाक्य संज्ञा का पूरक नहीं, बल्कि उसकी आकांक्षा से बँधा है वह सामान्यतः तिर्यक कारकों में प्रयुक्त होता है, क्रियाविशेषण के रूप में। यह संज्ञा उपवाक्य प्रायः कारण या प्रयोजन का वाचक होता है। नीचे दोनों प्रकार की संज्ञाओं को साथ रखकर उनके प्रयोगों को देखते हैं। आशा, विश्वास, इच्छा, भय, आशंका, सोच आदि एक वर्ग की संज्ञाएँ हैं, जिनसे संज्ञा उपवाक्य पूरक संबंध रखता है।

दुख, हैरानी, रंज, कमाल, आश्चर्य, संतोष, खुशी आदि दूसरे वर्ग की संज्ञाएँ हैं, जिनसे संज्ञा उपवाक्य भेद संबंध रखता है। संज्ञा उपवाक्य कारण या प्रयोजनवाचक क्रियाविशेषण के रूप में आता है।

आशा–हैरानी

(1). क. मुझे आशा है | कि / ?क्योंकि | वह मान जाएगा।

ख. मुझे हैरानी है | कि / क्योंकि | वह फ़ेल हो गया।

(2). क. मुझे | यह / इस बात की / *इस बात से | आशा है | कि / ?क्योंकि | वह मान जाएगा।

ख. मुझे | यह / इस बात की / इस बात से | हैरानी है | कि / ?क्योंकि | वह फ़ेल हो गया।

(3). क. ?यह आशा की बात है कि वह मान जाएगा।

ख. यह हैरानी की बात है कि वह फ़ेल हो गया।

(4). क. मुझे आशा है, वह मान जाएगा।

ख. मुझे हैरानी है, वह फ़ेल हो गया।

(5). क. मुझे आशा है **कि** वह मान जाएगा **क्योंकि** इसमें उसकी भी भलाई है।

ख. ?मुझे हैरानी है **कि** वह फ़ेल हो गया **क्योंकि** उसने खूब मेहनत की थी।

	प्रश्न	**उत्तर**
(6).	आपको क्या आशा है?	–कि वह मान जाएगा।
	आपको क्यों आशा है?	– क्योंकि इसमें उसकी भी भलाई है।
	आपको क्या हैरानी है?	– ?? कि वह फ़ेल हो गया।
	आपको क्यों हैरानी है?	– क्योंकि वह फ़ेल हो गया।

(1) से (6) तक के वाक्यों में 'आशा' तथा 'हैरानी' के प्रयोग साथ–साथ दिये गये हैं। ध्यान से देखने पर दोनों के प्रयोगों में कई अंतर दिखायी देंगे। वाक्य (1) में 'आशा' के साथ 'क्योंकि' का प्रयोग खटकता है जबकि 'हैरानी' के साथ उसका प्रयोग सहज है। वाक्य (2) में 'आशा' के साथ 'इस बात से' स्वीकार्य नहीं है। (3) में 'आशा' के साथ 'बात' का प्रयोग अच्छा प्रयोग नहीं है। संभवतः इसका कारण यह है कि 'आशा' तथा 'बात' दोनों एक ही कोटि की संज्ञाएँ हैं, पूरक संज्ञा

उपवाक्य लेनेवाली। 'हैरानी' के साथ 'बात' का प्रयोग सहज है। (5) में 'आशा' के साथ 'कि' और 'क्योंकि' उपवाक्य दोनों एक साथ स्वीकार्य हैं, 'हैरानी' के साथ यह बात नहीं है। 'आशा' के साथ 'कि' स्वरूपवाचक है जबकि 'हैरानी' के साथ 'कि' कारणवाचक है, इसलिए अलग से कारणवाचक 'क्योंकि' का प्रयोग ग्राह्य नहीं है। स्वरूप और कारण का भेद (6) में दिये गये प्रश्नों से और स्पष्ट हो जाता है। 'क्या' स्वरूपवाचक है, 'क्योंकि' कारणवाचक है। 'आशा' के लिए दोनों के अलग–अलग उत्तर हैं, किंतु 'हैरानी' के लिए स्वरूपवाचक 'कि' का उत्तर अटपटा है।

कि–संज्ञा उपवाक्य क्रियाविशेषण तथा सामान्य क्रियाविशेषण उपवाक्यों की संरचना में महत्वपूर्ण भेद दिखायी देते हैं। उनमें कुछ का उल्लेख नीचे किया जा रहा है। किंतु यह ध्यान रहे कि दोनों प्रकार के क्रियाविशेषण उपवाक्यों में सदैव संरचनागत भेद नहीं होता। जैसे–

(7). पुत्र जन्म में लोग बड़ी खुशी मानते हैं, आनंद संदोह में मग्न फूले नहीं समाते, हमें **रंज** होता है **कि/क्योंकि** जहाँ देश में 28 करोड़ गुलाम और दास थे वहाँ एक और बढ़ा।

(8). पहले मुझे अपनेआप पर **रोना** आया **कि/क्योंकि** मैं जिसे चौके का सिंगार बनना था, बजरबट्टू बनकर रह गयी।

उपर्युक्त उद्धृत वाक्यों में मूल पाठ में 'कि' का ही प्रयोग हुआ है, किंतु यदि 'कि' के बदले 'क्योंकि' का प्रयोग किया जाए तो उपवाक्य की संरचना में कोई उलटफेर नहीं करना पड़ता।

'कि' तथा 'क्योंकि' के बदले अल्पविराम का भी प्रयोग होता है। 'क्योंकि' के पूर्व भी अल्पविराम दिया जा सकता है किंतु 'कि' के पूर्व नहीं, क्योंकि 'कि' मुख्य उपवाक्य तथा गौण उपवाक्य के प्रगाढ़ संबंध का सूचक होता है। देखिए–

(9). कमाल है	कि क्योंकि ,	इतनी बातें याद कर लीं पर आँखों में एक कतरा आँसू भी न आया।

मुख्य उपवाक्य में शीर्ष संज्ञा के रूप में 'यह' का प्रयोग करते ही मुख्य उपवाक्य पर गौण उपवाक्य की निर्भरता बढ़ जाती है। फिर अल्पविराम या 'क्योंकि' का प्रयोग नहीं होगा।

(9–क) **यह** कमाल है	कि ? क्योंकि ? ,	इतनी बातें याद कर लीं पर आँखों में एक कतरा आँसू भी न आया।

संज्ञा उपवाक्य की आंतरिक संरचना में विविधता मिलती है। प्रश्न, विस्मय, आज्ञा तथा कथन के रूप संज्ञा उपवाक्य की संरचना में साफ़ दिखायी देते हैं। उसके ये विविध रूप मुख्य उपवाक्य में बैठे हुए किसी घटक विशेष के नियंत्रण

में होते हैं। संज्ञा उपवाक्य जिस भी कारक या प्रकार्य में रहे, वह अपने रूप से भी पहचाना जाता है। नीचे के वाक्यों में कि–उपवाक्य में प्रश्न, विस्मयादि के सूचक शब्दों को जगह मिली है किंतु क्योंकि–उपवाक्य में वे नदारद हैं;

(10). क. मुझे विस्मय हुआ | कि / ??क्योंकि | उसने **कैसे** सबको प्रभावित **कर लिया।**

ख. मुझे विस्मय हुआ क्योंकि उसने सबको प्रभावित कर लिया था।

(11). क. मुझे गुस्सा आया | कि / ??क्योंकि | वह मुझसे झूठ **क्यों बोल रहा है।**

ख. मुझे गुस्सा आया क्योंकि वह मुझसे झूठ **बोल रहा था।**

(12). क. मेरी उससे शिकायत है | कि / ??क्योंकि | वह रोज़ **क्यों आता है।**

ख. मेरी उससे शिकायत है क्योंकि वह रोज़ **आता है।**

(13). क. हमारे पास अनगिनत चिट्ठियाँ आयी हैं तुम्हारे प्रशंसकों की, जिन्हें शिकायत है | कि / ??क्योंकि | तुम शादी **क्यों** नहीं **कर लेते।**

ख. हमारे पास अनगिनत चिट्ठियाँ आयी हैं तुम्हारे प्रशंसकों की, जिन्हें शिकायत है. क्योंकि तुमने अभी तक शादी नहीं **की है।**

(14). क. बच्चे को देखकर उसे बड़ा आश्चर्य हुआ | कि / ??क्योंकि | वह **कितना** दुर्बल है कि **रो भी नहीं सकता।**

ख. बच्चे को देखकर उसे बड़ा आश्चर्य हुआ क्योंकि बच्चा **इतना** दुर्बल **था** कि रो भी नहीं **सकता था।**

सभी (ख) वाक्यों में 'क्योंकि' का प्रयोग हुआ है जिनमें प्रश्न, विस्मय आदि के सूचक शब्द नहीं हैं। क्योंकि–उपवाक्यों में प्रयुक्त समापिका क्रियाओं पर भी ध्यान दें। यह बदलाव यह संकेत करता है कि क्योंकि–उपवाक्य अधिक स्वतंत्र है तथा उसकी क्रिया काल के लिए मुख्य उपवाक्य की ओर उन्मुख नहीं है, बल्कि उस संदर्भ की ओर उन्मुख है जिसमें वाक्य का उच्चारण किया जा रहा है। कि–उपवाक्य तथा क्योंकि–उपवाक्यों में होनेवाले काल परिवर्तनों के दो–एक उदाहरण और प्रस्तुत हैं–

(15). क. उन्हें इत्मीनान हो गया **कि** सारी चीज़ें **भेजी जा चुकी हैं।**
(**क्या** इत्मीनान हो गया?)

ख. उन्हें इत्मीनान हो गया **क्योंकि** सारी चीजें **भेजी जा चुकी थीं।**
(**क्यों** इत्मीनान हो गया?)

(16). क. अचानक उनका आश्चर्य बढ़ गया **कि** ऊपर बैठा आदमी **कितना** तल्लीन **है** कि गाड़ी की घरघराहट उसकी तल्लीनता नहीं तोड़ सकी।

(**क्या** आश्चर्य हुआ?)

ख. अचानक उनका आश्चर्य बढ़ गया **क्योंकि** ऊपर बैठा आदमी **इतना** तल्लीन **था** कि गाड़ी की घरघराहट उसकी तल्लीनता नहीं तोड़ सकी।

(**क्यों** आश्चर्य हुआ?)

(क) वाक्यों में गौण उपवाक्य मुख्य उपवाक्य में आधायित (embedded) हैं और उनकी क्रिया के काल का संदर्भ विंदु मुख्य उपवाक्य की क्रिया का काल है। (ख) वाक्यों में गौण उपवाक्य की क्रिया के काल का संदर्भ विंदु वाक्योच्चारण का काल है अर्थात् वक्ता जिस क्षण वाक्य का उच्चारण करता है वह क्षण है।

मुख्य उपवाक्य में प्रयुक्त शीर्ष संज्ञा, जिसका संज्ञा उपवाक्य पूरक होता है, वह विभिन्न परसर्गों के साथ प्रयुक्त होती है। कुछ उदाहरण द्रष्टव्य हैं–

(17). **एक खास बात की ओर** लोगों का ध्यान ही नहीं **कि** लोग नंगे पाँव आये थे।

(18). **इस नियम से** सभी परेशान है **कि** जूते उतारकर भीतर जाओ।

(19). पहले तो चंदू **सोच में** पड़ गया **कि** मन की बात कहे या न कहे।

(20). **इस बात से** कोई इंकार नहीं कर सकता **कि** साफ़ सुथरा वातावरण व्यक्ति के चरित्र की अभिव्यक्ति करता है।

(21). वह **इस आशंका से** चुप लगा गई **कि** सास उसे अन्यथा न समझ बैठें।

ऊपर सभी कि–उपवाक्य पूरक उपवाक्य हैं। इनमें 'कि' के बदले कहीं भी 'क्योंकि' का प्रयोग अनुमत नहीं है।

विशेषण

विशेषण की आकांक्षा से बँधे कि–संज्ञा उपवाक्य प्रयोजन या कारणवाचक क्रियाविशेषण के रूप में होते हैं किंतु सभी विशेषण साकांक्ष नहीं होते, जैसे–

(22). वह सुंदर है | *कि
क्योंकि | उसकी आँखें बड़ी–बड़ी हैं।

(23). वह प्रसन्न है | कि
क्योंकि | उसका काम हो गया।

'सुंदर' को कारण की आकांक्षा नहीं है, इसलिए सुंदरता के कारण का उल्लेख केवल क्योंकि–उपवाक्य द्वारा किया जा सकता है। 'प्रसन्न' को कारण की आकांक्षा है जिसकी पूर्ति कि–उपवाक्य या क्योंकि–उपवाक्य द्वारा हो जाती है। कि–उपवाक्य में प्रश्नसूचक शब्द का प्रयोग संभव है किंतु क्योंकि–उपवाक्य में नहीं। देखिए–

(24). क. वह प्रसन्न है | कि / ?क्योंकि | उसका काम **कितने** अच्छे ढंग से हो गया।

ख. वह प्रसन्न है | कि / क्योंकि | उसका काम **बहुत/इतने** अच्छे ढंग से हो गया।

कि–उपवाक्य लेनेवाले विशेषण दो प्रकार के हैं, दुखी, प्रसन्न, खिन्न, निराश आदि एक प्रकार के विशेषण हैं तो बेचैन, विवश, इच्छुक, लालायित, तैयार आदि दूसरे प्रकार के विशेषण हैं। पहले वर्ग के विशेषण के साथ प्रयुक्त कि–उपवाक्य सामान्यतः कारण का सूचक होता है और दूसरे वर्ग के विशेषण के साथ प्रयुक्त कि–उपवाक्य सामान्यतः प्रयोजन या भविष्य में होनेवाली क्रिया का सूचक होता है, उदाहरणार्थ–

(25). क. वह दुखी है **कि वह परीक्षा में सफल नहीं हुआ।**

ख. वह परीक्षा में सफल न **होने से दुखी** है।

(26). क. वह विवश है **कि वह सबका स्वागत करे।**

ख. वह सबका स्वागत **करने को** विवश है।

(क) वाक्यों के रूपांतरणों से कारण और प्रयोजन का भेद बिल्कुल स्पष्ट है। 'से' कारणवाचक है तथा 'को' प्रयोजन या भविष्य में घटित होनेवाली क्रिया का वाचक है।

कि–संज्ञा उपवाक्य के संबंध में जो बातें अभी ऊपर संज्ञा प्रकरण में कही गयी हैं वही बातें विशेषण के प्रकरण में भी कथनीय हैं। ऐसा स्वाभाविक भी है। कई संज्ञा और विशेषण तो मूल और व्युत्पन्न का संबंध रखते हैं, जैसे–प्रसन्नःप्रसन्नता, दुखःदुखी, परेशानःपरेशानी, विवशःविवशता आदि।

कि तथा क्योंकि–उपवाक्य में प्रश्नसूचक शब्दों तथा क्रियाओं को लेकर जो भेद संज्ञा प्रकरण में उल्लिखित हैं उनका विशेषण प्रकरण में दिग्दर्शन कराने हेतु कुछ उदाहरण द्रष्टव्य हैं–

(27). क. वह चकित है | कि / ?क्योंकि | यह सब इतनी शीघ्रता से **कैसे** हो गया।

ख. वह चकित है | कि / क्योंकि | यह सब इतनी शीघ्रता से हो गया।

(28). क. लड़का दुखी है | कि / ? क्योंकि | उसे अच्छे अंक **क्यों** नहीं मिले।

ख. लड़का दुखी है | कि / क्योंकि | उसे अच्छे अंक नहीं मिले।

(29). क. वह चौकन्ना था | कि / ?ताकि | **कहीं** कोई देख न ले।

ख. वह चौकन्ना था | कि / ताकि | कोई देख न ले।

क्रिया

संज्ञा उपवाक्य को क्रियाविशेषण के रूप में लेनेवाली क्रियाओं को सामान्य रूप से दो वर्गों में रखा जा सकता है–

पहला वर्ग – बिगड़ना, डाँटना, फटकारना, झिड़कना, बौखलाना, धन्यवाद देना, आभार मानना आदि।

दूसरा वर्ग – फुसलाना, बहकाना, भड़काना, उकसाना, समझाना, मनाना, राज़ी करना, तैयार करना आदि।

पहले वर्ग की क्रियाओं के पीछे **कारण** विद्यमान होता है और दूसरे वर्ग की क्रियाओं के पीछे **कार्य** विद्यमान होता है। किसी को बिगड़ने या फटकारने का कोई न कोई कारण होता है जो सामान्य रूप से कि–उपवाक्य के माध्यम से उक्त होता है। 'कि' के बदले 'क्योंकि' का भी प्रयोग कुछ परिस्थितियों में किया जा सकता है। इसीतरह किसी को फुसलाने या उकसाने का उद्देश्य उसे किसी–न–किसी कार्य में लगाना होता है। यह कार्य कि–उपवाक्य के माध्यम से उक्त होता है। कभी–कभी 'कि' के बदले 'ताकि' का प्रयोग हो सकता है, किंतु उस तत्परता से नहीं जिस तत्परता से कारण में 'कि' के बदले 'क्योंकि' का प्रयोग होता है। उदाहरणार्थ–

(30). मालिक नौकर को डाँट रहा है | कि / क्योंकि | वह रोज़ देर से आता है।

(31). मैं 'वसंत' पत्रिका का आभार मानता हूँ | कि / क्योंकि | उसने 'शुद्रा' कहानी को प्रकाशित किया।

(32). माँ बच्चे को फुसला रही है | कि / ? ताकि | वह दूध पी ले।

(33). मैंने लड़के को उकसाया | कि / ? ताकि | वह तार पकड़ ले।

ऊपर के उदाहरणों में कि–उपवाक्य तथा क्योंकि–उपवाक्य दोनों क्रियाविशेषण उपवाक्य हैं किंतु दोनों में महत्वपूर्ण भेद है। दोनों गौण उपवाक्य हैं और मुख्य उपवाक्य पर आश्रित हैं किंतु उनमें क्योंकि–उपवाक्य कि–उपवाक्य की तुलना में स्वतंत्र है। वस्तुतः कि–उपवाक्य संज्ञा उपवाक्य का ही रूप है इसलिए मुख्य उपवाक्य का उस पर अधिक नियंत्रण है। 'कि' और क्योंकि–उपवाक्यों का यह भेद उनकी आंतरिक संरचना में स्पष्ट दिखायी देता है। संज्ञा और विशेषण के प्रकरण में पहले ही दोनों की आंतरिक संरचना में मिलनेवाली भिन्नताओं की ओर संकेत किया जा चुका है। क्रिया प्रकरण में उन संरचनागत भिन्नताओं का एक

बार पुनरावलोकन अनुचित नहीं होगा। यहाँ संरचना में प्रत्यक्ष तथा परोक्ष कथन का भेद विशेष रूप से उल्लेखनीय है।

दोनों प्रकार के उपवाक्यों में प्राप्त भिन्नताओं का वर्णन नीचे है।

(क) जहाँ मुख्य उपवाक्य में शीर्ष संज्ञा का उल्लेख नहीं है वहाँ 'कि' और 'क्योंकि' में पर्यायता दिखायी पड़ती है किंतु जैसे ही मुख्य उपवाक्य में शीर्ष संज्ञा का उल्लेख होता है कि–उपवाक्य उसका पूरक बन जाता है और मुख्य उपवाक्य पर उसकी पराश्रितता बढ़ जाती है। फिर 'क्योंकि' का प्रयोग 'कि' के स्थान पर नहीं होगा, उदाहरणार्थ–

(34). क. वह नौकरानी को बिगड़ रहे हैं | कि / क्योंकि | उसने मेहमान को कमरे में नहीं बैठाया।

ख. वह नौकरानी को इस **बात** के लिए / इस **वजह** से बिगड़ रहे हैं | कि / ??क्योंकि | उसने मेहमान को कमरे में नहीं बैठाया।

(35). क. मैं टण्डन जी को धन्यवाद देता हूँ | कि / क्योंकि | उन्होंने मुझे इतना समय दिया।

ख. मैं टण्डन जी को इस **बात** के लिए धन्यवाद देता हूँ | कि / ??क्योंकि | उन्होंने मुझे इतना समय दिया।

ऊपर के वाक्यों में शीर्ष संज्ञा 'बात' तथा 'वज़ह' परसर्गों के साथ क्रियाविशेषण के रूप में प्रयुक्त हैं, इसलिए इनके पूरक कि–उपवाक्य भी क्रियाविशेषण हैं। (ख) वाक्यों में 'क्योंकि' का स्वीकार्य न होना यही दर्शाता है कि क्योंकि–उपवाक्य संज्ञा उपवाक्य से अधिक स्वतंत्र है।

(ख) संज्ञा उपवाक्य में प्रश्नसूचक शब्दों का प्रयोग हो सकता है, जो क्योंकि–उपवाक्य में नहीं दिखायी पड़ते। जहाँ प्रश्नसूचक शब्द का प्रयोग नहीं हुआ है वहाँ 'कि' तथा 'क्योंकि' में पर्याय संबंध बन सकता है। उदाहरणार्थ–

(36). क. वह नौकरानी को बिगड़ रहे हैं | कि / ?? क्योंकि | उसने मेहमान को कमरे में **क्यों** नहीं बैठाया।

ख. वह नौकरानी को बिगड़ रहे हैं | कि / क्योंकि | उसने मेहमान को कमरे में नहीं बैठाया।

(37). क. यह सवाल उसने पूछा और खुद ही बौखला गया | कि / ??क्योंकि | उसने **कितना** मूर्खतापूर्ण प्रश्न **किया है।**

ख. यह सवाल उसने पूछा और खुद ही बौखला गया | कि / क्योंकि | उसने बहुत ही मूर्खतापूर्ण प्रश्न **किया है / था।**

(37–ख) में 'क्योंकि' का प्रयोग करने पर 'प्रश्न किया **है**' के स्थान पर 'प्रश्न किया **था**' उपयुक्त है, क्योंकि 'है' प्रत्यक्ष कथन का सूचक है और क्योंकि–उपवाक्य के अनुकूल प्रत्यक्ष कथन नहीं है।

(ग) कि–उपवाक्य में प्रत्यक्ष तथा परोक्ष दोनों कथन शैलियों में से किसी एक शैली का प्रयोग हो सकता है। प्रत्यक्ष कथन की शैली में प्रयुक्त उपवाक्य में प्रत्यक्ष कथन के विभिन्न तत्व विद्‌यमान होते हैं।

कि–उपवाक्य में प्रयुक्त प्रत्यक्ष कथन के विभिन्न तत्वों के संदर्भविंदु मुख्य उपवाक्य में विद्‌यान होते हैं। मुख्य उपवाक्य के कर्ता की ओर से वक्ता कथन को प्रस्तुत करता है। इसलिए कर्ता एक संदर्भविंदु बनता है। इसी प्रकार कि–उपवाक्य में प्रयुक्त क्रिया के काल का संदर्भविंदु वक्ता के वाक्योच्चारण का काल न होकर मुख्य उपवाक्य में प्रयुक्त क्रिया का काल होता है। चूँकि वक्ता प्रत्यक्ष कथन में अपनी ओर से कोई मिश्रण नहीं करता इसलिए प्रत्यक्ष कथन में प्रयुक्त विस्मय, प्रश्न आदि के सूचक शब्द भी ज्यों–के–त्यों बने रहते हैं। इस तरह स्पष्ट है कि प्रत्यक्ष कथन के तत्वों से युक्त उपवाक्य मुख्य उपवाक्य के अत्यधिक प्रभाव में होता है, वह अधिक परतंत्र होता है। दूसरी तरफ, क्योंकि–उपवाक्य में प्रत्यक्ष कथन के तत्वों का अभाव दिखायी पड़ता है जो इस बात का सूचक है कि मुख्य उपवाक्य तथा क्योंकि–उपवाक्य में वह सन्निकटता नहीं है जो मुख्य उपवाक्य तथा कि–उपवाक्य में होती है। दूसरे शब्दों में, क्योंकि–उपवाक्य कि–उपवाक्य जितना परतंत्र या परमुखापेक्षी नहीं होता। इसलिए क्योंकि–उपवाक्य में कथन की परोक्ष शैली चलती है। यही कारण है कि जहाँ कि–उपवाक्य का प्रस्तुतीकरण परोक्ष शैली में होता है वहाँ कि–उपवाक्य के बदले क्योंकि–उपवाक्य का प्रयोग स्वीकार्य होता है। नीचे उदाहरण दिये जा रहे हैं–

(38).	वह नौकरानी को बिगड़ रहे हैं	कि *क्योंकि	**तुमने** मेहमान को कमरे में नहीं बैठाया।
(39)	यह सवाल उसने पूछा और खुद ही बौखला गया	कि *क्योंकि	**मैंने** मूर्खतापूर्ण प्रश्न किया **है।**

उपर्युक्त वाक्यों में कि–उपवाक्य में प्रत्यक्ष कथन है। (38) में नौकरानी के लिए 'तुम' का प्रयोग मुख्य उपवाक्य के कर्ता 'वह' की ओर से किया गया है। इस वाक्य में 'कि' के बदले 'क्योंकि' का प्रयोग नहीं होगा। इसी तरह वाक्य (39) में 'मैंने' का प्रयोग मुख्य उपवाक्य के कर्ता के लिए है जो वह स्वयं अपने लिए कर रहा है। 'प्रश्न किया है' में 'है' का संदर्भविंदु मुख्य उपवाक्य की भूतकाल की क्रिया है। वाक्योच्चारण के क्षण को संदर्भविंदु बनाने पर 'है' के स्थान पर 'था' का प्रयोग संगत होगा। इस वाक्य में भी 'कि' के स्थान पर 'क्योंकि' का प्रयोग नहीं होगा। परोक्ष कथन में वाक्य (38) तथा (39) के रूप ये होंगे। इन वाक्यों में वाक्योच्चारण करनेवाला वक्ता तथा वाक्योच्चारण का क्षण संदर्भविंदु हैं।

(40). वह नौकरानी को बिगड़ रहे हैं क्योंकि / कि **उसने** मेहमान को कमरे में नहीं बैठाया।

(41).	यह सवाल उसने पूछा और खुद ही बौखला गया	कि क्योंकि	**उसने** मूर्खतापूर्ण प्रश्न किया **था।**

(40). में नौकरानी के लिए 'उसने' का प्रयोग वक्ता की ओर से किया गया है। मुख्य तथा गौण उपवाक्यों में प्रयुक्त क्रियाओं के काल का संदर्भविंदु वाक्योच्चारण का काल है। इसी तरह (41) में गौण उपवाक्य में 'उसने' का प्रयोग मुख्य उपवाक्य के कर्ता के लिए वक्ता ने अपनी ओर से किया है। गौण उपवाक्य में प्रयुक्त 'था' का संदर्भविंदु वक्ता का उच्चारण काल है। मुख्य उपवाक्य में प्रयुक्त क्रिया का संदर्भविंदु भी वाक्योच्चारण का क्षण है।

कुछ स्थितियों में कि–उपवाक्य में भी प्रत्यक्ष कथन की शैली खटकती है। निम्नलिखित प्रयोग देखिए–

(42). वह नौकरानी को **इसलिए / इस बात के लिए / इस वजह** से बिगड़ रहे हैं कि **?तुमने / उसने** मेहमान को कमरे में क्यों नहीं बैठाया।

उपर्युक्त वाक्य में 'तुमने' की जगह 'उसने' का प्रयोग ठीक है, जो वक्ता की ओर से नौकरानी के लिए किया गया है। चूँकि वक्ता अपनी ओर से शब्दों का प्रयोग कर रहा है इसलिए यह परोक्ष कथन है। मुख्य उपवाक्य में प्रयुक्त 'इसलिए', 'इस बात के लिए' तथा 'इस वजह से' वक्ता के नज़रिये को रखते हैं इसलिए इनमें से किसी एक का प्रयोग करते ही कथन की शैली प्रत्यक्ष से परोक्ष में बदल जाती है। इनका प्रयोग न करने पर कथन की दोनों शैलियों का विकल्प खुला रहता है। उस स्थिति में 'तुमने' या 'उसने' किसी का भी प्रयोग संगत है।

कि–उपवाक्य तथा क्योंकि–उपवाक्य में प्रयुक्त क्रियाओं के काल के संदर्भविंदु बदलाव के कुछ अन्य उदाहरण प्रस्तुत हैं। परोक्ष शैली में कि–उपवाक्य की क्रिया के काल का संदर्भविंदु मुख्य उपवाक्य की क्रिया का काल भी हो सकता है तथा वक्ता द्वारा किये गये वाक्योच्चारण का काल भी हो सकता है किंतु क्योंकि–उपवाक्य की क्रिया के काल का संदर्भविंदु वक्ता के वाक्योच्चारण का काल ही होता है, उदाहरण–

(43). क. अध्यापक ने लड़के को फटकारा कि / *क्योंकि **तुम** देर से **आये हो।** (प्रत्यक्ष कथन)

ख. अध्यापक ने लड़के को फटकारा कि / ??क्योंकि **वह** देर से **आया है।** (परोक्ष कथन)

ग. अध्यापक ने लड़के को फटकारा कि / क्योंकि **वह** देर से **आया था।** (परोक्ष कथन)

(44). क. काली टोपीवाले गांधी जी पर बिगड़ते थे कि / *क्योंकि **आपने** म्लेच्छों को सर पर **चढ़ा लिया है।** (प्रत्यक्ष कथन)

ख. काली टोपीवाले गांधी जी पर बिगड़ते थे कि / ??क्योंकि **उन्होंने** म्लेच्छों को सर पर **चढ़ा लिया है।** (परोक्ष कथन)

ग. काली टोपीवाले गांधी जी पर बिगड़ते थे कि / क्योंकि **उन्होंने** म्लेच्छों को सर पर **चढ़ा लिया था।** (परोक्ष कथन)

दूसरे वर्ग की क्रियाओं में फुसलाना, उकसाना, भड़काना आदि क्रियाओं की गणना की गयी है, (दे. पृ. 76)। किसी व्यक्ति को किसी कार्य में प्रवृत्त करने के लिए इन क्रियाओं का प्रयोग किया जाता है। ये क्रियाएँ तभी सार्थक कहलाती हैं जब व्यक्ति कार्य में प्रवृत्त हो। कार्य या प्रयोजन उपवाक्य इस वर्ग की क्रियाओं की आकांक्षा से बँधा होता है इसलिए वह वाक्य की रचना के अनिवार्य घटक के रूप में होता है। प्रयोजन उपवाक्य चूँकि मुख्य उपवाक्य की क्रिया की आकांक्षा से बँधा होता है इसलिए मुख्य उपवाक्य पर उसकी निर्भरता अधिक होती है। इस अत्यधिक निर्भरता की अभिव्यक्ति संयोजक 'कि' के द्वारा होती है। प्रयोजनवाचक ताकि–उपवाक्य मुख्य उपवाक्य की क्रिया की आकांक्षा से बँधा नहीं होता, इसलिए वह कि–उपवाक्य की तरह मुख्य उपवाक्य पर निर्भर नहीं होता। इसलिए जिन क्रियाओं में प्रयोजन उपवाक्य लेने की आकांक्षा नहीं होती उन क्रियाओं के साथ ताकि–उपवाक्य का प्रयोग सहजता से होता है और जिन क्रियाओं में प्रयोजन उपवाक्य लेने की आकांक्षा होती है उन क्रियाओं के साथ ताकि–उपवाक्य का प्रयोग असंगत प्रतीत होता है, उदाहरणार्थ–

(45). उसने लड़के को **उकसाया** कि/?ताकि वह गोली चलाए।

(46). वह दवा **खा रहा है** कि/ताकि शीघ्र स्वस्थ हो जाए।

प्रयोजन उपवाक्य के लिए 'उकसाना' साकांक्ष है और 'खाना' निराकांक्ष है। 'कि' का प्रयोग दोनों वाक्यों में उपयुक्त है। किंतु 'ताकि' का प्रयोग केवल दूसरे वाक्य में सही है।

फुसलाना, उकसाना आदि दूसरे वर्ग की क्रियाएँ बिगड़ना, डाँटना आदि पहले वर्ग की क्रियाओं से एक महत्वपूर्ण भेद रखती हैं। पहले वर्ग की क्रियाओं के गर्भ में वाचिक क्रिया का अंश विद्यमान होता है, 'वह **डाँट रहा है–डाँटते हुए कह रहा है**', 'वह **फटकार रहा है–फटकारते हुए कह रहा है**', इत्यादि। कहने का तात्पर्य यह है कि इस वर्ग की क्रियाओं के निष्पादन में भाषा का प्रयोग करना पड़ता है। यह विशेषता दूसरे वर्ग की क्रियाओं में नहीं है। उकसाना, फुसलाना, भड़काना आदि क्रियाओं के निष्पादन में आवश्यक नहीं है कि भाषा का प्रयोग किया ही जाए। अभाषिक प्रयत्नों के द्वारा भी किसी को भड़काया या उकसाया जा सकता है। दूसरे वर्ग की क्रियाओं के निष्पादन में भाषा का प्रयोग आवश्यक न होने से कथन की प्रत्यक्ष और परोक्ष शैली को भी इन क्रियाओं के संदर्भ में अवकाश नहीं मिलता।

प्रयोजन उपवाक्य भविष्य और अनिश्चय से बँधा होता है, इसलिए इस उपवाक्य की क्रिया का रूप सदैव इच्छार्थक होता है।

(47). उसको समझाओ कि/?ताकि मुझे घर **जाने दे।**

(48). मैंने उसको पैसे दिये कि/ताकि ज़रूरी चीज़ें **खरीद ले।**

कर्ता, कर्म तथा क्रियाविशेषण के रूप में संज्ञा उपवाक्य के प्रयोगों का वर्णन अब तक किया गया। इस वर्णन से संयोजक 'कि' के विविध प्रयोगों की बात स्पष्ट होती है। 'कि' स्वरूपवाचक या पूरक के अलावा कारणवाचक तथा प्रयोजनवाचक के रूप में भी प्रयुक्त होता है। कारणवाचक के रूप में यह 'क्योंकि' के साथ है तथा प्रयोजनवाचक के रूप में यह 'ताकि' के साथ है। 'कि' के विभिन्न प्रयोगों को इस रूप में प्रदर्शित किया जा सकता है–

कि	कि	–	(स्वरूपवाचक कि : जो)
	कि	–	(कारणवाचक कि : क्योंकि)
	कि	–	(प्रयोजनवाचक कि : ताकि)

उदाहरण –

(49). बाबा से समझाकर कहो **कि / जो** मुझे ग्वालों के संग पठाय दें।

(50). वह संतुष्ट है **कि / क्योंकि** उसे पैसे मिल गये।

(51). वह छिप गया **कि / ताकि** कोई देख न ले।

किंतु यह विशेष रूप से ध्यान देने योग्य है कि 'कि' अधिक दृढ़ संयोजक है। वह मुख्य उपवाक्य तथा गौण उपवाक्य के बीच अधिक निकटता का सूचक है। इस निकटता या दृढ़ संबंध की संपुष्टि अनेक प्रयोगों द्वारा होती है, जिनका वर्णन पीछे यथास्थान किया जा चुका है। 'कि' की तुलना में 'क्योंकि' तथा 'ताकि' शिथिल संयोजक हैं।

1.5.2.3.3.0. संज्ञा कि–उपवाक्य; कुछ अन्य विंदु

यदि एक से अधिक कि–उपवाक्य मुख्य उपवाक्य में आधायित (embedded) होते हैं तो सामान्य रूप से अनेक बार 'कि' का प्रयोग करने के बदले पहले 'कि' को छोड़कर अन्यत्र 'और' का प्रयोग करते हैं; जैसे–

(1). उन सबका मानना है **कि** यह बिल्कुल अलग ढंग की फ़िल्म है, **कि** यह वासुदा की कई फ़िल्मों को पीछे छोड़ देती है। ⇒

उन सबका मानना है **कि** यह बिल्कुल अलग ढंग की फ़िल्म है **और** यह वासुदा की कई फ़िल्मों को पीछे छोड़ देती है।

परिवर्तित वाक्य में दूसरे 'कि' के स्थान पर 'और' का प्रयोग हुआ है। यह हिंदी की स्वाभाविक शैली है, पहले 'कि' को छोड़कर अन्य सभी 'कि' के स्थान पर 'और' का प्रयोग।

कभी 'और' के स्थान पर अल्पविराम का प्रयोग करते हैं–

(2). चारपाई पर माँ पड़ी बुदबुदाती रहती **कि** मुझे कोई तकलीफ़ **नहीं,** मैं चंगी हूँ।

(3). मुझे पहली बार महसूस हुआ **कि** कुमारी नैय्यर जिंदा **है,** जीवित **है,** ज्वालामुखी **है,** एक उन्मादभरी ऐसी झील है जिसके गहरे पारदर्शक पानी में डूब उतराकर इनसान को नई ज़िंदगी मिलती है।

कहीं 'और' तथा 'कि' का एक साथ प्रयोग मिलता है, 'और कि'

(4). हमने लक्ष्मी को चलने से पहले पूरी तरह बता दिया था **कि** वह रास्ते में कहीं नहीं उतरेगी **और कि** रात की यात्रा है।

(5). ठीक एक घंटे से यह अफ़सर साहबान मुझे समझाने पर तुले हुए हैं **कि** राख हो चुकी बस्ती में कराहते घायलों को अभी फ़र्स्टएड की ज़रूरत नहीं है, **और कि** हमें कानून को अकेले छोड़ देना चाहिए।

नई शैली यह चल पड़ी है कि सर्वत्र 'कि' का ही प्रयोग किया जाए–

(6). क्या कहता? यह **कि** उसे हजारों किलोमीटर दूर कहीं गंगा के किनारे का वंसत याद आ गया है, **कि** मन में मोह उत्पन्न हो उठा है, **कि** उसके निकट ऐसे ही खड़े होने में सुख मिल रहा है।

(7). लो अब तो मानोगे **कि** विकास बहादुर था? **कि** उसकी हत्या एक ने नहीं, पूरे होस्टल ने मिलकर की है।

(8). है कोई माई का लाल जो कहे **कि** जमनिया में मलाई मालपुआ के लिए मस्तराम लार टपकाता था, **कि** मस्तराम औरतों का भूत उतारता था, **कि** मस्तराम शाल–दुशाला डाले घूमता था, **कि** मस्तराम.....

इस प्रकार स्पष्ट है कि मुख्य उपवाक्य में एक से अधिक उपवाक्य आधायित होने पर प्रस्तुतीकरण की चार शैलियाँ प्राप्त हैं–

(i) सर्वत्र 'कि' का प्रयोग। 'कि' से पूर्व अल्पविराम का प्रयोग। देखिए–वाक्य (6), (7) तथा (8)।

(ii) पहले 'कि' को छोड़कर सर्वत्र 'और' का प्रयोग। देखिए–वाक्य (1) का परिवर्तित रूप।

(iii) 'और' के स्थान पर अल्पविराम (,) का प्रयोग। अल्पविराम के प्रयोग से 'और' की बारंबार आवृत्ति से भी बचा जा सका है। शैली की दृष्टि से यह अधिक ग्राह्य है। देखिए–वाक्य (2) तथा (3)।

(iv) 'और कि' का प्रयोग। देखिए–वाक्य (4) तथा (5)।

1.5.2.3.3.1. एक संज्ञा उपवाक्य दो मुख्य उपवाक्यों में आधायित

एक मुख्य उपवाक्य में एक साथ कई संज्ञा उपवाक्य आधायित हो सकते हैं। अभी पिछले अनुच्छेद में ही इसका उल्लेख और वर्णन किया गया है। कभी–कभी एकदम इसके विपरीत एक संज्ञा उपवाक्य एक साथ दो मुख्य उपवाक्यों में आधायित मिलता है। अर्थात् दो मुख्य उपवाक्यों के बीच एक ही संज्ञा उपवाक्य

स्थित होता है। किंतु इस तरह के प्रयोग कम हैं। जो प्रयोग मिलते हैं वे भी प्रायः हिंदी के पहले के रूपों में। कुछ उदाहरण द्रष्टव्य हैं–

(1). फिर उसने **पूछा कि** किस कारण से तुम इहाँ से भाग गये **सो** मुझसे **कहो।**

(2). इतनी कथा जब नासिकेत ने सुनाई तब तो ऋषियों ने **पूछा कि** महाराज, अति दुखदायक यमलोक के पथ में किस प्रकार से जाना पड़ता है वो कौन से कर्म करके वहाँ से हैं छूटते **सो** अब कृपा कर **वर्णन करो।**

(3). मैं ये **देखने** को आया हूँ **कि** किस प्रकार से प्राणियों के पुण्य–पाप को विचारते हो, **सो** हमको **सुनावो।**

पहला वाक्य इन दो वाक्यों का संयुक्त रूप लगता है–

(क) फिर उसने **पूछा कि** किस कारण से तुम इँहा से भाग गये।

(ख) किस कारण से तुम इहाँ से भाग गये **सो** मुझसे **कहो।**

एक बार संज्ञा उपवाक्य 'फिर उसने पूछा' (मुख्य उपवाक्य) में आधायित है तथा एक बार वह 'मुझसे कहो' (मुख्य उपवाक्य) में आधायित है। वाक्य (1) में एक साथ संज्ञा उपवाक्य दोनों मुख्य उपवाक्यों में आधायित है। 'सो' के बदले आज की हिंदी में 'यह' का प्रयोग किया जाएगा। यहाँ 'सो' 'जो' का सहसंबंधी नहीं है। अन्य वाक्यों में भी यही स्थिति है। एक ही संज्ञा उपवाक्य एक समय में दो मुख्य उपवाक्यों का अंश है। यहाँ यह ध्यान देने योग्य है कि जिन दो मुख्य उपवाक्यों में संज्ञा उपवाक्य एक साथ आधायित है उन मुख्य उपवाक्यों की क्रियाएँ एक दूसरे से जुड़ी हुई हैं। अर्थ की दृष्टि से एक क्रिया को दूसरी क्रिया की अपेक्षा रहती है। पूछने की सार्थकता कहने या बताने में है। एक **पूछता** है तो दूसरा जवाब में कुछ **कहता** है। (वाक्य–1)। एक किसी विषय में **पूछता** है तो दूसरा उस विषय का **वर्णन करता है,** (वाक्य–2)। वाक्य (3) में **देखना** और **सुनाना** का प्रयोग हुआ है। वस्तुतः 'देखना' समझना के अर्थ में है तथा 'सुनाना' समझाना के अर्थ में है।

वस्तुतः सम्बद्ध क्रियाओं का विषय एक है, इसलिए एक ही संज्ञा उपवाक्य दोनों संबद्ध क्रियाओं का विषय बन पाता है। जिस विषय में पूछते हैं उसी विषय में कहते हैं, उसी का वर्णन करते हैं। जो विषय समझना चाहते हैं वही विषय समझाया जाता है, जो सुनना चाहते हैं वही सुनाया जाता है, इत्यादि।

1.5.2.3.3.2. निक्षिप्त उपवाक्य

इस प्रकरण में निक्षिप्त उपवाक्य (parenthetical clause) पर थोड़ा विचार करना अपेक्षित है। संज्ञा उपवाक्य लेनेवाली क्रियाएँ निक्षिप्त उपवाक्य में प्रयुक्त होती हैं। संरचना की दृष्टि से निक्षिप्त उपवाक्य को भले आधातृ उपवाक्य (matrix clause) का दर्जा प्राप्त हो किंतु सूचना की दृष्टि से वह गौण होता है। वस्तुतः निक्षिप्त उपवाक्य वाक्य–क्रियाविशेषण की भाँति होते हैं जो संज्ञा उपवाक्य में निहित मुख्य प्रतिपाद्य अर्थ के प्रति वक्ता की टिप्पणी की भाँति होते हैं।

मुख्य प्रतिपाद्य अर्थ संज्ञा उपवाक्य में सुरक्षित होता है, इसलिए संज्ञा उपवाक्य भले सरंचनात्मक दृष्टि से गौण हो, किंतु सूचनात्मक दृष्टि से वही मुख्य होता है। नीचे कुछ उदाहरण दिये जा रहे हैं–

(1). पानी, **लगता है,** अब नहीं बरसेगा।

(2). आज वह, **संभव है,** न आए।

(3). मोहन आजकल, **सुना है,** घर पर ही रहता है।

(4). वह, **हो सकता है,** अब कभी न आए।

(5). उसको, **सोचता हूँ,** यहाँ बुला लूँ।

रेखांकित उपवाक्य निक्षिप्त उपवाक्य हैं। मुख्य उपवाक्य और गौण उपवाक्य (संज्ञा उपवाक्य) के संबंध को स्पष्ट इस रूप में देखा जा सकता है। पहले वाक्य को इस रूप में रख सकते हैं–

(6). लगता है कि पानी अब नहीं बरसेगा।

किंतु वाक्य (1) और (6) में महत्वपूर्ण अंतर है। वाक्य (6) में वाक्य के दो अंश हैं, मुख्य उपवाक्य और गौण उपवाक्य, दोनों अनिवार्य घटक हैं तथा 'कि' से संयोजित हैं। वाक्य (1) में इससे भिन्न स्थिति है। वाक्य (6) का गौण उपवाक्य वाक्य (1) में स्वतंत्र है और वह अपनेआप में अर्थ एवं संरचना दोनों दृष्टियों से पूर्ण है। निक्षिप्त उपवाक्य 'लगता है' वैकल्पिक है और ऊपर से प्रक्षिप्त है। उसे हटा देने पर भी वाक्य (1) के मुख्यार्थ में अंतर नहीं आता। 'लगता है' वाक्य के मुख्यार्थ का परिष्कारक मात्र है। यह ध्यान देने योग्य है कि निक्षिप्त उपवाक्य जिस वाक्य में निक्षिप्त होता है उससे उसका संयोजन 'कि' द्वारा सामान्यतया नहीं किया जाता। (1) से (5) तक के सभी वाक्यों में 'कि' का प्रयोग नहीं हुआ है, बल्कि 'कि' का प्रयोग अनपेक्षित है। 'कि' दृढ़ संयोजक है और मुख्य तथा गौण उपवाक्यों के दृढ़ संबंध को व्यक्त करता है। चूँकि निक्षिप्त उपवाक्य और वाक्य में वैसा संबंध नहीं है, इसलिए (1) से (5) तक के वाक्यों में 'कि' का प्रयोग अनभीप्सित है।

निक्षिप्त उपवाक्य संरचना की दृष्टि से आधातृ वाक्य है, यह वाक्य (2), (4) तथा (5) को देखने से भलीभाँति स्पष्ट हो जाता है। इन वाक्यों से निक्षिप्त उपवाक्य को हटाने पर वाक्य में इच्छार्थक क्रिया का प्रयोग नहीं होगा।

निक्षिप्त उपवाक्य मुख्य प्रतिपाद्य अर्थ के संबंध में वक्ता की टिप्पणी के रूप में होता है। इसलिए वक्तामूलक क्रियाविशेषणों, जो वाक्य क्रियाविशेषण की कोटि के होते हैं, से इसका मेल है। यह प्रायः लघु रूप में होता है, अन्य पदों द्वारा इसका विस्तार सामान्यतया नहीं किया जाता, जैसे–

(7). पानी, ? **मुझे बिल्कुल लगता है,** अब नहीं बरसेगा।

(8). मोहन आजकल, ? **मैंने कइयों से हाल में ही सुना है,** घर पर ही रहता है।

वाक्य (7) और (8) को क्रमशः वाक्य (1) और (3) के साथ रखकर देखें।

क्रम की दृष्टि से निक्षिप्त उपवाक्य आदि, मध्य तथा अंत, तीनों स्थानों पर आ सकता है। किंतु मध्य स्थान सामान्य यानी अविशेषित (Unmarked) स्थान है।

उदाहरण–

(9). पानी, लगता है, अब नहीं बरसेगा।

(10). लगता है, पानी अब नहीं बरसेगा।

(11). पानी अब नहीं बरसेगा, लगता है।

1.5.2.3.3.3. कि तथा अल्पविराम

संज्ञा उपवाक्य के वर्णन के क्रम में ऊपर अनेक स्थलों पर 'कि' और अल्पविराम (,) के संबंध को दर्शाया गया है। इन दोनों के संबंध को और स्पष्टता से देखने की आवश्यकता है। अल्पविराम की तुलना में 'कि' दृढ़ संयोजक है। 'कि' मुख्य और गौण उपवाक्य के मध्य प्रगाढ़ संबंध का सूचक है। 'कि' का प्रयोग करने पर दोनों उपवाक्यों के मध्य अंतराल सह्य नहीं है। इसके विपरीत अल्पविराम मुख्य तथा गौण उपवाक्य के शिथिल संबंध का सूचक है। शिथिल संबंध का सूचक होने से ही मुख्य उपवाक्य में संज्ञा उपवाक्य के शीर्ष पद का उल्लेख होने पर अल्पविराम का प्रयोग नहीं किया जाता। मुख्य उपवाक्य में प्रयुक्त शीर्ष पद मुख्य और गौण उपवाक्यों में अधिक दृढ़ संबंध स्थापित कर देता है, उदाहरणार्थ–

(1). क. मुझे मालूम है कि वह जाना चाहता है।
 ख. मुझे मालूम है, वह जाना चाहता है।

(2). क. मुझे **यह बात** मालूम है कि वह जाना चाहता है।
 ख. ?मुझे **यह बात** मालूम है, वह जाना चाहता है।

अल्पविराम का प्रयोग होने पर संज्ञा उपवाक्य अपेक्षाकृत स्वतंत्र होता है। इस स्वतंत्रता का संकेत इस बात से मिलता है कि अल्पविराम के बाद प्रयुक्त संज्ञा उपवाक्य में आज्ञा, प्रार्थना, आश्चर्य, प्रश्न आदि को जितना बल प्राप्त होता है उतना 'कि' के बाद प्रयुक्त संज्ञा उपवाक्य में नहीं। वही आज्ञा, प्रार्थना आदि 'कि' के बाद प्रयुक्त संज्ञा उपवाक्य में सूचना बनकर रह जाते हैं, देखिए–

(3). क. आशा है, आप पधारेंगे।
 ख. आशा है कि आप पधारेंगे।

(4). क. मैंने कहा, तुम जाओ।
 ख. मैंने कहा कि तुम जाओ।

(5). क. आश्चर्य है, कितनी ऊँची इमारत है।
 ख. आश्चर्य है कि ?कितनी ऊँची इमारत है।

(6). क. सवाल है, वह कहाँ जाना चाहता है।
 ख. सवाल है कि वह कहाँ जाना चाहता है।

(क) तथा (ख) में प्रयुक्त संज्ञा उपवाक्यों में संरचनात्मक अंतर नहीं है, किंतु (क) वाक्यों में प्रार्थना, आश्चर्य आदि को जितना बल प्राप्त है उतना (ख) वाक्यों में नहीं। (ख) वाक्यों का उपयोग सामान्य रूप से कथन या सूचना मात्र के लिए होता है। वाक्य (4) में शीर्ष संज्ञा का प्रयोग वैकल्पिक है, किंतु (3), (5) था (6) में शीर्ष संज्ञा का प्रयोग अनिवार्य है।

अल्पविराम के बाद प्रयुक्त संज्ञा उपवाक्य अपेक्षाकृत स्वतंत्र होता है, इसका संकेत नीचे के उदाहरणों से भी मिलता है–

(7). मुझे मालूम है, वह | कहाँ / जहाँ | जाना चाहता है।

(8). मुझे मालूम है कि वह | कहाँ / ?? जहाँ | जाना चाहता है।

'जहाँ' का प्रयोग 'कि' के साथ नहीं है। 'जहाँ' स्वयं एक संबंधसूचक है। शायद यही कारण है कि इसकी संगति दृढ़ संयोजक 'कि' के साथ नहीं बैठती। वस्तुतः 'वह जगह जहाँ' का लघु रूप 'जहाँ' है, इसलिए इसमें संज्ञा का भी धर्म है। ऐसे प्रयोगों में 'जहाँ' के साथ सहसंबंधी 'वहाँ' का प्रयोग नहीं होगा। वाक्य (7) को यह रूप दे सकते हैं–

(9). मुझे | **वह जगह** / ***वहाँ** | मालूम है **जहाँ** वह जाना चाहता है।

अल्पविराम जैसे असमान उपवाक्यों में संबंध दर्शाता है वैसे ही समान उपवाक्यों में भी संबंध दर्शाता है। इसलिए इसे सदैव 'कि' का स्थानापन्न मानना ठीक नहीं होगा। इन वाक्यों पर विचार करें–

(10). ऐसा नहीं है कि वह नहीं आएगा। (आएगा)

(11). ऐसा नहीं है, वह नहीं आएगा। (आएगा)

(12). ऐसा नहीं है, वह नहीं आएगा। (नहीं आएगा)

वाक्य (10) और (11) में 'वह नहीं आएगा' मुख्य उपवाक्य में आधायित है। इसलिए दो नकार मिलकर सकारात्मक बन जाते हैं। वाक्य (12) में 'वह नहीं आएगा' पहले उपवाक्य में आधायित नहीं है, बल्कि दोनों उपवाक्य स्वतंत्र हैं। उच्चारण के स्तर पर (11) और (12) में अंतर किया जा सकता है। (11) में अल्पविराम निलंबित अनुतान का सूचक है तथा (12) में वह अवरोही अनुतान का सूचक है। इन दोनों वाक्यों को इस तरह प्रस्तुत किया जा सकता है वाक्य (11) इस रूप में–

(13). ऐसा नहीं है→ वह नहीं आएगा। (आएगा)

वाक्य (12) इस रूप में–

(14). ऐसा नहीं है ↓ (और अब) वह नहीं आएगा। (नहीं आएगा)

वाक्य (13) में 'वह नहीं आएगा' 'ऐसा' का पूरक है, जबकि वाक्य (14) में दोनों एक दूसरे से स्वतंत्र हैं। वाक्य (14) में 'ऐसा' किसी अन्य पदार्थ को सूचित कर रहा है, जो वाक्य में उक्त नहीं है। वाक्य (14) में 'और' का संभावित प्रयोग भी यही संकेत करता है कि दोनों उपवाक्य स्वतंत्र हैं और तुल्यबल हैं।

1.5.2.3.3.4. कि तथा अन्य संयोजक

पूरक के चिह्नक के रूप में ऊपर 'कि' का वर्णन किया गया। चिह्नक के साथ–साथ 'कि' संयोजक भी है, जो दो उपवाक्यों को जोड़ने का काम करता है। चिह्नक के रूप में 'कि' स्वरूपवाचक है (दे. गुरु पृ. 444)।

जिस शीर्ष संज्ञा के साथ संज्ञा उपवाक्य 'कि' द्वारा संबद्ध होता है वह उस संज्ञा के स्वरूप को स्पष्ट करता है, अर्थ की दृष्टि से अपूर्ण शीर्ष संज्ञा को वह पूर्ण अर्थवत्ता प्रदान करता है। संज्ञा उपवाक्य शीर्ष संज्ञा के अर्थ को विशेषित करता है। वस्तुतः दोनों में अर्थ की दृष्टि से अभेद होता है, दोनों में आर्थी तद्रूपता होती है। 'कि' चिह्नक होने के साथ संज्ञा उपवाक्य तथा शीर्ष संज्ञा के इस आर्थी संबंध का वाहक होता है। चिह्नक 'कि' के इस अर्थ का विस्तार 'कि' के उन प्रयोगों में भी दिखायी पड़ता है जहाँ वह चिह्नक के रूप में प्रयुक्त नहीं होता। जहाँ दो क्रियाओं के बीच समय का भेद दिखाना अभीप्सित नहीं होता वहाँ 'कि' का प्रयोग मिलता है। एक क्रिया की समाप्ति तथा दूसरी क्रिया के आरंभ में अभिन्नता दर्शाने के लिए 'कि' का प्रयोग होता है। दूसरे शब्दों में, 'कि' तात्कालिकता के अर्थ में प्रयुक्त होता है–

(1). पानी बरसा **कि** मौसम ठंडा हुआ।

(2). वह आया **कि** मैं गया।

अभेद का संबंध सादृश्य से भी है। दो सदृश वस्तुओं में अभेद का संशय होने लगता है। 'कि' का प्रयोग सादृश्य के कारण उत्पन्न संशय के अर्थ में भी होता है–

(3). यह चाँदी है **कि** सीपी है?

(4). यह मुख है **कि** चंद्रमा है?

जिन दो इकाइयों में भेद नहीं है, बल्कि पर्याय संबंध है वहाँ एक को ले आने पर दूसरे को ले आना समधिक यानी निरर्थक होता है। इस तरह अभेद का वाचक 'कि' निरर्थक भी है। इसे इसका स्वार्थिक प्रयोग भी कह सकते हैं। जिससे जुड़ता है उसी के अर्थ में हो जाता है। बिना कोई अर्थ परिवर्तन या अर्थवृद्धि किये यह अन्य अनेक संयोजकों के साथ जुड़कर आता है। जैसे–

जो कि	जहाँ कि	जैसे कि
जैसा कि	मानो कि	या कि

'कि' जोड़ने से 'जो', 'जहाँ' 'जैसे' आदि के अर्थ में कोई वृद्धि या परिवर्तन नहीं होता। यथास्थान इन संयुक्त रूपों का वर्णन आगे किया जाएगा। 'कि' के निरर्थक

या समधिक प्रयोग का उल्लेख केलॉग ने भी किया है, '**जो** बात **कि** तुमने कही, (पृ. 491, केलॉग)।

'कि' का संबंध संस्कृत 'किम्' से भी जान पड़ता है। विरोधदर्शक 'तु' तथा वियोजक 'वा' से मिलकर 'किम्' उनके अर्थ में कोई परिवर्तन या वृद्धि नहीं करता, किंतु, किंवा।

कामताप्रसाद गुरु 'कि' को स्वरूपवाचक मानते हैं वहीं केलॉग इसे व्याख्यात्मक (Explanatory, पृ. 491) मानते हैं। वस्तुतः दोनों के कथन में कोई तात्विक भेद नहीं है। अर्थ की दृष्टि से अपूर्ण शीर्ष संज्ञा को कि–संज्ञा उपवाक्य पूर्णता प्रदान करता है। वह उसकी व्याख्या करता है, उसके स्वरूप को स्पष्ट करता है। 'कि' का यह व्याख्यात्मक रूप उसके अन्य प्रयोगों में भी दिखायी पड़ता है। कारण, प्रयोजनादि बताकर किसी कार्य की व्याख्या की जाती है, जिज्ञासा शांत की जाती है। इसी प्रकार कार्य द्वारा कारण को स्पष्ट किया जाता है। इसलिए कारण, कार्य तथा प्रयोजन के अर्थ में प्रयुक्त 'कि' को पूरक के चिह्नक के रूप में प्रयुक्त 'कि' से सर्वथा पृथक नहीं कहा जा सकता।

कारणादि अर्थों में 'कि' का प्रयोग देखिए–

(5). बालक रो रहा है **कि** उसे ईनाम नहीं मिला। (कारण)

(6). वह बीमार नहीं है **कि** दवा खाएगा। (कार्य)

(7). ठीक से पकड़ो **कि** गिरे न। (प्रयोजन)

कारण और प्रयोजन में 'कि' 'इसलिए' के साथ भी आता है और उससे अलग भी–

(8). क. वह घर गया, **इसलिए कि** माँ की सेवा कर सके।
ख. वह घर **इसलिए** गया **कि** माँ की सेवा कर सके।

(9). क. वह बीमार है, **इसलिए कि** उसने सड़ा फल खाया था।
ख. वह **इसलिए** बीमार है **कि** उसने सड़ा फल खाया था।

'जब' के साथ 'कि' का प्रयोग समधिक (redundant) रूप में भी होता है और सार्थक रूप में भी होता है। अपने दूसरे प्रयोग में 'कि' 'जब' के अर्थ में परिवर्तन कर देता है। दोनों प्रयोग नीचे दिये जा रहे हैं–

(10). वह हमारे यहाँ दिसंबर में आया था, **जब(कि)** यहाँ दिल्ली में जबरदस्त ठंड पड़ती है।

(11). वह दफ़्तर गया **जबकि** उसकी तबीयत ठीक नहीं है।

वाक्य (10) में 'कि' का प्रयोग समधिक है।

कुछ संयोजकों के अभिन्न अंग के रूप में 'कि' का प्रयोग होता है–

क्योंकि, चूँकि, हालाँकि, ताकि

1.5.3.0. का–ना का स्वरूप

वाक्य को संज्ञा उपवाक्य में बदलने का तीसरा साधन 'का–ना' है। इससे पूर्व शून्य तथा 'कि' इन दो पूरणकारी तत्वों का वर्णन किया जा चुका है। शून्य तथा 'कि' पूरणकारी तत्वों की यह विशेषता है कि ये वाक्य के स्वरूप में कोई हेर फेर नहीं करते। वाक्य की रचना में बिना कोई परिवर्तन किये 'कि' उसके पूर्व जुड़कर उसे संज्ञा उपवाक्य में बदल देता है, 'वह घर गया' (वाक्य), 'कि वह घर गया' (संज्ञा उपवाक्य)। शून्य पूरणकारी तत्व तो इतना भी नहीं करता। वही वाक्य वाक्य है, वही वाक्य संज्ञा उपवाक्य है, यह अंतर केवल प्रयोग को देखने से ही पता चलता है। का–ना इन दोनों पूरणकारी तत्वों से कई दृष्टियों से भिन्न है। पहली भिन्नता तो यही दिखायी पड़ती है कि 'का–ना' वाक्य की संरचना में परिवर्तन कर देता है। वाक्य में प्रयुक्त कर्ता के साथ 'का' संयुक्त होता है तथा समापिका क्रिया में प्रयुक्त मुख्य धातु के साथ 'ना' संयुक्त होता है। समापिका क्रिया सरल हो या जटिल, उसका रूप विघटित (reduced) हो जाता है।

उदाहरणार्थ–

वाक्य

वह घर जा रहा है ⇒ उस**का** घर जा**ना**

'उसका घर जाना' सामान्य संज्ञा की तरह कर्ता, कर्म तथा तिर्यक कारकों में प्रयुक्त हो सकता है, जैसे–

(1). **उसका घर जाना** उचित है। (कर्ता)

(2). उसने **घर जाना** बंद कर दिया है। (कर्म)

(3). **उसके घर जाने से** मामला शांत हो जाएगा। (तिर्यक) इत्यादि।

वाक्य (2) में 'उसका' का लोप है, क्योंकि 'उसने' से उसकी तद्रूपता है।

कुछ स्थितियों में कर्ता के साथ 'का' के बदले '(के) द्वारा' का संयोग होता है। यदि 'का–ना' रूपांतरण कर्मवाच्य के वाक्य पर लागू होता है तो स्पष्ट ही कर्ता के साथ '(के) द्वारा' का संयुक्त होना इष्ट होता है, जैसे–

(4). पुलिस **द्वारा** चोर के पकड़ जाने पर लोगों ने राहत की साँस ली।

(5). (लोगों **द्वारा**) नदियों को पवित्र माना जाकर पूजा जाना स्पष्टतया बताता है कि सांस्कृतिक जीवन में नदियों का कितना महत्व है।

जहाँ अकर्मक क्रिया में कर्मवाच्य का भाव हो वहाँ भी कर्ता के साथ '(के) द्वारा' का प्रयोग मिलता है–

(6). उनके साथ गाँववासियों **द्वारा** दुर्व्यवहार होने की पूरी आशंका थी।

'का–ना' रूपांतरण में जैसे कर्ता के साथ 'का' परसर्ग जुड़ता है वैसे ही कर्म के साथ कर्मवाचक 'को' परसर्ग के स्थान पर 'का' का प्रयोग अनेक बार मिलता है। कर्म के साथ, हो सकता है, कोई परसर्ग न हो, या 'को' परसर्ग हो या फिर 'का' परसर्ग हो–

(i) मछली मारना

(ii) मछली को मारना

(iii) मछली का मारना

तीनों उदाहरणों में 'मछली' कर्म के स्थान पर है। तीसरे में मछली को क्रिया के कर्ता के रूप में भी देखा जा सकता है, क्योंकि 'का' कर्ता कारक का भी चिह्न है।

कर्ता तथा कर्म दोनों से एक साथ 'का' जोड़ने से रचता अटपटी लगने लगती है। इससे बचने के लिए भी कर्ता के साथ 'के द्वारा' को रखते हैं या कर्म के साथ 'को' रख देते हैं–

(i) ?मोहन **का** मछली **का** पकड़ना

(ii) मोहन **द्वारा** मछली **का** पकड़ना

(iii) मोहन **का** मछली **को** पकड़ना

(iv) मोहन का मछली पकड़ना

पहले के मुकाबले शेष तीनों रचनाएँ अधिक ग्राह्य हैं।

कर्तृवाच्य के वाक्य के का–ना रूपांतरण में भी कर्ता के साथ '(के) द्वारा' का व्यवहार होता है–

(7). पुलिस **द्वारा** गोली **चलाना** उपद्रव का मुख्य कारण था।

(8). जॉन **द्वारा** पैट्रिशिया से **बदला लेने** की उसे आशंका थी।

का–ना रूपांतरण में कर्ता तथा कर्म की भाँति गंतव्य का कारक चिह्न भी प्रभावित होता है। गंतव्य के साथ 'को' के बदले 'का' का प्रयोग किया जा सकता है, जबकि अन्य कारकों के कारक चिह्न अप्रभावित रहते हैं–

घर को/का	जाना	गंतव्य
चाकू से/*का	काटना	करण
लड़के को/*का	देना	सम्प्रदान
घर से/*का	निकलना	अपादान
घर में/*का	सोना	अधिकरण

1.5.3.1. कि और का–ना

'का–ना' के स्वरूप की चर्चा पिछले अनुच्छेद में हुई। 'कि' से इसका स्पष्ट भेद दिखायी पड़ता है। का–ना वाक्य के रूप में परिवर्तन कर देता है जबकि 'कि' वाक्य के रूप को यथावत रखता है। कि–उपवाक्य में वाक्य के दोनों अनिवार्य घटक उद्देश्य और विधेय बने रहते हैं, इसलिए अभिकथन (assertion), प्रश्न, आज्ञा तथा विस्मय के रूप संज्ञा उपवाक्य में स्पष्ट दिखायी देते हैं। किंतु 'का–ना' रूपांतरण द्वारा जो संरचना हमें प्राप्त होती है उसमें उद्देश्य तथा विधेय का रूप प्राप्त नहीं होता। इसलिए का–ना संरचना को सही अर्थों में उपवाक्य मानना

सही नहीं है। अपनी प्रकृति और प्रकार्य से यह संरचना संज्ञा या संज्ञा पदबंध से अलग नहीं है। का–ना संरचना का मूल (base) वाक्य है इसलिए का–ना संरचना भी वाक्य या उपवाक्य है, यह कहने की परिपाटी चल पड़ी है। किंतु का–ना संरचना की कतिपय विशेषताओं पर दृष्टिपात करने से यह स्पष्ट विदित होता है कि इसमें वाक्य की विशेषताएँ नहीं हैं, बल्कि पद या पदबंध की विशेषताएँ हैं। अपनी इन विशेषताओं के कारण का–ना संरचना कि–उपवाक्य से पृथक हो जाती है। आगे कुछ उदाहरण देकर हम इस विंदु को स्पष्ट करने का प्रयास करेंगे।

(क) नीचे कुछ वाक्य दिये जा रहे हैं जिनमें कि–संज्ञा उपवाक्य का प्रयोग हुआ है। साथ ही इन वाक्यों के रूपांतरित रूप भी दिये गये हैं, जिनमें कि–उपवाक्य के स्थान पर 'का–ना' रूप का प्रयोग हुआ है–

(1). उनसे पता चला **कि** रमेश बीमार है। ⇒
उनसे रमेश **के** बीमार **होने का** पता चला।

(2). तुम्हें मालूम है **कि** हम झूठ बोलनेवाले कर्मचारियों के साथ **कैसा** सलूक करते हैं। ⇒
हमारा झूठ बोलनेवाले कर्मचारियों के साथ सलूक **करने का तरीका** तुम्हें मालूम है।

(3). खण्डहरों को देखने से ज्ञात होता है **कि** किले **कितने** भव्य थे। ⇒
खण्डहरों को देखने से **किले का अत्यंत** भव्य **होना** ज्ञात होता है।

(4). अब उन्हें ज्ञात हुआ है **कि** वह **कितना** तुच्छ प्राणी था। ⇒
अब उन्हें **उसके अति** तुच्छ प्राणी **होने** का ज्ञान हुआ है।

(5). पेरिस का एक पोस्टमास्टर हैरान था **कि** ये ताज़ा फूल रोज़ाना **कौन** भेजता है। ⇒
पेरिस का एक पोस्टमास्टर **किसी के द्वारा** रोज़ाना ताज़ा फूल **भेजने** से हैरान था।

पहले वाक्य में कि–उपवाक्य सामान्य उपवाक्य है। इसके का–ना रूपांतरण में कोई विशेष बात नहीं है। किंतु अन्य सभी वाक्यों में कि–उपवाक्य रूप की दृष्टि से आश्चर्य या प्रश्नवाचक हैं। किंतु उपवाक्यों के का–ना रूपांतरणों में आश्चर्यवाचक सा प्रश्नवाचक शब्दों को स्थान नहीं मिला है। यदि का–ना संरचना की प्रकृति उपवाक्य की प्रकृति होती तो का–ना संरचना का रूप भी प्रश्नवाचक या विस्मयवाचक बना रहता। अर्थ की क्षति न हो, या कम से कम हो, इसके लिए का–ना संरचना में प्रश्नवाचक शब्दों के बदले कोई–न–कोई अन्य शब्द प्रयुक्त हुआ है। वाक्य में उभरे हुए रेखांकित शब्दों पर ध्यान दें।

निम्नलिखित वाक्यों में कि–उपवाक्यों में संबोधन, आश्चर्य या आज्ञा के रूप प्रयुक्त हुए हैं। संबोधन, आश्चर्य या आज्ञा वाक्य की विशेषताएँ हैं। इन वाक्यों के

का–ना रूपांतरण में ये विशेषताएँ नहीं हैं। इससे संकेत मिलता है कि का–ना संरचना उपवाक्य नहीं है।

उदाहरण–

(6). यह सवाल उसने पूछा और खुद ही बौखला गया **कि** उसने **कितना** मूर्खतापूर्ण प्रश्न किया है। ⇒
यह सवाल उसने पूछा और खुद ही **अपने** अत्यंत मूर्खतापूर्ण **प्रश्न करने** पर बौखला गया।

(7). उसने कहा **कि** हे भगवान, तू मेरी मदद कर। ⇒
उसने भगवान से अपनी मदद **करने** को कहा।

(8). कोई तो कहता था **कि** अरे, यह इंद्र की अप्सरा है। ⇒
कोई तो **आश्चर्य** से **इसके** इंद्र की अप्सरा **होने** की बात कहता था।

कि–उपवाक्य में प्रयुक्त 'क्यों', 'कब', 'कहाँ', 'कैसे' आदि शब्दो के लिए का–ना संरचना में 'कारण', 'समय', 'स्थान', 'रीति' आदि शब्दों का प्रयोग दिखायी देता है–

कोई बताए **कि** वह **क्यों** जा रहा है। ⇒
कोई **उसके जाने** का **कारण** बताए।
तुम बताओ **कि** वह **कब** जा रहा है। ⇒
तुम **उसके जाने** का **समय** बताओ।
यह पता ही न चला **कि** गाड़ी **कब** आयी और **कब** गयी। ⇒
गाड़ी के आने और **जाने** (**के समय**) का पता ही न चला।
उसने बताया **कि** लड़का **कहाँ** जा रहा है। ⇒
उसने **लड़के के जाने** की **जगह** बतायी। इत्यादि।

(ख) जो संयोजक वाक्यों के अलावा पदों का भी संयोजन कर सकते हैं, केवल उनका प्रयोग का–ना संरचना में दिखायी देता है। यहाँ 'या' तथा 'कि' (वियोजक) का उदाहरण देकर इस बात की पुष्टि की जा सकती है। 'या' वाक्यों का भी संयोजक है तथा पदों का भी, किंतु 'कि' केवल वाक्यों का संयोजक है, उदाहरणार्थ–

या

पता नहीं चला कि दरवाजा खुला है **या** बंद। (वाक्यों का संयोजन)
वह आम **या** संतरा खरीदेगा। (पदों का संयोजन)

कि

पता नहीं चलता **कि** दरवाजा खुला है **कि** बंद है। (वाक्यों का संयोजन)
*वह आम **कि** संतरा खरीदेगा। (पदों का संयोजन)

का–ना संरचना में पदों के संयोजक 'और', 'अथवा', 'या' आदि का प्रयोग संभव है, किंतु केवल वाक्यों के संयोजक 'चूँकि', 'यद्यपि', 'यदि', 'कि' आदि का प्रयोग संभव नहीं है, उदाहरणार्थ–

(9). बायीं ओर के दरवाजे के आगे परदा लटक रहा है जिससे पता नहीं चलता कि दरवाजा खुला है | या | बंद है। ⇒
| कि |

... जिससे दरवाजे के खुले | या | बंद होने का पता नहीं चलता।
| *कि |

(10). मैं सोच रहा हूँ कि मोहन को भेजूँ | या | सोहन को भेजूँ।
| कि |

⇒ मैं मोहन | या | सोहन को भेजने की बात सोच रहा हूँ।
| *कि |

(ग) वाक्य क्रियाविशेषणों का कि–संज्ञा उपवाक्य में प्रयोग होना और का–ना संरचना में उनका प्रयोग न होना भी यही दर्शाते हैं कि 'का–ना' संरचना संज्ञा पदबंध की श्रेणी का है, वाक्य की श्रेणी का नहीं। उदाहरणार्थ कुछ वाक्य दिये जा रहे हैं–

(11). क. मैंने प्रण किया कि उसके यहाँ **अवश्य** जाऊँगा।

ख. मैंने उसके यहाँ (**??अवश्य**) जाने का प्रण किया।

(12). क. मैं आपसे प्रार्थना करता हूँ कि इस अवसर पर आप **ज़रूर** आइए।

ख. मैं आपसे इस अवसर पर (**??ज़रूर**) आने की प्रार्थना करता हूँ।

जो वाक्य–क्रियाविशेषण नहीं हैं उनका प्रयोग कि–संज्ञा उपवाक्य तथा का–ना संरचना दोनों में सहजता से हो सकता है–

(13). क. वह स्वीकार करता है कि लड़का **कल सायकिल** से **बाजार** गया था।

ख. वह लड़के का **कल सायकिल** से **बाजार** जाना स्वीकार करता है।

निम्नलिखित वाक्य युग्म देखिए–

(14). क. मुझे डर है कि **कहीं** वह भाग **न** जाए।

ख. मुझे उसके भाग जाने का डर है।

(क) में 'कि' उपवाक्य में 'कहीं' तथा 'न' का प्रयोग हुआ है। ये दोनों वाक्य की विशेषताएँ हैं, इसलिए 'का–ना' संरचना में इनका प्रयोग नहीं हुआ है। ध्यान दें, (क) तथा (ख) दोनों वाक्यों का अर्थ एक ही है, यद्यपि (ख) में 'न' का प्रयोग नहीं हुआ है। (क) में 'न' का प्रयोग 'डर' के पुनर्बलन के लिए हुआ है। डर नकारात्मक प्रकृति का भाव है।

(घ) परसर्गों के प्रयोग तथा वाक्य में घटकों के क्रम की दृष्टि से भी कि–उपवाक्य तथा 'का–ना' संरचना में महत्वपूर्ण भेद है। जैसे सामान्य संज्ञापद के साथ विभिन्न परसर्गों को रखा जा सकता है वैसे ही 'का–ना' संरचना के साथ भी। किंतु कि–उपवाक्यों के साथ सीधे परसर्गों का प्रयोग अत्यंत दुर्लभ है। आवश्यकता पड़ने पर उनके शीर्ष पदों के साथ परसर्गों का प्रयोग हो सकता है।

उदाहरण के लिए–

(15). **आँधी के निकल जाने पर** हम आगे बढ़े।

(16). **रतन के बीमार होने से** कार्यक्रम बदलना पड़ा।

(17). वह **इस बात से** खुश है कि उसे नौकरी मिल गयी।

(18). मैंने **इस विश्वास पर** रुपये दिये थे कि वह शीघ्र लौटा देगा।

वाक्य में शब्दक्रम की दृष्टि से कि–उपवाक्य का सामान्य स्थान मुख्य उपवाक्य के बाद है, चाहे वह कर्ता, कर्म या तिर्यक कारकों में प्रयुक्त हो। कि–उपवाक्य को बलात्मक बनाने के लिए उसे मुख्य उपवाक्य के पूर्व रखा जा सकता है। जैसे–

(19). मैं जानता हूँ **कि वह निर्दोष है।** (सामान्य क्रम)

(20). **वह निर्दोष है,** यह मैं जानता हूँ। (बलात्मक क्रम)

संज्ञा उपवाक्य के पूर्व स्थान पर आने पर 'कि' का लोप हो जाता है। दूसरी ओर, शब्दक्रम की दृष्टि से का–ना संरचना साधारण संज्ञापद के समान व्यवहार करती है। वाक्य में उसका स्थान कर्ता, कर्म तथा क्रियाविशेषण के सामान्य स्थान से भिन्न नहीं होता, उदाहरणार्थ–

(21). **सुबह टहलना** स्वास्थ्य के लिए अच्छा है। (कर्ता)

(22). वह **चाय पीना** पसंद करता है। (कर्म)

(23). उसकी आँखें **रात देर तक जागने से** लाल हो गयी हैं। (क्रियाविशेषण)

(ङ) कि–संज्ञा उपवाक्य में वाक्य की विशेषताएँ दिखायी देती हैं तथा का–ना संरचना में पदबंध की विशेषताएँ दिखायी देती हैं, यह ऊपर की चर्चा से स्पष्ट है। वाक्य तथा पदबंध का भेद कि–उपवाक्य तथा का–ना संरचना में एक अन्य रूप में भी परिलक्षित होता है। वाक्य में समापिका क्रिया की प्रधानता होती है, जो वक्ता के तात्पर्य को प्रमुखता से अभिव्यक्त करती है। यह तात्पर्य अभिकथन प्रश्न, आज्ञा आदि रूपों में प्रकट होता है। समापिका क्रिया की अन्य विशेषताएँ काल, पक्ष, वृत्ति आदि वक्ता के तात्पर्य के अधीन होती हैं। का–ना संरचना में क्रिया के असमापिका रूप अर्थात् क्रियार्थक संज्ञा की प्रधानता होती है। वही का–ना संरचना का मुख्य या शीर्ष घटक होता है। क्रिया का असमापिका रूप वक्ता के

तात्पर्य का वाहक नहीं होता। वक्ता के तात्पर्य तथा समापिका क्रिया की अन्य विशेषताओं–काल, पक्ष आदि से अनाच्छादित क्रियार्थक संज्ञा मात्र भाव या व्यापार का वाचक होती है। समापिका क्रिया में भी भाव की प्रधानता होती है किंतु उससे ऊपर वक्ता का तात्पर्य होता है। क्रियार्थक संज्ञा में वक्ता के तात्पर्य का अभाव होने से विशुद्ध भाव या व्यापार रह जाता है। इस तरह का–ना संरचना में भाव या व्यापार प्रधान होता है और यह भाव वक्ता के तात्पर्य की तुलना में ठोस और मूर्त होता है। यही कारण जान पड़ता है कि मानसिक और वाचिक क्रियाएँ सहजता से का–ना संरचना स्वीकार नहीं करतीं, क्योंकि इन क्रियाओं का कर्म साधारणतया तथ्यात्मक या विचारात्मक यानी अमूर्त (abstract) होता है। इसलिए तात्पर्य की वाहिका समापिका क्रिया से युक्त कि–संज्ञा उपवाक्य इन क्रियाओं के कर्म के रूप में सहजता से प्रयुक्त होते हैं। जो क्रियाएँ का–ना संरचना को कर्म के रूप में लेती हैं वे बुद्धि व्यापार की तुलना में अधिक ठोस और सुग्राह्य व्यापारों की वाचक होती हैं। उनमें कुछ का तो सीधा संबंध क्रिया के आरंभ, सातत्य, समाप्ति आदि से होता है। अर्थात् ये क्रियाएँ भाव या व्यापार को ही कर्म के रूप में सहजता से लेती हैं। दोनों वर्गों की कुछ क्रियाएँ अलग–अलग प्रस्तुत हैं–

(1) **मानसिक या वाचिक क्रियाएँ**	(2) **इतर क्रियाएँ**
सोचना, समझना, मानना,	सीखना, छोड़ना, बंद करना
जानना, बूझना, ताड़ना, देखना	जारी रखना, भूलना, शुरू करना,
सुनना, पता चलना, मालूम होना,	जानना, देखना, सुनना, भूलना,
कहना, बताना, पूछना,	चाहना, पसंद करना, बताना,
स्वीकार करना, मंजूर करना,	स्वीकार करना, मंजूर करना,
सूझना, भूलना आदि।	तय करना, मानना आदि।

यह ध्यान देने योग्य है कि कुछ क्रियाएँ दोनों वर्गों में दर्ज हैं। नीचे दोनों वर्गों की क्रियाओं के कुछ प्रयोग दिये जा रहे हैं। इन प्रयोगों को देखने से उपर्युक्त कथन का औचित्य स्पष्ट होता है–

(24). क. मैं कभी–कभी सोचता हूँ **कि** जमुना के किनारे बसे हुए अपने छोटे गाँव लौट जाऊँ।

ख. ?? मैं कभी–कभी जमुना के किनारे बसे हुए अपने छोटे गाँव **लौट जाना** सोचता हूँ।

(25). क. मैं मानता हूँ **कि** सुरेश ईमानदार है।

ख. ?? मैं सुरेश **का** ईमानदार **होना** मानता हूँ।

(26). क. यहाँ मैं आपको बता दूँ **कि** मैं उससे पहले कभी नहीं मिला।

ख. ?? यहाँ मैं आपको उससे पहले कभी न **मिलना** बता दूँ।

(27). क. मैं जानता हूँ **कि** वह शराब पीता है।

ख. ??मैं उसका शराब **पीना** जानता हूँ।

(28). क. ? वह सीख रहा है **कि** सायकिल कैसे चलायी जाती है।

ख. वह सायकिल **चलाना** सीख रहा है।

(29). क. मैं चाहता हूँ **कि** आज दोपहर उससे मिलूँ।

ख. मैं आज दोपहर उससे **मिलना** चाहता हूँ।

(30). क. *मोहन ने बंद कर दिया **कि** वह स्कूल जाए।

ख. मोहन ने स्कूल **जाना** बंद कर दिया।

(24) से (27) तक के वाक्यों में पहले वर्ग की क्रियाएँ प्रयुक्त हुई हैं जो का–ना संरचना को सहजता से स्वीकार नहीं करतीं; देखिए सभी (ख) वाक्य। (28) से (30) तक के वाक्यों में दूसरे वर्ग की क्रियाएँ प्रयुक्त हैं जो 'का–ना' संरचना को अधिक तत्परता से कर्म के रूप में स्वीकार करती हैं। इन वाक्यों के (क) वाक्य देखिए। (30)क तो एकदम अस्वीकार्य है। का–ना संरचना में व्यापार प्रधान है, तथ्य या विचार नहीं। इसीलिए मानसिक तथा वाचिक क्रियाएँ इसे सहजता से स्वीकार नहीं करतीं। यदि का–ना संरचना में 'बात' या इसी प्रकार के अन्य किसी तथ्यात्मक शब्द को शीर्ष घटक बना दें तो स्थिति बदल जाएगी। फिर (24) से (27) तक के (ख) वाक्य भी स्वीकार्य हो जाएँगे। इन वाक्यों के परिवर्तित रूप नीचे दिये जा रहे हैं–

(24). ग. मैं कभी–कभी जमुना के किनारे बसे हुए अपने छोटे गाँव लौट जाने की **बात** सोचता हूँ।

(25). ग. मैं सुरेश के ईमानदार होने की **बात** मानता हूँ।

(26). ग. यहाँ मैं आपको उससे पहले कभी न मिलने की **बात** बता दूँ।

(27). ग. मैं उसके शराब पीने की **बात** जानता हूँ।

का–ना के शीर्ष घटक के रूप में 'बात' के अलावा कभी अन्य शब्द भी यथास्थान प्रयुक्त हो सकते हैं। इस तरह के कुछ उदाहरण प्रस्तुत हैं–

(31). क. मैं समझता हूँ कि वह इस तरह **क्यों** मुसकरा रहा है।

ख. ?? मैं उसका इस तरह मुसकराना समझता हूँ।

ग. मैं उसके इस तरह मुसकराने का **कारण** समझता हूँ।

(32). क. मैं जानता हूँ कि वह **कब** आएगा।

ख. ?? मैं उसका आना जानता हूँ।

ग. मैं उसके आने का **समय** जानता हूँ।

(33). क. मैं जानता हूँ कि वह इस तरह व्यवहार **क्यों** कर रहा है।

ख. ?? मैं उसका इस तरह व्यवहार करना जानता हूँ।

ग. मैं उसके इस तरह व्यवहार करने का **मतलब** जानता हूँ।

आगे दूसरे वर्ग की क्रियाओं के कुछ उदाहरण दिये जा रहे हैं जो भाव या व्यापार को सहजता से कर्म के रूप में स्वीकार करती हैं। यह व्यापार कभी सामान्य व्यापार के रूप में दिखायी पड़ता है तो कभी कौशल के रूप में। जब व्यापार 'जानना', 'समझना' तथा 'सीखना' क्रियाओं के कर्म के रूप में आता है तब वह कौशल के रूप में होता है। 'भूलना' क्रिया के साथ व्यापार की दोनों तरह की व्याख्याएँ संभव हैं, सामान्य व्यापार तथा कौशलपरक व्यापार। अन्य क्रियाओं के साथ व्यापार के सामान्य और कौशल भेद का विशेष उपयोग नहीं जान पड़ता है। उदाहरण–

(34). मोहन **सायकिल चलाना** जानता है।

(35). मालती **नाचना** सीख रही है।

(36). वह **कम्प्यूटर पर काम करना** समझ रहा है।

(37). वह लड़के को **मोटर चलाना** बता रहा है।

(38). उसने **शराब पीना** बंद कर दिया है।

(39). तुम **स्कूल जाना** जारी रखो।

(40). रमेश **मशीन चलाना** भूल गया।

प्रथम चार वाक्यों में कर्म के रूप में कौशल क्रिया का प्रयोग हुआ है। (38) तथा (39) में कर्म के स्थान पर सामान्य व्यापार 'शराब पीना' तथा 'स्कूल जाना' का प्रयोग हुआ है। वाक्य (40) में 'मशीन चलाना' को साधारण व्यापार या कौशल किसी भी रूप में लिया जा सकता है।

धातु का का–ना प्रत्ययांत रूप यानी क्रियार्थक संज्ञा व्यापार–प्रधान होती है, यह इन पंक्तियों में देखिए। कवि ने क्रम से अनेक व्यापारों का वर्णन इस प्रकार किया है–

अभिलाषाओं की **करवट**, फिर सुप्त व्यथा का **जगना**।
भीगी पलकों का **लगना**, सुख का सपना **हो जाना**। (जयशंकर प्रसाद)

व्यापार–प्रधान का–ना संरचना लेनेवाली क्रियाओं में ठानना का विशेष प्रयोग है, 'उसने **घर लौटने की** ठान ली है'। 'घर लौटना' के साथ 'की' का प्रयोग विशेष प्रयोग है। इसका कारण संभवतः यह है कि 'ठानना' की समानार्थी मिश्र क्रियाओं में 'का' का प्रयोग मिलता है, जाने का निश्चय किया, बदला लेने की प्रतिज्ञा की, लौटने का निर्णय किया, इत्यादि। 'वह बाजार जाने **की** सोच रहा है' में 'की' के बाद 'बात' को लुप्त माना जा सकता है।

ऊपर कि–उपवाक्य तथा का–ना संरचना दोनों की विशेषताओं का वर्णन करते हुए अंत में यह कहा गया कि कि–संज्ञा उपवाक्य तथ्यात्मक या विचारात्मक होने के कारण अधिक अमूर्त होता है तथा का–ना संरचना व्यापार प्रधान होने के कारण अपेक्षाकृत मूर्त होती है। और इसी भेद के आधार पर क्रियाओं के दो

वर्ग किये गये। किंतु इन वर्गों में कुछ क्रियाएँ दोनों तरफ़ हैं अर्थात् वे मूर्त और अमूर्त दोनों तरह के कर्म लेनेवाली हैं। उदाहरण के लिए देखना, सुनना तथा जानना क्रियाओं के प्रयोग हम देख सकते हैं। यह विशेष रूप से ध्यातव्य है कि क्रिया अपने दोनों प्रयोगों में भिन्न अर्थोंवाली है। देखिए–

(41). क. उसने देखा **कि** मोहन फुटबाल खेल रहा है।
ख. उसने **मोहन का** फुटबाल **खेलना** देखा।

(42). क. मैंने सुना **कि** बच्चा रो रहा है।
ख. मैंने **बच्चे का रोना** सुना।

(43). क. मैं जानता हूँ कि मैं हॉकी खेलता हूँ।
ख. मैं हॉकी **खेलना** जानता हूँ।

(क) तथा (ख) में केवल 'कि' तथा 'का–ना' का ही अंतर नहीं है, बल्कि दोनों में महत्वपूर्ण अर्थग़त अंतर भी है। कि–उपवाक्य ज्ञान–प्रधान हैं तथा का–ना संरचना व्यापार–प्रधान हैं। देखना तथा सुनना ज्ञानेन्द्रिय की ही क्रिया नहीं हैं, अपितु बुद्धि की भी क्रिया हैं। (क) वाक्यों में ये बुद्धि की क्रिया के रूप में प्रयुक्त हैं तथा (ख) वाक्यों में ज्ञानेन्द्रिय की क्रिया के रूप में प्रयुक्त हैं। 'देखना' का निम्न प्रयोग देखें–

(44). क. मैंने देखा कि बाहर चारों तरफ़ दुर्गन्ध फैल रही है।
ख. *मैंने बाहर चारों तरफ दुर्गन्ध का **फैलना** देखा।

(क) में 'देखना' बुद्धि व्यापार के अर्थ में है तथा (ख) में नेत्र के व्यापार के अर्थ में है। दुर्गन्ध को नेत्रों से देखा नहीं जा सकता, इसलिए (ख) वाक्य सही नहीं है।

(43–क) में 'जानना' का विषय ज्ञान है तथा (43–ख) में 'जानना' का विषय कौशल है और कौशल व्यापार है।

1.5.3.2. का–ना रूपांतरण कब?

किसी भी धातु में –ना प्रत्यय जोड़कर क्रियार्थक संज्ञा की रचना की जा सकती है और यही क्रियार्थक संज्ञा का–ना संरचना का मुख्य घटक होती है। हिंदी में वाक्य को संज्ञा की तरह प्रयोग के योग्य बनाने में 'कि' तथा 'का–ना' पूरणकारी तत्वों का विशेष महत्व है। किंतु दोनों में महत्वपूर्ण भिन्नताएँ भी हैं, जिनका उल्लेख इससे पूर्व के अनुच्छेद में किया गया। इनमें एक और महत्वपूर्ण भेद किया जा सकता है। जब भी 'कि संज्ञा उपवाक्य' का प्रयोग होता है तो उस पद का भी वाक्य में प्रयोग होता है जिस पद की आकांक्षा से वह बँधा होता है या जिस पद का पूरक बनकर वह आता है। अर्थात् वह सदा अन्य पद से बँधा हुआ घटक है। का–ना संरचना इस दृष्टि से अलग है। यह आवश्यक नहीं है कि उसका प्रयोग सदा किसी–न–किसी पद के अधीन हो। अर्थात् वह कि–उपवाक्य की तुलना में स्वतंत्र रचना है। नीचे कुछ उदाहरण दिये जा रहे हैं, जिनसे यह बात स्पष्ट हो सकेगी।

(1). उसकी मदद करना तुम्हारा कर्तव्य है।

(2). वहाँ समय पर पहुँचने का उपाय है कि वह टैक्सी कर ले।

(3). फ़ाइल का इस तरह गुम हो जाना यह बताता है कि तुम बहुत लापरवाह हो।

(4). उसका चेहरा देखने पर लगता है कि उसे पहले हमने कहीं देखा है।

(5). जाने से पहले यह बता जाओ कि फिर कब मिलेंगे।

(6). तुम्हारा वहाँ जाना उसे संकट में डाल सकता है।

पहले वाक्य में 'उसकी मदद करना' एक अन्य पद 'कर्तव्य' के अधीन है। इस वाक्य को इस रूप में भी रख सकते हैं–

(7). यह तुम्हारा कर्तव्य है कि तुम उसकी मदद करो।

कि–उपवाक्य भी 'कर्तव्य' के अधीन है। अन्य वाक्यों में स्थिति भिन्न है। अन्य वाक्यों में का–ना संरचना किसी पद के अधीन नहीं है, बल्कि स्वतंत्र रूप में प्रयुक्त हुआ है। जिन वाक्यों में कि–उपवाक्य का प्रयोग हुआ है वहाँ वह किसी–न–किसी पद–'उपाय', 'बताना', 'लगना'– से बँधा हुआ है। वाक्य (2) में 'वहाँ समय पर पहुँचना' 'उपाय' का पूरक नहीं है। 'उपाय' का पूरक तो कि–उपवाक्य है। 'वहाँ समय पर पहुँचना' के लिए 'यह बात कि वह वहाँ समय पर पहुँचे' की कल्पना करना मनोविनोद के लिए ठीक है, वैसे नहीं। यही बात अन्य वाक्यों में प्रयुक्त का–ना संरचनाओं के संबंध में कही जा सकती है।

कि–उपवाक्य तथा का–ना के प्रयोगों को लेकर तीन स्थितियाँ बनती हैं;

(क) वह स्थिति जहाँ कि–उपवाक्य का सहज प्रयोग हो सकता है, का–ना का नहीं,

(ख) वह स्थिति जहाँ का–ना का सहज प्रयोग हो सकता है, कि–उपवाक्य का नहीं, तथा

(ग) वह स्थिति जहाँ दोनों का सहज प्रयोग हो सकता है, अर्थात् जहाँ दोनों का विकल्प सुलभ होता है। विकल्प के चयन के हेतु अन्य होते हैं।

यहाँ हम तीसरी स्थिति पर विचार करेंगे अर्थात् उन पदों की चर्चा करेंगे जो स्वाभाविक रूप से कि–उपवाक्य तथा का–ना संरचना दोनों को स्वीकार करते हैं। इन पदों में तीन वर्गों के पद आते हैं, **क्रिया**, **विशेषण** तथा **संज्ञा**

जो पद कि–संज्ञा उपवाक्य लेते हैं और साथ ही कि–संज्ञा उपवाक्य की समापिका क्रिया के रूप को अधिशासित करते हैं वे सहजता से का–ना संरचना को भी स्वीकार करते हैं, उदाहरणार्थ 'चाहना' क्रियापद को लें। यह क्रिया कि–उपवाक्य लेती है और साथ ही उसके क्रियारूप को अधिशासित भी करती है–

(8). मैं चाहता हूँ कि मैं तुम्हारी मदद **करूँ**।

यदि मुख्य उपवाक्य में 'चाहना' क्रिया का प्रयोग होता है तो कि–उपवाक्य में क्रिया सदा इच्छार्थक रूप में होगी। मुख्य उपवाक्य की क्रिया का काल बदलने पर भी कि–उपवाक्य की क्रिया पर उसका कोई प्रभाव नहीं पड़ता–

(9). मैं **चाहूँगा** कि तुम्हारी मदद **करूँ।**

(10). मैं **चाहता था** कि तुम्हारी मदद **करूँ**।

मुख्य उपवाक्य की क्रिया के भूतकाल में होने पर कि–उपवाक्य में इच्छार्थक क्रिया के –ता प्रत्ययांत रूप का प्रयोग हो सकता है, जो सामान्य रूप से क्रियातिपत्ति का सूचक होता है–

(11). मैं **चाहता** था कि (मैं) तुम्हारी मदद **करता**। (किंतु मैं तुम्हारी मदद **नहीं कर सका**)

इस तरह स्पष्ट है कि 'चाहना' क्रिया कि–उपवाक्य लेती है और साथ ही कि–उपवाक्य की क्रिया के रूप को पूर्णतया नियंत्रित करती है। 'चाहना' क्रिया सहजता से का–ना संरचना भी स्वीकार करती है। वाक्य (8) को इस रूप में भी रख सकते हैं–

(12). मैं तुम्हारी **मदद करना** चाहता हूँ।

मुख्य उपवाक्य तथा कि–उपवाक्य के कर्ता तद्रूप हैं, इसलिए कि–उपवाक्य के कर्ता का लोप है।

'चाहना' की भाँति अन्य अनेक क्रियाएँ, संज्ञाएँ तथा विशेषण कि–उपवाक्य की क्रिया के रूप को अधिशासित करते हैं। इसलिए कि–उपवाक्य के अलावा ये पद सहजता से का–ना संरचना भी स्वीकार करते हैं। कुछ उदाहरण नीचे दिये जा रहे हैं–

(13). क. मुझे **आशा** है **कि** वह परीक्षा में उत्तीर्ण **होगा**।
ख. मुझे उस**के** परीक्षा में उत्तीर्ण **होने** की **आशा** है।

(14). क. मैं तुम्हें **आज्ञा देता हूँ कि** तुरंत घर **जाओ**।
ख. मैं तुम्हें तुरंत घर **जाने** की **आज्ञा देता हूँ**।

(15). क. उसे **आदेश** मिला है **कि** तुरंत ड्यूटी पर **लौटे**।
ख. उसे तुरंत ड्यूटी पर **लौटने** का **आदेश** मिला है।

(16). क. वह **लालायित** है **कि** कुछ दिन तुम्हार साथ **रहे**।
ख. वह कुछ दिन तुम्हारे साथ **रहने** को **लालायित** है।

(17). क. वह **उत्सु**क है **कि** अपना परीक्षा परिणाम **जाने**।
ख. वह अपना परीक्षा परिणाम **जानने** को **उत्सु**क है।

ध्यान दें, कि–उपवाक्यों में प्रयुक्त क्रियाएँ भविष्यार्थक, आज्ञार्थक या इच्छार्थक रूपों में हैं। आशा, इच्छा, आज्ञा या प्रवर्तना, सबमें कार्य की प्रधानता है और जो कार्य है उसका सहज संबंध भविष्य से होता है। आशा, इच्छा, शाप, वरदान, आज्ञा

आदि के विषय भविष्य से संबंधित होते हैं। भविष्य में ही आशाएँ, इच्छाएँ आदि पूरी होती हैं। यहाँ सभी कि–उपवाक्यों के बदले सहजता से का–ना संरचना का प्रयोग किया जा सकता है। का–ना संरचना में कार्य की प्रधानता की बात पिछले अनुच्छेद में कही जा चुकी है। हम यहाँ यह भी कह सकते हैं कि कि–उपवाक्य दो प्रकार के हैं, तथ्यप्रधान तथा क्रिया या भावप्रधान। जो भाव या कार्य प्रधान हैं उनके स्थान पर सहजता से का–ना का प्रयोग हो सकता है।

यहाँ यह भी ध्यान देने योग्य है कि का–ना संरचना में प्रयुक्त क्रिया का रूप असमापिका होने पर भी कालादि की सूचना का क्षय नहीं होता, क्योंकि जिन कि–उपवाक्यों से का–ना संरचना का संबंध बनता है उनमें प्रायः क्रिया का रूप अधिशासित होता है। कि–उपवाक्य में क्रिया का रूप अधिशासित होने से उसके का–ना रूपांतरण में कालादि सहज अनुमेय होते हैं। 'मैं घर जाना चाहता हूँ' में 'जाना' इच्छार्थक है, 'तुम्हें घर जाने का आदेश है' में 'जाना' आज्ञार्थक है तथा 'मुझे उसके परीक्षा में उत्तीर्ण होने की आशा है' में 'उत्तीर्ण होना' भविष्यार्थक है।

इधर भी ध्यान देना उचित होगा कि हिंदी में क्रिया का –'ना' प्रत्ययांत रूप आदेश, बाध्यता, आवश्यकता, औचित्य आदि का भी अर्थ सूचित करता है। का–ना संरचना के साथ क्रिया के –'ना' प्रत्ययांत रूप को रखकर देखने पर इसे केवल एक संयोग मान लेना सच नहीं होगा। आदेश, बाध्यता, आवश्यकता आदि का संबंध भी कार्य से है, वैसे ही जैसे का–ना का संबंध कार्य से है।

उदाहरणार्थ–

(18). तुम कल **आना**। (आदेश)

(19). उसे घर **जाना** पड़ेगा। (बाध्यता)

(20). मुझे दफ़्तर **जाना** है। (आवश्यकता)

(21). हमें उसे पैसे लौटा **देने** चाहिए। (औचित्य)

(22). बादल छाये हुए हैं, पानी **बरसना** है। (अनुमान)

(23). रमेश आज घर **जाने** को है। (कार्यक्रम) आदि।

सामान्य कथन में 'का–ना' संरचना का प्रयोग बड़ी सहजता से किया जाता है। जो कार्य नियम के रूप में है, रीति या परंपरा के रूप में है, या स्वभाव या आदत के रूप में है, उसका वर्णन करने में 'का–ना' संरचना का सहज प्रयोग होता है। 'का–ना' के अलावा क्रिया का इच्छार्थक रूप भी सामान्य नियमों, परंपराओं आदि के वर्णन में सहायता करता है। यानी दोनों में समानता है। उदाहरण–

(24). क. यह हमारी **परंपरा** है कि गृहिणी नित संध्या समय तुलसी के निकट दीपक **जलाए**।

ख. गृहिणी **का** नित संध्या समय तुलसी के निकट दीपक **जलाना** हमारी **परंपरा** है।

(25). क. लोहे का **स्वभाव** है कि गरम करने पर **फैले**।

ख. गरम करने पर **फैलना** लोहे का **स्वभाव** है।

जो पद कि–उपवाक्य की क्रिया को इच्छार्थक, आज्ञार्थक या भविष्यार्थक रूप में नियंत्रित नहीं करते उनके साथ का–ना संरचना का प्रयोग सामान्यतया नहीं होता, और यदि होता भी है तो का–ना संरचना की क्रिया का काल सहज अनुमेय नहीं होता। उदाहरण के लिए जानना, समझना, सोचना, बताना आदि क्रियाओं को लिया जा सकता है। 'जानना' क्रिया के कर्म रूप में प्रयुक्त कि–उपवाक्य में क्रिया विभिन्न कालों में प्रयुक्त हो सकती है, जैसे–

(26). मैं जानता हूँ कि रमेश | आया था। | आया है। | आ रहा है। | आएगा। |

इत्यादि।

कि–उपवाक्य में तीनों कालों की क्रियाएँ प्रयुक्त हैं। इन वाक्यों का यदि का–ना रूपांतरण करें तो एक ही रूप प्राप्त होगा–

(27). ?? मैं रमेश का आना जानता हूँ।

यदि का–ना संरचना के शीर्ष घटक के रूप में 'बात' का प्रयोग किया जाए तो यह रूप प्राप्त होगा–

(28). मैं रमेश के आने की बात जानता हूँ।

यह वाक्य स्वीकार्य है, किंतु रमेश के आने का काल अब अनुमेय नहीं है। 'रमेश का आना' भूत, वर्तमान या भविष्य किसी भी काल में व्याख्यायित हो सकता है। संदर्भ निर्णायक होगा।

जहाँ कि–उपवाक्य संज्ञापद के पूरक के रूप में प्रयुक्त होता है वहाँ का–ना रूपांतरण सहज रूप में हो सकता है, किंतु का–ना संरचना की कालगत द्विविधा की स्थिति वहाँ भी प्राप्त होती है, क्योंकि ये संज्ञापद भी कि–उपवाक्य की क्रिया के रूप को नियंत्रित करनेवाले नहीं होते, यानी कि–उपवाक्य की क्रिया किसी भी काल में हो सकती है। उदाहरण के लिए ये वाक्य देखिए–

(29). क. मुझे पता है कि वह घर | गया। | जा रहा है। | जाएगा। |

ख. मुझे **उसके** घर **जाने** का **पता** है।

(30). क. मुझे सूचना मिली है कि वह | आया था। | आया है। | आएगा। |

ख. मुझे **उसके आने** की सूचना मिली है।

आदि।

(29–ख) में प्रयुक्त 'उसका घर जाना' तथा वाक्य (30–ख) में प्रयुक्त 'उसका आना' की व्याख्या संदर्भ के अनुसार तीनों कालों में की जा सकती है।

भाषा का प्रयोग स्पष्टता के लिए किया जाता है। इसलिए जो पद कि–उपवाक्य की क्रिया को पूर्णतया अधिशासित न करता हो उसके साथ कि–उपवाक्य का प्रयोग करना अधिक व्यावहारिक प्रतीत होता है, क्योंकि का–ना संरचना को रखने पर काल के संबंध में अनिर्णय की स्थिति उत्पन्न होती है, जिसका समाधान केवल अनुभव या संदर्भ के बल पर ही किया जा सकता है, व्याकरण के बल पर नहीं।

कुछ क्रियाएँ ऐसी हैं जिनके साथ का–ना संरचना का प्रयोग होने पर भी काल संबंधी अनिर्णय की स्थिति उत्पन्न नहीं होती। उदाहरण के लिए 'देखना', 'सुनना' तथा 'महसूस करना' क्रियाओं को ले सकते हैं–

(31). उसने **किसान का** हल **जोतना** देखा।
वह **किसान का** हल **जोतना** देख रहा है।
वह **किसान का** हल **जोतना** देखेगा।

(32). उसने **लड़के का** बाँसुरी **बजाना** सुना।
वह **लड़के का** बाँसुरी **बजाना** सुन रहा है।
वह **लड़के का** बाँसुरी **बजाना** सुनेगा।

(33). उसने **खाट का हिलना** महसूस किया।
वह **खाट का हिलना** महसूस कर रहा है।
वह **खाट का हिलना** महसूस करेगा।

उपर्युक्त सभी वाक्यों में का–ना संरचना का काल वही है जो मुख्य समापिका क्रिया का है। वस्तुतः हम उन्हीं क्रियाओं को देख, सुन या महसूस करते हैं जो इन क्रियाओं के संग–संग घटित होती हैं। 'किसान का हल जोतना' 'देखा' के साथ भूतकाल में है, 'देख रहा है' के साथ वर्तमान काल में है तथा 'देखेगा' के साथ भविष्यकाल में है। यही बात अन्य उदाहरणों के साथ है। 'सहन करना', 'झेलना', 'अच्छा लगना' आदि इसी कोटि की क्रियाएँ हैं जिनके साथ प्रयुक्त का–ना संरचना का काल वाक्य की मुख्य क्रिया के काल का अनुसरण करता है।

संज्ञाओं में 'आदत', 'स्वभाव', 'नियम', 'रीति' आदि शब्दों के साथ प्रयुक्त 'का–ना' संरचना में भी कालसंबंधी अनिर्णय की स्थिति नहीं बनती। ऐसा इसलिए कि जिस क्रिया की आदत होती है, दोनों युगपत होते हैं, बल्कि एक ही होते हैं, उनमें भेद काल्पनिक होता है। उदाहरण–

(34). उसे सिगरेट **चुराने** की आदत | थी।
| है।
| पड़ जाएगी।

वाक्य की समापिका क्रिया के काल अनुसार 'सिगरेट चुराना' का काल व्याख्यायित होगा।

'दुखी', 'खिन्न', 'प्रसन्न' आदि विशेषणों के साथ तिर्यक कारक में प्रयुक्त का–ना संरचना को देखिए–

(35). क. **तुम्हारे न आने से** वह दुखी **था।**

ख. वह दुखी था कि तुम नहीं **आये थे**।

ग. वह दुखी था क्योंकि तुम नहीं **आये थे**।

(36). क. **तुम्हारे न आने से** वह दुखी **है।**

ख. वह दुखी है कि तुम नहीं **आये थे/आ रहे हो**।

ग. वह दुखी है क्योंकि तुम नहीं **आये थे/आ रहे हो**।

(37). क. **तुम्हारे न आने से** वह दुखी **होगा**।

ख. ? वह दुखी होगा कि तुम नहीं आओगे।

ग. ? वह दुखी होगा क्योंकि तुम नहीं आओगे।

घ. **यदि** तुम नहीं आओगे **तो** वह दुखी होगा।

(37–क) में दुखी होने का कारण काल्पनिक (hypothetical) है, इसलिए (क) के निकट (घ) वाक्य है।

कुछ क्रियाएँ ऐसी हैं जो एक अर्थ में कि–उपवाक्य की क्रिया को अधिशासित करती हैं और एक अर्थ में उसे अधिशासित नहीं करतीं। जिस अर्थ में वे क्रिया के रूप को अधिशासित करती हैं उस अर्थ में वे तत्परता से का–ना संरचना स्वीकार करती हैं और इसके विपरीत जिस अर्थ में वे क्रिया के रूप को अधिशासित नहीं करतीं उस अर्थ में वे का–ना संरचना सहजता से स्वीकार नहीं करतीं। उदाहरण के लिए कुछ क्रियाएँ इस प्रकार हैं, 'कहना', 'लिखना', 'मना करना', 'स्वीकार करना', 'फैसला करना' आदि। वाक्यों में इनके दोनों प्रकार के प्रयोग देखिए–

(38). क. वह कह रहा है कि लड़का **जा रहा है।** ⇒

?? वह लड़के का **जाना** कह रहा है।

ख. वह कह रहा है कि तुम **जाओ।** ⇒

वह (मुझसे) **जाने को** कह रहा है।

(39). क. उसने लिखा है कि उषा नैहर **गयी है**। ⇒

?? उसने उषा का नैहर **जाना** लिखा है।

ख. उसने मुझे लिखा है कि मैं जल्दी **लौट आऊँ।** ⇒

उसने मुझे जल्दी लौट **आने को** लिखा है।

(40). क. मोहन मना कर रहा है कि कमरे में कोई नहीं **था**। ⇒

?? मोहन कमरे में किसी **का होना** मना कर रहा है।

ख. माँ मुझे मना कर रही है कि मैं न **खेलूँ**। ⇒
माँ मुझे **खेलने को** मना कर रही है।

(41). क. वह यह फैसला न कर सका कि वह इस औरत से नफ़रत **करता है** या मुहब्बत **करता है।** ⇒
?? वह इस औरत से **नफ़रत करने** या **मुहब्बत करने** का फैसला न कर सका।

ख. अंत में मैंने फैसला किया कि मैं स्वयं **जाऊँ** और जाकर इस चश्मे को **देखूँ।** ⇒
अंत में मैंने स्वयं **जाने** और जाकर इस चश्मे को **देखने** का फैसला किया।

(42). क. उसने स्वीकार किया कि वह कल नहीं **आया था**। ⇒
?? उसने कल न आना स्वीकार किया।

ख. उसने स्वीकार किया है कि वह पैसे **लौटा देगा।** ⇒
उसने पैसे **लौटाना** स्वीकार किया है।

इत्यादि।

का–ना संरचना के संबंध में अब तक यह स्पष्ट हो चुका है कि जो क्रिया, संज्ञा या विशेषण कि–उपवाक्य की क्रिया को इच्छार्थक, आज्ञार्थक या भविष्यार्थक रूपों में नियंत्रित करते हैं वे बड़ी तत्परता से का–ना संरचना को स्वीकार करते हैं। किंतु यह ध्यान देने योग्य है का–ना रूपांतरण के लिए इतना ही काफ़ी नहीं है। प्रायः का–ना रूपांतरण के लिए यह भी आवश्यक होता है कि कि–उपवाक्य का कर्ता मुख्य उपवाक्य के कर्ता या कर्म से तद्रूपता का संबंध भी रखे। यह तद्रूपता प्राप्त न होने पर कई बार का–ना रूपांतरण बाधित हो जाता है, उदाहरणार्थ–

(43). क. मैं चाहता हूँ कि मैं तुम्हारे साथ चलूँ।

ख. मैं तुम्हारे साथ **चलना** चाहता हूँ।

(44). क. मैं चाहता हूँ कि मोहन तुम्हारे साथ जाए।

ख. *मैं मोह**न का** तुम्हारे साथ **जाना** चाहता हूँ।

स्पष्ट है, 'चाहना' क्रिया तभी का–ना रूपांतरण स्वीकार करती है जब कि–उपवाक्य का कर्ता तथा मुख्य उपवाक्य का कर्ता तद्रूप हों, अन्यथा नहीं।

इस तद्रूपता को लेकर का–ना रूपांतरण लेनेवाले पदों को चार समूहों में रखा जा सकता है–

(क) ऐसे पद जिनका प्रयोग होने पर मुख्य उपवाक्य तथा कि–उपवाक्य के कर्ता तद्रूप होते हैं, जैसे–सीखना, छोड़ना, ठानना, चाहिए, बाध्य, मज़बूर, उत्सुक, आतुर आदि। इन पदों का प्रयोग सामान्य रूप से का–ना संरचना के साथ होता है। उदाहरण–

(45). वह हिंदी **बोलना** सीख रहा है।

(46). उसने शराब **पीना** छोड़ दिया।

(47). उसको घर **जाना** चाहिए।

(48). मोहन ने उससे **बदला लेने** का ठान लिया है।

(49). वह तुमसे **मिलने** को आतुर है। इत्यादि।

उपर्युक्त वाक्यों में का–ना संरचना की क्रिया का कर्ता तथा मुख्य उपवाक्य की क्रिया का कर्ता एक हैं। कि–उपवाक्य का प्रयोग करने पर भी कर्ता तथा कर्ता की तद्रूपता अनिवार्य है, अर्थात् मुख्य उपवाक्य का कर्ता तथा कि–उपवाक्य का कर्ता भिन्न नहीं होंगे, जैसे–

(50). क. **मोहन** को चाहिए कि **वह** घर **जाए**।

ख. ***मोहन** को चाहिए कि **सुरेश** घर जाए।

(51). क. **मोहन** मज़बूर है कि **वह** तुम्हारी मदद करे।

ख. *मोहन मज़बूर है कि **सोहन** तुम्हारी मदद करे।

(क) वाक्यों में 'वह' मुख्य उपवाक्य के कर्ता से अभिन्न है।

(ख) ऐसे पद जिनका प्रयोग होने पर यह आवश्यक नहीं है कि मुख्य उपवाक्य का कर्ता तथा कि–उपवाक्य का कर्ता सदैव तद्रूप हों, वे भिन्न भी हो सकते हैं। किंतु का–ना रूपांतरण तभी होगा जब दोनों उपवाक्यों के कर्ता तद्रूप होंगे, अन्यथा नहीं। 'चाहना' क्रिया का उदाहरण पहले दिया जा चुका है, देखिए– वाक्य (43) तथा (44)। 'चाहना' के अलावा 'जी करना', 'फ़ैसला करना', 'ज़िद करना' इस समूह की अन्य क्रियाएँ हैं–

(52). क. **मोहन** ज़िद कर रहा है कि **मैं** खाना बनाऊँगा।

ख. मोहन खाना बनाने के लिए ज़िद कर रहा है।

(53). क. **मोहन** ज़िद कर रहा है कि **सुरेश** खाना बनाए।

ख. *मोहन **सुरेश** के खाना **बनाने** के लिए ज़िद कर रहा है।

(52–क) में 'मैं' मोहन के लिए प्रयुक्त है।

(ग) ऐसे पद जिनका प्रयोग होने पर का–ना रूपांतरण के लिए कि–उपवाक्य के कर्ता तथा मुख्य उपवाक्य के कर्म में तद्रूपता अपेक्षित होती है। प्रार्थना करना, फुसलाना, राज़ी करना, बहकाना, समझाना, आज्ञा देना, कहना, बाध्य करना, मज़बूर करना आदि इसी समूह की क्रियाएँ हैं। उदाहरणार्थ–

(54). क. मैं **आपसे** प्रार्थना करता हूँ कि **आप** मुझे दो दिन का अवकाश प्रदान करें।

ख. मैं **आपसे** दो दिन का अवकाश प्रदान **करने** की प्रार्थना करता हूँ।

(55). क. माँ ने **बच्चे को** फुसलाया कि **वह** खाना खा ले।
      ख. माँ ने **बच्चे को** खाना **खाने के लिए** फुसलाया।

(56). क. मैं **तुमसे** कह रहा हूँ कि **तुम** तुरंत लौट जाओ।
      ख. मैं तुमसे तुरंत **लौटने** को कह रहा हूँ।

(घ) ऐसे पद जिनका प्रयोग होने पर का–ना रूपांतरण के लिए कि–उपवाक्य तथा मुख्य उपवाक्य के पदों में तद्रूपता आवश्यक नहीं होती। तद्रूपता हो या न हो, दोनों स्थितियों में विकल्प से का–ना रूपांतरण संभव है।

इस वर्ग की क्रियाओं में कुछ इस प्रकार हैं, भाना, सुहाना, पसंद आना, अच्छा लगना, सूझना, अखरना, खलना, स्वीकार करना, बंद करना इत्यादि।

उदाहरणार्थ–

(57). क. **मुझे** यह नहीं भाता कि **मैं** किसी की हँसी उड़ाऊँ।
      ख. मुझे किसी की **हँसी उड़ाना** नहीं भाता।
      ग. **मुझे** यह नहीं भाता कि **तुम** किसी की हँसी उड़ाओ।
      घ. मुझे **तुम्हारा** किसी की हँसी **उड़ाना** नहीं भाता।

(58). क. **मुझे** यह अखरता है कि **मैं** उसकी सिफ़ारिश करूँ।
      ख. मुझे उसकी **सिफ़ारिश करना** अखरता है।
      ग. **मुझे** यह अखरता है कि **तुम** रोज़–रोज़ यहाँ आओ।
      घ. मुझे **तुम्हारा** रोज़–रोज़ यहाँ **आना** अखरता है।

इत्यादि।

(क) वाक्यों में मुख्य तथा कि–उपवाक्य के कर्ता तद्रूप हैं तथा (ग) वाक्यों में मुख्य तथा कि–उपवाक्य के कर्ता भिन्न हैं। किंतु दोनों स्थितियों में का–ना रूपांतरण हुआ है।

1.5.3.3 का–ना के प्रकार्य

का–ना संरचना, जो संज्ञा उपवाक्य के रूप में भी जाना जाता है, प्रकार्य की दृष्टि से संज्ञा से अलग नहीं है। कर्ता, कर्म तथा विभिन्न तिर्यक कारकों में इसका प्रयोग होता है। कारकों के अलावा इसका प्रयोग वाक्य में कर्तृपूरक तथा कर्मपूरक के रूप में भी होता है। नीचे का–ना संरचना के विभिन्न प्रयोगों का सोदाहरण वर्णन प्रस्तुत है।

कर्ता

निम्नलिखित वाक्यों में का–ना संरचना कर्ता के रूप में प्रयुक्त है–

(1). **टहलना** स्वास्थ्य के लिए अच्छा है।

(2). **इस कमीज का पहनना** मेरी तीर्थ यात्रा है।

(3). मैं सोच रहा था कि **उस तहखाने में लौटना** कितना हास्यास्पद होगा, कितना दर्दनाक होगा।

(4). **नदियों का पवित्र माना जाकर पूजा जाना** स्पष्टतया बताता है कि सांस्कृतिक जीवन में नदियों का कितना महत्व है।

(5). **तुम्हारा इस तरह उठकर जाना** मुझे खल रहा है।

सामान्य रूप से कर्ता के स्थान पर का–ना संरचना का प्रयोग विशेषणों तथा अकर्मक क्रियाओं के साथ होता है। जिन विशेषणों के साथ इसका प्रयोग होता है उनमें कुछ इस प्रकार हैं–

सही, आवश्यक, उपयुक्त, महत्वपूर्ण, आसान, कठिन, अच्छा, बुरा, पक्का, निश्चित, गलत, उचित, संभव, ठीक, सच, प्रामाणिक, सिद्‌ध, स्वाभाविक, हास्यास्पद, नुकसानदेह, लाभदायक, पसंद, सहज इत्यादि।

वाक्य में प्रयोग–

(6). **तुम्हारा वहाँ जाना** उचित था।

(7). **ऐसे में बीमार पड़ना** संभव है।

(8). **यह नदी तैर कर पार करना** आसान नहीं है।

अकर्मक क्रियाएँ–

सूझना, सुहाना, भाना, खलना, जँचना, साबित होना, सिद्‌ध होना, याद आना, होना, पड़ना, पसंद आना, अखरना इत्यादि।

वाक्य में प्रयोग–

(9). वह बीमार है और तुम्हें **घर जाना** सूझ रहा है।

(10). **मेरा हँसना** उसे नहीं सुहाता।

(11). **वहाँ जाना** उसको मँहगा पड़ा।

(12). देखो, **उनका कब आना** होता है।

सकर्मक क्रियाओं के कर्ता के रूप में भी का–ना संरचना का प्रयोग हो सकता है–

(13). **तुम्हारा वहाँ जाना** नयी मुसीबत खड़ी कर सकता है।

(14). **फ़ाइल का इस तरह गुम हो जाना** यह बताता है कि तुम लापरवाह हो।

(15). **शराब पीना** उसे ले डूबेगा। इत्यादि

कर्म

का–ना संरचना को कर्म के रूप में लेनेवाली कुछ सकर्मक क्रियाएँ इस प्रकार हैं–

चाहना, सीखना, भूलना, देखना, सुनना, छोड़ना, बंद करना, झेलना, भाँपना, शुरू करना, चालू रखना, पसंद करना, मंजूर करना, स्वीकार करना, याद करना, महसूस करना, मानना, तय करना इत्यादि।

वाक्य के प्रयोग–

(16). हमने कभी बुलबुल का गुलाब की झाड़ी पर **बैठना** और गुलाब के काँटे अपने दिल में चुभाकर प्राण **दे देना** नहीं देखा।

(17). वह अपने भाई का बड़ा **बनना** नहीं देख सका।

(18). राजपूत अपने दुश्मन का मूँछों पर **ताव देना** नहीं सह सकता।

(19). तब रमेश ने डालरों की ढेरी का **गायब होना** महसूस किया।

(20). तब नादिर ने भी कुछ **छिपाना** बेकार समझा।

(21). लड़का उससे सायकिल **चलाना** समझ रहा है।

(22). वह लड़कों को ढोलक **बजाना** बता रहा है।

(23). उसने घर **लौटने** की ठान ली है।

(24). वह रोज़ तुमसे **मिलना** चाहता है। इत्यादि।

पूरक

कर्तृपूरक तथा कर्मपूरक

कर्ता तथा कर्म के अलावा 'का–ना' संरचना का प्रयोग कर्तृपूरक तथा कर्मपूरक के रूप में भी होता है। इस प्रयोग में इस संरचना का कर्ता या कर्म से अभेद संबंध होता है, जो कि पूरक की एक सामान्य विशेषता है। नीचे का–ना संरचना के दोनों प्रयोगों के कुछ उदाहरण दिये जा रहे हैं–

कर्तृपूरक के रूप में

(25). झूठ बोलना **धोखा देना** है।

(26). बुढ़ापे में पत्नी का मरना **बरसात में घर का गिरना** है।

(27). स्कूल जाने का **मतलब** था **पढ़ाई को जारी रखना**।

(28). बड़ी बहू होने का मतलब **पग–पग पर झगड़ालू औरत की भूमिका अदा करना** नहीं है।

कर्मपूरक के रूप में

(29). इसको **छा जाना** कहते हैं।

(30). किसी को खाने पर बुलाकर उसे भूखा रखने को मैं **उसको अपमानित करना** मानता हूँ।

तिर्यक कारक

का–ना संरचना कारण, प्रयोजन, शर्त, काल, अधिकरण आदि संबंधों में भी प्रयुक्त होती है। इन संबंधों में इसके साथ विविध परसर्गों का योग होता है, से, को, के लिए, में, पर, के बाद, से पहले आदि। परसर्गों के साथ प्रयुक्त होने से ही इन संबंधों में का–ना संरचना का तिर्यक कारक में प्रयुक्त होना माना गया है। इन संबंधों में का–ना संरचना को कारणवाचक, प्रयोजनवाचक, शर्तवाचक, कालवाचक आदि क्रियाविशेषणों के रूप में भी माना गया है। नीचे कुछ उदाहरण दिये जा रहे हैं–

(31). वह **पहला पुरस्कार न मिलने से** दुखी है। (कारण)

(32). **तुम्हारे आने से** मुझे बड़ी प्रसन्नता हुई। (कारण)

(33). वे **संगोष्ठी में भाग लेने के लिए** आये हुए हैं। (प्रयोजन)

(34). **पानी बरसने पर** फसल अच्छी होगी। (शर्त)

(35). वह **मेरे पहुँचने से पहले** ही जा चुका था। (काल)

(36). **गलती स्वीकार करने** में शर्म कैसी? (विषय/अधिकरण)

(37). उसको **साड़ी पहनने में** असुविधा होती है। (अधिकरण विषय)

(38). तुम्हारी **सहायता करने को** वह बाध्य है। (प्रयोजन)

जिन पदों के साथ का–ना संरचना तिर्यक कारक में प्रयुक्त होती है उनमें **विशेषण**, **संज्ञा**, तथा **क्रिया** तीनों प्रकार के पद समाहित हैं, जैसे–

(39). रमेश **तुमसे मिलने को उत्सुक** है। (विशेषण)

(40). उसको **पहला स्थान मिलने से** हर्ष है। (संज्ञा)

(41). उसका हाथ **गिरने से** टूटा। (क्रिया)

तिर्यक कारक में का–ना संरचना लेनेवाले कुछ अन्य विशेषण इस प्रकार हैं–

बाध्य, मज़बूर, खिन्न, उदास, प्रसन्न, उत्सुक, अधीर, कुशल, प्रवीण, योग्य आदि।

जिन संज्ञाओं के साथ का–ना संरचना संबंध रखती है उनको एक से अधिक वर्गों में रखा जा सकता है। आश्चर्य, हर्ष, गुस्सा, दुख, परेशानी आदि संज्ञाएँ एक वर्ग में आएँगी। दूसरे वर्ग में आशा, विश्वास, आशंका, चिंता, आदत, स्वभाव आदि संज्ञाओं की गणना की जा सकती है। इन दोनों वर्गों से भिन्न एक तीसरा वर्ग है, जिसमें उपाय, रास्ता, रहस्य, भेद, दिक्कत, शर्त आदि संज्ञाओं को रखा जा सकता है। यह वर्गीकरण का–ना संरचनाओं के साथ जुड़नेवाले परसर्गों पर आधारित है। पहले वर्ग की संज्ञाओं के साथ आने पर का–ना संरचना के बाद सामान्यतया 'से', 'पर' या 'का' परसर्ग आता है, उदाहरणार्थ–

(42). मोहन को तुम्हारे पास होने **पर/से/का** हर्ष है।

(43). मोहन को उसके लौटने **पर/से/का** आश्चर्य है।

दूसरे वर्ग की संज्ञाओं के साथ आने पर का–ना संरचना के बाद केवल 'का' परसर्ग का प्रयोग होता है, जो इस बात का संकेत है कि इस वर्ग की संज्ञाओं के साथ आनेवाला कि–उपवाक्य सहज रूप में स्वरूपवाचक होता है–

उदाहरणार्थ–

(44). आज उसके आने **की/*से** आशा है।

(45). इस बार रमेश को परीक्षा में उत्तीर्ण होने **का/*से** विश्वास है।

(46). खाना खाने के बाद उसकी सिगरेट पीने **की/*से** आदत है।

इन वाक्यों में का/की के स्थान पर अन्य किसी परसर्ग का प्रयोग सही नहीं होगा। इन वाक्यों का रूपांतरण इस प्रकार है–

(47). आशा है **कि** आज वह आएगा।

(48). इस बार रमेश को विश्वास है **कि** वह परीक्षा में उत्तीर्ण होगा।

(49). उसकी आदत है **कि** खाना खाने के बाद वह सिगरेट पीता है।

दूसरे वर्ग की संज्ञाओं की भाँति ही तीसरे वर्ग की संज्ञाओं के साथ का–ना संरचना का प्रयोग होने पर उसके बाद 'का' परसर्ग का प्रयोग होता है। किंतु दोनों में भेद भी है। दूसरे वर्ग की संज्ञाओं के संदर्भ में 'का' सदैव स्वरूपवाचक होता है और इसलिए वह सदैव अभेदसूचक होता है किंतु तीसरे वर्ग की संज्ञाओं के संदर्भ में 'का' सदैव स्वरूपवाचक नहीं होता। इसलिए इस संदर्भ में 'का' कभी अभेदसूचक होता है, कभी भेदसूचक होता है। नीचे के वाक्यों पर विचार करें–

(50). क. इस संकट से बचने **का** उपाय है कि हम सवेरा होने से पहले यह स्थान छोड़ दें।

ख. इस संकट से बचने **का** उपाय है, सवेरा होने से पहले यह स्थान छोड़ देना।

ग. सवेरा होने से पहले यह स्थान छोड़ देने **का** उपाय ही हमें इस संकट से बचा सकता है।

वाक्य (क) तथा (ख) में 'का' भेदसूचक है। 'संकट से बचना' और 'उपाय' में अभेद नहीं है, दोनों भिन्न हैं। (क) में 'उपाय' का अभेद कि–उपवाक्य से है तथा (ख) में 'उपाय' का अभेद 'सवेरा होने से पहले यह स्थान छोड़ देना' से है। 'संकट से बचना' तथा 'उपाय' में भेद होने से ही इस प्रकार का प्रश्न पूछ सकते हैं–

(51). इस संकट से बचने का उपाय क्या है?

अभेद की स्थिति में इस प्रकार का प्रश्न नहीं बनता।

वाक्य (ग) में का–ना संरचना तथा 'उपाय' में 'का' अभेद का सूचक है।

यह ध्यान देने योग्य है कि 'का' की अनेकार्थकता सर्वत्र नहीं होती। कई संज्ञापदों के साथ अभेद की स्थिति में 'का' का प्रयोग होता है तथा भेद की स्थिति में 'में' या किसी अन्य परसर्ग का प्रयोग होता है। उदाहरण के लिए 'दिक्कत' पद को ले सकते हैं। का–ना संरचना से इसका अभेद होने पर 'का' का प्रयोग किया जाता है तथा भेद होने पर 'में' का प्रयोग किया जाता है।

(52). वहाँ समय पर पहुँचने **की** दिक्कत है।

(53). वहाँ समय पर पहुँचने **में** दिक्कत है।

वाक्य (52) का अनुवाद इस रूप में हो सकता है–

(54). दिक्कत यह है कि वहाँ समय पर कैसे पहुँचें, (नहीं पहुँच पाएँगे।)

वाक्य (53) का अनुवाद इस रूप में हो सकता है–

(55). वहाँ समय पर पहुँचने में दिक्कत यह है कि रास्ता कच्चा है, पानी भी बरस रहा है, इत्यादि।

विशेषण उपवाक्य

2.0. विविध गौण उपवाक्य

पिछले अध्याय में संज्ञा उपवाक्य पर विचार किया गया। प्रस्तुत अध्याय में विशेषण उपवाक्य पर विचार करते हुए उसके भेदोपभेद का वर्णन किया जाएगा। सभी गौण उपवाक्य एक तरह के नहीं होते। उनके पहले दो भेद किये जा सकते हैं; (1) वे गौण उपवाक्य जो मुख्य उपवाक्य के घटक के रूप में प्रयोग में आते हैं तथा (2) वे गौण उपवाक्य जो मुख्य उपवाक्य के घटक के रूप में नहीं, बल्कि उसके साथ–साथ आते हैं, कारण–कार्यादि के रूप में। इस वर्ग के गौण उपवाक्य मुख्य उपवाक्य के घटक विशेष से संबद्ध न होकर पूरे मुख्य उपवाक्य से संबंधित होते हैं। पहले वर्ग के गौण उपवाक्य पुनः दो प्रकार के हैं; **संज्ञा उपवाक्य**, जो मुख्य उपवाक्य का साक्षात घटक होता है, और **विशेषण उपवाक्य**, जो संज्ञा पदबंध के द्वारा मुख्य उपवाक्य का घटक बनता है, अर्थात विशेषण उपवाक्य मुख्य उपवाक्य का साक्षात घटक नहीं होता। वर्ग (2) के गौण उपवाक्य सामान्य रूप से **क्रियाविशेषण उपवाक्य** के रूप में जाने जाते हैं। इन क्रियाविशेषण उपवाक्यों को उन क्रियाविशेषण उपवाक्यों से पृथक करके देखना सही होगा जो मुख्य उपवाक्य के घटक के रूप में प्रयुक्त होते हैं।

इन वाक्यों पर विचार करें–

(1). क. मोहन को दुख है कि उसे प्रथम स्थान नहीं मिला।
 ख. मोहन को दुख है, ?क्योंकि उसे प्रथम स्थान नहीं मिला।

(2). क. मोहन दुखी है, ?कि उसे प्रथम स्थान नहीं मिला।
 ख. मोहन दुखी है, क्योंकि उसे प्रथम स्थान नहीं मिला।

कि–उपवाक्य तथा क्योंकि–उपवाक्य दोनों कारणवाचक हैं, किंतु इनमें कि–उपवाक्य मुख्य उपवाक्य के घटक के रूप में हैं, जबकि क्योंकि–उपवाक्य नहीं। 'मोहन को प्रथम स्थान न मिलने **का** दुख है' यह 'मोहन को **क्या** दुख है?' का उत्तर है। 'मोहन प्रथम स्थान न मिलने **से** दुखी है' यह 'मोहन **क्यों** दुखी है?' का उत्तर है।

2.1. संज्ञा उपवाक्य–विशेषण उपवाक्य

मुख्य उपवाक्य का साक्षात घटक होने से संज्ञा उपवाक्य मुख्य उपवाक्य में सरल कारक (कर्ता तथा कर्म) या तिर्यक कारक (क्रियाविशेषण) में प्रयुक्त होता है।

इसके विपरीत विशेषण उपवाक्य पहले संज्ञा पदबंध का घटक बनता है फिर संज्ञा पदबंध के द्वारा मुख्य उपवाक्य की रचना में प्रवेश करता है। संज्ञा उपवाक्य तथा विशेषण उपवाक्य में एक अन्य महत्वपूर्ण भेद यह है कि संज्ञा उपवाक्य की शीर्ष संज्ञा एक सीमित वर्ग का सदस्य होती है जबकि विशेषण उपवाक्य की विशेष्य संज्ञा मुक्त वर्ग का सदस्य होती है। संज्ञा उपवाक्य की शीर्ष संज्ञा भाववाचक संज्ञा वर्ग की होती है लेकिन इस वर्ग की भी सभी संज्ञाएँ शीर्ष संज्ञा नहीं बन सकतीं। विचार, आशा, इच्छा आदि शीर्ष संज्ञा बन सकती हैं किंतु प्रेम, दया, घृणा आदि नहीं। दूसरी ओर, विशेषण उपवाक्य से किसी भी संज्ञा को विशेषित किया जा सकता है। वह संज्ञा किसी भी वर्ग या उपवर्ग की हो। अर्थात् कोई भी संज्ञा विशेषण उपवाक्य की विशेष्य संज्ञा बन सकती है।

2.2. संबंधवाचक उपवाक्य

विशेषण उपवाक्य की रचना 'जो–वह' अथवा केवल 'जो' से होती है। 'जो' गौण उपवाक्य का तथा 'वह' मुख्य उपवाक्य का अंग होता है। सामान्य रूप से दोनों अपने–अपने उपवाक्यों में प्रथम स्थान पर आते हैं। उदाहरणार्थ–**जो** फूल खिला हुआ है **वह** सुगंधित है। 'जो–वह' दो उपवाक्यों में संबंध दिखाते हैं, इसलिए ये संबंधवाचक भी कहलाते हैं। 'जो–वह' की इस विशेषता को देखकर ही जो–उपवाक्य को विशेषण उपवाक्य के साथ–साथ संबंधवाचक उपवाक्य का भी नाम दिया गया है। किंतु यह ध्यान रखने योग्य है कि विशेषण उपवाक्य तथा संबंधवाचक उपवाक्य एक दूसरे के पर्याय नहीं हैं। विशेषण उपवाक्य संकुचित अर्थवाला है, जबकि संबंधवाचक उपवाक्य व्यापक अर्थवाला है। 'ज–' से आरंभ होनेवाले सभी संयोजक संबंधवाचक हैं। इनमें केवल 'जो–वह' की ही गणना नहीं की जाती, अपितु जब–तब ज्यों–त्यों, जहाँ–वहाँ, जिधर–उधर, जैसे–वैसे, जैसा–वैसा, जितना–उतना, इन सबकी गणना की जाती है। इन संबंधवाचकों में कुछ ही संज्ञा को विशेषित करते हैं, अन्य स्थान कालादि को विशेषित करते हैं। केवल संज्ञा को विशेषित करनेवाले संबंधवाचक उपवाक्यों को ही विशेषण उपवाक्य कहा जाएगा। अन्य संबंधवाचक उपवाक्यों को परंपरा के अनुसार क्रियाविशेषण उपवाक्य कहा जाएगा। विशेषण तथा क्रियाविशेषण दोनों प्रकार के उपवाक्यों को संबंधवाचक उपवाक्य कहने का पर्याप्त आधार है। ज–शब्द (जो, जब, जहाँ आदि) चाहे वे विशेषण उपवाक्य के हों, चाहे क्रियाविशेषण उपवाक्य के, उनमें कई बातों में गहन समानता है।

विशेषण उपवाक्य संबंधवाचक उपवाक्य के अन्तर्गत है, इसलिए वह संकुचित अर्थवाला है तथा संबंधवाचक व्यापक अर्थवाला है–

संबंधवाचक उपवाय

विशेषण उपवाक्य	**क्रियाविशेषण उपवाक्य**
जो–वह, जितना–उतना	जब–तब, ज्यों–त्यों, जहाँ–वहाँ,
जैसा–वैसा	जिधर–उधर, जैसे–वैसे

2.3. विशेषण उपवाक्य के भेद

विशेषण उपवाक्य के स्वरूप एवं प्रकार्य पर विचार करने से पूर्व साधारण विशेषण शब्दों के प्रयोग पर एक दृष्टि डाल लेना उचित होगा। 'काला घोड़ा' में 'काला' विशेषण घोड़ा वर्ग में एक उपवर्ग की सृष्टि करता है, अर्थात सामान्य घोड़ा वर्ग में यह विशेषण उन घोड़ों को निर्देशित या मर्यादित करता है जिनका रंग काला है, '**वे** घोड़े **जो** काले हैं' या '**जो** घोड़े काले हैं **वे**'। यह विशेषण का निर्देशक या मर्यादक रूप में प्रयोग है। 'काला कौवा' में 'काला' कौवा वर्ग में किसी उपवर्ग की सृष्टि नहीं करता। यह कौवा के साधारण धर्म का वर्णन मात्र है। 'कौवा, **जो** काला होता है', यह विशेषण का वर्णनात्मक प्रयोग है। 'घोड़ा काला है' इस वाक्य में भी 'काला' का वर्णनात्मक प्रयोग है, क्योंकि इस वाक्य में 'घोड़ा' पहले से ही एक विशिष्ट और निश्चित घोड़े का वाचक है। 'काला' इसे अन्य घोड़ों से पृथक करने का काम नहीं कर रहा है। इस तरह हम देखते हैं कि विशेषण का कभी निर्देशात्मक या मर्यादक प्रयोग होता है और कभी उसका वर्णनात्मक प्रयोग होता है। साधारण विशेषण शब्दों की भाँति विशेषण उपवाक्यों के भी इसी प्रकार दो प्रयोग हैं। अर्थात प्रयोग या प्रकार्य की दृष्टि से विशेषण उपवाक्यों के दो भेद किये जा सकते हैं–

1. निर्देशात्मक या मर्यादक विशेषण उपवाक्य, तथा
2. वर्णनात्मक विशेषण उपवाक्य।

आगे इन दो प्रकार के विशेषण उपवाक्यों में विद्‌यमान कुछ महत्वपूर्ण भेदों का उल्लेख किया जा रहा है।

(क) निर्देशात्मक विशेषण उपवाक्य में 'जो–वह/सो' संबंधवाचक का प्रयोग किया जाता है। इस संबंधवाचक से जिन दो वाक्यों का संयोजन होता है उनमें निर्देशात्मक विशेषण उपवाक्य के साथ 'जो' का प्रयोग होता है और दूसरे उपवाक्य के साथ 'वह' का प्रयोग होता है। जो–उपवाक्य गौण उपवाक्य कहलाता है तथा वह–उपवाक्य मुख्य उपवाक्य कहलाता है। 'जो–वह' में 'जो' **संबंधी** है तथा 'वह' **सहसंबंधी** है। दूसरे शब्दों में, गौण उपवाक्य में संबंधी का प्रयोग होता है तथा मुख्य उपवाक्य में सहसंबंधी का प्रयोग होता है–

उदाहरण–

(1). **जो** घोड़ा काला है **वह** तेज़ दौड़ता है।

'जो घोड़ा काला है' यह निर्देशात्मक विशेषण उपवाक्य है तथा घोड़ों के समुच्चय में से एक विशिष्ट घोड़े को निर्देशित कर रहा है। यहाँ घोड़ों का समुच्चय एक निश्चित समुच्चय है, जो संदर्भ में वक्ता एवं श्रोता के लिए ज्ञात है।

निर्देशात्मक विशेषण उपवाक्य की एक महत्वपूर्ण विशेषता यह है कि वह मुख्य उपवाक्य से पूर्व, या उसके पश्चात या उसके मध्य में प्रयुक्त हो सकता है। वाक्य (1) में उसका प्रयोग मुख्य उपवाक्य से पूर्व अर्थात् वाक्य के आदि स्थान पर हुआ है। आदि स्थान ही निर्देशात्मक विशेषण उपवाक्य का सामान्य या अचिह्नित स्थान है। नीचे के वाक्यों में उसका प्रयोग अंत तथा मध्य स्थानों में हुआ है–

(2). **वह** घोड़ा तेज़ दौड़ता है **जो** काला है।

(3). **वह** घोड़ा **जो** काला है, तेज़ दौड़ता है।

यह ध्यान देने योग्य है कि जिस उपवाक्य का प्रयोग आरंभ में होता है सामान्य रूप से संज्ञा उसी उपवाक्य में दिखायी देती है। परवर्ती संज्ञा का सामान्यतया लोप होता है। वाक्य (1) में 'जो' के साथ संज्ञा 'घोड़ा' का प्रयोग हुआ है तथा अन्य दो वाक्यों में 'वह' के साथ संज्ञा का प्रयोग हुआ है। यदि बाद की संज्ञा का लोप न करें तो रचना शिथिल हो जाती है, किंतु कोई व्याकरणिक दोष उत्पन्न नहीं होता–

(4). जो **घोड़ा** काला है वह **घोड़ा** तेज़ दौड़ता है।

(5). वह **घोड़ा** तेज़ दौड़ता है जो **घोड़ा** काला है।

वर्णनात्मक विशेषण उपवाक्य के प्रयोग में केवल 'जो' का प्रयोग होता है। अर्थात वर्णनात्मक 'जो' का कोई सहसंबंधी नहीं होता। नीचे के वाक्य में वर्णनात्मक जो–उपवाक्य का प्रयोग हुआ है–

(6). बाहर **एक लड़का** खड़ा है, **जो** कुर्ता पहने हुए है।

वर्णनात्मक जो–उपवाक्य विशेष्य संज्ञा से पूर्व नहीं जा सकता। इसलिए क्रम की दृष्टि से इसका प्रयोग सामान्य रूप से मुख्य उपवाक्य के बाद होता है। यही स्थान इसका सामान्य रूप से सामान्य स्थान है। किंतु कभी कभी इसका प्रयोग विशेष्य संज्ञा के बाद मुख्य उपवाक्य के मध्य में भी होता है; **जै**से–

(7). बाहर **एक लड़का**, **जो** कुर्ता पहने हुए है, खड़ा है।

वाक्य के आदि स्थान पर, विशेष्य संज्ञा से पूर्व वर्णनात्मक जो–उपवाक्य का प्रयोग नहीं किया जा सकता। उदाहरणार्थ, नीचे का वाक्य गलत है–

(8). ***जो** कुर्ता पहने हुए है, बाहर **एक लड़का** खड़ा है।

इस तरह स्पष्ट है कि वर्णनात्मक 'जो' निर्देशात्मक 'जो' से भिन्न है। वस्तुतः वर्णनात्मक 'जो' प्रकृति से अन्वादेशक (Anaphoric) सर्वनाम है। इसलिए यह जिस संज्ञा की ओर संकेत करता है वह इससे पूर्व प्रयुक्त होनी चाहिए। जबकि निर्देशात्मक 'जो' सार्वनामिक विशेषण की तरह है, जिसके साथ प्रत्यक्ष या अप्रत्यक्ष रूप में संज्ञा विद्यमान रहती है। देखिए–

(9). जो काला है वह घोड़ा तेज़ दौड़ता है।

(10). जो साड़ी पहने हुए है वह लड़की किसी का इंतज़ार कर रही है।

इन वाक्यों में 'जो' निर्देशात्मक है तथा इसके साथ संज्ञा अप्रत्यक्ष रूप में विद्यमान है, 'जो घोड़ा', 'जो लड़की'।

कुछ विद्वानों के मत में तो मुख्य उपवाक्य में प्रयुक्त शीर्ष संज्ञा निर्देशात्मक जो–उपवाक्य से ही निकलकर आती है अर्थात् शीर्ष संज्ञा मूल रूप से निर्देशात्मक जो–उपवाक्य में होती है, जो मुख्य उपवाक्य में पहुँचती है। इसका अर्थ यह हुआ कि निर्देशात्मक 'जो' सदैव संज्ञा के साथ प्रयोग में आता है। इसी अर्थ में उसे

सार्वनामिक विशेषण के रूप में देखा गया है। कभी–कभी तो निर्देशात्मक जो–उपवाक्य में प्रयुक्त संज्ञा मुख्य उपवाक्य में प्रयुक्त भी नहीं होती। मुहावरे में प्रयुक्त संज्ञा जब निर्देशात्मक 'जो' के साथ आती है तो वह मुख्य उपवाक्य में दुहरायी नहीं जाती। उदाहरण के लिए इन वाक्यों को देखिए–

(11). क. **जो धक्के** उसने जिंदगी में खाये हैं **वे** भुलाये नहीं जा सकते।

ख. ***जो धक्के** उसने जिंदगी में खाये हैं वे **धक्के** भुलाये नहीं जा सकते।

(12). क. **जो कीचड़** तुमने उस पर उछाला है **वह** अशोभनीय है।

ख. ***जो कीचड़** तुमने उस पर उछाला है **वह कीचड़** अशोभनीय है।

'धक्के खाना' तथा 'कीचड़ उछालना' मुहावरे हैं। जिन क्रियाओं के साथ 'धक्के' और 'कीचड़' का प्रयोग होता है वे क्रियाएँ निर्देशात्मक जो–उपवाक्य में प्रयुक्त हुई हैं। मुहावरे में ये संज्ञाएँ क्रिया से स्वतंत्र नहीं हैं। इसलिए मुख्य उपवाक्य में स्वतंत्र रूप में इनको दुहराया नहीं जा सकता। अवलोकनार्थ कुछ अन्य उदाहरण नीचे दिये जा रहे हैं–

(13). **जो चपत** लड़के को लगानी थी **वह/?वह चपत** नौकर को लगा दी।

(14). **जो घूँसा** पीठ पर मारना था **वह/?वह घूँसा** पेट में मार दिया।

(15). **जो डंडा** पीठ पर मारना था **वह/?वह डंडा** सिर पर मार दिया।

'वह डंडा सिर पर मार दिया जो पीठ पर मारना था' आदि प्रयोग नहीं होंगे।

'सपना देखना' तथा 'सपना साकार करना' मुहावरे हैं। नीचे के उदाहरण में 'सपना' मुख्य उपवाक्य में प्रयुक्त है तथा 'देखना' तथा 'साकार करना' जो–उपवाक्य में प्रयुक्त हैं। यहाँ भी 'सपना' मूलतः जो–उपवाक्य का अंग है, जिसे मुख्य उपवाक्य में उतारा गया है।

(16). दोनों भाइयों ने अपने पिता के **उन सपनों को** भी नेस्तनाबूद कर दिया है, जो उसने दरजी की अपनी आर्थिक हैसियत के बीच बेटों को 'बड़ा साहब' बनाने के लिए **देखे थे** और **जिन्हें साकार करने के लिए** उसने अत्यधिक कड़ा परिश्रम किया था।

ऊपर की चर्चा से स्पष्ट है कि निर्देशात्मक 'जो' के साथ संज्ञा का प्रयोग अपरिहार्य है, भले वह कुछ स्थितियों में अप्रकट हो। यह तथ्य इस बात से मेल खाता है कि निर्देशात्मक जो–उपवाक्य का प्रयोग संज्ञा के संकेतार्थ को स्पष्ट एवं सुनिश्चित करने के लिए किया जाता है। जिस संज्ञा शब्द के संकेतार्थ को सुनिश्चित करना होता है उसका व्यवहार निर्देशात्मक जो–उपवाक्य में करना अपरिहार्य है। मुख्य उपवाक्य में प्रयुक्त शीर्ष संज्ञा वस्तुतः निर्देशात्मक उपवाक्य में प्रयुक्त संज्ञा की छाया मात्र है। निर्देशात्मक जो–उपवाक्य से पृथक शीर्ष संज्ञा का कोई संकेतार्थ नहीं बनता। इसके विपरीत वर्णनात्मक जो–उपवाक्य की शीर्ष

संज्ञा, जो मुख्य उपवाक्य में होती है, अपना स्वतंत्र संकेतार्थ रखती है, अर्थात् जो–उपवाक्य से अलग रहकर भी वह पदार्थ का संकेत करती है।

निर्देशात्मक 'जो' तथा वर्णनात्मक 'जो' में दूसरा महत्वपूर्ण भेद यह है कि निर्देशात्मक 'जो' का संबंध सदैव संज्ञा पद से होता है जबकि वर्णनात्मक 'जो' का संबंध संज्ञा पद के अलावा कभी पूरे मुख्य उपवाक्य से भी होता है। वाक्य (6) में वर्णनात्मक जो–उपवाक्य 'एक लड़का' इस संज्ञा पदबंध से संबंधित है, किंतु नीचे के वाक्य में उसका संबंध संज्ञापद से न होकर पूरे उपवाक्य से है–

(13). वह बहुत जल्दी घर चला गया, **जो** ठीक नहीं हुआ।

यहाँ जो–उपवाक्य मुख्य उपवाक्य के किसी पद विशेष से संबंधित नहीं है, बल्कि पूरे उपवाक्य से संबंधित है। वह मुख्य उपवाक्य में दी गयी सूचना में वृद्धि करता है। सच तो यह है कि वर्णनात्मक जो–उपवाक्य सदैव मुख्य उपवाक्य में दी गयी सूचना में वृद्धि करता है, पद विशेष का वर्णन नहीं। वाक्य (6) को इस रूप में रूपांतरित करने पर वर्णनात्मक जो–उपवाक्य की यह विशेषता स्पष्ट दिखायी देने लगती है।

(14). बाहर एक लड़का खड़ा है **और वह** कुर्ता पहने हुए है।

वाक्य (6) में 'जो' 'और वह' का संपृक्त रूप है, जिसमें एक संयोजक है और दूसरा सर्वनाम है। अन्यत्र भी वर्णनात्मक 'जो' के संपृक्त रूप होने के संकेत मिलते हैं। देखिए वाक्य (13) का रूपांतरण–

(15). वह बहुत जल्दी घर चला गया **किंतु यह** ठीक नहीं हुआ।

वाक्य (13) में 'जो' 'किंतु यह' का संपृक्त रूप है। अंतर यह है कि यहाँ 'वह' की जगह 'यह' सर्वनाम का प्रयोग हुआ है, जो मुख्य उपवाक्य के लिए है। वाक्य (15) में 'किंतु' के स्थान पर 'और' को भी रख सकते हैं। इस तरह स्पष्ट है कि वर्णनात्मक जो–उपवाक्य मुख्य उपवाक्य को ही आगे बढ़ाता है। इसकी यह विशेषता इसे निर्देशात्मक जो–उपवाक्य से बड़े महत्वपूर्ण ढंग के अलग करती है।

(ख) निर्देशात्मक जो–उपवाक्य से अलग होकर मुख्य उपवाक्य में प्रयुक्त सहसंबंधी 'वह' या इसके साथ प्रयुक्त संज्ञा सार्थक नहीं होती। बिना निर्देशात्मक उपवाक्य के इनका कोई संकेतार्थ नहीं बनता। जैसे विभक्ति लगने से पूर्व साधारण शब्द का कोई व्यावहारिक अर्थ नहीं बनता उसी प्रकार बिना निर्देशात्मक जो–उपवाक्य के मुख्य उपवाक्य में प्रयुक्त संज्ञा का भी कोई व्यावहारिक अर्थ नहीं बनता। अर्थात निर्देशात्मक उपवाक्य विभक्ति प्रत्यय की तरह है जिसके संयोग के बिना मुख्य उपवाक्य की संज्ञा न सार्थक बनती है न प्रयोगार्ह बनती है। वस्तुतः मुख्य उपवाक्य की संज्ञा निर्देशात्मक जो–उपवाक्य में प्रयुक्त संज्ञा की नकल या अनुवृत्ति मात्र है, जिस ओर ऊपर खंड (क) में संकेत किया जा चुका है। इसलिए संकेतार्थ के लिए वह निर्देशात्मक उपवाक्य से स्वतंत्र नहीं है। अन्य प्रक्रियाओं या विस्तार के लिए भी यह संज्ञा उपलब्ध नहीं होती। उससे पूर्व

विशेषण, निर्धारक आदि का प्रयोग नहीं दिखायी देता। इसके विपरीत मुख्य उपवाक्य में प्रयुक्त संज्ञा वर्णनात्मक जो–उपवाक्य से स्वतंत्र होती है। किसी वस्तु या व्यक्ति का संकेत करने के लिए वह वर्णनात्मक जो–उपवाक्य पर निर्भर नहीं है। संकेतार्थ की दृष्टि से स्वतंत्र होने से यह संज्ञा वृहत्तर रचना की दृष्टि से भी स्वतंत्र होती है। इसके पूर्व विशेषण या निर्धारक आदि का प्रयोग सम्मत है–

(16). वहाँ **कई / कुछ** लड़के बैठे हैं, **जो** आपस में हँसी–ठिठोली कर रहे हैं।

जहाँ निर्देशात्मक उपवाक्य का प्रयोग होता है वहाँ मुख्य उपवाक्य में प्रयुक्त संज्ञा के पूर्व 'कई', 'कुछ' आदि का प्रयोग नहीं कर सकते–

(17). जो लड़के कमरे में बैठे हैं वे ***कुछ / *कई** लड़के पढ़ रहे हैं।

वर्णनात्मक जो–उपवाक्य के साथ आनेवाले मुख्य उपवाक्य में प्रयुक्त संज्ञा संकेतार्थ की दृष्टि से स्वतंत्र है, यह इससे भी प्रकट है कि यह संज्ञा जिस पदार्थ का संकेत करती है उस पदार्थ का संकेत करनेवाले किसी अन्य शब्द या रचना का प्रयोग जो–उपवाक्य में किया जा सकता है। जैसे–

(18). यह सम्मान **मोहन के भाई** को मिलना चाहिए, जिस **व्यक्ति** ने देश के लिए अपना सर्वस्व लुटा दिया।

(19). सुरेश **हिंदी साहित्य सम्मेलन** का सदस्य है, जिस **संस्था** का अतीत गौरवशाली है।

वाक्य (18) में 'मोहन का भाई' तथा 'व्यक्ति' एक ही व्यक्ति के संकेतक हैं। इसी प्रकार वाक्य (19) में 'हिंदी साहित्य सम्मेलन' तथा 'संस्था' भी एक ही पदार्थ के सूचक हैं। इस तरह के प्रयोग निर्देशात्मक जो–उपवाक्य के साथ नहीं हो सकते, देखिए–

(20). *जो **फूल** तुमने पूजा के लिए चुने हैं वे **पुष्प** थाली में रखे हैं।

(21). *जो **कहानी** तुमने लिखी है वह **रचना** बहुत मार्मिक है।

स्पष्ट है, दोनों उपवाक्यों में एक ही शब्द होने चाहिए। वाक्य (20) में मुख्य उपवाक्य में भी 'फूल' का प्रयोग होना चाहिए तथा वाक्य (21) में मुख्य उपवाक्य में भी 'कहानी' का प्रयोग होना चाहिए।

आखिर मुख्य उपवाक्य में प्रयुक्त संज्ञा निर्देशात्मक जो–उपवाक्य में प्रयुक्त संज्ञा की अनुवृत्ति या नकल ही तो है। फिर शब्द भेद कैसे हो सकता है? जहाँ वर्णनात्मक जो–उपवाक्य में तथा मुख्य उपवाक्य में एक ही संज्ञा प्रयुक्त होती है वहाँ भी वह अपने दोनों प्रयोगों में एक दूसरे से स्वतंत्र रहते हुए ही वस्तु का संकेत करती है। उसके दोनों प्रयोग वाचकता के लिए एक दूसरे पर आश्रित नहीं होते, उदाहरणार्थ–

(22). वह एक बहुत बड़ी **कंपनी** का मालिक है, जो **कंपनी** आज सारी दुनिया में छायी हुई है।

(23). राम ने **समुद्र** को बाँध दिया, जिस **समुद्र** को पहले कोई नहीं बाँध सका था।

'कंपनी' अपने दोनों प्रयोगों में एक दूसरे से स्वतंत्र अलग–अलग उसी एक पदार्थ का संकेत कर रहा है। इसी तरह 'समुद्र' भी अपने दोनों प्रयोगों में परस्पर एक दूसरे से स्वतंत्र उसी एक पदार्थ का वाचक है।

वर्णनात्मक जो–उपवाक्य से मुख्य उपवाक्य में प्रयुक्त संज्ञा की स्वतंत्रता इससे भी प्रकट होती है कि यह प्रश्नार्थक बन सकती है–

(24). तुमने **किससे** टिकट मँगवाया है, **जो** अभी तक नही लौटा?

(25). तुमने उसको **क्या** दिया, **जो** गोल–गोल था?

निर्देशात्मक जो–उपवांक्य से मुख्य उपवाक्य की संज्ञा स्वतंत्र नहीं होती, बल्कि उसके निश्चयात्मक संकेत के लिए ही निर्देशात्मक उपवाक्य का प्रयोग किया जाता है। इसलिए उसके प्रश्नार्थक होने का प्रश्न ही नहीं उठता।

(ग) निर्देशात्मक जो–उपवाक्य संज्ञा पदबंध का घटक होता है, फिर उसके माध्यम से मुख्य उपवाक्य का घटक बनता है। दूसरी ओर, वर्णनात्मक जो–उपवाक्य मुख्य उपवाक्य का घटक नहीं होता, बल्कि वह मुख्य उपवाक्य के साथ मिश्र वाक्य का एक अन्य घटक होता है। वह मुख्य उपवाक्य के किसी घटक विशेष से संबंध नहीं रखता, अपितु मुख्य उपवाक्य के कथ्य में कुछ जोड़ता है और इस तरह मुख्य उपवाक्य के कथ्य को आगे बढ़ाता है। वर्णनात्मक उपवाक्यों के संबंध में जेस्पर्सन ने ठीक ही कहा है कि ये विस्तारक (continuative) होते हैं। वर्णनात्मक उपवाक्य मुख्य उपवाक्य से वृद्धि, विरोध, कारण, कार्य आदि संबंधों में बँधा होता है। यह देखने में ही विशेषण उपवाक्य लगता है। वस्तुतः यह विभिन्न संयोजकों तथा सर्वनाम का संपृक्त रूप है। वर्णनात्मक उपवाक्य की इस विशेषता को प्रकट करनेवाले कुछ उदाहरण नीचे दिये जा रहे हैं। (क) में उद्धृत वाक्य हैं तथा (ख) में उनके रूपांतरण हैं। उदाहरण–

(26). क. वासना प्यार नहीं हो सकती, **जिसे** बेशक आज के माडर्न लोग प्यार कहते हैं।

ख. वासना प्यार नहीं हो सकती, **भले/यद्यपि उसे** आज के माडर्न लोग प्यार कहते हों/हैं।

(27). क. एम.एल.131 और पूसा 105 सुधरी किस्मे हैं, **जो कि** दो–ती महीने के अंदर पककर फ़सल दे देती हैं।

ख. एम.एल.131 और पूसा 105 सुधरी किस्में हैं **और/इसलिए वे** दो–तीन महीने के अंदर पककर फसल दे देती हैं।

(28). क. उन्होंने चिट्ठी नहीं लिखी, **जो** ज़रूरी था।

ख. उन्होंने चिट्ठी नहीं लिखी, **किंतु यह** ज़रूरी था।

(29). क. सर्वप्रथम मैं अपने मित्रों को धन्यवाद देना चाहूँगा, **कि जिन्होंने** हिंदी भाषा के संबंध में अपनी जिज्ञासाएँ उठाकर मुझे सोचने और चिंतन करने के लिए प्रेरित किया।

ख. सर्वप्रथम मैं अपने मित्रों को धन्यवाद देना चाहूँगा, **क्योंकि उन्होंने** हिंदी भाषा के संबंध में अपनी जिज्ञासाएँ उठाकर मुझे सोचने और चिंतन करने के लिए प्रेरित किया।

(क) वाक्यों में वर्णनात्मक 'जो' को विभिन्न संयोजकों तथा सर्वनाम के संपृक्त रूप में देखा जा सकता है। प्रश्न उठता है कि (क) तथा (ख) वाक्यों की कथन शैली में क्या अंतर है, वक्ता कब और क्यों दो में से एक का चयन करता है। जहाँ वृद्धि, विरोध, कारण, कार्यादि संबंधों को स्पष्ट रूप में कहना अभिप्रेत होता है, वहाँ वक्ता (ख) वाक्यों की कथन शैली अपनाता है और जहाँ इन संबंधों को गौण बनाने का प्रयोजन होता है वहाँ वक्ता इन संबंधों का गुणीभूत रूप 'जो' के माध्यम से व्यक्त करता है और (क) वाक्यों की कथन शैली अपनाता है। संबंधों की गौणता के कारण ही वर्णनात्मक जो–उपवाक्य विशेषण उपवाक्य के रूप में दिखायी देता है।

(घ) वक्ता के तात्पर्य (कथन, प्रश्न, आज्ञा आदि) की दृष्टि से भी निर्देशात्मक तथा वर्णनात्मक जो–उपवाक्यों में महत्वपूर्ण अंतर है। वक्ता के तात्पर्य का वाहक सरल वाक्य या जटिल वाक्य में मुख्य विधेय, जिसे उच्च विधेय भी कहा जा सकता है, होता है। उदाहरण के लिए–

(30). (क्या) उसने बताया ↑ कि कल छुट्टी है?↓

(31). उसे बताओ कि कल छुट्टी है।

वाक्य (30) में हाँ/नहीं प्रश्न का संबंध मुख्य उपवाक्य से है, गौण उपवाक्य से नहीं। यदि गौण उपवाक्य का उच्चारण आरोही अनुतान में करें तो भी प्रश्न का संबंध मुख्य उपवाक्य से ही होगा–

(32). उसने बताया → कि कल छुट्टी है ↑ ?

इसी तरह वाक्य (31) में आज्ञा का संबंध मुख्य उपवाक्य अर्थात् मुख्य विधेय से ही है।

निम्नलिखित वाक्य देखें–

(33). क. क्या बाहर मोहन खड़ा है, जो हमें पूछ रहा है?

ख. क्या बाहर कोई है, जो हमें पूछ रहा है?

यहाँ प्रश्न का संबंध मुख्य उपवाक्य तथा वर्णनात्मक जो–उपवाक्य दोनों से हो सकता है। वर्णनात्मक जो–उपवाक्य से प्रश्न का अन्वित होना इस ओर संकेत करता है कि इसका विधेय मुख्य उपवाक्य के विधेय की भाँति स्वतंत्र है तथा वक्ता के तात्पर्य के वाहक के रूप में उपलब्ध हो सकता है। यह विशेषता निर्देशात्मक जो–उपवाक्य में नहीं होती।

वर्णनात्मक जो–उपवाक्य के साथ वाक्य क्रियाविशेषणों का प्रयोग भी यही दर्शाता है कि वर्णनात्मक उपवाक्य मूल में स्वतंत्र है तथा सीधे वक्ता के निश्चय–अनिश्चय आदि भावों को व्यक्त कर सकता है–

(34). मेज़ पर एक पुस्तक पड़ी है, जो **शायद** मोहन की है।

(35). तुमने उसे बहुत–कुछ कहा, जो **बेशक** उसे नागवार गुजरा होगा।

(36). उसने यही कहा होगा, जो **निश्चय ही** भड़कानेवाली बात है।

'शायद', 'बेशक' आदि का प्रयोग निर्देशात्मक उपवाक्य में संदिग्ध है।

(ङ) व्याकरण एवं अर्थ के स्तर पर ही नहीं, अपितु उच्चारण के स्तर पर भी निर्देशात्मक तथा वर्णनात्मक विशेषण उपवाक्यों में महत्वपूर्ण भेद है, बल्कि यों कहिए कि दोनों प्रकार के उपवाक्यों में व्याकरण एवं अर्थ स्तर पर जो भेद है वह उच्चारण के स्तर पर भी परिलक्षित होता है। वर्णनात्मक उपवाक्य से बने मिश्र वाक्य को एक अनुतान इकाई में भी उच्चारित किया जा सकता है तथा दो स्वतंत्र अनुतान इकाइयों में भी उच्चारित किया जा सकता है। मुख्य उपवाक्य एवं वर्णनात्मक जो–उपवाक्य, दोनों का अलग–अलग अवरोही अनुतान में उच्चारण किया जा सकता है। अवरोही अनुतान को लेखन में अल्पविराम या खड़ी पाई द्वारा व्यक्त करते हैं। इसके विपरीत निर्देशात्मक उपवाक्य से बने मिश्र वाक्य का उच्चारण एक अवरोही अनुतान इकाई में किया जाता है। मुख्य उपवाक्य के आगे या पीछे अल्पविराम का प्रयोग नहीं होता। उदाहरण के लिए–

(37). क. बाहर एक लड़का खड़ा है जो आपको पूछ रहा है।

ख. बाहर एक लड़का खड़ा है, जो आपको पूछ रहा है।

ग. बाहर एक लड़का खड़ा है, और वह आपको पूछ रहा है।

घ. बाहर एक लड़का खड़ा है। वह आपको पूछ रहा है।

(38). जो लड़का बाहर खड़ा है वह आपको पूछ रहा है।

(37) में वर्णनात्मक उपवाक्य का प्रयोग हुआ है और (38) में निर्देशात्मक उपवाक्य का। वाक्य (38) का उच्चारण सहज रूप में एक अवरोही अनुतान में किया जाएगा।

2.4.0. निर्देशात्मक विशेषण उपवाक्य

पिछले अनुभाग में निर्देशात्मक एवं वर्णनात्मक विशेषण उपवाक्यों के महत्वपूर्ण भेदों पर प्रकाश डाला गया। इस अनुभाग में निर्देशात्मक विशेषण उपवाक्य की प्रकृति एवं प्रकार्य पर थोड़ा विस्तार से विचार किया जाएगा। निम्नलिखित वाक्यों पर विचार करें। दोनों में निर्देशात्मक विशेषण उपवाक्य का प्रयोग हुआ है–

(1). **जो आदमी** सिगरेट पी रहा **है उसे** सभागार से बाहर जाने को कहो।

(2). **जो आदमी** सिगरेट पी रहा **हो उसे** सभागार से बाहर जाने को कहो।

दोनों वाक्यों में निर्देशात्मक विशेषण उपवाक्य का प्रयोग हुआ है। किंतु अर्थ की दृष्टि से दोनों में पर्याप्त अंतर है। पहले वाक्य में, वक्ता सिगरेट पीनेवाले

व्यक्ति को देख रहा है। सिगरेट पीनेवाला व्यक्ति प्रत्यक्ष है, विशिष्ट है और एक है। दूसरे वाक्य में, वक्ता के समक्ष कोई व्यक्ति विशेष नहीं है। कोई भी व्यक्ति जिस पर सिगरेट पीने का लक्षण घटित हो उसे सभागार से बाहर जाने के लिए कहना है। सिगरेट पीनेवाला एक हो सकता है, अनेक हो सकते हैं और यह भी हो सकता है कि सिगरेट पीनेवाला कोई भी न हो। अर्थात् सिगरेट पीनेवाले व्यक्ति का 'कोई नहीं' (none) से 'सब' (all) तक विस्तार है। दोनों वाक्यों में प्रयुक्त मुख्य उपवाक्य की क्रियाओं पर ध्यान दें। पहले वाक्य में 'है' का प्रयोग हुआ है, जो निश्चयात्मक है, दूसरे वाक्य में 'हो' का प्रयोग हुआ है, जो संभावनार्थक है। इस आर्थीभेद को ध्यान से रखते हुए दोनों वाक्यों में प्रयुक्त विशेषण उपवाक्यों को अलग–अलग नाम दिये गये हैं। पहले वाक्य में प्रयुक्त विशेषण उपवाक्य को **समुद्दिष्ट निर्देशात्मक विशेषण उपवाक्य** (referential restrictive relative clause) तथा दूसरे वाक्य में प्रयुक्त विशेषण उपवाक्य को समुद्दिष्ट–इतर निर्देशात्मक विशेषण उपवाक्य (non-referential restrictive relative clause) कहा गया है। **'समुद्दिष्ट–इतर'** को **'अविशिष्ट'** भी कह सकते हैं।

निर्देशात्मक विशेषण उपवाक्य

समुद्दिष्ट (Referential)	समुद्दिष्ट–इतर (nonreferential)

समुद्दिष्ट विशेषण उपवाक्य व्यक्ति या पदार्थ को संकेतित करके विरत हो जाता है। मुख्य उपवाक्य के अर्थ में प्रवृत्त होने के लिए समुद्दिष्ट विशेषण उपवाक्य का सत्य होना आवश्यक नहीं है। इन वाक्यों पर विचार करें–

(3). **जो आदमी** सफ़ेद टोपी पहने है **उसे** बुला लाओ।

(4). **जिस घर** पर कौवा बैठा है **वह** मोहन का है।

वाक्य (3) को सुनकर दूर खड़े व्यक्ति को बुलाने जो व्यक्ति गया उसने वहाँ जाकर देखा कि वह आदमी सफ़ेद टोपी नहीं पहने है, बल्कि उसके सफ़ेद बाल दूर से टोपी जैसे दिखायी दे रहे थे। अब वह क्या करे? वह उस आदमी को बुला लाएगा या बिना बुलाये लौट आएगा? यदि समझदार होगा तो बुलाकर लाएगा, क्योंकि जिस व्यक्ति को बुलाना है उसकी पहचान हो चुकी है, भले टोपी की जगह सफ़ेद बाल हों। चौथे वाक्य में समुद्दिष्ट विशेषण उपवाक्य में घर की पहचान कराने के लिए कौवे का सहारा लिया गया है। किंतु मोहन के घर तक पहुँचने से पहले कौवा उस घर पर से उड़कर जा भी सकता है। किंतु इससे संप्रेषण में कोई कमी नहीं आती। इतना ही नहीं, पदार्थ की पहचान कराने के लिए हम एक समुद्दिष्ट विशेषण उपवाक्य की जगह दूसरे का प्रयोग कर सकते हैं–

(5). **जिस घर पर** कौवा बैठा है **जो घर** लाल रंग का है **जो घर** दुमंजिला है	वह मोहन का घर है।

समुद्दिष्ट–इतर विशेषण उपवाक्य में कही बात का सत्य होना आवश्यक है। तभी मुख्य उपवाक्य में कही हुई बात में श्रोता की प्रवृत्ति होती है। वाक्य (2) को देखें। यदि कोई व्यक्ति सिगरेट पी रहा होगा तभी उससे बाहर जाने को कहा जाएगा। समुद्दिष्ट–इतर विशेषण उपवाक्य शर्त की भाँति है, जिसका पूरा होना मुख्य उपवाक्य की सार्थकता के लिए आवश्यक है। इसीलिए इस तरह के विशेषण उपवाक्य से रचित वाक्य का सरलता से यदि–तो संरचना में रूपांतरण हो जाता है। समुद्दिष्ट–इतर उपवाक्य का उपयोग सामान्य कथन में या परिभाषा देने में भी किया जाता है। अगले अनुभाग में इस विशेषण उपवाक्य पर विचार करते समय इन बातों पर विचार किया जाएगा।

वाक्य में आदि, मध्य तथा अंत स्थान की दृष्टि से समुद्दिष्ट तथा समुद्दिष्ट–इतर विशेषण उपवाक्यों में समानता है। दोनों वाक्य में तीनों स्थानों पर आ सकते हैं।

2.4.1. समुद्दिष्ट–इतर विशेषण उपवाक्य

समुद्दिष्ट–इतर विशेषण उपवाक्य किसी विशिष्ट व्यक्ति या पदार्थ की ओर संकेत नहीं करता, अपितु प्रत्येक उस व्यक्ति या पदार्थ की ओर संकेत करता है जिस पर विशेषण उपवाक्य में वर्णित विशेषता या लक्षण घटित होता है। समुद्दिष्ट–इतर विशेषण उपवाक्य द्वारा वर्णित समुच्चय एक या अनेक सदस्यों वाला हो सकता है या रिक्त हो सकता है। उदाहरणार्थ–

(1). **जो** मेहनत करेगा **वह** फल पाएगा।

मेहनत करने का गुण जिस किसी भी व्यक्ति में होगा वह फल पाने का अधिकारी है। हो सकता है, सभी मेहनत करनेवाले हों या कोई भी मेहनत करने वाला न हो या केवल कुछ मेहनत करनेवाले हों। नीचे कुछ अन्य उदाहरण प्रस्तुत हैं, जिनमें अविशिष्ट व्यक्ति की ओर संकेत है–

(2). लड़कों को दुखी और प्रिय भार्या को खिन्न और उदास देख **जो** जीता है, अवश्य **उसका** शरीर बज्रसार सदृश कठोर है।

(3). मैं तो **उसी को** वेद का चतुर आख्याता मानता हूँ **जो** छिन्नसंशय हो गया हो।

(4). भविष्य में **जिस बडभागी पर** सरस्वती की महती कृपा होगी, **उसे** सहस्र नेत्रों से महाभारत के समग्र अर्थ का दर्शन सिद्ध हो सकेगा।

(5). **जिस पर** एक बार राजा की नज़र पड़ गई, **उसकी** ज़िंदगी की कोई साध अधूरी नहीं रहती।

समुद्दिष्ट–इतर विशेषण उपवाक्य का उपयोग शब्दों को परिभाषित करने में भी किया जा जाता है। परिभाषाएँ स्वभाव से चिरन्तन होती हैं। किसी पदार्थ के

लिए किसी शब्द का प्रयोग करने में व्यक्ति तभी प्रवृत्त होता है जब पदार्थ में वह विशेषता उपलब्ध हो जो समुद्दिष्ट–इतर विशेषण उपवाक्य में बतायी गयी हो। नीचे कुछ उदाहरण दिये जा रहे हैं–

(6). जिस ध्वनि के उच्चारण में वायु प्रवाह का पूर्ण अवरोध होता है उसे **स्पर्श** ध्वनि कहते हैं।

(7). जिस शास्त्र में तत्वों का विश्लेषण करके उनकी गिनती कर ली गयी हो उसका नाम **सांख्य शास्त्र** है।

(8). जो घास धान की फसल के साथ होती है उसे **विलदा** घास कहते हैं।

(9). एक महत्वपूर्ण लकड़ी जिसमें बैल फाँदे जाते हैं उसे **जुआ** कहते हैं।

परिभाषा का एक भिन्न रूप है जिसमें पारिभाषिक शब्द से ही परिभाषा आरंभ होती है, जैसे–

(10). **द्विलिंगी** का अर्थ है **जिसमें** जायांग व पुंमंग दोनों उपस्थित हों।

(11). **पूर्ण फूल** का अर्थ है **जिसमें** फूल के चारों भ्रमि बाह्यदल, दलपुंज, जायांग व पुंमंग उपस्थित हों।

जैसा कि ऊपर कहा गया है, समुद्दिष्ट–इतर विशेषण उपवाक्य में वर्णित विशेषता शर्त की तरह काम करती है। इसलिए ऐसे वाक्यों का रूपांतरण यदि–तो संरचना में हो सकता है, उदाहरणार्थ–

(12). **जो** सिगरेट पीते हैं **उनके** मुँह से दुर्गंध आती है।

(13). **यदि कोई** सिगरेट पीता है **तो** उसके मुँह से दुर्गंध आती है।

2.4.2.0. समुद्दिष्ट निर्देशात्मक विशेषण उपवाक्य

निर्देशात्मक विशेषण उपवाक्य वाक्य में तीनों स्थानों पर आ सकता है, मुख्य उपवाक्य से पूर्व, मुख्य उपवाक्य के पश्चात तथा मुख्य उपवाक्य के मध्य।

(1). क. **जो** लड़का बाहर बैठा है **उसको** बुलाओ। (आदि में)

ख. **उस** लड़के को बुलाओ **जो** बाहर बैठा है। (अंत में)

ग. **वह** लड़का **जो** बाहर बैठा है **उसको** बुलाओ। (मध्य में)

घ. **उस** लड़के को **जो** बाहर बैठा है बुलाओ। (मध्य में)

वाक्य (ग) तथा (घ) में जो अंतर है वह ध्यातव्य है।

हिंदी में निर्देशात्मक विशेषण उपवाक्य का सामान्य स्थान मुख्य उपवाक्य से पूर्व है। उपर्युक्त वाक्यों में (क) में प्रयुक्त निर्देशात्मक जो–उपवाक्य का स्थान सामान्य या अचिह्नित स्थान है।

किसी–किसी भाषा में निर्देशात्मक विशेषण उपवाक्य केवल कर्ता पद के साथ आता है किंतु हिंदी में ऐसा प्रतिबंध नहीं है। सरल तथा तिर्यक, दोनों कारकों में प्रयुक्त पदों का प्रयोग विशेषण उपवाक्य में हो सकता है, उदाहरणार्थ–

(2). **जो लड़का** रो रहा है उसकी माँ कहीं गयी हुई है। (कर्ता)

(3). **जो चीज़** तुम माँग रहे हो वह मेरे पास नहीं है। (कर्म)

(4). **जिस चाकू से** तुम आम काटना चाहते हो वह तेज़ नहीं है। (करण)

(5). **जिस लड़के को** पुरस्कार मिला है वह मेरे स्कूल का है। (सम्प्रदान)

(6). **जिस जगह से** तुम आये वह यहाँ से बहुत दूर है। (अपादान)

(7). **जिस लड़के की** यह किताब है वह अभी नहीं आया है। (संबंध)

(8). **जिस कुर्सी पर** तुम बैठे हो वह पुरानी है। (अधिकरण)

समुद्दिष्ट निर्देशात्मक विशेषण उपवाक्य अनिश्चित वस्तु या व्यक्ति को निर्दिष्ट करता है, उसे उस जैसी अन्य वस्तुओं या व्यक्तियों से अलग करता है। दूसरे शब्दों में, यह विशेषण उपवाक्य समुच्चय के अंतर्गत उपसमुच्चय का निर्माण करता है। सामान्य रूप से यह समुच्चय वक्ता एवं श्रोता दोनों के लिए ज्ञात होता है। सामान्य विशेषण शब्द भी यही कार्य करता है। वह एक जाति या समुच्चय की अनेक वस्तुओं में से एक या कुछ का निर्देश करता है, उसे विशेषीकृत बनाता है। गरम चाय, ठंडी चाय, मीठी चाय, फ़ीकी चाय, चाय के अनेक रूप हैं। सच तो यह है कि सामान्य अर्थ में 'चाय' का प्रयोग दैनिक व्यवहार में यदा–कदा ही होता है। व्यवहार में हम विशेष 'चाय' की ही बात अक्सर करते हैं। किंतु चाय के उतने ही प्रकार नहीं हैं जितने उससे पूर्व लगनेवाले विशेषण शब्द हैं। चाय के असीमित भेद किये जा सकते हैं, किंतु यह साधारण विशेषण शब्दों द्वारा संभव नहीं है। आखिर, साधारण विशेषणों की भी एक सीमा है। यहाँ हम निर्देशात्मक विशेषण उपवाक्यों की सहायता ले सकते हैं, जैसे–जो चाय मेज़ पर है, जो चाय उबल रही है, जो चाय कप में है, जो चाय तुम पी रहे हो, इत्यादि। इन विभिन्न चायों की ओर सामान्य विशेषण शब्दों से संकेत नहीं किया जा सकता। चूँकि उपवाक्यों की गणना नहीं की जा सकती, इसलिए उनसे चाय के अगणित रूपों या भेदों का उल्लेख किया जा सकता है। वस्तु के विशेषीकरण में **संदर्भ** भी सहायक होता है, 'चाय ठंडी हो रही है' इस वाक्य में एक विशेष चाय की ओर ही संकेत है। हम यह भी कह सकते हैं कि इस वाक्य में भी चाय के साथ अप्रकट रूप में निर्देशात्मक विशेषण उपवाक्य विद्यमान है; कौन–सी चाय? ↑ जो अभी–अभी बनी है, जो प्याले में है, आदि। चाय की ही तरह अन्य पदार्थों के संबंध में भी समझना चाहिए।

समुद्दिष्ट जो–उपवाक्य उद्दीपक के रूप में

निर्देशात्मक विशेषण उपवाक्य समुच्चय में पदार्थ का निर्देश करता है। यह उसका महत्वपूर्ण प्रकार्य है। किंतु इसके अलावा उसके अन्य प्रकार्य भी हैं, जो कम महत्वपूर्ण नहीं हैं। वाक्य के किसी अंश–पद या पूरे उपवाक्य–को उद्दीप्त करने के लिए भी निर्देशात्मक विशेषण उपवाक्य का प्रयोग किया जाता है।

नीचे कुछ वाक्य उदाहरणार्थ प्रस्तुत हैं जिनमें 'जो' का प्रयोग उद्दीपन हेतु हुआ है–

(9). मेरी खिड़की के बाहर **जो** पीपल है, वह मुझे पूरा नहीं दीखता, खाट पर लेटे–लेटे मैं उसकी केवल दो शाखाएँ देख सकता हूँ।

(10). शादी पर **जो** तुमने सोने की अँगूठी दी थी, आज कहीं गिर गयी।

(11). संसार का मूल कारण **जो** गति तत्व है, उसी के दो भेद हैं।

(12). कल **जो** एक बात तुमने कहीं वह सबको अच्छी लगी।

(13). वक्षगुहा में **जो** स्वाभाविक ऋणदाब होता है, उससे पंप के समान क्रिया होती है।

(14). **जो** प्रज्ञामयी वाणी है, उसे ही काव्यमयी कहा जाता है।

ऊपर के वाक्यों को देखने से उद्दीपक 'जो' की कुछ सामान्य विशेषताएँ गिनायी जा सकती हैं। जैसे–

(i) उद्दीपक 'जो' वैकल्पिक है। इसे हटाया जा सकता है।

(ii) उद्दीपक 'जो' के बदले 'एक', 'कुछ', 'कई' आदि शब्दों का प्रयोग किया जा सकता है।

(iii) उद्दीपक 'जो' मुख्य उपवाक्य के बाद नहीं जाता।

(iv) वाक्य का आरंभ प्रायः निर्देशक 'जो' से होता है, उद्दीपक 'जो' से नहीं। अर्थात् उद्दीपक का सामान्य स्थान आदि में नहीं है।

वाक्य के इन रूपों को देखिए–

क. मेरी खिड़की के बाहर पीपल है, वह मुझे पूरा नहीं दीखता, खाट पर लेटे–लेटे मैं उसकी केवल दो शाखाएँ देख सकता हूँ। ('जो' को हटाया गया)

ख. मेरी खिड़की के बाहर **एक** पीपल है, वह मुझे पूरा नहीं दीखता, खाट पर लेटे–लेटे मैं उसकी केवल दो शाखाएँ देख सकता हूँ। ('एक' का समावेश)

ग. जो पीपल मेरी खिड़की के बाहर है वह मुझे पूरा नहीं दीखता, खाट पर लेटे–लेटे मैं उसकी केवल दो शाखाएँ देख सकता हूँ।

घ. वह पीपल मुझे पूरा नहीं दीखता जो मेरी खिड़की के बाहर है।

वाक्य (ग) तथा (घ) में 'जो' उद्दीपक नहीं, बल्कि निर्देशक है। (ग) में वह आदि स्थान पर है तथा (घ) में वह मुख्य उपवाक्य के बाद आया है।

वाक्य (14) में 'जो' आदि स्थान पर है किंतु वह 'प्रज्ञामयी वाणी' का निर्देश करने के बजाय उसे उद्दीप्त कर रहा है। इस उपवाक्य में विधेय के नाम पर केवल 'है' है, जो वाक्य को खंडित करने का काम ही मुख्य रूप से कर रहा है। वाक्य (14) के इन रूपों को देखें–

(14). क. प्रज्ञामयी वाणी **जो है** उसे ही काव्यमयी कहा जाता है।

ख. प्रज्ञामयी वाणी को ही काव्यमयी कहा जाता है।

ग. जो वाणी प्रज्ञामयी है उसे ही काव्यमयी कहा जाता है।

वाक्य (क) में 'प्रज्ञामयी वाणी' का 'जो' के द्वारा उद्दीपन है। वाक्य (ग) में 'जो' निर्देशात्मक है। (क) (ख) का ही विभक्त रूप है।

पद जहाँ किसी अन्य विधि से निर्दिष्ट हो रहा हो वहाँ उस पद के साथ प्रयुक्त 'जो' का प्रकार्य मुख्य रूप से उद्दीपन का ही बचता है, उदाहरणार्थ–

(15). लड़के का **जो** दाहिना हाथ टूट गया था, वह अब बिलकुल ठीक है।

'दाहिना हाथ' स्वतः पूर्ण निर्दिष्ट है, उसका आगे निर्देश करने के लिए 'जो' को कुछ बचता नहीं। 'जो' वाक्य के इस अंश को केवल उद्दीप्त कर रहा है। नीचे दिये हुए उदाहरण द्रष्टव्य हैं, जिनमें 'जो' मुख्यतः उद्दीपक है–

(16). दक्षिण का **जो** भाग बच रहता है, उसमें भरने के लिए चार जनपदीय नाम इस सूची में बच जाते हैं।

(17). **वह सामने जो** वृक्ष है उसके समीप तुम्हें सुनहरे परोंवाली एक बत्तख मिलेगी।

(18). **ये लोग जो** अभी हीः हीः करके हँस रहे हैं, जब पैसे देने होंगे तो उनको पता चलेगा।

(19). **गुदौलिया की बायीं तरफ जो गली** है, उसके भीतर एक और गली में वह जा घुसा।

(20). यूँ कहो कि **तेज स्पीड से गाड़ी चलाने का जो भूत** सवार रहता है सिर पर, बस वह दादी माँ के बहाने पूरा कर रही है।

सभी वाक्यों में 'जो' ऐच्छिक है, उसे बिना अर्थ परिवर्तन के हटा सकते हैं। 'जो' के साथ या उसके बिना संज्ञा से पूर्व 'एक' आदि को रखा जा सकता है,

(क) दक्षिण का (जो) **एक/थोड़ा/कुछ** भाग बच रहता है, उसमें...

(ख) वह सामने (जो) एक वृक्ष है, उसके समीप...

(ग) ये लोग (जो) अभी हीः हीः करके हँस रहे हैं...

(घ) गुदौलिया की बायीं तरफ (जो) **एक** गली है, उसके भीतर...

(ङ) तेज़ गाड़ी चलाने का (जो) **एक** भूत सवार रहता है...

वाक्य (17) तथा (18) में 'वह' तथा 'ये' स्पष्ट ही संकेतवाचक सर्वनाम हैं।

निम्नलिखित पाठ में शरीर के विभिन्न अंगों का वर्णन है। अंगी के निर्दिष्ट होने से ये अंग स्वतः निर्दिष्ट हैं। अंगों से पूर्व यदि 'जो' को जोड़ दें तो अंग और उद्दीप्त हो उठेंगे। 'जो' कोष्ठक में रखा गया है क्योंकि वह मूलपाठ का हिस्सा नहीं है–

'शंकुतला के (जो) अधर हैं सोई लता के नवीन पल्लव हैं, (जो) भुजा हैं सोई बेलि हैं और (जो) योवन हैं सोई विकसित फूल हैं।

'जो' पद के अलावा उपवाक्य को भी उच्च प्रकाश में लाने का काम करता है। पूरा उपवाक्य उद्दीप्त होता है। दूसरे उपवाक्य में उसके विषय में टिप्पणी की

जाती है। नीचे कुछ उदाहरण दिये जा रहे हैं। पूरा उपवाक्य 'जो' के अधिकार में है, कोई पदविशेष नहीं–

(21). चोर कौन नहीं है, माँ? पिता जी **जो** दफ़्तर से इतने कागज, पेंसिल और स्याही लाते हैं क्या **वह** चोरी नहीं है?

(22). लड़की उसे पसंद नहीं है, तो लालू उसका मुँह न देखे। लेकिन अपने जीते–जी **जो** विधवा बनाये हुए है, **इस** कलंक से तो उसे मुक्ति दे।

(23). **जो** आपने रुपयों के बारे में लिखा है **सो** अभी उसका बंदोबस्त होना कठिन है।

(24). निराला जी **जो** अपने आलोचकों को पीट दिया करते थे, वह ठीक नहीं था।

2.4.2.1. संबंधवाचक 'जो' तथा प्रश्नवाचक 'क्या'

'क्या' मूलतः प्रश्नवाचक है तथा 'जो' मूलतः संबंधवाचक है। अपने इन मूल प्रकार्यों में ये एक दूसरे के स्थान पर नहीं आते। लेकिन जब उद्‌दीपन की बात आती है तो ये एक दूसरे के स्थान पर प्रयुक्त हो सकते हैं, उदाहरणार्थ–

(1). क इस विषय में आपके क्या/जो विचार हैं, **वह** सबको मालूम है।
ख इस विषय में आपके *क्या/जो विचार हैं **वे** अति सुंदर हैं।
ग इस विषय में आपके क्या/*जो विचार हैं?

(2). क. किसने/जिसने फूल तोड़ा है, **वह** हम बताते हैं।
ख. *किसने/जिसने फूल तोड़ा है **वह** भाग गया।
ग. किसने/*जिसने फूल तोड़ा है?

(क) वाक्यों में पूरक उपवाक्य का उद्‌दीपन है, जहाँ पर्याय से 'क्या' तथा 'जो' का प्रयोग हुआ है। (ख) वाक्यों में वस्तु का निर्देशन है, इसलिए केवल निर्देशात्मक 'जो' का प्रयोग सही है, प्रश्नवाचक 'क्या' का प्रयोग नहीं। (ग) वाक्यों में प्रश्न है, इसलिए केवल 'क्या' का प्रयोग संगत है, 'जो' का नहीं। यह विशेष रूप से ध्यान देने योग्य है कि (क) वाक्यों में मुख्य उपवाक्य में प्रयुक्त 'वह' एकवचन, सरल विभक्ति में है। यह वस्तुतः पूरक उपवाक्य के लिए प्रयुक्त हुआ है, न कि पूरक उपवाक्य में प्रयुक्त किसी पद विशेष के लिए।

(क) वाक्यों में 'वह' सहसंबंधी नहीं है, न ही पूरक उपवाक्य में प्रयुक्त 'जो' प्रकार्य की दृष्टि से संबंधी है। 'वह' की जगह 'यह' का भी प्रयोग हो सकता है, किंतु फिर पूरक उपवाक्य में 'जो' का प्रयोग नहीं हो सकेगा–

(1). $क_1$ इस विषय में आपके क्या/*जो विचार हैं, **यह** सबको मालूम है।

(2). $क_1$ किसने/*जिसने/फूल तोड़ा है, **यह** हम बताते हैं।

यदि हम (क) वाक्यों में उपवाक्यों का क्रम बदलकर पूरक उपवाक्य को बाद में ले जाएँ तो 'क्या' तथा 'जो' के उद्‌दीपन का प्रकार्य शायद अधिक स्पष्ट हो सकेगा।

(1). $क_2$ सबको मालूम है, इस विषय में आपके क्या/जो विचार हैं।

(2). $क_2$ हम बताते हैं, किसने/जिसने फूल तोड़ा है।

'जो' तथा 'क्या' इन रचनाओं में कैसे उद्दीपक हैं, यह प्रश्न उठ सकता है। वास्तव में 'जो' तथा 'क्या' में गुह्यता है, जो जिज्ञासा को उद्दीप्त करता है। जिज्ञासा उठे, फिर जिज्ञासा को शांत किया जाए, यह सदैव उत्तर को तीव्र बनाता है। देखिए–

प्रश्न– फूल किसने तोड़ा?

उत्तर– (क) मोहन ने फूल तोड़ा।

(ख) मैं बताता हूँ, मोहन ने फूल तोड़ा।

(ग) मैं बताता हूँ किसने/जिसने फूल तोड़ा। मोहन ने फूल तोड़ा।

(क) में सपाट उत्तर है। (ग) में उत्तर देनेवाला पहले जिज्ञासा पैदा करता है, फिर उत्तर देता है। 'जो' और 'क्या' में 'क्या' अधिक उद्दीपक प्रतीत होता है।

पूरक उपवाक्य लेनेवाले शब्दों में क्रिया के अलावा संज्ञा एवं विशेषण भी हैं। ये शब्द मानसिक या वाचिक व्यापारवाले होते हैं, जैसे–कहना, बताना, लिखना, सुनना, लिखना, सुनना, लिस्ट करना, नोट करना, जानना, पता होना, सूचना, खबर, स्पष्ट, याद आदि।

कुछ उदाहरण नीचे दिये जा रहे हैं–

(3). **जिन–जिन को/किन–किन को** बुलाना है वह नोट कर लो।

(4). कंस बोला–नारायन को **कहाँ/जहाँ** पावें और **किस/जिस** बिधि जीतें, **सो** कहो। (प्रेमसागर)

(5). **जिस–जिस/किस–किस** के लाने को धर्म्मराज विनको (उनको) बरजते हैं, **सो** हम तुम से कहते हैं। (नासिकेतोपाख्यान)

(6). **किस कारण/जिस कारण** से यहाँ आगमन हुआ, **सो** इस दास को सुनाइए। (नासिके)

(7). मुझे याद है, उसने **क्या/जो** पूछा था।

(8). यह **किस/जिस** ढंग का आदमी है **किस/जिस** ढंग की नौकरी करने को उत्सुक है और उसे पाने को **किस/जिस** ढंग की हरकत करता है, **वह** आप सुन चुके हैं।

(9). **क्या/जो** जुल्म पुलिस ने ढाये हैं **वह** सबको खबर है।

(10). **जिन/किन** विशेषताओं के आधार पर उसको अलग किया जा सकता है **वह** बताइए।

मुख्य उपवाक्य में प्रयुक्त 'वह' का विषय संपूर्ण पूरक उपवाक्य है, न कि उसमें प्रयुक्त कोई पद विशेष।

गौण उपवाक्य में प्रयुक्त 'जो' या 'क्या' पूरे उपवाक्य को उद्दीप्त करते हैं। किंतु वाक्य में 'जो' और 'वह' की युगपत उपस्थिति प्रायः द्विविधा की स्थिति खड़ी कर

देती है, यदि 'जो' एकवचन में प्रयुक्त हो तो, क्योंकि पूरक उपवाक्य का संकेतक 'वह' तो पहले से ही एकवचन में होता है। निम्नलिखित वाक्यों पर विचार करें–

(11). तुम जो जानते हो वह मैं जानता हूँ।

(12). तुम क्या जानते हो, वह मैं जानता हूँ।

वाक्य (11) की व्याख्या दो रूपों में की जा सकती है। पहली व्याख्या, जिस वस्तु या विषय की जानकारी तुम्हें है उस वस्तु या विषय की जानकारी मुझे भी है। दोनों के लिए ज्ञेय वस्तु एक है। इस व्याख्या में 'जो' और 'वह' क्रमशः संबंधी और सहसंबंधी हैं, इसलिए संकेत की दृष्टि से दोनों में तद्रूपता है। इस अर्थ में वाक्य (11) को इन रूपों में रखने पर अधिक स्पष्टता आ जाएगी–

(13). तुम जो जानते हो वह मैं **भी** जानता हूँ।

(14). **वह जो** तुम जानते हो **वह** मैं (भी) जानता हूँ।

(15). मैं **वह** जानता हूँ **जो** तुम जानते हो।

वाक्य (11) की दूसरी व्याख्या, मैं तुम्हारे ज्ञानजगत के बारे में जानता हूँ, तुम क्या–क्या जानते हो, वह मैं जानता हूँ। तुम जिन–जिन/किन–किन विषयों में माहिर हो, वह मैं जानता हूँ। इस व्याख्या में 'जो' और 'वह' में संबंधी–सहसंबंधी का संबंध नहीं है। वाक्य (11) की दूसरी व्याख्या ही वाक्य (12) की एकमात्र व्याख्या है।

मुख्य उपवाक्य में प्रयुक्त 'वह' गौण उपवाक्य में प्रयुक्त 'जो' का सहसंबंधी नहीं है, इसके प्रमाण में कुछ अन्य उदाहरण भी दिये जा सकते हैं–

(17). **जिन–जिन ने जैसे–जैसे भाव से** श्रीकृष्ण को मान के मुक्ति पाई, **सो** मैं कहता हूँ।

(18). उस पुरी में **जिस द्वार से जो प्राणी** जाता है, **सो** मैं तुमसे कहता हूँ।

(19). इस चुनाव में **जिन–जिनको** टिकट मिलना है, **वह** हम जानते हैं।

ऊपर के वाक्यों में ज–उपवाक्य संबंधवाचक नहीं हैं, बल्कि पूरक हैं, तथा सो/वह सहसंबंधी नहीं हैं। पूरक उपवाक्य का संकेतक होने से सो/वह एकवचन है, यद्यपि पूरक उपवाक्यों में प्रयुक्त 'जिन' बहुवचन है। इतना ही नहीं, यदि वाक्य (17) में 'जिन–जिन ने' और 'जैसे–जैसे' तथा वाक्य (18) में 'जिस द्वार से' और 'जो प्राणी' संबंधवाचक होते तो इनके लिए मुख्य उपवाक्य में अलग–अलग सहसंबंधी होते। वाक्य (19) को बदलकर यदि इस रूप में रखें तो जो–वह में संबंधी–सहसंबंधी का संबंध बन जाएगा–

(20). इस चुनाव में **जिन–जिनको** टिकट मिलना है **उनको** हम जानते हैं।
'जो–वह' के रूपों में यहाँ वचनगत अन्विति है।

यदि मुख्य उपवाक्य नकारात्मक हो तब क्या स्थिति बनती है? तब 'जो' और 'क्या' की पर्यायता संदिग्ध है।

(21). तुम जो जानते हो वह मैं **नहीं** जानता।

इसे वाक्य (11) के साथ रखकर देखें। वाक्य (11) की दो व्याख्याएँ संभव हैं, किंतु वाक्य (21) की केवल एक ही व्याख्या सहज और संभव प्रतीत होती है और वह है वाक्य (11) की पहली व्याख्या, जिस व्याख्या में 'जो' और 'वह' में संबंधी–सहसंबंधी का संबंध बताया गया है। यानी जैसे वाक्य (11) की पहली व्याख्या में गौण उपवाक्य संबंधवाचक है वैसे ही वाक्य (21) की व्याख्या में गौण उपवाक्य संबंधवाचक है।

यह वाक्य देखिए–

(22). तुम क्या जानते हो वह मैं **नहीं** जानता।

इसे वाक्य (12) के साथ रखकर देखें।

दोनों वाक्यों की एक ही प्रकार की व्याख्या है, अंतर केवल यह है कि (12) में मुख्य उपवाक्य स्वीकारात्मक है तथा (22) में मुख्य उपवाक्य नकारात्मक है। किंतु दोनों स्थितियों में गौण उपवाक्य पूरक उपवाक्य बना रहता है और 'वह' उसका संकेतक। इसका अर्थ यह हुआ कि मुख्य उपवाक्य के नकारात्मक होने पर पूरक उपवाक्य को उद्दीप्त करने के लिए केवल प्रश्नवाचक शब्द का प्रयोग किया जा सकता है, संबंधवाचक शब्द का नहीं। निषेध और प्रश्न की यह निकटता या उनमें यह परस्पर मेल, इससे भी प्रकट होता है कि प्रश्नवाचक शब्द का सीधे निषेध के अर्थ में व्यवहार देखा जाता है, 'वह क्या बताएगा?' (नहीं बताएगा), 'वह कहाँ आ रहा है?' (नहीं आ रहा है) इत्यादि। पाठ में ऐसे ही उदाहरण मिले हैं कि यदि मुख्य उपवाक्य नकारात्मक है तो पूरक उपवाक्य में 'क्या' आदि का प्रयोग हुआ है। उदाहरणार्थ–

(23). **किन** कारणों से अपना मूल देश त्यागने के लिए ये विवश हुए, **वह** स्पष्ट **नहीं** है।

(24). इसके **क्या** ठीक माने हैं **सो** तो मैं **नहीं** बतला सकता।

(25). मुझे याद **नहीं**, मैंने **क्या**–**क्या** बातें उनसे पूछीं।

(26). सर्वसाधारण प्रजामात्र का लाभ और उपकार **क्या** वस्तु है **सो** ये जानते ही **नहीं**।

उद्दीपन के प्रसंग में 'जो' तथा 'क्या' के संबंध को ध्यान में रखते हुए इन वाक्यों पर विचार किया जा सकता है–

(27). जो काम अब तक हुए हैं/हों वह बताइए।

(28). क्या काम अब तक हुए हैं/*हों वह बताइएं।

वाक्य (27) में 'हों' का विकल्प स्वीकार्य है किंतु वाक्य (28) में वह विकल्प स्वीकार्य नहीं है।

ऊपर उदाहरण के रूप में प्रस्तुत विविध बाक्यों को देखने से यह स्पष्ट है कि पूरक उपवाक्यों में 'जो' तथा 'क्या' की पर्यायता तभी संभव है जब मुख्य उपवाक्य

में शीर्ष घटक के रूप में 'वह' का प्रयोग हुआ हो। 'यह' तथा 'कि' दोनों का या इन दोनों में से किसी एक का प्रयोग होने पर पूरक उपवाक्य में केवल 'क्या' या अन्य प्रश्नवाचक शब्दों का ही प्रयोग अनुमत है, देखिए–

(29). तुम क्या/*जो जानते हो, **यह** मैं जानता हूँ।

(30). मैं जानता हूँ **कि** तुम क्या/*जो जानते हो।

(31). मैं **यह** जानता हूँ **कि** तुम क्या/*जो जानते हो।

जो क्रियाएँ पूरक उपवाक्य नहीं लेतीं क्या उनके साथ भी 'जो' और 'क्या' क्रम से आ सकते हैं? नीचे के वाक्यों पर विचार करें–

(32). क. **जो** दवा खिलानी है **वह** हम खिला देंगे।

ख. **क्या** दवा खिलानी है **वह** हम खिला देंगे।

इन वाक्यों में 'खिलाना' क्रिया का प्रयोग हुआ है। यह क्रिया पूरक उपवाक्य नहीं लेती। ऊपर के दोनों वाक्यों को सुनकर एक ही प्रकार के कार्य का बोध होता है, अतः दोनों को समानार्थी की कोटि में रखा जा सकता है। दोनों वाक्यों की कुछ अन्य विशेषताएँ भी ध्यान देने योग्य हैं। मुख्य उपवाक्य की क्रिया भविष्य काल में है तथा क्रिया कार्य (action) सूचक हैं। 'कार्य' अपनेआप में भविष्यगर्भ भी है। मुख्य उपवाक्य में प्रयुक्त 'वह' गौण उपवाक्य में प्रयुक्त 'जो' का सहसंबंधी है, दोनों में अन्विति है। दोनों एक ही पदार्थ को संकेतित कर रहे हैं। किंतु दोनों वाक्यों में एक महत्वपूर्ण भेद भी किया जा सकता है। (क) वाक्य में गौण उपवाक्य संबंधवाचक है तो (ख) वाक्य में उसे प्रश्नवाचक मान सकते हैं। (ख) का रूप इस प्रकार का होगा–

क्या दवा खिलानी है? (बताओ) वह हम खिला देंगे।

(क) वाक्य में गौण उपवाक्य का स्वरूप प्रश्नवाचक तो नहीं है, किंतु 'बताओ' का भाव वहाँ भी छिपा हुआ है। कौन–सी दवा खिलानी है, यह अभी दवा खिलाने वाले को मालूम नहीं है।

इन वाक्यों को देखें–

(33). क. जो दवा खिलानी थी वह हमने खिला दी।

ख. *क्या दवा खिलानी थी वह हमने खिला दी।

दोनों वाक्यों में क्रिया भूतकाल में है। कार्य अब कार्य नहीं है, बल्कि कृत है। दोनों वाक्य एक दूसरे से एकदम अलग हो गये हैं।

इन वाक्यों को देखें–

(34). क. **जिन लोगों** से बात करनी है **उनके** नाम **दें**।

ख. **किन लोगों** से बात करनी है **उनके** नाम **दें**।

मुख्य उपवाक्य की क्रिया विध्यर्थक है। वाक्य (ख) में यदि गौण उपवाक्य प्रश्नवाचक है तो विधि से उसका मेल है। प्रश्न विधि का ही एक रूप है।

यदि मुख्य उपवाक्य विध्यर्थक न हो तो उसका क्या प्रभाव (34) के वाक्यों पर पड़ेगा, यह द्रष्टव्य है–

(35). क. **जिन लोगों से** बात करनी है **उनके नाम डायरी में हैं**/**उनके नाम डायरी में थे**/**उनके नाम लंबे** हैं।

ख. **किन लोगों से** बात करनी है? **उनके नाम डायरी में हैं**/?? **उनके नाम डायरी में थे**/***उनके नाम लंबे** हैं।

(ख) में पहला विकल्प चल सकता है, दूसरा विकल्प दूभर है और तीसरा विकल्प अस्वीकार्य है। (क) में सभी विकल्प स्वीकार्य हैं।

मुख्य उपवाक्य का विधि होना, न होना कितना महत्वपूर्ण है, देखिए–

(36). क. हमें **जिन मुद्दों पर** विचार करना है **उनको** रखें/**उनको** रखा गया था/**वे** अति गंभीर हैं।

ख. हमें **किन मुद्दों पर** विचार करना है **उनको** रखें/??**उनको** रखा गया था/***वे** अति गंभीर हैं।

2.4.2.2. संबंधी–सहसंबंधी (इनमें परस्पर संबंध)

संबंधी 'जो' तथा सहसंबंधी 'वह' एक ही व्यक्ति या पदार्थ का संकेत करते हैं। अर्थात् संकेत की दृष्टि से उनमें तद्रूपता होती है। उदाहरणार्थ–

(1). **जो बच्चे** मैदान में खेल रहे हैं **वे** हाईस्कूल के हैं।

'जो' तथा 'वे' दोनों बच्चों के एक ही समुच्चय को संकेतित कर रहे हैं। किंतु संबंधी तथा सहसंबंधी का यह संबंध सदैव स्पष्ट नहीं होता। 'जो' सार्वनामिक विशेषण के रूप में संज्ञा से सीधा संबंध रखता है, किंतु यह आवश्यक नहीं है कि सहसंबंधी भी उस संज्ञा तक ही परिसीमित रहे। इन वाक्यों में 'जो' तथा 'वह' का संबंध देखें–

(2). उसने **जो चित्र** बनाया था **उससे** तो वह कुशल चित्रकार मालूम पड़ा।

(3). अपने मामा के साथ रहकर वह भवन निर्माण व्यवसाय की **जिस लाइन** पर चल रहा था **उससे** उसका भविष्य भी उज्ज्वल नज़र आता था।

(4). नये–नये रिश्ते जोड़कर पैसे कमाने के लिए वे **जो उल्टी–सीधी बातें** बनाती हैं, **उसकी** हद नहीं होती।

वाक्य (2) में 'उससे' चित्र को संकेतित कर रहा है या 'चित्र बनाना' इस क्रिया को? मुख्य उपवाक्य में प्रयुक्त 'कुशल' तथा 'चित्रकार' तो यही संकेत करते हैं कि 'उससे' क्रिया को संकेतित कर रहा है। वाक्य (3) में 'उससे' का मतलब है 'उस लाइन पर चलने से'। वाक्य (4) में 'उसकी' का मतलब है 'उल्टी सीधी बातें बनाने की'। यह भी ध्यान देने योग्य है कि 'बातें' बहुवचन है तथा 'उसकी' एकवचन है।

नीचे का वाक्य देखें–

(5). पूरक का प्रकार्य **वही** होता है **जिसका** वह पूरक होता है।

संरचना की दृष्टि से 'वही' और 'जिसका' में अभेद होना चाहिए और दोनों को एक ही पदार्थ का वाचक होना चाहिए। किंतु ऐसा नहीं है। 'वही' प्रकार्य का संकेतक है, 'जिसका' उस संज्ञापद का संकेतक है जिसके पूरक की बात की जा रही है। वाक्य (5) को अधिक स्पष्टता हेतु इस रूप में रखा जा सकता है।

(6). पूरक का प्रकार्य वही होता है (जो प्रकार्य उस संज्ञापद का होता है) जिसका वह पूरक होता है।

कोष्ठक का अंश वाक्य (5) में नहीं है। यह लंबे रास्ते को छोड़कर छोटे रास्ते से जाना हुआ। लघु मार्ग की विधि अनेक स्थलों पर दिखायी पड़ती है, 'उसकी भाषा तुलसी के समान है', इसका वास्तविक रूप यह है, 'उसकी भाषा तुलसी (की भाषा) के समान है।'

नीचे कुछ वाक्य दिये जा रहे हैं जिनमें 'जो' और 'वह' का संबंध स्पष्ट रूप में दिखायी नहीं पड़ता–

(7). प्रश्न 6, 7 तथा 8 प्रायः सबने छोड़ दिया है। **जिसने** किया भी है **वह** संतोषजनक नहीं है।

(8). उसने सभी प्रश्नों के उत्तर नहीं लिखे हैं। **जिन प्रश्नों** के उत्तर लिखे हैं **वे** भी अपूर्ण हैं।

(9). सबने आम नहीं खरीदे। **जिन्होंने** खरीदे **वे** सब खट्टे निकले।

(10). **जिन आदमियों** ने कंबल खरीदे **उनमें** कुछ फटे हैं।

(11). अम्मा की चीखपुकार, छोटे का रिरियाना, गीता का खाँसना, कराहना। कभी–कभी सोचता है, **जिस उत्साह** से वह घर लौटा करता था **वह घर** कहाँ खो गया।

वाक्य (7) में 'जिसने' परीक्षार्थी के लिए और 'वह' उत्तर के लिए है। (8) में 'जिन' का संबंध प्रश्न से है तथा 'वे' का संबंध उत्तर से है। तिर्यक रूप 'जिन' का संबंध सरल रूप 'उत्तर' से नहीं है। अन्य वाक्यों में भी संबंधी तथा सहसंबंधी की भिन्नता स्पष्ट है। यदि दोनों में अभेद स्थापित करना है तो वैसी व्याख्या करनी होगी, जैसे,

'**जिसने** किया भी है **उसका लिखा उत्तर** संतोषजनक नहीं है', (7)।

'**जिन प्रश्नों** के उत्तर लिखे हैं **उन प्रश्नों के उत्तर** भी अपूर्ण हैं', (8)।

जिन्होंने खरीदे **उनके खरीदे आम** खट्टे निकले', (9)।

जिस उत्साह से वह घर लौटा करता था **उस उत्साह का कारण घर** कहाँ खो गया', (11)। इत्यादि।

कभी वाक्य में सहसंबंधी 'वह' का उल्लेख भी नहीं होता–

(12). द्विलिंगी का अर्थ है **जिसमें** जायांग पुंमंग दोनों उपस्थित हों।

इस वाक्य के परिवर्तित रूप में 'वह' दिखायी पड़ता है; '**जिसमें** जायांग व पुंमंग दोनों उपस्थित हों **उसे** द्विलिंगी कहते हैं।'

संबंधी तथा सहसंबंधी में पुरुष और वचन को लेकर भी भेद दिखायी देता है–

(13). पानी **ले लीजिए, जिसको** लेना हो।

(14). उसके अनुसार व्यक्ति अपने भावों को व्यक्त करने के लिए **जिन लिखित संकेतों** का प्रयोग करता है **उसे** लिपि कहते हैं।

(15). **जिस दल** में भीष्म, द्रोण, कर्ण जैसे बली हों, **उनसे** कौन युद्ध करेगा?

कभी–कभी केवल संबंधी उपवाक्य का ही उच्चारण किया जाता है। सहसंबंधी उपवाक्य इतना रूढ़ और नियत हो चुका रहता है कि उसे छोड़ दिया जाता है, जैसे–

जो आज्ञा।

जो हुक्म।

जैसी (आपकी) मर्ज़ी।

जो (भी) हो।

चाहे जो हो।

इनके पूरे रूप इस प्रकार हो सकते हैं–

जो आज्ञा होगी **उसका** पालन करूँगा।

चाहे **जो** हो, **उसे** होने दो। इत्यादिं।

सहसंबंधी के रूप में सामान्यतया 'वह' का प्रयोग किया जाता है। पुरानी हिंदी में 'वह' के बदले 'सो' का प्रयोग भी मिलता है। किंतु कभी–कभी सहसंबंधी के रूप में 'यह' का प्रयोग भी उपलब्ध है, उदाहरणार्थ–

(16). गीता को महाभारतकार ने **जिस संदर्भ** में रखा है, **इसका** भी ग्रंथ की अर्थवत्ता के लिए बहुत महत्व है।

(17). **जो** बिना कुछ बोले बहुत कुछ कह जाए **इसे** कहते हैं अनोखी शान।

(18). आजतक आपने मेरे लिए **जो कुछ** किया है, क्या **यही** मेरे लिए कम है।

(19). यह **जो** तुमने कहा है, **इसे** गुप्त रखना। इत्यादि।

'जो' तथा 'वह' के संबंध पर एक अन्य दृष्टि से भी विचार करना अपेक्षित है। 'जो' का लोप प्रायः नहीं होता, विरल है, किंतु 'वह' का लोप अनेक बार हो जाता है। वैसे सामान्य संरचना में दोनों की ही उपस्थिति देखी जाती है, पर जब 'वह' कर्ता या कर्म कारक में प्रयुक्त होता है तो कई बार उसका लोप हो जाता है, अर्थात् सरल कारकों में उसकी उपस्थिति सदैव अनिवार्य नहीं है। कुछ उदाहरण प्रस्तुत हैं–

(20). **जो** भी **जिसके हाथ** में आ रहा था, उछाले जा रहा था।

(21). **जिसे** देखो, तिलक लगाये भगवा ओढ़े घूमने लगा।

(22). **जिसके** हिस्से में **जो** पड़ता **उसे** लेकर फुर्र हो जाते थे।

(23). **जो** मिला पहन लिया, **जो** बना खा लिया।

(24). हमारे समाज के प्रतिष्ठित लोग **जो** आपस में हिंदी का व्यवहार करते हैं, उँगलियों पर गिने जा सकते हैं।

यदि सहसंबंधी तिर्यक कारकों में है तो प्रायः उसका लोप नहीं होता। परसर्गों के वाहक के रूप में भी उसे देखा जा सकता है। कर्ता तथा कर्म कारक में भी यदि सहसंबंधी के साथ परसर्ग का प्रयोग आवश्यक है तो उसका लोप नहीं होता। विभिन्न कारकों में प्रयुक्त 'वह' के कुछ उदाहरण द्रष्टव्य हैं–

(25). निबौरी की गुठली से **जो** तेल निकलता है, **उससे** साबुन बनाया जा सकता है।

(26). क्या अर्चना अपने **उस बीमार संसार** से निकल आयी थी **जिसमें** सिर्फ़ वह थी और थी उसकी चारपाई?

(27). दक्षिण का **जो भाग** बच रहता है, **उसमें** भरने के लिए चार जनपदीय नाम इस सूची में बच जाते हैं।

(28). इस बात पर मुझे **जो** मार पड़ी **उसका** मैं बयान नहीं कर सकती।

(29). राजू ने **जिन पंखों को** नोचकर बिखरा दिया था, सुधा **उन्हीं टूटे पंखों को** प्यार से समेट रही थी।

(30). इस नरभक्षी को मारने के लिए अब तक **जो शिकारी** आये थे **उन्होंने** उसे घेरने के बहुत उपाय किये।

अंतिम दो वाक्यों में सहसंबंधी क्रमशः कर्म तथा कर्ता कारक में हैं, किंतु परसर्ग के साथ आने के कारण लुप्त नहीं हुए हैं। किंतु तिर्यक कारक में सहसंबंधी का लोप कभी नहीं होता, ऐसा कहना सही नहीं होगा। देखिए–

(31). राजपाट अब हमारा निछावर करके **जिसको** चाहिए, दे डालिए। (उसको)

(32). **जिस तीर्थ में** देखो, टिकइत राम का धर्मशाला तैयार है। (उस तीर्थ में)

(33). **जो जिसके हाथ में** आ रहा था, मारे जा रहा था। (वह उससे)

कई प्रयोगों में संबंधी 'जो' का लोप मिलता है। ये प्रायः रूढ़ प्रयोग हैं–

गये सो गये।
हुआ सो हुआ।
डरा सो मरा। इत्यादि।

2.4.2.3. जो उपवाक्य–वह उपवाक्य (क्रम)

निर्देशात्मक जो–उपवाक्य सामान्य रूप से वाक्य के आरंभ में आता है अर्थात उसका सामान्य स्थान मुख्य उपवाक्य के पूर्व होता है। संबंधी 'जो' यदि सार्वनामिक विशेषण के रूप में प्रयुक्त है तो वह विशेष्य संज्ञा से पूर्व आता है। जो–उपवाक्य में 'जो' विशेष्य संज्ञा के साथ सामान्यतया पहले स्थान पर आता है, किंतु सदैव ऐसा नहीं होता। वाक्य रचना में विशेष्य संज्ञापद का कर्म, करण आदि के रूप में जो सामान्य स्थान होता है, संबंधी 'जो' वहीं पहुँच जाता है, जैसे–

(1). क. **जिस लड़के को** आपने बुलाया था वह आया है।

ख. आपने **जिस लड़के को** बुलाया था वह आया है।

वाक्य रचना में कर्म का सामान्य स्थान कर्ता के बाद और क्रिया से पूर्व है। वाक्य (ख) में 'जो' पहले स्थान से हटकर विशेष्य संज्ञा के साथ कर्म के सामान्य स्थान पर आ गया है। हम यह कह सकते हैं कि जो–उपवाक्य में संबंधी 'जो' का स्थान शिथिल है, जबकि मुख्य उपवाक्य में सहसंबंधी 'वह' का स्थान दृढ़ है, वह मुख्य उपवाक्य में पहले स्थान पर आता है। कर्म, करण, संप्रदान आदि कारकों में प्रयुक्त संज्ञापदों को 'वह' खींचकर मुख्य उपवाक्य के आरंभ में ले आता है। यदि मुख्य उपवाक्य में किसी अन्य पद पर बल देना हो तब 'वह' को उस पदविशेष के लिए पहला स्थान छोडना पड़ता है।

वाक्य में जो–उपवाक्य का सामान्य स्थान आरंभ में है, किंतु इस स्थान में परिवर्तन हो सकता है। क्रम की दृष्टि से जो–उपवाक्य मुख्य उपवाक्य से पूर्व, मुख्य उपवाक्य के बाद या मुख्य उपवाक्य के क्रोड में आ सकता है। मुख्य उपवाक्य पर बल देने के लिए उसे वाक्य में पहले स्थान पर ले जाते हैं और इसलिए जो–उपवाक्य को अपने सामान्य स्थान से हटना पड़ता है। उदाहरणार्थ–

(2). **जो कपड़े** मिल के होते हैं **वे** जल्दी नहीं फटते।

(3). **वे कपड़े** जल्दी नहीं फटते **जो** मिल के होते हैं।

(4). **वे कपड़े जो** मिल के होते हैं, जल्दी नहीं फटते।

इस प्रकार वाक्य में जो–उपवाक्य के स्थान की दृष्टि से वाक्य संरचना के ये तीन रूप बनते हैं–

(क) **जो–उपवाक्य** – वह उपवाक्य

(ख) वह उपवाक्य – **जो–उपवाक्य**

(ग) वह उपवाक्य – **जो–उपवाक्य** – वह उपवाक्य

इनमें से प्रत्येक संरचना का सोदाहरण वर्णन आगे प्रस्तुत है।

(क) जो उपवाक्य – वह उपवाक्य

जो–उपवाक्य तथा वह–उपवाक्य का यह सामान्य क्रम है। कुछ उदाहरण नीचे दिये जा रहे हैं–

(5). लड़कों को दुखी और अपनी प्रिय भार्या को खिन्न व उदास देख **जो** जीता है अवश्य **उसका** शरीर वज्रसार सदृश कठोर है।

(6). शरीर विकास में **जो पोषक तत्व** सीधे सहायक होते हैं **वे** प्रोटीन हैं।

(7). कुहनी–कुहनी तक जड़ी चूड़ीवाली बाहें, **जिसके हाथ** में थमा दी गयीं, **उसी** की हो गयीं।

(8). प्रज्ञा दर्शन का ही कालांतर में **जो विकास** हुआ **वह** संस्कृत के नीति–साहित्य में पाया जाता है।

(9). खुली प्लूरा गुहा में **जो वायु** प्रश्वसन से भर गयी थी **वह** पुनः छिद्र की राह बाहर जाती है।

(ख) वह उपवाक्य – जो उपवाक्य

इस क्रम में वाक्य में पहले स्थान पर सहसंबंधी वह–उपवाक्य आता है और जो–उपवाक्य वाक्य के अंत में चला जाता है। वह–उपवाक्य को पहले स्थान पर ले आने के दो मुख्य कारण दिखायी देते हैं, (1) पूरे वह–उपवाक्य या उस उपवाक्य के किसी घटक विशेष पर बल देने के लिए, या (2) वाक्य संरचना की माँग के कारण। बल देने के लिए वह–उपवाक्य को पहले स्थान पर ले आने के कुछ उदाहरण नीचे दिये जा रहे हैं–

(10). उसने लंबी साँसे लेकर कहा, धन्य है **वह व्यक्ति जो** किसी दीन–दुखिया के काम आता है और धिक्कार है **उस बड़े व्यक्ति** को **जिसका** दिल किसी गरीब को देखकर पिघलता नहीं।

(11). सच्चा ब्राह्मण **वही** है, **जो** इस लोक से नहीं, स्वर्ग के प्रकाश से प्रकाशित होता है।

(12). मेरा गुरु **वह** है **जिसने** काम, क्रोध आदि मनोविकारों पर विजय प्राप्त कर ली है।

(13). नायिका **वही मेक–अप** किये हुए थी **जो** उस जैसी स्त्री वास्तविक जीवन में करती है।

(14). उसकी सेहतमंद नारी देह में **वही गदराहट**, **वही धड़कनें**, **वही गोलाई**, **वही गरम–गरम ठंडक** थी **जो** कुम्हार के हाथों से निकले हुए ताजा बर्तनों में होती है।

किसी व्यक्ति की पहचान कराने के लिए जिस संरचना का प्रयोग होता है उसमें वह–उपवाक्य को हम पहले स्थान पर ले आते हैं, उदाहरणार्थ–

(15). **यही वह** डॉक्टर है **जिसने** लड़के का इलाज किया था।

'यही' वर्तमान देश और काल का संकेत करता है तथा 'वह' दूरस्थ देश और काल का संकेत करता है। जिस डॉक्टर ने लड़के का इलाज किया था, यहाँ उसकी पहचान करायी जा रही है। उसका संबंध दोनों से है, वर्तमान देश काल से तथा दूरस्थ देश काल से, "तत्तेदन्तावगाहिनी प्रतीतिः प्रत्यभिज्ञा"। वाक्य (15) में दूरस्थ काल भूतकाल है। नीचे के उदाहरण में दूरस्थ काल भविष्य काल है–

"तात जनक तनया **यह** सोई। धनुस जग्य **जेहि** कारन होई।।

"**यह वही** जनककुमारी हैं **जिनके लिए** धनुष यज्ञ का आयोजन होगा।"

वाक्य (15) को इस रूप में भी रखा जा सकता है–

(16). **यह जो** डॉक्टर है, **यह वही** (डॉक्टर) है **जिसने** लड़के का इलाज किया था।

उक्त वाक्य में वर्तमान देश और काल पर अतिरिक्त बल है।

पहचान करानेवाले कुछ वाक्य नीचे प्रस्तुत हैं–

(17). **यह वही लड़की** है **जो** उस रात छत के अंधेरे में रो रही थी।

(18). **यही वह रक्त** है **जो** वायु कोष्ठिकाओं में संज्ञाहारी गैस का ढलान बनते ही तुरंत उसे ग्रहण कर लेता है या त्याग कर देता है।

(19). **यही** मेरा **वह** नटखट **भाई** है **जिसकी** बातें मैं अक्सर तुमसे करती रहती हूँ।

समय तथा स्थान की पहचान करानेवाले वाक्यों के उदाहरण इस प्रकार हैं–

(20). **यही वह समय** है **जब** तेज झटके महसूस होते हैं।

(21). **यह वही** स्वास्थ्य केंद्र है **जहाँ** हमारे प्रधानमंत्री श्री देसाई रुके थे।

कभी बल के अलावा संरचनात्मक कारणों से भी वह–उपवाक्य को प्रथम स्थान पर लाना पड़ता है। जहाँ जो–उपवाक्यों की माला का सृजन होता हो वहाँ क्रम में पहला स्थान वह–उपवाक्य को देना न केवल बल के लिए, अपितु अर्थबोध की सुगमता की दृष्टि से भी आवश्यक होता है। उदाहरण के लिए–

(22). बिल्ली ने **उस चूहे को** दौड़ाया **जिसने वह पनीर** खाया था **जो उस मेज पर** रखा था **जो** रसोईघर में था।

इस वाक्य में 'बिल्ली ने चूहे को दौड़ाया' यही मुख्य विधेय है। इस दृष्टि से इसे पहला स्थान देना स्वाभाविक है। उक्त वाक्य को इस रूप में भी रखा जा सकता है–

(23). **जो मेज** रसोईघर में था **उस मेज पर जो पनीर** रखा था **उस पनीर** को **जिस चूहे ने** खाया था **उस चूहे को** बिल्ली ने दौड़ाया।

वाक्य के अर्थबोध में कोई कठिनाई नहीं है, किंतु मुख्य विधेय 'बिल्ली ने चूहे को दौड़ाया' का बल इस वाक्य में क्षीण हो चुका है।

वाक्य (22) को यदि इस रूप में रखें तो रचना दुर्बोध हो जाएगी–

(24). बिल्ली ने **जिस** चूहे को दौड़ाया **उसने जो** पनीर खाया था **वह जिस** मेज पर रखा था **वह** रसोईघर में था।

नीचे कुछ अन्य उदाहरण प्रस्तुत हैं जिनमें वह–उपवाक्य क्रम में पहले है। यह ध्यान देने योग्य है कि सभी उदाहरणों में 'जो–वह' संरचना एक बड़ी संरचना के अंग के रूप में है, अर्थात् उसका अन्तर्भाव अपने से बड़ी संरचना में है।

उदाहरण–

(25). दोनों भाइयों ने सैनिक के सम्मान को तो धक्का पहुँचाया ही है **साथ ही** अपने पिता के **उन सपनों को** भी नेस्तनाबूद कर दिया है **जो** उसने दरजी की अपनी मामूली आर्थिक हैसियत के बीच अपने बेटों को 'बड़ा साहब' बनाने के लिए देखे थे।

(26). और सभी कहानियों में भी तथ्य तो सब वही हैं, **परंतु अंतिम प्रभाव वह** नहीं पड़ा **जो** वांछनीय है।

(27). **जब** तल ठीक चिन्ह के बीच में आ जाय **तो** पिपेट का चोंचदार हिस्सा **उस बर्तन में** डालो **जिसमें** तुम्हें द्रव लेना है।

(28). ऐसी मानव–इकाई न केवल अपने को एक सगोत्रीय समूह समझती थी, **बल्कि** अपने को **उसी पदार्थ से** निर्मित समझती थी **जिससे** कि उसका प्रमुख अथवा प्रिय खाद्य बना है।

(29). इस प्रकार **जो** यहाँ भक्त के चालीस लक्षण बताये गये हैं **वे** सब **वही** हैं **जो** एक परिपूर्ण मानव के लिए आवश्यक हैं।

(30). **यदि** किसी रोगी के रोग पर **उस खाट का** कोई प्रभाव नहीं **जिस पर** वह सोया है **तो** वह दूरस्थ कारण ही रहेगी।

इन वाक्यों में सन्निविष्ट 'जो–वह' संरचना में यदि जो–उपवाक्य को क्रम में पहला स्थान दिया जाए तो रचना दुर्बोध हो जाएगी, उदाहरणार्थ, वाक्य (30) को बदले हुए रूप में देखें–

(31). **यदि** किसी रोगी के रोग पर **जिस खाट पर** वह सोया है **उसका** कोई प्रभाव नहीं **तो** वह दूरस्थ कारण ही रहेगी।

(ग) वह उपवाक्य – जो उपवाक्य – वह उपवाक्य

निम्नलिखित वाक्यों में जो–उपवाक्य मुख्य उपवाक्य के अंतर्गत हैं–

(32). वह नाता **जो इसके लिए एक स्वार्थ से शुरू हुआ था** अब निःस्वार्थ बन गया था।

(33). उसी दिन से वह घर **जिसमें न एक भी झरोखा था, न रोशनदान, न एक भी नौकर दिखायी देता था, न अतिथि और न एक पशु रहता था, न पक्षी,** मेरे लिए एक आकर्षण बनने लगा।

यह ध्यान देने योग्य है कि 'जो–उपवाक्य' के बाद मुख्य उपवाक्य का जो अंश आता है उसके आरंभ में अन्वादेशक (anaphoric) सर्वनाम 'वह' का प्रयोग किया जा सकता है। यदि 'वह' का प्रयोग सरल कारक में अर्थात् कर्ता या कर्म के रूप में है तो उसका ऐच्छिक लोप हो सकता है किंतु यदि वह तिर्यक कारकों में प्रयुक्त है तो लोप नहीं होगा। वाक्य (32) तथा (33) में 'वह' का ऐच्छिक लोप है, क्योंकि दोनों वाक्यों में 'वह' कर्ताकारक में है। वाक्य (32) को इस रूप में रख सकते हैं–

(34). वह नाता **जो** इसके लिए एक स्वार्थ से शुरू हुआ था अब **वह** निःस्वार्थ बन गया था।

वाक्य (33) में भी 'वह' कर्ता कारक में है, '...**वह** मेरे लिए एक आकर्षण बनने लगा'। 'वह' का कर्म के रूप में प्रयोग नीचे देखें। उसका ऐच्छिक लोप संभव है।

(35). वह कलम **जो** मैंने तुमको दी थी (**वह**) ले आओ।

'वह' का तिर्यक कारकों में प्रयोग होने पर उसका लोप नहीं होता। मानो वह विभिन्न परसर्गों के वाहक के रूप में काम रहा हो। उदाहरण–

(36). वह चीज़ **जो** तुम कल लाये थे **उसका** क्या हुआ?

(37). वह तेल **जो** निबौरी की गुठली से निकलता है **उससे** साबुन बनाया जा सकता है।

(38). वे पौधे और जंतु **जिनका** शरीर एक कोशा का ही बना होता है **उन्हें** एककोशी कहते हैं।

(39). वह घड़ा **जो** कमरे में रखा है **उसमें** पानी नहीं है।

(40). वे लड़के **जो** मेहनत करते हैं **उनसे** कुछ सीखो।

(41). वह आदमी **जो** वहाँ बैठा है **उसने** यह बात कही।

वाक्य (38) तथा (41) में 'वह' का प्रयोग क्रमशः कर्म तथा कर्ता के रूप में हुआ है, किंतु उसका लोप नहीं होगा, क्योंकि इन वाक्यों में इसका प्रयोग परसर्गों के साथ हुआ है।

यदि परसर्गों का प्रयोग मुख्य उपवाक्य के पूर्वांश में विद्यमान सहसंबंधी 'वह' के साथ करें तो मुख्य उपवाक्य के उत्तरांश में 'वह' का लोप होगा। उदाहरणार्थ ऊपर के वाक्यों को ही बदले हुए रूपों में देखें–

(36–क) **उस चीज़ का** जो तुम कल लाये थे, क्या हुआ?

(37–क) **उस तेल से** जो निबौरी की गुठली से निकलता है, साबुन बनाया जा सकता है।

(38–क) **उन पौधों और जंतुओं को** जिनका शरीर एक कोशा का ही बना होता है, एककोशी कहते हैं। इत्यादि।

जैसा कि पहले कहा गया है, वह–उपवाक्य को या उसके एक अंश को वाक्य के आरंभ में रखने का प्रयोजन उसे बलात्मक बनाना होता है। किसी पद या घटक को बलात्मक बनाने के लिए उसे उसके सामान्य स्थान से हटाकर रचना में किसी अन्य स्थान पर रखना एक सामान्य पद्धति है। प्रायः सभी भाषाएँ इस पद्धति का उपयोग करती हैं। जहाँ जो–उपवाक्य मुख्य उपवाक्य के अंतर्गत आता है वहाँ भी यही पद्धति काम करती हुई प्रतीत होती है। निम्नलिखित वाक्य समुच्चयों को देखिए–

(42). क. जो **पानी** घड़े में है वह ठंडा है।
ख. **पानी** जो घड़े में है वह ठंडा है।
ग. **वह पानी** जो घड़े में है (वह) ठंडा है।

(43). क. जिस **पानी** से तुम नहाने जा रहे हो वह ठंडा है।
ख. **पानी** जिससे तुम नहाने जा रहे हो वह ठंडा है।
ग. **वह पानी** जिससे तुम नहाने जा रहे हो (वह) ठंडा है।

(क). वाक्यों में 'पानी' अपने सामान्य स्थान पर है और उस पर बल भी नहीं है। (ख) वाक्यों में वह बलात्मक है तथा (ग) वाक्यों में अधिक बलात्मक है। (ग) वाक्यों में जो–उपवाक्य मुख्य उपवाक्य में सन्निविष्ट है। (ग) वाक्य जैसे (क) वाक्यों से ही निकले हों।

जो–उपवाक्य जिस पदार्थ को निर्दिष्ट करता है, कभी–कभी उस पदार्थ को निर्दिष्ट करने के लिए स्थिति–निर्देशी (deictic) सर्वनामों या सार्वनामिक विशेषणों का भी प्रयोग किया जाता है। इस दुहरे निर्देश से पदार्थ का निर्देश अधिक बलात्मक तथा सुस्पष्ट हो जाता है। उदाहरण के लिए कुछ वाक्य नीचे दिये जा रहे हैं–

(44). **यह जो** तुमने कहा है, इसे गुप्त रखना।

(45). **वह जो** पहाड़ तुम देख रहे हो वह यहाँ से बहुत दूर है।

(46). **ये जो** लोग अभी हीः हीः करके हँस रहे हैं, उन्हें कल पाँच–पाँच श्लोक बोलने होंगे।

(47). **इतना** पैसा **जो** इस योजना के लिए दिया गया है उसका क्या होगा?

(48). महाराज, **यह** पाप रूप काले बरनवाली डरावनी मूरत **जो** आपके सनमुख खड़ा है सो कलियुग है।

स्थिति–निर्देशी तत्व को 'जो' के बाद भी रख सकते हैं–

(49). **जो यह** तुमने कहा है, इसे गुप्त रखना।

2.4.2.4. व्यक्तिवाचक या निश्चयवाचक संज्ञा के साथ जो–उपवाक्य

समुद्दिष्ट निर्देशात्मक जो–उपवाक्य एक जैसे अनेक पदार्थों में से एक का या कुछ पदार्थों का निर्देश करता है। उसका सामान्य प्रकार्य यही है। किंतु कभी–कभी पदार्थ एक ही होता है, उसके विभिन्न रूप, गुण, कार्यादि होते हैं, और निर्देशात्मक उपवाक्य उन अनेक रूपों, गुणों आदि में किसी एक का निर्देश करता है। व्यक्तिवाचक संज्ञाएँ, एकल (unique) संज्ञाएँ या संदर्भ में पहले से निर्दिष्ट संज्ञाएँ 'जो' के साथ प्रयुक्त हो सकती हैं। कुछ उदाहरण नीचे दिये जा रहे हैं–

(1). फलतः **जो बौद्ध धर्म** गंगा नदी की उपत्यका तक सीमित था, **वह** विश्व के एक महान धर्म में परिणत हो गया।

(2). अब मैं तुम से **उस भारतवर्ष** का बखान करूँगा **जो भारत** देवराज इंद्र को प्यारा है।

(3). **जिस माँ** ने तुम्हें जन्म दिया, पाल पोसकर इतना बड़ा किया **उसको** ही तुम भूल गये।

(4). **जिस मृत्यु** को कभी कोई टाल न सका **उस मृत्यु** ने उसे अपने आगोश में ले लिया।

(5). **जिसके** चौदह सालों को सोन की उष्णता और बनास की शीतलता ने अनवरत सजाया–सँवारा हो, **उसके** यौवन के चढ़ाव का बयान ही कौन करे।

(6). अब वह रोने धोनेवाली **वह उषा** न थी **जो** खुद अपने साये से काँपती थी।

वाक्य (5) में संदर्भ में पहले से निर्दिष्ट युवती की अवस्था या रूप का वर्णन है।

2.4.2.5. नियति का अर्थ

जो नियति है, जिसे पलटा नहीं जा सकता उसका वर्णन भी निर्देशात्मक जो–उपवाक्य द्वारा किया जाता है। 'जो हुआ सो हुआ', 'जो होना हो सो हो', 'जो है सो है', इस अटल और अपरिवर्तनीय नियति का वर्णन इस संरचना द्वारा किया जाता है। 'जो' और 'सो' उपवाक्यों में एक प्रकार की तद्रूपता होती है। इन वाक्यों पर विचार करें–

(1). अंध परंपरा न्याय के अनुसार बाल्य विवाह इत्यादि कुरीतें **जो** चल पड़ीं **सो** चल पड़ीं।

(2). हम तुम मिल के किसी और देस निकल चलें; होनी हो **सो** हो, सिर रहता रहे, जाता जाये।

(3). श्री अमृतराय की लौकी–कथा ने 'सारिका' के **जो बहुमूल्य पृष्ठ** बरबाद किये थे, **वे** तो किये ही थे, अंक 299 में 'पाठकों का पन्ना' के भी दो कालम बरबाद करवाये।

जो कुरीतें चल पड़ीं सो चल पड़ीं, उन्हें कौन रोके, कौन टाले? जो बहुमूल्य पृष्ठ बरबाद किये सो किये, अब उनका तो कुछ होना नहीं है, इत्यादि।

'जो–सो' की संरचना के समान 'जो–तो' की संरचना का प्रयोग भी मिलता है। जो क्रिया एक बार घटित हो गयी उसे अघटित नहीं किया जा सकता। उदाहरणार्थ–

(4). एक रात नींद की दवा का ओवरडोज़ लेकर **जो सोयी तो** फिर **जगी नहीं।**

(5). वे **जो गिरे तो** फिर **उठे नहीं।**

(6). आध–आँगन धूप रहते **जो गयी है** दुकान से गुड़ लाने, **तो** अभी तक **नहीं लौटी।**

इन वाक्यों में भी नियति का ही वर्णन है। जो क्रिया हो गयी वह नियति की तरह अकाट्य बन गयी। यह ध्यान देने योग्य है कि तो–उपवाक्यों में क्रिया का प्रयोग नकार के साथ है, जो पूर्व उपवाक्य में प्रयुक्त घटित क्रिया की अकाट्यता का ही सूचक है। 'जगी नहीं' का अर्थ है सोती रही, (वाक्य–4); 'उठे नहीं' का अर्थ है गिरे रहे, वाक्य (5); 'नहीं लौटी' का अर्थ है गयी रही, वाक्य (6)।

वाक्य (4), (5) तथा (6) में 'तो' की जगह 'सो' का प्रयोग भी किया जा सकता है।

यदि भविष्यकालिक नियति का वर्णन करना हो तो 'जो' के स्थान पर 'यदि' का प्रयोग भी हो सकता है, देखिए–

(7). **यदि जो** वह एकबार हाथ से निकल गया **तो** फिर निकल गया। (फिर हाथ नहीं आएगा)

(8). होनी हो सो हो, सिर रहता रहे, जाता जाये।

(जो) होनी हो सो हो, (यदि) सिर रहता (है) (तो) रहे, (यदि) जाता (है) (तो) जाय। जो होना है, वही होगा।

2.4.2.6. जो, जितना, जैसा, जैसे, जब, जहाँ आदि

ज–शब्दों में 'जो' के अलावा अन्य कई संबंधवाचक हैं जो विभिन्न अर्थों में प्रयुक्त होते हैं। 'जैसा', 'जितना', 'जैसे', 'जब' तथा 'जहाँ' अन्य संबंधवाचक हैं। ये सभी 'जो' से भी संबंधित हैं, इसलिए इस प्रसंग में इनका वर्णन इष्ट है। विभिन्न संबंधवाचक ज–शब्दों का उनकी विशेषताओं के साथ नीचे उल्लेख किया जा रहा है–

(1).	जो–वह / सो	–व्यक्ति, पदार्थ	(–तुलना)
(2).	जैसा–वैसा / तैसा	–गुण, प्रकार	(±तुलना)
(3).	जितना–उतना	–संख्या, परिमाण	(±तुलना)
(4).	जैसे–वैसे / तैसे	–रीति	(±तुलना)
(5).	जब–तब	–काल	(–तुलना)
	ज्यों (ही)–त्यों (ही) जैसे ही–वैसे ही	–काल	(–तुलना)
(6).	जहाँ–वहाँ / तहाँ	–स्थान	(–तुलना)
	जिधर–उधर / तिधर	–दिशा	(–तुलना)

'जो–वह' व्यक्ति या पदार्थ के वाचक हैं। 'जो' तथा 'वह' में वाच्यार्थ की दृष्टि से अभेद होता है, अर्थात् दोनों एक ही पदार्थ या व्यक्ति का बोध कराते हैं। अभेद होने से तुलना यहाँ संगत नहीं है, क्योंकि तुलना के लिए भेद आवश्यक है, जो दो या दो से अधिक वस्तुओं या व्यक्तियों में होता है। द्रव्य या पदार्थ स्वतंत्र होता है, गुण या क्रिया की भाँति वह किसी अन्य पदार्थ के आश्रित नहीं होता। इसलिए 'जो–वह' बिना संज्ञा के, विशुद्ध सर्वनाम के रूप में भी प्रयुक्त होते हैं।

'जैसा–वैसा' वस्तु के गुण या प्रकार का बोध कराते हैं, तथा 'जितना–उतना' वस्तु की संख्या या परिमाण का बोध कराते हैं। इसलिए इनका विशेषणवत प्रयोग होता है। सामान्य आकारांत विशेषणों की तरह ये विशेष्य संज्ञा से अन्वित होते हैं, लिंग, वचन तथा विभक्ति में। यह ध्यान देने योग्य है कि 'जैसा–वैसा' तथा 'जितना–उतना' दोनों मुख्यतः तुलनात्मक हैं। दो भिन्न वस्तुओं के गुणों, संख्या

आदि की तुलना के लिए इनका प्रयोग किया जाता है। किंतु इनका अतुलनात्मक प्रयोग भी होता है, जहाँ भिन्न वस्तुएँ नहीं होतीं, अपितु एक ही वस्तु के गुण, परिमाण या संख्या का वर्णन मुख्य उपवाक्य में किया जाता है। इस प्रयोग में प्रायः सहसंबंधी 'वैसा' तथा 'उतना' के स्थान पर 'जो' के सहसंबंधी 'वह' का प्रयोग किया जाता है। इतना ही नहीं, इनके अतुलनात्मक प्रयोगों में संबंधी 'जैसा' तथा 'जितना' के बदले 'जो' का प्रयोग भी संभव है, बिना विशेष अर्थपरिवर्तन के। विशेषकर वहाँ, जहाँ विशेष्य संज्ञा भाववाचक या द्रव्यवाचक हो। भाववाचक तथा द्रव्यवाचक संज्ञाएँ (–गणनीय) गुणवाली होती हैं इसलिए उनके वाच्यार्थ में सहज रूप में पदार्थ भेद नहीं होता। और जहाँ पदार्थ भेद न हो वहाँ अतुलनात्मक व्याख्या ही अधिक अनुकूल होती है। 'जैसे–वैसे' रीति का बोध कराते हैं तथा रीति का संबंध क्रिया से होता है। इसलिए 'जैसे–वैसे' विशेषण नहीं, बल्कि क्रियाविशेषणवत प्रयुक्त होते हैं। 'जैसे–वैसे' की अन्य विशेषताएँ वही हैं जो 'जैसा–वैसा' तथा 'जितना–उतना' की हैं। इनके भी तुलनात्मक तथा अतुलनात्मक दोनों प्रयोग मिलते हैं तथा 'जो–वह' से यह उसी प्रकार का संबंध रखता है। 'जैसे–वैसे' के बदले 'जिस प्रकार–उस प्रकार' का भी प्रयोग किया जा सकता है। 'का' परसर्ग जोड़ने से यह विशेषण बन जाता है और 'जैसा–वैसा' का समानार्थी बन जाता है, 'जिस प्रकार **का** – उस प्रकार **का**', उदाहरण–'जैसा प्रेम/जिस प्रकार का प्रेम', 'वैसा प्रेम/उस प्रकार का प्रेम', इत्यादि।

'जब–तब' तथा 'जहाँ–वहाँ' क्रमशः काल एवं स्थान के वाचक हैं। ये दोनों 'जो–वह' की भाँति अतुलनार्थक हैं। इनका प्रयोग क्रियाविशेषण के रूप में होता है।

आगे विभिन्न ज–शब्दों की सोदाहरण प्रस्तुति है तथा 'जो–वह' से उनका संबंध भी दर्शाया गया है।

जैसा–वैसा/तैसा

इनके तुलनात्मक तथा अतुलनात्मक दोनों प्रयोग अलग–अलग दिये जा रहे हैं–

तुलनात्मक प्रयोग

(1). वह मुझसे **वैसा/??वह** प्रेम नहीं करता **जैसा/??जो** वह तुमसे करता है।

(2). **जैसा/*जो** काम करोगे, **वैसा/*वह** फल पाओगे।

(3). शिष्टाचार तो **जैसा/?जो कुछ** चाहिए **वैसा/?वह** हो चुका।

(4). **जैसी/*जो** शोकसंतप्त मैं अब हूँ **वैसी/*वह** त्रिभुवन में ढूँढ़ो तो कोई दूसरी न होगी।

नीचे के वाक्यों में भी 'जैसा–वैसा' का प्रयोग है, क्योंकि वक्ता को तुलना अभीष्ट है।

(5). परंतु प्रत्येक रेखा में साँचे की **वैसी ही** सुडौलता थी **जैसी/जो** प्रायः पेरिस प्लास्टर की मूर्तियों में देखी जाती है।

(6). मुहब्बत और स्नेह **जैसा/जो** इनमें है, **वैसा/वह** मर्दों के कट्टर कलेजे में कभी समा ही नहीं सकता।

(7). द्रोण पर्व के अध्याय 22 में लगभग 60 श्लोकों में घोड़ों के रंगों और नामों का **जैसा/जो** विलक्षण वर्णन है, **वैसा/वह** प्राचीन साहित्य में दण्डिकृत अवन्तिसुंदरी के अतिरिक्त हमें कहीं नहीं मिला।

यह ध्यान देने योग्य है कि सभी वाक्यों में भाववाचक संज्ञाओं का प्रयोग हुआ है, 'सुडौलता', 'मुहब्बत', 'स्नेह', तथा 'वर्णन'।

'वैसा' के स्थान पर 'ऐसा' का प्रयोग भी मिलता है–

उनका स्वभाव **ऐसा** है **जैसा** संतों का होता है।

जहाँ दो वस्तुओं में एक को गुण की दृष्टि से न्यून या अधिक बताना अभिप्रेत हो वहाँ सहसंबंधी के स्थान पर 'वैसा' न रखकर 'वह' रखना ही अधिक समीचीन है, उदाहरणार्थ–

(8). क. **जैसी/जो** चमक इसमें है **उससे** अधिक/कम चमक उसमें है।

ख. **जैसी** चमक इसमें हैं ***वैसी से** अधिक/कम चमक उसमें है।

(9). क. **जैसा/जो** समर्पण भाव उसमें है **उससे** अधिक/कम समर्पण भाव मुझमें है।

ख. **जैसा** समर्पण भाव उसमें है ***वैसे से** अधिक/कम समर्पण भाव मुझमें हैं।

जहाँ गुण के परिमाण की बात प्रधानता से कही गयी हो वहाँ 'जितना' का भी प्रयोग किया जा सकता है। ऊपर के वाक्यों में 'जैसा/जो' के स्थान पर 'जितना' रखा जा सकता है। किंतु सहसंबंधी के रूप में 'उतना' के प्रयोग से 'वह' का प्रयोग ही बेहतर है। 'उतना' का प्रयोग तुलनात्मक 'से' के साथ होगा, 'उतने से कम/अधिक'। जहाँ गुणों में समानता दिखाना अभीष्ट हो वहाँ जिससे तुलना की जाती है उस पद के साथ 'जैसा' का प्रयोग करना पर्याप्त है। अलग से वैसा–उपवाक्य रखना आवश्यक नहीं, जैसे, वह **शेर जैसा** निडर है। 'जैसा' के बदले 'ऐसा' का प्रयोग भी मिलता है, जैसे–'**चित्रकूट ऐसे** रम्य स्थान में **राम और भरत ऐसे** रूपवानों के रम्य अंतःकरण की छटा का क्या कहना है।'

अतुलनात्मक प्रयोग

(10). **जैसा भी/जो भी** रूप हम उसे दे सके, (उसे) आप तक पहुँचा रहे हैं।

(11). तुमने **जैसा/जो** काम किया है, सब **उसकी** सराहना कर रहे हैं।

(12). **जैसी/जो कुछ** आज्ञा होए **सो** मैं करूँ।

(13). उसका **वह** हाल रहता है **जैसा/जो** जुआरी का।

(14). मेरे जीवन की परिधि में खड़े होकर चरित्र **जैसा / जो** परिचय दे पाते हैं, **वह** बाहर रूपांतरित हो जाएगा।

(15). इस चलन की गुलामी ने **जैसा / जो** अपना असर हमारे जनाने में पैदा कर रक्खा है **उसे** कहते शरम आती है।

यह ध्यातव्य है कि इन सभी उदाहरणों में सहसंबंधी के रूप में 'वह' का प्रयोग हुआ है, 'वैसा' का नहीं। 'वह' अभेद दर्शाता है, इसलिए यहाँ तुलना का भाव कहीं नहीं है।

'जैसा–वैसा' क्रिया की भी विशेषता बताते हैं। तब इन्हें क्रियाविशेषण के रूप में देखना चाहिए–'वह **जैसा** गाता है **वैसा** कोई नहीं गा सकता है।

जैसा कि

'जैसा–वैसा' में 'जैसा' ज्ञात व प्रत्यक्ष पदार्थ, गुण या क्रिया को प्रस्तुत करता है, जिससे वैसा–उपवाक्य में उल्लिखित अज्ञात, अप्रत्यक्ष, काल्पनिक पदार्थ, गुण आदि की तुलना की जाती है। तुलना का प्रयोजन ज्ञात, प्रत्यक्ष के सहारे अज्ञात, अप्रत्यक्ष पदार्थ आदि को स्पष्ट करना या उसे सामने लाना होता है–

(16). **जैसा** चंद्रमा है **वैसा** नायिका का मुख है।

चंद्रमा को सबने देखा है किंतु नायिका का मुख तो कोई बड़भागी ही देख पाता है। चंद्रमा के सहारे हम नायिका के मुख की कांति और सौंदर्य की बस कल्पना करते हैं। अस्तु। 'जैसा कि' इस 'जैसा' से ही जुड़ा हुआ है। जैसा कि–उपवाक्य में ज्ञात वस्तु, क्रिया, गुण या अनुभव का वर्णन होता है। उसमें श्रोता या पाठक के लिए नयापन नहीं होता। वक्ता यह मानकर चलता है कि श्रोता तो यह जानता ही है, उदाहरणार्थ–

(17). बनैले सुअर के दो लंबे और नुकीले दांत थे **जैसा कि** हर बनैले सुअर के होते हैं।

बनैला सुअर इस जाति को तो हम जानते हैं किंतु यहाँ विशिष्ट बनैले सुअर का वर्णन है, उसे हमने नहीं देखा है, न उसे जानते हैं। कुछ अन्य उदाहरण द्रष्टव्य हैं–

(18). इसलिए धमनी रक्त का आक्सीजन 20×95%=19% होती है, **जैसा कि** ऊपर की तालिका में दिखाया गया है।

(19). पेट्रोल में बताये हुए ग्रेड का ऑयल उसी अनुपात में मिलाइए **जैसा कि** निर्माता ने सुझाया है।

कभी–कभी 'जैसा कि' में 'कि' को छोड़ देते हैं–

(20). वेदों में ब्रह्मा की एक संज्ञा पुरुष है, **जैसा** पुरुषसूक्त में प्रसिद्ध है।

यदि जैसा कि–उपवाक्य में कोई नयी या अप्रत्याशित बात कही जाए तो संरचना त्रुटिपूर्ण हो जाती है, उदाहरण के लिए–

(21). क. उसने उषा से शादी कर ली **जो कि/जैसा कि** स्वाभाविक था।

ख. उसने उषा से शादी कर ली **जो कि/*जैसा कि** गलत हुआ।

उषा से शादी करना गलत हुआ, यह श्रोता के लिए नया है। 'उसने उषा से शादी कर ली और यह गलत हुआ', श्रोता के लिए ये दो नयी सूचनाएँ हैं।

यदि मुख्य उपवाक्य नकारात्मक हो तो 'जैसा कि' के प्रयोग से भ्रम की स्थिति उत्पन्न होती है, जैसे–

(22). हम लोग आपस में **नहीं** लड़ेंगे, **जैसा कि** अधिकारी चाहते हैं।

अधिकारी क्या चाहते हैं? हम आपसे में लड़ें या हम आपस में न लड़ें।

जैसे, मानो

'जैसे'/'मानो' भी 'जैसा' से जुड़ा है। ज्ञात यथार्थ वस्तु या जिसकी सहज कल्पना की जा सके, उसे सामने रखकर प्रस्तुत वस्तु, क्रिया या विषय को स्पष्ट करने हेतु 'जैसे' या 'मानो' का प्रयोग किया जाता है। उदाहरण भी विषय को स्पष्ट करने के लिए दिये जाते हैं। 'जैसे' 'उदाहरण' के अर्थ में भी प्रयुक्त होता है। उदाहरण स्पष्ट ही हुआ करते हैं। यदि ये स्वयं स्पष्ट नहीं होंगे तो विषयवस्तु को कैसे स्पष्ट कर सकते हैं?

'जैसे/मानो' के साथ मुख्य उपवाक्य में कभी 'ऐसा' का भी प्रयोग दिखायी देता है। मुख्य उपवाक्य के रूप में 'लगता है', 'ऐसा प्रतीत होता है' जैसे प्रयोग भी मिलते हैं। नीचे कुछ उदाहरण दिये जा रहे हैं–

(23). स्वरूप देखिए, **मानो** साक्षात् लक्ष्मी।

(24). जब कभी ये सहेलियाँ मिल बैठतीं तो **मानो** यौवन और सौंदर्य का एक ज्वार भाटा–सा आ जाता है।

(25). वह यह कहते ही पृथ्वी में गिर पड़ी, **जैसी** कोई फूल–फली लता पेड़ पर से नीचे गिर पड़े।

(26). लिखाई **ऐसी** है **जैसी** कीड़े मकोड़े मारे हों।

(27). **ऐसा** शब्द हो रहा था कि **जैसे** मेघ गरजता हो।

(28). **लगा** कि करेंट का तार छू गया हो।

(29). परेश बाबू कथावाचक जैसी प्रवाहमयी भाषा में बोलते जा रहे थे, **लगा, जैसे** वह अतीत में आकंठ डूब गये हों।

(30). **मानो** बच्ची की सूचना देने के लिए ही उसके प्राण अटके पड़े थे।

(31). दीवारों पर **जैसे** वक्त के आँसू सूखकर चिपक गये थे।

यह ध्यान देने योग्य है कि 'जैसे'/'मानो' उपवाक्यों में सामान्य रूप से क्रिया के इच्छार्थक रूपों का व्यवहार हुआ है।

जितना–उतना

तुलनात्मक प्रयोग

पहले तुलनात्मक प्रयोग के उदाहरण प्रस्तुत हैं–

(32). **जितनी / जिस** कठोरता से निर्णय लिया गया था **उतनी / उस** दृढ़ता के साथ घरवाली के सामने सुनाया नहीं जा सका।

(33). **जितने / *जो** लड़के बाहर बैठे हैं **उतने ही / *वे** लड़के अंदर बैठे हैं।

(34). **जितना / *जो** पानी घड़े में है **उतना / *वह** पानी बाल्टी में है।

ऊपर सभी वाक्यों में वस्तुओं का भेद विद्यमान है, इसलिए 'जितना–उतना' के बदले 'जो–वह' का प्रयोग सही नहीं है। पहले वाक्य में भाववाचक संज्ञाओं का प्रयोग हुआ है, इसलिए 'जो–वह' का प्रयोग चल सकता है। अंतिम दो वाक्यों में जातिवाचक तथा द्रव्यवाचक संज्ञाओं का प्रयोग हुआ है, जिनमें व्यक्ति भेद स्पष्ट है। इसलिए इन वाक्यों में 'जो–वह' का प्रयोग अशुद्ध है। कुछ अन्य उदाहरण द्रष्टव्य हैं–

(35). वह देखने में **जितनी** ही खूबसूरत, स्वभाव की **उतनी** ही सहज और बुद्धिचातुर्य में **उतनी** ही प्रवीण थी।

(36). धानी रंग की साड़ी और सिल्क के हल्के नीले ब्लाउज में वह **जितनी** सुंदर लग रही थी, **उतनी ही** शांत और सौम्य भी।

कई स्थानों पर सहसंबंधी 'उतना' का लोप सहज है, जैसे–

(37). तीन मिनट में **जितनी** तस्वीरों की हमें ज़रुरत थी, हमने ले ली।

(38). वह **जितनी** देर दफ़्तर में रहती, उसका चेहरा गंभीर बना रहता।

जहाँ तुलना में न्यून या अधिक परिमाण या संख्या बतलाना अभीष्ट हो वहाँ 'उतना' के बदले 'वह' ग्राह्य है–

(39). **जितना** हम खाना चाहते हैं **उससे / ??उतने से** ज्यादा खा जाते हैं।

(40). मैं **जितना** बोझ सह सकता हूँ **उससे / ??उतने से** ज्यादा बोझ मुझ पर डालते हो।

असमानता व्यक्त करने के लिए 'नहीं' का प्रयोग भी किया जा सकता है, जैसे–

(41). वह **जितना** कमाता **नहीं उतना** खर्च कर देता है।

अर्थात् कमाई और खर्च बराबर नहीं हैं। इस प्रयोग में असमानता के साथ अवांछित का भाव भी निहित है जो 'लेकिन' द्वारा व्यक्त होता है–

(42). वह सौ रुपये कमाता नहीं लेकिन सौ रुपये खर्च कर देता है।

कई स्थानों पर सहसंबंधी 'उतना' के बदले 'इतना' का प्रयोग मिलता है। उदाहरण के लिए–

(43). वे अपनी लड़की को **इतना/उतना** प्यार करते थे **जितना** कोई अपने लड़कों को भी नहीं करता।

(44). बाग के उजड़ने का **इतना/उतना** खेद न था **जितना** लड़कों की शरारत का।

(45). मद्रास में लोग उनका व्याख्यान सुनने के लिए **इतनी ही/उतनी ही** बड़ी संख्या में इकट्ठे होते, **जितनी** कि संगीत उत्सवों में।

जिससे बराबरी की जाती है उसके साथ 'जितना' को रखकर प्रयोग किया जा सकता है–

(46). वह **घोड़े जितना** खाता है।

(47). मैं **तुम्हारी जितनी** सुंदर नहीं हूँ।

(48). तुम्हारे **जितना/इतना** बेईमान कोई नहीं है।

(49). मेरी दोनों टाँगों की उमर **एक जितनी** है।

उपर्युक्त वाक्यों में 'जितना' 'बराबर' के अर्थ में है।

अतुलनात्मक प्रयोग

'जितना–उतना' के अतुलनामक प्रयोग में पदार्थों में भिन्नता नहीं दिखायी देती। इसलिए इस प्रयोग में 'जितना–उतना' को 'जो–वह' से स्थानापन्न किया जा सकता है। यदि 'जो–वह' से स्थानापन्न न भी करें तो 'जितना' के सहसंबंधी के रूप में 'उतना' को न रखकर 'वह' को ही रखना अधिक ग्राह्य होता है। उदाहरणार्थ–

(50). **जितने/जो** विषय हैं, **वे** सब दुख देनेवाले हैं।

(51). हम अपनी सच्चरित अबलाओं का **जितना** भी अभिमान करें, **वह** थोड़ा है।

(52). **जितने/जो** लड़के बाहर बैठे हैं **उनको** बुलाओ।

(53). एक–एक बाल की लट, **जितनी/जिस** कला से बनायी गयी थी **उससे** तो बनानेवाला बहुत कुशल शिल्पी जान पड़ा।

इन वाक्यों में तुलना का भाव नहीं है। 'जितना' से जिस पदार्थ का संकेत मिलता है, मुख्य उपवाक्य में उसी का वर्णन है। पदार्थ का भेद न होने से तुलना का अवसर प्राप्त नहीं होता।

भाववाचक संज्ञाएँ गुण के समान होती हैं। उनमें भेद या संख्या का प्रवेश न होने से वे एकात्म होती हैं। इसलिए इनके साथ प्रयुक्त 'जितना–उतना' के बदले सहज ही 'जो–वह' का प्रयोग किया जा सकता है। इससे भाववाचक संज्ञाओं की एकात्मता अप्रभावित रहती है, उदाहरण के लिए–

(54). भक्ति भाव से सम्पन्न, उच्चस्तरीय संगीत सुनकर मन को **जितनी/जो** सुख शांति मिलती है **उतनी/वह** और किसी से नहीं।

इस वाक्य में 'जितना—उतना' तुलनात्मक नहीं हैं। यदि गणनीय संज्ञा का प्रयोग किया जाए और तुलना का भाव हो तो 'जितना—उतना' तथा 'जो—वह' में पर्यायता नहीं मिलेगी—

(55). **जितने / *जो** मज़दूर यहाँ मिलते हैं **उतने / *वे** और किसी जगह नहीं।

यदि अतुलना का भाव हो तो दोनों में पर्याय संबंध बन जाता है, जैसे—

(56). **जितने / जो** मज़दूर यहाँ मिलते हैं **उतनों को / उनको** रख लो।

दोनों उपवाक्यों में वर्णित मज़दूर अलग—अलग नहीं हैं, इसलिए तुलना का अवसर प्राप्त नहीं है।

क्रियाविशेषण के रूप में 'जितना—उतना' का प्रयोग—

(57). वह **जितना** चिल्लाता है **उतना** काम नहीं करता।

यदि वक्ता के मन में कोई स्पष्ट या निश्चित परिमाण न हो तो वह केवल 'उतना' का प्रयोग करता है—

(58). यह **उतना** सही नहीं है।

कितना सही नहीं है? इसका कोई जबाब देना वक्ता के लिए मुश्किल है।

नीचे के वाक्य में 'जितना' के साथ 'उतना' का प्रयोग नहीं होगा—

(59). मैंने सोचा, वह चाहे **कितना भी / जितना भी** अक्लमंद क्यों न हो, यह खत लिखकर उसने सरासर बेवकूफ़ी की है।

(60). **कितना / जितना** भी कहो, वह सुनता नहीं है।

इतना—कि

'जितना—उतना' की तरह 'इतना—कि' तुलनात्मक नहीं है, किंतु यह भी परिमाण या संख्या का वाचक है। नाम तथा गुण के अलावा क्रिया तथा क्रियाविशेषण के परिमाण का भी संकेत 'इतना' से मिलता है। इतना—उपवाक्य में जिस परिमाण या संख्या का संकेत होता है उसका अनुमान कि—उपवाक्य में वर्णित क्रिया के परिणाम या कार्य को देखकर लगाया जा सकता है। नीचे कुछ उदाहरण प्रस्तुत हैं—

(61). तीन चार सप्ताह बाद उन्हें निकालकर **इतना** पीटते हैं **कि** सब रेशे अलग हो जाते हैं।

(62). उसका नाती उससे **इतना** हिल—मिल गया **कि** वह अब अपनी माँ को नहीं पूछता था।

(63). दोपहर को उसे बस **इतनी—भर** छुट्टी मिलती **कि** किसी तरह दौड़ी—दौड़ी जाकर लस्सी पी ले, बच्चे को दूध पिला दे और फिर काम पर भाग जाये।

(64). **इतने** लड़के आये **कि** सभाकक्ष भर गया।

इन वाक्यों में परिमाण या संख्या का अनुमान गौण उपवाक्य में उल्लिखित कार्यों को देखकर किया जा सकता है। जहाँ असीमित परिमाण या असीमित संख्या की बात हो वहाँ कि–उपवाक्य में वक्ता सीधे परिमाण या संख्या का वर्णन करता है अथवा वर्णन करने में अपनी असमर्थता व्यक्त करता है–

(65). वकालत के पेशे में **इतना** बकना पड़ता है **कि** इसकी कोई हद नहीं।

(66). पानी **इतना** ठंडा है **कि** कुछ पूछिए मत।/**कि** बता नहीं सकता।

यदि इतना–उपवाक्य नकारात्मक है तो 'कि' के बदले 'जो' का प्रयोग किया जा सकता है। 'कि' या 'जो–उपवाक्य' में परिणाम या फल का वर्णन होता है और इतना–उपवाक्य में कारण का उल्लेख होता है। अपर्याप्त कारण से कार्य का अनिष्पादन या निष्पादन दिखाया जाता है। उदाहरणार्थ–

(67). क. उसने कुत्ते को **इतना** मारा **कि/*जो** वह **मर गया।**

ख. ??उसने कुत्ते को **इतना नहीं** मारा **कि/जो** वह **मर गया।**

ग. उसने कुत्ते को **इतना नहीं** मारा **कि/जो** वह **मर जाए।**

वाक्य (क) में 'जो' का प्रयोग सही नहीं है। वाक्य (ख) नकारात्मक है इसलिए 'कि' या 'जो' का प्रयोग हो सकता है किंतु यह वाक्य स्वीकार करने योग्य नहीं है। गौण उपवाक्य में क्रिया का साधारण भूत रूप 'मर गया' अस्वीकार्य है। यह मुख्य उपवाक्य में प्रयुक्त 'नहीं' का प्रभाव जान पड़ता है। वाक्य (ग) भी नकारात्मक है किंतु यह स्वीकार्य है। गौण उपवाक्य में क्रिया का रूप इच्छार्थक है, 'मर जाए'। ध्यान दें, वाक्य (ग) के दो अर्थ हो सकते हैं। पहला अर्थ यह है कि कुत्ता नहीं मरा। अपर्याप्त कारण होने से कार्य निष्पादित नहीं हुआ। दूसरा अर्थ यह है कि कुत्ता मर गया, अपर्याप्त कारण के होते हुए भी। इतनी मार से कुत्ते का मरना अप्रत्याशित है। पहले अर्थ में वाक्य (ग) को इस रूप में रख सकते हैं–

(68). उसने कुत्ते को इतना नहीं मारा कि वह मर जाए **और** वह नहीं मरा।

दूसरे अर्थ में वाक्य (ग) को इस रूप में रख सकते हैं–

(69). उसने कुत्ते को इतना नहीं मारा कि वह मर जाए, **लेकिन** वह मर गया।

कुछ अन्य उदाहरण द्रष्टव्य हैं–

(70). उसने **इतनी** बड़ी गलती **नहीं** की थी **कि/जो** पुलिस उसे गोरी मार देती।

(71). लछमा के अतिरिक्त और कोई व्यक्ति **इतना** स्वस्थ **नहीं जो/कि** वह इन प्राणियों की जीविका की चिंता कर सके।

(72). कुछ रोकटोक तो **इतनी न** थी **जो/कि** माथा ठनक जाता और रुक रहता।

वाक्य (70) तथा (72) के गौण उपवाक्यों में क्रमशः इच्छार्थक क्रिया 'मार दे' 'माथा ठनक जाए' और 'रुक रहे' के भूतकालिक रूपों का प्रयोग हुआ है।

भूतकालिक रूप क्रियातिपत्ति के रूप हैं, किंतु इस संदर्भ में इन भूतकालिक क्रियातिपत्ति के रूपों की व्याख्या भी दो अर्थों में की जा सकती है, कार्य का अनिष्पादन तथा निष्पादन। कार्य का निष्पादन अप्रत्याशित है, किंतु संभव है। पुलिस को गोली नहीं मारनी चाहिए थी किंतु उसने गोली मार दी। दूसरा अर्थ यह है कि पुलिस ने गोली नहीं मारी, अर्थात् क्रिया के क्रियातिपत्ति रूप का सहज अर्थ ग्रहणीय है। इसी तरह 'माथा ठनक जाता' तथा 'रुक रहता' इन रूपों की भी दुहरी व्याख्या संभव है।

निषेध की तरह प्रश्न के संदर्भ में भी 'इतना' के साथ 'कि' के बदले 'जो' का प्रयोग किया जा सकता है। कुछ उदाहरण द्रष्टव्य हैं–

(73). **क्या** मल्लिका साराभाई का यह नग्न स्वरूप **इतना** महत्वपूर्ण है **जो** / **कि** आपने इसे सारिका के व्यक्तित्व पर छा जाने दिया?

(74). **क्या** उनके दृष्टिकोण **इतने** कट्टर थे **कि** / **जो** वे समुचित आलोचना नहीं कर पाते थे?

'इतना' के साथ 'जिसका' / 'जिसकी' का प्रयोग निम्नलिखित वाक्यों में देखिए–

(75). अचानक धड़कन **इतनी** तेज़ हो गयी, **जिसकी** सीमा नहीं।

(76). मन सहस्रों स्रोत से **इतना** अधिक वेग से दौड़ता है **जिसका** रोकना आदमी की ताकत के बाहर है।

उपर्युक्त वाक्यों में 'जिसकी' और 'जिसका' के पूर्व विकल्प से 'कि' का प्रयोग हो सकता है, 'कि जिसकी सीमा नहीं...', 'कि जिसका रोकना....'। यह ध्यान देने योग्य है कि संबंधवाचक 'जो' के बदले 'यह / वह' का प्रयोग भी हो सकता है। तब 'कि' का प्रयोग वैकल्पिक नहीं होगा–

(77). अचानक धड़कन **इतनी** तेज़ हो गयी **कि उसकी** सीमा नहीं।

कहीं–कहीं 'इतना' के अर्थ में 'ऐसा' का प्रयोग मिलता है। प्रकार नहीं, बल्कि परिमाण की ओर 'ऐसा' संकेत करता है, उदाहरणार्थ–

(78). दोनों **ऐसे** कृश हो रहे थे **कि** उनकी सूरत नहीं पहिचानी जाती थी।

(79). दोनों **ऐसी** थककर चूर हो जातीं **कि** घंटों उठ ही न पातीं।

(80). **ऐसा** क्रोध आता है **कि** जिस पामर ने गौरी विवाह का चलन निकाला है उसकी तिल–तिल माँस काट चील और कौओं को लुटाते। (बालकृष्ण भट्ट)

परिमाण का आधिक्य जहाँ दिखाना हो वहाँ 'इतना' के बदले 'कितना' का प्रयोग किया जा सकता है–

(81). वह **कितना** तल्लीन है **कि** गाड़ी की घरघराहट भी उसकी तल्लीनता नहीं तोड़ सकी।

(82). वह **कितनी** मज़बूर है **कि** अपनी माँ की सेवा नहीं कर पाती।

'उतना' के अर्थ में 'इतना' का व्यवहार इन वाक्यों में है–

(83). शरतकालीन कुआर–कातिक में जो बादल आते हैं वे गरजते **इतना** (उतना) नहीं, पर बरस के वसुधा को जलमग्न कर देते हैं।

(84). अग्नि में होम करने से हम **इतना** संतुष्ट नहीं होते **जितना** ब्राह्मणों को भोजन और दक्षिणा देने से।

जैसे–वैसे

'जैसे–वैसे' रीतिवाचक क्रियाविशेषण हैं, क्रिया की विशेषता बतलाते हैं। इनके भी तुलनात्मक तथा अतुलनात्मक दोनों प्रयोग मिलते हैं। चूँकि ये क्रियाविशेषण के रूप में प्रयुक्त होते हैं इसलिए 'जो–वह' के साथ इनकी स्थानापन्नता नहीं मिलती। केवल अतुलनात्मक प्रयोगों में सहसंबंधी के रूप में 'वह' का प्रयोग प्राप्त है। 'प्रकार' या 'तरह' के साथ जुड़कर 'जो–वह' क्रियाविशेषण के रूप में प्रयुक्त हो सकते हैं–

जैसे–जिस प्रकार, जिस तरह

वैसे–उस प्रकार, उस तरह

सभी रूप अविकारी हैं।

'जैसे–वैसे' के प्रयोग नीचे दिये जा रहे हैं–

तुलनात्मक प्रयोग

(85). वह **जैसे / जिस प्रकार** गाता है **वैसे / उस प्रकार** गाओ।

(86). वह बिल्कुल **उसी अंदाज** में सुनने लगी, **जैसे** हिज़ मास्टर्स वायस के रिकार्ड पर तस्वीर बनी होती है।

(87). वह **वैसे ही / उसी प्रकार** आँसू टपकाने लगी **जैसे / जिस प्रकार** पत्तों से ओसकण टपकते हैं।

जहाँ रीतियों में समानता दिखाना अभीष्ट है वहाँ 'जैसे–वैसे' या 'जिस प्रकार–उस प्रकार' का प्रयोग करते हैं और जहाँ एक रीति से दूसरी रीति को अच्छा या ख़राब बताना अभीष्ट होता है वहाँ सहसंबंधी के रूप में 'वह' का प्रयोग करते हैं और संबंधी के रूप में 'जैसे' या 'जिस प्रकार' का। उदाहरण–

(88). **जैसे / जिस प्रकार** उषा नाचती है **वैसे / उस प्रकार** चंपा नाचती है।

(89). **जैसे / जिस प्रकार** उषा नाचती है **उससे अच्छा / बढ़िया / ख़राब** चंपा नाचती है।

कभी रीति में समानता दिखाने के लिए 'जैसा / जैसे' के साथ केवल उपमान का उल्लेख कर दिया जाता है–

(90). वह **हाथी जैसा / जैसे** झूम रहा है।

अतुलनात्मक प्रयोग

(91). रामा **जिस प्रकार** गाता था **उससे** पेड़ पर के कौवे उड़ सकते थे।

(92). वे दोनों आपस में **जिस तरह** बतियाते, मैं तो सोच भी नहीं सकता।

(93). **जिस तरह** घटनाएँ घटीं, **वह** केवल एक संयोगमात्र था।

(94). कृष्ण ने **जिस तरह** अपने कर्तव्य का पालन किया और कौरवों की सभा में जाकर शांति का प्रस्ताव रखा, **वह** अत्यंत प्रभावशाली प्रकरण है।

(95). इन कारीगरों का **जिस सुनियोजित तरीके से** शोषण होता है **उसमें** सभी बड़े निर्यातक शामिल हैं।

गौण–उपवाक्य में जिस रीति का उल्लेख है, मुख्य उपवाक्य में उसी रीति का वर्णन है।

जब–तब

'जब–तब' कालवाचक क्रियाविशेषण हैं तथा साथ ही संबंधवाचक हैं। क्रियाविशेषण होने से अव्यय हैं। 'जो–वह' सर्वनाम होने से इनका स्थान नहीं लेते, किंतु 'जो–वह' के साथ किसी कालवाचक संज्ञा को जोड़कर इन्हें क्रियाविशेषण का रूप दिया जा सकता है,

जब – तब

जिस समय – उस समय

जिस घड़ी – उस घड़ी आदि।

सारे क्रियाविशेषण तिर्यक विभक्ति में होते हैं, इसलिए 'जो' का 'जिस' तथा 'वह' का 'उस' हो जाता है। उदाहरण–

(96). **जब / जिस समय** पानी बरस रहा था **तब / उस समय** मैं रास्ते में था।

(97). **जब / जिस दिन** तुम आओगे **तब / उस दिन** तुम्हारा काम हो जाएगा।

यह ध्यान देने योग्य है कि कालवाचक संज्ञा शब्दों के साथ प्रयुक्त 'जो–वह' सदा कालवाचक क्रियाविशेषण नहीं होते है, बल्कि वे संज्ञा के रूप में कर्ता आदि कारकों में होते है, जैसे–

(98). इसलिए कोशिका की **उस अवस्था को जब** उसमें वृद्धि होती है, विभाजनांतराल अवस्था कहते हैं।

'जब–उस अवस्था' में 'उस अवस्था' 'जब' का सहसंबंधी है, किंतु कर्म है। 'अवस्था' समयवाचक संज्ञा है। उपर्युक्त वाक्य को इस रूप में रख सकते हैं।

(99). इसलिए कोशिका की **उस अवस्था को जिस (अवस्था) में** उसमें वृद्धि होती है, विभाजनांतराल अवस्था कहते हैं।

अन्य उदाहरण–

(100). मृत्यु की प्रतीक्षा से कहीं ज्यादा उसे **उस दिन** की प्रतीक्षा थी, **जब** बेटी के गले में वर द्वारा पहनायी गयी फूलों की माला नज़र आये।

(101). यह **वह अवस्था** है **जब** किसी फूल में पाँच पंखड़ियाँ होती हैं।

(102). **जब** लड़ाई छिड़ती है **वह समय** कितना मुश्किल होता है।

नीचे के वाक्यों में संबंधी कर्ता के रूप में प्रयुक्त है–

(103). **जो समय** अनुकूल हो **तब** आओ।

(104). **जो घड़ी** शुभ हो **तब** यात्रा पर निकलें।

निम्नलिखित वाक्य में दिये विकल्प विचारणीय हैं–

(105). साधारण फल **उसे** कहते हैं **जब यह/जो** एक फूल के अण्डाशय से विकसित होता है।

'जो' में 'जब यह' दोनों पदों का अन्तर्भाव है। इस वाक्य में परिभाषा का गुण है। 'जब', 'जो' तथा 'यदि' तीनों का संबंध परिभाषा या कारण से है। उपर्युक्त वाक्य 'यदि–तो' की रचना में देखें–

(106). यदि फल एक फूल के अण्डाशय से विकसित होता है तो उसे साधारण फल कहते हैं।

कालवाचक अन्य संबंधवाचकों में 'जैसे ही–वैसे ही' तथा ज्यों (ही)–त्यों (ही) तत्काल का अर्थ देते हैं, दो घटनाओं में तात्कालिकता का बोध कराते हैं–

(107). **जैसे ही** फाटक खुला **वैसे ही** भीड़ भीतर घुसी।

(108). **ज्यों (ही)** घंटी बजी **त्यों (ही)** बच्चे कक्षा से बाहर निकल आये।

जहाँ–वहाँ

'जहाँ–वहाँ' स्थानवाचक क्रियाविशेषण हैं तथा अविकारी हैं। स्थानवाचक संज्ञा के साथ जुड़कर 'जो–वह' भी स्थानवाचक क्रियाविशेषण के रूप में प्रयुक्त हो सकते हैं। क्रियाविशेषण के रूप में 'जो–वह' के तिर्यक रूपों, 'जिस–उस' का प्रयोग किया जाता है।

जहाँ – वहाँ
जिस जगह – उस जगह
जिस शहर – उस शहर आदि।

उदाहरण–

(109). **जहाँ/जिस शहर** तुम जा रहे हो **वहाँ/उस शहर** में एक शानदार होटल है।

स्थानवाचक संज्ञा के साथ जुड़े 'जो–वह' क्रियाविशेषण के अलावा संज्ञा के रूप में भी प्रयुक्त हो सकते हैं। तब ये कर्ता आदि कारकों में होते हैं, उदाहरणार्थ–

(110). किंतु **जो देश** अपनी उन्नति की दशा में है **वहाँ** यह चलन फैशन में दाखिल कर ली गयी है।

(111). **जो जगह** बची हुई है **वहाँ** इसे रखो।

(112). **जहाँ** पापी जन नरक भोगते हों **वह स्थान** दिखाओ।

(113). हम भारी सामान लिए **उस पहाड़ी पर** पहुँचे **जहाँ** सुनसान माहौल में सैनिक दल आराम करता था।

'जहाँ' स्थानवाचक है, किंतु इसका प्रयोग कभी कालवाचक के रूप में भी होता है–

(114). **जहाँ** पानी बरसा **कि/वहीं** भीड़ छँटी।

जिधर–उधर

ये दिशा वाचक हैं। 'जिस ओर–उस ओर' भी दिशावाचक हैं।

(115). **जिधर/जिस ओर** वो लोग गये हैं **उधर/उस ओर** ही चलो।

(116). **जिधर** पुरानी हवेली है **वहाँ** एक सुंदर बाग है।

(117). **जहाँ** कुआँ है **उधर** बच्चों को मत जाने देना।

यहाँ–वहाँ के अर्थ में इधर–उधर का प्रयोग होता है–

(118). **इधर** तो कोई नहीं आया है।

(119). **उधर** एक साँप बैठा है।

कालवाचक के अर्थ में भी इधर–उधर का प्रयोग होता है–

(120). **इधर** आपके यहाँ कोई आया था?

(121). **उधर** मोहन एक दिन आया था।

2.5.0. वर्णनात्मक जो–उपवाक्य

निर्देशात्मक जो–उपवाक्य के बाद अब वर्णनात्मक जो–उपवाक्य का वर्णन प्राप्त है। इन दोनों प्रकार के जो–उपवाक्यों में जो महत्वपूर्ण भेद है उस पर अनुच्छेद 2.3 में विचार किया जा चुका है। निर्देशात्मक 'जो' सहसंबंधी 'वह' के साथ प्रयुक्त होता है जबकि वर्णनात्मक 'जो' किसी सहसंबंधी के साथ नहीं आता। निर्देशात्मक 'जो' के साथ प्रकट–अप्रकट रूप में सदैव संज्ञा की उपस्थिति मानी जा सकती है। बल्कि यह भी कहा जा सकता है कि मुख्य उपवाक्य में प्रयुक्त 'वह' के साथ आनेवाली संज्ञा मूलतः जो–उपवाक्य में प्रयुक्त संज्ञा की अनुवृत्ति मात्र (Copy) होती है। बिना निर्देशात्मक जो–उपवाक्य के मुख्य उपवाक्य में प्रयुक्त संज्ञा का संकेतार्थ नहीं बनता। भाव यह है कि मुख्य उपवाक्य में सहसंबंधी 'वह' के साथ प्रयुक्त संज्ञा निर्देशात्मक जो–उपवाक्य से स्वतंत्र नहीं होती। इसके विपरीत, वर्णनात्मक 'जो' मुख्य उपवाक्य में प्रयुक्त जिस संज्ञा का वर्णन करता है वह संज्ञा अपने संकेतार्थ के लिए जो–उपवाक्य पर निर्भर नहीं होती अर्थात् वह पदार्थ विशेष का बोध कराने की दृष्टि से वर्णनात्मक जो–उपवाक्य से स्वतंत्र होती है। वस्तुतः निर्देशात्मक 'जो' प्रकृति से सर्वनाम नहीं, अपितु सार्वनामिक विशेषण है, जो संज्ञा के साथ प्रयुक्त होता है, जबकि वर्णनात्मक 'जो' प्रकृति से सर्वनाम है, अन्वादेशक (anaphoric) सर्वनाम, जो पूर्व में प्रयुक्त संज्ञा या उपवाक्य का संकेतक होता है। अपनी इस विशेषता के कारण ही वर्णनात्मक जो–उपवाक्य जिस संज्ञा या उपवाक्य का वर्णन करता है उसके पूर्व नहीं जाता। अतः वाक्य में इसका स्थान मुख्य उपवाक्य के बाद या मुख्य उपवाक्य के मध्य होता है। मुख्य उपवाक्य के

मध्य में भी वर्णनात्मक जो–उपवाक्य उस संज्ञा के बाद ही रखा जाता है जिसका वह वर्णन करता है। यह ध्यान रखने योग्य है कि निर्देशात्मक जो–उपवाक्य मुख्य उपवाक्य के पूर्व भी प्रयुक्त हो सकता है, बल्कि, कहिए, वही उसका सामान्य स्थान है। नीचे वर्णनात्मक जो–उपवाक्य के कुछ उदाहरण प्रस्तुत हैं–

(1). तब विदुर ने **कुछ सामान्य शिष्टाचारों** की व्याख्या की, **जो** मानवमात्र द्‌वारा पालन करने योग्य हैं।

(2). इतने में **एक वीर नागरिक**, **जिसका** नाम होरेशस था, सामने आया।

(3). ***जिसका** नाम होरेशस था, इतने में **एक वीर नागरिक** सामने आया।

(4). उसने सबको आमंत्रित किया है, **जो** ठीक है।

(5). ***जो** ठीक है, उसने सबको आमंत्रित किया है।

वाक्य (4) में 'जो' पूर्ववर्ती उपवाक्य का संकेतक है।

2.5.1 'जो' में विभिन्न संयोजकों का अंतर्भाव

वर्णनात्मक जो–उपवाक्य कभी संज्ञा का वर्णन करता है तो कभी मुख्य उपवाक्य का वर्णन करता है। मुख्य उपवाक्य के वर्णन से तात्पर्य यह है कि वह मुख्य उपवाक्य के कथ्य में वृद्धि करता है, उसको आगे बढ़ाता है। जो–उपवाक्य स्वयं एक उपवाक्य है, इसलिए उसका भी अपना कथ्य होता है। इन दो पूर्वापर कथ्यों में विद्‌यमान विभिन्न संबंधों का वर्णनात्मक 'जो' में तिरोभाव होता है, जो 'जो' के विघटित होने पर विभिन्न संयोजकों के माध्यम से प्रकट हो जाते हैं। सच तो यह प्रतीत होता है कि जहाँ वर्णनात्मक जो–उपवाक्य संज्ञा का वर्णन करता हुआ दिखायी देता है वहाँ भी वह वस्तुतः मुख्य उपवाक्य के कथ्य में ही वृद्धि करता होता है। उदाहरणार्थ–

(1). क. **एक आदमी** बाहर खड़ा है, **जो** कुर्ता पहने हुए है।

ख. एक आदमी बाहर खड़ा है **और वह** कुर्ता पहने हुए है।

(क) में जो–उपवाक्य आदमी का वर्णन कर रहा है या उसके संबंध में एक अतिरिक्त सूचना दे रहा है? या मुख्य उपवाक्य के कथ्य में एक अतिरिक्त कथ्य जोड़कर उसमें वृद्धि कर रहा है? जिस वृद्धि की अभिव्यक्ति (ख) में प्रयुक्त 'और' से हो रही है। (क) में जो–उपवाक्य 'आदमी' को परिसीमित नहीं कर रहा है, बल्कि वह मुख्य उपवाक्य के कथ्य को एक अतिरिक्त कथ्य द्‌वारा विस्तारित कर रहा है। (ख) में यह बात बिल्कुल स्पष्ट हो जाती है।

आगे मुख्य उपवाक्य तथा वर्णनात्मक जो–उपवाक्य के विभिन्न संबंधों को दिखाने का प्रयास किया गया है। दो उपवाक्यों में अनेक प्रकार के संबंध हो सकते हैं; वृद्धि, विरोध, कारण–कार्य, प्रयोजन आदि। इन संबंधों को अभिव्यक्त करने के विभिन्न संयोजक हैं, जैसे–

वृद्धि – और

विरोध – किंतु, जबकि

कारण – क्योंकि, यद्‌यपि, भले

कार्य – इसलिए

प्रयोजन – ताकि

इनमें कुछ संयोजक समानाधिकरण हैं और कुछ व्यधिकरण हैं। इन सभी संयोजकों का तिरोभाव वर्णनात्मक 'जो' में है। कब इन संबंधों को 'और', 'किंतु', 'क्योंकि' आदि संयोजकों के माध्यम से प्रकट रूप में रखना है और कब इन संबंधों का 'जो' में तिरोभाव करना है, यह वक्ता की विवक्षा के अधीन है।

वृद्धि

और

इस संबंध के कुछ उदाहरण प्रस्तुत हैं–

(2). क. उसने एक नीली फ़्राक पहन रखी थी, **जो** घुटनों तक आती थी।
 ख. उसने एक नीली फ़्राक पहन रखी थी **और वह** घुटनों तक आती थी।

(3). क. वहाँ तीन–चार बेंत की कुर्सियाँ पड़ी रहतीं, **जिन पर** सेमल के फूल झरा करते थे।
 ख. वहाँ तीन–चार बेंत की कुर्सियाँ पड़ी रहतीं **और उन पर** सेमल के फूल झरा करते थे।

(4). क. वह एक पुर्जा है, **जिसके** बिना फ़िट बैठे मशीन नहीं चल सकती।
 ख. वह एक पुर्जा है **और उसके** बिना फिट बैठे मशीन नहीं चल सकती।

(क) वाक्यों में प्रयुक्त 'जो' के स्थान पर (ख) वाक्यों में 'और वह' का प्रयोग हुआ है, अर्थात् (ख) में 'जो' का विघटित रूप है, जिसमें वृद्धिसूचक संयोजक 'और' के अलावा सर्वनाम 'वह' का प्रयोग हुआ है। यह ध्यान देने योग्य है कि 'और' का प्रयोग (क) वाक्यों में 'जो' से पूर्व भी किया जा सकता है।

उदाहरण के लिए–

(5). उसने एक नीली फ़्राक पहन रखी थी **और जो** घुटनों तक आती थी।

(6). वहाँ तीन–चार बेंत की कुर्सियाँ पड़ी रहतीं **और जिनपर** सेमल के फूल झरा करते थे। इत्यादि।

इन उदाहरणों से वर्णनात्मक जो–उपवाक्य की स्वतंत्रता और स्पष्ट हो जाती है।

'जो' के विघटित रूप में संयोजक के साथ कभी 'वह' के बदले 'यह' सर्वनाम का भी प्रयोग मिलता है, जैसे–

(7). वह लोगों को गालियाँ देता है, **जो / और वह / और यह** मुझसे नहीं होगा।

(8). बदहजमी के कारण मेरा पेट अक्सर खराब रहता है और इसी से मेरे मुँह में छाले पड़ जाते हैं, **जिनमें / और उनमें / और इनमें** बड़ी पीड़ा होती है।

(9). यह छोटा नागपुर जिले में बहकर कोयल नदी में मिलती है, **जो / और यह** स्वयं शोण की शाखा है।

ध्यातव्य है कि 'यह' उपवाक्य के लिए प्रयुक्त होनेवाला सर्वनाम भी है। वाक्य (7) में प्रयुक्त 'यह' स्पष्ट ही मुख्य उपवाक्य का संकेतक है।

'जो' और उसके विघटित रूप 'और वह' में क्या कोई अर्थगत अंतर है? 'और वह' 'जो' से अधिक स्वतंत्र है और यदि इसमें से 'और' को हटाकर वहाँ पूर्ण विराम लगा दें तो एक वाक्य टूटकर दो वाक्यों में परिणत हो जाता है, उदाहरण के लिए–

(10). क. लक्ष्मण झूले के उस पार हम एक मारवाड़ी भोजनालय में पहुँचे, **जिसमें** सबने खाना खाया।

ख. लक्ष्मण झूले के उस पार हम एक मारवाड़ी भोजनालय में पहुँचे **और उसमें** सबने खाना खाया।

ग. लक्ष्मण झूले के उस पार हम एक मारवाड़ी भोजनालय में पहुँचे। **उसमें** सबने खाना खाया।

घटनाक्रम के विकास की दृष्टि से देखें तो (ख) तथा (ग) वाक्यों में उत्तरोत्तर घटनाक्रम के विकास में तीव्रता का अनुभव होगा। वाक्य (क) में घटनाक्रम नहीं दिखायी देता। 'जिसमें सबने खाना खाया', यह ठहराव है। यह मारवाड़ी भोजनालय का वर्णन मात्र है। यह घटनाक्रम नहीं प्रस्तुत करता।

यदि 'जो' का संबंध स्थानवाचक या कालवाचक संज्ञा शब्दों से है तो इसके विघटित रूप में 'और यहाँ', 'और अब' का प्रयोग दिखायी देगा–

(11). यह देश अर्धदेवों का **देश** है, **जिसमें / और यहाँ** स्वर्ग और पृथ्वी पर विचरनेवाली अप्सराएँ अवश्य आती होंगी।

(12). यह **माघ का महीना** है, **जिसमें / और अब** खूब ठंड पड़ेगी।

यदि मुख्य उपवाक्य में संज्ञा के बदले उत्तम पुरुष या मध्यम पुरुष सर्वनाम का प्रयोग हुआ है, तो उसे संकेतित करनेवाले 'जो' के विघटित रूप में अन्य पुरुष के बदले उत्तम पुरुष या मध्यम पुरुष सर्वनाम का प्रयोग होता है, जैसे–

(13). क. **हम** पाँच छह लड़के थे, **जो** सातवीं कक्षा में पढ़ते थे।

ख. **हम** पाँच छह लड़के थे **और हम** सातवीं कक्षा में पढ़ते थे।

(14). क. **तुम** अच्छे खिलाड़ी थे, **जिसने** खेल में कभी बेईमानी नहीं की।

ख. **तुम** अच्छे खिलाड़ी थे **और तुमने** खेल में कभी बेईमानी नहीं की।

विरोध

किंतु

निम्नलिखित वाक्य देखें–

(15). क. राधा कह रही थी कि सीमा ने उसका अपमान किया, **जोकि** सरासर झूठ है।

ख. राधा कह रही थी कि सीमा ने उसका अपमान किया, **किंतु यह** सरासर झूठ है।

(16). क. ये सारे सवाल आने चाहिए थे मेरे सामने, **जो** नहीं आये।

ख. ये सारे सवाल आने चाहिए थे मेरे सामने, **किंतु ये** नहीं आये।

(17). क. पाँव धोने के बाद वह आया तो उसने तौलिया तलाशा, **जो** नहीं मिला।

ख. पाँव धोने के बाद वह आया तो उसने तौलिया तलाशा **किंतु वह** नहीं मिला।

(18). क. ईश्वर का ही अंश जीव है, **जो** माया में लिपटकर ईश्वर को भूल जाता है।

ख. ईश्वर का ही अंश जीव है, **किंतु वह** माया में लिपटकर ईश्वर को भूल जाता है।

'और' की भाँति 'किंतु' भी 'जो' के साथ–साथ आ सकता है–

(19). पाँव धोने के बाद वह आया तो उसने तौलिया तलाशा **किंतु जो** नहीं मिला। (दे. वाक्य 17–क)

(20). ईश्वर का ही अंश जीव है **किंतु जो** माया में लिपटकर ईश्वर को भूल जाता है। (दे. वाक्य 18–क)

'किंतु' के साथ 'जो' का प्रयोग वर्णनात्मक जो–उपवाक्य की स्वतंत्रता का सूचक है।

जबकि

(21). क. किसी अन्य व्यवसायी या अन्य पेशोंवाले लोगों को ईश्वरीय दर्जा नहीं मिलता **जो** ये मरीज़ हम डॉक्टर को देते हैं।

ख. किसी अन्य व्यवसायी या अन्य पेशोंवाले लोगों को ईश्वरीय दर्जा नहीं मिलता **जबकि / किंतु यह** दर्जा ये मरीज़ हम डॉक्टर को देते हैं।

ध्यान दें, मुख्य उपवाक्य निषेधात्मक है, जिससे गौण उपवाक्य का विरोध संबंध है। यह विरोध संबंध 'जबकि' या 'किंतु' द्‌वारा व्यक्त हो रहा है। इनके स्थान पर 'और' का भी प्रयोग हो सकता है, यदि विरोध के स्वर को दबाकर रखना हो।

निम्नलिखित वाक्य पर विचार करें–

(22). उसने इस काम के लिए 'हाँ' नहीं कहा है, **जो** ज़रूरी था।

क्या ज़रूरी था? 'हाँ' कहना या 'हाँ' न कहना?

यदि 'हाँ' कहना ज़रूरी था तो मुख्य उपवाक्य से इसका विरोध है क्योंकि उसने 'हाँ' नहीं कहा है। यदि 'हाँ' न कहना ही ज़रूरी था तो मुख्य उपवाक्य से इसका विरोध नहीं है। पहले अर्थ में 'जो' का विस्तार 'जबकि यह' होगा तथा दूसरे अर्थ में 'जो' का विस्तार 'और यह' में होगा। देखिए–

(23). उसने इस काम के लिए 'हाँ' नहीं कहा है **जबकि यह** ज़रूरी था।

(24). उसने इस काम के लिए 'हाँ' नहीं कहा है **और यह** ज़रूरी था।

इसी तरह का एक अन्य उदाहरण लीजिए–

(25). किसी को भी राजनीतिक उद्देशों के लिए धर्म को इस्तेमाल करने की छूट नहीं दी जा सकती, **जो** इस मामले में किया गया।

वाक्य (22) की तरह यह वाक्य भी द्विविधार्थक है। छूट दी गयी या नहीं? एक अर्थ का मुख्य उपवाक्य से विरोध है, दूसरे अर्थ का नहीं।

यह उदाहरण द्रष्टव्य है–

(26). क. कंडोम वीर्य को डिम्ब के संपर्क में नहीं आने देता, **जोकि** गर्भाधान के लिए आवश्यक है।

ख. कंडोम वीर्य को डिम्ब के संपर्क में नहीं आने देता **जबकि यह** गर्भाधान के लिए आवश्यक है।

ग. कंडोम वीर्य को डिम्ब के संपर्क में नहीं आने देता **और यह** गर्भाधान के लिए आवश्यक है।

वाक्य (24–ग) को संरचना के धरातल पर गलत नहीं कहा जा सकता, केवल अनुभव के धरातल पर यह गलत है।

कारण कार्य

क्योंकि

(27). यह एक थोपी हुई चीज़ है, **जिसकी/क्योंकि इसकी** जड़ें शहर की भूमि में नहीं हैं।

(28). निर्णय सागर मुद्रणालय के प्रति भी लेखक अपनी कृतज्ञता प्रकट किये बिना रह नहीं सकता, **जिसने/क्योंकि इसने** इतनी योग्यता के साथ मुद्रण का कार्य किया।

(29). और इस मालुमात के लिए सच कहूँ तो मैं मारिया की रूह का ही शुक्रगुज़ार हूँ, **जिसने/क्योंकि उसने** अनगिनत अलौकिक दृश्यों तथा अभिव्यक्तियों को खुली आँखों देख पाने में मेरी मदद की।

यद्यपि, भले, नहीं तो

(30). वासना प्यार नहीं हो सकती, **जिसे / यद्यपि इसे / भले इसे** आज के माडर्न लोग प्यार कहते हैं।

(31). ब्राह्मण पर बुरी घड़ी पड़ी, **जो / यद्यपि वह** शुभ मुहूर्त देखकर हड़बड़ी से गया था।

(32). हमारा हिंदू धर्म इन अबलाओं की ही दया के सहारे से किंचित टिक रहा है, **जिसे / नहीं तो इसे** सब लोग लचर कहकर धकियाते रहते हैं।

इसलिए

(33). एम.एल. 131 और पूसा–105 सुधरी किस्में हैं, **जो / इसलिए वे** दो–तीन महीने के अंदर पककर फसल दे देती हैं।

(34). पलकों की कोरें भी शायद रोने से ही कुछ–कुछ सूज आयी थीं, **जिससे / इसलिए (इससे**) उनकी मर्मस्पर्शी व्यथा और भी गहरी हो उठी थी।

(35). रात को किसी परिंदे ने बड़ी–सी बीट ज़रूर कर दी **जिससे / इसलिए (इससे**) मुझे आधी रात को उठकर टाट धोना पड़ा।

कि वह

(36). यहाँ आधुनिक युग के सैलानी या विद्वान नहीं आते, **जो / कि वे** ईंट–ईंट में किसी पुरानी सभ्यता का संदेश पढ़ने की चेष्टा करें।

(37). क्रोध, लोभ और मोह का अंतरात्मा में प्रवेश, यही शरीरस्थ मृत्यु है और बाहर कोई मृत्यु नहीं है, **जो / कि वह** बाघ की तरह बछड़े को उठा ले जाए।

यहाँ दोनों उपवाक्यों में कारण–कार्य संबंध है। मुख्य उपवाक्य कारण है तो गौण उपवाक्य कार्य है। यहाँ दोनों वाक्यों में मुख्य उपवाक्य निषेधात्मक है। निषेध की जगह प्रश्नवाचक वाक्य भी हो सकता है, जो मूलतः नकारात्मक होता है। निम्नलिखित उदाहरण देखें–

(38). क. यह कोई पहेली **नहीं** है **जिसका / कि उसका** हल खोजने के लिए बहुत दिमाग लड़ाना पड़े।

ख. क्या यह कोई पहेली है **जिसका / कि उसका** हल खोजने के लिए बहुत दिमाग लड़ाना पड़े?

यदि मुख्य उपवाक्य से निषेध और प्रश्न को हटा दें तो कारण–कार्य संबंध और स्पष्ट दिखायी देने लगता है–

(39). **चूँकि** यह एक पहेली है **इसलिए** इसका हल खोजने के लिए बहुत दिमाग लड़ाना पड़ेगा।

प्रयोजन

ताकि

(40). डॉक्टर आयरन से भरपूर पोषक ठोस आहार लेने की सिफ़ारिश करते हैं, **जो / ताकि वह** आसानी से पचाया जा सके।

(41). मैंने एक आदमी भेज दिया है **जो / ताकि वह** सब काम कर दे।

(42). अब भारत अपना बड़ा टैंक स्वयं बना रहा है **जो / ताकि वह** विश्व के किसी भी टैंक की बराबरी कर सके।

2.5.2. 'जो' तथा अन्य संयोजकों में सामान्य–विशेष का संबंध

पिछले अनुच्छेद में वर्णनात्मक 'जो' में तिरोहित विभिन्न संबंधों एवं तद्व्यंजक संयोजकों का विवरण प्रस्तुत किया गया। वस्तुतः वर्णनात्मक 'जो' तथा उसमें अन्तर्भुक्त संयोजकों में सामान्य और विशेष का संबंध दिखायी देता है। भाषा एक बार भेद करती है तो एक बार उन भेदों को निष्प्रभाव बनाती है। जब किसी संबंध को प्रसंगानुकूल अधिक स्पष्ट और मुखर बनाना होता है तो उस संबंध को व्यक्त करने के लिए विशेष संयोजक का प्रयोग करते हैं, और जहाँ इस संबंध को गौण रूप से व्यक्त करना होता है वहाँ उसे किसी सामान्य संयोजक में डाल देते हैं। 'जो' और अन्य विशिष्ट संयोजकों –'और', 'किंतु', 'क्योंकि' आदि– में यही संबंध दिखायी देता है। 'जो' कब किस विशिष्ट संयोजक में विस्तारित होगा, यह संदर्भ और वक्ता की विवक्षा द्वारा निर्धारित किया जा सकता है। अर्थबल से सामान्य या विशेष संयोजकों के बिना भी संबंध प्रकट हो जाते हैं। इसके लिए किसी भी संयोजकविहीन समन्वित (Paratactic) रचना को देख सकते हैं।

'जो' तथा उसके विघटित रूपों के बीच सामान्य तथा विशेष के संबंध की पुष्टि कतिपय प्रयोगों द्वारा की जा सकती है। इस संदर्भ में 'ही' तथा 'भी' के प्रयोग द्रष्टव्य हैं। दोनों बलात्मक निपात हैं, एक अलग करता है, एक साथ लेता है। इनकी सहज संगति विशेष के साथ है, सामान्य के साथ नहीं। 'जो' के विघटित रूप में संयोजक के अलावा अन्वादेशक (anaphoric) सर्वनाम होता है, जो विशिष्ट पदार्थ का संकेतक होता है। इसके साथ 'ही' तथा 'भी' का प्रयोग किया जा सकता है। अन्वादेशक 'वह' 'जो' में से ही निकलता है, किंतु जब तक 'जो' में रहता है वह 'ही' तथा 'भी' के लिए उपलब्ध नहीं होता। 'जो' की **सामान्य** या अचिह्नित प्रकृति के कारण ही 'ही', 'भी' का उसके साथ प्रयोग नहीं होता। उदाहरणार्थ–

(1). यह चमक बादलों में चमकनेवाली बिजली की थी | ***जो ही / और वही** | पतंग और धागे के जरिए चाबी तक आयी थी।

(2). अंत में उसे टेबलेट्स की डिब्बी मिली, | ***जिसे ही / और उसे ही** | वह ढूँढ रहा था।

(3). अब श्वास छोड़ने पर वायु स्वरयंत्र मार्ग से बाहर भी जाती है तथा

	पिचके फुफ्फुस में भी थोड़ा भर जाती है फूल जाता है।	***जिससे ही** **और उससे ही**	यह
(4).	वहाँ एक लंबा बाँस रखा हुआ था, पुता था।	***जिस पर भी** **और उस पर भी**	काला रंग

(5). हाथ में टेलीग्राम था, ***जो भी / और वह भी** अम्मा ने भेजा था।

सामान्य और विशेष का संबंध उपमान और उपमेय में भी होता है। उपमान सामान्य होता है, जिससे किसी पदार्थ विशेष या व्यक्ति विशेष की तुलना की जाती है। 'जो' उपमान तथा उपमेय दोनों रूपों में प्रयुक्त हो सकता है, जबकि उसके विघटित रूप का प्रयोग, जिसमें 'वह' विद्यमान होता है, केवल उपमेय के रूप में हो सकता है, अर्थात व्यक्ति विशेष या पदार्थ विशेष से ही विघटित रूप का संबंध बन पाता है। उदाहरणार्थ –

(6).	मोहन एक सच्चा वीर **है** **दिखाता।**	**जो** **और वह** **इसलिए वह**	रणभूमि में कभी पीठ नहीं
(7).	मोहन एक सच्चा वीर **था** **दिखाता।**	**जो** ***और वह** ***इसलिए वह**	रणभूमि में कभी पीठ नहीं
(8).	मोहन एक सच्चा वीर **था** **दिखायी।**	**जिसने** **और उसने** **इसलिए उसने**	रणभूमि में कभी पीठ नहीं

ध्यान दें, वाक्य (6) में 'जो' 'मोहन' के लिए भी हो सकता है, जो उपमेय के रूप में है, और 'एक सच्चा वीर' के लिए भी हो सकता है, जो उपमान के रूप में है। मोहन की पहचान है कि वह एक सच्चा वीर है, एक सच्चे वीर के समान है और एक सच्चे वीर की पहचान है कि वह रणभूमि में पीठ नहीं दिखाता। 'और वह' तथा 'इसलिए वह' में 'वह' केवल मोहन का संकेत करता है, 'सच्चा वीर' का नहीं। वाक्य (7) में स्थिति बदल जाती है। 'जो' केवल उपमान 'एक सच्चा वीर' का संकेत करता है, उपमेय 'मोहन' का नहीं। मुख्य उपवाक्य में 'था' का प्रयोग हुआ है तथा गौण उपवाक्य में सामान्य वर्तमान काल 'पीठ नहीं दिखाता' का प्रयोग हुआ है। सामान्य वर्तमान काल का संबंध केवल उपमान से जुड़ सकता है, जो प्रकृति से ही सामान्य होता है, वह उपमेय से तभी जुड़ सकता है जब उपमेय स्वयं वर्तमान में हो। वाकय (7) में मोहन वर्तमान में नहीं है, अतीत में था। इस वाक्य में 'और वह' तथा 'इसलिए वह' दोनों प्रयोग अशुद्ध हैं। वाक्य (8) में 'जो' केवल उपमेय का संकेत करता है। गौण उपवाक्य में प्रयुक्त क्रिया 'पीठ नहीं दिखायी' सामान्य नहीं, एक विशेष घटना है और विशेष घटना सामान्य उपमान की विशेषता नहीं हो सकती, केवल उपमेय अर्थात विशेष व्यक्ति की ही विशेषता हो सकती है।

2.5.3. वर्णनात्मक जो–उपवाक्य मुख्य उपवाक्य के मध्य में

वर्णनात्मक जो–उपवाक्य का सामान्य स्थान मुख्य उपवाक्य के बाद है, किंतु जहाँ जो–उपवाक्य मुख्यतः संज्ञा का वर्णन कर रहा हो वहाँ उसे संज्ञा के निकट से निकट रखने का प्रयास किया जाता है। ऐसी स्थिति में वर्णनात्मक जो–उपवाक्य मुख्य उपवाक्य के अंतर्गत आ जाता है। किंतु यह ध्यातव्य है कि मुख्य उपवाक्य के अंतर्गत आने पर भी वर्णनात्मक जो–उपवाक्य उस संज्ञा के पश्चात ही आता है जिसका वह वर्णन कर रहा होता है, क्योंकि यह 'जो' अन्वादेशक सर्वनाम की तरह ही व्यवहार करता है। यही कारण है कि वर्णनात्मक जो–उपवाकय मुख्य उपवाक्य के पूर्व नहीं जाता। नीचे मुख्य उपवाक्य में अन्तर्निहित वर्णनात्मक जो–उपवाक्य के कुछ उदाहरण दिये जा रहे हैं–

(1). ऐसे समय में हड्डियों के अगणित ढाँचे, **जिनके शरीर पर किसी प्रकार का कपड़ा न था,** मिट्टी खोदने में लगे हुए थे।

(2). इतने में एक वीर नागरिक, **जिसका नाम होरेशस था, सामने आया।**

(3). दीना, **जो कि सौदा खरीदकर बाजार से वापस गया था**, तुरंत गेंद की ओर लपका।

(4). अच्छा, सब पाप दूर करनेवाली पुराण की कथा, **कि जिसके सुनने से निःसंदेह मुक्ति होती है,** मैं कहता हूँ।

जो–उपवाक्य द्वारा व्यवहित मुख्य उपवाक्य के पूर्वार्ध में प्रयुक्त संज्ञा के लिए उत्तरार्ध में प्रायः रचना की बोधगम्यता के लिए सर्वनाम का प्रयोग कर दिया जाता है। उदाहरणार्थ–

(5). ऐसे समय में हड्डियों के अगणित **ढाँचे,** जिनके शरीर कर किसी प्रकार का कपड़ा न था, **वे** मिट्टी खोदने में लगे हुए थे।

(6). अच्छा, सब पाप दूर करनेवाली पुराण की **कथा** कि जिसके सुनने से निःसंदेह मुक्ति होती है, **वह** मैं कहता हूँ।

यदि उत्तरार्ध में प्रयुक्त सर्वनाम परसर्गरहित कर्ता या कर्म कारक में होता है तो सामान्य रूप से उसका लोप होता है, जैसे, वाक्य (1) से (4) तक के वाक्यों में उत्तरार्ध में सर्वनाम का लोप है। यदि सर्वनाम का परसर्गसहित प्रयोग होता है तो उसका सामान्यतः लोप नहीं होता, उदारणार्थ–

(7). इतने में **एक वीर नागरिक,** जिसका नाम होरेशस था, **उसने** आगे बढ़कर कहा।

(8). **गरीब बच्चे**, जो सालभर मिठाई खाने को तरसते हैं, **उनकी** खुशी के लिए त्योहार पर सस्ती मिठाई बेचने में मुझे कोई एतराज नहीं।

(9). दारुण घोर **विपत्ति और अनर्थ**, जिनमें पड़ मर्द पस्तहिम्मत हो जाता है, **उनमें** स्त्रियाँ हतोत्साहित नहीं होतीं।

कभी–कभी मुख्य उपवाक्य के उत्तरार्ध में केवल परसर्ग का प्रयोग कर दिया जाता है–

(10). **कर्ण**, जो महादानी था, **को** महाभारत के युद्ध में कौरवों का सेनापति बनाया गया।

(11). **रमेश**, जो इस गाँव का मुखिया है, **ने** यह ख़बर भेजी है।

कभी–कभी मुख्य उपवाक्य के केवल पूर्वार्ध या संज्ञा मात्र का प्रयोग मिलता है। उसके तत्काल बाद वर्णनात्मक जो–उपवाक्य का प्रयोग होता है और वाक्य पूरा हो जाता है, उदाहरणार्थ–

(12). अपने ढंग की अकेली मशीन, **जो** अपने सेंट्रीफ़्यूगल सिस्टम की बदौलत किसी भी चीज़ को बढ़िया से पीसे और मिलाये।

(13). आयोडेक्स, (**जो**) दर्द दूर भगाए।

(14). गजगामिनी, **जिसकी** चाल के आगे हंसों को अपनी चाल का घमंड चला जाता है।

अर्थ की स्पष्टता के लिए वर्णनात्मक जो–उपवाक्य को वर्ण्य संज्ञा के निकट रखना सही है। दूर रखने पर या अन्य संज्ञा का व्यवधान होने पर यह संबंध दुर्बल पड़ जाता है या अर्थ ही बदल जाता है। उदाहरण के लिए–

(15). क. श्रीमती सावित्री ने यह बात देहरी पार करते ही **बड़ी मामी** से कही, **जो** मुझे कटोरे में सब्जी परोस रही थीं।

ख. देहरी पार करते ही बड़ी मामी से यह बात **श्रीमती सावित्री** ने कही, **जो** मुझे कटोरे में सब्जी परोस रही थीं।

(16). क. **कुछ पौधे**, **जो** पानी में पाये जाते हैं, प्राणियों की भाँति गति करते हैं।

ख. कुछ पौधे **प्राणियों** की भाँति गति करते हैं, **जो** पानी में पाये जाते हैं।

स्पष्ट है, संरचनात्मक संबंधों की अभिव्यक्ति में घटकों की आसत्ति या सहवर्तिता का महत्वपूर्ण स्थान है। उपर्युक्त वाक्यों में जो–उपवाक्य का सहज संबंध उसके निकट स्थित पूर्व संज्ञा से जुड़ता है।

यह ध्यान देने योग्य है कि जिस प्रकार वर्णनात्मक 'जो' का विघटन मुख्य उपताक्य के पश्चात प्रयुक्त होने पर होता है वैसे उसका विघटन मुख्य उपवाक्य के मध्य स्थित होने पर नहीं होता। यह स्वाभाविक है।

'जो' के विघटित रूप, 'और वह', 'किंतु वह', 'क्योंकि वह' आदि दो उपवाक्यों के बीच वृद्धि, विरोध आदि संबंधों के सूचक हैं, न कि संज्ञा और उपवाक्य के बीच के संबंधों के सूचक हैं। इसलिए मुख्य उपवाक्य में अन्तर्निहित वर्णनात्मक 'जो' का विघटन स्वाभाविक नहीं है। यदि उसे मुख्य उपवाक्य के बाद रख दिया जाए तो सहज ही 'जो' का विघटित रूप प्रयोग में आ सकता है। उदाहरणार्थ–

(17). क. बहन का पुत्र, **जो** अब अठारह बरस का था, पिछले दो
***और वह**
बरस से दूर शहर में कालेज में पढ़ रहा था।

ख. बहन का पुत्र पिछले दो बरस से दूर शहर में कालेज में पढ़ रहा था **जो** अब अठारह बरस का था।
और वह

(18). क. एक ब्राह्मण, **जो कि** बहुत चालाक था, सारी बात ताड़ गया।
***क्योंकि वह**

ख. एक ब्राह्मण सारी बात ताड़ गया, **जो कि** बहुत चालाक था।
क्योंकि वह

(19). क. लूडो और इस तरह के दूसरे खेल, **जो** उसकी बड़ी बहन
***किंतु वह**
अपनी सहेलियों के साथ खेलती थी, उसकी समझ से बाहर थे।

ख. लूडो और इस तरह के दूसरे खेल उसकी समझ से बाहर थे,
जो उसकी बड़ी बहन अपनी सहेलियों के साथ खेलती थी।
किंतु वह

2.5.4. बिना 'जो' के वर्णनात्मक उपवाक्य

कुछ रचनाएँ वर्णनात्मक जो–उपवाक्य के अवशिष्ट के रूप में प्रतीत होती हैं। इनको वर्णनात्मक जो–उपवाक्य का दर्जा देने का एक ठोस आधार अनुतान है। स्वतंत्र कथनात्मक वाक्य की भाँति इनका अवसान भी अवरोही अनुतान में होता है, जो इनके स्वतंत्र होने का परिचायक है। यह अवशिष्ट रूप सामान्य रूप से मुख्य उपवाक्य के बाद मिलते हैं। किंतु मुख्य उपवाक्य के पूर्व भी इनका प्रयोग हो सकता है। ध्यान रहे कि अवशिष्ट रूप में 'जो' का प्रयोग न होने से इन्हें मुख्य उपवाक्य के पूर्व में भी रखा जा सकता है। नीचे कुछ उदाहरण प्रस्तुत हैं–

(1). **एक आवाज़** न जाने कितनी गहराइयों से उभरी थी, **बेसुरी, नैसर्गिक मिठास से भरी पूरी।**

(2). मैक्सिकों में **एक छोटा गाँव** है, **ओहाका**।

(3). बंबई में समुद्रतट पर **एक जगह** है, **बैण्ड स्टैण्ड**।

(4). सामने **नदी** बह रही थी, **बलखाती हुई और इतराती हुई।**

(5). **हताश और निराश, वह** धीरे–धीरे आगे बढ़ा।

(6). **एक लड़का, कुर्ता पहने हुए, बाल बिखराये हुए,** बाहर आपका इंतजार कर रहा है।

अवशिष्ट रूपों को वर्णनात्मक जो–उपवाक्य का पूरा रूप सरलता से दिया जा सकता है–

'जो बेसुरी, नैसर्गिक मिठास से भरीपूरी थी' (वाक्य–1)

'जिसका नाम ओहाका है' (वाक्य–2) इत्यादि।

वाक्य (5), जिसमें अवशिष्ट रूप आदि में आया है, उसे इन रूपों में रख सकते हैं–

(7). वह धीरे–धीरे आगे बढ़ा, हताश और निराश।

(8). वह धीरे–धीरे आगे बढ़ा, **जो** हताश और निराश था।

निम्नलिखित वाक्यों में रेखांकित अंश को वर्णनात्मक जो–उपवाक्यों में बदला जा सकता है–

(9). क. **कर्ण पर्व में**, कर्ण और शल्य की तू–तू मैं–मैं बहुत प्रसिद्ध है।

ख. कर्ण और शल्य की तू–तू मैं–मैं बहुत प्रसिद्ध है, **जो कर्ण पर्व में है।**

(10). क. **उद्योग पर्व के अन्तर्गत** प्रजागर पर्व बहुत ही विलक्षण है।

ख. प्रजागर पर्व बहुत ही विलक्षण है, **जो उद्योग पर्व के अंतर्गत है।**

2.5.5. 'जो' का विघटन सर्वत्र नहीं

अनुच्छेद 2.5.1 में विस्तार से इस बात पर विचार किया गया है कि वर्णनात्मक 'जो' का अनेक स्थितियों में 'संयोजक+सर्वनाम' के रूप में विघटन संभव है। समानाधिकरण तथा व्यधिकरण दोनों प्रकार के संयोजकों का उसमें अन्तर्भाव है, यह दिखाया गया है। किंतु यह ध्यान देने योग्य है कि अनेक ऐसी स्थितियाँ भी हैं जहाँ उसका विघटन स्वीकार्य नहीं है। जहाँ मुख्य उपवाक्य तथा जो–उपवाक्य के कथनों में वृद्धि, विरोध, कारण कार्य आदि संबंध बनते हों वहीं उसका विघटन किया जा सकता है, अन्यत्र नहीं। नीचे कुछ वाक्य दिये जा रहे हैं जिनमें वर्णनात्मक 'जो' का विघटन उपयुक्त नहीं है–

(1). नसीम सबको अंदर एक कमरे में ले गया, **जो/??और वह** एक अस्त–व्यस्त सा स्टूडियो दिखता था।

(2). यह सुनकर मोहन ने कहा, **जो/??और वह** वहीं खड़ा था।

(3). उन्होंने तमिल के सबसे पहले मंदिर के बारे में भी बताया, **जो/?? और वह** बेलेर में बना था।

यदि संदर्भ और वक्ता की विवक्षा अनुमति दें तो उपर्युक्त वाक्यों में भी 'जो' का विघटन कल्पनीय है, यथा–

1–क. नसीम सबको अंदर एक कमरे में ले गया, **जो/किंतु वह** एक अस्त–व्यस्त सा स्टूडियो दिखता था।

2–क. यह सुनकर मोहन ने कहा, **जो/क्योंकि वह** वहीं खड़ा था।

जहाँ वर्णनात्मक 'जो' उपमान के लिए प्रयुक्त होता है, वहाँ उसका विघटन नहीं होता। पहले भी इसके उदाहरण दिये जा चुके हैं, (देखिए, वाक्य (6), (7), (8) अनुच्छेद 2.5.2)। एक अन्य उदाहरण नीचे प्रस्तुत हैं–

(4). मुगल साम्राज्य पिंजरे में बंद एक सरकस के **शेर की तरह** था, **जो/*और वह** देखने में बड़ा खूँखार लगता है, पर लकड़ी दिखाते ही पैर चाटने लगता है।

2.5.6. वर्णनात्मक 'जो' तथा 'कि'

कई बार वर्णनात्मक जो–उपवाक्य के साथ 'कि' का प्रयोग दिखायी देता है। इन दोनों में क्या संबंध है, यह विचारणीय है। दोनों संयोजक हैं और दोनों गौण उपवाक्य के साथ प्रयुक्त होते हैं तथा इनमें से कोई भी मुख्य उपवाक्य के पूर्व नहीं जाता। निर्देशात्मक जो–उपवाक्य के साथ 'कि' का प्रयोग नहीं होता। निर्देशात्मक जो–उपवाक्य का सामान्य स्थान मुख्य उपवाक्य के पूर्व है। संभवतः 'कि' दो उपवाक्यों के बीच विराम का संकेत करता है, जो विराम पूर्व उपवाक्य से उत्तर उपवाक्य की स्वतंत्रता का सूचक है। वर्णनात्मक 'जो' से पूर्व अल्पविराम का प्रयोग भी वर्णनात्मक जो–उपवाक्य की स्वतंत्रता को ही दर्शाता है। वर्णनात्मक 'जो' के साथ कुछ विद्वान 'कि' के प्रयोग को स्वार्थिक (pleonastic) प्रयोग मात्र कह सकते हैं।

वर्णनात्मक 'जो' के साथ 'कि' का प्रयोग पहले की हिंदी में अधिक दिखायी देता है। यदि 'जो' सरल विभक्ति में है तो 'कि' का सामान्य प्रयोग 'जो' के बाद मिलता है, 'जोकि', और यदि 'जो' तिर्यक विभक्ति में है तो सामान्य रूप से 'कि' का प्रयोग 'जो' के पूर्व मिलता है, किंतु 'जो' के बाद उसके प्रयोग का निषेध नहीं है। नीचे कुछ उदाहरण दिये जा रहे हैं–

(1). राधा कह रही थी कि सीमा ने उसका अपमान किया, **जो कि** सरासर झूठ है।

(2). एक ब्राह्मण, **जो कि** बहुत चालाक था, सारी बात ताड़ गया।

(3). राजकुँवर सेक्सटस, **जो कि** अन्यायी और धोखेबाज था, प्रजा को बहुत पीड़ा पहुँचाता था।

इन वाक्यों में 'जो कि' के बदले 'कि जो' का प्रयोग सही नहीं है।

'जो कि' की भाँति 'जैसा कि' भी अन्वादेशक (anaphoric) है। किंतु 'जैसा कि' का प्रयोग वाक्य के आरंभ में भी किया जा सकता है, जैसे–

(4). वह बहुत ही ईमानदार है, **जो कि/जैसा कि** आप जानते हैं।

(5). **जैसा कि/*जो कि** आप जानते हैं, वह बहुत ही ईमानदार है।

'जो' के परसर्गसहित रूपों के साथ 'कि' का प्रयोग देखें–

(6). सर्वप्रथम मैं अपने मित्रों को धन्यवाद देना चाहूँगा **कि जिन्होंने** मुझे सोचने और चिंतन करने के लिए प्रेरित किया।

(7). रोम नगर पवित्र टाइवर नदी के तट पर बसा था, **जिस पर कि** एक लकड़ी का पुल था।

(8). अच्छा, सब पाप दूर करनेवाली पुराण की कथा **कि जिसके** सुनने से मुक्ति होती है, मैं कहता हूँ। —नासिकेतोपाख्यान

(9). इसके हाथ—पाँव के आगे क्या कमल का फूल **कि जिनके** देखने से तनिक भी नहीं मेरी आँखें तृप्त होती हैं। —नासिके.

(10). भाई, यह तो कोई पहाड़ है **कि जिसकी** कंदरा इतनी बड़ी है। —प्रेमसागर

'कि' अन्य कई संयोजकों के साथ भी दिखायी देता है। पता नहीं, यह संयोग मात्र है या 'कि' का कोई गूढ़ अर्थ है।

—जबकि, ताकि, चूँकि, हालाँकि, क्योंकि, न कि।

—जैसा कि, जैसे कि, जहाँ कि, या कि, आदि।

पहली पंक्ति में जो संयोजक दिये हुए हैं उनमें सबमें कारण—कार्य भाव या विरोध भाव अवश्य विद्यमान है। दो उपवाक्यों में जहाँ कारण—कार्य संबंध दिखलायी देता है वहाँ केवल 'कि' का भी प्रयोग मिलता है, जैसे—

(11). वह बीमार नहीं है **कि** तुम दवा पिला रहे हो।

2.5.7. 'और' तथा 'जो' अनेकार्थी

संयोजकों में 'और' तथा वर्णनात्मक 'जो' अपना विशेष स्थान रखते हैं। दोनों में अन्य अनेक संयोजकों का अन्तर्भाव दिखायी देता है। वृद्धि, विरोध, कारण—कार्य, घटना क्रम, दृश्यांकन, तात्कालिकता आदि अर्थों में 'और' का प्रयोग होता है। जहाँ विशेष रूप से विरोध, कारण—कार्य आदि का अर्थ प्रकट करना हो वहाँ 'और' के बदले 'किंतु', 'इसलिए', 'एक ओर—दूसरी ओर', 'जैसे ही—वैसे ही', 'ज्यों ही—त्यों ही' आदि संयोजकों का प्रयोग किया जा सकता है, (देखिए—लेखक का शोध लेख' "समुच्चयबोधक और", गवेषणा, अंक 42 तथा 43, 1983—84, केंद्रीय हिंदी संस्थान, आगरा)। वर्णनात्मक 'जो' में अन्तर्भुक्त संयोजकों का वर्णन अनुच्छेद (2.5.1) में ऊपर किया जा चुका है।

जैसे कई संयोजकों का एक संयोजक में अन्तर्भाव दिखायी देता है उसी प्रकार अनेक विकारी रूपों का एक विकारी रूप में अन्तर्भाव दिखायी देता है। हिंदी में क्रिया का इच्छार्थक विकारी रूप उस के अन्य विकारी रूपों के बदले आ सकता है। दूसरे शब्दों में, क्रिया का इच्छार्थक रूप अन्य विशेष क्रियारूपों का सामान्यीकृत रूप है, (देखिए—लेखक का शोध लेख 'हिंदी की इच्छार्थक क्रिया', गवेषणा, अंक 38, वर्ष 1981, केंद्रीय हिंदी संस्थान, आगरा)। इसी प्रकार हिंदी में अनेक परसर्गों का गुणीभूत रूप 'का' के रूप में मिलता है, (देखिए—लेखक का शोधलेख 'हिंदी की परसर्गीय व्यवस्था', गवेषणा—46, वर्ष 1985)।

इन उदाहरणों से स्पष्ट संकेत मिलता है कि भाषा के अनेक नियम इतने साधारण होते हैं कि वे सामान्य जीवन में, भाषा से बाहर के जगत में भी दिखायी पड़ते हैं। जगत में किसी वस्तु को सदैव वही महत्व मिले, ऐसा नहीं होता और न यही होता है कि कोई कार्य सदैव एक ही साधन द्‌वारा संपन्न हो। पेसिंल से लिखते हैं किंतु ज़रूरत पड़ने पर उससे पीठ भी खुजला लेते हैं।

2.6.0. ऐसा–जो

ऊपर निर्देशात्मक तथा वर्णनात्मक जो–उपवाक्यों का वर्णन किया गया और इन दोनों प्रकार के उपवाक्यों में परस्पर जो भिन्नता है, उसे भी दिखाने का प्रयास किया गया। अब एक ऐसे जो–उपवाक्य की चर्चा अपेक्षित है जिसमें निर्देशात्मक तथा वर्णनात्मक दोनों प्रकार के जो–उपवाक्यों की विशेषताएँ परिलक्षित होती हैं। निश्चयपूर्वक यह कहना कठिन लगता है कि यह जो–उपवाक्य किसी एक कोटि का ही है, निर्देशात्मक कोटि का अथवा वर्णनात्मक कोटि का। हमारा अभिप्राय 'ऐसा–जो' में प्रयुक्त जो–उपवाक्य से है। 'ऐसा' के साथ प्रयुक्त 'जो' में निर्देशात्मक तथा वर्णनात्मक दोनों प्रकार के जो–उपवाक्यों की विशेषताएँ दिखायी पड़ती हैं। निर्देशात्मक तथा वर्णनात्मक जो–उपवाक्यों की कुछ भेदक विशेषताओं का यहाँ उल्लेख करना समीचीन होगा। निर्देशात्मक 'जो' के साथ 'कि' का प्रयोग दुर्लभ है, जबकि वर्णनात्मक 'जो' के साथ 'कि' का प्रयोग सहज रूप में किया जा सकता है। वर्णनात्मक 'जो' से पूर्व अल्पविराम (चिह्न) सहज है, जो वर्णनात्मक जो–उपवाक्य की स्वतंत्रता की ओर संकेत करता है। निर्देशात्मक 'जो' से पूर्व अल्पविराम सहज नहीं है, जो इसकी पराश्रितता का सूचक है। वर्णनात्मक 'जो' का विघटन अन्य संयोजकों के रूप में हो सकता है किंतु निर्देशात्मक 'जो' का विघटन नहीं हो सकता। 'ऐसा' मुख्य उपवाक्य में आता है तथा 'जो' गौण उपवाक्य में। मुख्य उपवाक्य में 'ऐसा' जिस संज्ञा से जुड़ता है उस संज्ञा के साथ 'कोई', 'कुछ', 'एक', 'कई', 'मेरा' आदि पदों का प्रयोग किया जा सकता है। ऐसा वर्णनात्मक जो–उपवाक्य की शीर्ष संज्ञा के साथ ही दिखायी पड़ता है, निर्देशात्मक जो–उपवाक्य की शीर्ष संज्ञा के साथ नहीं। वर्णनात्मक तथा निर्देशात्मक जो–उपवाक्यों में निहित यह संरचनात्मक भेद दोनों प्रकार के उपवाक्यों में निहित एक अन्य महत्वपूर्ण भेद से संबंध रखता है। यह पहले दिखाया जा चुका है कि वर्णनात्मक जो–उपवाक्य की शीर्ष संज्ञा बिना जो–उपवाक्य के भी पदार्थ विशेष का बोध कराने में सक्षम होती है जबकि निर्देशात्मक जो–उपवाक्य की शीर्ष संज्ञा, जो सहसंबंधी 'वह' के साथ मुख्य उपवाक्य में प्रयुक्त होती है, बिना जो–उपवाक्य के पदार्थ विशेष का बोध कराने में सक्षम नहीं होती। इसलिए इसके साथ 'कोई', 'कुछ', 'एक' आदि का प्रयोग नहीं होता। 'ऐसा–जो' का जो–उपवाक्य सामान्य रूप से वाक्यांत में होता है, जो वर्णनात्मक जो–उपवाक्य की विशेषता है। निर्देशात्मक जो–उपवाक्य का सामान्य स्थान वाक्यारंभ में है।

नीचे ऐसा–जो के कुछ उदाहरण दिये जा रहे हैं। इनमें निर्देशात्मक तथा वर्णनात्मक जो–उपवाक्यों के अभिलक्षणों का मिश्रण स्पष्ट देखा जा सकता है–

(1). **ऐसे आदमियों** को अंदर नहीं आने दिया गया है **जो** जूते पहने हुए हैं।

(2). पैसा एक **ऐसी** चीज़ है **जिसे** सब चाहते हैं।

पहले वाक्य में 'ऐसे' के स्थान पर 'उन' को सहजता से रखा जा सकता है। किंतु 'जो' के बदले 'कि वे' का प्रयोग नहीं किया जा सकता है। देखिए–

1–क. **ऐसे** आदमियों को अंदर नहीं आने दिया गया है ***कि वे** जूते पहने हुए हैं।

अर्थात् वाक्य (1) में 'जो' का विघटन 'कि वे' में अनुमत नहीं है। 'ऐसे' के बदले 'उन' का प्रयोग तथा 'जो' का विघटित न होना, ये दोनों विशेषताएँ 'जो' के निर्देशात्मक होने का संकेत कर रही हैं। वाक्य (2) में शीर्ष संज्ञा के साथ 'एक' का प्रयोग है तथा 'जो' विघटित हो सकता है। ये दोनों विशेषताएँ वाक्य (2) में 'जो' के वर्णनात्मक होने का संकेत कर रही हैं। देखिए–

2–क. पैसा एक **ऐसी** चीज़ **है कि उसे** सब चाहते हैं।

उक्त वाक्य में 'जिसे' के बदले 'कि उसे' का प्रयोग हुआ है।

नीचे 'ऐसा–जो' के कुछ अन्य उदाहरण प्रस्तुत हैं–

(3). सर्कस कंपनी को **एक ऐसे** व्यक्ति की ज़रूरत थी **कि वह/जो कि** शेर को साध सके।

(4). पति प्रेम **एक ऐसी** जादू की बूटी है **जिससे/कि उससे** सारी आधियाँ–व्याधियाँ दूर हो जाती हैं।

(5). योनिस्राव में रक्त के धब्बे का दिख जाना बहुधा **एक ऐसे** रोग की ओर ध्यान आकर्षित करता है **जो/??कि वह** आज एक अंतरराष्ट्रीय समस्या बना हुआ है।

आगे 'ऐसा–जो' संरचना का किंचित विस्तार से वर्णन किया गया है, जिससे इस संरचना की विभिन्न विशेषताओं का दिग्दर्शन हो सके। निम्नलिखित वाक्यों पर विचार करें–

(6). क. मोहन **ऐसा आदमी** है **जो** किसी की बात नहीं मानता।
खबर. मोहन **ऐसा आदमी** है **कि वह** किसी की बात नहीं मानता।

(7). क. कपड़ों में **ऐसा फ़र्क** आए **जो** दूर से दिखे।
ख. कपड़ों में **ऐसा फ़र्क** आए **कि वह** दूर से दिखे।

(8). क. लड़के ने **ऐसा काम** किया है **जिसकी** सबने साराहना की है।
ख. लड़के ने **ऐसा काम** किया है **कि उसकी** सबने सराहना की है।

(9). क. **लड़की ऐसी** हो **जो** ज़रूरत पड़ने पर माँ–बाप का गला दबाकर एकाध लाख ला सके।

ख. **लड़की ऐसी** हो **कि वह** ज़रूरत पड़ने पर माँ–बाप का गला दबाकर एकाध लाख ला सके।

(10). क. कोई **ऐसी कहानी** कहिए **कि जिसमें** हिंदी छुट और किसी बोली का पुट न मिले। (रानी केतकी की कहानी)

ख. कोई **ऐसी कहानी** कहिए **कि उसमें** हिंदी छुट और किसी बोली का पुट न हो।

(क) वाक्यों में ज़हाँ 'जो' का प्रयोग हुआ है वहीं (ख) वाक्यों में उसके बदले 'कि वह' का प्रयोग हुआ है। यहाँ 'जो' तथा 'कि वह' का संबंध विचारणीय है। 'जो' तथा 'वह' दोनों सर्वनाम हैं। किंतु उनमें एक संबंधवाचक है, दूसरा नहीं। इसलिए 'जो' का स्थान लेने पर 'वह' संयोजक 'कि' के साथ आता है, अकेले नहीं। इसके अलावा 'जो' तथा 'वह' में अन्य महत्वपूर्ण भेद दिखायी देते हैं। संबंधवाचक होने से 'जो' सदैव उस संज्ञापद से संबंध रखता है जो 'ऐसा' द्वारा विशेषित होता है। जबकि 'वह' कभी 'ऐसा' द्वारा विशेषित संज्ञापद से संबंध रखता है, कभी अन्य संज्ञापद से, जो 'ऐसा' द्वारा विशेषित नहीं होता।

वाक्य (6–क) पर विचार करें। इसमें 'जो' का प्रयोग होने से इस वाक्य के दो अर्थ किये जा सकते हैं। पहले अर्थ में मोहन की तुलना एक ऐसे आदमी से की जा रही है जिसका स्वभाव है किसी की बात न मानना। आदमी उपमान की तरह है तथा मोहन उपमेय की तरह है। दोनों के गुणों में अभेद अवश्य है, किंतु दोनों दो भिन्न व्यक्तियों के वाचक हैं। दूसरे अर्थ में मोहन तथा आदमी दोनों एक ही व्यक्ति हैं, उनमें उपमेय तथा उपमान का भेद नहीं है। इस अर्थ में सीधे मोहन के स्वभाव का वर्णन है कि वह किसी की बात नहीं मानता। वाक्य (6–ख) से केवल यह दूसरा अर्थ ही प्राप्त होता है, पहला अर्थ नहीं। अर्थात् 'जो' तथा 'वह' में महत्वपूर्ण भेद है। 'जो' सामान्य (उपमान) तथा विशेष (उपमेय) दोनों रूपों में व्याख्यायित किया जा सकता है किंतु 'वह' केवल विशेष (उपमेय) अर्थ में व्याख्यायित किया जा सकता है। 'वह' पुरुषवाचक सर्वनाम है तथा एक विशिष्ट व्यक्ति 'मोहन' का संकेतक है। 'जो' तथा 'वह' के सामान्य और विशेष संबंध को और स्पष्टता से देखने के लिए उपर्युक्त वाक्यों को भूतकाल में रखा जा सकता है–

(11). क. मोहन **ऐसा आदमी था जो** किसी की बात नहीं **मानता** (है)।

ख. ?? मोहन **ऐसा आदमी था कि वह** किसी की बात नहीं मानता (है)।

वाक्य (11–क) का एक ही अर्थ है। मोहन की तुलना एक ऐसे आदमी से की जा रही है जो उपमान के रूप में है और उपमान की विशेषता कालातीत होती है। मोहन का अस्तित्व अतीत में था, जबकि उपमान सार्वकालिक होता है। इसलिए वर्तमानकाल की क्रिया 'नहीं मानता' इस वाक्य में स्वीकार्य है। (11–ख) में वर्तमान काल की क्रिया स्वीकार्य नहीं है क्योंकि 'वह' सीधे मोहन का संकेतक है

और मोहन का अस्तित्व वर्तमान में नहीं है। (11–ख) के निम्नलिखित रूप सहज स्वीकार्य हैं–

(12). मोहन ऐसा आदमी था **कि वह** किसी की बात नहीं **मानता था।**

(13). मोहन ऐसा आदमी था **कि उसने** किसी की बात नहीं **मानी।**

उपर्युक्त दोनों वाक्यों में 'कि वह' तथा 'कि उसने' के बदले 'जो' रख सकते हैं, क्योंकि 'जो' सामान्य तथा विशेष दोनों अर्थों में व्याख्यायित हो सकता है।

निम्नलिखित वाक्य देखिए–

(14). क. **वह ऐसा योद्धा** था **जो** कभी मैदान नहीं **छोड़ता है**।

ख. **वह ऐसा योद्धा** था **जिसने** कभी मैदान नहीं **छोड़ा**।

ग. ??**वह ऐसा योद्धा** था **कि वह** कभी मैदान नहीं **छोड़ता है**।

घ. **वह ऐसा योद्धा** था **कि उसने** कभी मैदान नहीं **छोड़ा**।

'जो' तथा 'वह' का भेद स्पष्ट दिखायी दे रहा है।

अब वाक्य (7) व (8) पर विचार करें। वाक्य (7–क) में 'जो' का संबंध मुख्य उपवाक्य में प्रयुक्त 'फ़र्क' से है, जो 'ऐसा' द्वारा विशेषित है। 'ऐसा' का काम ही है 'जो' से संबंधित संज्ञा को लक्षित करना। वाक्य (7–ख) में 'वह' का संबंध 'ऐसा' द्वारा विशेषित संज्ञा से भी हो सकता है तथा अन्य संज्ञा से भी। दोनों स्थितियों में 'वह' पूर्व प्रयुक्त संज्ञा का अन्वादेशक सर्वनाम है। प्रस्तुत वाक्य में 'वह' 'फ़र्क' के लिए आया है। एकवचन में होने के कारण 'वह' का संबंध 'कपड़ों' से नहीं हो सकता है। 'वह' के स्थान पर 'वे' रखने से कपड़ों से इसका संबंध बन सकता है, जैसे–

(15). **कपड़ों** में ऐसा फ़र्क आए **कि वे** दूर से दिखें।

वाक्य (8–ख) में इतना भी नहीं करना होगा। 'उसकी' का संबंध क्रम से 'काम' से भी हो सकता है तथा 'लड़के' से भी, सबने काम की सराहना की है या सबने लड़के की सराहना की है। दोनों अर्थ संभव हैं। इस तरह स्पष्ट है कि 'वह' 'जो' की भाँति 'ऐसा' से बँधा हुआ नहीं है।

'ऐसा–जो' के 'जो' में वर्णनात्मक 'जो' की विशेषता विद्यमान होने के कारण उससे पूर्व या पश्चात् 'कि' जोड़ा जा सकता है। देखिए–

(16). कभी–कभी **ऐसे कपड़े** आते थे	जो कि जो जो कि कि वे	साफ़ भी हो जाएँ और रंग भी न छूटे।

(17). धीरे–धीरे एक वर्ष समाप्त होने को आया लेकिन कप्तान कोई ऐसी चीज़ न ला सका	जिसे कि जिसे जिसे कि कि उसे	राजा सर्वाधिक मूल्यवान मानता।

निम्नलिखित वाक्य–युग्मों पर विचार करें–

(18). क. **तुम ऐसे आदमी** हो **जो** झट किसी का विश्वास **कर लेता है**।

ख. **तुम ऐसे आदमी** हो **कि तुम** झट किसी का विश्वास **कर लेते हो।**

(19). क. **मैं ऐसा आदमी** हूँ, **जो** झट किसी का विश्वास **कर लेता है।**

ख. **मैं ऐसा आदमी** हूँ **कि** मैं झट किसी का विश्वास **कर लेता हूँ**।

'जो' अन्य पुरुष सर्वनाम है, उसमें उत्तम पुरुष 'मैं' या मध्यम पुरुष 'तुम' का सन्निवेश नहीं है। इसलिए (क) वाक्यों में 'जो' एकार्थी है, केवल उपमान का वाचक है।

इन वाक्यों पर दृष्टि डालें–

(20). **तुम ऐसे आदमी** हो **जो/कि** झट किसी का विश्वास **कर लेते हो।**

(21). **मैं ऐसा आदमी** हूँ **जो/कि** झट किसी का विश्वास **कर लेता हूँ।**

यदि उपर्युक्त वाक्य 'जो' विकल्प के साथ स्वीकार्य हैं तो 'जो' सर्वनाम नहीं, अपितु 'कि' के समान संयोजक मात्र है। 'जो' के नाना प्रयोग हैं। केवल संयोजक के रूप में उसका प्रयोग कई स्थानों पर दिखायी देता है, जैसे–

(22). वह बीमार नहीं **है जो/कि** उसे दवा पिलायी जा रही है।

(23). वह बीमार है **इसलिए** उसे दवा पिलायी जा रही है।

वाक्य (22) में मुख्य उपवाक्य नकारात्मक है, इसलिए परिणाम या कार्यवाचक 'इसलिए' के बदले 'जो' या 'कि' का प्रयोग हुआ है।

यह ध्यातव्य है कि मुख्य उपवाक्य में 'ऐसा' का प्रयोग होने पर यह आवश्यक नहीं है कि गौण उपवाक्य में सदैव 'जो' का प्रयोग हो। 'जो' का प्रयोग तभी होता है जब गौण उपवाक्य में मुख्य उपवाक्य में 'ऐसा' द्वारा विशेषित संज्ञा की पुनरावृत्ति हो रही हो। नीचे दिये हुए उदाहरणों से यह स्पष्ट होता है–

(24). क. आगे एक **ऐसा खंदक** था **कि** एक कदम आगे बढ़ाना ख़तरनाक होता।

ख. आगे एक **ऐसा खंदक** था **जिसमें** गिरने पर जान जा सकती थी।

(25). क. आगे एक **ऐसी नदी** है **कि** हम आगे नहीं बढ़ सकते।

ख. आगे एक **ऐसी** नदी है **जिसे** हम पार नहीं कर सकते।

(क) वाक्यों में मुख्य तथा गौण उपवाक्यों में कारण कार्य का संबंध दिखायी देता है। 'कि' कार्यवाचक संयोजक है। वाक्य (24–क) को इस रूप में रखें–

(26). आगे एक **ऐसा खंदक** था **जिसके कारण** एक कदम आगे बढ़ाना खतरनाक होता।

वाक्य (26) में गौण उपवाक्य में 'खंदक' की पुनरावृत्ति हुई है और उसके स्थान पर 'जो' का प्रयोग हुआ है। किंतु (26) के मुकाबले (24–क) अच्छा है।

2.6.1. 'जो' तथा 'कि वह' में पूर्ण पर्यायता नहीं

ऊपर 'ऐसा–जो' संरचना पर विचार करते हुए कहा गया कि 'जो' के बदले 'कि वह' को रखा जा सकता है। किंतु कई स्थलों पर ऐसा नहीं हो पाता। नीचे कुछ उदाहरण दिये जा रहे हैं, इन पर विचार करें–

(1). मोहन **ऐसा आदमी** है **जो**/??**कि वह** बहुत झक्की है।

(2). **ऐसी शक्तियों** से सावधान रहें **जो**/??**कि वे** विघटनकारी हैं।

यह ध्यान देने योग्य है कि गौण उपवाक्यों में किसी व्यापार का उल्लेख नहीं है, अपितु गुणों का उल्लेख है, 'झक्की', 'विघटनकारी'। ऐसा प्रतीत होता है कि यदि गौण उपवाक्य में गुण, दशा, नियम या आदत का वर्णन हो तो 'जो' के बदले 'कि वह' का प्रयोग अनुमत नहीं है। यदि व्यापार या यत्न का वर्णन हो तो 'जो' के बदले 'कि वह' का प्रयोग सामान्य दिखायी पड़ता है। नीचे कुछ वाक्य युग्म विचारार्थ दिये जा रहे हैं–

(3). क. मुझे **ऐसी जगह** पसंद है **जो** / ??**कि वह** शांत हो।

ख. मुझे **ऐसी जगह** पसंद है **जो** / **कि वह** शांति प्रदान करे।

(4). क. यह **ऐसी बात** है **जो** / ??**कि वह** सालनेवाली है।

ख. यह **ऐसी बात** है **जो** / **कि वह** सालती रहेगी।

(क) वाक्यों में गुणों का वर्णन है तथा (ख) वाक्यों में व्यापार का वर्णन है। एक जगह 'कि वह' सहज स्वीकार्य है और एक जगह वह अटपटा है। शायद इसका संबंध 'कि' की प्रकृति से हो। संभवतः 'कि' कारण, कार्य, परिणाम, आदि क्रियामूलक स्थितियों से संबंध रखता है, न कि दशा, गुण आदि स्थितियों से। इसलिए जहाँ गौण उपवाक्य में व्यापार का, यानी क्रिया का वर्णन है वहाँ 'कि वह' का विकल्प स्वीकार्य है, अन्यत्र नहीं। यह एक अनुमान है।

जहाँ 'ऐसा' द्वारा विशेषित संज्ञापद संबंधवाचक बनकर आता है वहाँ भी 'जो' के बदले 'कि वह' का प्रयोग स्वीकार्य नहीं है। यह स्वभाविक लगता है। अन्वादेशक (anaphoric) 'वह' सहज रूप में संज्ञा पदबंध के मुख्य घटक का संकेतक बन सकता है। संज्ञा पदबंध में संबंधवाचक पद गौण होता है और वह स्वयं मुख्य घटक का विशेषक बनकर आता है। इसलिए वह अन्वादेशक 'वह' के लिए उपलब्ध नहीं होता। उदाहरणार्थ–

(5). यह एक **ऐसे अभागे की** कहानी है **जिसने/??कि उसने** सच्चाई और ईमानदारी के नाम पर अपने दामन में दर्द भर लिया।

(6). **ऐसे परोपकारी महात्मा का** गुणगान करना हमारा कर्तव्य है **जिसने / ??कि उसने** निःस्वार्थ होकर और कष्ट सहकर देश एवं समाज की सेवा की है।

इन वाक्यों को यदि इस रूप में रखें तो 'जो' और 'कि वह' की पर्यायता बन जाती है–

(7). यह **ऐसा अभागा** है **जिसने / कि उसने** सच्चाई और ईमानदारी के नाम पर अपने दामन में दर्द भर लिया।

(8). वे **ऐसे परोपकारी महात्मा** हैं **जिन्होंने / कि उन्होंने** निःस्वार्थ होकर और कष्ट सहकर देश एवं समाज की सेवा की है।

वाक्य (7) तथा (8) में 'अभागा' तथा 'परोपकारी महात्मा' मुख्य घटक के रूप में हैं, जबकि वाक्य (5) तथा (6) में ये गौण घटक के रूप में हैं।

'जो' तथा 'कि वह' के संबंध पर विचार कर लेने के पश्चात 'ऐसा' की विशेषता पर भी थोड़ा प्रकाश डालना उचित होगा। 'ऐसा' विशेष्य संज्ञापद को उच्च प्रकाश में लाता है। सामान्य रूप से ऐसा–उपवाक्य का वाक्य के आरंभ में आना भी 'ऐसा' की इसी विशेषता की ओर संकेत करता है। 'ऐसा' के स्थान पर 'वह' का प्रयोग तथा 'कैसा' का प्रयोग भी विशेष्य संज्ञापद को उद्दीप्त करने का ही उपाय जान पड़ता है। 'ऐसा' के स्थान पर 'वह' का प्रयोग होने पर 'जो' के बदले 'कि वह' का निषेध प्राप्त होता है। 'ऐसा' के स्थान पर 'वह' का प्रयोग करने पर पूरी संरचना एक प्रकार से निर्देशात्मक 'जो–वह' की संरचना में बदल जाती है। यह उल्लेखनीय है कि 'जो–वह' संरचना में वह–उपवाक्य को आरंभ में रखने के पीछे भी विशेष्य संज्ञापद को उच्च प्रकाश में लाने का ही प्रयोजन होता है। कुछ उदाहरण द्रष्टव्य हैं–

(9). अंततोगत्वा अधिकांश संख्या में हमें **वे / ऐसे** शब्द अपनाने होंगे **जो** भारतवासियों के मध्य प्रचलित रहे हैं।

(10). कमरे में चीड़ की जलती लकड़ी और कपूर की **वह / ऐसी** हल्की धूलिहा महक है, **जो** अजायबघरों की याद दिलाती है।

(11). कविताएँ उन्होंने बराबर **वह / ऐसी** लिखीं **जो** प्रगतिवाद की कसौटी पर खरी न उतरतीं।

निम्नलिखित वाक्य में 'कैसी' का प्रयोग द्रष्टव्य है–

(12). लज्जा भी निगोड़ी **कैसी** होती है **कि उसका** आँचल घोर से घोर पापी के लिए सुलभ है।

सामान्य रूप से ऐसा–उपवाक्य वाक्य के आरंभ में आता है, किंतु वाक्यांत में उसका प्रयोग निषिद्ध नहीं है, उदाहरण के लिए–

(13). **जो** फल सड़ा है **ऐसे** फल को फेंक देना चाहिए।

(14). **जिनकी** मृत्यु आ पहुँची थी, **ऐसे** वे दोनों पक्षी लड़ पड़े और जैसा व्याध ने सोचा था, वही हुआ।

क्रियाविशेषण ज-उपवाक्य

3.0. ज–उपवाक्य

संबंधवाचक ज–उपवाक्यों के अंतर्गत निर्देशात्मक जो–उपवाक्यों (अनुच्छेद–2.4) तथा वर्णनात्मक जो–उपवाक्यों (अनुच्छेद–2.5) का वर्णन ऊपर किया गया। आगे ज–उपवाक्यों के अंतर्गत मुख्य रूप से कालवाचक, स्थानवाचक तथा रीतिवाचक ज–उपवाक्यों का वर्णन किया जाएगा। इन संबंधवाचक उपवाक्यों को क्रियाविशेषण उपवाक्य भी कहा गया है। किंतु ये अन्य क्रियाविशेषण उपवाक्यों से महत्वपूर्ण भेद रखते हैं। कालवाचक, स्थानवाचक तथा रीतिवाचक क्रियाविशेषण उपवाक्य मुख्य उपवाक्य के एक घटक के रूप में प्रयोग में आते हैं, मुख्य उपवाक्य में बैठे हुए सहसंबंधी के स्थान पर आते हैं, जबकि कारण, कार्यादि वाचक क्रियाविशेषण उपवाक्य मुख्य उपवाक्य के सहगामी के रूप में प्रयोग में आते हैं।

भाषा व्यवहार में निश्चित काल, स्थान आदि का निर्देश करने में भाषा में उपलब्ध मूल अव्यय पद या अन्य पद सदैव सक्षम नहीं होते। वाक्योच्चारण के संदर्भ में 'कल' एक निश्चित कालखण्ड का बोध कराता है, किंतु जब उस कालखण्ड में विविध कालों का अथवा किसी एक सटीक कालविंदु का बोध कराना होता है तब हम कालवाचक क्रियाविशेषण उपवाक्यों की सहायता लेते हैं, जैसे, 'कल जब पानी बरस रहा था', 'कल जब मोहन आया', 'कल जब आँधी आयी', 'कल जब दस बजकर पाँच मिनट हुए' इत्यादि। 'कल' कालखण्ड के अंतर्गत विभिन्न कालों का निर्देश उक्त क्रियाविशेषण उपवाक्यों द्वारा किया जा रहा है। इन विभिन्न कालों को अलग–अलग नाम देना संभव नहीं है। इसी तरह 'सामने' वक्ता के संदर्भ में एक निश्चित दिशा या स्थान का बोध कराता है। किंतु भाषा व्यवहार में यह सदा पर्याप्त नहीं होता। अधिक सूक्ष्मता से स्थान या दिशा का निर्देश करने के लिए हम सरलता से स्थानवाचक क्रियाविशेषण उपवाक्यों की सहायता लेते हैं, उदाहरणार्थ, 'सामने जहाँ महुए का पेड़ है', सामने जहाँ एक तालाब है', 'सामने जहाँ कार खड़ी है' इत्यादि। इन विभिन्न स्थानों को अलग–अलग नाम देना संभव नहीं है।

3.1.0. जब–तब (कालवाचक)

'जब–तब' में 'जब' संबंधी तथा 'तब' सहसंबंधी है। दोनों में तद्रूपता होती है। 'जब–तब' कालवाचक हैं। काल का बोध कराना इनका पहला या मुख्य प्रकार्य है। काल के अतिरिक्त ये शर्त, कारण, परिस्थिति आदि के अर्थ में भी प्रयुक्त होते हैं। आखिर शर्त, कारण, या परिस्थिति के मूल में भी तो काल का भाव विद्यमान रहता ही है। 'जब–तब' के इन प्रयोगों पर आगे विचार किया जाएगा। इस अनुच्छेद में कालवाचक के रूप में ही इनका वर्णन करना अभीष्ट है।

कालवाचक के रूप में प्रयुक्त होने पर 'जब–तब' के अन्य विकल्प भी उपलब्ध हैं। 'जब' के बदले 'जिस समय', 'जिस दिन', 'जिस क्षण' आदि विभिन्न रूप यथास्थान प्रयुक्त हो सकते हैं। इसी प्रकार 'तब' के बदले 'उस समय', 'उस दिन', 'उस क्षण' आदि रूप आ सकते हैं। जहाँ 'जब' का प्रयोग शर्त, कारण आदि अर्थों में होता है वहाँ उसके बदले 'जिस समय', जिस दिन' आदि रूपों का सामान्यतः प्रयोग नहीं किया जाता। उदाहरणार्थ इन वाक्यों को देखें–

(1). **जब / जिस समय** वह सो रहा था **तब / उस समय** मैं पढ़ रहा था।

(2). **जब / *जिस समय** आपको काम मिल गया है **तब / *उस समय** आप यहाँ क्यों खड़े हैं?

पहले वाक्य में 'जब–तब' कालवाचक हैं और सहज रूप में उनके बदले 'जिस समय–उस समय' का प्रयोग किया जा सकता है। किंतु दूसरे वाक्य में यह स्थिति प्राप्त नहीं है। दूसरे वाक्य को इस रूप में भी रख सकते हैं–

(3). **यदि** आपको काम मिल गया है **तो** आप यहाँ क्यों खड़े हैं?

'जब–तब' के कालवाचक प्रयोग को समझने के लिए दो घटनाओं के परस्पर संबंध पर दृष्टि डालना उचित होगा। कभी दो घटनाएँ युगपत होती हैं, कभी उनमें कालक्रम दिखायी देता है। युगपत घटनाओं में कभी दोनों साथ–साथ चलती हैं, तो कभी उनमें एक घटना के क्रोड में दूसरी घटना होती है। अर्थात् युगपत घटनाओं के दो रूप हुए, सहगामी घटनाएँ तथा व्याप्य–व्यापक संबंधवाली घटनाएँ। इस प्रकार घटनाओं के परस्पर संबंध को लेकर तीन स्थितियाँ प्राप्त हैं। कालवाचक 'जब–तब' का प्रयोग इन तीनों स्थितियों में मिलता है। उदाहरण के लिए–

(4). **जब** पानी बरस रहा था **तब** रमेश सो रहा था। (सहगामी संबंध)

(5). **जब** पानी बरस रहा था **तब** मोहन आया। (व्याप्य–व्यापक संबंध)

(6). **जब** उसकी आँखें खुलीं **तब** मैं बाहर आया। (घटनाक्रम)

(7). **जब** वह चिकारे तैयार कर लेता था **तो** बड़ी प्यारी धुनें बजाता था। (घटनाक्रम)

उपर्युक्त सभी वाक्यों में 'जब–तब' कालवाचक हैं। वाक्य (4) में दोनों घटनाएँ सहगामी हैं। 'रमेश कब सो रहा था?' इस प्रश्न के उत्तर में वाक्य (4) को देखा

जा सकता है। सहगामी घटनाओं में कोई भी एक घटना दूसरी घटना के काल का निर्देशक बन सकती है। जैसे वाक्य (4) है वैसे ही वाक्य (8) है–

(8). **जब** रमेश सो रहा था **तब** पानी बरस रहा था।

'कब पानी बरस रहा था?' इस प्रश्न के उत्तर के रूप में वाक्य (8) को देखा जा सकता है। चूँकि रमेश का सोना तथा पानी का बरसना दोनों घटनाएँ सहगामी हैं इसलिए उनमें कोई भी एक घटना दूसरी घटना का समय बता सकती है। वाक्य (5) में पानी बरसना व्यापक है तथा मोहन का आना व्याप्य है। 'मोहन कब आया?' इस प्रश्न के उत्तर के रूप में इस वाक्य को मान सकते हैं। जहाँ घटनाओं में व्याप्य–व्यापक संबंध हो वहाँ केवल व्यापक घटना व्याप्य घटना के काल का निर्देश कर सकती है, इसका उल्टा नहीं। वाक्य (5) को इस रूप में बदलकर देखें–

(9). **जब** मोहन आया **तब** पानी बरस रहा था।

'कब पानी बरस रहा था?' इस प्रश्न के उत्तर के रूप में वाक्य (9) को देखना अटपटा है। व्याप्य घटना के द्‌वारा व्यापक घटना के समय का बोध कराना सामान्य व्यवहार में नहीं है। 'जब मोहन आया तब क्या था? कैसा मौसम था?' इन प्रश्नों के उत्तर में वाक्य (9) उपयुक्त है। व्याप्य–व्यापक संबंधवाली घटनाओं पर आगे विचार किया गया है। (देखिए–अनुच्छेद 3.1.2)।

वाक्य (6) तथा (7) में घटनाक्रम प्राप्त है। किंतु दोनों में थोड़ा भेद भी है। वाक्य (6) में दोनों घटनाएँ इस अर्थ में एक दूसरे से स्वतंत्र हैं कि किसी भी घटना को आगे–पीछे रख सकते हैं, अर्थात् इन दोनों में से कोई भी घटना दूसरी घटना के काल का निर्देश कर सकती है। वाक्य (6) के साथ वाक्य (10) को रखकर देखें–

(10). **जब** मैं बाहर आया **तब** उसकी आँखें खुलीं।

किंतु वाक्य (7) में घटनाओं का क्रम अपरिवर्तनीय है। पहले चिकारे बनेंगे तब धुनें निकलेंगी।

यह ध्यान देने योग्य है कि कालवाचक 'जब' से पूर्व प्रायः अन्य कालवाचक घटक प्रयुक्त होते हैं, जो 'जब' से निर्दिष्ट काल के लिए पृष्ठभूमि का काम करते हैं। कुछ उदाहरण नीचे दिये जा रहे हैं–

(11). **बहुत पहले जब** मनुष्य गुफाओं में रहते थे, **तब** मेरे बिना वे बड़ी तकलीफ़ सहन करते थे।

(12). **काफ़ी दिनों की यात्रा के बाद जब** वह राजधानी के बाहरी हिस्से में पहुँचा **तब** वह बहुत थक गया था।

(13). **पिछली महामारी में जब** तुम्हारे पिता की मृत्यु हुई, **तब भी** मैंने ये आकृतियाँ देखी थीं।

(14). **दोपहर के समय जब** खाना खाने वह आता तो प्रायः उसकी माँ लखने के लिए रोटी लेकर खेतों पर जा चुकी होती थी। इत्यादि।

कभी–कभी 'जब' के स्थान पर 'जबकि' का प्रयोग मिलता है, जैसे– .

(15). गवर्नर जनरल तो **उस समय भी** अध्यादेश लागू कर सकते थे **जबकि** विधायिका का सत्र चल रहा हो।

यह ध्यान देने योग्य है कि वाक्य (15) में उपवाक्यों का सामान्य क्रम बदल गया है। 'जबकि' वाक्य के आरंभ में कदाचित नहीं आएगा। 'जबकि' का एक अन्य महत्वपूर्ण प्रयोग विपरीत के अर्थ में होता है। इस अर्थ में इस पर विचार कार्य–कारण प्रकरण में किया जाएगा।

संबंधी 'जब' तथा सहसंबंधी 'तब' में एक का कभी–कभी लोप हो जाता है। उदाहरणार्थ कुछ वाक्य नीचे दिये जा रहे हैं–

(16). **जब से** इसके अन्ना गायब हुए हैं, (**तब से**) गलियों में दिनभर आवारा कुत्तों की तरह दौड़ता है।

(17). **जिस दिन** मुलाकात नहीं होती, (**उस दिन**) बेचैन हो उठता।

(18). **जिस समय** विशेष पुलिस ने उसे दबोचा (**उस समय**), वह अत्यधिक मदिरा पी सपनों की दुनिया में खोया था।

(19). (**जब**) बाहर आकर उसने देखा **तो** डॉक्टर सामने सड़क पर खड़े थे।

(20). (**जब**) जहूरबख्श़ ट्रेन में बैठे थे **तो** यादों की बारात सज गयी थी।

(21). (**जब**) गोश्त बाज़ार से वह लौटता **तब** ज़नाने अस्पताल के पास कुछ देर ज़रूर बैठता। इत्यादि।

जब कालवाचक अर्थ में 'जब' का प्रयोग होता है तब उसके स्थान पर सहज रूप में 'जिस समय' का प्रयोग किया जा सकता है। किंतु कुछ स्थितियों में कालवाचक के रूप में 'जिस समय' का प्रयोग तो संभव है, किंतु 'जब' का प्रयोग नहीं। देखिए–

(22). **जिस दिन/*जब** तुमने कंधा **टेढ़ा किया उसी दिन/*तब/** मार **पड़ने लगेगी।**

(23). **जिस दिन/*जब** उन्होंने आँखें **मूँदीं**, समझ लो, **उसी दिन/*तब** सब उजड़ा।

उपवाक्यों में कारण–कार्य भाव होते हुए भी यहाँ 'जब' तथा 'तब' का प्रयोग निषिद्ध है। वस्तुतः जहाँ क्रिया के सामान्य भूत रूप का प्रयोग भविष्यार्थ में होता है वहाँ 'जब–तब' का प्रयोग हमें नहीं मिलता, कारण–कार्य भाव के होते हुए भी। उपर्युक्त वाक्यों के इन बदले हुए रूपों को देखिए–

(24).	**जिस दिन**	तुम कंधा टेढ़ा करोगे	**उसी दिन**	मार पड़ने लगेगी।
	जब		**तब**	
	यदि		**तो**	

(25).	**जिस दिन**	वे आँख मूँदेंगे, समझ लो	**उसी दिन**	सब **उजड़ जाएगा।**
	जब		**तब**	
	यदि		**तो**	

वाक्य (22) तथा (23) में 'यदि–तो' का प्रयोग संभव है, क्योंकि उपवाक्यों में कारण–कार्य भाव विद्‌यमान है। यदि सामान्य भूतकाल का रूप सचमुच भूतकाल में है तो 'जब–तब' का प्रयोग हो सकता है, फिर 'यदि–तो' का प्रयोग निषिद्‌ध होगा, उदाहरणार्थ–

(26).	**जब**	उसने दरवाजा खोला	**तब**	भीड़ अंदर घुसी।
	जिस समय		**उस समय**	
	***यदि**		***तो**	

'जब' के स्थान पर कभी 'जो' का भी प्रयोग मिलता है। इसके उदाहरण प्रायः पुरानी हिंदी में मिलते हैं, 'प्रेम सागर', 'रानी केतकी की कहानी' आदि कृतियों में। कभी 'जो' काल के साथ कारण का भी अर्थ देता है तो कभी केवल कारण या शर्त के अर्थ तक सिमटकर रह जाता है। कुछ उदाहरण द्रष्टव्य हैं–

(27). खड्‌ग उठाय **जो** चाहा कि वासुदेव को मारूँ **तो** नारद मुनि ने हाथ पकड़ लिया।

(28). उसने **जो** आँख खोली **तो** अपने सामने कर्णसिंह और आसाराम को पाया।

(29). उस वेश्या ने हलुआ उस तपस्वी के मुँह में दिया। उसे मीठा–मीठा **जो** लगा **तो** वह उसे चाटने लगा।

(30). शीतल हवा ने **जो** चेहरे को छुआ **तो** सारी थकान दूर हो गयी।

(31). वह **जो** आया है **तो** जाना ही होगा।

कभी–कभी जहाँ 'तब' का प्रयोग अभीष्ट होता है वहाँ 'जब' का प्रयोग मिलता है। अर्थात् संबंधी 'जब' सहसंबंधी 'तब' का स्थान ले लेता है। इस तरह के कुछ उदाहरण नीचे दिये जा रहे हैं–

(32). चोर भाग गये **जब** आप चिल्लाये। (तब)

(33). पूजापाठ तो **जब** करे जब पेट भरे। (तब)

(34). तू नहा धो ले **जब तक** नाश्ता तैयार हो जाता है। (तब तक)

(35). देहरादून की बात है, हाईस्कूल तो मैंने गोंडा से किया। **जब तक** मेरा ग़ज़ल लिखना शुरू हो गया था। (तब तक) आदि।

3.1.1. निर्देशात्मक तथा वर्णनात्मक 'जब'

निर्देशात्मक 'जब' तथा वर्णनात्मक 'जब' में वैसा ही संबंध है जैसा संबंध निर्देशात्मक 'जो' तथा वर्णनात्मक 'जो' में है। निर्देशात्मक 'जब–उपवाक्य' के बिना मुख्य उपवाक्य में सहसंबंधी 'वह' के साथ प्रयुक्त कालवाचक घटक से

किसी विशेष काल का संप्रत्यय घटित नहीं होता। दूसरे शब्दों में, मुख्य उपवाक्य में प्रयुक्त कालवाचक घटक निर्देशात्मक 'जब' उपवाक्य से अलग रहकर किसी निश्चित काल का बोध कराने में असमर्थ होता है। उसका कोई संकेतार्थ नहीं बनता। इसके विपरीत वर्णनात्मक जब–उपवाक्य मुख्य उपवाक्य में उल्लिखित काल का वर्णन मात्र करता है। वर्णनात्मक 'जब' का प्रयोग न होने पर भी मुख्य उपवाक्य में प्रयुक्त कालवाचक घटक स्वयं एक विशेष काल का संकेत करने में सक्षम होता है। अर्थात् उसका संकेतार्थ वर्णनात्मक 'जब' उपवाक्य पर निर्भर नहीं होता। वर्णनात्मक जब–उपवाक्य तो उस पूर्व संकेतित काल का केवल वर्णन करता है। प्रकृति से अन्वादेशक (anaphoric) होने के कारण ही वर्णनात्मक 'जब' उपवाक्य मुख्य उपवाक्य से पूर्व नहीं जाता। मुख्य उपवाक्य में सन्निविष्ट होने पर भी यह उस कालवाचक घटक से पूर्व नहीं जाता जिसका यह वर्णन करता है।

निर्देशात्मक जब–उपवाक्य के बिना मुख्य उपवाक्य अपूर्ण होता है। इसलिए दोनों में दृढ़ संबंध होता है, जो टूटता नहीं। चूँकि वर्णनात्मक 'जब' उपवाक्य के बिना भी मुख्य उपवाक्य लगभग पूर्ण होता है, इसलिए दोनों उपवाक्यों में ऐसे दृढ़ संबंध की अपेक्षा नहीं होती, बल्कि संबंध शिथिल होने से दोनों टूटकर अलग वाक्यों में भी परिणत हो सकते हैं, बिना विशेष अर्थ परिवर्तन के। उदाहरण के लिए–

(1). बात **उन दिनों** की है **जब** मैं बी.ए. में थी।

(2). बात **कुछ समय पहले** की है, **जब** मैं बी0ए0 में थी।

पहले वाक्य में निर्देशात्मक 'जब' का प्रयोग हुआ है और दूसरे वाक्य में वर्णनात्मक 'जब' का। दूसरे वाक्य को इन रूपों में बदल सकते हैं, पहले वाक्य को नहीं, जैसे–

(3). बात **कुछ समय पहले** की है, **तब/और तब/उस समय** मैं बी0ए0 में थी।

(4). बात **कुछ समय पहले** की है। मैं बी0ए0 में थी।

(5). बात **उन दिनों** की है | *तब
*उस समय | मैं बी.ए. में थी।

वाक्य (1) में उपवाक्यों का क्रम उलट सकते हैं, वाक्य (2) में नहीं।

(1–क). जब मैं बी0ए0 में थी उन दिनों की बात है।

(2–क). ??जब मैं बी0ए0 में थी, कुछ समय पहले की बात है।

वर्णनात्मक 'जब' उपवाक्य के अपेक्षाकृत स्वतंत्र होने अथवा मुख्य तथा गौण दोनों उपवाक्यों के समतुल्य होने के संकेत अन्य बातों से भी मिलते हैं। यथास्थान इनका वर्णन आगे किया जाएगा।

निर्देशात्मक जब–उपवाक्य

नीचे निर्देशात्मक जब–उपवाक्य के कुछ उदाहरण दिये जा रहे हैं–

(6). मैं **उस आयु** से गुजर रहा था **जब** हर दिन होली की मस्ती लेकर आता है और हर रात दिवाली की जगमगाहट और वैभव भरे उन्माद में डूब जाती है।

(7). **वह दिन** दूर नहीं, **जब** मरने के लिए भी लाइन में खड़ा होना पड़ेगा।

(8). यह **वह अवस्था** है **जब** किसी फूल में पाँच पंखड़ियाँ होती हैं।

(9). हम **वह बरसात** नहीं भूलेंगे **जब** हमारी गाड़ी रास्ते में फँस गयी थी।

(10). **वह समय** ठीक नहीं था **जब** वह आया।

इन वाक्यों में कुछ बातें ध्यान देने योग्य हैं। जब–उपवाक्य वाक्यांत में हैं। मुख्य उपवाक्य में कही हुई बात पर बल देने के लिए यह क्रम अपनाया गया लगता है। मुख्य उपवाक्य में प्रयुक्त कोई भी कालवाचक घटक कालवाचक क्रियाविशेषण नहीं है, बल्कि उनका प्रयोग कर्ता, कर्म, पूरक आदि प्रकार्यों में हुआ है। 'दिन' और 'समय' की भाँति 'अवस्था', 'बरसात' तथा 'आयु' भी समय का बोध कराते हैं। ये सभी संज्ञा पद हैं।

'जब' के निर्देशात्मक रूप को स्पष्टता से देखने के लिए उपर्युक्त वाक्यों का रूपांतरण इस प्रकार हो सकता है–

(11). **वह दिन** दूर नहीं **जिस दिन** मरने के लिए भी लाइन में खड़ा होना पड़ेगा। (देखें–वाक्य (7)) इत्यादि।

निर्देशात्मक 'जब' को कभी–कभी निर्देशात्मक 'जो' से बदला भी जा सकता है। निम्नलिखित वाक्यों पर विचार करें–

(12). **साधारण फल** उसे कहते हैं | **जब यह** / **जो** | एक फूल के अण्डाशय से विकसित होता है।

(13). **सड़ा फल** उसे कहते हैं | **जब यह** / **जो** | दुर्गंध फैलाने लगता है।

(14). इसलिए कोशिका की **उस अवस्था** को | **जब उसमें** / **जिसमें** | वृद्धि होती है, विभाजनान्तराल अवस्था कहते हैं।

(15). कुंती ने स्पष्ट शब्दों में **वह कथा** कह डाली | **जब** / **जिसमें** | कन्या दशा में ही उसने कर्ण को जन्म दिया था।

'साधारण फल' फल की एक किस्म है जिसका संबंध उसके विकास की प्रक्रिया से है। इसी तरह 'सड़ा फल', 'अवस्था' व 'कथा' भी समयबद्ध हैं, जिससे इन सबके लिए मूल पाठ में कालवाचक 'जब', जो यहाँ निर्देशात्मक है, का प्रयोग हुआ है। इसलिए रूपांतरण में इन सभी संज्ञापदों के लिए निर्देशात्मक 'जो' सर्वनाम का प्रयोग संभव है, उदाहरणार्थ–

(16). **जो फल** एक फूल के अण्डाशय से विकसित होता है **उसे** साधारण फल कहते हैं। (देखिए–वाक्य–12) इत्यादि।

'जब' का निर्देशात्मक प्रयोग पूरक उपवाक्यों में द्रष्टव्य है–

(17). मैं जानता हूँ, तुम **कब / जब** जाना चाहते हो।

(18). सबको मालूम है, तुम **कब / जब** आओगे।

'जब' का तात्पर्य है 'वह समय जब'। 'कब' तथा 'जब' में 'जब' सकारात्मक है–

(19). मैं **नहीं** जानता, तुम **कब / ??जब** जाना चाहते हो।

इसके अलावा 'कब' तथा 'जब' में एक और अंतर दिखायी देता है–

(20). मैं जानता हूँ **कि** तुम **कब / ??जब** जाना चाहते हो।

'कि' के साथ 'जब' का प्रयोग असंगत है।

वर्णनात्मक जब–उपवाक्य

वर्णनात्मक 'जब' के कुछ उदाहरण नीचे दिये जा रहे हैं–

(21). पौ–फट होने के पहले **जब हाथ से हाथ नहीं सूझता था,** घर से चल खड़े हए। (बालकृष्ण भट्ट)

(22). बाज कीड़े न जाने कहाँ से पैदा हो फूल को विकास के पहले ही **जब वह कली रहता है** उसे नष्ट कर डालते हैं। (वही)

(23). कोई जमाना था, **जब लड़की के घर की दहलीज पार करना भी मुहाल था।**

वाक्य (21) तथा (22) में वर्णनात्मक जब–उपवाक्य मुख्य उपवाक्य में सन्निबिष्ट है, किंतु वह जिस कालखण्ड का वर्णन करता है उसके पश्चात ही प्रयुक्त हुआ है। वह उससे पूर्व नहीं जा सकता। वाक्य (23) में उसका प्रयोग वाक्यांत में हुआ है। सभी वर्णनात्मक उपवाक्य पहले से उक्त कालखण्ड का वर्णन करते हैं, उसके बारे में अतिरिक्त सूचना जोड़ते हैं तथा उक्त कालखण्ड से उसकी समतुल्यता दर्शाते हैं। वाक्य (21) में 'जब' से पूर्व वृद्धिसूचक 'और' रख सकते हैं ....'और जब हाथ से हाथ नहीं सूझता था...' और इसी प्रकार वाक्य (22) में 'जब' से पूर्व 'अर्थात्' जोड़ सकते हैं, जो पर्यायता या समतुल्यता का परिचायक है '...अर्थात् जब वह कली....'। मुख्य उपवाक्य में प्रयुक्त कालवाचक पद या अंश अपने संकेतार्थ के लिए जब–उपवाक्य पर निर्भर नहीं होता, बल्कि वह स्वतंत्र होता है। इसलिए उससे पूर्व यथास्थान 'एक', 'कोई', 'कुछ' आदि विशेषकों का प्रयोग संभव हो जाता है। वाक्य (23) में 'जमाना' से पूर्व 'कोई' का प्रयोंग द्रष्टव्य है। 'कोई' के स्थान पर 'एक' का भी प्रयोग किया जा सकता है।

निर्देशात्मक जब–उपवाक्य की तरह वर्णनात्मक जब–उपवाक्य का मुख्य उपवाक्य से दृढ़ संबंध नहीं होता। वह प्रायः मुख्य उपवाक्य से संयोजक 'और' के

माध्यम से जुड़ सकता है। वह मुख्य उपवाक्य से टूटकर स्वतंत्र वाक्य में भी बदल सकता है। उदाहरण के लिए–

(24). **मध्य युग में** भक्ति का एक प्रबल प्रवाह बहा, दार्शनिक वादों ने जन्म लिया।	**जब** **तब** **और तब**	अनेक
(25). **विवाह से पहले** प्यार केवल आकर्षण पर आधारित होता है, कुछ स्वर्णिम स्वप्नों की रंगभूमि पर तैरता उतराता दीखता	**जब** **तब** **और तब**	सभी है।

इन वाक्यों को दो स्वतंत्र वाक्यों में रूपांतरित किया जा सकता है–

(26). मध्ययुग में भक्ति का एक प्रबल प्रवाह बहा। अनेक दार्शनिक वादों ने जन्म लिया।

(27). विवाह से पहले प्यार केवल आकर्षण पर आधारित होता हैं। सभी कुछ स्वर्णिम स्वप्नों की रंगभूमि पर तैरता उतराता दीखता है।

यह ध्यान देने योग्य है कि जहाँ वर्णनात्मक जब–उपवाक्य मुख्य उपवाक्य के मध्य में होता है वहाँ 'जब' के बदले 'तब' को नहीं रखा जा सकता (देखिए वाक्य (21) तथा (22))। वाक्य (23) में 'जब' के बदले 'तब' रख सकते हैं, क्योंकि जब–उपवाक्य वाक्यांत में है।

कभी–कभी मुख्य उपवाक्य में कालवाचक अंश का स्पष्ट कथन नहीं होता। नीचे का वाक्य देखें–

(28). इन्हें रंजना का सकुचाया, सिमटा, शर्म से लाल चेहरा याद आ गया, **जब** पहली बार उन्होंने उसे देखा था।

वर्णनात्मक होने से 'जब' के स्थान पर 'तब' का प्रयोग किया जा सकता है, '**तब** पहली बार उन्होंने...'। वर्णनात्मक 'जब' के बदले कहीं 'कि' का प्रयोग भी मिलता है। यह 'कि' दो उपवाक्यों की तुल्यता या पर्याय का सूचक है–

(29). बड़ी मुद्दत हुई **कि/जब** अंग्रेज लोग जर्मनी से आये थे।

(30). एक जमाना था **कि/जब** लोगों में आपसी भाईचारा था।

मुख्य उपवाक्य में कालवाचक पद से पूर्व 'ऐसा' का प्रयोग भी मिलता है, जैसे–

(31). कोई **ऐसा** दिन न बीतता था **जब** वह फ़ोन न करती हो।

(32). एक वक्त **वह** था **जब** नई हिरोइन को साधारण लिपिस्टिक तक के लिए लड़ना पड़ता था।

समयवाचक घटक से पूर्व 'कोई' या 'एक' का प्रयोग यह स्पष्ट संकेत करता है कि 'जब' निर्देशात्मक नहीं है। इन वाक्यों में 'ऐसा' तथा 'वह' का लोप करने पर जब–उपवाक्य का वर्णनात्मक रूप और स्पष्ट हो जाता है।

निम्नलिखित वाक्य में 'ऐसे' का प्रयोग देखें–

(33). **मानसून में जब** वनस्पति प्रचुर मात्रा में होती है और उन्हें अपना घोंसला तैयार करने के लिए सामग्री आसानी से उपलब्ध हो जाती है,

ऐसे में **ऐसे मानसून में** **तब**	इनके प्रजनन काल का समय जून से अगस्त तक रहता है।

'ऐसे में' या 'तब' पूर्व उल्लिखित समय का ही संकेत कर रहे हैं।

जैसे वर्णनात्मक 'जो' के साथ स्वार्थिक 'कि' का प्रयोग प्रायः होता है वैसे ही वर्णनात्मक 'जब' के साथ भी स्वार्थिक 'कि' का प्रयोग प्रायः मिलता है। कुछ उदाहरण द्रष्टव्य हैं–

(34). कल तक, **जबकि** ड्यूक जीवित था, इसमें किसी को संशय नहीं था।

(35). अब **जबकि** वे रहे नहीं, तो उनकी निंदा क्यों करते हैं?

(36). यह पहला मौका था **जबकि** उसे इस तरह अपमान का घूँट पीना पड़ा था।

(37). मगर ताड़ और खजूर का रस यदि सूर्योदय के पहले ही पिया जाये, **जबकि** उसमें फेन नहीं आया होता तो बड़ा उपकारी होता है। इत्यादि।

3.1.2. उद्देश्य या टॉपिक के वाचक के रूप में 'जब'

जब–उपवाक्य का एक विशेष प्रयोग वह है जब वह काल को उद्देश्य या वर्ण्य विषय (Topic) के रूप में प्रस्तुत करता है। वह कालवाचक क्रियाविशेषण के रूप में नहीं, अपितु उद्देश्य या टॉपिक के रूप में काम करता है और तब–उपवाक्य में इस टॉपिक का वर्णन किया जाता है। 'कब' प्रश्न के उत्तर के रूप में उसे देखना सही नहीं है। नीचे कुछ उदाहरण प्रस्तुत हैं–

(1). **जब** उसकी आँखें खुलीं **तब** काफ़ी धूप चढ़ चुकी थी। कमरे में और बाहर हर तरफ सन्नाटा खिंचा हुआ था।

(2). बाबू जी जब लौटते, **तब** प्रायः कभी कोई भिखारी दालान में भोजन करता रहता, कभी कोई सूरदास दरवाजे पर भजन सुनाता होता, कभी कोई वृद्धा ब्राह्मणी देहली पर सीधा गठियाते मिलती।

(3). **जब** मैं गाड़ी से उतरा **तब** स्टेशन से धूप जा रही थी।

पहले वाक्य में जब–उपवाक्य इन प्रश्नों का उत्तर नहीं है, 'कब काफ़ी धूप चढ़ चुकी थी?' 'कब कमरे में और बाहर सन्नाटा खिंचा हुआ था?'। बल्कि इस वाक्य में उसकी आँख खुलने का समय वर्ण्य विषय है और आगे उसका वर्णन है। अन्य वाक्यों में भी **जब** तथा **तब**–उपवाक्यों में यही संबंध है, वर्ण्य और वर्णन का संबंध। पूरे वाक्य को लक्ष्य करके इस तरह के प्रश्न बन सकते हैं–

प्रश्न– जब उसकी आँखें खुलीं तब उसने **क्या** देखा?
जब उसकी आँखें खुलीं तब क्या (हाल) था?

वाक्य (1) को इन प्रश्नों के उत्तर के रूप में देख सकते हैं।

जब–उपवाक्य कब टॉपिक बनता है, यह जानने के लिए दोनों उपवाक्यों में व्यक्त कालों में प्राप्त विभिन्न संबंधों पर दृष्टिपात करना होगा। ये संबंध तीन प्रकार के हो सकते हैं–

(I) व्याप्य–व्यापक संबंध,

(II) निश्चित–अनिश्चित संबंध, या

(III) दोनों।

जब–उपवाक्य जब व्याप्य हो, या अनिश्चित हो या व्याप्य और अनिश्चित दोनों हो तथा तब–उपवाक्य व्यापक हो, या निश्चित हो अथवा दोनों हो तब जब–उपवाक्य टॉपिक बनता है। इन संबंधों को स्पष्ट करने के लिए नीचे उदाहरण दिये जा रहे हैं–

(4). क. जब पानी बरस रहा था तब सोहन आया।

ख. जब सोहन आया तब पानी बरस रहा था।

पानी बरसना व्यापक है तथा सोहन का आना व्याप्य है। पानी बरसने के बीच सोहन आया। (4–क) वाक्य में जब–उपवाक्य व्यापक समयवाला है तथा तब–उपवाक्य व्याप्य समयवाला है। 'सोहन कब आया?' इस प्रश्न का सही उत्तर है, 'जब पानी बरस रहा था'। (4–ख) वाक्य में विपरीत संबंध हैं। जब–उपवाक्य व्याप्य तथा तब–उपवाक्य व्यापक है। 'कब पानी बरस रहा था? इस प्रश्न का संतोषजनक उत्तर 'जब सोहन आया', यह नहीं हो सकता। 'जब सोहन आया तब कैसा मौसम था?', वाक्य (4–ख) इस प्रश्न का सही उत्तर हो सकता है। यह ध्यान देने योग्य है कि 'सोहन कब आया?' इस प्रश्न का उत्तर वाक्य (ख) भी हो सकता है, इसमें कोई द्विविधा नहीं है, किंतु इस प्रश्न का पहला उत्तर, जो अधिक सामान्य है, वह वाक्य (4–क) है। स्पष्ट है, व्याप्य–व्यापक में व्यापक ही सही अर्थों में व्याप्य घटना का काल सूचित करता है।

कालों में निश्चित–अनिश्चित का संबंध इस वाक्य में देखें–

(5). क. जब वह आया तब रात के 2 बजे थे।

ख. जब रात के 2 बजे थे तब वह आया।

उसके आने का समय अनिश्चित है तथा रात के 2 बजने का समय निश्चित है। निश्चित काल द्वारा अनिश्चित काल का निश्चय कराया जा रहा है। 'वह कब आया?', यह प्रश्न बनता है, किंतु 'रात के 2 कब बजे थे?' यह प्रश्न नहीं बनता। जो पहले से निश्चित है उसे निश्चित करने का प्रश्न नहीं उठता। प्रश्न अनिश्चय की स्थिति में होता है। यहाँ भी यह ध्यातव्य है कि 'वह कब आया?', इस प्रश्न के उत्तर (5–क) तथा (5–ख) दोनों वाक्य हो सकते हैं। किंतु वाक्य (5–ख) अधिक सहज उत्तर है।

कालों में व्याप्य–व्यापक तथा निश्चित–अनिश्चित दोनों संबंध इकट्ठे दिखायी पड़ सकते हैं, जैसे–

(6). क. जब कृष्ण पैदा हुए तब भादों का महीना था।

ख. जब भादों का महीना था तब कृष्ण पैदा हुए।

कृष्ण के पैदा होने का समय व्याप्य और अनिश्चित है तथा भादों का महीना व्यापक और निश्चित है। वाक्य (6–क) में कृष्ण के पैदा होने के समय का वर्णन है, भादों का महीना था, कृष्ण पक्ष था, अँधियारी रात थी, इत्यादि।

'भादों का महीना कब था?' यह प्रश्न नहीं बनता। वाक्य (6–ख) में कृष्ण के पैदा होने के समय का निश्चय कराया जा रहा है। 'कृष्ण कब पैदा हुए?', इसका उत्तर है, 'जब भादों का महीना था'। इस प्रश्न का उत्तर वाक्य (6–क) भी हो सकता है।

जब दोनों उपवाक्यों में उल्लिखित काल समान विस्तारवाले हों तो दोनों एक दूसरे के काल निर्धारक बन सकते हैं। दोनों काल संकुचित विस्तार या विंदुवाले भी हो सकते हैं। नीचे कुछ उदाहरण दिये जा रहे हैं–

(7). क. जब पानी बरस रहा था तब लड़का सो रहा था।

ख. जब लड़का सो रहा था तब पानी बरस रहा था।

वाक्य के दोनों उपवाक्यों में अपूर्ण कालवाली क्रियाएँ हैं। 'कब लड़का सो रहा था?' इसका उत्तर वाक्य (7–क) है और 'कब पानी बरस रहा था?' इसका उत्तर वाक्य (7–ख) है।

निम्नलिखित वाक्य युग्म में पूर्ण कालवाली क्रियाएँ हैं, यानी कालविस्तार की दृष्टि से समान हैं–

(8). क. जब सोहन आया तब लड़का गया।

ख. जब लड़का गया तब सोहन आया।

'लड़का कब गया?' इस प्रश्न का उत्तर (8–क) है तथा 'सोहन कब आया?' इस प्रश्न का उत्तर (8–ख) है।

यहाँ यह विशेष रूप से उल्लेखनीय है कि 'जब–उपवाक्य' को टॉपिक बनने के लिए यह आवश्यक नहीं है कि वह सदैव व्याप्य तथा अनिश्चित ही हो। वह काल की दृष्टि से समान विस्तारवाला या निश्चित समयवाला भी हो सकता है उदाहरणार्थ–

(9). **जब पानी बरस रहा था** तब ठंडी हवा चल रही थी, बादल गरज रहे थे और बिजली चमक रही थी।

(10). **जब रात के 11 बजे थे** तब हॉल खाली हो चुका था, मौसम खराब होने पर भी लोग अपने घरों को ज़ा चुके थे।

वाक्य (9) में जब तथा तब–उपवाक्य, दोनों में समान विस्तारवाले काल हैं।

3.1.3. जब = कारण, शर्त, परिस्थिति

समय, परिस्थिति, शर्त, कारणादि एक दूसरे से जुड़े हुए हैं। इसलिए कालवाचक 'जब–तब' इन विभिन्न अर्थों में प्रयुक्त होता दिखायी देता है। जब 'जब' शर्त या कारण के अर्थ में प्रयुक्त होता है तब उसके बदले 'यदि' का सहज रूप में प्रयोग किया जा सकता है। जहाँ कारण या शर्त का भाव नहीं होता, बल्कि केवल कालवाचक के रूप में 'जब' प्रयुक्त होता है वहाँ उसके स्थान पर 'जिस समय' का प्रयोग किया जा सकता है।

यह ध्यान देने योग्य है कि 'जब' तथा 'जिस समय' एक अर्थवाले हैं किंतु वे पूर्ण पर्यायवाची नहीं हैं। 'जिस समय' से शर्त, कारणादि का अर्थ नहीं प्राप्त होता। उदाहरण के लिए, इस वाक्य पर विचार करें–

(1). **जब** वह आएगा **तब** मैं जाऊँगा।

इस वाक्य के दो अर्थ हैं, (i) मैं उस समय जाऊँगा जिस समय वह आएगा। मेरे जाने के समय का निर्देश जब–उपवाक्य द्वारा किया जा रहा है, (ii) जब उसके आने की शर्त पूरी होगी तब मैं जाऊँगा। इस व्याख्या में 'जब' शर्तवाचक है। मेरे जाने के समय का निर्देश जब–उपवाक्य द्वारा नहीं किया जा रहा है। शर्त पूरी होने पर मैं कभी भी जा सकता हूँ। इन दोनों अर्थों को अलग–अलग करने के लिए वाक्य (1) को क्रमशः इन रूपों में रखा जा सकता है–

(2). **जिस समय** वह आएगा **उस समय** मैं जाऊँगा।

(3). **यदि** वह आएगा **तो** मैं जाऊँगा।

वाक्य (2) में शर्त का भाव नहीं है और वाक्य (3) में काल या समय का भाव नहीं है। 'जब' दोनों भावों को प्रकट कर सकता है।

नीचे कुछ अन्य वाक्य दिये जा रहे हैं, जिनमें 'जब' के बदले अलग–अलग अर्थों में 'जिस समय' तथा 'यदि' को रखा जा सकता है–

(4).	**जब** **जिस समय** **यदि**	पानी बरसता है	**तब** **उस समय** **तो**	मौसम ठंडा हो जाता है।

(5).	**जब कभी** **यदि कभी** **जिस भी समय**	वह पैसा देने में आनाकानी करती,	**तब** **तो** **उस समय**

दोनों के बीच झगड़ा होता।

(6).	**जब कभी** **यदि कभी** **जिस समय**	ये सहेलियाँ मिल बैठतीं	**तो** **तो** **उस समय**	मानो यौवन और

सौंदर्य का एक ज्वार–भाटा सा आ जाता।

कारण–कार्य भाव को जहाँ स्पष्टता से व्यक्त करना आवश्यक हो वहाँ 'यदि–तो' का प्रयोग अभीप्सित है।

जब 'जब' कालवाचक न हो, बल्कि उससे केवल कारण–कार्य भाव ही व्यक्त हो रहा हो तब उसके स्थान पर 'जिस समय' का प्रयोग करना समीचीन नहीं है। उसके स्थान पर 'यदि' का प्रयोग हो सकता है। उदाहरणार्थ–

(7). **जब / यदि / *जिस समय** तीस–बत्तीस वर्ष बाद ही के संस्करण में इतना संशोधन हो गया था, **तब / तो / *उस समय** आधुनिक संस्करणों के विषय में कुछ तर्क–वितर्क करना व्यर्थ है।

(8). **जब / यदि / *जिस समय** वही झूठ बोल रहा था **तब / तो / *उस समय** दूसरों से क्या उम्मीद है?

(9). **जब / यदि / *जिस समय** स्वयं देवी मइया उनकी मुलिया को ले जाने को उत्सुक थीं **तब / तो / *उस समय** कोई दवा न करना अच्छा ही हुआ।

(10). **जब / यदि / *जिस समय** कपड़े कीमती हों **तो / *उस समय** ईज़ी से धोएँ।

(11). **जब / यदि / *जिस समय** आपको काम मिल गया है **तब / तो / *उस समय** आप यहाँ क्यों खड़े हैं? इत्यादि।

जहाँ 'जब' मुख्यतः कालवाचक हो और उसमें कारण–कार्य भाव न हो वहाँ उसके स्थान पर 'जिस समय' का प्रयोग तो हो सकता है किंतु 'यदि' का प्रयोग नहीं। उदाहरण के लिए–

(12). **जब / जिस समय / ??यदि** वह घर लौटता **तो / उस समय / ?? तो** जैसे शहर भर का दर्द बटोर लाता।

(13). **जब / जिस समय / *यदि** उसकी नज़र चार औंस की मोमबत्ती पर पड़ी **तो** वह फिर से लेट गया।

(14). **जब / जिस समय / *यदि** उसने रूपये लौटाये **तब / उस समय / *तो** उसे जाने दिया।

(15). **जब / जिस समय / *यदि** वह घर लौटता **तब / उस समय / *तो** शाम हो जाती। इत्यादि

वाक्य (14) में कारण–कार्य भाव होने पर भी 'यदि' का प्रयोग अशुद्ध है।

'यदि–तो' जहाँ कारण–कार्य भाव को नहीं दर्शाते वहाँ उनके बदले 'जब–तब' का प्रयोग नहीं होता, जैसे–

(16). **यदि / *जब** उसे लाल रंग की साड़ी पसंद थी **तो** बुंदा को एक लंबी फ्राकनुमा ड्रेस।

(17). **यदि / *जब** तुम नहाना चाहते हो **तो** तौलिया गुसलखाने में है।

(18). **यदि/*जब** सूकी के कानों में भारतीय बुंदे थे **तो** जेना के हाथों में लाख के राजस्थानी चमकीले कड़े।

जहाँ परिभाषा देनी हो वहाँ 'जब' तथा 'यदि' में पर्याय संबंध दिखायी देता है–

(19). **जब** कोई राजा 'हिरण्य' सोने का लालची हो, अन्न देव की भक्ति से विमुख हो, केवल 'हिरण्य' सोने पर ही दृष्टि रखता है **तब** उसका नाम 'हिरण्याक्ष' होता है।

यहाँ 'जब' के स्थान पर 'यदि' को रखा जा सकता है।

नीचे एक ही वाक्य में एक जगह 'यदि' का प्रयोग हुआ है तो दूसरी जगह उसी अर्थ में 'जब' का प्रयोग हुआ है,–

(20). **यदि** किसी फूल को बीच से उदग्र काटें **तो** जिसमें बराबर भाग न हों उसे असम्मितीय कहते हैं तथा **जब** काटने पर फूल के दोनों भाग बराबर–बराबर हों **तो** उसे सम्मितीय कहते हैं।

शर्त या कारण–कार्य भाव के प्रसंग में ऊपर 'यदि' तथा 'जब' दोनों में प्राप्त समतुल्यता का वर्णन किया गया। यहाँ प्रश्न उठता है, क्या शर्त या कारण–कार्य की अभिव्यक्ति को लेकर दोनों में कोई भेद भी है या नहीं। विचार करने पर दोनों में किंचित भेद किया जा सकता है। यदि शर्त दुर्बल है अर्थात् उसके घटित होने की संभावना क्षीण हो तो प्रायः 'यदि' का प्रयोग किया जाता है और यदि शर्त बलवान है, अर्थात् उसके घटित होने की संभावना तीव्र दिखायी दे रही हो तो 'जब' का प्रयोग अधिक अनुकूल होता है। 'जब' तथा 'यदि' के बदलाव से कोई व्याकरणिक दोष तो उत्पन्न नहीं होता किंतु शैली में प्रभाव का अंतर तो पड़ता ही है। सच तो यह है कि शर्त के बल को लेकर संरचना में एक क्रम दिखायी देता है। कारण प्रश्न से उठकर निश्चय की कोटि तक पहुँचता है। निम्नलिखित वाक्य समुच्चयों पर विचार करें–

(21). क. **क्या** तुम बाजार जा रहे हो? **तो** मेरी दवा लेते आना।

ख. **यदि** तुम बाजार जा रहे हो **तो** मेरी दवा लेते आना।

ग. **जब** तुम बाजार जा रहे हो **तो** मेरी दवा लेते आना।

घ. **चूँकि** तुम बाजार जा रहे हो **इसलिए** मेरी दवा लेते आना।

(21–क) में हाँ/नहीं का प्रश्न नहीं है, बल्कि दवा मँगानेवाले को कहीं से आभास मिला है कि कोई बाजार जा रहा है। किंतु 'यदि' का प्रयोग करने के लिए यह आभास बहुत क्षीण है। (21–ख) में थोड़ा निश्चय बढ़ा है, किंतु (21–ग) से कम है। (21–ग) में दवा मँगानेवाले को लगभग निश्चय हो चुका है कि 'तुम' बाजार जा रहे हो। (21–घ) में कारण पक्का है, जिसकी अभिव्यक्ति 'चूँकि–इसलिए' द्वारा हो रही है।

नीचे के वाक्यों में 'यदि' की अपेक्षा 'जब' का प्रयोग ही अधिक उपयुक्त है क्योंकि दोनों वाक्यों में अधिक निश्चय के साथ कारण या शर्त का उल्लेख हैं–

(22). **जब** किसी पर हुक्म चलाने को मिल जाता है **तो** किसे खुशी नहीं होती?

(23). **जब भी** तेज हवा चलती **तो** वह ढहा हुआ मकान बेहद खौफ़नाक हो जाता था।

जहाँ शर्त लगभग तथ्य या तथ्य के रूप में हो वहाँ सामान्य रूप से 'जब' का प्रयोग मिलता है। नीचे के वाक्य द्रष्टव्य हैं–

(24). **जब** अग्निदाह से तन्तुओं की मोटी पर्तें जल जाती हैं **तब** व्यक्ति को मृत्यु से बचाना लगभग असंभव हो जाता है।

(25). स्वाभाविक अवस्था में **जब** प्रश्वसन के समय वक्ष फूलता है, **तो** प्लूरा के ऋणदाब के बढ़ जाने से दोनों फुफ्फुसों में स्वरयंत्र मार्ग से वायु प्रवेश करती है।

जहाँ कारण सद्योज्ञात हो वहाँ भी 'यदि' की तुलना में 'जब' का प्रयोग अधिक दिखायी पड़ता है, उदाहरणार्थ–

(26). **जब** यही है हकीकत ज़िंदगी की **तो** फिर क्यों न जीने का अंदाज़ बदलकर हर लमहे को यादगार बना लें?

(27). **जब** तुम इतना कहती हो **तो** कल एक ब्राह्मण को अवश्य जिमा दूँगा।

(28). **जब** मेरा शरीर इतना निकम्मा था कि इनके सुख दुख में दो–चार रात जागना भी सहज नहीं, **तब** किस बूते पर मैंने उन बालिकाओं को उनकी माताओं से इतनी दूर ला रखा है?

जब–उपवाक्य में व्यक्त सूचना से वक्ता अभी–अभी अवगत हुआ है, ज़िंदगी की हकीकत का ज्ञान उसे अभी–अभी हुआ है, वाक्य (26) इत्यादि।

उपर्युक्त वाक्यों में 'जब' के स्थान पर 'यदि' का प्रयोग किया जा सकता है, किंतु थोड़ा अर्थभेद के साथ। सद्योज्ञात कारण के प्रति वक्ता के मन में उत्पन्न शंका भाव का व्यंजक है 'यदि'।

कारण के प्रति आश्वस्त होने का भाव कभी इतना दृढ़ हो सकता है कि 'जब' का स्थान 'चूँकि' ले सकता है–

(29). क. **जब** चोरी पकड़ ही ली गयी **तो** उसने इक़बाल कर लिया।

ख. **चूँकि** चोरी पकड़ ही ली गयी **इसलिए** उसने इक़बाल कर लिया।

शर्त या स्थितिवाचक 'जब' के बदले कभी–कभी 'जबकि' का प्रयोग मिल जाता है, जैसे–

(30). यह **तभी** हो सकता है **जबकि** उपर्युक्त चारों संघटकों के बीच संतुलन हो।

(31). **जबकि** सभी अपने–अपने को सुखी मानते हैं **तो** कौन कह सकता है कि यही स्थान सफल सुख की खान है?

(32). **जबकि** हमारे राजनीतिक संसार में एक फ़ेडरेशन की नींव डाली जा रही है, **तब** क्यों न हम साहित्यिक संसार में भी एक फ़ेडरेशन की स्थापना करें?

3.1.4. जब तक–तब तक

'जब तक' का प्रयोग अवधि, समय विंदु तथा शर्त के अर्थों में होता है। अवधि का भाव तीनों अर्थों में विद्यमान है। केवल प्रमुखता की दृष्टि से समय विंदु तथा शर्त का नाम लिया जा रहा है। तीनों अर्थों में 'जब तक' के प्रयोग नीचे दिये जा रहे हैं–

(1). **ज़ब तक** पानी **बरसता है/बरस रहा है तब तक** तुम यहीं ठहरो। (अवधि)

(2). **जब तक** वह सुबह सोकर उठता है **तब तक** मैं सैर पर निकल जाता हूँ। (विंदु)

(3). **जब तक** तुम मेहनत नहीं करोगे **तब तक** तुम प्रतियोगिता में सफल नहीं हो सकते। (शर्त)

वाक्य (1) में अवधि का अर्थ स्पष्ट है। वाक्य (2) में समय विंदु को स्पष्टता से देखने के लिए वाक्य को इस रूप में रख सकते हैं, 'वह सुबह उठता है, **उससे पहले** मैं सैर पर निकल जाता हूँ।'

वाक्य (3) में 'जब तक–तब तक' के स्थान पर 'यदि–तो' को रख सकते हैं।

अवधि तथा विंदु के अर्थ में 'तक' का प्रयोग 'जब तक' ही सीमित नहीं है, अपितु अन्य संदर्भों में भी होता है। क्रिया यदि अपूर्ण पक्ष (Imperfective) की है तो 'तक' का प्रयोग होने पर सहज रूप में अवधि का बोध होता है और यदि क्रिया पूर्ण पक्ष (Punctual) या विंदुपरक है तो सहज रूप में विंदु का अर्थ प्राप्त होता है, उदाहरणार्थ–

(4). वह **शनिवार तक** यहाँ रहेगा।

(5). वह **शनिवार तक** यहाँ आएगा।

वाक्य (4) में 'रहना' क्रिया अपूर्ण पक्ष (Imperfective) की है, इसलिए 'तक' अविधवाचक है। वाक्य (5) में 'आना' क्रिया पूर्ण पक्ष (Punctual) या विंदुपरक है, इसलिए इस वाक्य का सामान्य अर्थ है, 'वह शनिवार को यहाँ आएगा'। यदि वक्ता के मन में बारंबारता का भाव है तो इस वाक्य से अवधि का अर्थ भी ग्रहण किया जा सकता है, 'शनिवार तक उसके आने का क्रम जारी रहेगा'। काल की तरह स्थान के साथ भी 'तक' अवधि या विंदु/गंतव्य का अर्थ देता है, जैसे–

(6). मैं **बाजार तक** जा रहा हूँ, कुछ मँगाना हो तो बताओ।

(7). यह सड़क **रेलवे फाटक तक** जाती है।

'मैं बाजार जा रहा हूँ' सामान्य रूप से इसी अर्थ में वाक्य (6) की व्याख्या होती है। यहाँ बाजार गंतव्य स्थान है। 'तक' इसी गंतव्य का बोध कराता है,

विस्तार का नहीं। 'बाजार को जा रहा हूँ' यह अर्थ है। वाक्य (7) में 'तक' विस्तार या अवधि का सूचक है।

आगे 'जब तक' के विभिन्न प्रयोगों के कुछ और उदाहरण दिये जा रहे हैं।

अवधि

(8). फूल, जैसे **जब तक** कली के रूप में हो बंद रहता है, **(तब तक)** डाल और पत्तों की आड़ में मुदा हुआ न जाने किस कोने में पड़ा रहता है?

(9). मैं **तब तक** जिंदा रहना चाहती हूँ **जब तक** मेरे हाथ पैर चलते रहें।

(10). ऐसी औरतों के साथ **तब तक** उसकी कशकमश चलती है **जब तक कि** रूप–यौवन अथवा अपने अहं का कोई अंश उसके भीतर बना रहता है।

समय विंदु

जहाँ दो क्रियाओं में पौर्वापर्य संबंध होता है वहाँ एक क्रिया के घटित होने से पूर्व दूसरी क्रिया घटित होती है। जो क्रिया बाद में घटित होती है या जो क्रिया अघटित रह जाती है उसके साथ 'जब तक' का प्रयोग होता है और पहले घटित होनेवाली क्रिया के साथ 'तब तक' का प्रयोग होता है। कुछ उदाहरण द्रष्टव्य हैं–

(11). हम टाइल्स लेकर **जब तक** आते **तब तक** वो जा चुके थे।

(12). **जब तक** हम कुछ बोलते **तब तक** पुलिस अधिकारी ने हमारा हाथ पकड़ लिया और कहा...।

(13). **जब तक** मैं भागकर बाहर आया, (**तब तक**) उसके कई गुब्बारे फूट चुके थे।

(14). फसल **जब तक** पकने की दशा में आती है **तब तक** वर्षाकालीन संचित नमी समाप्त हो जाती है।

उपर्युक्त वाक्यों में दो क्रियाओं में पौर्वापर्य क्रम देखने के लिए इन वाक्यों को रूपांतरित किया जा सकता है, 'हम टाइल्स लेकर आते, **उससे पहले** वो जा चुके थे' इत्यादि। 'जब तक' के साथ भी 'उससे पहले' का प्रयोग हो सकता है–

(15). **जब तक** ये दुष्ट सुलतान के स्थान पर पहुँच पाएँ, **उससे पहले** ही वह उस स्थान से निकल चुका था।

यहाँ यह विशेष रूप से ध्यान देने योग्य है कि कभी बाद की क्रिया के घटित होने का स्पष्ट संकेत मिलता है तो कभी इस बात को लेकर अनिश्चय की स्थिति बनी रहती है कि बाद की क्रिया घटित हुई अथवा नहीं। उदाहरण के लिए, वाक्य (13) तथा (14) में 'जब तक'–उपवाक्य की क्रिया के घटित होने का स्पष्ट संकेत है। दोनों में क्रिया के निश्चयवाचक रूपों का प्रयोग हुआ है, 'आया', 'आती है'। किंतु वाक्य (11) तथा (12) में यह निश्चय नहीं है कि 'जब तक'–उपवाक्य की क्रियाएँ बाद में घटित हुईं। दोनों में इच्छार्थक क्रिया के भूतकालिक रूपों का प्रयोग हुआ है, 'आते', 'बोलते'। इच्छार्थक क्रिया प्रकृति से अनिश्चयवाचक होती है।

यहाँ उसके वर्तमानकालिक रूपों का भी प्रयोग संभव है, बिना किसी अर्थ परिवर्तन के, 'हम टाइल्स लेकर जब तक **आएँ**...', 'जब तक हम कुछ **बोलें**'...। किंतु इच्छार्थक क्रिया के दोनों रूपों में यह परस्पर विनिमय तभी संभव होता है जब मुख्य उपवाक्य, यानी 'तब तक'–उपवाक्य में क्रिया भूतकालिक हो। नीचे के वाक्य में इच्छार्थक क्रिया के भूतकालिक रूप का प्रयोग नहीं होगा–

(16). **जब तक** वह यहाँ आए/*आता **तब तक** तुम निकल लो।

निम्नलिखित वाक्य में मुख्य उपवाक्य की क्रिया भूतकाल में है, इसलिए इच्छार्थक क्रिया के दोनों रूपों का विकल्प से प्रयोग हो सकता है–

(17). **जब तक** वे पार जाने का फैसला **करें/करते** और पानी में **पाँव दें/देते**, **तब तक** सोन में कमर तक पानी **हो गया था।**

ऊपर 'जब तक' द्वारा समय विंदु का निर्देश करते समय जिन दो क्रियाओं को साथ रखा गया उनमें पौर्वापर्य संबंध था। किंतु 'जब तक' द्वारा निर्देशित समय विंदु के प्रसंग में ऐसी क्रियाएँ भी साथ आती हैं जिनमें पौर्वापर्य संबंध नहीं होता। इनमें से एक क्रिया, जो 'जब तक'–उपवाक्य में प्रयुक्त होती है, वह जिस क्षण घटित होती है उस क्षण तक दूसरी क्रिया के सातत्य का वर्णन होता है। यह ध्यातव्य है कि 'जब तक'–उपवाक्य में प्रयुक्त क्रिया प्रकृति से विंदु क्रिया (Punctual Verb) वर्ग की होती है। वह तत्काल घटित होती है। दूसरी क्रिया इस क्रिया के घटित होने तक चलती है या यह भी कह सकते हैं कि यह तब तक चलती है जब तक पहली क्रिया घटित नहीं होती। उदाहरण से यह बात स्पष्ट होगी–

(18). **जब तक** मैं डाकखाने से **लौटता हूँ/लौटूँ** (**तब तक**) तुम यहीं ठहरो।

डाकखाने से लौटने की क्रिया जिस क्षण घटती है उस क्षण तक तुमको यहाँ ठहरना है। यह भी कह सकते हैं कि डाकखाने से लौटने की क्रिया जिस क्षण तक नहीं घटती तब तक ठहरना है। उपर्युक्त वाक्य को बिना अर्थ परिवर्तन के इस रूप में बदल सकते हैं–

(19). **जब तक** मैं डाकखाने से **नहीं लौटता/न लौटूँ** (**तब तक**) तुम यही ठहरो।

'लौटना' क्रिया विंदु परक है। यदि इसकी जगह प्रकृति से अपूर्ण (Imperfective) कोई क्रिया रखें तो स्थिति बदल जाएगी, जैसे, टहलना, सोना आदि।

(20). **जब तक** मैं टहलता हूँ **तब तक** तुम यही ठहरो।

'टहलना' क्षणिक क्रिया नहीं है, बल्कि अवधि सापेक्ष है। जब तक टहलने की क्रिया जारी है तब तक तुम ठहरो। वाक्य (20) में 'जब तक' सामान्य अवधिवाचक है। समय विंदु का नहीं, बल्कि वह समय विस्तार का वाचक है। वाक्य (20) में 'जब तक'–उपवाक्य में बिना अर्थ परिवर्तन के 'नहीं' का प्रयोग नहीं किया जा सकता–

(21). जब तक मैं **नहीं** टहलता तब तक तुम यहीं ठहरो।

'लौटना' की तरह 'निकलना' तथा 'आना' क्रियाएँ भी 'जब तक' के साथ समय विंदु का निर्देश करती हैं। यहाँ 'जब तक'–उपवाक्य सकारात्मक तथा नकारात्मक दोनों रूपों में समानार्थी रहता है–

(22). जब तक दीदी बाहर **आती हैं** (**नहीं आती हैं**), हमसे ही बात कर लो।

(23). जब तक मेरा उत्तर **निकलता है** (**नही निकलता है**), चतुर्वेदी जी तथा उनके सम्मतिदाता ये प्रश्न हल करें।

शर्त

'जब तक' का शर्त के अर्थ में प्रयोग निम्नलिखित वाक्यों में हुआ है–

(24). **जब तक** तुम फ़ीस **नहीं** भरोगे **तब तक** तुम्हारा नाम रजिस्टर में नही चढ़ेगा।

(25). माँ को **नहीं** बचाया जा सक़ता **जब तक** डॉक्टर बच्चे को **नहीं** मारता।

(26). **जब तक** तुम कड़ी मेहनत **नहीं** करोगे **तब तक** तुम्हारा चयन कठिन है।

उपर्युक्त वाक्यों में 'जब तक' के स्थान पर 'यदि' का प्रयोग किया जा सकता है। 'जब तक'–उपवाक़्य में 'नहीं' का प्रयोग ध्यान देने योग्य है। दूसरे उपवाक्य भी नकारात्मक हैं। वाक्य (26) में मुख्य उपवाक्य में नकारात्मक 'कठिन' का प्रयोग हुआ है। काल की दृष्टि से भी उपर्युक्त वाक्य विचारणीय हैं। शर्त का पूरा होना भविष्य से संबंध रखता है। सभी वाक्यों में क्रिया के भविष्यार्थक रूपों का प्रयोग हुआ है। नीचे के वाक्य में क्रियारूप भविष्यार्थक न होने से 'जब तक' की व्याख्या शर्त के अर्थ में नहीं की जाएगी–

(27). जब तक तुमने फ़ीस नहीं **भरी** तब तक तुम्हारा नाम रजिस्टर में नहीं **चढ़ा**।

'जब तक'–उपवाक्य यदि स्वीकारात्मक है तो उसकी व्याख्या शर्त के रूप में न होकर कालावधि के अर्थ में होगी–

(28). **जब तक** तुम फ़ीस भरोगे **तब तक** कक्षा में बैठ सकोगे।

कभी–कभी 'जब तक' का प्रयोग 'तब तक' के अर्थ में होता है, उदाहरणार्थ–

(29). तू नहा धो ले **जब तक** नाश्ता तैयार हो जाता है।

3.1.5. अन्य कालवाचक संयोजक

अभी तक मुख्य रूप से घटना के कालवाचक रूपों पर विचार किया गया, जो सामान्य रूप से 'कब' प्रश्न के उत्तर में आते हैं। किंतु दो घटनाओं को सदा कालवाचक रूप में देखना अभीप्सित नहीं होता। कभी दो घटनाओं में क्रम स्थापित करना या दो घटनाओं में तात्कालिकता दिखाना या घटनाओं का समूहन ही वक्ता का मुख्य प्रयोजन होता है। काल की व्यंजना तो घटनाओं से स्वतः होती है। जहाँ घटनाओं में क्रम या तात्कालिकता आदि दिखाना ही मुख्य प्रयोजन

होता है वहाँ सहज रूप में 'कब' का प्रश्न नहीं उठता। इस अनुच्छेद में जिन संयोजकों का वर्णन किया गया है उनका वर्णन संयुक्त वाक्य के प्रकरण में 'और', 'या', 'किंतु' आदि के साथ भी प्राप्त है। वहाँ भी इनका उल्लेख किया जाएगा।

नीचे के वाक्य देखें–

(1). उसने स्नान किया **फिर** खाना खाया।

(2). मोहन आया **कि** मैं गया।

पहले वाक्य में दो घटनाओं के क्रम का उल्लेख है। दूसरे वाक्य में आने और जाने की तात्कालिकता का वर्णन है, जैसे ही मोहन आएगा वैसे ही (तत्काल) मैं चला जाऊँगा। यहाँ घटनाओं को कालवाचक के रूप में देखना अनपेक्षित है। आगे दो घटनाओं में प्राप्त क्रम, तात्कालिकता आदि संबंधों का संक्षेप में वर्णन किया गया है।

पूर्वापर क्रम

दो घटनाओं में पूर्वापर क्रम दिखलाने के लिए 'फिर' का प्रयोग अधिक होता है। 'फिर' अकेले या 'पहले' के साथ प्रयुक्त होता है–

(3). (**पहले**) उसने स्नान किया **फिर** खाना खाया।

(4). प्रेमलता रुआँसी होकर बोली **फिर** अचानक बिस्तर पर गिरकर फूट–फूटकर रोने लगी।

'फिर' के स्थान पर 'तब' का प्रयोग भी हो सकता है–

(5). रामा सवेरे ही पूजाघर साफ़ कर वहाँ के बर्तनों को नीबू से चमका देता–**तब / फिर** वह हमें उठाने जाता।

'फिर तथा 'तब' से पूर्व 'और' का प्रयोग भी मिलता है–

(6). जादोराम ने गौर से देखा **और तब / फिर** दोनों एक दूसरे से लिपट गये।

(7). कांग्रेसी नेता भी संजय के बढ़ते हुए प्रभाव को देखकर थोड़ा–बहुत कसमसाये **और फिर** शांत होकर बैठ गये।

पूर्वापर क्रम प्रकट करने के लिए जिन अन्य शब्दों का प्रयोग किया जाता है, उनमें कुछ इस प्रकार हैं–

(इस) के	पश्चात	तत्पश्चात
	उपरांत	तदन्तर
	बाद	तदुपरांत
	अनन्तर	बाद में
	पीछे	पीछे
		आगे
		आइंदा
		फिर

इनमें से कइयों के साथ 'पहले' का प्रयोग विकल्प से हो सकता है–

(पहले)... इसके पश्चात
इसके बाद इत्यादि।

'बाद में' के अर्थ में 'पीछे' का प्रयोग पहले की हिंदी में बहुतायत से मिलता है, जैसे–

(8). यह सुनि राजा क्षणभर तो चुप रहे। **पीछे** क्रोधित हो बोले।
–नासिकेतोपाख्यान

(9). क्षन एक मूर्च्छित रही, **पीछे** कुछ एक चेतकर उठ बैठी।
–वही

यह ध्यान देने योग्य है कि 'फिर' का प्रयोग केवल पूर्वापर क्रम दर्शाने के लिए ही नहीं होता, अपितु अन्य अर्थों में भी होता है। कुछ उदाहरण प्रस्तुत हैं–

(10). अब नयी–नयी शादी, **फिर** इतवार। (ऊपर से)

(11). लेकिन भयंकर बारिश के कारण कई जगह रुककर प्रतीक्षा करना ही श्रेयस्कर समझा। **फिर** लगभग साठ किलोमीटर पहले गाड़ी का वाइपर भी खराब हो गया था। (ऊपर से, इतना ही नहीं)

(12). तुम नयी अम्मा को पुरानी अम्मा क्यों नहीं कहतीं?
फिर ये नयी न रहेंगी, न डाँटेंगी। (उस स्थिति में)

(13). तुम घर जाओ | **या** / **या फिर** / **नहीं तो** | आराम करो। (विकल्प)

(14). पहले तो मैं सुनता रहा | **और** / **फिर** / **लेकिन** | जब मैं बोलने लगा तो वह उठकर चला गया। (विरोध)

(15). मैं तुम्हें **फिर** बुलाऊँगा, ज़रूर आना। (दुबारा)

तात्कालिकता

यदि एक क्रिया के बाद तत्काल दूसरी क्रिया घटित हो तो दोनों में तात्कालिकता का संबंध माना जा सकता है। दो क्रियाओं के घटने में क्रम यहाँ भी होता है किंतु वह क्रम यहाँ असंलक्षित होता है। एक क्रिया के घटित होने के बाद दूसरी क्रिया तत्काल, प्रायः अकस्मात अथवा अप्रत्याशित रूप में घटित होती है। दो घटनाओं के बीच इस संबंध को व्यक्त करने के लिए जिस संयोजक का प्रायः प्रयोग होता है वह 'कि' है। 'कि' के विविधार्थ हैं। पूरक उपवाक्य की संरचना में इसकी महत्वपूर्ण भूमिका है। पूरक उपवाक्य और शीर्ष संज्ञा में 'कि' अभेद दर्शाता है। इसका यह अभेद अर्थ ही दो क्रियाओं में काल का अभेद दिखाने में लक्षित

होता है। काल के अभेद से तात्पर्य है दो क्रियाओं में अत्यधिक सन्निकटता, उनमें अन्तराल का न होना या न होने के बराबर होना। कुछ उदाहरण द्रष्टव्य हैं–

(16). मैं बैठा था **कि** वह आ गया।

(17). हवा चली **कि** पत्तियाँ सरसराने लगीं।

(18). यह सुनना था **कि** सबको काठ मार गया।

(19). बुढ़िया औंधे मुँह गिरा चाहती थी **कि** कोदई ने लपककर उसे सँभाल लिया। इत्यादि।

तात्कालिकता प्रकट करने के लिए 'कि' के स्थान पर 'और' का प्रयोग भी दिखायी देता है, जैसे–

(20). मैं बैठा था **और** वह आ गया।

(21). हवा चली **और** पत्तियाँ सरसराने लगीं।

'नहीं' का एक अर्थ अल्पता भी है। जहाँ दो क्रियाओं में अंतराल की अत्यल्पता दिखानी हो वहाँ 'कि' मात्र के प्रयोग से वक्ता को संतोष नहीं होता। वह 'नहीं' या नकारात्मक तत्व का प्रयोग करके अंतराल की अत्यल्पता को प्रकट करता है। पहले 'ही' का प्रयोग देखें जो नकारात्मक है–

(22). मैं बैठा **ही** था **कि** वह आ गया।

(23). वह अभी दो पग **ही** गया था **कि** उसको अपने कंधे पर किसी का हाथ रखने का अनुभव हुआ।

(24). वह आया **ही** था **कि** लोगों ने उसे भगा दिया।

'ही' अवधारसूचक है। अवधारसूचक 'बस' का प्रयोग इसके साथ सहज़ता से हो सकता है–

(25). मैं **बस** बैठा **ही** था **कि** वह आ गया।

'ही' के साथ 'नहीं' का प्रयोग भी हो सकता है। 'नहीं' अंतराल की अत्यल्पता का सूचक है–

(26). चाय आयी **ही नहीं कि** लोग पीने लगे।

(27). फाटक खुला **ही नहीं था कि** लोग भीतर आने लगे।

'नहीं' का प्रयोग इन वाक्यों में देखिए–

(28). क. तुम रोये **कि** मैंने मारा।

ख. तुम रोये **नहीं कि** मैंने मारा।

ग. तुम रोये **कि** मैंने मारा **नहीं।**

घ. तुम रोये **नहीं कि** मैंने मारा **नहीं।**

इनमें वाक्य (घ) तीव्रतम है, दो क्रियाओं में अंतराल अल्पतम है।

'नहीं' के साथ 'भी' का प्रयोग देखें। पहली क्रिया ठीक से पूरी हुई भी नहीं कि दूसरी क्रिया घटित होने को है। 'भी' के साथ 'नहीं' पहली क्रिया की पूर्णता का अभाव सूचित करता है। उदाहरण के लिए–

(29). हम खाना **भी नहीं** खा पाएँगे **कि** चाय का समय हो जाएगा।

(30). बेचारा जानवर अभी दम **भी न** ले पाया था कि फिर जोत दिया।

(31). यह घटना अभी भूली **भी नहीं** थी **कि** दूसरा काण्ड हो गया।

जहाँ 'भी' के साथ 'नहीं' का प्रयोग नहीं है वहाँ वह अल्पता का ही सूचक है। तनिक, थोड़ा, ज़रा अल्पतावाचक हैं। ये '–सा' के साथ सकारात्मक तथा 'भी' के साथ नकारात्मक बनते हैं। तनिक–सा, थोड़ा–सा ज़रा–सा सकारात्मक हैं तथा तनिक भी, थोड़ा भी, ज़रा भी नकारात्मक हैं। देखिए–

तनिक–सा पानी बरसा।

*तनिक भी पानी बरसा।

*तनिक–सा पानी नहीं बरसा।

तनिक भी पानी नहीं बरसा।

यदि 'नहीं' अल्पता के अर्थ में है तो 'तनिक–सा' से उसका मेल है और यदि 'नहीं' अभाव के अर्थ में है तो 'तनिक भी' से उसका मेल है। अल्पता तथा अभाव को तुलनात्मक दृष्टि से क्रमशः सकारात्मक तथा नकारात्मक कह सकते हैं। नीचे के वाक्य देखिए–

(32). **तनिक–सा** पानी बरसा **नहीं कि** लोग भागने लगे।

(33). **तनिक भी** पानी बरसा **नहीं लेकिन** लोग भागने लगे।

'इतने में' अल्प या अत्यल्प अवधि का अर्थ देता है। इसका प्रयोग 'कि' के साथ या स्वतंत्र रूप से हो सकता है–

(34). मैं पहुँचा था **इतने में / कि** पानी बरसने लगा।

(35). वह घर भागा **इतने में / कि** पुलिस आ गयी।

'कि' में तीव्रता अधिक है। दोनों का एक साथ प्रयोग देखिए–

(36). मैं तो जाने को था **कि इतने में** आप आ गये।

(37). मुंशी जी जवाब देनेवाले थे **कि इतने में** ही माँ ने एक और सवाल कर दिया।

तात्कालिकता का बोध कराने के लिए 'कि' के अलावा ज–शब्दों का भी प्रयोग होता है–

ज्यों ही – त्यों ही

जैसे ही – वैसे ही

इनमें सहसंबंधी 'त्यों ही' तथा 'वैसे ही' का प्रायः लोप हो जाता है। सहसंबंधी के स्थान पर 'कि' का प्रयोग भी चलता है–

ज्यों ही – कि

जैसे ही – कि

कुछ उदाहरण नीचे प्रस्तुत हैं–

(38). **ज्यों ही** उसने किवाड़ खोला, (**त्यों ही**) बिल्ली भाग गयी।

(39). **जैसे ही** मैं चलने को हुआ, (**वैसे ही**) पुजारी जी ने टोका।

(40). **ज्यों ही** घेघा बुआ अंदर गईं **कि** वह फिर चबूतरे पर बैठकर गाने लगा।

(41). वह प्रसन्न हो **ज्यों** लगी उसे सूँघने **कि** वह बीज नाक के पथ से पेट में चला गया।

(42). **जैसे ही** मुँह फेरा **कि** नौकर सामने आ खड़ा हुआ।

दो क्रियाओं के साथ–साथ चलने का अर्थ व्यक्त करने के लिए ज–शब्दों का द्वित्व करते हैं। 'ही' को छोड़ देते हैं–

ज्यों–ज्यों – त्यों–त्यों

जैसे–जैसे – वैसे–वैसे

(43). **ज्यों–ज्यों / जैसे–जैसे** आमदनी बढ़ती है **त्यों–त्यों / वैसे–वैसे** खर्च भी बढ़ता है।

आखिर / अंत में

कुछ अव्यय शब्द कालक्रम में अंतिम परिणति के सूचक होते हैं। इसलिए इनका प्रयोग पाठ के आरंभ में नहीं होता। 'आखिर', 'आखिरकार', 'अंततः', 'अन्ततोगत्वा' इसी कोटि के शब्द हैं। इनके प्रयोग के कुछ उदाहरण द्रष्टव्य हैं–

(44). **आखिर** विकल्प क्या थे?

(45). **आखिर** तुमने पागलखाने का ही डॉक्टर बनना क्यों चुना?

(46). **आखिर** मैनी ने मकई की रोटी का वह टुकड़ा अपने दाँतों में दबा लिया।

(47). **अन्तोगत्वा** सबको उसकी बात माननी पड़ी।

कभी...कभी

अलग–अलग समयों में की गयी एक क्रिया अथवा विभिन्न क्रियाओं का समूहन दर्शाने के लिए 'कभी...कभी' का प्रयोग करते हैं। अन्य संयोजकों की भाँति यह भी दो या दो से अधिक उपवाक्यों के संयोजन का कार्य करता है। 'कभी...कभी' अनिश्चित समय का वाचक है। निम्नलिखित उदाहरण द्रष्टव्य हैं–

(48). **कभी** पिता के साथ तो **कभी** अकेली, जंगलों में वह घूमने लगी।

(49). **कभी** भण्डार घर खुला है तो **कभी** भण्डार–घर में बैठे–बैठे सो गयी।

(50). वर्षों बीत गये। मैं **कभी** बस्तियों में जाती, **कभी** पहाड़ों–जंगलों की खाक छानती, पर उस नौजवान का कहीं पता न मिलता।

उपर्युक्त वाक्यों में 'कभी...कभी' के माध्यम से वस्तुतः विकल्पों का समूहन है। कभी...कभी के बदले 'या' का प्रयोग देखिए–

(51). पिता के साथ **या** अकेली, जंगलों में वह घूमने लगी।

(52). मैं बस्तियों में जाती **या** पहाड़ों–जंगलों की खाक छानती...।

उपवाक्यों के क्रम में भी परिवर्तन किया जा सकता है–

(53). **कभी** भण्डार घर में बैठे–बैठे सो गयी तो **कभी** भण्डार घर खुला है। (देखिए वाक्य (49))।

3.2.0. जहाँ–वहाँ / तहाँ (स्थानवाचक)

'जहाँ–वहाँ' स्थानवाचक हैं। सहसंबंधी 'वहाँ' के बदले पुरानी हिंदी में 'तहाँ' का प्रयोग मिलता है। आधुनिक हिंदी में 'तहाँ' का प्रयोग अत्यल्प है। 'प्रेम सागर' से 'तहाँ' के प्रयोग का एक उदाहरण नीचे दिया जा रहा है–

(1). देखो **वह जो** धुआँ दिखाई देता है **तहाँ** मथुरिये कंस के डर से छिपके यज्ञ करते हैं।

'जहाँ–वहाँ' के स्थान पर 'जिस जगह–उस जगह' का भी प्रयोग किया जा सकता है, किंतु सर्वत्र नहीं, क्योंकि दोनों में महत्वपूर्ण भेद है।

'जिस जगह–उस जगह' में कोशीय तत्व प्रधान है जबकि 'जहाँ–वहाँ' में कभी कोशीय तत्व प्रधान होता है, तो कभी व्याकरणिक तत्व प्रधान होता है। 'जिस जगह–उस जगह' में स्थानवाचक संज्ञा पद 'जगह' का प्रयोग भी यही दर्शाता है कि इसमें कोशीय तत्व की प्रधानता है। 'जगह' के स्थान पर 'स्थान', 'देश', 'शहर', 'गाँव' आदि अन्य स्थानवाचक संज्ञा पदों का प्रयोग किया जा सकता है, 'जिस स्थान पर–उस स्थान पर', 'जिस देश में–उस देश में' इत्यादि। इनके स्थान पर 'जहाँ–वहाँ' का भी प्रयोग किया जा सकता है। इस प्रयोग में 'जहाँ–वहाँ' में कोशीय तत्व प्रधान है। व्याकरणिक तत्व के प्रधान होने पर 'जहाँ–वहाँ' अन्य विशुद्ध संयोजकों की भाँति प्रयोग में आता है। तब इसके स्थान पर 'जिस जगह–उस जगह' का प्रयोग नहीं किया जा सकता। दोनों के भेद को निम्नलिखित उदाहरणों द्वारा सरलता से समझा जा सकता है–

(2). **जहाँ / जिस जगह** उन्होंने लकड़ियाँ काटी थीं **वहाँ / उस जगह** अनेक पौधे उग आये थे।

(3). रामप्यारी की मौत की खबर सुनकर आशा देवी **जहाँ / *जिस जगह** खुश थीं **वहीं / *उसी जगह** दूसरी ओर उन्हें अब पुलिस का भय भी सता रहा था।

वाक्य (2) में एक विशिष्ट स्थान का निर्देश है, जो ठोस एवं प्रत्यक्ष है। यहाँ 'जहाँ' या 'जिस जगह', किसी एक का प्रयोग हो सकता है। किंतु वाक्य (3) में केवल 'जहाँ' का प्रयोग हो सकता है। इस वाक्य में ठोस भूमि का नहीं, अपितु दो

मानसिक स्थितियों का निर्देश है। यहाँ 'जहाँ–वहाँ' में संयोजक धर्म प्रधान है। इसके स्थान पर 'यदि–तो' को रख सकते हैं–

(4). रामप्यारी की मौत की खबर सुनकर आशा देवी **यदि** खुश थीं **तो** दूसरी ओर उन्हें अब पुलिस का भय भी सता रहा था।

कोशीय तत्व को लेकर 'जहाँ–वहाँ' तथा 'जिस जगह–उस जगह' में जो समानता है उसे अन्य उपायों द्वारा भी दिखाया जा सकता है।

नीचे के वाक्य देखिए–

(5). **जहाँ** तुम जा रहे हो **वह जगह** अच्छी है।

(6). **जो जगह** बची हुई है **वहीं** इसे रख दो।

वाक्य (5) में 'जहाँ' तथा 'वह जगह' एक ही स्थान के संकेतक हैं। किंतु इनमें 'जहाँ' क्रियाविशेषण है तथा 'वह जगह', जो संज्ञा पदबंध है, कर्ता है। इसी तरह का संबंध वाक्य (6) में 'जो जगह' और 'वहीं' में है। संज्ञा तो स्पष्ट ही कोशीय तत्व है। इनके साथ परसर्गों के प्रयोग से भी इनमें कोशीय तत्व की पुष्टि होती है–

जहाँ का,	जहाँ से,	जहाँ पर,	जहाँ के लिए	आदि
जिस जगह का,	जिस जगह से,	जिस जगह पर,	जिस जगह के लिए	आदि।

आगे 'जहाँ–वहाँ' के विभिन्न प्रयोगों का वर्णन किया जाएगा।

3.2.1. निर्देशात्मक जहाँ–उपवाक्य

पहले 'जहाँ–वहाँ' के निर्देशात्मक प्रयोग पर विचार करें। जैसे बिना अंगुलिनिर्देश के संकेतवाचक 'वहाँ' का प्रयोग निरर्थक है, उससे किसी स्थान का बोध नहीं होता वैसे ही 'जहाँ–वहाँ' के निर्देशात्मक प्रयोग में जहाँ–उपवाक्य के बिना मुख्य उपवाक्य में प्रयुक्त 'वहाँ' का प्रयोग निरर्थक है, उससे किसी स्थान का बोध नहीं होता। वस्तुतः जहाँ–उपवाक्य द्वारा निर्दिष्ट स्थान का ही ग्रहण मुख्य उपवाक्य में होता है। जहाँ–उपवाक्य से स्वतंत्र किसी स्थान की अवधारणा नहीं बनती।

निर्देशात्मक जहाँ–उपवाक्य का एक उदाहरण नीचे प्रस्तुत है–

(1). **जहाँ** मंदिर है **वहाँ** पीपल का एक पेड़ है।

'जहाँ मंदिर है', इस उपवाक्य द्वारा निर्दिष्ट स्थान पर पीपल का पेड़ है।

इस उपवाक्य के बिना 'वहाँ' किसी स्थान का बोध कराने में अक्षम है।

जहाँ–उपवाक्य के निर्देशात्मक प्रयोग को उसके वर्णनात्मक प्रयोग के साथ रखकर देखना उपयुक्त होगा। वर्णनात्मक जहाँ–उपवाक्य किसी स्थान का निर्देश न करके उसका वर्णन करता है। स्थान तो पहले से निश्चित होता है। अर्थात् बिना वर्णनात्मक जहाँ–उपवाक्य के ही मुख्य उपवाक्य से स्थान का बोध हो जाता है। नीचे के वाक्यों में वर्णनात्मक जहाँ–उपवाक्य का प्रयोग देखिए–

(2). **एक शहर** था, **जहाँ** कोई गरीब नहीं था।

(3). वह धीरे–धीरे **दरीचे के करीब** पहुँच गयी, **जहाँ से** मोहसिन का कमरा साफ़ नज़र आता था।

सबसे पहले यह ध्यान देने की बात है कि वर्णनात्मक 'जहाँ' के साथ कोई सहसंबंधी नहीं है। दूसरी बात, 'एक शहर' तथा 'दरीचे के करीब' दोनों स्थान का बोध कराने में स्वयं सक्षम हैं, इन्हें जहाँ–उपवाक्य की अपेक्षा नहीं है। जहाँ–उपवाक्य इन स्थानों का वर्णन करता है। वह इन स्थानों का ऐच्छिक विस्तार मात्र है। इसके विपरीत वाक्य (1) में 'जहाँ–उपवाक्य' निर्देशात्मक है तथा स्थान का बोध कराने के लिए अनिवार्य है।

यहाँ निर्देशात्मक तथा वर्णनात्मक जहाँ–उपवाक्यों की कुछ अन्य विशेषताओं का उल्लेख करना अप्रासंगिक नहीं होगा। निर्देशात्मक जहाँ–उपवाक्य स्थान का निर्देश करता है। बिना इस निर्देश के किसी स्थान की अवधारणा नहीं बनती। वहीं दूसरी ओर वर्णनात्मक जहाँ–उपवाक्य पहले से अवधारित स्थान का वर्णन करता है। स्थान का अवधारण वर्णनात्मक जहाँ–उपवाक्य से स्वतंत्र होता है। यह दोनों प्रकार के उपवाक्यों में महत्वपूर्ण भेद है। इस भेद के कारण ही निर्देशात्मक जहाँ–उपवाक्य जिस प्रकार वाक्य का अभिन्न अंग होता है उस प्रकार वर्णनात्मक जहाँ–उपवाक्य नहीं। निर्देशात्मक जहाँ–उपवाक्य मुख्य उपवाक्य पर पूर्ण रूप से आश्रित होता है, दोनों में दृढ़ संबंध होता है। दूसरी ओर वर्णनात्मक जहाँ–उपवाक्य मुख्य उपवाक्य पर पूर्ण रूप से आश्रित नहीं होता, दोनों में शिथिल संबंध होता है। यही कारण है कि वर्णनात्मक 'जहाँ' का विघटन अन्य संयोजकों के रूप में हो सकता है। यहाँ तक कि वर्णनात्मक जहाँ–उपवाक्य मुख्य उपवाक्य से टूटकर स्वतंत्र वाक्य भी बन सकता है। मुख्य उपवाक्य और वर्णनात्मक जहाँ–उपवाक्य के मध्य अल्पविराम का प्रयोग दोनों के बीच शिथिल संबंध का ही परिचायक है। अल्पविराम के स्थान पर 'और' का भी प्रयोग किया जा सकता है। मुख्य उपवाक्य का अवसान अवरोही अनुतान में सहजता से किया जा सकता है। वाक्य (2) तथा (3) में वर्णनात्मक जहाँ–उपवाक्यों का प्रयोग है। उदाहरण के लिए, वाक्य (2) के बदले हुए रूपों को देखिए–

(4). क. एक शहर था, **जहाँ** कोई गरीब नहीं था।

ख. एक शहर था **और वहाँ** कोई गरीब नहीं था।

ग. एक शहर था **और जहाँ** कोई गरीब नहीं था।

घ. एक शहर था। **वहाँ** कोई गरीब नहीं था।

इसी प्रकार वाक्य (3) के भी रूपांतरण हो सकते हैं। इस तरह के रूपांतरण निर्देशात्मक जहाँ–उपवाक्य के संभव नहीं हैं। इस संदर्भ में एक और बात विचारणीय है। जिस सहजता से निर्देशात्मक 'जहाँ' के स्थान पर 'जिस जगह' का प्रयोग दिखायी देता है उस सहजता से वर्णनात्मक 'जहाँ' के स्थान पर नहीं।

वाक्य में स्थान को लेकर भी दोनों प्रकार के उपवाक्यों में अंतर है। निर्देशात्मक उपवाक्य का सामान्य स्थान वाक्य के आरंभ में है और वर्णनात्मक उपवाक्य का सामान्य स्थान वाक्य के अंत में है, देखिए–वाक्य (1), (2) तथा (3)। यह क्रमभेद दोनों की प्रकृति में भेद के कारण ही है। निर्देशात्मक जहाँ–उपवाक्य निर्धारक है और हिंदी में निर्धारक का सामान्य स्थान निर्धार्य से पूर्व है तथा वर्णनात्मक जहाँ–उपवाक्य वर्णन है और वर्णन का सामान्य स्थान वर्ण्य के पश्चात है। वर्णनात्मक 'जहाँ' के बदले अन्वादेशक (anaphoric) 'वहाँ' का प्रयोग भी द्रष्टव्य है, देखिए वाक्य (4–ख, तथा 4–घ)। इसीलिए वर्णनात्मक 'जहाँ' जिस स्थान का वर्णन करता है उससे पूर्व प्रयुक्त नहीं हो सकता, वाक्य के मध्य में प्रयुक्त होने पर भी। निर्देशात्मक जहाँ–उपवाक्य वाक्य के मध्य में या अंत में भी प्रयुक्त हो सकता है, जैसे–

(5). **वहाँ** पीपल का एक पेड़ है **जहाँ** मंदिर है।

(6). **वहाँ**, **जहाँ** मंदिर है, पीपल का एक पेड़ है।

वाक्यांत में निर्देशात्मक जहाँ–उपवाक्य के कुछ अन्य उदाहरण प्रस्तुत हैं। 'वहाँ' के बदले स्थानवाचक अन्य पद प्रयुक्त हुए हैं–

(7). हम भारी सामान लिए हुए नदी के किनारे की **उस पहाड़ी पर** पहुँचे **जहाँ** के सुनसान माहौल में स्पेन का सैनिक दल आराम करता था।

(8). हेडमास्टर को पीटना आसान नहीं था। खासकर **गाँव के उस वातावरण में, जहाँ** सब लोग मास्टरों की बड़ी इज़्ज़त करते थे।

(9). मौसम कार्यालय को पत्र लिखकर हमने **उन जगहों के बारे** में मालूम किया **जहाँ** पेड़ नहीं थे और **जहाँ** हवा भी तेज़ नहीं चलती थी। इत्यादि।

वर्णनात्मक जहाँ–उपवाक्य वाक्य के मध्य में आ सकता है–

(10). वह धीरे–धीरे **दरीचे के करीब, जहाँ से** मोहसिन का कमरा साफ़ नज़र आता था, पहुँच गयी।

चूँकि निर्देशात्मक 'जहाँ' स्वयं निर्धारक के रूप में प्रयुक्त होता है इसलिए इसका प्रयोग होने पर मुख्य उपवाक्य में प्रयुक्त संज्ञा पद का निर्धारकों द्वारा विस्तार नहीं हो सकता, जबकि वर्णनात्मक 'जहाँ' के साथ ऐसा कोई प्रतिबंध नहीं है। इसका प्रयोग होने पर मुख्य उपवाक्य में प्रयुक्त संज्ञा के साथ निर्धारकों का मुक्त प्रयोग किया जा सकता है। उदाहरण के लिए–

(11). वे गुंडे | **एक** / **किसी** / **बुढ़िया की** | झोंपड़ी में चले गये, **जहाँ** सबसे पहले मदन की लड़ाई एक से हुई।

'जहाँ–वहाँ' में सहसंबंधी 'वहाँ' का लोप सामान्य है, उदाहरणार्थ–

(12). मैं **जहाँ चाहूँ**, जाऊँगा।

(13). **जहाँ–कहीं** भी वह जाता, एक सेवक सोने की छतरी लिए उसके पीछे–पीछे चलता।

जहाँ कई संबंधी एक साथ प्रयुक्त हों वहाँ उनमें से सामान्यतः किसी एक के सहसंबंधी का ही उच्चारण मुख्य उपवाक्य में किया जाता है, शेष लुप्त रहते हैं; जैसे–

(14). क. **जो जहाँ जैसे** जाना चाहता है **वो** जाए।

ख. **जो जहाँ जैसे** जाना चाहता है **वहाँ** जाए।

ग. **जो जहाँ जैसे** जाना चाहता है **वैसे** जाए।

जिस ज–शब्द पर बल है उसके सहसंबंधी का उच्चारण किया गया है। कभी सभी सहसंबंधियों का उच्चारण भी किया जाता है;–

(15). **जो जहाँ जैसे** जाना चाहता है **वो वहाँ वैसे** जाए।

3.2.2. वर्णनात्मक जहाँ–उपवाक्य

वर्णनात्मक जहाँ–उपवाक्य स्थान का वर्णन करता है, जो मुख्य उपवाक्य में प्रयुक्त होता है। किंतु यह 'स्थान' वर्णनात्मक 'जहाँ' का सहसंबंधी नहीं होता। वस्तुतः वर्णनात्मक 'जहाँ' का कोई सहसंबंधी नहीं होता, जबकि निर्देशात्मक 'जहाँ' सदैव प्रकट या अप्रकट सहसंबंधी के साथ ही आता है। वर्णनात्मक जहाँ–उपवाक्य का एक उदाहरण नीचे दिया जा रहा है–

(1). विचार करना बाग की सैर नहीं, बल्कि पर्वत की चढ़ाई है। **मार्ग** यहाँ समतल नहीं, **जहाँ** फूलों की बहार हो। विचार के **मार्ग में** अनेक पहाड़, चट्टानें और कंकड़ हैं, **जहाँ** फिसल जाने का भय है।

वर्णनात्मक 'जहाँ' के पास 'वहाँ' को देखकर कभी भ्रम हो सकता है कि यह 'जहाँ' का सहसंबंधी है, किंतु वास्तव में ऐसा नहीं होता, उदाहरणार्थ–

(2). जीजा जी बाहर से खाट ले आये थे और आँगनवाले **बरामदे पर, जहाँ** हमने खाना खाया था, (**वहाँ**) बिछा दी थी।

इस वाक्य में 'वहाँ', जो वैकल्पिक है और अन्वादेशक (anaphoric) सर्वनामस्थान है, 'बरामदे पर' का संकेतक है, 'जहाँ' से इसका संबंध नहीं है। जो नाम या पद पीछे छूट जाता है, कोई व्यवधान पड़ जाता है, तो सहज बोध के लिए उसे फिर से उपस्थित करना आवश्यक तो नहीं, किंतु सुविधाजनक होता है। वाक्य (2) में 'वहाँ' का यही प्रकार्य है। यह हिंदी की शैली है, जो अन्य वर्णनात्मक ज–शब्दों के प्रसंग में भी देखी जा सकती है।

पिछले अनुच्छेद में निर्देशात्मक जहाँ–उपवाक्य के साथ वर्णनात्मक जहाँ–उपवाक्य की अनेक विशेषताओं का उल्लेख किया जा चुका है। यहाँ वर्णनात्मक 'जहाँ' की एक महत्वपूर्ण विशेषता का किंचित विस्तार में वर्णन करना उचित होगा। जैसा कि पहले संकेत किया गया है, वर्णनात्मक जहाँ–उपवाक्य का मुख्य उपवाक्य से अपेक्षाकृत शिथिल संबंध होता है, यद्यपि संरचना की दृष्टि से यह

मुख्य उपवाक्य पर आश्रित होता है। वर्णनात्मक 'जहाँ' के साथ 'कि' का प्रयोग तथा कई स्थानों पर इसका विघटित होकर अन्य संयाजकों के रूप में आना यही दर्शाता है कि वर्णनात्मक जहाँ–उपवाक्य मुख्य उपवाक्य पर आश्रित होते हुए भी अपेक्षाकृत स्वतंत्र होता है। इसकी पुष्टि में कुछ उदाहरण नीचे दिये जा रहे हैं। पहले 'जहाँ' के साथ 'कि' का प्रयोग देखें–

(3). इसके सिवा और कौन–सी जगह हो सकती है,	**जहाँ** **कि जहाँ** **जहाँ कि**	शांति मिल सके।

(4). सो कुछ दूर आगे बढ़ गई **कि जहाँ** बहुत से मुनियों के आश्रम थे।

निर्देशात्मक 'जहाँ' के साथ 'कि' का प्रयोग नहीं मिलता, अथवा संदिग्ध है।

निम्नलिखित वाक्यों में विकल्प से 'जहाँ' के विघटित रूप भी रखे गये हैं, जिससे यह स्पष्ट है कि वर्णनात्मक 'जहाँ' अन्य संयोजकों की भाँति है, जिनमें कोशीय तत्व शून्य होता है। निर्देशात्मक 'जहाँ' में व्याकरणिक के साथ कोशीय तत्व भी विद्यमान होता है।

(5). मानो, यह देश अर्धदेवों का देश है **जहाँ / और यहाँ** स्वर्ग और पृथ्वी पर विचरनेवाली अप्सराएँ अवश्य श्रृंगार करने के लिए एकांत समझकर आती होंगी।

(6). वह रेल की पुल की ओर चला गया, **जहाँ / और वहाँ** वह कुछ समय बैठा।

(7). वह बुंदेलखण्ड का ग्रामीण बालक विमाता के अत्याचार से भागकर इंदौर तक जा पहुँचा था, **जहाँ / किंतु वहाँ** न कोई अपना था और न रहने का ठिकाना।

(8). खीर से भरा कटोरा कमरे के ऊँचे ताक पर रखा गया **जहाँ / ताकि वहाँ** बिल्ली न पहुँच सके।

(9). हम लोगों के समाज में भी **जहाँ / यद्यपि** औरतों की हालत बड़ी लचर हो रही है **पर** बात करने में हजार मर्दों का कान काटे हुए हैं।

एक ही वाक्य में एक जगह 'जहाँ' का प्रयोग है और दूसरी जगह 'जहाँ' के बदले 'और वहाँ' का प्रयोग है, देखिए–

(10). सो कुछ दूर आगे बढ़ गयी **कि जहाँ** बहुत से मुनियों के आश्रम थे **और** वो ही बालक **वहाँ** गंगा में नहाने को आया था।

–नासिकेतोपाख्यान

'और वहाँ' के स्थान पर 'कि जहाँ' को रखने पर वाक्य का रूप इस प्रकार होगा, ... 'कि जहाँ वो ही बालक गंगा में नहाने को आया था'।

'और' तथा 'किंतु' का प्रयोग वर्णनात्मक 'जहाँ' के साथ भी हो सकता है, विघटन की अनिवार्यता नहीं है–

(11). वह रेल की पुल की ओर चला गया **और जहाँ** वह कुछ समय बैठा।

(देखिए–वाक्य (6))

(12). वह बुंदेलखण्ड का ग्रामीण बालक विमाता के अत्याचार से भागकर इंदौर तक जा पहुँचा था **किंतु जहाँ** न कोई अपना था और न रहने का ठिकाना।

(देखिए–वाक्य (7))

वर्णनात्मक 'जहाँ' का विघटन सर्वत्र अनुमत नहीं है। यदि जहाँ–उपवाक्य मुख्य उपवाक्य के मध्य में हो अथवा स्थान को उच्च प्रकाश में रखा गया हो तो 'जहाँ' का विघटन नहीं होगा, जैसे–

(13). न केवल विराट सृष्टि में किंतु प्रत्येक सूक्ष्य सृष्टि में भी, **जहाँ / *और वहाँ** रेतोधान होता है, वृत्र और इंद्र का यही नियम काम करता है।

(14). इसकें सिवा और **कौन–सी जगह** हो सकती है **जहाँ / *और वहाँ** शांति मिल सके।

(15). हिंदुस्तान में जन्म लिए मुझे 69 वर्ष हुए, इसका **कोई हिस्सा** नहीं बच रहा **जहाँ / *और वहाँ** मैं नहीं गयी।

यहाँ यह सहज जिज्ञासा होती है कि कभी 'जहाँ' को तो कभी 'जहाँ' के विघटित रूप को चुनने का प्रयोजन क्या हो सकता है। भाषा का यह एक साधारण नियम है कि जो अर्थ स्पष्ट हो, गतार्थ हो उसे कहने के लिए शब्दों का अपव्यय न किया जाए, बशर्ते उस बात को प्रसंग में उद्दीप्त या उच्च प्रकाशित न करना हो। वृद्धि, प्रयोजन, विरोध, कारण आदि का अर्थ यदि स्वतः समझ में आ रहा हो तो फिर उनके कथन की आवश्यकता क्या है? हाँ, यदि उन पर बल देना हो तो अवश्य उनका कथन हो। 'जहाँ' के विघटित रूप का चयन उस स्थल पर सही है जहाँ वृद्धि, विरोध आदि अर्थों को उद्दीप्त करना हो, अन्यथा स्थानवाचक 'जहाँ' में ही उनका अन्तर्भाव समझा जाए। नीचे दिये वाक्यों पर विचार करें–

(16). क. खीर से भरा कटोरा ऊँचे ताक पर रखा गया **जहाँ** बिल्ली न पहुँच सके।

ख. खीर से भरा कटोरा ऊँचे ताक पर रखा गया **ताकि वहाँ** बिल्ली न पहुँच सके।

वाक्य (ख) में प्रयोजनवाचक 'ताकि' का प्रयोग हुआ है, किंतु ऊँचे ताक पर खीर का कटोरा रखने का प्रयोजन तो वाक्य (क) में भी स्पष्ट है। 'जहाँ' में इस प्रयोजन के अन्तर्भुक्त होने के कारण ही इस उपवाक्य में क्रिया का रूप 'न पहुँच सके' प्रयुक्त हुआ है। नीचे के वाक्यों को देखें–

(17). क. खीर से भरा कटोरा ऊँचे ताक पर रखा गया **जहाँ** बिल्ली नहीं पहुँच सकती थी।

ख. खीर से भरा कटोरा ऊँचे ताक पर रखा गया **क्योंकि वहाँ** बिल्ली नहीं पहुँच सकती थी।

वाक्य (क) में जो कारण 'जहाँ' में अन्तर्निहित है वही वाक्य (ख) में 'क्योंकि' से मुखर है। इस बार क्रिया 'न पहुँच सके' के बदले 'नहीं पहुँच सकती थी' है।

वृद्धि और विरोध के उदाहरण इस प्रकार हैं–

(18). क. मैं कमरे में घुसा, **जहाँ** मैंने देखा कि वह सो रहा है।

ख. मैं कमरे में घुसा **और वहाँ / किंतु वहाँ** मैंने देखा कि वह सो रहा है।

यदि आशा के विपरीत है तो 'किंतु' का प्रयोग होगा और यदि वृद्धिमात्र है तो 'और' का प्रयोग।

'ऐसा' के साथ वर्णनात्मक 'जहाँ' का प्रयोग देखिए–

(19). **कौन–सा घर ऐसा** बचा है **जहाँ** ये लड़ाई–झगड़े नहीं होते।

(20). **किसी ऐसी जगह** चलो **जहाँ** शांति हो।

(21). **ऐसे विशिष्ट वर्ग** के साथ काम करना पड़ता है **जहाँ** उस क्षेत्र में प्रयुक्त शब्दावली और भाषा का ज्ञान आवश्यक होता है।

मुख्य उपवाक्यों में प्रयुक्त स्थानवाचक पदों के साथ 'कौन–सा' 'कोई' तथा 'विशिष्ट' का प्रयोग यह दर्शाता है कि इन वाक्यों में 'जहाँ' निर्देशात्मक नहीं है, क्योंकि निर्देशात्मक 'जहाँ' मुख्य उपवाक्य में स्थानवाचक पद के स्थान पर केवल सहसंबंधी के प्रयोग को मानता है।

3.2.3. 'जहाँ' टॉपिक या उद्देश्य के रूप में

अन्य ज–शब्दों की भाँति 'जहाँ' भी वाक्य में विषय (Topic) बनाने, वाक्य के किसी अंश को उद्दीप्त करने का काम करता है। इस प्रकार्य में 'जहाँ' स्थान का निर्देश नहीं करता, बल्कि स्थान को वर्ण्य विषय के रूप में प्रस्तुत करता है, देखिए–

(1). **जहाँ** कुँआ है वहाँ पीपल का एक पुराना विशाल पेड़ है, एक शिवमंदिर है, झाड़ी झंखाड़ है।

यहाँ कुँए के आस–पास के परिदृश्य का वर्णन ही वक्ता को अभिप्रेत है, न कि पीपल के पेड़, शिव मंदिर आदि के स्थान का निर्देश करना। कुँआवाला स्थान वर्ण्य है और आगे उसका वर्णन है।

विषय को प्रमुखता से प्रस्तुत करने में 'जहाँ तक' रूप का प्रयोग विशेष रूप से उल्लेखनीय है। इस प्रयोग में 'जहाँ तक' का कोई सहसंबंधी नहीं होता। यह प्रत्यक्ष ठोस स्थान का बोधक न होकर **अमूर्त** सीमा, संबंध या टॉपिक का बोध कराता है। जहाँ यह ठोस प्रत्यक्ष स्थान का बोध कराता है वहाँ इस के बदले 'जिस जगह' का प्रयोग किया जा सकता है किंतु जहाँ यह विषय को प्रमुखता से रखने का या उसे टॉपिक बनाने का काम करता है वहाँ इसके स्थान पर

'जिस जगह' का प्रयोग नहीं किया जा सकता। 'जहाँ तक' के दोनों प्रयोगों के उदाहरण नीचे दिये जा रहे हैं–

(2). **जहाँ तक/जिस जगह तक** वह जा रहा है **वहाँ तक/उस जगह तक** जाओ।

(3). **जहाँ तक/जिस जगह तक** छाया है **वहाँ तक/उस जगह तक** चादर बिछा दो।

(4). **जहाँ तक/*जिस जगह तक** निंदा करते बन पड़ा, करते गये।

(5). **जहाँ तक/*जिस जगह तक** संभव हुआ, हमने इनकी पहचान और वर्गीकरण कर दिया है।

(6). **जहाँ तक/*जिस जगह तक** भाषा की बात है, अंग्रेजी और फ्रेंच पर भी जमकर ध्यान देना था।

वाक्य (4) तथा (5) में 'वहाँ तक' का विकल्प से प्रयोग हो सकता है किंतु यह प्रयोग सामान्य नहीं है। वाक्य (6) में 'वहाँ तक' का विकल्प प्राप्त नहीं है। इस वाक्य को इस रूप में भी बिना विशेष अर्थ परिवर्तन के साथ रखा जा सकता है–

(7). **यदि** भाषा की बात है **तो** अंग्रेजी और फ्रेंच पर भी जमकर ध्यान देना था।

'यदि–तो' का संबंध भी टॉपिक से बतलाया जाता है, इसलिए इसका संबंध 'जहाँ तक' से जुड़ना स्वाभाविक है। नीचे वाक्य–युग्म दिये जा रहे हैं। युग्म के दोनों वाक्यों में संबंध दिखायी देता है :–

(8). क. **जहाँ तक** वर्तमान तथा भूत के कालरूपों के वर्णन का संबंध है **तो** वह बहुत ही कुशलता से किया गया है।

ख. **यदि** वर्तमान तथा भूत के कालरूपों के वर्णन का संबंध है **तो** वह बहुत ही कुशलता से किया गया है।

(9). क. **जहाँ तक** उनके प्रेम संबंध की बात है **तो** वह किसी को स्वीकार्य नहीं।

ख. **यदि** उनके प्रेम संबंध की बात है **तो** वह किसी को स्वीकार्य नहीं है।

'जहाँ तक' के साथ 'तो' का प्रयोग वैकल्पिक है। किंतु यह ध्यान देने योग्य है कि 'जहाँ तक' तथा 'यदि' में पूर्ण पर्यायता नहीं है। 'जहाँ तक' सकारात्मक है तो 'यदि' नकारात्मक रंग लिए हुए है। दूसरे शब्दों में, 'जहाँ तक' का संबंध वस्तुस्थिति से है और 'यदि' का संबंध कल्पना से। निम्नलिखित प्रयोगों में यह भेद स्पष्ट दिखायी देता है–

(10). **यदि/*जहाँ तक** कहीं उसके आने की बात **है तो** वह अब नहीं आ रहा है।

(11). **यदि/*जहाँ तक** उसके आने की बात **हो** तो मैं रुक सकता हूँ।

'कहीं' और 'हो' के साथ 'जहाँ तक' का प्रयोग सही नहीं है।

टॉपिकवाले 'जहाँ तक' के बराबर एक अन्य संरचना है, जिसमें 'रहना' का विशेष रूप प्रयुक्त होता है। उदाहरणार्थ–

(12). क. **रहा** मोहन **तो** वह कल आ रहा है।

ख. **रही** मोहन की बात **तो** वह कल आ रहा है।

ग. **जहाँ तक** मोहन की बात है **तो** वह कल आ रहा है।

और लोग आ रहे हैं या नहीं, इसका निश्चय नहीं है। मोहन आ रहा है, इसका निश्चय है। मोहन को सबसे अलग रखकर बात की जा रही है। ऊपर के उदाहरणों में 'मोहन' और 'वह' एक ही व्यक्ति के वाचक हैं। दोनों में इस दृष्टि से पूर्ण तद्रूपता है।

पूरक उपवाक्य में स्थानवाचक पद को प्रमुखता से प्रस्तुत करने में भी 'जहाँ' की सहायता ली जाती है। 'जानना', 'बताना', 'पता', 'मालूम' आदि ज्ञानार्थक पदों के साथ आनेवाले पूरक उपवाक्यों में इस 'जहाँ' का प्रयोग होता है। अधिक तीव्रता से स्थानवाचक पद को यदि उद्दीप्त करना हो तो 'जहाँ' के स्थान पर 'कहाँ' का प्रयोग कर दिया जाता है। इस तरह 'जहाँ' और 'कहाँ' दोनों ही स्थानवाचक पद को उच्च प्रकाश में ले आते हैं। नीचे दिये हुए तीन वाक्यों के समुदाय पर विचार करें–

(13). क. मैं जानता हूँ कि तुम **काशी** जा रहे हो।

ख. मैं जानता हूँ, **जहाँ** तुम जा रहे हो।

ग. मैं जानता हूँ, **कहाँ** तुम जा रहे हो।

पहले वाक्य में काशी स्थान का सामान्य उल्लेख है जबकि अन्य दो वाक्यों में स्थान प्रमुख बन कर आया है। क्रम भी ध्यान देने योग्य है। पूरक उपवाक्यों में 'जहाँ' और 'कहाँ' पहले स्थान पर आ गये हैं। 'जहाँ' की तुलनाा में 'कहाँ' अधिक तीव्र है। प्रश्न ध्यानाकर्षण का सबल साधन होता है।

जैसे पूरक उपवाक्य में 'कहाँ' प्रश्नवाचक नहीं है वैसे ही पूरक उपवाक्य में 'जहाँ' संबंधवाचक नहीं है। इस प्रयोग में 'जहाँ' के साथ सहसंबंधी 'वहाँ' का प्रयोग न होना भी यही दर्शाता है। इन दो वाक्यों का मिलान कीजिए–

(14). मैं जानता हूँ, **जहाँ** तुम जा रहे हो।

(15). मैं **वह स्थान** जानता हूँ **जहाँ** तुम जा रहे हो।

पहले वाक्य में जहाँ–उपवाक्य पूरक उपवाक्य है और दूसरे वाक्य में वह संबंधवाचक उपवाक्य है और 'वह स्थान' उसका सहसंबंधी है। दोनों जहाँ–उपवाक्यों में जो भेद है वह नीचे के उदाहरण से और स्पष्ट हो जाता है–

(16). ??मैं **नहीं** जानता, **जहाँ** तुम जा रहे हो।

(17). मैं वह स्थान **नहीं** जानता **जहाँ** तुम जा रहे हो।

पूरक उपवाक्य में प्रयुक्त 'जहाँ' नकारात्मक संदर्भ में नहीं आता। 'कहाँ' के साथ इसको रखकर देखने पर यह बात स्पष्ट हो जाएगी, 'मैं **नहीं** जानता, तुम कहाँ जा रहे हो।'

पूरक उपवाक्य में 'जहाँ' और 'कहाँ' दोनों स्थान को उच्च प्रकाश में लाते हैं। किंतु इनमें परस्पर महत्वपूर्ण भेद भी है। 'जहाँ' के साथ 'कि' का प्रयोग नहीं होता, जबकि 'कहाँ' के साथ 'कि' का विकल्प से प्रयोग हो सकता है। इसी प्रकार पूरक उपवाक्य के शीर्ष के रूप में 'यह' का प्रयोग 'कहाँ' के साथ चल सकता है, किंतु 'जहाँ' के साथ नहीं। निम्नलिखित उदाहरण द्रष्टव्य हैं–

(18). क. ??मुझे मालूम है **कि जहाँ** वह जा रहा है।
    ख. मुझे मालूम है **कि कहाँ** वह जा रहा है।

(19). क. ??मुझे **यह** मालूम है **जहाँ** वह जा रहा है।
    ख. मुझे **यह** मालूम है (कि) **कहाँ** वह जा रहा है।

'जहाँ' में संयोजकत्व का भी गुण है। संभवतः इसीलिए उसके साथ एक अन्य संयोजक 'कि' का प्रयोग अनुमत नहीं है।

'जहाँ' तथा 'कहाँ' में दूसरा महत्वपूर्ण भेद यह है कि 'जहाँ' सकारात्मक है जबकि 'कहाँ' नकारात्मक प्रतीत होता है। नीचे के उदाहरणों से यह भेद स्पष्ट होता है–

(20). मैं **नहीं** जानता, **कहाँ/??जहाँ** वह जाना चाहता है।

(21). **यदि** मैं जानता कि **कहाँ/*जहाँ** वह जाएगा **तो** मैं तुमको बता देता।

'यदि–तो' का स्वर भी नकारात्मक होता है।

सकारात्मक तथा नकारात्मक का भेद निम्नलिखित लघु वार्ता से भी स्पष्ट है–

(22). –मैं जानता हूँ तुम कहाँ जा रहे हो।
    –बताओ! कहाँ जा रहा हूँ?
    –कहीं नहीं।

(23). –मैं जानता हूँ तुम जहाँ जा रहे हो।
    –बताओ! कहाँ जा रहा हूँ?
    –?? कहीं नहीं।

कोई निश्चित गंतव्य होने पर ही 'जहाँ' का प्रयोग वक्ता करेगा। यदि वक्ता जानता है कि जानेवाला केवल जाने का नाटक कर रहा है, जाना कहीं नहीं है उसे, तब वह 'कहाँ' का ही प्रयोग करेगा, 'जहाँ' का नहीं।

उद्दीपन के संदर्भ में 'जहाँ' तथा 'कहाँ' का यह प्रयोग और परस्पर संबंध स्थान तक ही सीमित नहीं है। काल, रीति, कर्ता, कर्म आदि को उद्दीप्त करने के लिए भी संबंधवाचक ज–शब्दों और प्रश्नवाचक क–शब्दों का प्रयोग इसी भाँति होता है तथा उनमें सकारात्मक–नकारात्मक का भेद भी इसी भाँति विद्यमान होता है। उदाहरणार्थ–

(24). मैं जानता हूँ, **जो / क्या** होनेवाला है। (कर्ता)

(25). मुझ मालूम है, **जो / क्या** तुम कहना चाहते हो। (कर्म)

(26). मुझे पता है, **जब / कब** वह जाएगा। (काल) इत्यादि।

स्थान को तीव्रता से प्रकाश में लाने के लिए 'कहाँ' का प्रयोग इन वाक्यों में देखें–

(27). राजा युधिष्ठिर **कहाँ** आते हैं **कि जहाँ** मय दैत्य ने मंदिर बनाये थे। (प्रेमसागर)

(28). राजा प्यास के मारे **कहाँ** आते हैं **कि जहाँ** लोमस ऋषि आसन मारे, नैन मूँदे, हरि का ध्यान लगाये तप कर रहे थे। (प्रेमसागर)

इसी तरह काल को तीव्रता से प्रकाश में लाने के लिए 'कब' का प्रयोग किया जा सकता है–

(29). वे **कब** आते हैं **कि जब** खेल खत्म हो चुका था।

इसी तरह के अन्य उदाहरण–

(30). उसने **क्या** खाया **कि** केला (खाया)।

(31). दरवाजा **किसने** खोला **कि मोहन** ने (खोला)।

'कहाँ' का प्रयोग दो पदार्थों या घटनाओं में तीव्र व्यतिरेक दिखाने के लिए भी होता है–

(32). **कहाँ** राजा भोज, **कहाँ** गंगू तेली।

(33). **कहाँ** ये बालक रूप निधान, **कहाँ** ये सबल मल्ल।

(34). **कहाँ** तो आपने यह कहा था कि दस दिन तुम्हारे यहाँ रहूँगा, **कहाँ** अब दो दिन भी नहीं रुक रहे हैं।

3.2.4. जहाँ–वहाँ (समुच्चयबोधक के रूप में)

'जहाँ–वहाँ' अपने सामान्य प्रयोग में तो दो उपवाक्यों का संयोजन करते ही हैं, इसके अलावा अपने कई प्रयोगों में अन्य संयोजकों के साथ दिखायी देते हैं। वहाँ वे स्थानवाचक के रूप में नहीं, बल्कि वृद्धि, विरोध, शर्त, कारणादि के अर्थ में आते हैं। नीचे कुछ उदाहरण दिये जा रहे हैं–

(1). वह **एक ओर जहाँ** समय और व्ययसाध्य है **वहीं दूसरी ओर** रंगोपकरणों के अधिक आश्रय का भी द्योतक है।

(2). इन उद्धरणों से **एक ओर जहाँ** यह पता चल जाएगा कि आज से कोई चालीस साल पहले मेरी हिंदी कैसी थी तो (**वहीं**) **दूसरी ओर** उनसे यह भी पता चल जाएगा कि उस समय मेरी नज़रों में इस देश में हिंदी की स्थिति कैसी थी।

(3). उपनिषदों के युग में **जहाँ** अध्यात्म और दर्शन तत्व का इतना विकास हुआ, **वहीं** उसका जो अंश मानव जीवन की व्यावहारिक आवश्यकता के लिए निचोड़ लिया गया, उसी समझदारी का नाम प्रज्ञा था।

(4). माता–पिता के यश और व्यक्तित्व की महानता ने **जहाँ** उन्हें अभिभूत किया, **वहीं** उन्होंने उस महानता के दर्द को भी झेला है।

वृद्धि या संचयन के अर्थ को रखते हुए इन वाक्यों को बदला जा सकता है, उदाहरणार्थ पहले वाक्य को इस रूप में देखें–

(5). वह समय और व्ययसाध्य होने **के साथ** रंगोपकरणों के अधिक आश्रय का भी द्योतक है।

नीचे के उदाहरणों में 'जहाँ–वहाँ' से विरोध भाव व्यक्त हो रहा है–

(6). अन्य त्योहारों में **जहाँ** सरकारी कार्यालय बंद होते हैं, **वहीं** हिंदी दिवस के अवसर पर खुले रहते हैं।

(7). रामप्यारी की मौत की खबर सुनकर आशा देवी **जहाँ** खुश थीं **वहीं दूसरी ओर** उन्हें अब पुलिस का भय सता रहा था।

(8). परंतु **जहाँ** ममता ने अपने को इस रिश्ते के लिए तैयार कर लिया था, **वहीं** माधुरी ने नकारात्मक सिर हिलाकर सबको चौंका दिया था।

ऊपर के वाक्यों में 'जहाँ–वहाँ' दो तथ्यों को जोड़ रहे हैं, या उन्हें साथ–साथ रख रहे हैं। कभी तथ्यों का संग्रह मात्र है तो कभी उनमें विरोध भाव भी झलक रहा है। 'एक ओर–दूसरी ओर' भी संयोजक हैं, दो तथ्यों के संग्रह के अर्थ में 'जहाँ–वहाँ' के साथ आ सकते हैं। यह ध्यान देने योग्य है कि ऊपर के कई वाक्यों में 'जहाँ–वहाँ' के स्थान पर 'यदि–तो' का भी प्रयोग किया जा सकता है। वस्तुतः 'यदि–तो' भी अपने एक प्रयोग में दो तथ्यों का संग्रह करता है। इस प्रयोग में वह शर्तवाचक नहीं होता। नीचे कुछ अन्य वाक्य प्रस्तुत हैं, जिनमें 'जहाँ–वहाँ' तथा 'यदि–तो' की पर्यायता दिखायी गयी है–

(9). इस ऋतु में **जहाँ/यदि** कुछ विशेषताएँ हैं **वहीं/तो** कुछ खराबियाँ भी हैं।

(10). इसलिए **जहाँ/यदि** पेरिस संसार का सबसे स्वतंत्र नगर है **वहाँ/तो** यह भी कहना शायद अन्याय नहीं होगा कि वह संसार का सबसे हृदयहीन शहर है।

(11). **जहाँ/यदि** वह रूपवान है **वहाँ/तो** लड़की भी कम सुंदर नहीं है।

उपर्युक्त वाक्यों में दो तथ्यों का संयोजन है। इस ऋतु में विशेषताएँ भी हैं, खराबियाँ भी हैं, ये दोनों तथ्यात्मक हैं, (वाक्य–9)। इसी तरह अन्य वाक्यों में समझना चाहिए। जहाँ शर्त या अनिश्चय का भाव होगा वहाँ 'जहाँ–वहाँ' का प्रयोग नहीं मिलेगा, जैसे–

(12). **यदि/*जहाँ** वह जा सकता है **तो/*वहाँ** अवश्य जाएगा।

(13). **यदि/*जहाँ** उसने एक घूँट भी पानी पिया **तो/*वहाँ** उल्टी हो जाएगी।

वाक्य (12) में स्थानवाचक के रूप में 'जहाँ–वहाँ' का प्रयोग सही है।

निम्नलिखित वाक्य में 'जहाँ–तहाँ' कारण–कार्य के सूचक हैं–

(14). धन्य भारत! तेरा जलवायु अद्‌भुत है, कोई कैसा ही क्रूर कुटिल प्रकृति वाला तेरी गोद में क्यों न आवे, **जहाँ** पतितपावनी भगवती जह्नुनंदिनी के जलबिंदुओं का उसने आचमन किया **तहाँ** उसके मनोविकार, जन्म जन्मांतर के पाप, क्षणमात्र में दूर हुए और उसमें भी साधुत्व आ ही गया।

उपर्युक्त वाक्य में 'जहाँ–तहाँ' के स्थान पर कालवाचक 'जैसे ही–वैसे ही' को रखा जा सकता है। 'जब', 'जहाँ' तथा 'यदि' के परस्पर संबंध को नीचे के वाक्य में देखिए–

(15). **जब** पिटाई की घटना का संबंध चाओ साहब जैसे किसी महत्वपूर्ण व्यक्ति से होता **तो** गाँववासी इसे चर्चा का विषय समझते थे और **जहाँ** एकबार उन्होंने इसे चर्चा का विषय समझ लिया **तो** पिटाई करनेवाले के एक प्रसिद्‌ध व्यक्ति होने के कारण पिटनेवाले को भी इस प्रसिद्‌धि का कुछ–न–कुछ लाभ अवश्य मिल जाता था।

उपर्युक्त वाक्य में 'जब', 'जहाँ' तथा 'यदि–तो' की पर्यायता का सहज संकेत है। किसी को भी उठाकर किसी की जगह रख सकते हैं।

देश और काल इस तरह नद्‌ध हैं कि वे एक दूसरे को सहजता से उपस्थित कर देते हैं। इन दोनों से घटना नद्‌ध है। नीचे कुछ वाक्य दिये जा रहे हैं, जिनमें स्थानवाचक पद समय का बोध कराते हैं–

(16). **जहाँ** घंटी बजी, बच्चे क्लास के बाहर आ जाते हैं।

(17). **जहाँ** पैसा मिला वह बाजार चल देता है।

(18). उनके घर से **जहाँ** कोई आया है, हमने हमेशा उसका स्वागत किया है।

(19). **इधर** बरसात खत्म हुई **उधर** ज्वार और मक्का पककर तैयार हो गयी।

(20). **उधर** छोकरा बस्ती से बाहर हुआ और **इधर** घेघू के दिल की धड़कनें बढ़ गयीं।

'जहाँ' स्थान का वाचक है और स्थान में गति नहीं है। 'जब' काल का वाचक है और काल में विराम नहीं है। घटनाक्रम में भी विराम नहीं है तथा कारण–कार्य में भी विराम नहीं है। वस्तुतः काल व्यापारसंतान से भिन्न कुछ नहीं है, 'कालो न व्यापारसंतानातिरिक्तः'। इसलिए घटनाक्रम या कारण–कार्य के संदर्भ में 'जहाँ' की व्याख्या 'जब' के रूप में अभीप्सित होती है। परिदृश्य अंकन या युगपत घटनाओं के संदर्भ में 'जहाँ' की व्याख्या 'जब' के रूप में नहीं की जाती। '(एक ओर) जहाँ–वहाँ (दूसरी ओर)' के ऊपर दिये प्रयोगों पर दृष्टि डालें। इस अनुच्छेद के आरंभ के वाक्यों को देखें।

3.3.0. जैसे–वैसे (रीतिवाचक)

ज–शब्दों में 'जैसे–वैसे' रीतिवाचक हैं। 'जैसे–वैसे' के स्थान पर रीति के अर्थ में 'जिस प्रकार/भाँति–उस प्रकार/भाँति' का भी प्रयोग किया जा सकता है।

रीतिवाचक शब्द 'ढंग', 'तरीका', 'अंदाज़' जैसे शब्द भी प्रयुक्त हो सकते हैं, जिस ढंग से–उस ढंग से' इत्यादि। सहसंबंधी 'वैसे' के बदले 'तैसे' (तिस प्रकार) का प्रयोग विरल है।

कुछ उदाहरण द्रष्टव्य हैं–

(1). **जैसे** वह नाच रहा है **वैसे** नाचो।

(2). उस समय अंग्रेजी पढ़े लिखे लोग **वैसे ही** दुर्लभ थे **जैसे** आजकल वेदपाठी ब्राह्मण।

(3). वह बिल्कुल **उसी अंदाज़ में** सुनने लगी **जैसे** हिज़ मास्टर्स वायस के रिकार्ड पर तस्वीर बनी होती है।

'वैसे' के बदले 'ऐसे' और 'इस प्रकार', 'यों' का भी प्रयोग होता है–

(4). मेरे मानस पटल पर श्रद्धा का चेहरा **इस प्रकार** अंकित था **जैसे** तस्वीर में किसी का चित्र।

(5). वह **इस तरह** रोने लगा **जैसे** बच्चा रोता है।

(6). पंख निकलने पर **जैसे** पक्षी घोंसला छोड़ जाते हैं, **ऐसे ही** अंतकाल में मायावी को वेद छोड़ जाते हैं।

ऊपर 'जैसे–वैसे' के जो उदाहरण प्रस्तुत किये गये उनमें सबमें तुलना का अर्थ विद्यमान है। दोनों उपवाक्यों में वर्णित रीतियों में समानता दिखायी गयी है। किंतु 'जैसे–वैसे' का एक दूसरा प्रयोग भी है जहाँ तुलना का अर्थ नहीं होता। वस्तुतः जैसे–उपवाक्य में जिस रीति का उल्लेख होता है, दूसरे उपवाक्य में उसका वर्णन होता है। इस संदर्भ में दो अलग–अलग रीतियाँ नहीं होतीं, जिनमें समानता दिखायी जाए। उदाहरणं द्रष्टव्य हैं–

(7). हे राजा, **जैसे** श्रीकृष्ण जी ने विद्याधर को तारा और शंखचूड़ को मारा, **सो** (वह) प्रसंग कहता हूँ।

(8). वह **जिस प्रकार** गाता है, **उससे** पेड़ पर के कौवे तक उड़ सकते थे।

(9). **जैसे** वह बात करता है **वह** हमको पसंद नहीं।

यह ध्यान देने योग्य है कि दूसरे उपवाक्य में रीतिवाचक 'वैसे' का प्रयोग नहीं है, बल्कि उसके स्थान पर सर्वनाम 'वह' का प्रयोग हुआ है।

कभी पहले उपवाक्य में 'रीति' का वर्णन होता है और दूसरे उपवाक्य में उस रीति से किये गये कार्य का परिणाम होता है।

(10). **ऐसा** पटका **कि** उसके प्राण निकल गये।

(11). **ऐसा** गोल मारा **कि** सभी देखते रह गये।

रीतिवाचक 'जैसे' और 'कैसे' के साथ 'भी' जोड़ने से 'किसी भी उपाय से' का अर्थ निकलता है, जैसे–

(12). **कैसे भी / जैसे भी** तुम्हें यह काम दो दिन में पूरा करना है।

क्रियाविशेषण उपवाक्य

4.0. संबंधवाचक तथा सामान्य क्रियाविशेषण उपवाक्य

इससे पूर्व संज्ञा उपवाक्यों तथा विशेषण उपवाक्यों का वर्णन किया जा चुका है। विशेषण जो–उपवाक्य के साथ अन्य ज–उपवाक्यों का भी वर्णन हो चुका है। विशेषण ज–उपवाक्य के अलावा अन्य ज–उपवाक्यों में कालवाचक, स्थानवाचक तथा रीतिवाचक ज–उपवाक्यों का विशेष रूपसे उल्लेख किया जा सकता है, 'जब', 'जहाँ', 'जैसे'। अन्य व्याकरण ग्रंथों में इनकी चर्चा क्रियाविशेषण शीर्षक के अंतर्गत की गयी है। किंतु प्रस्तुत ग्रंथ में सभी ज–उपवाक्यों को एक साथ रखा गया है, चाहे वे विशेषण की तरह काम कर रहे हों, चाहे क्रियाविशेषण की तरह। इसके दो कारण हैं : पहला, रूप की दृष्टि से सभी ज–उपवाक्य 'ज–' से आरंभ होते हैं। यह समानता आकस्मिक नहीं कही जा सकती। दूसरा, ज–विशेषण उपवाक्य तथा ज–क्रियाविशेषण उपवाक्यों में अन्य दृष्टियों से भी समानता है। ज–क्रियाविशेषण उपवाक्य मुख्य उपवाक्य पर उसी तरह आश्रित होते हैं जैसे विशेषण उपवाक्य मुख्य उपवाक्य पर आश्रित होते हैं। किंतु यह ध्यान देने योग्य है कि ज–विशेषण तथा ज–क्रियाविशेषण उपवाक्यों का मुख्य उपवाक्य से जैसा संबंध होता है वैसा संबंध सामान्य क्रियाविशेषण उपवाक्यों का नहीं होता। इसी से ज–क्रियाविशेषण उपवाक्यों को सामान्य क्रियाविशेषण उपवाक्यों से अलग रखा गया है।

ज–उपवाक्यों को संबंधवाचक उपवाक्य भी कहा गया है। संबंधवाचक उपवाक्य में संबंधी होता है तथा मुख्य उपवाक्य में सहसंबंधी होता है। स्पष्टता के लिए विभिन्न गौण उपवाक्यों के परस्पर संबंधों को इस प्रकार प्रदर्शित किया जा सकता है–

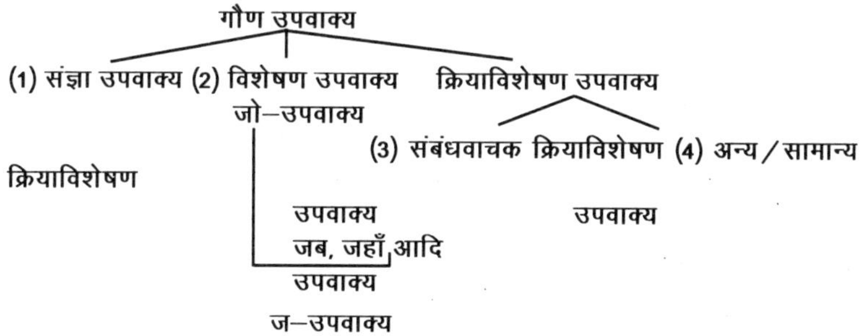

सामान्य क्रियाविशेषण उपवाक्य (जो ऊपर के वर्गीकरण में वर्ग–4 में दिखाये गये हैं) सामान्य रूप से कारणवाचक होते हैं। मुख्य उपवाक्य में कार्य का उल्लेख होता है। इस तरह दोनों उपवाक्यों में सामान्य रूप से कारण–कार्य संबंध होता है। आगे सामान्य क्रियाविशेषण उपवाक्य के लिए क्रियाविशेषण उपवाक्य नाम का व्यवहार किया जाएगा तथा ज–क्रियाविशेषण उपवाक्य ज–क्रियाविशेषण उपवाक्य कहलाएँगे।

4.1. क्रियाविशेषण उपवाक्य तथा मुख्य उपवाक्य

ज–उपवाक्य का मुख्य उपवाक्य से निकट संबंध होता है। यह मुख्य उपवाक्य के एक घटक के रूप में प्रयुक्त होता है। इसी प्रकार संज्ञा उपवाक्य का भी मुख्य उपवाक्य से निकट संबंध होता है। यह भी मुख्य उपवाक्य के एक घटक के रूप में कार्य करता है। इसके विपरीत क्रियाविशेषण उपवाक्य मुख्य उपवाक्य का घटक या अंग नहीं होता, बल्कि वह पूरे मुख्य उपवाक्य के साथ एक अनुक्रम में होता है, संज्ञा या ज–उपवाक्य की भाँति वह मुख्य उपवाक्य में सन्निविष्ट नहीं होता। इसलिए क्रियाविशेषण उपवाक्य का मुख्य उपवाक्य से अनुक्रम का संबंध होता है।

दो वाक्यों में कारण–कार्य का संबंध सामान्य रूप से बिना संयोजकों के भी व्यक्त हो जाता है, इसलिए ये वाक्य पृथक वाक्यों के रूप में पड़े रह सकते हैं या फिर संयोजकों के साथ आ सकते हैं। इसी अर्थ में क्रियाविशेषण उपवाक्य तथा मुख्य उपवाक्य के संबंध को शिथिल कहा गया है। उदाहरण के लिए कुछ वाक्य देखिए–

(1). क. पानी बरस रहा है। मौसम ठंडा हो गया है।
 ख. पानी बरस रहा है और मौसम ठंडा हो गया है।
 ग. पानी बरस रहा है (और) इसलिए मौसम ठंडा हो गया है।
 घ. मौसम ठंडा हो गया है क्योंकि पानी बरस रहा है।
 ङ. चूँकि पानी बरस रहा है इसलिए मौसम ठंडा हो गया है।

(क) में दोनों वाक्यों में कारण–कार्य संबंध सहज रूप में स्पष्ट है, यद्यपि यहाँ किसी संयोजक का प्रयोग नहीं हुआ है। (ख) में दोनों वाक्य समानाधिकरण संयोजक 'और' से जुड़ गये हैं। जुड़े होने पर भी दोनों वाक्यों की स्वतंत्रता बनी हुई है। इनमें मुख्य और गौण का संबंध उत्पन्न नहीं हुआ है। आगे (ग), (घ) तथा (ङ) में दोनों वाक्यों का संबंध उत्तरोत्तर दृढ़ होता गया है।

कुछ अन्य उदाहरण–

(2). क. वह बीमार है **लेकिन** दफ़्तर जा रहा है।
 ख. **यद्यपि** वह बीमार है **फिर भी / लेकिन** दफ़्तर जा रहा है।

(3). क. रमेश डॉक्टर के पास गया है। वह बीमार है।
 ख. रमेश डॉक्टर के पास गया है **क्योंकि** वह बीमार है।

(क) और (ख) वाक्यों में अर्थ की दृष्टि से समानता है किंतु संयोजकों के प्रयोग की दृष्टि से उनमें भिन्नता है। इन उदाहरणों के बल पर यह कहा जा सकता है कि क्रियाविशेषण उपवाक्य रचना की दृष्टि से मुख्य उपवाक्य से उस तरह नहीं बँधा होता है जिस तरह ज–उपवाक्य या संज्ञा उपवाक्य बँधे होते हैं।

4.2. तिर्यक कारक में संज्ञा उपवाक्य तथा क्रियाविशेषण उपवाक्य

यह ध्यान देने योग्य है कि तिर्यक विभक्ति में प्रयुक्त संज्ञा उपवाक्य भी कारण और प्रयोजन के वाचक होते हैं। इसलिए यह प्रश्न उठता है कि तिर्यक विभक्ति में प्रयुक्त संज्ञा उपवाक्य से क्रियाविशेषण उपवाक्य, जिनका यहाँ वर्णन किया जा रहा है, वे कैसे भिन्न हैं। इसका उत्तर यह है कि संज्ञा उपवाक्य मुख्य उपवाक्य का घटक है, उसका पूरक है। वह मुख्य उपवाक्य में बैठे हुए किसी न किसी पद की आकांक्षा के अधीन होता है। जबकि क्रियाविशेषण उपवाक्य मुख्य उपवाक्य में प्रयुक्त किसी पद विशेष की आकांक्षा के अधीन नहीं होता। इसलिए क्रियाविशेषण उपवाक्य संज्ञा उपवाक्य के मुकाबले मुख्य उपवाक्य से स्वतंत्र होता है। तिर्यक विभक्ति में प्रयुक्त संज्ञा उपवाक्य तथा क्रियाविशेषण उपवाक्य के इस अंतर को स्पष्ट करने के लिए नीचे कुछ उदाहरण दिये जा रहे हैं–

(1). क. वह **नाराज़** है **कि** उसे बैठक में नहीं बुलाया गया।

ख. वह **इस बात** से **नाराज़** है **कि** उसे बैठक में नहीं बुलाया गया।

नाराज़गी का कारण कि–उपवाक्य में कथित है। 'नाराज़' को कारण की आकांक्षा है, अर्थात् यह अपनेआप में पूर्ण नहीं है। (ख) में मुख्य उपवाक्य में स्पष्ट रूप से कारण उक्त है, 'इस बात से', जिसका कि–उपबाक्य पूरक है। नीचे के दो वाक्य देखिए–

(2). क. वह **नाराज़** है **क्योंकि / कि** उसे बैठक में नहीं बुलाया गया।

ख. वह **इस बात** से नाराज़ है ***क्योंकि / कि** उसे बैठक में नहीं बुलाया गया।

(क) वाक्य में 'कि' के स्थान पर 'क्योंकि' का प्रयोग ठीक है, किंतु (ख) में 'क्योंकि' का प्रयोग स्वीकार्य नहीं है, क्योंकि क्योंकि–उपवाक्य पूरक नहीं है। यह वाक्य देखिए–

(3). वह घर जा रहा है **क्योंकि / *कि** उसकी माँ बीमार है।

मुख्य उपवाक्य में कोई ऐसा पद प्रयुक्त नहीं है जिसे कारण की आकांक्षा हो, इसलिए 'कि' का प्रयोग नहीं होगा। वाक्य (3) को दो वाक्यों में विभक्त करके इस रूप में रख सकते हैं, किंतु इससे कारण–कार्य संबंध को क्षति नहीं होगी–

(4). वह घर जा रहा है। उसकी माँ बीमार है।

प्रयोजनवाचक तिर्यक संज्ञा उपवाक्य का प्रयोग देखें–

(5). क. मैंने **ज़िद** की **कि** भारत लौट चलें।

ख. मैंने **इस बात के लिए ज़िद** की **कि** भारत लौट चलें।

'ज़िद' साकांक्ष शब्द है। किसी प्रयोजन की सिद्धि के लिए ज़िद की जाती है। (ख) वाक्य के मुख्य उपवाक्य में प्रयोजन का स्पष्ट उल्लेख है, जिसका कि–उपवाक्य पूरक है। इन वाक्यों पर विचार करें–

(6). क. मैंने **ज़िद** की **??ताकि / कि** भारत लौट चलें।

ख. मैंने **इस बात के लिए** ज़िद की ***ताकि / कि** भारत लौट चलें।

जहाँ मुख्य उपवाक्य में प्रयोजन की आकांक्षावाला कोई पद नहीं है वहाँ 'ताकि' का प्रयोग सरलता से किया जा सकता है–

(7). बाँधकर रखो **ताकि / ?कि** भाग न जाए।

(8). गाड़ी ज़रूरी थी **ताकि / ?कि** लोग समय पर पहुँच सकें।

(9). वह मेहनत कर रहा है **ताकि / ?कि** उसे अच्छे अंक मिलें।

उपर्युक्त उदाहरणों से यह स्पष्ट है कि क्रियाविशेषण उपवाक्य तिर्यक विभक्ति में प्रयुक्त संज्ञा उपवाक्यों से अलग हैं।

4.3. कारण–कार्य संबंध

क्रियाविशेषण उपवाक्य की संरचना में भाग लेनेवाले संयोजकों पर विचार करने से पूर्व यह उचित होगा कि कारण–कार्य संबंध पर एक दृष्टि डाल लें। कहीं कारण के अनुकूल कार्य होता है तो कहीं कारण के विपरीत कार्य होता है या कारण न होने पर भी कार्य होता दिखायी देता है, तो कहीं कारण शर्त के रूप में आता है। इन स्थितियों के अनुरूप संयोजकों के तीन उपवर्ग बनते हैं। इनके उदाहरण नीचे दिये जा रहे हैं–

(1). उसे आराम करना होगा **क्योंकि** वह बीमार है।

(2). **यद्यपि** वह बीमार है **फिर भी** काम कर रहा है।

(3). **चाहे** पानी बरसे **(या) / चाहे** न बरसे, फसल अच्छी होगी।

(4). **यदि** बरसात होगी **तो** ठंड बढ़ेगी।

पहले वाक्य में कारण के अनुकूल कार्य है। बीमार होना कारण है, आराम करना कार्य है। दूसरे वाक्य में कारण के अनुकूल कार्य नहीं है। तीसरे वाक्य में, कारण विद्यमान हो या न हो, कार्य होगा। चौथे वाक्य में कारण शर्त के रूप में है। शर्त पूरी होगी तो कार्य होगा। शर्त पूरी न होने पर कार्य के बारे में कुछ कहा नहीं जा सकता।

कारण–कार्य के उपर्युक्त संबंधों को ध्यान में रखते हुए कारणवाचक संयोजकों को निम्नलिखित तीन उपवर्गों में विभाजित किया जा सकता है–

(1) कारण के अनुकूल कार्य	**(2) कारण के विपरीत या कारण के अभाव में कार्य**	**(3) शर्तवाचक कारण**
क्योंकि	यद्यपि–तथापि	यदि–तो
चूँकि–इसलिए	भले–किंतु	जो–तो
ताकि	चाहे–चाहे–किंतु	
	जबकि	

आगे इन संयोजकों का क्रमशः वर्णन किया गया है।

4.4.0. क्योंकि

'क्योंकि' कारणवाचक है। सामान्य क्रम में क्योंकि–उपवाक्य मुख्य उपवाक्य के बाद आता है। मुख्य उपवाक्य में कार्य का उल्लेख होता है, जैसे–

(1). वह खाना खा रहा है **क्योंकि** उसे भूख लगी थी।

कारण दो प्रकार के हैं, कारक कारण तथा ज्ञापक कारण। दोनों के उदाहरण इस प्रकार हैं–

(3). कीचड़ है **क्योंकि** पानी बरसा है। (कारक कारण)

(4). पानी बरसा है **क्योंकि** कीचड़ है। (ज्ञापक कारण)

वाक्य (3) में पानी बरसना कारक कारण है तथा कीचड़ होना कार्य है। कारक कारण वास्तविक कारण होता है जिसके होने पर कार्य स्वतः घटित होता है। कारक कारण का प्रयोग इन रूपों में भी हो सकता है–

(5). पानी बरसने **से / के कारण** कीचड़ है।

वाक्य (4) में कीचड़ होना ज्ञापक कारण है, कीचड़ देखकर पानी बरसने का ज्ञान या अनुमान होता है। ज्ञापक कारण वास्तविक या कारक कारण से भिन्न होता है। इसका प्रयोग इस रूप में नहीं किया जा सकता–

(6). *कीचड़ होने **से / के कारण** पानी बरसा है।

वस्तुतः ज्ञापक कारण मुख्य उपवाक्य में उल्लिखित क्रिया या घटना का कारण नहीं होता, बल्कि वह ज्ञान या अनुमान का कारण होता है। यह ज्ञान वक्ता को अभिकथन (assertion), प्रश्न, आज्ञा या आश्चर्य व्यक्त करने में प्रवृत्त करता है। वाक्य (4) की व्याख्या इस रूप में की जा सकती है–

(7). (चूँकि) कीचड़ है **इसलिए मैं कह रहा हूँ** कि पानी बरसा है।

कीचड़ का होना वक्ता को यह कहने में/अभिकथन करने में प्रवृत्त करता है कि पानी बरसा है। इस तरह का प्रयोग कारक कारण के प्रसंग में उपलब्ध नहीं है–

(8). *(चूँकि) पानी बरसा है **इसलिए मैं कह रहा हूँ** कि कीचड़ है।

ज्ञापक कारण किस तरह वक्ता को विभिन्न कार्यों में प्रवृत्त करता है, यह निम्नलिखित वाक्यों में देखिए–

(9). कोई आया है **क्योंकि** बाहर गाड़ी खड़ी है। (अभिकथन)

(10). क्या वह बीमार है? **क्योंकि** उसे अभी डॉक्टर के पास जाते देखा है। (प्रश्न)

(11). तुम बैठ जाओ, **क्योंकि** अभी वे पूजा कर रहे हैं। (आज्ञा)

(12). वह बीमार है! **क्योंकि** अभी तो वह बाहर ऊधम मचा रहा था। (आश्चर्य)

बाहर गाड़ी खड़ी है इसलिए कह रहा हूँ कि कोई आया है, उसको डॉक्टर के पास जाते देखा है इसलिए प्रश्न पूछ रहा हूँ कि क्या वह बीमार है, इत्यादि।

4.4.1. क्योंकि–उपवाक्य प्रश्न का विषय बन सकता है

गौण उपवाक्य मुख्य उपवाक्य पर आश्रित होते हैं और इसलिए वे वक्ता के तात्पर्य अर्थात् प्रश्नादि के लिए सुलभ नहीं होते। किंतु क्योंकि–उपवाक्य गौण उपवाक्य होते हुए भी वक्ता को हाँ/नहीं प्रश्न के लिए उपलब्ध होता है। वक्ता क्योंकि–उपवाक्य में कथित कारण की सत्यता–असत्यता के बारे में सवाल उठा सकता है। इस दृष्टि से क्योंकि–उपवाक्य चूँकि–उपवाक्य से अलग है। चूँकि–उपवाक्य में उल्लिखित कारण पूर्वमान्यता प्राप्त (presupposed) होता है, उसमें नवीनता नहीं होती। इसलिए उसकी सत्यता–असत्यता का प्रश्न नहीं उठाया जा सकता। इसके विपरीत क्योंकि–उपवाक्य में उल्लिखित कारक कारण पूर्वमान्यता प्राप्त नहीं होता। इसलिए उसके संबंध में वक्ता हाँ/नहीं का प्रश्न कर सकता है। उदाहरण के लिए ये वाक्य देखिए–

(1). रमेश घर जा रहा है↑ **क्योंकि** उसकी माँ बीमार है।

(2). रमेश घर जा रहा है। [1]क्योंकि उसकी माँ बीमार है↑।

पहले वाक्य में प्रश्न का विषय मुख्य उपवाक्य है। वक्ता को ज्ञात है कि उसकी माँ बीमार है, इसलिए इस बारे में प्रश्न नहीं है। वाक्य (1) में उठाये गये प्रश्न का उत्तर होगा, (1) हाँ, रमेश जा रहा है या (2) नहीं, रमेश नहीं जा रहा है। वाक्य (2) में रमेश का घर जाना तय है, प्रश्न माँ की बीमारी के बारे में है, बीमार है या नहीं?। वाक्य (2) में 'क्योंकि' पर विशेष बलाघात है। (↑) आरोही अनुतान का चिह्न।

4.4.2. 'क्योंकि' तथा अन्य कारणवाचक संयोजक

'क्योंकि' की तरह 'कि' तथा 'जो' का प्रयोग भी कारणवाचक के रूप में होता है। उदाहरण के लिए–

(1). धिक्कार है हमारी मति को **जो** (कि/क्योंकि) भगवान को पहचान सेवा न करी। (प्रेमसागर)

(2). महाराज, बड़ा अनुग्रह किया **जो** (कि/क्योंकि) आके दर्शन दिया। (नासिकेतोपाख्यान)

(3). मेरा हृदय निश्चय ही कठोर है **जो** (कि/क्योंकि) अब तक विदीर्ण नहीं हुआ।

उपर्युक्त सभी वाक्यों में मुख्य उपवाक्य में भावावेग का वर्णन है। भावावेग का कारण गौण उपवाक्यों में है।

यहाँ कारणवाचक के रूप में 'क्योंकि' तथा 'कि' के संबंधों पर थोड़ा विचार कर लेना उचित होगा। अनुच्छेद (4.2.0.) में तिर्यक विभक्ति में प्रयुक्त संज्ञा उपवाक्य तथा क्रियाविशेषण उपवाक्य के संबंधों पर विचार करते हुए 'कि' तथा 'क्योंकि' के संबंधों की ओर संकेत किया जा चुका है। कि–उपवाक्य का जैसा दृढ़ संबंध मुख्य उपवाक्य से होता है वैसा दृढ़ संबंध क्योंकि–उपवाक्य का नहीं होता।

क्योंकि–उपवाक्य की स्वतंत्रता का संकेत इस बात से भी मिलता है कि यह वक्ता के तात्पर्य (speech act) के लिए उपलब्ध होता है। वक्ता चाहे तो क्योंकि–उपवाक्य के संबंध में प्रश्न कर सकता है। किंतु कि–उपवाक्य मुख्य उपवाक्य में इस तरह सन्निविष्ट होता है कि वह वक्ता के तात्पर्य से नहीं जुड़ता। इसलिए कि–उपवाक्य स्वयं प्रश्नादि का विषय नहीं बनता। इसी प्रकार कि–उपवाक्य के कथ्य में वक्ता की हिस्सेदारी नहीं हो सकती जबकि क्योंकि–उपवाक्य के कथ्य में वक्ता की हिस्सेदारी इस रूप में होती है कि वह उसकी सत्यता से बँधा होता है। इन वाक्यों पर विचार करें–

(4). क. वह परेशान है **कि** उसे अच्छे अंक नहीं मिले हैं। (जबकि उसे अच्छे अंक मिले हैं)

ख. वह परेशान है **क्योंकि** उसे अच्छे अंक नहीं मिले हैं। (*जबकि उसे अच्छे अंक मिले हैं)

यदि वक्ता (ख) वाक्य में 'जबकि उसे अच्छे अंक मिले हैं' इस अंश को जोड़ता है तो वह अपनी ही बात काटता है। इस प्रकार की विसंगति (क) वाक्य में नहीं है। अन्य उदाहरण देखिए–

(5). क. कभी–कभी वह माथा पीटता **कि** कानून, शिक्षा, मेडिकल सहूलियतें इंसान की जिंदगी को आसान नहीं, बल्कि पेचीदा बना रही हैं।

ख. कभी–कभी वह माथा पीटता **क्योंकि** कानून, शिक्षा, मेडिकल सहूलियतें इंसान की जिंदगी को आसान नहीं, बल्कि पेचीदा बना रही हैं।

वक्ता कारण की सच्चाई से केवल (ख) वाक्य में बँधा है, (क) वाक्य में नहीं। इस वाक्ययुग्म पर विचार करें–

(6). क. तुम बेकार परेशान हो **कि** वह नहीं आएगा। (वह आएगा)

ख. तुम बेकार परेशान हो **क्योंकि** वह नहीं आएगा। (*वह आएगा)

वक्ता (क) वाक्य में गौण उपवाक्य के कथ्य का खंडन कर सकता है किंतु (ख) वाक्य में गौण उपवाक्य के कथ्य का नहीं। इन उदाहरणों से स्पष्ट है कि क्योंकि–उपवाक्य जिस प्रकार वक्ता से जुड़ सकता है वैसे कि–उपवाक्य नहीं।यह क्योंकि–उपवाक्य की अपेक्षाकृत स्वतंत्रता का ही सूचक है।

जहाँ गौण उपवाक्य में 'क्यों', 'कैसे', 'क्या', 'कहाँ' जैसे प्रश्नवाचक शब्दों का प्रयोग होता है वहाँ संयोजक के रूप में 'क्योंकि' का प्रयोग नहीं होता। उदाहरण–

(6). उसे गुस्सा है **कि/*क्योंकि** उसे पुरस्कार **क्यों** नहीं मिला।

(7). उसके मन में पीड़ा हुई **कि/*क्योंकि क्या** कभी वह रमेश के समान बन सकेगा।

(8). उसे आश्चर्य था **कि/*क्योंकि** यह सब **कैसे** हो गया।

वक्ता उपर्युक्त सभी गौण उपवाक्यों के कथ्य से तटस्थ है, इसलिए 'कि' के स्थान पर 'क्योंकि' का प्रयोग नहीं किया जा सकता।

'क्योंकि' तथा 'जो' की कारण के अर्थ में पर्यायता के उदाहरण ऊपर दिये जा चुके हैं। एक अन्य उदाहरण देखिए–

(9). आपने कहीं भूल की है **जो / क्योंकि** हिसाब नहीं बैठ रहा है।

'क्योंकि' के अर्थ में 'इसलिए कि' का प्रयोग हो सकता है–

(10). कपड़े गीले हैं **इसलिए कि / क्योंकि** बारिश में बाहर पड़े रह गये।

'क्योंकि' के अर्थ में कोशीय शब्द 'कारण (कि)' का प्रयोग निम्नलिखित वाक्य में देखिए–

(11). आप कम–से–कम कविरत्न रचित होरेशस को तो छपा डालिए. **कारण**, सत्यनारायण जी को स्वर्गवासी हुए पचास वर्ष व्यतीत हो चुके हैं।

'क्योंकि' 'चूँकि' के अर्थ में वाक्य के आरंभ में आ सकता है–

(12). **क्योंकि** तुम झूठ बोले हो **इसलिए** तुम्हें कड़ी सजा मिलेगी।

किंतु यह प्रयोग सामान्य प्रयोग नहीं है।

4.5.0. चूँकि–इसलिए

'चूँकि–इसलिए' कारण–कार्य वाचक हैं। 'चूँकि' कारणवाचक है तथा 'इसलिए' कार्य या परिणामवाचक है। कारण–कार्य संबंध सामान्य रूप से इतना स्पष्ट होता है कि संयोजकों के प्रयोग के बिना भी यह संबंध प्रकट हो जाता है। उदाहरणार्थ–

(1). क. पानी बरस रहा है। ठंड बढ़ गयी है।
ख. पानी बरस रहा है और ठंड बढ़ गयी है।
ग. पानी बरस रहा है (और) इसलिए ठंड बढ़ गयी है।
घ. चूँकि पानी बरस रहा है इसलिए ठंड बढ़ गयी है।

'चूँकि' और 'इसलिए' का प्रयोग केवल अंतिम वाक्य में हुआ है, यद्यपि कारण–कार्य संबंध सर्वत्र स्पष्ट है। 'इसलिए' को समानाधिकरण समुच्चयबोधक मानने का आधार भी स्पष्ट है। किंतु 'चूँकि' के साथ आने पर उसका समानाधिकरणत्व बाधित हो जाता है, इसलिए वाक्य (घ) में उसके पूर्व 'और' का प्रयोग नहीं किया जा सकता। 'चूँकि' और 'इसलिए' एक साथ भी आते हैं और एक दूसरे के बिना भी आते हैं। किंतु 'चूँकि' का प्रयोग होने पर 'इसलिए' का लोप प्रायः नहीं होता। उदाहरण–

(2). **चूँकि** महाशिराओं का आयात गिर जाता है **इसलिए** हृदय का स्पंदन आयतन गिर जाता है।

(3). **चूँकि** पफ़ ठंडक को ज्यादा समय तक बरकरार रखता है, कम्प्रेशर को कम मेहनत करनी पड़ती है।

(4). मैं खुद ग्रामीण था, **इसलिए** गर्वपूर्वक 'अहा, ग्राम्य जीवन भी क्या है' पढ़–पढ़कर आत्मविभोर हुआ करता था।

4.5.1.0. चूँकि : क्योंकि

'चूँकि' और 'क्योंकि' दोनों कारणवाचक हैं, किंतु उनमें महत्वपूर्ण भेद है। जो कारण पहले से दिया हुआ है, पुराना है, वह 'चूँकि' के माध्यम से व्यक्त किया जाता है और जो कारण पहले से नहीं दिया हुआ है, नया है, वह 'क्योंकि' के माध्यम से व्यक्त किया जाता है। इनके क्रम पर भी ध्यान दें। पुराना पहले आता है तथा नया बाद में आता है। चूँकि–उपवाक्य पहले आता है और क्योंकि–उपवाक्य बाद में आता है। जो कारण पहले एवं दिया हुआ है, प्राप्त है, उसके संबंध में प्रश्न नहीं उठाया जाता, किंतु जो कारण नया है, पहले से प्राप्त नहीं है उसके संबंध में प्रश्न उठा सकते हैं। इसलिए क्योंकि–उपवाक्य प्रश्न का विषय बन सकता है जबकि चूँकि–उपवाक्य नहीं। संभवतः क्योंकि–उपवाक्य अकेला ऐसा आश्रित उपवाक्य है जिसके बारे में प्रश्न किया जा सकता है। नीचे के वाक्यों पर विचार करें–

(1). क्या वह घर जा रहा है↑ क्योंकि उसका भाई बीमार है?

(2). क्या वह घर जा रहा है, क्योंकि उसका भाई बीमार है↑?

(3). चूँकि उसका भाई बीमार है क्या इसलिए वह घर जा रहा है?

पहले वाक्य में प्रश्नकर्ता 'उसका भाई बीमार है', इस कारण को मानकर चल रहा है, उसका प्रश्न घर जाने के बार में है, अर्थात् प्रश्न कार्य के बारे में है। इस प्रश्न का उत्तर होगा, जा रहा है/नहीं जा रहा है। दूसरे वाक्य में प्रश्नकर्ता यह मानकर चल रहा है कि वह घर जा रहा है, प्रश्न कारण के बारे में है, उसका भाई बीमार है अथवा नहीं? पहले वाक्य में मुख्य उपवाक्य का उच्चारण आरोही अनुतान में और गौण उपवाक्य का उच्चारण अवरोही अनुतान में है। प्रश्नवाचक 'क्या' का अन्वय मुख्य उपवाक्य से होगा। दूसरे वाक्य में गौण उपवाक्य का उच्चारण आरोही अनुतान में तथा मुख्य उपवाक्य का उच्चारण अवरोही अनुतान में है। इस बार प्रश्नवाचक 'क्या' का अन्वय गौण उपवाक्य के साथ होगा, यद्यपि उसको वाक्य के आरंभ में ही रखा गया है। तीसरे वाक्य में कारण के बारे में प्रश्न नहीं किया जा सकता, क्योंकि कारण पहले से दिया हुआ है।

जो कारण तथ्य से थोड़ा भी परे है, वह 'चूँकि' का विषय नहीं बनता। निम्नलिखित तीनों वाक्यों की परस्पर तुलना से यह संकेत मिलता है।

(4). ज़रूर पानी बरसा है क्योंकि सोंधी गंध उठ रही है।

(5). ज़रूर पानी बरसा है, इसलिए सोंधी गंध उठ रही है।

(6). चूँकि (*ज़रूर) पानी बरसा है इसलिए सोंधी गंध उठ रही है।

वाक्य (4) में सोंधी गंध उठने से पानी बरसने का अनुमान किया गया है। वाक्य (5) में पानी बरसने का अपेक्षाकृत दृढ़ अनुमान है या कम से कम यह तो कहा ही जा सकता है कि इस अनुमान का कारण सोंधी गंध का उठना नहीं है, वह तो कार्य के रूप में वर्णित है। 'ज़रूर' का अन्वय अनुमान से सहजता से

हो जाता है। वाक्य (6) में पानी बरसना तथ्यात्मक कारण है, उसमें अनुमान का थोड़ा भी अंश नहीं है। इसलिए 'ज़रूर' का प्रयोग चूँकि–उपवाक्य में नहीं होगा।

जहाँ कारण के बारे में जिज्ञासा हो वहाँ उसका प्रस्तुतीकरण 'क्योंकि' से होता है, 'चूँकि' से नहीं। इस संदर्भ में कारण की नवीनता स्वतः स्पष्ट है–

–वह आज नहीं आया है।

–क्यों?

–क्योंकि/*चूँकि वह बनारस गया है।

'क्योंकि' की भाँति 'चूँकि' भी कारक और ज्ञापक दोनों कारणों के साथ प्रयुक्त हो सकता है–

(7). चूँकि बरसात हुई है इसलिए कीचड़ है। (कारक कारण)

(8). चूँकि कीचड़ है इसलिए (मैं कह रहा हूँ कि) बरसात हुई है। (ज्ञापक कारण)

बरसात **होने से/के कारण** कीचड़ है। (कारक कारण)

??कीचड़ **होने से/के कारण** बरसात हुई है। (ज्ञापक कारण)

ऊपर 'चूँकि' तथा 'क्योंकि' के अंतर पर विचार किया गया। किंतु इस अंतर के बावजूद 'क्योंकि' का प्रयोग कभी–कभी 'चूँकि' के अर्थ में मिलता है। 'चूँकि' के अर्थ में 'क्योंकि' का प्रयोग वाक्य के आरंभ में होता है। कुछ उदाहरण द्रष्टव्य हैं–

(9). **क्योंकि** भाभी हर बार एक नयी कहानी सुनातीं और केवल मुझे ही सुनातीं, **इसलिए** मुझे मज़ा भी आता था।

(10). **क्योंकि** बुद्धि वर्णों के संकलन और स्मरण की क्रिया में संलग्न रहती है **इसलिए** स्फुट श्रवण संभव नहीं।

(11). हालाँकि कुत्ते में कोई खासियत नहीं थी, फिर भी **क्योंकि** पॉल ने उसे पाल लिया था, **इसलिए** वह उसे लाड़ से रखता था।

(12). धीरे–धीरे रात हुई और **क्योंकि** सर्दी के दिन थे, हम लोग रजाई ओढ़कर अपनी सीटों पर दुबक गये।

चूँकि–उपवाक्य सामान्य रूप से वाक्य के आरंभ में आता है। किंतु यदाकदा इसका प्रयोग वाक्यांत में मिल जाता है–

(13). यदि किसी भी प्रकार बच्चा तीन वर्ष के उपरांत द्वितीय भाषा के संपर्क में आता है तो वह दूसरी भाषा का भी सफलतापूर्वक अर्जन कर सकेगा **चूँकि** प्रथम भाषा का व्याकरण वह पहले से ही ग्रहण कर चुका होगा।

'चूँकि' के अर्थ में केलॉग ने 'जो' का उदाहरण दिया है, 'वह **जो** आया सो मुझे जाना पड़ेगा'

(as he has come, I shall, therefoce, have to go)

4.5.1.1. इसलिए

'इसलिए' कार्य या परिणामवाचक है, किंतु इस अर्थ में वह अकेला संयोजक नहीं है। विभिन्न संदर्भों में इसके बदले अन्यान्य संयोजकों का भी प्रयोग मिलता है। इनमें 'जो'[1] तथा 'कि'[1] का प्रयोग विशेष रूप से उल्लेखनीय है। जहाँ कारण अनिश्चित या संदिग्ध हो अथवा कारण का निषेध हो वहाँ 'जो' या 'कि' का प्रयोग अभीसिप्त होता है, 'इसलिए' का प्रयोग खटकता है। उदाहरण के लिए–

(1). क्या वह बीमार है? **जो / कि / ?इसलिए** उसे दवा पिलायी जा रही है?

(2). वह बीमार **नहीं** है **जो / कि** *इसलिए उसे दवा पिलायी जा रही है।

जहाँ कारण संदिग्ध नहीं है या उसका निषेध नहीं है वहाँ सामान्य रूप से 'इसलिए' का प्रयोग होता है–

(3). वह बीमार है **इसलिए / *कि / *जो** उसे दवा पिलायी जा रही है।

निम्नलिखित वाक्यों में 'जो' तथा 'कि' के प्रयोग देखिए। इन वाक्यों में कारण के बारे में अनिश्चय का भाव व्यक्त किया गया है–

(4). इस साल हमारे पंच महाराज पर भी **न जाने क्या** शामत सवार हुई **कि / जो / ?इसलिए** कार्तिक नहाने का हौसला चर्राया।

(5). उसने **न जाने क्या** कहा **कि / जो / ?इसलिए** वो रामायण बंद करके बार–बार आँखें पोंछती हुई विंदा के घर चल दीं।

जहाँ कारण को विशेष रूप से प्रस्तुत किया जाए वहाँ 'इसलिए' के बदले 'जो' या 'कि' का भी प्रयोग किया जा सकता है। उदाहरण के लिए निम्नलिखित वाक्य द्रष्टव्य हैं–

(6). वह तो तुम मुझसे ज़रा बड़े हो **जो / कि / इसलिए** लिहाज़ कर जाती हूँ।

(7). वह तो दूध ठंडा था **जो / कि / इसलिए** आप जले नहीं।

(8). तुमने अपने–आप को इन झूठे बंधनों में जकड़ लिया है **कि / जो / इसलिए** मेरा ज़रा सा खुलापन भी तुम्हें अखरता है।

(9). राजा हरिश्चंद्र बड़े दानी थे **कि / जो / इसलिए** उनकी कीर्ति आज भी शेष है।

इस वाक्ययुग्म पर विचार करें–

(10). क. तुम भाग्यशाली हो **जो / कि / इसलिए** तुम्हें उनके दर्शन हुए।

ख. तुम भाग्यशाली हो **क्योंकि / ?जो / ?कि** तुम्हें उनके दर्शन हुए।

---

1. हिंदी भाषा के संयोजकों में 'जो' तथा 'कि' संभवतः सर्वाधिक व्यापक तथा विभिन्नार्थी संयोजक हैं। कई अर्थों में ये एक दूसरे से अलग चलते हैं तो कई अर्थों में दोनों एक साथ चलते हैं, अर्थात् एक के बदले दूसरे को रखा जा सकता है।

(क) वाक्य का मतलब है कि भाग्यशाली होने के कारण तुम्हें उनके दर्शन हुए, अर्थात् भाग्यशाली होना कारण है तथा उनके दर्शन फल हैं। (ख) वाक्य का मतलब है कि उनके दर्शन होने के कारण तुम भाग्यशाली कहे जा रहे हो। उनके दर्शन कारण तथा भाग्यशाली कहलाना फल है। 'जो' तथा 'कि' का प्रयोग केवल (क) वाक्य में सही है, (ख) वाक्य में नहीं। अर्थात् 'जो' तथा 'कि' 'इसलिए' के समान कार्य या फलवाचक हैं।

यदि मुख्य उपवाक्य में सामान्य कथन हो तो 'जो' या 'कि' का प्रयोग नहीं होगा और यदि विशेष कथन हो तो उनका प्रयोग हो सकता है–

(11). क. कमरा बड़ा था **जो / कि / इसलिए** दस लोग सो **सके।**

ख. घर खाली है **इसलिए / ?जो / ?कि** दस लोग **सो सकते हैं।**

(12). क. उसमें साहस है **जो / कि / इसलिए** उसने हम लोगों को **बचा लिया।**

ख. उसमें साहस है **इसलिए / ?जो / ?कि** लोग उसकी प्रशंसा **करते हैं।**

(क) वाक्यों में कार्य घटित हुआ है जबकि (ख) वाक्यों में कार्य की संभावना या अभ्यास का उल्लेख है।

कभी–कभी 'कि' तथा 'जो' में से कोई एक ही 'इसलिए' के बदले आता है–

(13). राजपरिवार अपनी मंत्रणा में डूबा था **कि / इसलिए / ?जो** नन्हकू सिंह का आना उन्हें मालूम न हुआ।

(14). उनके पास टिकट है **जो / इसलिए / ?कि** अंदर जा रहे हैं।

'कि' तथा 'जो' दो उपवाक्यों के बीच दृढ़ संबंध के सूचक हैं, इसलिए उनके पूर्व अल्पविराम नहीं आता, जबकि 'इसलिए' के पूर्व अल्पविराम आ सकता है।

'इसलिए' के स्थान पर प्रयुक्त होनेवाले कुछ अन्य संयोजक इस प्रकार हैं–

(क) सो, इस वज़ह से, इस कारण (से), तभी तो, इसके फलस्वरूप, फलतः, आदि

(ख) तो, अतः, अतएव, इस पर आदि।

इनके कुछ प्रयोग द्रष्टव्य हैं–

(15). तब मुनि से नहीं रहा गया, **सो** निकट चले आये और बोले '...

(16). यह सब विद्याओं में श्रेष्ठ है, **इस कारण** राजविद्या कही गयी है।

(17). वह तो बच्चों के लिए कागज, पेंसिल और स्याही वगैरा दफ़्तर से ले आते हो **तो** नौकर रखने की गुंजाइश हो गयी।

(18). उन्होंने कहा था **तो** चला आया।

(19). यह पुर्जा मशीन का अनिवार्य, **अतः** महत्वपूर्ण अंग है।

(20). पर कुंती ने अपना चाल–चलन न बदला। **इस पर** उसके बाहर आने–जाने पर रोक लगा दी गयी।

(ख) वर्ग के संयोजकों के पूर्व 'और' का प्रयोग नहीं मिलता–

??'और अत' : ?? और अतएव' ...

(क) वर्ग के संयोजकों के पूर्व 'और' आ सकता है–

'(और) इसलिए', '(और) इसके फलस्वरूप' ...

4.6.0. ताकि

कारण कार्य से पूर्व होता है, यही प्रकृति का नियम है। किंतु कभी–कभी यह आभास होता है कि कार्य पहले है, कारण बाद में। किंतु सचमुच ऐसा होता नहीं। वाक्य देखिए–

(1). क. वह आगे पढ़ने के लिए शहर आया है।

ख. वह शहर आया है **ताकि** आगे पढ़े।

शहर आने का कारण आगे की पढ़ाई है। आने का कार्य पूरा हो गया किंतु कारण अभी घटित ही नहीं हुआ है। किंतु विचार करने पर यह स्पष्ट होता है कि शहर आने का कारण आगे की पढ़ाई नहीं है, बल्कि आगे पढ़ने की इच्छा या प्रयोजन है, जो शहर आने के कार्य से पूर्व कारण रूप में विद्यमान है। पहले हित–अनहित का ज्ञान होता है, फिर ज्ञान से इच्छा उत्पन्न होती है, हित को पाने की तथा अनहित से दूर हटने की इच्छा, फिर इच्छा से क्रिया उत्पन्न होती है। हर कार्य से पूर्व कार्य करने की इच्छा होती है। यही इच्छा कार्य का कारण है।

इच्छा या प्रयोजन कार्य का हेतु होता है, किंतु वाक्य में इन शब्दों का स्पष्ट उल्लेख प्रायः नहीं किया जाता। ऊपर के वाक्यों में इनका प्रयोग नहीं हुआ है। प्रयोजन भविष्योन्मुख होता है, इसलिए जो कार्य हमारा प्रयोजन बनता है उस कार्य की सिद्धि या असिद्धि भविष्य के गर्भ में होती है। इस अनिश्चय को प्रयोजनवाचक उपवाक्य में प्रयुक्त इच्छार्थक वृत्ति की क्रिया व्यक्त करती है। वाक्य (1–ख) में 'ताकि आगे पढ़े', यह प्रयोजनवाचक उपवाक्य है। उपवाक्य में प्रयुक्त 'ताकि' प्रयोजनवाचक है।

4.6.1. ताकि : क्योंकि / चूँकि

इच्छा या प्रयोजन केवल चेतन का धर्म है इसलिए सभी कार्यों के पीछे प्रयोजन ढूँढ़ना व्यर्थ है। प्रकृति में घटनेवाली तमाम घटनाएँ निष्प्रयोजन होती हैं, यद्यपि उनमें कारण–कार्य संबंध विद्यमान होता है। प्रयोजन से इतर कारणों की अभिव्यक्ति 'क्योंकि' या 'चूँकि' से होती है, जिनका वर्णन इससे पूर्व किया जा चुका है। 'ताकि' प्रयोजनवाचक है और इससे अभिशासित क्रिया सदैव इच्छार्थक वृत्ति में होती है, जबकि 'क्योंकि' तथा 'चूँकि' द्वारा क्रिया इस तरह अभिशासित नहीं होती। उदाहरण के लिए–

(1). क. जल्दी चलो **ताकि** पहली बस **पकड़ लें।**

ख. जल्दी चलो **क्योंकि** वक्त **हो गया है।**

(2). क. वह शहर आया है **ताकि** आगे **पढ़े**।

ख. वह शहर आया है **क्योंकि** वह आगे पढ़ना **चाहता है।**

(क) तथा (ख) वाक्यों के गौण उपवाक्यों में प्रयुक्त क्रियाओं को देखिए। (2–ख) में भी शहर आने का कारण आगे पढ़ने की इच्छा ही है किंतु 'क्योंकि' का प्रयोग होने से क्रिया का रूप निश्चयार्थक है, 'चाहता है'।

ताकि–उपवाक्य में इच्छार्थक क्रिया का भूतकालिक रूप भी मिलता है, जैसे–

(3). उन्हें मेहनत मज़दूरी की कमाई खानी चाहिए थी **ताकि** अगला जन्म तो **सुधर जाता।**

(4). तुम तो चाहते थे कि यह बच्चा वहीं पड़ा रहता **ताकि** कोई जानवर उसे **उठा ले जाता।**

यह ध्यान देने योग्य है कि दोनों वाक्यों में मुख्य उपवाक्य की क्रिया भूतकाल में है।

ताकि–उपवाक्य के प्रयोग के लिए मुख्य उपवाक्य में सामान्य रूप से प्रयत्नवाली क्रिया का प्रयोग होता है–

(5). वह दौड़ रहा है **ताकि** ट्रेन पकड़ ले।

(6). ??उसके पास पैसे हैं **ताकि** पुस्तकें खरीद ले।

(7). ??पानी बरस रहा है **ताकि** मौसम ठंडा हो जाए।

प्रयोजन का भाव आने पर ही 'ताकि' का प्रयोग सही है–

(8). क्या उसके पास पैसे हैं? **ताकि** वह पुस्तकें खरीद ले।

4.6.2. 'ताकि' और 'कि'

यहाँ 'ताकि' और 'कि' के संबंध पर विचार करना उचित होगा। 'ताकि' प्रयोजनवाचक है। किंतु 'कि' प्रयोजनवाचक भी है और इसके साथ पूरक उपवाक्य का भी वाचक है। निम्नलिखित उदाहरण देखिए–

(1). सब बात कृपा कर हमको सुनाइए **कि/ताकि** मेरा संदेह दूर हो।

(2). सब बात कृपा कर हमको सुनाइए **कि/*ताकि** वहाँ क्या घटित हुआ।

पहले वाक्य में गौण उपवाक्य प्रयोजनवाचक है तथा 'कि' एवं 'ताकि' दोनों का प्रयोग संगत है, किंतु दूसरे वाक्य में गौण उपवाक्य संज्ञा उपवाक्य है और यहाँ केवल 'कि' का प्रयोग सही है।

कई स्थानों पर प्रयोजनवाचक के रूप में 'कि' या 'ताकि', दोनों में से किसी का भी प्रयोग किया जा सकता है–

(3). उसने मेरी ओर देखा **कि/ताकि** मैं उसकी मदद करूँ।

(4). वह दौड़ा **कि/ताकि** लड़के को पकड़ ले।

किंतु इस समानता के बावजूद 'कि' तथा 'ताकि' में एक महत्वपूर्ण भेद भी है। 'कि' मुख्य उपवाक्य से दृढ़ संबंध का सूचक है जबकि 'ताकि' अपेक्षाकृत शिथिल

संबंध का सूचक है। संबंध के दृढ़ एवं शिथिल होने का आधार यह है कि यदि मुख्य उपवाक्य में प्रयोजनवाचक उपवाक्य की आकांक्षावाला कोई पद विद्‌यमान होता है तो 'कि' का प्रयोग ही संगत होता है, 'ताकि' का नहीं। अर्थात् कि–प्रयोजनवाचक उपवाक्य मुख्य उपवाक्य में बैठे हुए किसी पद की आकांक्षा से बँधा होता है और इस अर्थ में वह मुख्य उपवाक्य में सन्निविष्ट होता है। इसी अर्थ में 'कि' को दृढ़ संबंध का सूचक कहा जा रहा है। इसके विपरीत ताकि–प्रयोजनवाचक उपवाक्य मुख्य उपवाक्य के किसी पदविशेष की आंकाक्षा से नहीं बँधा होता, बल्कि वह पूरे मुख्य उपवाक्य से संबंध रखता है। इनमें अनुक्रम (Sequence) का संबंध होता है, सन्निवेश का नहीं। इसी अर्थ में 'ताकि' को शिथिल संबंध का सूचक कहा जा रहा है। नीचे उदाहरणार्थ कुछ वाक्य दिये जा रहे हैं। उन पर विचार करें–

(5). उसने (यह) ज़िद की **कि/*ताकि** हम भारत लौट चलें।

(6). उसका शहर आने का (यह) प्रयोजन है **कि/*ताकि** आगे की पढ़ाई जारी रख सके।

(7). उसने मुझे (इस बात के लिए) उकसाया **कि/*ताकि** मैं गोली चला दूँ।

(8). उसने (यह) कोशिश की **कि/*ताकि** ढक्कन दबा रहे।

(9). वह (इस बात के लिए) आकुल है **कि/*ताकि** कब घर पहुँचे और माँ से मिले।

ऊपर के वाक्यों में कि–उपवाक्य को तिर्यक विभक्ति में प्रयुक्त संज्ञा उपवाक्य कह सकते हैं, जो प्रकार्य की दृष्टि से प्रयोजनवाचक है। सभी तिर्यक संज्ञा उपवाक्य मुख्य उपवाक्य में प्रयुक्त किसी–न–किसी साकांक्ष पद से बँधे हैं, जैसे– 'ज़िद' 'प्रयोजन', 'कोशिश', 'उकसाना', 'आकुल'। इन वाक्यों में 'कि' के स्थान पर 'ताकि' का प्रयोग सही नहीं है।

मुख्य उपवाक्य में प्रयोजनवाचक उपवाक्य का कोई साकांक्ष पद न होने पर सामान्य रूप से 'ताकि' का प्रयोग किया जाता है–

(10). इसे बाँधकर रखो **ताकि/?कि** भाग न जाए।

(11). मोहन को पहले भेज दो **ताकि/?कि** वह खाना बनाकर रखे।

(12). गाड़ी ज़रूरी है **ताकि/?कि** लोग समय पर पहुँच सकें।

ऊपर मुख्य उपवाक्यों में कोई ऐसा पद प्रयुक्त नहीं हुआ है जिससे प्रयोजनवाचक उपवाक्य बँधा हो। यहाँ प्रयोजनवाचक उपवाक्य का संबंध पूरे मुख्य उपवाक्य से है।

सहज या दूर का प्रयोजन होने पर सामान्य रूप से 'कि' या 'ताकि' कोई भी प्रयोग में आ सकता है किंतु तात्कालिक प्रयोजन होने पर प्रायः 'ताकि' का चुनाव किया जाता है। उदाहरणार्थ–

(13). क. वह पढ़ रहा है **ताकि/कि** आगे तरक्की करे।

ख. वह पढ़ रहा है **ताकि/??कि** शाम को फ़िल्म देखने जा सके।

(14). क. वह रोज़ व्यायाम करता है **ताकि/कि** स्वस्थ रहे।

ख. वह रोज़ व्यायाम करता है **ताकि/??कि** माँ उसे नयी सायकिल दिलवा दे।

तरक्की करना पढ़ने का सहज प्रयोजन है किंतु शाम को फ़िल्म देखने जाना तात्कालिक प्रयोजन है। इसी तरह स्वस्थ रहना व्यायाम करने का सहज प्रयोजन है किंतु नयी सायकिल पाना तात्कालिक प्रयोजन है। (ख) वाक्यों में 'ताकि' का प्रयोग ही अभीष्ट है। वस्तुतः 'ताकि' तथा 'कि' के प्रयोग को लेकर तीन अलग–अलग स्थितियाँ बनती हैं। मुख्य उपवाक्य में प्रयोजन का साकांक्ष पद विद्यमान होने का मतलब है कि आगे प्रयोजनवाचक उपवाक्य आ रहा है। यदि मुख्य उपवाक्य में प्रयोजन का साकांक्ष पद विद्यमान नहीं है तो इसका मतलब है कि आगे प्रयोजनवाचक उपवाक्य आ सकता है। आए न आए, यह दूसरी बात है। यदि आ रहा है तो प्रयोजन सहज या दूरवर्ती हो सकता है अथवा तात्कालिक। इस प्रकार तीन स्थितियाँ प्राप्त होती हैं–

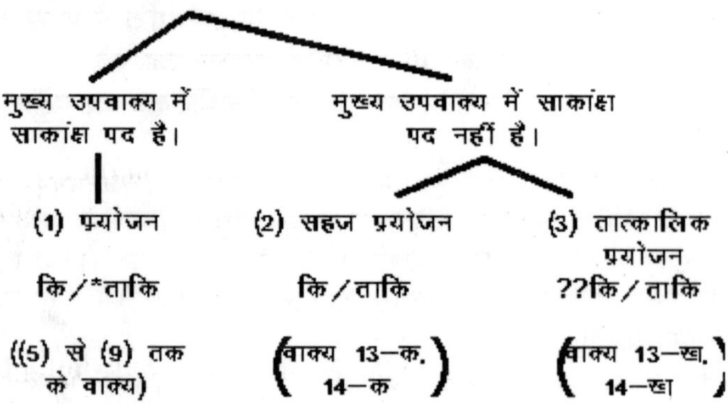

जहाँ तात्कालिक प्रयोजन में डर, आशंका या अनिश्चय का मिश्रण हो वहाँ 'कि' का प्रयोग वाछंनीय है। इन उदाहरणों पर ध्यान दें–

(15). क. वे छिप गये **कि/?ताकि** कोई देख न ले।

ख वे छिप गये **कि/?ताकि/कहीं** कोई देख न ले।

(16). क. वह दौड़ा **कि/?ताकि** गाड़ी छूट न जाए।

ख. वह दौड़ा **कि/?ताकि कहीं** गाड़ी छूट न जाए।

(17). क. उसने मेरी ओर देखा **कि/ताकि** मैं उसकी मदद करूँ।

ख. उसने मेरी ओर देखा **कि/??ताकि शायद** मैं उसकी मदद करूँ।

'कहीं' डर व आशंका का सूचक है। 'शायद' अनिश्चय का सूचक है। यहाँ यह ध्यातव्य है कि उपर्युक्त वाक्यों में मुख्य उपवाक्य की क्रियाएँ भी सामान्य रूप से तात्कालिक प्रयोजनवाली हैं।

4.6.3. जिससे / जिसमें

प्रयोजनवाचक संयोजकों में 'कि' और 'ताकि' के अलावा 'जिससे' तथा 'जिसमें' संयोजकों का भी उल्लेख किया जा सकता है। 'जिससे' तथा 'जिसमें' के पूर्व या पश्चात वैकल्पिक रूप से स्वार्थिक 'कि' का प्रयोग किया जा सकता है। इन सभी संयोजकों के साथ विकल्प रूप में मुख्य उपवाक्य में 'इसलिए' का प्रयोग किया जा सकता है–

(इसलिए)..... कि
ताकि
(कि) जिससे (कि)
(कि) जिसमें (कि)

'इसलिए' तथा 'कि' एक साथ सयुंक्त होकर भी आ सकते हैं। इन सबके उदाहरण नीचे दिये जा रहे हैं।

(1). हम तो बीना के पास **इसलिए** आ बैठते हैं **कि** दो–चार अक्षर इससे सीख जाएँ।

(2). प्रत्येक राजधानी में उनकी प्रतिमा स्थापित की जाये **जिससे कि** उनकी प्रतिमा से समाज प्रेरणा ले सके।

(3). लड़कपन से एक प्रकार का लोहे का जूता लड़कियों को पहना देते हैं **जिसमें** पाँव बढ़ने न पावे।

(4). मछुआ मछली मारने के लिए बड़ी मेहनत करता है **इसलिए कि** उसकी मछली का अच्छा मोल मिले।

'जो' तथा 'कि' की पर्यायता अनेक स्थानों पर देखने को मिलती है। 'जो' का प्रयोग प्रयोजन के अर्थ में नीचे के वाक्यों में देखें–

(5). अब क्या करूँ **जो / कि / ताकि** इनमें चुस्ती और चालाकी आवे।

(6). क्या किया जाय **जो** देहातियों की रक्षा हो।

(7). वह बताकर नहीं आता **जो** मैं घर पर रहूँ।

जहाँ 'जो' में संयोजक के अलावा सर्वनाम का भी अंश रहता है वहाँ ये दोनों अंश टूटकर अलग–अलग भी हो सकते हैं, जैसे–

(8). डॉक्टर आयरन से भरपूर पोषक ठोस आहार लेने की सिफ़ारिश करते हैं **जो / ताकि वह** आसानी से पचाया जा सके।

(9). जनन द्वारा प्रत्येक जंतु मरने से पहले अपने ही सूक्ष्म रूप को जन्म देता है **जिससे / ताकि उससे** उसका वंश आगे चल सके।

प्रयोजनवाचक उपवाक्य यदि मुख्य उपवाक्य से पूर्व आता है तो उसके साथ संयोजक का प्रयोग नहीं होता–

(10). राजेश को खाना न बनाना पड़े, इसीलिए सिर दर्द होने पर भी मैं उसे नहीं बताती।

(11). तपोवनवासियों के कार्य में विघ्न न हो, इसलिए रथ यहीं रोको।

यदि किसी कार्य के एक से अधिक प्रयोजन होते हैं तो 'ताकि' का बार–बार प्रयोग नहीं करते। उसके स्थान पर 'और' का प्रयोग किया जा सकता है–

(12). मैं चाहता हूँ कि तुम्हें नौकरी मिल जाए **ताकि** तुम्हारी आर्थिक परेशानी दूर हो **और** तुम्हारे माता–पिता सुखी जीवन बिता सकें **और** तुम्हारा विवाह भी हो जाए।

4.7.0. यद्यपि

ऊपर कारण–कार्य में अनुकूलता का संबंध प्रदर्शित करनेवाले संयोजकों का वर्णन किया गया। किंतु कारण–कार्य में सदैव अनुकूलता का संबंध नहीं मिलता। कारण के विपरीत कार्य होना जगत में साधारण बात है। आगे उन संयोजकों पर विचार किया जाएगा जो कारण–कार्य में विपरीत संबंध को व्यक्त करते हैं। इन संयाजकों में 'यद्यपि' को पहले रखा जा सकता है।

'यद्यपि' 'चूँकि' की भाँति निश्चित और पूर्वमान्य कारण का बोध कराता है। यह कारण भी संदर्भ में नया नहीं होता। किंतु दोनों में भेद यह है कि 'चूँकि–इसलिए' कारण के अनुकूल कार्य का होना अभिव्यक्त करते हैं जबकि 'यद्यपि–तथापि/तो भी' कारण के विपरीत कार्य का होना व्यक्त करते हैं।

(1). **यद्यपि** वह बीमार है **तो भी** काम पर जाता है।

(2). **यद्यपि** प्रत्येक घटना के पीछे नियम विद्यमान होता है **तो भी** साधारण जन को इसका ज्ञान नहीं हो पाता।

(3). **यद्यपि** इस पुस्तक का मूल्य दो सौ रुपये है **फिर भी** तुम्हें डेढ़ सौ रुपये में मिल जाएगी।

पूर्व उपवाक्य में जो स्थिति प्राप्त है, उत्तर उपवाक्य में उसके विपरीत स्थिति का उल्लेख है। पूर्व उपवाक्य में वर्णित स्थिति को शिथिल करने पर उत्तर उपवाक्य में वर्णित स्थिति प्राप्त होती है। इस विशेषता को ध्यान में रखते हुए व्याकरण में 'यद्यपि' को रियायती (Concessive) संयोजक नाम दिया गया है। 'वह बीमार **होते हुए भी** काम पर जाता है।' (दे. वाक्य (1))

4.7.1. यद्यपि, जबकि, लेकिन

'यद्यपि' के अलावा अन्य विरोधदर्शक संयोजक भी हिंदी में प्रयुक्त होते हैं, 'जबकि', 'लेकिन', 'भले', 'चाहे'। 'भले' तथा 'चाहे' का वर्णन आगे किया जाएगा। यहाँ 'यद्यपि' के साथ 'जबकि' और 'लेकिन' को रखकर विचार किया जाएगा। 'यद्यपि' व्यधिकरण संयोजक है और 'जबकि' तथा 'लेकिन' समानाधिकरण संयोजक हैं। विरोध या विसंगति दर्शाने का गुण तीनों में है। उदाहरण के लिए

(1). वह अपने पति से प्यार करती है **यद्यपि/किंतु/जबकि** वह उसे पीटता है।

(2). मैंने उसे पैसे देने के लिए हामी भर दी है **यद्यपि/लेकिन/जबकि** मेरे पास पैसे नहीं हैं।

उपर्युक्त वाक्यों में दो स्थितियों में विसंगति स्पष्ट है। विसंगति या विरोध प्रकट करने में तीनों संयोजक कैसे एक साथ हैं, यह नीचे के उदाहरणों से भी स्पष्ट होता है–

(3). कंडोम वीर्य को डिम्ब के संपर्क में नहीं आने देता, **जो कि** गर्भाधान के लिए आवश्यक है।

(4). उसने उषा से विवाह नहीं किया, **यद्यपि** ज्योतिषी ने इसकी भविष्यवाणी की थी।

वाक्य (3) में 'जो' द्विविधार्थक है। गर्भाधान के लिए क्या आवश्यक है? वीर्य का डिम्ब के संपर्क में आना या न आना? अनुभव कुछ भी कहता हो, व्याकरण के अनुसार 'जो' का अन्वय दोनों अर्थों से संभव है। वक्ता का तात्पर्य तो यही है कि 'जो' का अन्वय 'वीर्य का डिम्ब के संपर्क में आना' से है, लेकिन ध्यान दें, इस अंश का वाक्य में उच्चारण नहीं किया गया है। वक्ता के अभिप्रेत अर्थ में वाक्य (3) को निम्नलिखित रूपों में प्रस्तुत किया जा सकता है–

(5). कंडोम वीर्य को डिम्ब के संपर्क में नहीं आने देता **यद्यपि / किंतु / जबकि** यह गर्भाधान के लिए आवश्यक है।

दूसरे अर्थ में वाक्य (3) को इस रूप में रखा जा सकता है–

(6). कंडोम वीर्य को डिम्ब के संपर्क में नहीं आने देता **और** यह गर्भाधान के लिए आवश्यक है।

यह वाक्य अनुभवविरुद्ध होने से मिथ्या है, किंतु व्याकरणसम्मत है। वाक्य (4) में 'यद्यपि' के प्रयोग से यह संकेत मिलता है कि ज्योतिषी ने उषा से विवाह करने की भविष्यवाणी की थी। किंतु इस अंश का वाक्य में उच्चारण नहीं किया गया है। 'उसने उषा से विवाह नहीं किया' यह अंश इस अनुच्चारित अंश के विपरीत है। 'यद्यपि' दोनों अंशों में विद्यमान इस वैपरीत्य संबंध को व्यक्त करता है। वाक्य (4) में 'यद्यपि' के अर्थ में 'किंतु' और 'जबकि' का भी प्रयोग हो सकता है। किंतु 'और' का प्रयोग करने पर विसंगति समाप्त हो जाती है–

(7). उसने उषा से विवाह नहीं किया **और** ज्योतिषी ने इसकी भविष्यवाणी की थी।

अर्थात् ज्योतिषी ने जो कहा वही हुआ।

इस तरह हम देखते हैं कि 'यद्यपि', 'जबकि' तथा 'किंतु' तीनों संयोजक विरोध या विसंगति की अभिव्यक्ति करते हैं। यह इनमें समानता है। किंतु इस समानता के बावजूद इनमें महत्वपूर्ण भेद भी है। यह पहले ही हम कह आये हैं कि 'यद्यपि' व्यधिकरण संयोजक है तथा 'जबकि' और 'किंतु' समानाधिकरण संयोजक हैं। अन्य व्यधिकरण संयोजकों की भाँति 'यद्यपि' सामान्य रूप से वाक्य के आरंभ में आता है, अर्थात् यद्यपि–उपवाक्य, जो गौण उपवाक्य होता है, मुख्य उपवाक्य से पूर्व आता है। इसके विपरीत 'जबकि' तथा 'किंतु' दो उपवाक्यों के बीच में आते हैं।

इनसे जुड़नेवाले दोनों उपवाक्य स्वतंत्र होते हैं, उनमें गौण और मुख्य का भेद नहीं होता। पहले उपवाक्य में जो कहा जाता है उसके आगे दूसरे उपवाक्य में कहा जाता है। दोनों उपवाक्यों में नयापन (विधेयत्व) होता है, किंतु मिश्रवाक्य में मुख्य उपवाक्य में नयापन (विधेयत्व) होता है, गौण उपवाक्य में नहीं। इसके अलावा मिश्र वाक्य में उपवाक्यों का क्रम बदलने से अर्थ में कोई विशेष अंतर नहीं पड़ता जबकि संयुक्त वाक्यों में उपवाक्यों में क्रम परिवर्तन से प्रायः भारी अंतर आ जाता है। समानाधिकरण तथा व्यधिकरण संयोजकों की यह विशेषता 'यद्यपि', 'किंतु' व 'जबकि' के संदर्भ में भी परिलक्षित होती है। वाक्य (1) को फिर से देखें–

(1). वह अपने पति से प्यार करती है **यद्यपि/किंतु/जबकि** वह उसे पीटता है।

इस वाक्य में प्राप्त विविध विकल्पों को इस रूप में रखें–

(8). क. ??वह अपने पति से प्यार करती है **यद्यपि** मैं जानता हूँ कि वह उसे पीटता है।

ख. वह अपने पति से प्यार करती है **किंतु** मैं जानता हूँ कि वह उसे पीटता है।

ग. ~वह अपने पति से प्यार करती है **जबकि** मैं जानता हूँ कि वह उसे पीटता है।

(ख) तथा (ग) वाक्यों के दोनों उपवाक्यों में नवीन सूचनाएँ हैं, किंतु वाक्य (क) में यद्यपि–उपवाक्य में पुरानी (Presupposed) सूचना है।

(ख) तथा (ग) वाक्यों में पहले उपवाक्य में जो सूचना दी गयी है, दूसरे उपवाक्य में उस सूचना में ही वृद्धि की गयी है, एक नयी सूचना जोड़ी गयी है। किंतु (क) वाक्य में यद्यपि–उपवाक्य में कोई नयी सूचना नहीं है। यद्यपि–उपवाक्य में सूचना की पुरातनता वाक्य के इस रूप में स्पष्ट है, 'यद्यपि उसका पति उसे पीटता है फिर भी वह उससे प्यार करती है।'

कभी–कभी 'जबकि' का प्रयोग 'यद्यपि' की भाँति वाक्य के आरंभ में गौण उपवाक्य में पाया जाता है–

(9). मैं **जबकि** साइंस की छात्रा रही हूँ **पर** अपने मन तथा शरीर का भेद नहीं पा सकी।

व्यधिकरण संयोजक होने से 'यद्यपि' के साथ आनेवाला उपवाक्य प्रश्न या आज्ञा के लिए उपलब्ध नहीं होता। पर 'किंतु' के साथ आनेवाला उपवाक्य प्रश्न तथा आज्ञा के लिए उपलब्ध होता है। यहाँ 'जबकि' तथा 'यद्यपि' में समानता दिखायी देती है, जैसे–

(10). मैंने उसे पैसे के लिए हामी भर दी है **किंतु/*यद्यपि/*जबकि** पैसे कहाँ से दूँगा?

(11). मैंने उसे पैसे के लिए हामी भर दी है **किंतु/*यद्यपि/*जबकि** तुम उसे मना कर देना।

ऐसे कई स्थल हैं जहाँ 'यद्‌यपि', 'जबकि' तथा 'किंतु' में पर्यायता नहीं दिखायी देती। कुछ उदाहरण द्रष्टव्य हैं–

(12). दुर्घटना में दस लोग मारे गये **जबकि / ??यद्‌यपि / ??किंतु** दस–पन्द्रह लोग घायल हो गये।

(13). चने का काम एक सिंचाई से चल जाता है **जबकि / लेकिन / ??यद्‌यपि** गेहूँ के लिए चार–पाँच सिंचाई की ज़रूरत होती है।

(14). रामबिहारी दीक्षित सीधा–सादा और कम पढ़ा लिखा व्यक्ति था। **जबकि / लेकिन / ??यद्‌यपि** / उसकी पत्नी तेज़तर्रार, खूबसूरत व फ़ैशनपरस्त महिला थी।

(15). मुझे संस्था की ओर से जो छात्रवृत्ति मिली थी उसमें रहना, खाना व शोध का खर्च पूरा नहीं पड़ रहा था, **जबकि / यद्‌यपि / ??लेकिन** मैं कोई अपव्यय नहीं करती थी।

(16). मछलियाँ खूब मिलती थीं। अब भी मछलियाँ खाता हूँ, **यद्‌यपि / लेकिन / ??जबकि** पहले जितनी नहीं।

वाक्य (13) व (14) को वाक्य (8) के वाक्यों के साथ देखें।

4.7.2. यद्‌यपि–तथापि

'यद्‌यपि' का प्रयोग अकेले नहीं होता। यह जोड़े में आता है–

यद्‌यपि – तथापि

यद्‌यपि – फिर भी, तो भी, तब भी

यद्‌यपि – किंतु

'यद्‌यपि' का प्रयोग गौण उपवाक्य के साथ होता है, जो सामान्य रूप से मुख्य उपवाक्य के पूर्व आता है। 'तथापि', 'फिर भी', 'किंतु' आदि का प्रयोग मुख्य उपवाक्य के साथ होता है।

'तथापि' का प्रयोग कम होता है। संस्कृतगर्भित हिंदी में प्रायः इसका प्रयोग किया जाता है–

(1). **यद्‌यपि** ईश्वर एक है **तथापि** उसके रूप अनेक हैं।

'तथापि' से पूर्व 'किंतु' या 'और' का प्रयोग नहीं किया जा सकता। 'किंतु तथापि' या 'और तथापि' का अनुक्रम प्राप्त नहीं है। जबकि 'फिर भी', 'तो भी' तथा 'तब भी' से पूर्व 'किंतु' या 'और' को रखा जा सकता है–

(2). यद्‌यपि वह बीमार (**किंतु**) **फिर भी / तो भी / तब भी** काम पर आया है।

(3). वह बीमार है (और) **फिर भी / तो भी** काम पर आया है।

(4). खेत में डाले हुए सारे बीज थोड़े ही फलते हैं **और फिर भी** हम उनके लिए रोते हैं।

गौण उपवाक्य के साथ 'यद्यपि' का प्रयोग होने पर 'फिर भी' आदि से पूर्व 'और' का प्रयोग नहीं होगा।

'फिर भी', 'तो भी' के बदले केवल **'किंतु'** का प्रयोग करना पर्याप्त है।

(5). **यद्यपि** वह बीमार है **किंतु** काम पर आया है।

मुख्य उपवाक्य यदि पहले स्थान पर आता है तो 'फिर भी'; 'किंतु' को छोड़ दिया जाता है–

(6). वह काम पर आया है, **यद्यपि** बीमार है।

वाक्य के आरंभ में 'यद्यपि' का विकल्प से लोप संभव है, देखिए वाक्य (3)। मुख्य उपवाक्य के साथ आनेवाले 'फिर भी', 'तो भी' का लोप संभव है–

(7). **हालाँकि** उसकी ज़्यादातर जिंदगी वेइच्वांग में बीती, वह अक्सर दूसरे स्थानों में भी रहा।

कुछ वाक्यों में, लगता है, 'यद्यपि' मुख्य उपवाक्य में प्रयुक्त होने लगता है। वहाँ उसे 'फिर भी', 'तो भी' या 'किंतु' से बदल सकते हैं–

(8). उन लोगों ने इस विषय पर काफ़ी तर्क–वितर्क किया, **यद्यपि/फिर भी/किंतु** कोई निष्कर्ष नहीं निकला।

(9). यूरोप में 1000 ई0 के पूर्व ठीक अर्थों में कोश नहीं मिलते, **यद्यपि/तो भी/किंतु** अब वे संसार में सबसे आगे हैं।

इन वाक्यों में यद्यपि–उपवाक्यों को पूर्व स्थान से उठाकर अंत में रखा गया है, ऐसा नहीं कह सकते।

'यद्यपि' के अर्थ में अन्य शब्दों का भी प्रयोग मिलता है। 'हालाँकि' का प्रयोग ऊपर दिया जा चुका है, देखिए वाक्य (7)। इसके अलावा 'यों तो' तथा 'वैसे' का प्रयोग भी 'यद्यपि' के अर्थ में मिलता है।

(10). **यों तो** पार्वती को भी मिस्त्री से ऐसी कड़वी बातें सुनने की आदत पड़ गयी थी, **लेकिन** कादिर खाँ की गंदी बातें उससे सुनी न गईं।

(11). **वैसे** वह बहुत साहसी है **किंतु** उसे बचा पाएगा या नहीं, कह नहीं सकते।

'यद्यपि' के साथ स्वार्थिक 'कि' का प्रयोग नीचे के वाक्य में देखिए–

(12). **यद्यपि कि** यह आज भी सहज आनंद एवं मनोरंजन की सामग्री मुहैया कराता है **किंतु** अब इसका बल अपेक्षाकृत बौद्धिक एवं सौंदर्यपरक संतुष्टि पर अधिक है।

4.7.3. ...के बावजूद, होते हुए भी...

वाक्य स्तर पर जिस अर्थ की अभिव्यक्ति 'यद्यपि–तथापि' से होती है, पदबंध स्तर पर उस अर्थ की अभिव्यक्ति 'के बावजूद', '(के) होते हुए भी' आदि रूपों से की जा सकती है। नीचे कुछ उदाहरण दिये जा रहे हैं–

(1). **यद्यपि** त्रिशिरा विश्वरूप थे **लेकिन** उनके तीन शिर थे।

⇒ विश्वरूप **होते हुए भी** त्रिशिरा के तीन शिर थे।

(2). यद्यपि उसे बुखार है **तो भी** वह काम कर रहा है।

⇒ बुखार होने **के बावजूद** वह काम कर रहा है।

(3). **यद्यपि** उसके पास सायकिल नहीं है **फिर भी** वह जाने को तैयार है।

⇒ **बिना** सायकिल **के भी** वह जाने को तैयार है।

रेखांकित अंशों का वाक्य स्तर पर भी प्रयोग हो सकता है–

(4). यद्यपि उसके पास सायकिल नहीं है **किंतु/इसके बावजूद/इसके होते हुए भी/इसके बिना भी** वह जाने को तैयार है।

'यद्यपि–तथापि' के अर्थ में अन्यान्य रूपों का प्रयोग द्रष्टव्य है–

(5). वह सबका चहेता **होकर भी** नहीं चुना गया।

(6). स्वस्थ न **होने पर भी** वह काम करता है।

4.8.0. भले

'यद्यपि' की तरह 'भले' भी बाधा या विसंगति का सूचक है। किंतु दोनों में तात्विक भेद है। यद्यपि–उपवाक्य में वस्तुस्थिति या यथार्थ बाधा का वर्णन होता है जबकि भले–उपवाक्य में कभी यथार्थ बाधा का वर्णन होता है, कभी काल्पनिक या संभावनात्मक बाधा का। उदाहरण के लिए कुछ वाक्य नीचे दिये जा रहे हैं–

(1). क. **भले** वह **पढ़ता था/पढ़ता रहा हो किंतु** पास नहीं हुआ।

ख. **यद्यपि** वह **पढ़ता था/*पढ़ता रहा हो/किंतु** पास नहीं हुआ।

(2). क. **भले** मोहन बीमार **है/हो/किंतु** वह आएगा।

ख. **यद्यपि** मोहन बीमार **है/*हो किंतु** वह आएगा।

'भले' के साथ निश्चयार्थक तथा संभावनात्मक दोनों प्रकार की क्रियाओं का प्रयोग सही है, किंतु 'यद्यपि' के साथ केवल निश्चयार्थक क्रिया का प्रयोग सही है।

निम्नलिखित वाक्य युग्म पर विचार करें–

(3). क. **भले** वह **आता है** मगर मैं नहीं जाऊँगा।

ख. **यद्यपि** वह **आता है** मगर मैं नहीं जाऊँगा।

(क) में 'आता है' की दो व्याख्याएँ संभव हैं, एक, अभ्यास या आदत के अर्थ में, जहाँ क्रिया की बारंबारता की ओर संकेत है, दो, संभावना के अर्थ में, जहाँ क्रिया के केवल एक बार घटित होने का संकेत है। इस अर्थ में 'आता है' के स्थान पर 'आए' का भी प्रयोग हो सकता है। इसके विपीरत, (ख) में 'आता है' की केवल एक व्याख्या संभव है, अभ्यास के अर्थ में।

संभावना का विकल्प से संबंध है और संभावना के लिए कम से कम दो विकल्प प्राप्त होने चाहिए। इसलिए 'भले' का संभावनात्मक प्रयोग होने पर यहाँ भी एकाधिक विकल्पों की स्थिति बनती है। यह अवश्य है कि बाधक विकल्प की संभावना बलवान होती है और सामान्य रूप से उसी का उच्चारण किया जाता है, देखिए–

(4). **भले** पानी बरसे **पर** खेल होगा।

(5). **भले** उसे बुखार था **किंतु** वह आया।

(6). **यद्‌यपि** उसे बुखार था **किंतु** वह आया।

वाक्य (4) तथा (5) में वक्ता के मन में विकल्प हैं, यदि पानी नहीं बरसता है तब तो खेल होगा ही, लेकिन पानी बरसने पर भी खेल होगा। इसी प्रकार बुखार न होने पर तो वह आता ही, बुखार होने पर भी वह आया। किंतु वाक्य (6) से वक्ता के मन में इस प्रकार की कोई विकल्पात्मक स्थिति नहीं है। इस वाक्य में केवल उस विपरीत वस्तुस्थिति का वर्णन है जिसमें वह आया।

'भले' क्रिया के इच्छार्थक रूप को अभिशासित करता है, इसलिए यथार्थ स्थिति का वर्णन होने पर भी क्रिया के इच्छार्थक या संभावनात्मक रूप का प्रयोग होता है, किंतु यहाँ विकल्प से क्रिया के निश्चयार्थक रूप का भी प्रयोग हो सकता है। उदाहरण के लिए नीचे कुछ वाक्य दिये जा रहे हैं–

(7). **भले** वह मर गया **हो/है** किंतु उसकी याद बाकी है।

(8). **भले** पुजारी बाप–दादाओं का शराब से परहेज **रहा हो/था**, लेकिन बिना इसके वे रह नहीं पाते थे।

(9). लेखन में ख,छ,थ,भ आदि महाप्राण ध्वनियाँ शब्दांत में **भले** प्रयुक्त **होती हों/होती हैं** किंतु शब्दांत में उनका उच्चारण लगभग अल्पप्राण के रूप में होता है।

(10). **भले** मैं तुम्हारा भाई **होऊँ/हूँ** मगर तुम्हें दण्ड अवश्य दूँगा।

आदि।

इच्छार्थक क्रिया का क्रियातिपत्तिवाला रूप भी 'भले' के साथ आता है–

(11). **भले** पानी **बरसता** पर मैं ज़रूर **आता**।

'भले' तथा 'यद्‌यपि' की निकटता का परिणाम यह है कि साहित्य में 'भले' के स्थान पर 'यद्‌यपि' का प्रयोग भी मिल जाता है। यह उदाहरण द्रष्टव्य है–

(12). **यद्‌यपि** कविता ध्वनिमय हो, सुस्पष्ट लक्षणायुक्त हो, रसानुकूल सुंदर वर्ण भी उसमें हों तथा सुंदर छंद में कही गयी हो, **पर** बिना अलंकार के शोभित नहीं होती। –लाला भगवानदीन

अपने संभावनात्मक प्रयोग में 'भले 'यदि–तो' के निकट है। 'भले पानी बरसे', 'यदि पानी बरसे' दोनों में संभावना है, किंतु अंतर यह है कि पहले में होनेवाले

कार्य के विपरीत स्थिति का वर्णन है तथा दूसरे में होनेवाले कार्य के अनुकूल स्थिति का वर्णन है।

(13). **भले** पानी **बरसे** किंतु मैं जाऊँगा।

(14). **यदि** पानी **बरसे** तो मैं जाऊँगा।

वाक्य (13) का तात्पर्य यह है कि पानी बरसे या न बरसे, दोनों स्थितियों में जाना होगा। किंतु जाने के लिए पानी का बरसना बाधा के रूप में है और इसलिए उसी का वाक्य में उच्चारण किया गया है। वाक्य (14) में केवल एक स्थिति का वर्णन है। जाना केवल पानी बरसने पर होगा, 'यदि पानी नहीं बरसेगा तो नहीं जाऊँगा'। वाक्य (14) के साथ यह वाक्य देखें–

(15). **यदि** पानी बरसे **तो भी** मैं जाऊँगा।

इस वाक्य को वाक्य (13) के पर्याय के रूप में देखा जा सकता है। वाक्य में 'भी' के प्रयोग से ऐसा हुआ है। 'भी' संग्राहक है। यह दोनों स्थितियों–अनुकूल एवं विपरीत–का संग्रह कर लेता है और इस तरह वाक्य (13) तथा (15) में पर्यायता बन जाती है। 'भी' के स्थान में परिवर्तन करने पर भी भाव वही रहता है, 'यदि पानी **भी** बरसे तो..', 'यदि पानी बरसे **भी** तो...'।

वाक्य (15) के साथ इस वाक्य को रखें–

(16). यदि पानी बरसता है तो बरसे, पर मैं जाऊँगा।

संरचना भिन्न है किंतु अर्थ एक है।

इन वाक्यों पर विचार करें–

(17). **भले** आप दौड़ें **तो भी** गाड़ी नही मिलेगी।

(18). **यदि** आप दौड़ें **तो भी** गाड़ी नहीं मिलेगी।

दोनों वाक्यों में थोड़ा अंतर है, पहले में चुनौती का भाव है (17), दूसरे में वस्तुस्थिति का वर्णन है (18)।

एक बात की सच्चाई के बल पर दूसरी बात को दावे के साथ प्रतिपादित करने के लिए 'भले' तथा 'यदि' का समान रूप से प्रयोग किया जा सकता है–

(19). **भले** मैं इसका भाई नहीं हूँ **किंतु** इसका दोस्त तो हूँ।

(20). **यदि** मैं इसका भाई नहीं हूँ **तो** इसका दोस्त तो हूँ।

यदि यह सच है कि यह मेरा भाई नहीं है तो यह भी सच है कि यह मेरा दोस्त है, यह भाव है।

दूसरा उदाहरण–

(21). **भले** मैं इसका पिता नहीं हूँ **मगर** इसका चाचा तो हूँ।

(22). **यदि** मैं इसका पिता नहीं हूँ **तो** इसका चाचा तो हूँ।

यहाँ यह ध्यान देने योग्य है कि 'भले' का प्रयोग होने पर भी विरोध या विसंगति की नहीं, बल्कि वस्तुस्थिति यानी यथार्थ की अभिव्यक्ति हो रही है। यह वाक्य देखिए–

भले वह तुम्हें पैसे न दे **किंतु** पुस्तक खरीदवा देगा।

इस वाक्य में विसंगति या विरोध का नहीं अपितु रियायत का वर्णन है।

'भले' के साथ 'चाहे' को भी रखकर विचार करना अपेक्षित है। 'चाहे' विकल्प के अर्थ में प्रयुक्त होता है; कहीं केवल विकल्प का अर्थ होता है, कहीं विकल्प के साथ बाधा या विरोध का भी अर्थ होता है। दूसरे अर्थ में 'चाहे' की तुलना 'भले' से की जा सकती है। पहले अर्थ में 'चाहे' का प्रयोग द्रष्टव्य है–

(23). **चाहे** कच्चा तेल हो, खनिज सामग्री हो, भारी मशीनरी, मोटर कारें या अन्य उपभोक्ता सामग्री, इन सभी को दूर देशों में एक शिपमेंट के रूप में भेजा जाता है।

जहाँ विकल्प में बाधा का भी अर्थ हो वहाँ 'चाहे' 'भले' के साथ है, उदाहरणार्थ–

(24). **चाहे** वे अपना कर्तव्य न समझें, **परंतु** हमें तो उनके प्रति वत्सल ही रहना चाहिए।

(25). चींटी और शहद की मक्खी **चाहे** कभी सुस्त बन जायें, **लेकिन** पार्वती कभी खाली नहीं बैठती थी।

उपर्युक्त वाक्यों में 'चाहे' के बदले 'भले' का प्रयोग सहजता से किया जा सकता है। किंतु 'चाहे' तथा 'भले' के प्रयोगों में थोड़ा भेद भी दिखायी देता है। 'भले' का प्रयोग होने पर एक विकल्प बलवान होता है, जो कार्य में बाधक के रूप में होता है। उसी का उच्चारण किया जाता है। इसके विपरीत 'चाहे' का प्रयोग होने पर दोनों या सभी विकल्प तुल्यबल होते हैं और सामान्य रूप से इन सभी का उच्चारण किया जाता है, देखिए–

(26). **भले** वह पैसे न दे **किंतु** मैं उसके लिए किताब खरीदूँगा।

(27). **चाहे** वह पैसे दे,/**चाहे** न दे **किंतु** मैं उसके लिए किताब खरीदूँगा।

'भले' की भाँति 'चाहे' के साथ भी निश्चयार्थक क्रिया का प्रयोग होता है–

(28). दूसरी श्रेणी में उन्हें रखा गया, जो खूबसूरत **चाहे** नहीं थीं, मगर निःसंतान तथा संपत्ति की मालकिन थीं, चौथी (श्रेणी) में, जिनके पास संपत्ति **चाहे** न **थी**, मगर देखने में खूबसूरत थीं।

4.8.1. भले... लेकिन/तो भी/फिर भी/तब भी

'भले' का प्रयोग होने पर मुख्य उपवाक्य में 'लेकिन', 'तो भी', 'फिर भी' या 'तब भी' का प्रयोग होता है। मुख्य उपवाक्य सामान्य रूप से भले–उपवाक्य यानी गौण उपवाक्य के बाद आता है। किंतु इस सामान्य क्रम में उलट–फेर हो सकता है। नीचे कुछ उदाहरण दिये जा रहे हैं–

(1). विविध विषयों के ज्ञान के संग्रह के रूप में विश्वकोश पिछले करीब दो हज़ार वर्षों से अस्तित्व में हैं, **भले ही** उस समय लोग विश्वकोशों को किसी अन्य नाम से जानते थे।

(2). अधिकांश लोग एक से अधिक खंडवाले विश्वकोशों को ही पसंद करते हैं, **भले ही** वह केवल दो खण्डों में ही क्यों न हो।

(3). तुम आये तो, **भले** देर से **ही** सही।

(4). टहलना, **भले** धीरे–धीरे **ही**, जारी रखना।

यह ध्यान देने योग्य है कि जब मुख्य उपवाक्य पहले आता है तो 'लेकिन', 'तो भी' आदि का प्रयोग नहीं होता।

4.8.2. लेकिन : तो भी

मुख्य उपवाक्य में प्रयुक्त होनेवाले 'लेकिन', 'तो भी', 'फिर भी' तथा 'तब भी' एक कोटि के नहीं हैं। 'तो भी' 'फिर भी' तथा 'तब भी' एक साथ हैं और 'लेकिन' इनसे अलग दिखायी देता है। यहाँ विरोध तथा विसंगति पर विशेष रूप से ध्यान देने की आवश्यकता है। विरोध के होने पर विसंगति अवश्य दिखायी देती है किंतु विसगंति के होने पर विरोध का होना आवश्यक नहीं है। 'लेकिन' विसंगति दर्शाता है और 'तो भी' आदि विरोध दर्शाते हैं। जहाँ विसंगति है वहाँ तो विसंगति है ही, जहाँ विरोध है वहाँ भी विसंगति है, इसलिए 'लेकिन' का प्रयोग दोनों स्थितियों में सहज है किंतु 'तो भी' आदि का प्रयोग केवल एक स्थिति में सहज है। पहले विरोध के उदाहरण हैं, जहाँ विसंगति भी है। इसलिए 'तो भी' तथा 'लेकिन' दोनों के प्रयोग संगत हैं–

(1). **भले** तुम्हारे पास रजाई है **तो भी/लेकिन** ठंड लगेगी।

(2). **भले** दस आदमी उठाएँ **तो भी/लेकिन** यह नहीं उठेगा।

(3). **भले** वह बीमार है **तो भी/लेकिन** काम कर रहा है।

(4). **भले** तुम न जाओ **तो भी/लेकिन** मैं जाऊँगा।

ऊपर के वाक्यों में, 'लेकिन' और 'तो भी' का एक साथ प्रयोग हो सकता है–

(5). **भले** तुम्हारे पास रजाई है **लेकिन तो भी** ठंड लगेगी।

इससे विरोध के साथ विसंगति के होने की पुष्टि होती है।

नीचे विसंगति के उदाहरण हैं, जहाँ विरोध या बाधा का भाव नहीं है। इसलिए इन वाक्यों में 'तो भी' या 'फिर भी' का प्रयोग चिंतनीय है–

(6). **भले** तुम्हारे पास रजाई है **लेकिन/??तो भी** मेरे पास तो नहीं है।

(7). **भले** यहाँ दस आदमी हैं **किंतु/??तो भी** वहाँ तो केवल पाँच हैं।

(8). **भले** वह बीमार है **किंतु/??तो भी** मैं स्वस्थ हूँ।

(9). **भले** तुम न आओ **किंतु/??तो भी** चिट्ठी भेज देना।

'तो भी' सतत रेखा पर चरम विंदु या आखिरी विंदु का स्पर्श करता है जबकि 'लेकिन' रेखा के दो खंड दर्शाता है, जिनमें परस्पर विसंगति होती है। इसलिए (1) से (4) तक के वाक्यों के कथ्य को इस रूप में भी प्रस्तुत किया जा सकता है–

(10). **यहाँ तक कि** तुम्हारे पास रजाई है **तो भी/?किंतु** ठंड लगेगी।

(11). **यहाँ तक कि** दस आदमी भी उठाएँ **तो भी/?किंतु** यह नहीं उठेगा।

(12). **यहाँ तक कि** वह बीमार है **तो भी/?किंतु** काम कर रहा है।

इत्यादि।

उपर्युक्त वाक्यों में अकेले 'किंतु' की तुलना में 'किंतु तो भी' का अनुक्रम अधिक अनुकूल है–

(13). **यहाँ तक कि** वह बीमार है **किंतु तो भी** काम कर रहा है।

विरोध या बाधा का भाव न होने पर 'तो भी' का प्रयोग नहीं किया जाता, यह नीचे के उदाहरणों से भी स्पष्ट है–

(14). **भले** दो ही दो, **मगर/*तो भी** दो तो।

(15). **भले** मारो **किंतु *तो भी** जान से न मारो।

(16). **भले** देर से तुम आये हो **पर/*तो भी** आये तो।

यह ध्यान देने योग्य है कि दोनों उपवाक्यों में उसी क्रिया का प्रयोग हुआ है। किंतु यह आवश्यक नहीं है कि दोनों उपवाक्यों में एक ही क्रिया का प्रयोग हो–

(17). **भले** उसे घर **भेज दो** लेकिन/*तो भी **मारो** मत।

'भले' के अर्थ में 'बेशक' का प्रयोग देखिए–

(18). **बेशक** उसे घर भेज दो किंतु मारो मत।

(19). **वासना** प्यार नहीं हो सकती, जिसे **बेशक** आज के माडर्न लोग प्यार कहते हों।

भले–उपवाक्य को पदबंध स्तर पर ले जाने में 'के बावजूद', 'होने पर भी' 'के बाद भी' आदि की सहायता ली जा सकती है–

(20). भले समान दाब मौजूद हो **तो भी** सभी गैसें समान मात्रा में रक्त में घुल नहीं सकतीं ⇒

समान दाब **होने पर भी** सभी गैसें समान मात्रा में रक्त में घुल नहीं सकतीं।

इत्यादि।

'भला' का प्रयोग संदेह, शंका, विपरीत या नकारात्मक संदर्भों में देखा जाता है। 'भले' की भाँति यह संयोजक तो नहीं है किंतु प्रायः विपरीत तथा नकारात्मक संदर्भों में प्रयुक्त होने से उसके निकट है। नीचे कुछ उदाहरण दिये जा रहे हैं–

(21). **भला** तुम आये तो। मुझे बड़ी खुशी हुई।

(22). **भला** वह क्यों आने लगा?

(23). पार्वती सोचती थी कि **भला** थोड़े–से रूपयों के लिए वह झूठ क्या बोलेगा।

(24). जिसकी कुछ ही दिन पहले शादी हुई हो, वह बेटा फ़ौज में भर्ती हो जाए, यह **भला** पिता जी को कैसे पसंद आता।

4.9. चाहे

'यद्यपि' की भाँति 'चाहे' भी विरोध या विपरीत परिस्थिति का सूचक है किंतु दोनों में अंतर यह है कि 'यद्यपि' यथार्थ विरोध का सूचक है और 'चाहे' काल्पनिक या संभावनात्मक विरोध का सूचक है। 'चाहे' से जिस विरोध या विपरीत परिस्थिति की अभिव्यक्ति होती है उसमें अनिश्चय या संदेह के लिए अवसर होता है। अपनी इस विशेषता के कारण 'चाहे' 'भले' के साथ है। 'भले' यथार्थ तथा काल्पनिक दोनों तरह की परिस्थितियों में प्रयुक्त होता है, इसलिए यह एक ओर 'चाहे' के साथ है तो दूसरी ओर 'यद्यपि' के साथ। 'भले' के प्रकरण में इसे पहले स्पष्ट किया जा चुका है। 'चाहे' के कुछ उदाहरण द्रष्टव्य हैं–

(1). **चाहे** वह बीमार हो **लेकिन** आएगा अवश्य।

यहाँ 'चाहे' के स्थान पर 'भले' का भी प्रयोग हो सकता है। सामान्य रूप से 'चाहे' के साथ दो या दो से अधिक विकल्प आते हैं और सभी विकल्प तुल्यबल होते हैं–

(2). **चाहे** वह बीमार हो **चाहे** न हो **लेकिन** आएगा अवश्य।

दूसरी बार 'चाहे' के स्थान पर 'या' रख सकते हैं, 'चाहे वह बीमार हो **या** न हो, आएगा अवश्य।' एक अन्य उदाहरण देखिए–

(3). कोशिका **चाहे** गोल हो **या** चपटी, लंबी' हो **या** चौकोर **या** किसी और आकार की हो **किंतु** उसकी संरचना एक सी होती है।

'चाहे' प्रायः अपने सभी विकल्पों के साथ आता है। सारे विकल्प निःशेष हो जाते हैं। कभी दो ही विकल्पों में सम्पूर्णता आ जाती है, देखिए वाक्य (2), केवल दो स्थितियाँ संभव हैं, बीमार है या बीमार नहीं है। व्यक्ति, स्थान, काल, रीति, मात्रा आदि सूचक शब्दों से मिलकर 'चाहे' सभी विकल्पों का द्वार खोल देता है, जैसे–

चाहे जो, चाहे जहाँ, चाहे जब, चाहे जैसे, चाहे जितना, चाहे कितना, चाहे कैसा आदि।

वाक्य में प्रयोग–

(4). परंतु काम **चाहे कैसा** ही कठिन रहा हो, शरीर **चाहे कितना** ही क्लांत रहा हो (**पर**) मैंने न कभी उसकी हँसी से आभासित मुखमुद्रा में अंतर पड़ते देखा और न कभी काम रुकते देखा।

(5). यहाँ रहकर क्या करोगे, **चाहे जितना** कमाओ (पर) ठीक से पेट भी नहीं भरता।

(6). **चाहे कितना** भी खाओ किंतु नुकसान नहीं करेगा।

(7). **चाहे जो** आए मगर मैं दरवाज़ा नहीं खोलूँगा।

'चाहे' का प्रयोग होने पर मुख्य उपवाक्य में 'किंतु', 'तो भी', 'फिर भी' या 'तब भी' का प्रयोग होता है। कभी–कभी ये लुप्त भी होते हैं।

(8). **चाहे** सारा संसार तुम्हें लांछित क्यों न करता, **तब भी** क्या तुम्हारे लिए मुझे इस भाँति अकेले छोड़कर चला जाना उचित था?

कभी–कभी 'भी' की सहायता से अकथित विकल्प को समेट लेते हैं–

(9). **चाहे** मैं न **भी** जाऊँ **मगर** तुम चले जाना।

(10). अब **चाहे** पानी बरसे **भी तो भी** फसल अच्छी नहीं होगी।

चाहे–उपवाक्य मुख्य उपवाक्य के बाद जा सकता है–

(11). जिसका शील जाता रहा, उसके जीने का कोई अर्थ नहीं, **चाहे** उसके जन और बंधु कितने भी हों।

(12). बलात्कार से उपजे बच्चे को मैं जन्म नहीं दूँगी, **चाहे** बाँझ ही क्यों न कहलाऊँ।

'चाहे' के स्थान पर 'भले' का प्रयोग भी प्रयोग हो सकता है।

पहले यह कहा गया कि 'चाहे' अनिश्चय और संदेह को व्यक्त करता है और अपनी इसी विशेषता के कारण यह 'यद्यपि' से भिन्न है। किंतु कभी–कभी, विशेष रूप से साहित्य में, 'चाहे' यथार्थ विरोध को व्यक्त करने के लिए भी प्रयुक्त हुआ है–

(13). दूसरी श्रेणी में उन्हें रखा गया, जो खूबसूरत **चाहे** नहीं **थीं**, मगर निःसंतान तथा संपत्ति की मालकिन थीं।

(14). मजे की बात यह थी कि दोनों बस्तियाँ एक दूसरे को तो अपने से अलग रखती हुई 'आन गाँव' बनना चाहती थीं पर बीच के पोखर को दोनों 'हमारा पोखर' के रूप में देखती थीं, **चाहे** घाट अलग–अलग **थे।**

–अज्ञेय

यद्यपि, भले तथा चाहे के संबंधों को इस रूप में प्रदर्शित किया जा सकता है।

यद्यपि	–	**भले**	–	**चाहे**
+निश्चय		±निश्चय		–निश्चय
(यथार्थ स्थिति)		(यथार्थ या संभावित स्थिति)		(संभावित स्थिति)

'चाहे' तथा 'भले' कभी एक अनुक्रम में सुनायी पड़ जाते हैं–

(15). **चाहे भले** वह बीमार हो **पर** काम पर जाएगा।

4.10.0. यदि–तो

शर्तवाचक वाक्य निश्चयवाचक वाक्यों से कई दृष्टियों से भिन्न हैं। दोनों में रूप का स्पष्ट अंतर है। शर्तवाचक वाक्य संरचना की दृष्टि से दो उपवाक्योंवाला होता है। 'यदि' के साथ आनेवाला उपवाक्य पूर्व उपवाक्य और 'तो' के साथ आनेवाला उपवाक्य उत्तर उपवाक्य कहलाता है। निश्चयवाचक वाक्य एक स्वतंत्र उपवाक्यवाला हो सकता है या दो और दो से अधिक उपवाक्योंवाला हो सकता है।

निश्चयवाचक वाक्य में निश्चयार्थक क्रिया का प्रयोग होता है, जो निश्चयात्मक कथन या अभिकथन का सूचक होता है। शर्तवाचक वाक्य में शर्त के साथ अभिकथन या निश्चयात्मक कथन होता है। शर्तवाचक वाक्य में सामान्य रूप से क्रिया के अनिश्चयवाचक रूप का या क्रियातिपत्ति रूप का प्रयोग होता है। हिंदी की काल व्यवस्था में –ता प्रत्ययांत क्रियारूप क्रियातिपत्ति का वाचक होता है, जैसे, जाता, खाता आदि। उदाहरण के लिए–

(1). लड़का मैदान में **दौड़ रहा है**। (निश्चयवाचक)

(2). यदि पानी **बरसे** तो ठंड **बढ़े**। (शर्तवाचक)

(3). यदि पानी **बरसता** तो ठंड **बढ़ती**। (शर्तवाचक)

(न पानी बरसा न ठंड बढ़ी)

रूप के अलावा अर्थ की दृष्टि से भी शर्त एवं निश्चयवाचक वाक्यों में महत्वपूर्ण अंतर दिखायी देता है। निश्चयवाचक वाक्य शर्चवाचक वाक्य की तुलना में अधिक ठोस, मूर्त तथा विशिष्ट होता है। शर्तवाचक वाक्य अधिक भावात्मक, अमूर्त एवं सामान्य होता है। शर्तवाचक वाक्य का प्रयोग सामान्य रूप से साधारण नियम या सत्यता को व्यक्त करने के लिए किया जाता है। इस वाक्य का पूर्व उपवाक्य (antecedent) यदि सत्य है तो उत्तर उपवाक्य (consequent) अवश्य सत्य होता है। इस तरह का कथन कोई विशिष्ट कथन नहीं होता, बल्कि इसके उदाहरण विशिष्ट होते हैं। एक जैसी अनेक विशिष्ट घटनाओं में जो सामान्य तत्व है वही साधारण नियम है तथा वह अमूर्त है। निश्चयवाचक वाक्य द्वारा साधारणतया विशिष्ट परिस्थितियों का वर्णन किया जाता है, इसलिए यह वाक्य अधिक ठोस तथा मूर्त होता है। इन वाक्यों पर विचार करें–

(4). यदि पानी बरसता है तो ठंड बढ़ती है।

(5). पानी बरस रहा है।

(6). फूल खिले हुए हैं।

वाक्य (4) में एक सामान्य प्राकृतिक नियम का वर्णन है। वाक्य (5) तथा (6) में विशिष्ट परिस्थितियों का वर्णन है। वाक्य (4) में प्रयुक्त क्रिया के रूप पर भी ध्यान दें। क्रिया का यह रूप यहाँ काल विशेष नहीं, अपितु काल सामान्य के अर्थ में प्रयुक्त है।

किंतु निश्चयवाचक तथा शर्तवाचक वाक्यों के संबंध में ऊपर जो कहा गया उसका मतलब यह भी नहीं है कि उनके बीच स्पष्ट विभाजक रेखा है। ऊपर जो कहा गया उसका मतलब इतना ही है कि दोनों प्रकार के वाक्यों में स्वभावगत अंतर है। निश्चयवाचक वाक्य विशिष्ट एवं निश्चयात्मक (Categorical) होता है तथा शर्तवाचक वाक्य सामान्य एवं प्रकल्पनात्मक (hypothetical) होता है। किंतु व्यवहार में कई बार निश्चयवाचक वाक्यों द्वारा सामान्य नियमों का कथन होता है और शर्तवाचक वाक्यों द्वारा विशिष्ट घटनाओं का वर्णन किया जाता है। निम्नलिखित वाक्यों पर विचार करें–

(7). नमक पानी में घुल जाता है।

(8). यदि पानी बरसा तो ठंड बढ़ जाएगी।

(9). यदि पानी बरसे/बरसता है तो ठंड बढ़ जाएगी।

वाक्य (7) में एक सामान्य नियम का वर्णन है, यद्‌यपि संरचना की दृष्टि से वाक्य निश्चयार्थक है। इस वाक्य को सहज रूप में शर्तवाचक रूप दिया जा सकता है–

(10). यदि नमक पानी में डालते हैं तो वह घुल जाता है।

वाक्य (8) तथा (9) शर्तवाचक हैं, किंतु ये विशेष देश और काल से बँधे हुए हैं, वाक्य (4) की तरह स्वतंत्र नहीं हैं। वाक्य (4) में जिस सामान्य नियम का उल्लेख है उसी के बल पर वाक्य (8) तथा (9) का उच्चारण किया गया है।

यह वाक्य देखिए–

(11). यदि वह कपड़े धोता था तो मैं भी खाना बनाता था।

रूप की दृष्टि से यह वाक्य भले शर्तवाचक हो, किंतु अर्थ की दृष्टि से निश्चयार्थक है, कल्पना की जगह यथार्थ का वर्णन है।

किंतु निश्यचवाचक तथा शर्तवाचक वाक्यों के प्रकार्यों में इस प्रकार की अदला–बदली के बावजूद जहाँ सामान्य नियमों का प्रतिपादन करना अभीष्ट है वहाँ शर्तवाचक वाक्यों का चुनाव करना बेहतर होता है। निम्नलिखित वाक्य पर विचार करें–

(12). कुत्ते वफ़ादार होते हैं।

यह एक सामान्य कथन है। उद्‌देश्य और विधेय इसके दो अंश हैं। उनमें जो सामान्य संबंध है उसका अभिकथन उक्त वाक्य में किया गया है। किंतु इस तरह के वाक्य को समझने में हम प्रायः भूल कर बैठते हैं। 'कुत्ते होते हैं और वे वफ़ादार होते हैं', हम यह समझ बैठते हैं। यहाँ पहले वाक्य में कुत्ते के अस्तित्व का अभिकथन है और दूसरे वाक्य में कुत्ते और वफ़ादार गुण के संबंध का अभिकथन है। एक ही वाक्य (12) में हम इन दो अभिकथनों का संग्रह कर लेते हैं, जबकि एक वाक्य में एक ही अभिकथन या विधेय होता है। वस्तुतः सामान्य कथन में उद्‌देश्य या कर्ता के अस्तित्व के बारे में कुछ नहीं कहा जाता। कर्ता अस्तित्व में हो भी सकता है और नहीं भी हो सकता है, जैसे–

(13). सभा भवन में जो सिगरेट पीता हो उसे बाहर करो।

(14). सभा भवन में यदि कोई सिगरेट पीता हो तो उसे बाहर करो।

इन वाक्यों में सिगरेट पीनेवाले व्यक्ति के होने न होने के बारे में कुछ नहीं कहा गया है। कभी–कभी तो उद्‌देश्य या कर्ता का अस्तित्व अकल्पनीय होता है–

(15). जिसने कभी कोई पाप न किया हो वह पहला पत्थर मारे।

यदि वाक्य (12) को निम्नलिखित रूप में रखा जाए तो भूल करने का अवसर समाप्त हो जाता है–

(16). यदि क कुत्ता है तो क वफ़ादार है।

यदि पूर्व उपवाक्य सत्य है तो उत्तर उपवाक्य भी सत्य है। वक्ता का इतना ही प्रयोजन है। उक्त वाक्य में कुत्ते के अस्तित्व के बारे में कोई वचनबद्धता नहीं है।

4.10.1. शर्तवाचक वाक्य की सत्यता

शर्तवाचक वाक्य में दो उपवाक्य होते हैं। इनको क्रमशः पूर्व उपवाक्य (antecedent) तथा उत्तर उपवाक्य (consequent) कहा जाता है। पूर्व उपवाक्य अर्थात् यदि–उपवाक्य को Protasis तथा उत्तर उपवाक्य अर्थात तो–उपवाक्य को Apodosis नाम भी दिया गया है। शर्तवाचक वाक्य में इन दोनों प्रकार के उपवाक्यों में निहित संबंध का अभिकथन किया जाता है। तर्कशास्त्र में शर्तवाचक वाक्यों के प्रयोग को ठीक–ठीक समझने के लिए यह आवश्यक है कि पूर्व एवं उत्तर दोनों उपवाक्यों के परस्पर संबंधों को ठीक–ठीक समझ लिया जाए।

(क) यदि पूर्व एवं उत्तर वाक्य दोनों सत्य हैं तो पूरा कथन सत्य है।

(ख) यदि पूर्व वाक्य सत्य है और उत्तर वाक्य मिथ्या है तो पूरा कथन मिथ्या है।

(ग) यदि पूर्व वाक्य मिथ्या है और उत्तर वाक्य सत्य है तो पूरा कथन सत्य है।

(घ) यदि दोनों वाक्य मिथ्या हैं तो पूरा कथन सत्य है।

यह ध्यान देने योग्य है कि यदि पूर्व वाक्य मिथ्या है तो पूरा कथन सत्य होगा, उत्तर वाक्य चाहे सत्य हो अथवा मिथ्या। इसी प्रकार यदि उत्तर वाक्य सत्य है तो पूरा कथन सत्य होगा, पूर्व वाक्य चाहे सत्य हो अथवा मिथ्या।

लोक व्यवहार में अपनी बात कहने में इन विविध संबंधों का कैसे उपयोग किया जाता है, इसका वर्णन यथास्थान किया जाएगा।

4.10.2. शर्तवाचक वाक्य : उसका वर्गीकरण

शर्तवाचक वाक्य के अर्थ एवं प्रयोग की दृष्टि से कई भेद हैं। उनमें प्रमुख भेदों का वर्णन नातिसंक्षेप में नीचे किया जाएगा। इसके कुछ प्रमुख भेद इस प्रकार हैं–

(i). तार्किक शर्तवाचक वाक्य

(ii). कारण–कार्य शर्तवाचक वाक्य

(iii). प्रस्तावमूलक शर्तवाचक वाक्य

(iv). व्यवहारमूलक/तात्पर्यमूलक शर्तवाचक वाक्य

इनका क्रमशः वर्णन नीचे किया गया है।

(i) तार्किक शर्तवाचक वाक्य

निम्नलिखित वाक्यों पर विचार करें–

(1). यदि मनुष्य मरणशील है और मोहन मनुष्य है तो मोहन मरणशील है।

(2). यदि दो और दो को जोड़ते हैं तो चार होता है।

हमें इन वाक्यों की सत्यता जानने के लिए इन वाक्यों से बाहर नहीं देखना पड़ता। जो व्यक्ति वाक्य का अर्थ समझता है, वाक्यों में प्रयुक्त शब्दों का अर्थ जानता है वह सहज ही कथन की सत्यता पर पहुँच जाता है। निरीक्षण या परीक्षण की आवश्यकता नहीं पड़ती।

(ii) कारण–कार्य शर्तवाचक वाक्य

इस वाक्य पर विचार करें–

(3). यदि स्वेटर को गरम पानी में धोएँगे तो यह सिकुड़ जाएगा।

उक्त वाक्य सत्य है या मिथ्या है, यह जानने के लिए केवल वाक्य का अर्थ समझना पर्याप्त नहीं है। हमें निरीक्षण और परीक्षण का भी सहारा लेना होगा। हमें यह देखना होगा कि क्या स्वेटर गरम पानी में धोने पर सिकुड़ता है या नहीं। यदि स्वेटर सिकुड़ता है तो उक्त वाक्य सत्य है। दूसरे शब्दों में, उक्त वाक्य की सत्यता जानने के लिए हमें भाषा के साथ–साथ ज्ञानेन्द्रियों पर भी निर्भर होना पड़ेगा।

कारण दो प्रकार के हैं, कारक कारण तथा ज्ञापक कारण।

वाक्य (3) में कारक कारण का उल्लेख किया गया है। स्वेटर के सिकुड़ने में उसे गरम पानी में धोना कारक कारण है। ज्ञापक कारण के उदाहरण इन वाक्यों में हैं–

(4). यदि पहाड़ पर धुआँ है तो पहाड़ पर आग है।

(5). यदि घर में अँधेरा है तो मोहन अभी दफ़्तर से नहीं लौटा है।

धुआँ आग का कारक कारण नहीं है, बल्कि ज्ञापक कारण है। धुएँ को देखकर आग के होने का निश्चय होता है। इसी तरह घर में अँधेरा भी मोहन की अनुपस्थिति का ज्ञापक कारण है, कारक कारण नहीं।

कारण–कार्य शर्तवाचक वाक्य का एक रूप वह है जहाँ क्रिया की अतिपत्ति (Lapse) दिखायी जाती है। इस प्रयोग में कारण और कार्य दोनों का अभाव व्यक्त किया जाता है, उदाहरणार्थ–

(6). यदि वह पढ़ता तो पास हो जाता।

(7). यदि उसने दवा खायी होती तो स्वस्थ हो गया होता।

दोनों वाक्यों में क्रियातिपत्ति है। न उसने पढ़ाई की, न पास हुआ, इत्यादि।

(iii) परिभाषात्मक / प्रस्तावमूलक शर्तवाचक वाक्य

इस कोटि के शर्तवाचक वाक्य द्वारा किसी शब्द को परिभाषित किया जाता है, उसे एक नया अर्थ दिया जाता है। इस परिभाषा से सहमति–असहमति जतायी जा सकती है। उसके सत्य या मिथ्या होने का प्रश्न नहीं उठाया जाता। इस दृष्टि से यह शर्तवाचक वाक्य पूर्ववर्ती दोनों प्रकार के शर्तवाचक वाक्यों से अलग है। उदाहरण–

(8). यदि ध्वनियों में ध्वन्यात्मक समानता हो और वे परस्पर परिपूरक वितरण में हों तो उनके समूह को स्वनिम कहते हैं।

(9). यदि कोई व्यक्ति अपने बाएँ हाथ का अधिक इस्तेमाल करता है तो उसे बँयहत्थू कहते हैं।

(iv) व्यवहारमूलक या तात्पर्यमूलक शर्तवाचक वाक्य

सामान्य रूप से हम यही समझते हैं कि शर्तवाचक वाक्य में कारण–कार्य संबंध का उल्लेख होता है। इसका पूर्व वाक्य (antecedent) कारण का बोधक होता है और उत्तर वाक्य (consequent) कार्य का बोधक होता है। किंतु लोक व्यवहार में शर्तवाचक वाक्य के विविध प्रयोग मिलते हैं। सर्वत्र इस वाक्य में कारण–कार्य संबंध खोजना निरर्थक है। संभवतः इस संरचना का प्रयोग जितने विविध अर्थों या प्रयोजनों में वक्ता करता है उतने विविध अर्थों में किसी अन्य संरचना का न करता हो।

चुनौती, दावा, चेतावनी, निवेदन, तुलना, प्रस्ताव, सद्यः ज्ञात विषय पर टिप्पणी आदि विविध अर्थों में इस संरचना का प्रयोग किया जाता है। नीचे इन वाक्यों पर विचार करें–

(10). यदि तुम नहाना चाहते हो तो तौलिया खाट पर है।

(11). यदि तुम्हें भूख लगे तो रोटी रखी है।

इन वाक्यों के उच्चारण के पीछे वक्ता का एक विशेष तात्पर्य है। वह अवसर को ध्यान में रखकर श्रोता को आवश्यक या उपयुक्त जानकारी देना चाहता है। अवसर प्राप्त हो या न हो, उसके द्वारा दी गयी जानकारी सत्य और प्रासंगिक है। नहाने की इच्छा हो या न हो, तौलिए का खाट पर होना निश्चित है। इसी प्रकार भूख लगे या न लगे, रोटी का रखा जाना सुनिश्चित है। यहाँ पूर्व एवं उत्तर उपवाक्यों में कारण–कार्य संबंध खोजना निरर्थक है। इसी प्रकार दोनों उपवाक्यों के परस्पर संबंध को सत्यता की कसौटी पर परखना भी व्यर्थ है। इन वाक्यों के माध्यम से वक्ता अपना तात्पर्य प्रकट करता है और तात्पर्य सत्य–असत्य का विषय नहीं होता।

इन वाक्यों को देखें–

(12). यदि कल तुम्हारी परीक्षा है तो जाओ, पढ़ो।

(13). यदि वह बीमार था तो स्कूल क्यों गया?

(14). यदि लड़के के पास पैसे नहीं थे तो क्या वह किसी से माँग नहीं सकता था?

पूर्व उपवाक्यों में जिन तथ्यों का उल्लेख है उनकी जानकारी वक्ता को अभी–अभी हुई है। सद्यः ज्ञात विषय पर वक्ता की जो प्रतिक्रिया है वह उत्तर उपवाक्यों में व्यक्त है, वह तुरंत कहता है, 'जाओ, पढ़ो'। वाक्य (13) व (14) में उसकी प्रतिक्रिया प्रश्न के रूप में है।

निम्नलिखित वाक्यों में वक्ता दो परस्पर संबंधित तथ्यों का अभिकथन (assertion) करता है–

(15). यदि उन्होंने 'हाँ' नहीं कहा तो 'ना' भी तो नहीं कहा।

(16). यदि वे डाँटते थे तो प्यार भी तो करते थे।

(17). यदि वह सुबह निकल जाता था तो देर रात को ही लौटता था।

यदि दो व्यक्तियों की तुलना है और उनमें कोई किसी से घट–बढ़कर नहीं है तो प्रायः शर्तवाचक संरचना का प्रयोग करते हैं–

(18). यदि ये गणितज्ञ हैं तो वो भी दार्शनिक हैं।

(19). यदि मोहन पढ़ने में तेज़ है तो रमेश भी पढ़ने में तेज़ है।

नीचे के वाक्य में अलग–अलग पसंद का वर्णन है–

(20). यदि चंपा को लाल रंग की साड़ी पसंद थी तो बुंदा को एक लंबी फ्राकनुमा ड्रेस।

नम्र निवेदन में यदि–तो संरचना का उपयोग निम्नलिखित वाक्यों में देखिए–

(21). यदि आप खिड़की बंद कर देते तो अच्छा था/होता।

(22). यदि आप यहाँ बैठ जाएँ तो अच्छा हो।

(23). यदि किसी को टिकट चाहिए तो मुझसे ले ले।

(24). यदि यहाँ कोई किताब हो तो थोड़ी देर के लिए मुझे मिल जाए।

वाक्य (21) तथा (22) में प्रत्यक्ष निवेदन है। वाक्य (23) तथा (24) में अप्रत्यक्ष निवेदन है। सबसे कोमल निवेदन वाक्य (21) में है जिसमें क्रिया के हेतुहेतुमद्भूत रूप का प्रयोग हुआ है।

नीचे के वाक्यों में चेतावनी, धमकी, दावा आदि का उल्लेख है–

(25). यदि झुकोगे नहीं तो सिर में चोट लग जाएगी। (चेतावनी)

(26). यदि तुमने दरवाज़ा खोला तो तुम्हें बाहर कर दूँगा। (धमकी)

(27). यदि तुम यह सवाल हल कर दो तो मैं अपना नाम बदल दूँगा। (चुनौती)

(28). यदि सच्चे मन से ईश्वर की प्रार्थना करोगे तो तुम्हारी मनोकामना पूरी होगी। (दावा)

(29). यदि नौ मन सिंदूर हो तो राधा नाचे। (दावा)

वाक्य (27) में वक्ता को पूरा विश्वास है कि वह जिससे सवाल हल करने को कह रहा है वह सवाल हल नहीं कर सकता। इसलिए नाम बदलने का प्रश्न ही नहीं उठता। वक्ता के मन में यह बात है कि यदि पूर्व उपवाक्य सत्य नहीं होगा तो उत्तर उपवाक्य के सत्य होने की स्थिति नहीं बनेगी। किंतु यह ध्यान देने योग्य है कि यह बात केवल लोक व्यवहार में सही है। तर्कशास्त्र में पूर्व उपवाक्य के मिथ्या होने पर भी उत्तर उपवाक्य सत्य हो सकता है। वाक्य (29) में भी यही बात है, 'न नौ मन सिंदूर होगा न राधा नाचेगी।' वाक्य (28) की स्थिति थोड़ी

भिन्न है। पूर्व उपवाक्य यदि सत्य है तो उत्तर उपवाक्य का सत्य होना अनिवार्य है। किंतु पूर्व उपवाक्य के सत्य होने का प्रमाण क्या है? प्रार्थना सच्चे मन से की गयी है अथवा नहीं, यह कैसे ज्ञात हो? वस्तुतः यहाँ पूर्व उपवाक्य की सत्यता उत्तर उपवाक्य पर निर्भर है। यदि मनोकामना पूरी हुई तो समझिए कि प्रार्थना सच्चे मन से की गयी है और यदि मनोकामना पूरी नही हुई तो समझिए कि प्रार्थना सच्चे मन से नहीं की गयी है। किंतु यह कथन भी केवल लोक व्यवहार में ही ठीक है, तर्कशास्त्र में नहीं। तर्कशास्त्र में यदि उत्तर उपवाक्य सत्य है तो पूर्व उपवाक्य सत्य भी हो सकता है, मिथ्या भी हो सकता है।

किसी बात का औचित्य ठहराने के लिए भी यदि–तो संरचना का प्रयोग किया जाता है–

(30). यदि यह कपड़ा महँगा है तो टिकाऊ भी तो है।

(31). यदि वह खूब खाता है तो काम भी तो खूब करता है।

किसी काम की अनिवार्यता या तात्कालिकता व्यक्त करने के लिए–

(32). यदि आज मैं गेहूँ साफ़ नहीं करूँगा तो कल के लिए आटा नहीं है।

(33). यदि सामान आज नहीं खरीदोगे तो कल बाज़ार बंद है।

आलंकारिक शैली में अपनी बात रखने के लिए भी शर्तवाचक वाक्य का प्रयोग किया जाता है–

(34). यदि अधिक नहीं तो दो–ढाई लाख आदमी लाहौर में बसते होंगे।

(35). सच पूछिए तो वह बीमार है।

(36). यदि कष्ट न हो तो ज़रा नमक उठा दीजिए।

(37). यदि आज कुछ सस्ता है तो वह इंसान है।

(38). लेकिन उस रात अगर कहीं चहल–पहल थी तो ईसाई समुदाय के घरों और गिरिजाघरों में।

(39). इस गंधर्व मिलन का साक्षी यदि कोई है तो संगम का यह गाँव–शिकार गंज।

(40). यदि इसे आप छूएँगे तो यह कड़ा है।

उपर्युक्त वाक्यों को सीधे–सीधे आलंकारिक शैली से मुक्त करके इन रूपों में रखा जा सकता है–

(34–क). दो–ढाई लाख आदमी लाहौर में बसते होंगे।

(35–क). वह बीमार है।

(36–क). ज़रा नमक उठा दीजिए।

(37–क). आज केवल इंसान सस्ता है।

(38–क). केवल ईसाई समुदाय के घरों और गिरिजाघरों में चहल–पहल थी।

(39–क). केवल संगम का यह गाँव–शिकारगंज इस गंधर्व मिलन का साक्षी है।

(40–क). यह कड़ा है।

कोई भी क्रिया या घटना जो घटित हो चुकी है उसे पलटा नहीं जा सकता। जब क्रिया की इस विशेषता की ओर कभी विशेष रूप से ध्यान आकर्षित करने की बात आती है तो सामान्य रूप से शर्तवाचक वाक्य का प्रयोग कर दिया जाता है, जैसे–

(41). यदि वह गया तो गया।

(42). यदि कोई काम बिगड़ गया तो बिगड़ गया।

कहने का भाव यह है कि हुआ को अनहुआ नहीं किया जा सकता। कभी–कभी क्रिया की पुनरावृत्ति न करके दूसरे उपवाक्य में निषेध के साथ उसके विलोमार्थी क्रिया का प्रयोग कर दिया जाता है–

(43). वह एक रात नींद की गोलियाँ खाकर सोयी तो फिर उठी नहीं।

(44). जो पकड़ा तो छोड़ा नहीं।

(45). यदि वह गया तो फिर लौटा नहीं।

शर्तवाचक वाक्य में क्रिया की पुनरावृत्ति करते हुए विभिन्न भावों की अभिव्यक्ति की जा सकती है–

(46). (यदि) वह करे तो क्या करे?

(47). (यदि) मैं जाऊँ तो कहाँ जाऊँ?

(48). (यदि) आप नहीं देते हैं तो मत दीजिए।

इत्यादि।

उपर्युक्त चार प्रकार के शर्तवाचक वाक्यों में एक या दो और जोड़े जा सकते हैं–

(v). अधिभाषा शर्तवाचक वाक्य (meta linguistic conditional)

कभी वाक्य में प्रयुक्त किसी शब्द के बारे में यदि–उपवाक्य द्वारा टिप्पणी की जाती है। वही शब्द एक बार मुख्य वाक्य में प्रयुक्त होता है और एक बार यदि–उपवाक्य में। उदाहरणार्थ–

(49). उसने **बहादुरी** से, यदि इसे **बहादुरी** कहें तो, तेज़ धारा में छलांग लगा दी। (कोई इसे दुस्साहस या मूर्खता भी कह सकता है)

(50). इस पीड़ा का अहसास तुम्हें तब होगा जब तुम्हारा **दामाद**, यदि वह तुम्हारे जैसा **दामाद** हुआ तो, अपनी बेटियों को तुमसे दूर रखेगा।

कभी पूर्व उपवाक्य में जो कहा जाता है उत्तर उपवाक्य में उसी का अनुवाद होता है–

यदि आप बच्चे को रोज़ पैसे देते हैं **तो** इसका मतलब है कि आप उसे बिगाड़ रहे हैं।

रोज़ पैसे देना बिगाड़ने के समान है।

(vi). अधि–अधिभाषा शर्तवाचक वाक्य

इस तरह के वाक्य में शब्दों का लाक्षणिक प्रयोग देखने को मिलता है–

(51). यदि वह राजा है तो मैं रंक हूँ।

यहाँ 'राजा' और 'रंक' का लाक्षणिक प्रयोग है। वस्तुतः उनमें न कोई राजा है, न रंक। दोनों के बीच काफ़ी अंतर है, यह बतलाना प्रयोजन है।

शर्तवाचक वाक्यों का और तरह से भी वर्गीकरण किया गया है। उनका उल्लेख व संक्षिप्त वर्णन क्रमशः नीचे प्रस्तुत है–

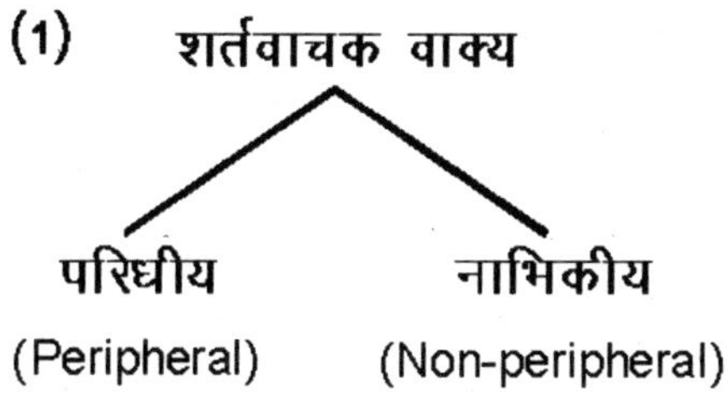

ऊपर जिन चार प्रकार के शर्तवाचक वाक्यों का उल्लेख किया गया है उनमें पहले दो तार्किक एवं कार्य–कारण वाचक शर्तवाचक वाक्य नाभिकीय कोटि के हैं। यह हम पहले कह आये हैं कि सामान्य रूप से शर्तवाचक वाक्यों का संबंध इन्हीं दो प्रयोगों से समझा जाता है। अन्य शर्तवाचक वाक्यों को परिधीय कोटि में रखा जाता है। इन शर्तवाचक वाक्यों का प्रयोग वक्ता अपने विविध प्रयोजनों की सिद्धि के लिए करता है। इस तरह के वाक्य सत्य और मिथ्या के विषय नहीं बनते।

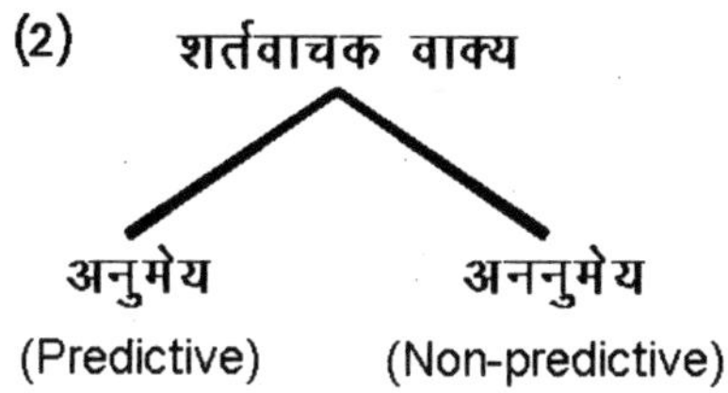

तार्किक एवं कारण–कार्य शर्तवाचक वाक्य अनुमेय कोटि के हैं। आधार वाक्यों (premisses) से सहज रूप में निष्कर्ष (conclusion) पर पहुँचा जा सकता है। इसी तरह कारण को देखकर कार्य अथवा कार्य को देखकर कारण का अनुमान भी सहजता से किया जा सकता है। अन्य शर्तवाचक वाक्यों को अननुमेय कोटि में रखा जा सकता है।

अनुमेय के अंतर्गत कारण–कार्यवाचक शर्त वाक्यों की एक विशेषता का यहाँ उल्लेख करना आवश्यक है। इन वाक्यों पर विचार करें–

(52). यदि वह आएगा तो मैं जाऊँगा।

(53). यदि आप पैसे देंगे तो मैं किताब खरीदूँगा।

लोक व्यवहार में इन वाक्यों का एक निहित अर्थ यह भी है कि यदि पहली क्रिया नहीं होगी तो दूसरी क्रिया भी नहीं होगी, 'यदि वह नहीं आएगा तो मैं नहीं जाऊँगा', 'यदि आप पैसे नहीं देंगे तो मैं किताब नहीं खरीदूँगा।' अर्थात् उपर्युक्त वाक्य दो विकल्पोंवाले हैं, एक स्वीकारात्मक, दूसरा नकारात्मक। जहाँ विकल्प हो वहाँ अनिश्चय होता है और जहाँ अनिश्चय हो वहाँ प्रश्न उठता है। 'हाँ/नहीं' प्रश्न में भी दो विकल्प होते हैं, हाँ (स्वीकारात्मक) तथा नहीं (नकारात्मक)। इसलिए सहजता से उपर्युक्त वाक्यों में 'यदि–उपवाक्य' को 'हाँ/नहीं' प्रश्न का रूप दिया जा सकता है–

(54). क्या वह आएगा? तो मैं जाऊँगा।

(55). क्या आप पैसे देंगे? तो मैं किताब खरीदूँगा।

सहज रूप में इन प्रश्नों का स्वीकारात्मक उत्तर मन में रखकर बात कही जाती है। वाक्य (53) को प्रश्नोत्तर के रूप में इस प्रकार प्रस्तुत किया जा सकता है–

(56). क. क्या आप पैसे देंगे?
ख. (हाँ, दूँगा)
क. तो मैं किताब खरीदूँगा।

वाक्य (53) और (56) में एक ही बात कही जा रही है। इसी तरह वाक्य (57) तथा (58) को एक साथ रख सकते हैं–

(57). यदि आप पैसे नहीं देंगे तो मैं किताब नहीं खरीदूँगा।

(58). क. क्या आप पैसे देंगे?
ख. (नहीं, मैं नहीं दूँगा)
क. तो मैं किताब नहीं खरीदूँगा।

वाक्य (53) तथा (57) एक दूसरे के विकल्प हैं।

किंतु सभी शर्तवाचक वाक्यों में इस प्रकार के दो विकल्प नहीं प्राप्त होते–

(59). क. यदि तुम नहाना चाहते हो तो तौलिया खाट पर है।
ख. *यदि तुम नहीं नहाना चाहते तो तौलिया खाट पर नहीं है।

(60). क. यदि कल तुम्हारी परीक्षा है तो जाओ, पढ़ो।
ख. *यदि कल तुम्हारी परीक्षा नहीं है तो मत जाओ, मत पढ़ो।

किंतु इन वाक्यों में यदि–उपवाक्य को हाँ/नहीं प्रश्न में बदल सकते हैं–

53. क्या तुम नहाना चाहते हो? तो तौलिया खाट पर है।

54. क्या कल तुम्हारी परीक्षा है? तो जाओ, पढ़ो।

वस्तुतः हाँ/नहीं प्रश्न का संबंध केवल स्वीकारात्मक तथा नकारात्मक उत्तरों तक सीमित नहीं है। प्रश्न विषय को टॉपिक भी बनाता है, विषय को उद्दीप्त भी

करता है। कुछ विद्वान शर्तवाचक वाक्य को टॉपिक से जोड़ते हैं। इस पर आगे के अनुच्छेद में विचार किया जाएगा।

(3) शर्तवाचक वाक्य

रूपात्मक (Formal) **भौतिक** (Material)

रूपात्मक शर्तवाचक वाक्य में पूर्व और उत्तर वाक्य अर्थ एवं रूप की दृष्टि से संबंध रखते हैं। भौतिक विज्ञान का नियम है–

(61). सभी धातुएँ पीटने से फैलती हैं।

इस वाक्य को शर्तवाचक रूप में बदला जा सकता है–

(62). यदि क धातु है तो क पीटने से फैलता है।

'क' के स्थान पर विभिन्न पदार्थों को रखते हुए उक्त नियम के विभिन्न उदाहरण इस प्रकार दिये जा सकते हैं–

(63). यदि लोहा धातु है तो वह पीटने से फैलता है।

(64). यदि गीली मिट्टी का लोंदा धातु है तो वह पीटने से फैलता है।

(65). यदि काठ धातु है तो वह पीटने से फैलता है।

उपर्युक्त तीनों तर्क (63, 64 तथा 65) तर्कशास्त्र में सत्य हैं। यह ध्यान देने योग्य है कि उपर्युक्त सभी वाक्यों में दोनों उपवाक्य अर्थ एवं रूप की दृष्टि से संबंधित हैं। दोनों में समान कर्ता का प्रयोग हुआ है। यहाँ दूसरी बात ध्यान देने की यह है कि तर्कशास्त्र की भाषा में और सामान्य व्यवहार की भाषा में महत्वपूर्ण अंतर है। वाक्य (63) पर ध्यान दें, पूर्व (antecedent) एवं उत्तर (consequent) दोनों वाक्य सत्य हैं, इसमें संशय नहीं। इसलिए हम सामान्य लोक व्यवहार में यह कहेंगे–

(66). **चूँकि** लोहा धातु है **इसलिए** वह पीटने से फैलता है।

जहाँ कोई संदेह नहीं है वहाँ सामान्य भाषा में शर्तवाचक वाक्य का प्रयोग अटपटा है। वाक्य (64) के विषय में भी लोक में कोई संदेह नहीं है। पूर्व वाक्य मिथ्या है तथा उत्तर वाक्य सत्य है। इसलिए सामान्य भाषा में वाक्य (64) के बदले निम्नलिखित वाक्य का प्रयोग अधिक सहज है–

(67). **यद्यपि** गीली मिट्टी का लोंदा धातु नहीं है **तथापि** वह पीटने से फैलता है।

वाक्य (65) में दोनों उपवाक्य मिथ्या हैं, लोक में इसमें संदेह नहीं है। इसलिए सामान्य भाषा में इस वाक्य को इस रूप में कहना अधिक संगत है–

(68). **यदि** काठ धातु होता **तो** वह पीटने से फैलता।

तर्कभाषा और सामान्य भाषा में यह अंतर क्यों? वस्तुतः सामान्य भाषा के प्रयोग में व्यक्ति का मनोविज्ञान भी काम करता है। केवल बुद्धि नहीं, बल्कि मनोविकार भी व्यक्ति को भाषा व्यवहार में प्रभावित करता है। 'चूँकि–इसलिए', 'यद्यपि–तथापि', 'किंतु', 'परंतु' आदि संयोजक व्यक्ति के मनोविज्ञान को भी व्यक्त करते हैं। चूँकि तर्कशास्त्र में मनोविज्ञान को स्थान नहीं है, इसलिए 'यद्यपि', 'किंतु', 'परंतु' आदि का प्रयोग तर्कभाषा में नहीं किया जाता। इसलिए तर्कशास्त्र की भाषा में वाक्य (63), (64) तथा (65) ही स्वीकार्य हैं। कुछ और आगे बढ़कर तर्कशास्त्री यह भी कहते हैं कि शर्तवाचक वाक्यों में पूर्व और उत्तर वाक्यों में भले कोई प्रकट संबंध न हो तब भी शर्तवाचक वाक्य बनते हैं। शर्तवाचक वाक्य की सत्यता या वैधता उसमें प्रयुक्त घटक वाक्यों की सत्यता या मिथ्यात्व पर निर्भर हैं। इस तरह के शर्तवाचक वाक्य को भौतिक (material) शर्तवाचक का नाम दिया गया है। इसके उदाहरण नीचे हैं–

(69). यदि $2 \times 2 = 4$ है तो मुंबई एक बड़ा शहर है।

(70). यदि $2 \times 2 = 5$ है तो मुंबई एक बड़ा शहर है।

(71). यदि $2 \times 2 = 4$ है तो मुंबई एक छोटा शहर है।

(72). यदि $2 \times 2 = 5$ है तो मुंबई एक छोटा शहर है।

वाक्य (71) को छोड़कर सभी वाक्य सत्य हैं। वैसे भौतिक शर्तवाचक वाक्य को लेकर तर्कशास्त्रियों में भी मतैक्य नहीं है। किंतु सार यह है कि तर्कशास्त्री बुद्धि के साम्राज्य में हृदय को थोड़ी जगह भी देने को तैयार नहीं होते।

भौतिक शर्तवाचक वाक्य को लोक व्यवहार में बिल्कुल स्थान नहीं है, ऐसा भी नहीं कह सकते। कई बार उसका स्पष्ट प्रयोग लोक में दिखायी देता है। उदाहरण के लिए यह वाक्य देखिए–

(73). यदि तुम यह सवाल हल कर दो तो मेरा नाम रमेश नहीं।

सवाल हल करने तथा रमेश नाम न होने में कोई प्रकट या सीधा संबंध नहीं है। उपर्युक्त वाक्य में उत्तर वाक्य मिथ्या है, क्योंकि वस्तुतः वक्ता का नाम रमेश ही है। और यदि उत्तर वाक्य मिथ्या है तो पूर्व वाक्य सत्य नहीं हो सकता, अर्थात् सवाल हल करना संभव नहीं है। यही वक्ता कहना चाहता है।

4.10.3. यदि–उपवाक्य और टॉपिक

इस अनुच्छेद में शर्तवाचक वाक्य के पूर्व उपवाक्य (protasis) यानी यदि–उपवाक्य के स्वभाव पर विचार किया जाएगा। यदि–उपवाक्य स्वभाव से विकल्पयुक्त, अनिश्चित एवं नकारात्मक रंगवाला है। यह बात पूर्व की चर्चा से भी स्पष्ट है। इस उपवाक्य के अनिश्चयात्मक होने से ही 'यदि' का स्थान 'कहीं', 'कदाचित' जैसे अनिश्चयवाचक शब्द भी ले लेते हैं, जैसे–

(1). **कहीं** एक बौछार भी लग गयी **तो** हफ़्तेभर को थरथराहट पक्की।

(2). **कदाचित** कोई पूछे **तो** मेरा नाम बता देना।

किंतु दूसरी तरफ़, यदि–उपवाक्य वाक्य में विषय या टॉपिक भी बनता है। टॉपिक वक्ता और श्रोता दोनों के सामने होता है और इस रूप में वह वाक्य में पूर्व प्रदत्त (given) होता है। उत्तर उपवाक्य के लिए वह संदर्भ विन्यास (frame of reference) का काम करता है। पूर्व उपवाक्य (protasis) की यह विशेषता केवल हिंदी भाषा तक सीमित नहीं है। संसार की अनेक भाषाओं में पूर्व उपवाक्य वाक्य में विषय या टॉपिक की तरह प्रयुक्त होता है। पूर्व उपवाक्य और टॉपिक का संबंध दो रूपों में दिखायी देता है–

(क) भाषा में कुछ ऐसे तत्व हो सकते हैं जो शर्त और टॉपिक दोनों रूपों में समान रूप से प्रयुक्त हो सकते हैं। हुआ (Hua), जो एक पापुअन भाषा है, उसमें शर्त एवं टॉपिक दोनों के लिए एक ही मार्कर प्रयोग में आता है।

(ख) भाषा में एक तीसरा संवर्ग हो सकता है जिसका संबंध शर्त से भी हो और टॉपिक से भी हो। हिंदी में संबंधवाचक संयोजक 'जो' 'जब' तथा 'जहाँ' शर्त के अर्थ में भी प्रयुक्त होते हैं तथा टॉपिक का निर्माण भी करते हैं। निम्नलिखित वाक्यों में इन संयोजकों का प्रयोग शर्तवाचक रूप में देखिए–

(3). आदर भाव **जो** पूछो **तो** बेटों से भी अधिक पिता मुझे मानते थे।

(4). **जो** गहने होते **तो** लाख बार पहनती।

(5). **जब** कपड़े कीमती हों **तो** ईज़ी से धोएँ।

(6). **जब** दग्ध के घावों पर उसकी ही त्वचा चढ़ायी जाती है **तो** कृत्रिम तंतु लुप्त हो जाता है।

(7). इस ऋतु की **जहाँ** अपनी कुछ विशेषताएँ हैं **वहीं** कुछ खराबियाँ भी हैं।

(8). इस घर में **जहाँ** बहुत कुछ बना है **वहाँ** बहुत कुछ टूटा भी है।

उपर्युक्त वाक्यों में 'जो', 'जब' तथा 'जहाँ' के स्थान पर सहजता से 'यदि' का प्रयोग किया जा सकता है। निम्नलिखित उदाहरण में 'जब' तथा 'जहाँ' दोनों शर्त के अर्थ में है। इसलिए यदि एक स्थान पर 'जब' का प्रयोग हुआ है तो दूसरे स्थान पर अनजाने में ही सही, लेखक ने 'जहाँ' का प्रयोग कर दिया है–

(9). **जब** पिटाई की घटना का संबंध चाओ साहब जैसे किसी महत्वपूर्ण व्यक्ति से होता है **तो** गाँववासी इसे चर्चा का विषय समझते थे और **जहाँ** एक बार उन्होंने इसे चर्चा का विषय समझ लिया **तो** पिटाई करनेवाले के एक प्रसिद्ध व्यक्ति होने के कारण पिटनेवाले को भी इस प्रसिद्धि का कुछ न कुछ लाभ मिल जाता था।

निम्नलिखित वाक्यों में इन संबंधवाचक संयोजकों का प्रयोग टॉपिक बनाने में हुआ है। टॉपिक दो प्रकार के हैं, संदर्भ में प्राप्त टॉपिक या व्यतिरेकी टॉपिक। व्यतिरेक के लिए वाक्य के किसी भी अंश को चुना जा सकता है–

(10). कल **जो** है मोहन नहीं आएगा।

(11). तौलिया **जो** है वह भी आज धो देना।

(12). **जब** उसकी आँखें खुलीं तब काफ़ी धूप चढ़ चुकी थी।

(13). **जहाँ** कुआँ है वहाँ पीपल का एक पुराना पेड़ है और एक शिव मंदिर है।

वाक्य (10) तथा (11) में क्रमशः 'कल' तथा 'तौलिया' व्यतिरेकी टॉपिक हैं। 'जो' व्यतिरेकी टॉपिक बनाने का काम कर रहा है। वाक्य (12) में 'जब' कालवाचक क्रियाविशेषण के रूप में कार्य नहीं कर रहा है, अपितु एक विशेष काल को वर्ण्य विषय बनाने का कार्य कर रहा है। जिस समय आँखें खुलीं उस समय का वर्णन आगे किया गया है। कब काफ़ी धूप चढ़ चुकी थी?, इस प्रश्न के उत्तर के रूप में जब–उपवाक्य को नहीं देखा जा सकता। इसी प्रकार वाक्य (13) में 'जहाँ' वर्ण्य विषय के रूप में एक विशेष स्थान को प्रस्तुत करता है, जिसका वर्णन आगे के उपवाक्यों में किया गया है। 'पीपल का एक पुराना पेड़ कहाँ है?', 'एक शिव मंदिर कहाँ है?, इस तरह के प्रश्न नहीं बनते, जिनके उत्तर के रूप में जहाँ–उपवाक्य को रखा जाए।

संबंधवाचक संयोजक की भाँति हिंदी में 'हाँ/नहीं' प्रश्न का भी संबंध एक ओर शर्त से है तो दूसरी ओर टॉपिकीकरण से है। यदि–उपवाक्य के स्थान पर हाँ/नहीं प्रश्न को रखकर शर्तवाचक वाक्य की संरचना हो सकती है, उदाहरणार्थ–

(14). यदि वह आ रहा है तो मैं रुकूँगा।

(15). क्या वह आ रहा है? तो मैं रुकूँगा।

दोनों वाक्यों में एक ही बात कही जा रही है। वस्तुतः हाँ/नहीं प्रश्न तथा शर्त गहराई में एक दूसरे से जुड़े हैं। जैसे हाँ/नहीं प्रश्न में दो विकल्प होते हैं वैसे ही शर्त में भी दो विकल्प उपलब्ध होते हैं। वाक्य (14) में ही दूसरा विकल्प निहित है, 'यदि वह नहीं आ रहा है तो में नहीं रुकूँगा'। वक्ता इस विकल्प को मन में रखकर ही वाक्य (14) का उच्चारण करता है। सामान्य रूप से शर्त एवं हाँ/नहीं प्रश्न में सकारात्मक विकल्प को ही लेकर वक्ता अपनी बात आगे बढ़ाता है। जेस्पर्सन ने हाँ/नहीं प्रश्न तथा शर्त को टॉपिक का रूप देने के लिए एक लघु वार्ता की कल्पना की है, जो काफ़ी हद तक समझ में आता है–

(16). क. क्या वह आ रहा है?

(17). ख. (हाँ) (वह आ रहा है)।

(18). क. तो मैं रूकूँगा।

वाक्य (16) तथा (17) मिलकर टॉपिक बनते हैं, जिसे आधार बनाकर वाक्य (18) का उच्चारण किया जाता है।

पूरे वाक्य को या वाक्य के किसी अंश को उद्दीप्त करने के लिए अन्य प्रश्नवाचक शब्दों का भी उपयोग किया जाता है, उदाहरणार्थ–

(19). **क्या** है कि कुल छुट्टी है।

(20). मोहन **क्या** है कि आज नहीं आएगा।

(21). उसने मुझे **कब** जगाया कि आधी रात को।

(22). मोहन ने लड़के को **क्या** दिया **कि** एक घड़ी।

इत्यादि।

अन्य भाषाओं में भी शर्त की रचना से 'हाँ/नहीं' प्रश्न जुड़ा हुआ है। अंग्रेजी में प्रश्न तथा शर्त दोनों में कर्ता और क्रिया का क्रम उलट सकता है–

(23). Is any among you afflicted?

(24). Had it been otherwise, I would have told you.

संज्ञा उपवाक्य में whether, जो 'हाँ/नहीं' प्रश्न से संबंधित है, की जगह **if** का प्रयोग किया जा सकता है–

(25). I don't know **whether / if** he's at home.

रूसी, फ्रेंच, तुर्की आदि भाषाओं में भी शर्त और प्रश्न का संबंध है।

हिंदी में उत्तर उपवाक्य (Apodosis) में 'तो' का प्रयोग भी इस ओर संकेत करता है कि पूर्व उपवाक्य विषय है, जिसके बारे में तो–उपवाक्य में कुछ कहा जाता है। 'तो' विशुद्ध संयोजक के संवर्ग का नहीं जान पड़ता, उसमें कोशीय तत्व भी विद्यमान है। इसीलिए उसके साथ 'भी' या 'ही' का प्रयोग किया जा सकता है। विशुद्ध संयोजक के साथ 'ही' तथा 'भी' का प्रयोग संदिग्ध है। 'तो' में अन्वादेशक (anaphoric) का गुण है। उत्तर उपवाक्य में प्रयुक्त 'यह' पूर्व उपवाक्य को स्पष्ट रूप में टॉपिक का दर्जा प्रदान करता है–

(26). यदि वह पास हो गया तो **यह** अच्छी बात है।

4.10.4. यदि, जो, जब, जहाँ

शर्तवाचक वाक्य में 'यदि' के अलावा 'जो', 'जब' तथा 'जहाँ' का भी प्रयोग होता है। किंतु 'यदि' और अन्य तीनों संयोजकों में महत्वपूर्ण भेद है। जब सार्वभौम नियमों का कथन करना होता है तो सामान्य रूप से 'यदि' का प्रयोग किया जाता है। जब नियम के विशेष उदाहरण प्रस्तुत किये जाते हैं तो सामान्य रूप से 'जो', 'जब' तथा 'जहाँ' का प्रयोग किया जाता है। नियम स्वभाव से सामान्य, काल्पनिक और नित्य होता है और इसके उदाहराण विशेष, यथार्थ और देशकाल से परिमित होते हैं। 'जो', 'जब' तथा 'जहाँ' के अधिकांश प्रयोग नियम के विशेष उदाहरणों के संदर्भ में या विशेष घटनाओं के संदर्भ में होते हैं। किंतु व्यवहार में 'यदि' और अन्य तीनों संयोजकों का यह भेद प्रायः धूमिल पड़ जाता है। जो भेद उनके स्वभाव में है, ऊपर उस ओर संकेत किया गया है। इस स्वभावगत अंतर की अनुभूति हम उन वाक्यों में कर सकते हैं जिनमें 'यदि' के साथ 'जब' आदि की अदला–बदली की जा सकती है, उदाहरणार्थ–

(1). क. यदि धातु को पीटते हैं तो वह फैलता है।
खं. जब धातु को पीटते हैं तो वह फैलता है।

(2). क. यदि वह हमको बुलाता था तो हम अवश्य जाते थे।
ख. जब वह हमको बुलाता था तो हम अवश्य जाते थे।

(3). क. यदि इसकी कुछ विशेषताएँ हैं तो इसकी कुछ खराबियाँ भी हैं।

ख. जहाँ इसकी कुछ विशेषताएँ हैं वहाँ इसकी कुछ खराबियाँ भी हैं।

(4). क. यदि उन्होंने पकड़ा तो छोड़ा नहीं।

ख. जो उन्होंने पकड़ा तो छोड़ा नहीं।

(क) वाक्यों की तुलना में (ख) वाक्य अधिक यथार्थ और मूर्त हैं। (2–क) में नियम की ओर संकेत है और (2–ख) में बार–बार बुलाने की घटनाओं की ओर संकेत है। (4–क) में पकड़ने और छोड़ने की बारंबारता का संकेत मिलता है जबकि (4–ख) में क्रिया के केवल एक बार घटित होने का संकेत मिलता है।

'यदि' के प्राक्कल्पनात्मक (hypothetical) रूप का निदर्शन स्पष्ट रूप में उन क्रियाओं के संदर्भ में होता है जो कभी घटित नहीं होतीं, जिनके घटित होने का अवसर कभी प्राप्त नहीं होता। सामान्य रूप से हम भूतकाल की उन क्रियाओं को ही अपनी स्मृति में रखते हैं जो किन्हीं कारणों से घटित नहीं हुईं। इस संदर्भ में 'यदि' का सहज प्रयोग होता है, जैसे–

(5). यदि तुम आते तो मैं तुम्हारे संग चलता।

न आने की क्रिया हुई, न संग चलने की क्रिया हुई। –ता प्रत्यय क्रियातिपत्ति का सूचक है। यहाँ यह ध्यान देने योग्य है कि उक्त वाक्य की प्रथम व्याख्या भूतकाल में ही स्वाभाविक है किंतु उसकी व्याख्या वर्तमान या भविष्यकाल में भी की जा सकती है।

(6). यदि तुम (अभी) आते तो मैं तुम्हारे संग चलता।

(7). यदि तुम (अगले सप्ताह) आते तो मैं तुम्हारे संग चलता।

वाक्य (5) की व्याख्या वाक्य (6) तथा (7) के अर्थ में बिल्कुल हो सकती है। इस अनेकार्थकता से बचने के लिए साधारण क्रिया के स्थान पर संयुक्त क्रिया का प्रयोग होगा, 'आता' के बदले 'आया होता'। 'आया होता' की व्याख्या केवल भूतकाल में की जा सकती है, वर्तमान या भविष्य में नहीं–

(8). यदि तुम आये होते तो मैं तुम्हारे संग चलता/चला होता।

किंतु संयुक्त क्रिया 'आया होता' अर्थ ही दृष्टि से साधारण भूतकाल की क्रिया है, संयुक्त भूतकाल या भूत भूतकाल की क्रिया नहीं है। 'आया' साधारण भूतकाल तथा 'आया था' भूत भूतकाल की क्रिया है। किंतु यह व्यतिरेक उन क्रियाओं के साथ फलित होता है तो वस्तुतः घटित होती हैं। जो क्रिया कभी घटित नहीं हुई उसके लिए साधारण भूत तथा भूत भूत का व्यतिरेक व्यर्थ है। इसलिए क्रियातिपत्ति के संदर्भ में 'आया होता' साधारण भूतकाल के रूप में प्रयुक्त होने लगा होगा। जिसका परिणाम यह हुआ कि साधारण भूतकाल का रूप 'आया' खिसककर वर्तमान या भविष्यकाल में चला गया। निम्नलिखित वाक्य को वाक्य (8) के साथ रखकर देखें–

(9). यदि तुम **आये** तो मैं तुम्हारे संग चलूँगा।

'आये' भविष्य काल में प्रयुक्त हुआ है। वर्तमान काल की क्रिया भी भविष्य काल में खिसक गयी–

(10). यदि पानी **बरसता है** तो खेल नहीं होगा।

क्रियातिपत्ति के संदर्भ में 'जब' तथा 'जो' का प्रयोग 'यदि' के अनुकरण पर होने लगा होगा–

(11). जब/जो तुम आये होते तो मैं तुम्हारे संग चलता।

किंतु अभी 'जब' साधारण भूतकाल रूप 'आया' को भविष्य या वर्तमान में नहीं खिसका पाया है–

(12). *जब तुम आये तो मैं तुम्हारे संग चलूँगा।

'जो' तथा 'जहाँ' के साथ साधारण भूतकाल की क्रिया का प्रयोग भविष्य के अर्थ में उपलब्ध है, जैसे–

(13). जहाँ वह आया मैं आपको खबर कर दूँगा।

(14). जो वह आया तो मैं आपको खबर कर दूँगा।

किंतु क्रियातिपत्ति के संदर्भ में 'जहाँ' का प्रयोग नहीं होगा–

(15). *जहाँ वह आता मैं उससे अवश्य मिलता।

(16). *जहाँ वह आया होता तो मैं उससे अवश्य मिला होता।

वैसे भी 'जहाँ' का प्रयोग 'यदि' के अर्थ में बहुत सीमित है। ऊपर 'शर्त' से अधिक काल के अर्थ में 'जहाँ' प्रयुक्त है। 'जो' तथा 'जब' के कुछ उदाहरण अवलोकनार्थ नीचे दिये जा रहे हैं–

(17). जो वह सो गयी और खर्राटे लेने लगी तो?

(18). जो हम तुम्हें बचा न पाते तो जीवन भर पछतावा रह जाता।

(19). जौं मैं राम त कुलसहित कहहि दसानन जाइ।

(20). जब आधा घंटा पहले निकलो तब कहीं जाकर कालेज समय पर पहुँचो।

(21). जब तुम कहोगे तब वह खाना खाएगा।

इत्यादि।

4.10.5. यदि तथा अन्य संयोजक

'यदि' के अलावा शर्त अर्थ में प्रयुक्त होनेवाले संयोजकों में 'नहीं तो', 'वर्ना', 'अन्यथा' तथा 'बशर्ते आते हैं। इन सबकी एक सामान्य विशेषता यह है कि ये दो उपवाक्यों के मध्य आते हैं, वाक्य के आरंभ में नहीं।

यदि–उपवाक्य सामान्य रूप से वाक्य के आरंभ में आता है किंतु बलात्मक स्थितियों में वाक्य के अंत में भी जा सकता है। 'नहीं तो' आदि में 'यदि–उपवाक्य' छिपा रहता है। वाक्य का रूपांतरण करने पर वह प्रकट होता है, जैसे–

(1). क. वह बीमार है, **नहीं तो** आता।

ख. वह बीमार है, **यदि** वह बीमार **नहीं** होता **तो** आता।

(2). क. वह अभी **नहीं** पहुँचा है,.**नहीं तो** फ़ोन करता।

ख. वह अभी **नहीं** पहुँचा है, **यदि** पहुँचा होता **तो** फ़ोन करता।

(3). क. हट जाओ, **नहीं तो** मार दूँगा।

ख. हट जाओ, यदि **नहीं** हटोगे **तो** मार दूँगा।

(4). क. **मत** हिलो, **नहीं तो** चित्र बिगड़ जाएगा।

ख. मत हिलो, **यदि** हिलोगे **तो** चित्र बिगड़ जाएगा।

यह ध्यान देने योग्य है कि (ख) वाक्य में प्रयुक्त 'यदि–उपवाक्य' (क) वाक्य में प्रयुक्त आरंभिक उपवाक्य का गुण की दृष्टि से उलटा है, स्वीकारात्मक का नकारात्मक, नकारात्मक का स्वीकारात्मक।

'नहीं तो' की जगह कभी–कभी केवल 'नहीं' का भी प्रयोग मिलता है–

(5). घर में गहने भी नहीं हैं, **नहीं** उन्हीं को बेचता। (प्रेमचंद)

(6). हमको तो कौशल्या भाभी ने जबरदस्ती दे दी तो हम उठा लाये, **नहीं** हम तो ऐसी चीज़ कभी नहीं पढ़ते।

वर्ना

(7). उनकी सिफ़ारिश पर उसे काम पर रखना पड़ा, **वर्ना** मैं तो उसे जबाब दे चुका था।

हूपर महोदय ने 'वर्ना' को इन रूपों का संक्षिप्त रूप कहा है, "व (और), अर (अगर), न (नहीं)" = 'और नहीं तो'।

अन्यथा

(8). आप मेरी प्रशंसा करती हैं, यह आपका बड़प्पन है, **अन्यथा** मेरी कविता में धरा ही क्या है?

नियम या अभ्यास का अपवाद प्रस्तुत करने के लिए भी 'नहीं तो' आदि का प्रयोग किया जाता है। 'नहीं तो' नियम–उपवाक्य के साथ आता है और पूर्व उपवाक्य अपवाद के रूप में आता है। कुछ उदाहरण द्रष्टव्य हैं–

(9). आज वह चार बजे ही सोकर उठ गया, **नहीं तो** रोज़ आठ बज जाते थे।

(10). वे आपके यहाँ आने को तैयार हो ही गये, **वर्ना** वे किसी के यहाँ जाते नहीं।

(11). इस मौसम में पानी बरस ही गया **नहीं तो** कहाँ बरसता है?

(12). काफ़ी दिनों बाद आपने फ़ीचर फ़िल्म बनायी है, **वर्ना** इन दिनों आप छोटे पर्दे में ही ज्यादा व्यस्त हैं।

उसकी आदत रोज़ आठ बजे उठने की थी किंतु आज चार बजे ही उठ गया, अपवाद के रूप में (वाक्य–9)। इस मौसम में पानी न बरसने का सामान्य नियम हैं किंतु आज उसके विपरीत हुआ, अर्थात् नियम के अपवाद के रूप में पानी बरस गया (वाक्य–11)। इसी तरह अन्य वाक्यों में समझना चाहिए।

'बशर्ते'

(13). क. वह घर जाएगा, **बशर्ते** उसे छुट्टी मिले।

ख. वह घर जाएगा, **यदि** उसे छुट्टी मिले **तो**।

शर्तवाचक संयोजकों का सहज संबंध अन्य संयोजकों से दिखायी देता है। जहाँ तथ्यों का समुच्चयन हो वहाँ 'और' का प्रयोग होता है। यदि समुच्चय के साथ तुलना या व्यतिरेक का भाव जुड़ जाए तो 'यदि–तो' का प्रयोग होता है, जैसे–

(14). क. सूकी के कानों में भारतीय बुंदे थे **और** जेना के हाथों में लाख के राजस्थानी कड़े।

ख. **यदि** सूकी के कानों में भारतीय बुंदे थे **तो** जेना के हाथों में लाख के राजस्थानी कड़े।

(15). क. एक ओर उन्हें विश्वास था कि उपासना उनकी आत्मा के लिए अनिवार्य है **और** दूसरी ओर दृढ़ धारणा थी कि उनका स्वयं भोजन बनाना स्वास्थ्य के लिए आवश्यक है।

ख. एक ओर **यदि** उन्हें विश्वास था कि उपासना उनकी आत्मा के लिए अनिवार्य है **तो** दूसरी ओर दृढ़ धारणा थी कि उनका स्वयं भोजन बनाना स्वास्थ्य के लिए आवश्यक है।

तथ्य के अलावा चेतावनी, धमकी आदि के संदर्भ में भी 'और' तथा 'यदि–तो' का संबंध दिखायी देता है–

(16). क. तुम ने छुआ **और** मैंने मारा।

ख. **यदि** तुमने छुआ **तो** मार दूँगा।

(17). क. तुम ज़रा भी आगे बढ़े **और** मैं चिल्लाया।

ख. **यदि** तुम ज़रा भी आगे बढ़े **तो** मैं चिल्लाऊँगा।

'यदि–तो', 'नहीं तो' आदि की निकटता 'किंतु', 'या', 'यद्यपि', 'भले' आदि से भी है।

किंतु–

(18). क. **यदि** यह मँहगा है **तो** टिकाऊ भी तो है।

ख. यह मँहगा है **किंतु** टिकाऊ भी तो है।

(19). क. **यदि** वह गरीब है **तो** मेरे पास भी तो पैसे नहीं हैं।

ख. वह गरीब है **किंतु** मेरे पास भी तो पैसे नहीं हैं।

या

(20). क. परिश्रम करो **या** दरिद्र बने रहो।

ख. परिश्रम करो, **नहीं तो** दरिद्र बने रहो।

(21). क. चाय लाओ **या** काफ़ी लाओ।

ख. चाय लाओ, **नहीं तो** काफ़ी लाओ।

यद्यपि

(22). क. **यदि** मैं धनी नहीं हूँ **तो** मध्यम आय वर्ग का तो हूँ ही।

ख. **यद्यपि** मैं धनी नहीं हूँ **किंतु** मध्यम आय वर्ग का तो हूँ ही।

न–न

(23). क. **यदि** दर्द बढ़ नहीं रहा है **तो** घट भी नहीं रहा है।

ख. **न** दर्द बढ़ रहा है, **न** घट रहा है।

जो–वह

(24). क. **यदि** कोई काम एक बार बिगड़ जाता है **तो** फिर बनता नहीं।

ख. **जो** काम एक बार बिगड़ जाता है **वह** फिर बनता नहीं।

कई रचनाओं में शर्त का अर्थ तो विद्यमान है किंतु 'यदि–तो' का प्रयोग नहीं हुआ है। कुछ उदाहरण द्रष्टव्य हैं–

नौकरी नहीं, छोकरी नहीं

छोटा परिवार, सुखी परिवार

मुँह में रजनीगंधा, कदमों में दुनिया

निम्नलिखित वाक्यों में 'यदि–तो' यथास्थान उपस्थित हैं किंतु मौन हैं–

(25). जिन दो वस्तुओं या घटनाओं में (यदि) समानता होती है (तो) उनमें भेद भी होता है।

(26). बनारस में जो (यदि) संकटमोचन का दर्शन करता है (तो) वह बाबा विश्वनाथ का भी दर्शन करता है।

संयुक्त वाक्य

'और' तथा 'या'

5.0. सरल तथा सरल–इतर वाक्य

रूप की दृष्टि से सरल वाक्य में एक समापिका क्रिया होती है। जिस वाक्य में एक से अधिक समापिका क्रियाएँ होती हैं उसे **सरल–इतर** या **जटिल वाक्य** की संज्ञा दी जा सकती है। रूप की दृष्टि से एक सरल वाक्य अर्थ की दृष्टि से दो वाक्यों का समूह भी हो सकता है–

(1). यह लाल किला है।

वाक्य (1) अर्थ की दृष्टि से 'यह किला है', 'यह लाल है', इन दो भिन्न वाक्यों का समूह है। यह वाक्य देखिए–

(2). वह मधुर गायक है।

इस वाक्य के दो अलग–अलग वाक्य नहीं बनते–'वह मधुर है', 'वह गायक है।' 'मधुर' 'लाल' की तरह स्वतंत्र नहीं है, वह 'गायक' पर आश्रित है। क्रियाविशेषण के रूप में उसका प्रयोग किया जा सकता है, 'वह मधुर गाता है'। यह वाक्य देखिए–

(3). यहाँ घड़ा नहीं है।

इस सरल वाक्य का विश्लेषण भी दो वाक्यों में करना आवश्यक है। 'नहीं' अभाव का सूचक है और अभाव का ज्ञान प्रतियोगी के ज्ञान के बिना संभव नहीं। 'यहाँ घड़ा है' पहले इसका ज्ञान होता है फिर घड़े के अभाव का ज्ञान होता है। इसे इस रूप में अभिव्यक्त किया जा सकता है–

(4). यह नहीं है कि यहाँ घड़ा है।

अर्थात् अर्थ की दृष्टि से वाक्य (3) भी सरल–इतर वाक्य है। किंतु यहाँ हम सरल और जटिल का भेद रूप के आधार पर करके चल रहे हैं। सरल–इतर या जटिल वाक्य के दो भेद हैं–**मिश्र वाक्य** तथा **संयुक्त वाक्य**।

इन दोनों प्रकार के वाक्यों में दो या दो से अधिक समापिका क्रियाएँ होती हैं और वाक्य में जितनी समापिका क्रियाएँ होती हैं उतने ही (उप)वाक्य होते हैं। दूसरे शब्दों में, मिश्र और संयुक्त वाक्यों में एक से अधिक उपवाक्य होते हैं।

मिश्रवाक्य में एक उपवाक्य मुख्य होता है और दूसरा उपवाक्य गौण होता है। इसके विपरीत संयुक्त वाक्य में सभी उपवाक्य मुख्य होते हैं। मुख्य उपवाक्य को स्वतंत्र उपवाक्य तथा गौण उपवाक्य को आश्रित उपवाक्य भी कहा जाता है। पहले मिश्र वाक्यों पर विचार किया गया है। आगे संयुक्त वाक्यों पर विचार किया जाएगा।

5.1. संयुक्त तथा मिश्रवाक्य में भेद

(क) संयुक्त वाक्य के दोनों या सभी उपवाक्य मुख्य होते हैं, अर्थात तुल्यबल होते हैं, इसलिए उनमें से किसी को भी आगे–पीछे किया जा सकता है। इस क्रम परिवर्तन से संयुक्त वाक्य के कथन में विशेष अंतर नहीं आता, जैसे–

(1). क. लखनऊ उत्तरप्रदेश की राजधानी है और दिल्ली देश की राजधानी है।

ख. दिल्ली देश की राजधानी है और लखनऊ उत्तरप्रदेश की राजधानी है।

(क) और (ख) वाक्यों में उपवाक्यों का क्रम बदला हुआ है, किंतु इससे दोनों वाक्यों के कथ्य में अंतर नहीं आता। इसके विपरीत मिश्रवाक्य के उपवाक्यों में तुल्यबलता नहीं होती। उनमें एक उपवाक्य मुख्य होता है और दूसरा उपवाक्य गौण होता है। वाक्य में गौण उपवाक्य का स्थान सामान्य रूप से नियत होता है। नियत स्थान से हटाने पर वह बलात्मक बन जाता है। मुख्य उपवाक्य के मुकाबले गौण उपवाक्य चिह्नित होता है। जहाँ गौण उपवाक्य मुख्य उपवाक्य से पूर्व होता है वहाँ मुख्य उपवाक्य में प्रयुक्त सहसंयोजक प्रकृति से अन्वादेशक (anaphoric) होता है, जैसे–'इसलिए', 'वह', 'तो', 'तब', 'तथापि' इत्यादि। इससे भी स्पष्ट है कि मिश्र वाक्य में उपवाक्यों का क्रम महत्वपूर्ण है और इस विशेषता के मूल में उपवाक्यों की असमानता ही विद्यमान है।

यहाँ यह उल्लेखनीय है कि संयुक्त वाक्य का एक प्रकार वह भी है जिसमें मिश्र वाक्य के गुण दिखायी देते हैं। इस कोटि के संयुक्त वाक्यों में प्रयुक्त उपवाक्यों में तुल्यबलता नहीं होती। यहाँ क्रम उसी तरह महत्त्वपूर्ण होता है जैसे मिश्र वाक्यों में। इस कोटि के संयुक्त वाक्यों का वर्णन यथास्थान आगे किया जाएगा। यहाँ उदाहरणार्थ एक वाक्य नीचे दिया हुआ है–

(2). तुमने किवाड़ खोला और मैंने मारा।

'यदि तुमने किवाड़ खोला तो मैं तुम्हें मार दूँगा', इस अर्थ में उक्त वाक्य है।

(ख) संयुक्त वाक्य में उपवाक्यों की तुल्यबलता का संकेत इस बात से भी मिलता है कि संयुक्त वाक्य को हटाकर उसके स्थान पर उसके एक घटक उपवाक्य को रखने से भी काम चल जाता है। संरचना के स्तर पर कोई दोष नहीं उत्पन्न होता। वस्तुतः संयुक्त वाक्य के घटक वर्ग एवं प्रकार्य की दृष्टि से समान होते हैं, इसलिए एक के हटने पर दूसरा घटक उस प्रकार्य को पूरा कर देता है। उदाहरणार्थ–

(3). बरसात हो रही है और हवा चल रही है।

(4). बरसात हो रही है।

(5). हवा चल रही है।

संयुक्त वाक्य (3) के स्थान पर वाक्य (4) या (5) को रखा जा सकता है–

मैंने देखा कि | बरसात हो रही है और हवा चल रही है। |
| बरसात हो रही है। |
| हवा चल रही है। |

मिश्र वाक्य के घटक उपवाक्यों में यह विशेषता नहीं होती। चूँकि उनमें मुख्य और गौण का संबंध होता है इसलिए मिश्र वाक्य के स्थान पर उनमें से किसी एक को रखकर काम नहीं चलाया जा सकता। दोनों उपवाक्य एक दूसरे की अपेक्षा रखते हैं।

किंतु यहाँ यह ध्यान देने योग्य है कि सर्वत्र संयुक्त वाक्य के स्थान पर उसके एक घटक उपवाक्य को नहीं रखा जा सकता। जैसे–

(6). बरसात भी हो रही है और हवा भी चल रही है।

इसके स्थान पर वाक्य (7) या (8) को नहीं रख सकते–

(7). बरसात भी हो रही है।

(8). हवा भी चल रही है।

दोनों वाक्य अलग–अलग अपूर्ण हैं।

(ग) संयुक्त वाक्य में सभी उपवाक्य मुख्य या स्वतंत्र होते हैं। वे एक दूसरे पर निर्भर नहीं करते, इसलिए उनकी संख्या चाहे जितनी बढ़ायी जा सकती है, जैसे–

(9). बरसात हो रही है **और** हवा चल रही है **और** बिजली चमक रही है **और** बादल गरज रहे हैं... इत्यादि।

इसके विपरीत मिश्रवाक्य में दो ही घटक उपवाक्य होते हैं, जिनमें एक मुख्य होता है और दूसरा गौण।

(घ) संयुक्त संयोजन की प्रक्रिया बहुत व्यापक है। 'और' तथा 'या' केवल उपवाक्यों का ही संयोजन नहीं करते, बल्कि वाक्य में किसी भी स्थान पर उसके विभिन्न घटकों का भी संयोजन करते हैं, विशेषण और विशेषण, संज्ञा और संज्ञा, क्रियाविशेषण और क्रियाविशेषण, क्रिया और क्रिया, कर्ता और कर्ता, इत्यादि।

उदाहरण के लिए–सुंदर और कमसिन, सुरेश और महेश, खाएगा और पीएगा, मोहन या सोहन, लाल या सफ़ेद इत्यादि। दूसरी तरफ़, मिश्र वाक्य के संयोजक सामान्यतया केवल उपवाक्यों का संयोजन करते हैं।

(ङ) संयुक्त वाक्य तथा मिश्र वाक्य में सबसे महत्वपूर्ण अंतर यह है कि विभिन्न वाग्व्यापारों (Speech acts) या प्रकार्यों के लिए संयुक्त वाक्य के दोनों या

सभी उपवाक्य उपलब्ध होते हैं जबकि मिश्र वाक्य में केवल मुख्य उपवाक्य इनके लिए उपलब्ध होता है। अभिकथन, आज्ञा, प्रश्न आदि प्रकार्यों में संयुक्त वाक्य के दोनों घटक उपवाक्य प्रयुक्त हो सकते हैं। कभी दोनों उपवाक्य भिन्न प्रकार्यों में तो कभी एक ही प्रकार्य में प्रयुक्त हो सकते हैं। नीचे कुछ उदाहरण द्रष्टव्य हैं–

भिन्न प्रकार्यों में–

(10). वह आराम कर रहा है और तुम कपड़े धो लो। (अभिकथन+आज्ञा)

(11). वह घर गया किंतु उसने बताया क्यों नहीं? (अभिकथन+प्रश्न)

(12). तुम छह बजे आओ या मैं उनको बुला लूँ? (आज्ञा+प्रश्न)

(13). इतना भयंकर भूकंप! और राहत के नाम पर कुछ नहीं।
(आश्चर्य+अभिकथन)

(14). इसका क्या नाम है या रहने दो। (प्रश्न+आज्ञा) इत्यादि।

समान प्रकार्यों में–

(15). तुम जाओ और उसे भेज दो। (आज्ञा+आज्ञा)

(16). कौन घर जा रहा है और कौन शहर जा रहा है? (प्रश्न+प्रश्न)

(17). वह घर में है या बाहर बैठा है। (अभिकथन+अभिकथन) इत्यादि।

मिश्र वाक्य में केवल मुख्य उपवाक्य प्रश्न, आज्ञा आदि प्रकार्यों के लिए उपलब्ध होता है, गौण उपवाक्य नहीं। वस्तुतः व्यवहार जगत से मुख्य उपवाक्य का संबंध होता है और गौण उपवाक्य मुख्य उपवाक्य के अधीन होता है। भाषा व्यवहार में संदर्भ के अनुकूल मुख्य उपवाक्य रूप ग्रहण करता है, विकृत (inflect) होता है, गौण उपवाक्य नहीं। उदाहरण से यह बात और स्पष्ट हो सकेगी–

(18). तुम जानते हो कि वह आज आएगा?

उक्त वाक्य हाँ/नहीं प्रश्न है और प्रश्न का संबंध मुख्य उपवाक्य से है, गौण उपवाक्य से नहीं, क्योंकि प्रश्न जानने के विषय में है, उसके आने के विषय में नहीं है। यह ध्यान देने योग्य है कि प्रश्नवाचक आरोही अनुतान का स्थान भले बदले किंतु प्रश्न का विषय नहीं बदलेगा, देखिए–

(19). तुम जानते हो↑ कि वह आज आएगा↓?

(20). तुम जानते हो कि वह आज आएगा↑?

वाक्य (20) में आरोही अनुतान गौण उपवाक्य के साथ है किंतु प्रश्न का संबंध मुख्य उपवाक्य से ही है। कहने का भाव यह है कि गौण उपवाक्य को प्रश्न में नहीं बदल सकते।

जहाँ गौण उपवाक्य में प्रश्नवाचक शब्द होता है वहाँ भी वह प्रश्नवाचक नहीं होता, जैसे–

(21). वह जानता है कि मोहन कहाँ रहता है।

यह वाक्य प्रश्नवाचक नहीं है, यद्यपि गौण उपवाक्य में 'कहाँ' का प्रयोग हुआ है।

नीचे का वाक्य आज्ञार्थक है, क्योंकि मुख्य उपवाक्य आज्ञार्थक है–

(22). तुम देखो कि क्या करना है, क्या नहीं।

गौण उपवाक्य प्रश्न आदि का विषय नहीं बनता, जबकि मुख्य उपवाक्य इनका विषय बन सकता है, इसे स्पष्टता से निम्नलिखित उदाहरण में भी देखा जा सकता है–

(23). बैलों की गर्दन में एक ढीली रस्सी बँधी रहती है, **जिसे गड़ान कहते हैं।**

(24). बैलों की गर्दन में एक ढीली रस्सी बँधी रहती है, **उसे गड़ान कहते हैं।**

उक्त वाक्यों में 'जिसे गड़ान कहते हैं' परतंत्र उपवाक्य है और 'उसे गड़ान कहते हैं' स्वतंत्र उपवाक्य है। स्वतंत्र उपवाक्य को प्रश्न, आज्ञा आदि प्रकार्यों में ले जा सकते हैं किंतु परंतत्र उपवाक्य को नहीं। देखिए–

(25). बैलों की गर्दन में एक ढीली रस्सी बँधी रहती है,

उसे क्या कहते हैं? (प्रश्न)

उसे ले आओ। (आज्ञा)

उसे तुमने देखा है? (प्रश्न) इत्यादि।

'जिसे क्या कहते हैं?' 'जिसे ले आओ' आदि वाक्य नहीं बनेंगे।

गौण उपवाक्यों में क्योंकि–उपवाक्य कभी–कभी हाँ/नहीं प्रश्न का विषय बनता है।

संयुक्त वाक्य में उपवाक्यों की समानता तथा मिश्र वाक्य में उपवाक्यों की असमानता का एक संकेत यह भी है कि संबंधीकरण की प्रक्रिया संयुक्त वाक्य के उपवाक्यों पर समान रूप से लागू हो सकती है किंतु मिश्र वाक्य के उपवाक्यों पर नहीं, उदाहरणार्थ–

(26). लड़के **जो** यहाँ अभी आये हैं **और जिन्होंने** अपना नाम नहीं लिखवाया है वे पहले अपना नाम लिखवा दें।

(27). लड़के **जो** यहाँ अभी आये हैं **यदि *जिन्होंने/उन्होंने** अपना नाम नहीं लिखवाया है तो वे पहले अपना नाम लिखवा दें।

वाक्य (26) में 'और' से जुड़े दोनों उपवाक्य समानबल हैं इसलिए उनमें समान रूप से संबंधवाचक 'जो' का प्रयोग हुआ है। किंतु वाक्य (27) में 'यदि' से जुड़े असमान उपवाक्य में 'जिन्होंने' का प्रयोग स्वीकार्य नहीं है। अर्थात् संबंधीकरण के लिए गौण उपवाक्य उपलब्ध नहीं है।

5.2. संयुक्त वाक्य के मुख्य संयोजक

संयुक्त वाक्य के संयोजकों में 'और' तथा 'या' मुख्य हैं। इन्हें समानाधिकरण संयोजक भी कहा गया है। समानाधिकरण का अर्थ है समान स्थानवाले, समान श्रेणीवाले। ये संयोजक जिन उपवाक्यों को जोड़ते हैं वे समान स्थानवाले, इसलिए समान बलवाले होते हैं। इसके विपरीत मिश्र वाक्य के संयोजक व्यधिकरण संयोजक कहलाते हैं, और ये असमान स्थानवाले यानी असमान बलवाले उपवाक्यों को जोड़ते हैं।

'और' तथा 'या' के अलावा अल्पविराम या पूर्ण विराम भी संयोजक की भूमिका निभाते हैं। सन्निहित क्रमविन्यास (juxtaposition) भी वाक्यों के संबंध को व्यक्त करता है। वस्तुतः वाक्यों में विभिन्न संबंध निकटस्थ वाक्यों के अर्थों से उद्भूत होते हैं। संयोजक संबंध को जन्म नहीं देते अपितु वे पूर्व विद्यमान संबंधों के द्योतक मात्र होते हैं। नीचे एक पाठ प्रस्तुत है, जिसमें वाक्य एक के बाद एक के क्रम में विद्यमान हैं। संयोजकों का प्रयोग नहीं हुआ है, किंतु पाठ के बोधन में कोई कठिनाई उत्पन्न नहीं होती–

'एक शाम क्लास देर से छूटी, परीक्षाएँ करीब थीं, आठवीं की परीक्षा बोर्ड से होती थी, अध्यापक पढ़ाने में जी जान से लगे थे।'

इस पाठ को संयोजकों का प्रयोग करते हुए इस रूप में रख सकते हैं–

'एक शाम क्लास देर से छूटी **क्योंकि** परीक्षाएँ करीब थीं। **चूँकि** आठवीं की परीक्षा बोर्ड से होती थी **इसलिए** अध्यापक पढ़ाने में जी जान से लगे थे।'

यह उदाहरण देखिए–

> 'बरसात हो रही है, हवा चल रही है, बादल गरज रहे हैं, बिजली चमक रही है'

इन वाक्यों का संबंध स्वतः स्पष्ट है–

'बरसात हो रही है **और** हवा चल रही है **और**...'

'और' का मुख्य अर्थ संयोजन तथा 'या' का मुख्य अर्थ वियोजन है। किंतु इन संयोजकों में अन्य अनेक संयोजकों के अर्थों का अंतर्भाव भी है। 'और' साधारण संयोजन के अलावा विरोध, कारण, शर्त, काल आदि अर्थों में भी प्रयुक्त होता है। इसी प्रकार 'या' भी वियोजन के अलावा शर्त, निषेध आदि अर्थों में प्रयुक्त होता है। विभिन्न अर्थों में 'और' तथा 'या' के प्रयोगों का वर्णन यथास्थान आगे किया जाएगा।

उपवाक्यों को जोड़नेवाले 'और' तथा 'या' का स्थान दूसरे उपवाक्य के आरंभ में होता है। व्यधिकरण संयोजकों की तरह इनको इधर–उधर हटाया नहीं जाता। उदाहरणार्थ–

(1). क. मोहन पाठ पढ़ रहा है **और** सोहन मैदान में खेल रहा है।

ख. *मोहन पाठ पढ़ रहा है सोहन **और** मैदान में खेल रहा है।

(2). क. **यदि** लड़का मेहनत करेगा तो वह पास हो जाएगा।

ख. लड़का **यदि** मेहनत करेगा तो वह पास हो जाएगा।

वाक्य (1–क) में 'और' दूसरे उपवाक्य के आरंभ में है। वाक्य (1–ख) में वह उपवाक्य के आरंभ में नहीं है, इसलिए वाक्य गलत है। किंतु वाक्य (2–क–ख) में 'यदि' का स्थान बदलने से कोई अंतर नहीं पड़ता।

आगे 'और' तथा 'या' का वर्णन किया जाएगा।

5.3.0. और

संयुक्त वाक्य में दो या दो से अधिक उपवाक्य होते हैं। सभी स्वतंत्र तथा तुल्यबल होते हैं। किंतु इसका मतलब यह नहीं है कि संयुक्त वाक्य में विधेय भी अनेक होते हैं। एक वाक्य में एक विधेय होता है। संयुक्त वाक्य भी एक वाक्य है इसलिए उसका भी एक ही विधेय होता है। संरचनात्मक दृष्टि से संयुक्त वाक्य भले अनेक स्वतंत्र उपवाक्यों का समूह हो किंतु अभिप्राय की दृष्टि से वह एक होता है। उपवाक्यों में एकवाक्यता विद्यमान होती है।

'और' पदबंध स्तर पर पदों का संयोजन करता है और वाक्य स्तर पर उपवाक्यों का संयोजन करता है। पहले पदों के संयोजन पर विचार किया जाएगा। इस वाक्य पर विचार करें–

(1). मोहन और सोहन घर गये।

इस वाक्य का सहज अर्थबोध इस रूप में होता है–

(2). मोहन घर गया और सोहन घर गया।

किंतु वाक्य (1) का एक दूसरा अर्थ भी हो सकता है–

(3). मोहन और सोहन **एक साथ** घर गये।

अब इस अर्थ में इस वाक्य को इस रूप में नहीं रख सकते–

(4). ?? मोहन **एक साथ** घर गया और सोहन **एक साथ** घर गया।

वाक्य (1) के दूसरे अर्थ को स्पष्ट करने के लिए हम प्रायः 'एक साथ' 'साथ–साथ' का प्रयोग कर देते हैं। किंतु दूसरे अर्थ के लिए इन शब्दों का प्रयोग करना अनिवार्य नहीं है।

निम्नलिखित उदाहरण देखिए–

(5). नीतू और नेहा ने कपड़े धोये।

(6). मोहन और सोहन यह बक्स उठा सकते हैं।

दोनों वाक्य द्विविधार्थक हैं। वाक्य (5) का एक अर्थ है, नीतू ने कपड़े धोये और नेहा ने कपड़े धोये, दूसरा अर्थ है, दोनों ने **मिलकर** कपड़े धोये। इसी प्रकार वाक्य (6) का एक अर्थ है, मोहन यह बक्स उठा सकता है और सोहन यह बक्स उठा सकता है, दूसरा अर्थ है, दोनों **मिलकर** यह बक्स उठा सकते हैं। यह ध्यान रहे

कि वाक्य (5) और (6) को केवल पहले अर्थ में दो उपवाक्यों के समूह में बदल सकते हैं, दूसरे अर्थ में नहीं। यह वाक्य देखिए–

(7). उसको दाल (और) भात पसंद है।

इस वाक्य का अर्थ यह नहीं है, उसको दाल पसंद है और उसको भात पसंद है। बल्कि इसका अर्थ यह है, उसको दाल और भात का मिश्रण पसंद है।

इन वाक्यों पर विचार करें–

(8). मोहन और सोहन दोस्त हैं।

(9). दो और दो चार होते हैं।

वाक्य (8) में 'एक दूसरे के' तथा वाक्य (9) में 'मिलकर' का अर्थ विद्‌यमान है। इन वाक्यों का एक ही एक अर्थ है दो नहीं। इन वाक्यों का रूपांतरण इस रूप में नहीं हो सकता।

(10). *मोहन दोस्त है और सोहन दोस्त है।

(11). *दो चार होता है और दो चार होता है।

निम्नलिखित वाक्य में भी पदों के संयोजन को उपवाक्यों के संयोजन में नहीं बदला जा सकता–

(12). रमेश और दिनेश **क्रमशः** तीसरे और चौथे स्थान पर आये हैं।

'क्रमशः' को हटाने पर उक्त वाक्य को इस रूप में बदला जा सकता है–

(13). रमेश तीसरे स्थान पर आया है और दिनेश चौथे स्थान पर आया है।

वाक्य स्तर पर 'और' उपवाक्यों का संयोजन करता है।

उदाहरण –

(14). लखनऊ उत्तर प्रदेश की राजधानी है और दिल्ली देश की राजधानी है।

दोनों उपवाक्य तुल्यबल और स्वतंत्र हैं। उपवाक्यों के क्रम में सहज रूप से परिवर्तन किया जा सकता है–

(15). दिल्ली देश की राजधानी है और लखनऊ उ.प्र. की राजधानी है।

दोनों उपवाक्यों का स्तर एवं प्रकार्य समान होने से वाक्य (14) के स्थान पर उसके किसी एक घटक उपवाक्य का प्रयोग किया जा सकता है और संरचना में कोई दोष उत्पन्न नहीं होगा–

(16). मैं जानता हूँ कि लखनऊ उ.प्र. की राजधानी है और दिल्ली देश की राजधानी है।

(17). मैं जानता हूँ कि लखनऊ उत्तरप्रदेश की राजधानी है।

किंतु संयुक्त वाक्य के घटक उपवाक्यों में सदैव यह बात नहीं पायी जाती। अनेक संयुक्त वाक्यों में उपवाक्यों के क्रम में न तो बदलाव किया जा सकता है और न उनमें से किसी एक को पूरे वाक्य के स्थान पर प्रयुक्त किया जा सकता है। उदाहरणार्थ–

(18). तुमने उनको बुलाया है और वे आने को तैयार हैं? ↑

दोनों उपवाक्य मिलकर हाँ/नहीं प्रश्न बनते हैं। इनका क्रम भी अपरिवर्तनीय है। उक्त प्रश्न का उत्तर 'हाँ' या 'नहीं' में दिया जा सकता है। किंतु एक विशेष बात है। यदि उत्तर 'नहीं' है तो सहज रूप में ये स्थितियाँ प्राप्त होती हैं–

(क) नहीं, मैंने उनको नहीं बुलाया है इसलिए आने का सवाल नहीं है।

(ख) नहीं, मैंने उनको बुलाया तो है किंतु वो आने को तैयार नहीं हैं।

(ग) नहीं, न मैंने उनको बुलाया है न वो आने को तैयार हैं।

वाक्य (18) में आरोही अनुतान का स्थान बिना किसी अर्थ परिवर्तन के बदला जा सकता है–

(18)। तुमने उनको बुलाया है↑ और वो आने को तैयार हैं↓।

प्रश्न की तरह आश्चर्य, संभावना, धमकी आदि के संदर्भ में भी यही स्थिति बनती है।

(19). वो मेरे पास बैठे थे और मैं हतभाग्य सो रहा था! (आश्चर्य)

(20). किताब आलमारी में ही रही हो और उनकी नज़र न पड़ी हो। (संभावना)

(21). कोई मेरे साथ ऐसा व्यवहार करे और वह बचकर निकल जाए। (धमकी)

यह वाक्य देखिए–

(22). किसके पास गाड़ी है और वह जाने को तैयार है?

ऐसे एक व्यक्ति के बारे में प्रश्न है जिसके पास गाड़ी भी हो और वह जाने को तैयार भी हो। यदि दूसरे उपवाक्य में 'वह' के स्थान पर 'कौन' रखें तो दो भिन्न व्यक्तियों के विषय में प्रश्न होगा एक, जिसके पास गाड़ी है, एक, जो जाने को तैयार है।

(23). किसके पास गाड़ी है और कौन जाने को तैयार है?

5.3.1. संयुक्त रचना में 'और' का स्थान/क्रम

संयुक्त रचना में पहले घटक को छोड़कर अन्य सभी घटकों के पूर्व 'और' का प्रयोग किया जा सकता है–

(1). दिनेश **और** रमेश **और** मोहन **और** सोहन घर गये।

'और' से पूर्व अनुतान में अल्पविराम आता है। बार–बार 'और' की आवृत्ति से बचने के लिए अन्तिम 'और' को छोड़कर शेष को हटा देते हैं और उनके स्थान पर अल्पविराम चिह्न का प्रयोग करते हैं–

(2). दिनेश, रमेश, मोहन **और** सोहन घर गये।

अंतिम घटक के साथ 'और' का प्रयोग यह भी दर्शाता है कि समुच्चय के सभी सदस्यों की गणना पूरी हो गयी। समुच्चय की पूर्णता को स्पष्ट करने के लिए 'सब' या समूहवाचक संख्यावाचक शब्द का प्रयोग किया जा सकता है–

(3). दिनेश, रमेश, मोहन और सोहन **सब/चारों** घर गये।

अंतिम घटक के साथ 'और' का प्रयोग समुच्चय की पूर्णता का सूचक है, यह इस बात से भी प्रकट है कि इस के साथ 'आदि' का प्रयोग नहीं किया जाता–

(4). दिनेश, रमेश, मोहन और सोहन ??आदि घर गये।

'आदि' का प्रयोग यह सूचित करता है कि समुच्चय पूर्ण नहीं हुआ है, उसमें आगे और नाम जुड़ेंगे, जैसे–

(5). दिनेश, रमेश, मोहन, सोहन **आदि** घर जाएँगे।

'आदि' के बाद 'सब' का प्रयोग हो सकता है, क्योंकि 'सब' निश्चित और अनिश्चित दोनों संख्याओं का अर्थ देता है। 'आदि' के स्थान पर 'प्रभृति', 'जैसे लोग'/'जैसी चीज़ें' आदि का प्रयोग भी हो सकता है–

(6). दिनेश, रमेश, मोहन, सोहन **प्रभृति/जैसे लोग** इस कार्य़क्रम में भाग लेंगे।

(7). खाट, कुर्सी, मेज़, तखत **आदि/जैसी चीजें** घर में पड़ी हुई हैं।

यदि संयुक्त रचना के मध्य के घटकों में किसी के साथ 'और' हो और किसी के साथ 'और' न हो तो समुच्चय खंडित हो जाता है–

(8). दिनेश, रमेश, मोहन **और** सोहन आपस में बात कर रहे हैं।

(9). दिनेश **और** रमेश **और** मोहन **और** सोहन आपस में बात कर रहे हैं।

वाक्य (8) में बात करनेवालों का एक ही समूह है। वाक्य (9) में दो समूह हो सकते हैं।

यह वाक्य देखिए–

(10). दिनेश और रमेश, मोहन और सोहन आपस में बात कर रहे हैं।

यहाँ स्पष्ट ही बात करनेवालों के दो वर्ग हैं। नीचे के वाक्य में दो संयोजकों के मिश्रण से स्थिति और अस्पष्ट हो गयी है–

(11). दिनेश और रमेश या सोहन और मोहन को दावत में बुलाया गया है।

दावत में दो लोगों को बुलाया गया है या तीन लोगों को, यह स्पष्ट नहीं है।

5.3.2. संयुक्त वाक्य का नकारात्मक रूप

अभी तक संयुक्त रचनाओं के केवल स्वीकारात्मक रूपों का वर्णन हुआ है, जैसे–

(1). मोहन और सोहन गये।

उपर्युक्त वाक्य का एक ही अर्थ है।

(2). मोहन गया और सोहन गया।

दोनों वाक्य स्वीकारात्मक हैं। वाक्य (1) का नकारात्मक रूप यह है–

(3). मोहन और सोहन नहीं गये।

वाक्य (3) के अर्थ पर विचार करने से पूर्व समुच्चयबोधक 'और' के अर्थ एवं प्रयोग पर विचार करना अपेक्षित है। तर्कभाषा तथा सामान्य भाषा में अंतर है किंतु 'और' का अर्थ एवं प्रयोग समझने में तर्कशास्त्र से सहायता ली जा सकती है। तर्कशास्त्र में 'और' से बने संयुक्त वाक्य का सत्य या मिथ्या होना उसके घटक वाक्यों के सत्य और मिथ्या होने पर निर्भर करता है, अर्थात् संयुक्त वाक्य का सत्यता मान (Truth Value) घटक वाक्यों के सत्यता मान (Truth Value) पर निर्भर है। यदि दोनों घटक वाक्य सत्य हैं तो संयुक्त वाक्य भी सत्य है, अन्यथा संयुक्त वाक्य मिथ्या है। इस बात को और स्पष्टता से समझने के लिए संयुक्त वाक्य की सत्यता तालिका (Truth Table) नीचे दी गयी है। वाक्य (2) के घटक वाक्यों को क्रमश 'क' और 'ख' नाम दिया गया है–

	क	**ख**	**क और ख**
(1)	सत्य	सत्य	सत्य
(2)	सत्य	मिथ्या	मिथ्या
(3)	मिथ्या	सत्य	मिथ्या
(4)	मिथ्या	मिथ्या	मिथ्या

सत्यता तालिका

ऊपर की तालिका देखने से स्पष्ट होता है कि केवल एक स्थिति में संयुक्त वाक्य सत्य है, जब उसके दोनों घटक वाक्य सत्य हैं। यदि क और ख में कोई एक मिथ्या है या दोनों मिथ्या हैं तो संयुक्त वाक्य मिथ्या है। अब हम 'और' से बने संयुक्त वाक्य के नकारात्मक रूप पर विचार करें। नकार स्वीकारात्मक रूप को उलट देता है। यदि स्वीकारात्मक रूप में संयुक्त वाक्य एक स्थिति में सत्य और तीन स्थितियों में मिथ्या है तो वह अपने नकारात्मक रूप में तीन स्थितियों में सत्य और एक स्थिति में मिथ्या होगा। जब हम संयुक्त वाक्य को नकारते हैं तो इसका अर्थ है कि उसके घटक वाक्यों में कम से कम एक मिथ्या है या दोनों मिथ्या हैं। वाक्य (2) का निषेध यह है–

(4). ऐसा नहीं है कि मोहन गया और सोहन गया।

इस वाक्य के तीन अर्थ हैं–

(क) केवल मोहन गया, सोहन नहीं।

(ख) मोहन नहीं गया केवल सोहन गया।

(ग) मोहन नहीं गया और सोहन नहीं गया। (कोई नहीं गया)

वाक्य (4) की तरह वाक्य (3) के भी तीन अर्थ हैं–

(क) केवल मोहन गया, सोहन नहीं। (ख) मोहन नहीं गया, केवल सोहन गया। (ग) मोहन नहीं गया और सोहन नहीं गया। (कोई नहीं गया)

यह ध्यान देने योग्य है कि वाक्य (4–ग) वाक्य (2) का निषेध नहीं है, बल्कि वाक्य (2) के नकारात्मक रूप वाक्य (4) के तीन अर्थों में से केवल एक है।

वाक्य (3) के तीन अर्थों को 'दोनों' का प्रयोग करते हुए अधिक स्पष्टता से देखा जा सकता है–

(5). मोहन और सोहन **दोनों** नहीं गये।

उपर्युक्त वाक्य की अर्थगत अस्पष्टता दूर करने के लिए प्रायः हम वाक्य के अंत में अन्य शब्दों को जोड़ देते हैं–

(6). मोहन और सोहन **दोनों** नहीं गये (केवल मोहन गया/केवल सोहन गया/कोई नहीं गया)।

'कोई नहीं गया' के अर्थ में 'दोनों' पर विशेष बलाघात दिया जा सकता है या 'दोनों' के साथ 'ही' का प्रयोग किया जा सकता है, 'दोनों ही नहीं गये'।

वाक्य (1) और (3) को एक साथ रखकर देखें–

(1) मोहन और सोहन गये। (**सब** गये)

(3) मोहन और सोहन नहीं गये।

वाक्य (1) का केवल एक अर्थ है और वाक्य (3) के तीन अर्थ हैं। यहाँ 'या' से बने निम्नलिखित वाक्य द्रष्टव्य हैं–

(7). मोहन या सोहन गये।

(8). मोहन या सोहन नहीं गये। (**कोई नहीं** गया)

ठीक 'और' के विपरीत 'या' यहाँ दिखायी देता है। स्वीकारात्मक रूप में अभ्यावर्तक (Inclusive) 'या' के तीन अर्थ हैं और नकारात्मक रूप में केवल एक अर्थ है। वाक्य (7) के तीन अर्थ–

(i) मोहन गया। (या)

(ii) सोहन गया। (या)

(iii) दोनों गये।

वाक्य (8) का एक ही अर्थ है, 'कोई नहीं गया'। स्वीकारात्मक 'या' का अर्थ है, कम से कम एक विकल्प सत्य है या दोनों सत्य हैं। नकारात्मक 'और' का अर्थ है, कम से कम एक घटक मिथ्या है या दोनों मिथ्या हैं।

ऊपर की चर्चा से यह स्पष्ट है कि वाक्य (1) का निषेध सही अर्थों में वाक्य (8) है, वाक्य (3) नहीं।

यह ध्यान देने योग्य है कि निषेध में 'और' के तीन अर्थ हैं और स्वीकार में 'या' के तीन अर्थ हैं। (अनुच्छेद (5.4.1.) भी देखें)

5.3.3.0. तुल्यबल : अतुल्यबल उपवाक्य

संयुक्त वाक्य के घटक उपवाक्य कभी तुल्यबल होते हैं, कभी अतुल्यबल। तुल्यबल उपवाक्य वाक्य में क्रम की दृष्टि से स्वतंत्र होते हैं। बिना अर्थ परिवर्तन के उनमें कोई भी आगे–पीछे जा सकता है। यह इसलिए संभव हो जाता है कि इनमें कोई भी एक दूसरे की पूर्वकल्पना नहीं करता। इनमें मुख्य और गौण का संबंध नहीं होता अर्थात इनमें कोई भी दूसरे पर आश्रित नहीं होता। उदाहरणार्थ–

(1). उसकी दाढ़ी बढ़ी हुई थी और बाल बिखरे हुए थे।

उपवाक्यों का क्रम बदल सकते हैं–

(2). उसके बाल बिखरे हुए थे और दाढ़ी बढ़ी हुई थी।

दूसरे प्रकार के संयुक्त वाक्यों के घटक उपवाक्यों में क्रम की यह स्वतंत्रता नहीं होती। उनमें एक उपवाक्य दूसरे उपवाक्य की अपेक्षा करता है, उसकी पूर्व कल्पना करता है। इस भाव के विद्‌यमान होने से घटक उपवाक्यों में समानाधिकरणत्व की विशेषता नहीं रहती। इसीलिए इनको अतुल्यबल कहा गया है। इस कोटि के संयुक्त वाक्यों का मिश्र वाक्य के रूप में सहज रूपांतरण किया जा सकता है। तब सहज रूप में मिश्र वाक्य के व्यधिकरण संयोजक सामने आ जाते हैं।

उदाहरणार्थ–

(3). रामू बहुत कमज़ोर है और वह दौड़ नहीं सकता।

(4). वह आया और मैं गया।

इन वाक्यों में उपवाक्यों का क्रम नहीं बदला जा सकता–

(5). ??रामू दौड़ नहीं सकता और वह बहुत कमज़ोर है।

(6). ??मैं गया और वह आया।

वाक्य (5) में कारण–कार्य को उलट दिया गया है, इसलिए वाक्य असंगत है। वाक्य (6) में घटनाक्रम को उलट दिया गया है, जिससे वाक्य (4) और (6) के अर्थ में एकदम परिवर्तन हो गया है। वाक्य (3) और (4) का सहज रूपांतरण क्रमशः इन रूपों में हो सकता है–

(7). **चूँकि** रामू बहुत कमज़ोर है **इसलिए** वह दौड़ नहीं सकता।

(8). **ज्यों ही** वह आएगा **त्यों ही** मैं चला जाऊँगा।

दोनों वाक्य मिश्र वाक्य हैं।

आगे दोनों प्रकार के संयुक्त वाक्यों का वर्णन किया जाएगा। पहले उन संयुक्त वाक्यों का वर्णन किया जाएगा जिनके घटक उपवाक्य स्वतंत्र और समान बलवाले हैं।

5.3.3.1. तुल्यबल उपवाक्य

इस कोटि के संयुक्त वाक्यों का प्रयोग सूचना संचयन, दृश्यांकन, रूप वर्णन, वस्तु संचयन आदि संदर्भों में किया जाता है, उदाहरण के लिए–

(1). समुद्र का पानी खारा होता है और नदी का पानी मीठा होता है। (सूचना संचयन)

(2). फूल खिले हुए हैं और मंद–मंद हवा बह रही है। (दृश्यांकन)

दृश्यांकन या रूप वर्णन में वाक्यों का समूह आता है। वाक्यों के बीच में आनेवाली खड़ी पाई या अल्पविराम के स्थान पर सहजता से 'और' का प्रयोग किया जा सकता है। वाक्यों के क्रम में भी बदलाव किया जा सकता है। नीचे दो उदाहरण प्रस्तुत हैं–

'विजया नदी तट पर बैठी हुई गा रही है। उसकी उम्र 16–17 वर्ष है। सिर के उत्तरीय का पल्लू खिसक कर भूमि पर गिर गया है। दुपट्टा वक्ष और कंधे के आसपास लिपटा पड़ा है। लंबे बाल वायु में लहरा रहे है।

× × ×

'रंगे होंठ, कटे बाल, सँवरा भृकुटि विलास। उदर–दर्शिनी ब्लाउज से निकली मेद–बहुल परतें।''

(3). पिन और कागज और गोंद और कैंची मेज़ पर रखी थीं।

(वस्तु संचयन)

इस कोटि के संयुक्त वाक्यों की रचना में प्रयुक्त अन्य संयोजकों के उदाहरण नीचे दिये हुए हैं। ये संयोजक जिन घटकों का संयोजन करते हैं वे भी तुल्यबल और स्वतंत्र क्रमवाले होते हैं।

(4). **एक ओर** फूल खिल हुए हैं (और) **दूसरी ओर** मंद–मंद हवा बह रही है।

(5). **एक ओर जहाँ** फूल खिले हुए हैं **वहाँ दूसरी ओर** मंद–मंद हवा बह रही है।

(6). **एक तो** फूल खिले हुए हैं (और) **दूसरे** मंद–मंद हवा बह रही है।

अन्य उदाहरण–

(7). माता–पिता के यश और व्यक्तित्व की महानता ने **जहाँ** उन्हें अभिभूत किया, **वहीं** उन्होंने उस महानता के दर्द को भी झेला है।

(8). अपनी सांस्कृतिक अस्मिता की पहचान के लिए हम लोगों ने **जहाँ** देश, धर्म, परंपराओं और संस्कृति का नाम लिया, **वहाँ** भाषा का भी नाम लिया।

(9). अन्य त्योहारों में **जहाँ** सरकारी कार्यालय बंद होते हैं, **वहीं** हिंदी दिवस के अवसर पर वे खुले रहते हैं।

5.3.3.2. अतुल्यबल उपवाक्य

दूसरी कोटि के संयुक्त वाक्यों में घटक उपवाक्य समानबल नहीं होते। उपवाक्यों में प्रायः घटना क्रम या कारण–कार्य संबंध होता है। इनसे इतर संबंधों में

अनुवाद, स्पष्टीकरण, टिप्पणी, भावपल्लवन आदि के संबंध हैं। इन संबंधों को व्यक्त करनेवाले उपवाक्यों में पूर्वापर संबंध होता है अर्थात् उनमें नियत क्रम होता है।

घटनाक्रम

पहले घटना क्रम को लेते हैं। घटना क्रम कभी लक्षित होता है, कभी अलक्षित। जहाँ एक घटना के बाद सहज रूप से दूसरी घटना के घटित होने का वर्णन किया जाता है वहाँ घटना क्रम को लक्षित कह सकते हैं। यहाँ दोनों घटनाओं की तात्कालिकता का संकेत नहीं होता। अलक्षित घटनाक्रम में एक घटना के बाद तत्काल दूसरी घटना के घटित होने की बात कही जाती है। दोनों प्रकार के घटना क्रमों के उदाहरण नीचे दिये जा रहे हैं–

लक्षित घटनाक्रम–

(1). उसने खाना खाया **और** आराम किया।

(2). उसने खाना खाया, **(और) फिर** आराम किया।

(3). **पहले** उसने खाना खाया **फिर/बाद में/इसके बाद** आराम किया।

(4). उसने खाना खाया, **तत्पश्चात** आराम किया।

अलक्षित घटनाक्रम

(5). वह आया **और** हल्ला मच गया।

(6). वह आया **कि** हल्ला मच गया।

(7). **जैसे ही** वह आया (**कि**) **वैसे ही** हल्ला मच गया।

(8). **ज्यों ही** वह आया (**कि**) **त्यों ही** हल्ला मच गया।

(9). वह स्टेशन पहुँचा **और/कि इतने में** गाड़ी आ गयी।

(10). वह स्टेशन पहुँचा, **इतने में** गाड़ी आ गयी।

(11). वह आया **नहीं और/कि** मैं गया **नहीं।**

(12). वे उतरे **ही** थे **कि/और** भीड़ उमड़ पड़ी।

(13). फाटक खुला **नहीं था कि** लोग भीतर घुसने लगे।

(14). वह आया **नहीं कि** मैं गया।

(15). वह आया **कि** मैं गया **नहीं।**

इत्यादि।

अलक्षित घटनाक्रम में 'और' के साथ 'इधर–उधर' का प्रयोग भी मिलता है–

(16). **उधर** छोकरा बस्ती से बाहर हुआ **और इधर** घेघू के दिल की धड़कनें बढ़ गयीं।

(17). **इधर** बरसात खत्म हुई **उधर** ज्वार और मक्का पककर तैयार हो गई।

कारण–कार्य

कारण–कार्य संबंध व्यक्त करनेवाले संयुक्त वाक्य में सामान्य रूप से पहला उपवाक्य कारणवाचक होता है और दूसरा उपवाक्य कार्यवाचक होता है। कारण–कार्य संबंध में भी दो स्थितियाँ बनती हैं, कभी कारण के अनुकूल कार्य का होना बतलाया जाता है तो कभी कारण के प्रतिकूल कार्य का घटित होना दिखलाया जाता है। पहले कारण के अनुकूल कार्य के उदाहरण दिये जा रहे हैं–

(18). वह बीमार है **और** आज दफ़्तर नहीं जाएगा।

(19). वह बीमार है **(और) इसलिए** आज दफ़्तर नहीं जाएगा।

(20). **चूँकि** वह बीमार है **इसलिए** आज दफ़्तर नहीं जाएगा।

(21). वह आज दफ़्तर नहीं जाएगा **क्योंकि** बीमार है।

(22). वह आज **इसलिए** दफ़्तर नहीं जाएगा **कि/क्योंकि** बीमार है।

संयुक्त वाक्य (18) के अर्थ का ही कथन बाद के वाक्यों में है, जो मिश्र वाक्य हैं। वाक्य (19) को संयुक्त वाक्य की कोटि में रखा जाता है। इस वाक्य में 'और' का ऐच्छिक प्रयोग यही प्रकट करता है।

कारण के प्रतिकूल कार्य के घटित होने के उदाहरण इस प्रकार हैं–

(23). वह बीमार है **और** दफ़्तर जा रहा है।

(24). वह बीमार है **किंतु/फिर भी** दफ़्तर जा रहा है।

(25). **यद्यपि** वह बीमार है **किंतु/फिर भी/तो भी** दफ़्तर जा रहा है।

'भले' तथा 'चाहे' का प्रयोग भी कारण के विपरीत कार्य दिखाने के लिए होता है–

(26). **भले** वह बीमार है/हो **लेकिन** उसको काम पर जाना होगा।

(27). **चाहे** वह बीमार हो **किंतु** उसे छुट्टी नहीं मिलेगी।

संयुक्त वाक्य (23) के अर्थ का ही पुनर्कथन बाद के वाक्यों में है।

घटना क्रम तथा कारण कार्य के अलावा अन्य संबंध भी अतुल्यबल संयुवत्त वाक्यों के घटक उपवाक्यों में दिखायी देता है। कुछ उदाहरण नीचे दिये जा रहे हैं–

(28). रमेश ने मोहन की मदद की **और** वह मदद क्यों नहीं करता? (मोहन उसका सगा भाई जो है)।

(29). उसने रमेश से भेंट नहीं की **और** इसमें कोई आश्चर्य नहीं है। (पूर्व उपवाक्य पर उत्तर उपवाक्य में टिप्पणी है)

(30). तुम **और** इससे कोई गुण सीखो। (विरोध)

(31). तुम मुझे खून दो **और** मैं तुम्हें आज़ादी दूँगा। (शर्त)

(32). मुझे इसमें आपत्ति नहीं है **और** (इसी प्रकार) उसे भी इसमें आपत्ति नहीं होगी। (समानता)

(33). वह सच बोला **और** यह मान लिया कि रुपया खो गया। (पर्याय)

(34). मेहरबानी कीजिए **और** बैठ जाइए। (तद्रूपता) इत्यादि।

अर्थ की दृष्टि से ही नहीं, कभी–कभी संरचना की दृष्टि से भी उपवाक्य स्वतंत्र नहीं होते–

(35). तुम ज़रा भी आगे बढ़े **और** मैं चिल्लायी।

पहले उपवाक्य में नकारात्मक 'ज़रा भी' का प्रयोग हुआ है, जो संरचना की दृष्टि से भी इस उपवाक्य को दूसरे उपवाक्य पर आश्रित बना देता है। 'तुम ज़रा भी आगे बढ़े' स्वतंत्र रूप से इसका प्रयोग नहीं हो सकता। वस्तुतः यह उपवाक्य शर्तगर्भित है–

(36). यदि तुम ज़रा भी आगे बढ़े तो मैं चिल्लाऊँगी।

5.3.3.3. किंतु

'किंतु' की गणना समानाधिकरण संयोजकों में की जाती है। इसकी पर्यायता कई स्थानों पर 'और' तथा 'या' से बनती है। जैसे–

(1). वह बीमार है **और/किंतु** काम कर रहा है।

बीमार होने पर आशा की जाती है कि व्यक्ति आराम करेगा, किंतु आशा के विपरीत वह काम कर रहा है।

इसी प्रकार व्यावर्तक (exclusive) 'या' के साथ भी 'किंतु' की पर्यायता दिखायी देती है–

(2). यह फ़्रेम बाज़ार में बना–बनाया भी मिलता है **या/किंतु** आप इसे स्वयं भी बनवा सकती हैं।

(3). यह फ़्रेम बाज़ार में बना–बनाया भी मिलता है **या/किंतु** यदि आप चाहें तो इसे स्वयं भी बनवा सकती हैं।

उपर्युक्त दोनों वाक्यों का अर्थ है कि यदि फ़्रेम के लिए पहला विकल्प स्वीकार नहीं है तो दूसरा विकल्प भी प्राप्त है।

व्यावर्तक 'या' का पहला विकल्प मिथ्या होने पर दूसरे विकल्प का सत्य होना निश्चित है। वाक्य (2) और (3) को इस रूप में बदल सकते हैं–

(4). यह फ़्रेम बाज़ार में बना–बनाया भी मिलता है, **नहीं तो** आप इसे स्वयं भी बनवा सकती हैं।

निम्नलिखित वाक्य देखिए–

(5). पानी बरसेगा **या/नहीं तो** फसल चौपट होगी।

(6). पानी बरसेगा **या/और/किंतु/*नहीं तो** यदि नहीं बरसेगा तो फसल चौपट होगी।

ऊपर 'किंतु' को समानाधिकरण समुच्चयबोधक 'और' तथा 'या' के साथ दिखाया गया, किंतु इसकी कई विशेषताएँ इसे व्यधिकरण संयोजकों के साथ ला

खड़ा करती हैं। 'और' तथा 'या' द्वारा दो या दो से अधिक, अनगिनत घटक एक साथ जुड़ सकते हैं किंतु 'किंतु' द्वारा एक समय में केवल दो ही घटक जुड़ते हैं। यह व्यधिकरण संयोजक की विशेषता है। 'किंतु' से जुड़े घटकों का क्रम भी नियत होता है, उसे उलट नहीं सकते। दूसरा उपवाक्य पहले उपवाक्य को पूर्वकल्पित (presuppose) करता है। ये विशेषताएँ मिश्र वाक्य की हैं। दूसरे उपवाक्य में 'फिर भी', 'तब भी', 'तथापि' जैसे अन्वादेशक सह संयोजकों के समान 'किंतु' का भी प्रयोग हो सकता है–

(7). **यद्यपि/भले** वह बीमार है **फिर भी/तब भी/लेकिन** काम कर रहा है।

निम्नलिखित वाक्य में 'किंतु' का प्रयोग पूरक उपवाक्य के साथ हुआ है, जो गौण उपवाक्य है–

(8). आप **यह** नहीं मानेंगे **किंतु** वह रोज़ वहाँ जाता है।

वाक्य (8) को इस रूप में रख सकते हैं, 'आप यह नहीं मानेंगे कि वह रोज़ वहाँ जाता है, किंतु वह रोज़ वहाँ जाता है'।

'जबकि', 'यद्यपि' के स्थान पर भी 'किंतु' का प्रयोग हो सकता है–

(9). उसने इस बात पर अपनी सहमति नहीं दी, **जो** आवश्यक था।

यह वाक्य अर्थ की दृष्टि से अस्पष्ट है, सहमति देना आवश्यक था या सहमति न देना आवश्यक था। 'जो' की जगह अन्य संयोजकों को स्थानापन्न करने पर यह अस्पष्टता दूर हो जाती है–

(10). उसने इस बात पर अपनी सहमति नहीं दी **और यह** आवश्यक था।

(11). उसने इस बात पर अपनी सहमति नहीं दी **किंतु/जबकि/यद्यपि** यह आवश्यक था।

वाक्य (10) का अर्थ है, सहमति न देना आवश्यक था और उसने वही किया। वाक्य (11) का अर्थ है, सहमति देना आवश्यक था किंतु उसने वह नहीं किया। उक्त वाक्य में 'किंतु' के साथ 'जबकि' या 'यद्यपि' का भी प्रयोग हो सकता है।

आगे 'किंतु' के अर्थ एवं प्रयोग पर विचार किया जाएगा। 'किंतु' के विभिन्न अर्थों में 'आशा के विपरीत' का अर्थ आधारभूत है। इसके अन्य अर्थों का पर्यवसान इसी अर्थ में होता दिखायी देता है।

पहले उपवाक्य में जो दिया हुआ है उसके अनुकूल जो हम सोचते हैं, आशा करते हैं उसके विपरीत दूसरे उपवाक्य में घटित होता है, उदाहरणार्थ–

(12). बरसात हुई थी **किंतु** फसल अच्छी नहीं हुई।

कारण के विद्यमान होने पर हम उसके अनुकूल कार्य की अपेक्षा करते हैं। किंतु जब ऐसा नहीं होता तो 'किंतु' के प्रयोग का अवसर प्राप्त होता है। सर्वत्र दोनों उपवाक्यों में कारण–कार्य भाव हो, ऐसा भी नहीं है, जैसे–

(13). वह घर गया था **किंतु** लड़के से भेंट नहीं हुई।

यहाँ कारण–कार्य संबंध नहीं है। भेंट होगी, इस आशा से गया था किंतु आशा के विपरीत घटित हुआ। कुछ विद्वान आर्थी विरोध को 'किंतु' का दूसरा अर्थ मानते हैं, जहाँ वे 'आशा के विपरीत' का अर्थ नहीं मानते, उदाहरण के लिए–

(14). मोहन लंबा है **किंतु** सोहन छोटा है।

'लंबा' और 'छोटा' में जो विरोध है वह 'किंतु' द्वारा अभिव्यक्त है। उनका तर्क यह है कि उक्त वाक्य में उपवाक्यों का क्रम बिना अर्थ परिवर्तन के उलटा जा सकता है–

(15). सोहन छोटा है **किंतु** मोहन लंबा है।

इस तरह का क्रम परिवर्तन 'किंतु' के अन्य प्रयोगों में नहीं होता। किंतु ध्यान दें तो वाक्य (14) तथा (15) में आशा के वैपरीत्य को लेकर ही भेद है और यह महत्वपूर्ण अर्थ भेद है।

'किंतु' के अन्य अर्थों में अपवाद, रियायत, स्थानापन्नता, अनावश्यक या अप्रासंगिक कथन आदि का उल्लेख किया जा सकता है। आगे इन अर्थों में 'किंतु' के प्रयोग के उदाहरण दिये जा रहे हैं।

अपवाद

निम्नलिखित वाक्यों में 'किंतु' का प्रयोग द्रष्टव्य है–

(16). लेख अच्छा है किंतु वर्तनी की कुछ गलतियाँ हैं।

(17). लड़की सुंदर है किंतु ज़रा तेज़ है।

(18). दिन सुहाना है किंतु धूप थोड़ी तेज़ है।

उक्त वाक्यों में दूसरा उपवाक्य अपवाद के अर्थ में है। 'किंतु' के स्थान पर 'बस' या 'केवल' का प्रयोग किया जा सकता है–

(19). लेख अच्छा है **बस/केवल** वर्तनी की कुछ गलतियाँ हैं।

(20). दिन सुहाना है **बस/केवल** धूप थोड़ी तेज़ है।

'बस' तथा केवल' का अर्थ है, छोड़कर, और अपवाद में 'छोड़कर' का ही अर्थ है–

(21). वर्तनी की गलतियाँ **छोड़कर/छोड़ दें** तो लेख अच्छा है।

ये वाक्य देखिए–

(22). ये विधियाँ विचार की प्रणालियाँ हैं जिनका उपयोग हम दैनिक जीवन और विज्ञान में समान रूप से करते हैं; **केवल** विज्ञान में हम उन्हें अधिक संयत और स्पष्ट बना देते हैं।

(23). वह अपने पिता पर गया है, **केवल** रंग थोड़ा दबा हुआ है।

उक्त वाक्यों में 'केवल' के स्थान पर सहज रूप में 'किंतु' का प्रयोग किया जा सकता है।

'के अलावा' अपने एक प्रयोग में छोड़ने का अर्थ देता है और एक प्रयोग में जोड़ने का अर्थ देता है। 'सब' के साथ यह छोड़ने का, यानी अपवाद का अर्थ देता है और 'कुछ' के साथ जोड़ने का अर्थ देता है–

(24). क. मोहन के अलावा **सब** लड़के जाएँगे।

 ख. मोहन के अलावा **कोई लड़का नहीं जाएगा**।

(25). क. मोहन के अलावा **कुछ** लड़के भी जाएँगे।

 ख. मोहन के अलावा **दिनेश** और **सोहन** भी जाएँगे।

वाक्य (24) में 'के अलावा' का अर्थ अपवाद है और वाक्य (25) में उसका अर्थ ग्रहण है। वाक्य (24) से रूपांतरित वाक्य में 'किंतु' का प्रयोग हो सकता है–

(26). क. सब लड़के जाएँगे **लेकिन** मोहन नहीं जाएगा।

 ख. कोई लड़का नहीं जाएगा **किंतु** मोहन जाएगा।

इसी प्रकार वाक्य (25) से रूपांतरित वाक्य में 'और' का प्रयोग हो सकता है–

(27). क. कुछ लड़के जाएँगे **और** मोहन **भी** जाएगा।

 ख. दिनेश और सोहन जाएँगे **और** मोहन **भी** जाएगा।

अनावश्यक या अप्रासंगिक कथन

इस प्रसंग में भी 'किंतु' का प्रयोग होता है, निम्नलिखित वाक्य द्रष्टव्य हैं–

(28). – मोहन को मिठाई पसंद है।

 – **किंतु** मिठाई तो सबको पसंद है।

(29). – यह शरीर नश्वर है।

 – **किंतु** नश्वर तो सभी वस्तुएँ हैं।

यदि सब–कथन (सामान्य कथन) सत्य है तो कुछ–कथन (विशेष कथन) तो सत्य होगा ही। उसकी सत्यता प्रतिपादित करना अनावश्यक और निरर्थक है। जब सब वस्तुएँ नश्वर हैं तो शरीर की नश्वरता का कथन निरर्थक है।

यह वाक्य देखिए–

(30). – तुम दोनों को साथ रहना चाहिए।

 – **परंतु** हम दोनों साथ ही तो रह रहे हैं।

दूसरा वाक्य ऊपर के वाक्य के कथन की निरर्थकता व्यक्त कर रहा है।

'के बदले', 'के स्थान पर'

इस अर्थ में 'किंतु' के अलावा 'बल्कि' और 'वरन्' का भी प्रयोग हो सकता है–

(31). जीव का बनानेवाला कोई नहीं, **परंतु / बल्कि / वरन्** वह आप से आप सदा काल से बना है।

(32). मैं तुम्हें पैसे नहीं दूँगा **किंतु / बल्कि / वरन** पुस्तकें खरीदवा दूँगा।

विरोधी गुण

(33). कपड़ा अच्छा **किंतु** मँहगा है।

(34). जूते सस्ते **किंतु** टिकाऊ हैं।

(35). वह मुझसे कम गोरी **किंतु** आकर्षक है।

(36). ऐसी स्थिति में वह दरिद्र **पर** स्नेह में समृद्‌ध बूढ़ा प्रतीक्षा में पुल पर बैठा रहता था।

निम्नलिखित वाक्यों में पहले उपवाक्य में जो कहा गया है उसका दूसरे उपवाक्य में आंशिक खंडन है। यहाँ 'लेकिन' के स्थान पर 'यद्‌यपि' का प्रयोग भी मिलता है–

(37). दर्द है **किंतु/यद्‌यपि** कम है।

(38). उसके पास पैसे हैं **किंतु/यद्‌यपि** ज्यादा नहीं हैं।

नीचे के वाक्य में कारण के अर्थ में 'किंतु' का प्रयोग है–

(39). क. मैं नहा लेता **किंतु** पानी नहीं था।

ख. मैंने नहाया नहीं, **क्योंकि** पानी नहीं था।

कहीं–कहीं 'किंतु' में 'आशा के विपरीत' का अर्थ खोजने के लिए दूरारूढ़ कल्पना करनी होगी, जैसे–

(40). राधाचरण की अकालमृत्यु से उसके चचा–चाची को बहुत शोक हुआ। **किंतु** अभागिनी पार्वती के लिए तो संसार ही अंधकारमय हो गया।

(41). पहले तो कुछ स्पष्ट दिखायी ही नहीं दिया, **पर** कुछ क्षणों में आँखें अँधेरे की अभ्यस्त हो गयीं।

5.3.3.4. जबकि

'जबकि' का संबंध कालवाचक 'जब' से जोड़ा जा सकता है। यदि स्वार्थिक 'कि' को 'जब' से जोड़ दें तो दोनों के रूप भी एक हो जाते हैं। संयोजक 'जबकि' दो वस्तुओं या स्थितियों में तुलना, असमानता, विरोध आदि का संबंध व्यक्त करता है। जिन वस्तुओं में तुलना की जाती है, जिनमें अंतर दिखाया जाता है उनमें स्थान या समय की निकटता होती है। इसलिए यह स्वाभाविक है कि इस अर्थ में प्रयुक्त संयोजक का संबंध स्थान या कालवाचक शब्द से हो। हिंदी में 'जबकि' का संबंध कालवाचक 'जब' से है और अंग्रेजी में whereas का संबंध स्थानवाचक where से है। आगे 'जबकि' के प्रयोगों पर विचार करते हुए हम स्पष्ट रूप में देखेंगे कि उसका संबंध 'वहीं', 'दूसरी ओर', 'इसके साथ' जैसे शब्दों से कैसे है।

'जबकि' का वर्णन करने से पूर्व कालवाचक 'जबकि' पर विचार कर लेना सही होगा। स्वार्थिक 'कि' का प्रयोग केवल कालवाचक 'जब' के साथ नहीं होता अपितु स्थानवाचक 'जहाँ' के साथ तथा संबंधवाचक 'जो' के साथ भी होता है तथा कुछ अन्य शब्दों के साथ भी होता है। किंतु यह ध्यान देने योग्य है कि 'कि' का प्रयोग

निर्देशात्मक 'जब', 'जहाँ' तथा 'जो' के साथ नहीं होता, अपितु इनके वर्णनात्मक प्रयोगों के साथ होता है। इसीलिए इनका प्रयोग सामान्य रूप से वाक्य के आरंभ में नहीं होता, बल्कि यह कहना ज्यादा सही होगा कि जिस काल, स्थान या व्यक्ति का ये वर्णन करते हैं उससे पूर्व इनका प्रयोग नहीं होता।

उदाहरणार्थ–

(1). एक समय था **जबकि** लोगों में भाईचारे का संबंध था।

(2). लगभग पाँच बजे थे **जबकि** उतरते हुए एक यात्री ने बताया कि पिछले स्टेशन पर दुर्घटना हो गयी है।

(3). आज **जबकि** दुनिया में लोकतंत्र की बयार बह रही है वह तानाशाही की बात कर रहा है। इत्यादि।

इन वाक्यों में 'जबकि' का प्रयोग वर्णनात्मक 'जब' के अर्थ में हुआ है। इन वाक्यों में जिन कालों का वर्णन हुआ है वे पहले से निर्दिष्ट हैं।

'जबकि' का प्रयोग समानाधिकरण तथा व्यधिकरण दोनों प्रकार के संयोजकों के रूप में होता है। समानाधिकरण रूप में यह 'और' तथा उसके समानार्थी अन्य संयोजकों के समान है। व्यधिकरण संयोजक के रूप में यह 'यद्यपि' के निकट है। 'जबकि' तथा 'किंतु' के प्रयोगों में भी निकटता है। 'किंतु' की तरह 'जबकि' में भी दोनों प्रकार के संयोजकों के गुण विद्यमान हैं।

पहले समानाधिकरण संयोजक के रूप में 'जबकि' के कुछ प्रयोग नीचे दिये जा रहे हैं–

(4). चने की औसत उपज 5.66 क्विंटल प्रति हेक्टर है **जबकि** उत्तरप्रदेश की औसत उपज 8.61 क्विंटल प्रति हेक्टर है।

(5). रामबिहारी दीक्षित सीधा–सादा और कम पढ़ा–लिखा व्यक्ति था **जबकि** उसकी पत्नी शिवदेवी तेज़तर्रार, खूबसूरत व फ़ैशनपरस्त महिला थी।

(6). जिले के उत्तरी क्षेत्र में खड़ीबोली हिंदी के साथ अवधी का मिश्रित रूप दृष्टिगोचर होता है **जबकि** जिले के दक्षिणी क्षेत्र चौरासी के क्षेत्र में हिंदी पर गोंड़ी का प्रभाव है।

(7). चने का काम एक सिंचाई से चल जाता है **जबकि** गेहूँ के लिए चार पाँच सिंचाई की ज़रूरत होती है।

उपर्युक्त वाक्यों में दो स्थितियों में प्राप्त अंतर का वर्णन किया गया है। जिन दो वस्तुओं या स्थितियों में अंतर दिखाते हैं उनके क्रम में परिवर्तन करने से संबंध नहीं बदलता। इसलिए ऊपर के वाक्यों में यदि हम उपवाक्यों का क्रम बदल दें तो इसमें कोई विशेष हानि नहीं है, जैसे, वाक्य (4) को इस रूप में रख सकते हैं–

(8). उत्तरप्रदेश की चने की औसत उपज 8.61 क्विंटल प्रति हेक्टर है **जबकि** चने की औसत उपज 5.66 क्विंटल प्रति हेक्टर है।

इसी प्रकार अन्य वाक्यों में भी क्रम परिवर्तन किया जा सकता है। यह विशेषता समुच्चयबोधक संयोजकों की है। उक्त वाक्यों में 'जबकि' के स्थान पर अन्य समुच्चयबोधक संयोजक रखे जा सकते हैं, उदाहरणार्थ–

(9). रामबिहारी दीक्षित सीधा–सादा और कम पढ़ा–लिखा व्यक्ति था **जबकि / और / वहीं / दूसरी ओर** उसकी पत्नी शिवदेवी तेज़तर्रार, खूबसूरत व फ़ैशनपरस्त महिला थी।

'जबकि' के स्थान पर 'किंतु' का भी प्रयोग हो सकता है, किंतु 'किंतु' के साथ अंतर के अलावा विरोध या आशा के विपरीत का अर्थ भी जुड़ जाता है। इन वाक्यों पर विचार करें–

(10). क. चने का काम एक सिंचाई से चल जाता है **जबकि** गेहूँ के लिए चार पाँच सिंचाई की ज़रूरत होती है।

ख. चने का काम एक सिंचाई से चल जाता है **किंतु** गेहूँ के लिए चार पाँच सिंचाई की जरूरत होती है।

वाक्य (क) में दो स्थितियों में प्राप्त अंतर का वर्णन मात्र है, आशा के विपरीत का भाव बिल्कुल नहीं है। इसलिए उपवाक्यों का क्रम उलटने पर कोई फ़र्क नहीं पड़ता। किंतु वाक्य (ख) में दो स्थितियों में अंतर के साथ आशा के विपरीत का भी अर्थ विद्यमान है। इसलिए वाक्य (ख) में बिना अर्थ परिवर्तन के उपवाक्यों के क्रम में बदलाव नहीं किया जा सकता। वाक्य (ख) का अर्थ है, चने का काम एक सिंचाई से चल जाता है किंतु आशा के विपरीत गेहूँ का काम एक सिंचाई से नहीं चल सकता। यदि वाक्य (ख) में उपवाक्यों का क्रम बदल दें तो अर्थ भी बदल जाएगा–

(11). गेहूँ के लिए चार पाँच सिंचाई की ज़रूरत होती है **किंतु** चने का काम एक सिंचाई से चल जाता है।

इस वाक्य का अर्थ है, गेहूँ के लिए चार पाँच सिंचाई की ज़रूरत होती है किंतु आशा के विपरीत चने के लिए चार पाँच सिंचाई की ज़रूरत नहीं होती।

यह वाक्य देखिए–

(12). दुर्घटना में दस लोग मारे गए **जबकि / और / इसके साथ / इसके अलावा / वहीं *किंतु** दस–पंद्रह लोग घायल हो गये।

इस वाक्य में 'जबकि' अंतर नहीं, बल्कि वृद्धि का अर्थ प्रकट कर रहा है। एक सूचना में दूसरी सूचना जोड़ रहा है। 'इसके अलावा', 'इसके साथ' वृद्धिसूचक हैं। उपवाक्यों का क्रम भी उलट सकता है–

(13). दस पंद्रह लोग घायल हो गये **जबकि** दस लोग मारे गये।

निम्नलिखित वाक्य में असंगति और अनौचित्य की अभिव्यक्ति है–

(14). लोग हँस रहे थे **जबकि** वह पीड़ा से कराह रहा था।

बेमेलता का उदाहरण–

(15). कप देना था **जबकि** प्लेट दे दिया।

(16). प्लेट दे दिया **जबकि** कप देना था।

व्यधिकरण संयोजक के रूप में 'जबकि' का निकट संबंध 'यद्यपि' से है। जहाँ उपवाक्यों में एक कारणवाचक तथा दूसरा कारण के विपरीत कार्य का वाचक होता है वहाँ दोनों का प्रयोग मिलता है। उदाहरण के लिए–

(17). मोहन आफ़िस गया है **जबकि / यद्यपि** वह बीमार है।

कारण के विपरीत कार्य का होना उक्त वाक्य में दर्शाया गया है। 'लेकिन' का संबंध सामान्य रूप से कार्य के साथ होता है–

(18). मोहन आफ़िस गया है? लेकिन वह बीमार है।

इस वाक्य में कारण के साथ '**लेकिन**' का प्रयोग सहज नहीं है। नीचे के वाक्य में 'लेकिन' का प्रयोग सहज है–

(19). मोहन बीमार है **लेकिन** वह आफ़िस गया है।

विरोध का भाव 'जबकि', 'यद्यपि' तथा 'किंतु' तीनों में है।

वाक्य (17) के उपवाक्यों में व्यधिकरण संबंध है इसलिए संयुक्त वाक्य के उपवाक्यों की भाँति ये एक दूसरे के स्थान पर नहीं जा सकते, अर्थात् कार्य के स्थान पर कारण तथा कारण के स्थान पर कार्य का प्रयोग नहीं होगा, जैसे–

(20). *मोहन बीमार है **जबकि / यद्यपि** वह आफ़िस गया है।

जो–संबंधीकरण की प्रक्रिया की दृष्टि से भी 'जबकि' तथा 'यद्यपि' में निकटता स्थापित होती है और दोनों इस प्रक्रिया को लेकर 'लेकिन' से अलग दिखायी देते हैं। नीचे के वाक्यों पर विचार करें–

(21). क. मोहन ने खूब मेहनत की थी **किंतु** वह सफल नहीं हुआ।

ख. मोहन, **जिसने** खूब मेहनत की थी किंतु/और **जो** सफल नहीं हुआ, अब परिश्रम से जी चुराने लगा है।

(22). क. मोहन सफल नहीं हुआ **जबकि / यद्यपि** उसने खूब मेहनत की थी।

ख. मोहन, **जो** सफल नहीं हुआ जबकि/यद्यपि ***जिसने / उसने** खूब मेहनत की थी, अब परिश्रम से जी चुराने लगा है।

वाक्य (21–ख) में 'किंतु' से जुड़े दोनों उपवाक्यों में संबंधवाचक 'जो' का समान रूप से प्रयोग हुआ है। इसके विपरीत वाक्य (22–ख) में 'जबकि' तथा 'यद्यपि' से जुड़े उपवाक्यों में 'जिसने' का प्रयोग गौण उपवाक्य में नहीं हुआ है, बल्कि गौण उपवाक्य में 'जिसने' के स्थान पर 'उसने' का प्रयोग हुआ है।

निम्नलिखित वाक्य में 'जबकि' के स्थान पर 'क्योंकि' का प्रयोग किया जा सकता है–

(23). आप क्यों गये? **जबकि / क्योंकि** मैंने मना किया था।

जहाँ केवल विरोध या असंगति का भाव हो वहाँ तीनों संयोजकों का प्रयोग हो सकता है, जैसे–

(24). वह मोहन को बुलाने गया है **जबकि / यद्यपि / लेकिन** मोहन यहीं है।

निम्नलिखित अस्पष्टार्थक वाक्य पर विचार करें–

(25). उसने माँ को चिट्ठी नहीं लिखी, **जो** मैं चाहता था।

अस्पष्टता 'जो' के प्रयोग में है। मैं क्या चाहता था? वह माँ को चिट्ठी लिखे या माँ को चिट्ठी न लिखे। पहले अर्थ में 'जो' के स्थान पर विपरीतार्थक 'जबकि', 'यद्यपि' या 'किंतु' को रखें तो अर्थ स्पष्ट हो जाता है–

(26). उसने माँ को चिट्ठी नहीं लिखी **जबकि / यद्यपि / किंतु** यह मैं चाहता था।

दूसरे अर्थ में 'जो' के स्थान पर 'और' का प्रयोग हो सकता है–

(27). उसने माँ को चिट्ठी नहीं लिखी **और** यही मैं चाहता था।

ऊपर के उदाहरणों से स्पष्ट है कि कुछ संदर्भों में 'जबकि', 'यद्यपि' तथा 'किंतु' तीनों का पर्याय से प्रयोग किया जा सकता है।

'जबकि' का प्रयोग वाक्य के पूर्व उपवाक्य में नहीं होता, किंतु 'यद्यपि', 'चूँकि' तथा 'यदि' के अर्थ में आने पर वाक्य के आरंभ में प्रयुक्त होता है। 'यद्यपि' आदि सामान्य रूप से वाक्य के आरंभ में ही आते हैं।

उदाहरण–

(28). मैं **जबकि** साइंस की छात्रा रही **हूँ पर** अपने मन तथा शरीर का भेद नहीं पा सकी। (यद्यपि–पर)

(29). **जबकि** उन्होंने अपना दुराग्रह छोड़ दिया है, हमको भी उनकी बात मान लेनी चाहिए। (चूँकि–इसलिए)

(30). **जबकि** हमारे राजनीतिक संसार में एक फेडरेशन या संघ की नींव डाली जा रही है, **तब** क्यों न हम साहित्यिक संसार में भी एक फेडरेशन या संघ की स्थापना करें। (यदि–तब)

एक ऐसा भी उदाहरण मिला है जहाँ 'जबकि' के अर्थ में जब' का प्रयोग हुआ है–

(31). हिंदी में राजवैद्य कहने से 'राजकवि' की भाँति 'राजा का वैद्य' अर्थ पहले ध्यान में आता है, **जब** संस्कृतवाला पहले उसे 'वैद्यों में बड़ा' अर्थ में समझता है। (आचार्य विश्वनाथप्रसाद मिश्र)

5.3.3.5. बल्कि

'बल्कि' का प्रयोग मुख्य तीन अर्थों में होता है,

(i) वृद्धि या जोड़ने के अर्थ में,

(ii) के स्थान पर/के बजाय/के बदले के अर्थ में तथा

(iii) विरोध के अर्थ में।

पहले अर्थ में निम्नलिखित वाक्य द्रष्टव्य हैं–

(1). मोहन **ही नहीं, बल्कि** सुरेश **भी** घर जाएगा।

(2). **केवल** मोहन **ही नहीं**, **बल्कि** सुरेश **भी** घर जाएगा।

(3). **न केवल** मोहन, **बल्कि** सुरेश **भी** घर जाएगा।

उपर्युक्त वाक्यों में मोहन के साथ सुरेश को जोड़ा गया है। इन वाक्यों को यदि साँचे का रूप दें तो इस प्रकार प्रस्तुत कर सकते हैं–

(क) (केवल)...ही नहीं, बल्कि...भी

(ख) न केवल..., बल्कि...भी

उपर्युक्त साँचों में रिक्त स्थान पर संज्ञा का प्रयोग किया जाएगा।

यह ध्यान देने योग्य है कि 'बल्कि' से जुड़े दोनों उपवाक्यों में पहला उपवाक्य अपूर्ण रूप में है। उसे भी पूर्ण रूप देने पर वाक्यों का रूप यह होगा–

(4). मोहन ही घर नहीं जाएगा, बल्कि सुरेश भी घर जाएगा।

(5). न केवल मोहन घर जाएगा, बल्कि सुरेश भी घर जाएगा।

वाक्य (5) में पहला उपवाक्य स्वीकारात्मक है, उसका नकारात्मक रूप यह होगा–

(6). न केवल मोहन घर नहीं जाएगा, बल्कि सुरेश भी घर नहीं जाएगा।

घर न जानेवालों में मोहन के अलावा सुरेश भी है। यदि पहला उपवाक्य अपूर्ण रखेंगे, जैसा कि वाक्य (3) में है, तो अपूर्ण वाक्य का स्वीकारात्मक या नकारात्मक होना उत्तर उपवाक्य पर निर्भर है। दोनों में मेल अपेक्षित है। वाक्य (3) में अपूर्ण उपवाक्य स्वीकारात्मक है क्योंकि उत्तर उपवाक्य स्वीकारात्मक है। नीचे के वाक्य में वह नकारात्मक है क्योंकि उत्तर उपवाक्य नकारात्मक है–

(7). न केवल मोहन, बल्कि सुरेश भी घर नहीं जाएगा।

उपर्युक्त प्रयोगों में 'बल्कि' जोड़ने का कार्य करता है। इसके साथ 'इसके साथ' का स्पष्ट प्रयोग हो सकता है, जो जोड़ने का अर्थ देता है–

(8). मैं तुम्हें पुस्तक ही नहीं, बल्कि **इसके साथ** कलम भी दूँगा।

ऊपर दिये गये (क) तथा (ख) साँचों में रिक्त स्थानों पर संज्ञा के अलावा विशेषण, क्रियाविशेषण तथा क्रिया को भी रख सकते हैं–

विशेषण

(9). यह कपड़ा **सुंदर** ही नहीं, बल्कि **टिकाऊ** भी है।

(10). यह कपड़ा न केवल **सुंदर** है, बल्कि **टिकाऊ** भी है।

क्रियाविशेषण

(11). वह **धीरे–धीरे** ही नहीं, बल्कि **सावधानीपूर्वक** भी आगे बढ़ रहा है।

(12). वह न केवल **धीरे–धीरे**, बल्कि **सावधानीपूर्वक** भी आगे बढ़ रहा है।

क्रिया

(13). उसके सपने **बह ही नहीं गये,** बल्कि उसे **एकाकी भी छोड़ गये**।

(14). उसके सपने न केवल **बह गये,** बल्कि उसे **एकाकी भी छोड़ गये**।

'बल्कि' का प्रयोग सदैव साँचे के अन्य अवयवों के साथ ही होगा, यह आवश्यक नहीं है। केवल 'बल्कि' का प्रयोग होने पर भी संदर्भ में अर्थ की स्पष्टता बनी रहती है, जैसे–

(15). वह कोठी और इलाके का, **बल्कि** राज का भी सब काम सम्हाले है।

(16). मोहन, सुरेश **बल्कि** सबका काम मैं देख लूँगा।

वृद्धि के अर्थ में 'बल्कि' का प्रयोग 'इतना ही नहीं' के साथ भी होता है, जैसे–

(17). मोहन घर जाएगा, **इतना ही नहीं, बल्कि** सुरेश **भी** घर जाएगा।

'इतना ही नहीं' से पूर्व पूर्ण वाक्य है।

'इतना ही नहीं' के स्थान पर 'यही नहीं' भी रख सकते हैं –

(18). मोहन घर जाएगा, **यही नहीं, बल्कि** सुरेश **भी** घर जाएगा।

वाक्य (17) तथा (18) को सूत्र रूप में इस प्रकार के रख सकते हैं–

(ग) ...इतना ही नहीं/यही नहीं, बल्कि...भी

पहले रिक्त स्थान पर सदैव वाक्य का प्रयोग होता है। इस वाक्य के विभिन्न घटकों–कर्ता, कर्म आदि, –में समान घटकों को जोड़ा जाता है। जुड़नेवाले घटक को साँचे में दूसरे रिक्त स्थान पर रखते हैं, उदाहरण के लिए–

(19). वह **कानपुर** जा रहा है, इतना ही नहीं, बल्कि **बनारस** भी जाएगा।

(20). वह मोहन को **पुस्तक** दे रहा है, इतना ही नहीं, बल्कि उसे **पैसे** भी दे रहा है।

(21). वह **मोहन** को पुस्तक दे रहा है, इतना ही नहीं, बल्कि **सुरेश को** भी पुस्तक दे रहा है।

(22). वह **शीघ्रता से** आगे बढ़ा, इतना ही नहीं, बल्कि **सावधानी से** भी आगे बढ़ा।

(23). वह कपड़े **धो रहा है,** इतना ही नहीं, बल्कि कपड़ों को **सुखा भी रहा** है।

इत्यादि।

साँचा (क) तथा (ग) में विकल्प से 'बल्कि' को छोड़ा जा सकता है–

(24). मोहन ही नहीं, सुरेश भी पढ़ रहा है।

(25). मोहन पढ़ रहा है, इतना ही नहीं, सुरेश भी पढ़ रहा है।

(26). ??न केवल मोहन पढ़ रहा है, सुरेश भी पढ़ रहा है।

वाक्य (26), जो (ख) साँचे का वाक्य है, उसमें 'बल्कि' का प्रयुक्त न होना खटकता है।

'बल्कि' न केवल एक वाक्य के अवयव से दूसरे वाक्य के अवयव को जोड़ता है अपितु अखंड वाक्य से अखंड वाक्य को भी जोड़ता है। यहाँ वाक्य के अवयवों पर दृष्टि नहीं होती, बल्कि पूरे वाक्य पर होती है, उदाहरण–

(27). फूल **ही नहीं** खिले हुए थे **बल्कि** मंद–मंद शीतल हवा **भी** बह रही थी।

(28). **न केवल** फूल खिले हुए थे **बल्कि** मंद–मंद शीतल हवा **भी** बह रही थी।

(29). फूल खिले हुए थे **और इतना ही नहीं, बल्कि** मंद–मंद शीतल हवा **भी** बह रही थी।

वाक्य (27) में 'ही नहीं' का संबंध 'फूल' से नहीं है, बल्कि पूरे वाक्य से है। इसी प्रकार 'भी' का संबंध 'हवा' से नहीं, प्रत्युत पूरे वाक्य से है।

'बल्कि' का दूसरा महत्वपूर्ण प्रयोग 'के स्थान पर' या 'के बदले में' के अर्थ में होता है, उदाहरणार्थ–

(30). अब रोने–धोनेवाली ऊषा न थी, **बल्कि** वह ऊषा थी जो अपने दरोदिवार खुद बनाती, फैसले करती, आगे बढ़ती।

(31). विचार करना बाग की सैर नहीं, **बल्कि** पर्वत की चढ़ाई है।

(32). यह मुड़ नहीं, **बल्कि** टूट जाएगा।

यह ध्यान देने योग्य है कि इन वाक्यों में पहला उपवाक्य निषेधात्मक है। उसमें कही बात को हटाकर दूसरे उपवाक्य में उसके बदले दूसरी बात कही गयी है।

'बल्कि' के साथ स्पष्ट रूप में 'के स्थान पर' या 'के बदले में' का प्रयोग भी किया जा सकता है–

(33). मैं तुम्हें पैसे नहीं दूँगा, **बल्कि उसके बदले में** कपड़े दू दूँगा।

कभी–कभी पहले कथन को ही थोड़ा बदल कर नये कथन के रूप में प्रस्तुत किया जाता है। इस तरह के वाक्य में पूर्व उपवाक्य का निषेधात्मक होना आवश्यक नहीं है, यथा–

(34). वह घर जा रहा है, **बल्कि** चला भी गया होगा।

(35). वेल्स में बड़े शहर नहीं हैं, **बल्कि** शहर ही अभी हाल तक नहीं थे।

'के स्थान पर' के अर्थ में 'बल्कि' का प्रयोग आलंकारिक भाषा में खूब किया जाता है, जैसे–

(36). पानी नहीं बरस रहा है, बल्कि अमृत बरस रहा है।

(37). यह चाँद नहीं है, बल्कि नायिका का मुख है।

नायिका के मुख को कमल समझकर उसके चारों ओर मँडराते हुए भौंरों से कवि कहता है–

'आनन है, अरविंद न फूले अलिगन भूले कहाँ मँडरात हो।

कभी–कभी पहले उपवाक्य को एकदम हटाकर केवल दूसरे उपवाक्य का ही उच्चारण किया जाता है, जैसे–

(38). आग बरस रही है।

'धूप नहीं है, बल्कि' इस अंश को छोड़ दिया गया है।

'बल्कि' का ऐच्छिक रूप में लोप भी दिखायी देता है–

(39). यह क्या, पति नहीं, बिजूका को घर में बैठा रखा है।

(40). आंभीक ने मेरे साथ नहीं, अपने साथ कपट किया है।

'के स्थान पर' के अर्थ में 'के बजाय' का भी प्रयोग हिंदी में होता है–

(41). मोहन के बजाय सोहन को भेज दो।

(42). रोटी के बजाय लोग चावल ज़्यादा पसंद करते हैं।

'बल्कि' के निम्नलिखित प्रयोग द्रष्टव्य हैं–

(43). क. तुम बैठो या लेट जाओ।

ख. तुम बैठो, बल्कि लेट जाओ।

(क) में श्रोता को दोनों विकल्प प्राप्त हैं किंतु (ख) में वक्ता पहले विकल्प के स्थान पर दूसरे विकल्प को बढ़ाता है।

(44). दान करना किसी एक के हिस्से में नहीं आता, बल्कि कोई भी दान कर सकता है।

इस वाक्य में 'बल्कि' के स्थान पर '(और) इसलिए' का प्रयोग किया जा सकता है।

'के स्थान पर' के अर्थ में कभी–कभी विरोध या उलटा का अर्थ मिश्रित होता है। इस मिश्रित अर्थ में 'बल्कि' का प्रयोग उसके तीसरे अर्थ को व्यक्त करता है–

(45). मेरे तर्क–वितर्कों का विराट पर कोई असर नहीं पड़ा, **बल्कि उलटे** अब वह पहले से ज्यादा पीने लगा।

(46). तुम उससे आने को ज़रूर कहना, **बल्कि/भले** ज़ोर मत डालना।

(47). दवा खा लो, **बल्कि/भले** दूध मत पीना।

वाक्य (46) तथा (47) में 'बल्कि/भले' छूट देने के अर्थ में हैं।

5.3.3.6. फिर

'फिर' का प्रयोग क्रियाविशेषण तथा संयोजक दोनों रूपों में होता है। क्रियाविशेषण के रूप प्रयुक्त 'फिर' के स्थान पर 'पुनः' या 'दुबारा' का प्रयोग किया जा सकता है, जैसे–

(1). आज तो तुम अंदर आ गये, कोई बात नहीं, लेकिन **फिर/पुनः/दुबारा** ऐसी गलती मत करना।

(2). उसने मुझे एक बार पत्र लिखा था, **फिर** नहीं लिखा।

पूर्व अवस्था में ले जाने के अर्थ में–

'हमलोग कमरे में बैठे थे। दरवाजा खुला था। हवा से धड़ाम से दरवाजा बंद हो गया। **फिर** उठकर हमने खोल दिया।'

यहाँ 'फिर' का संबंध 'खोलना' से नहीं है, क्योंकि दूसरी बार दरवाजा नहीं खोला गया है। 'फिर' का अन्वय 'खुलना' से है, पहले दरवाजा खुला था और फिर खुल गया। पूर्व अवस्था में दरवाजा फिर पहुँच गया। इस प्रयोग में 'फिर' क्रियाविशेषण है।

आगे संयोजक के रूप में 'फिर' के विविध प्रयोग दिये जा रहे हैं–

(क) घटनाक्रम

(3). उसने स्नान किया **फिर/और फिर** खाना खाया।

'फिर' के साथ 'पहले' का प्रयोग हो सकता है–

(4). **पहले** उसने स्नान किया **फिर** खाना खाया।

घटनाक्रम दिखाने के लिए 'फिर' के अलावा '(और) तब', 'बाद में', 'इसके बाद' आदि का प्रयोग भी किया जा सकता है।

सिलसिलेवार घटनाओं का वर्णन करने में 'फिर' का फिर–फिर प्रयोग हो सकता है, उदाहरण के लिए–

(5). उसने स्नान किया **फिर** खाना खाया **फिर** आराम किया **फिर** पढ़ने बैठ गया, इत्यादि।

घटनाक्रम के वर्णन में 'फिर' के अन्य उदाहरण द्रष्टव्य हैं–

(6). कांग्रेसी नेता भी संजय के इस बढ़ते हुए प्रभाव को देखकर थोड़ा–बहुत कसमसाये **और फिर** शांत होकर बैठ गये।

(7). अभिलाषाओं की करवट, **फिर** सुप्त व्यथा का जगना।
सुख का सपना हो जाना, भीगी पलकों का लगना।

इस कविता में घटनाओं का क्रमवार वर्णन है। 'फिर' का प्रयोग केवल एक बार हुआ है, अन्यत्र इसका लोप है।

पुरानी हिंदी में घटनाक्रम के वर्णन में 'पीछे' का प्रयोग मिलता है–

(8). क्षन एक तो मूर्छित रही, **पीछे** कुछ एक चेतकर उठ बैठी।

—नासिकेतोपाख्यान

इसी क्रम में 'फिर' के इन प्रयोगों को रखा जा सकता है–

(9). आज नहीं, **फिर** कभी मैं तुम्हारे यहाँ आऊँगा।

उक्त वाक्य में 'फिर' 'पुनः' के अर्थ में नहीं है।

(10). पहले तो मैं सुनता रहा **फिर/किंतु/और** जब मैं बोलने लगा तो वह उठकर चला गया।

(ख) व्यावर्तक 'या' के साथ 'फिर' का प्रयोग

(11). घर जाओ **या/या फिर** आराम करो।

उपर्युक्त वाक्य को इस रूप में रख सकते हैं–

(12). घर जाओ, **नहीं तो** आराम करो।

(ग) 'यदि' के अर्थ में 'फिर'

(13). क्योंकि पूतन अभी 15 वर्षीय किशोरी, तुम अधेड़ उम्र के। **फिर** मैं राज़ी भी हो जाऊँ तो मेरा पति राज़ी नहीं होगा।

(घ) 'इस स्थिति में' 'ऐसे में' के अर्थ में 'फिर'

(14). आज छुट्टी तो है नहीं, **फिर** कैसे आये तुम?

(15). चिड़िया तक तो फटकने नहीं देती तुम बिस्तर के पास, **फिर** मैं कैसे उसके निकट आ सकता हूँ?

(16). क्यों, आजकल तो छुट्टी का मौसम नहीं है **फिर** तुम लोगों को सैर करने का अवसर कैसे मिल गया?

(17). रात हो गयी थी। अपनी सवारी भी नहीं थी। साथ में कोई था भी नहीं। **फिर** मैंने तय किया कि आज यहीं रुकूँगा।

(18). तुम बाजार जा रहे हो? **फिर** मेरे लिए भी ब्रेड ले आना।

(ङ) 'ऊपर से', 'इस पर', 'इसके अलावा' के अर्थ में 'फिर'

(19). हमारी आर्थिक स्थिति इतनी अच्छी न थी **फिर** मैं अक्सर पापा से कोई–न–कोई फ़रमाइश करती रहती।

(20). वह हमारे आफ़िस में काम करती है, समय पर काम पूरा करती है, **फिर** वह हमारी वेलविशर है, अच्छी दोस्त।

(21). उसकी इच्छा नहीं है, **फिर** वह बीमार भी है, कैसे जाएगा?

(22) नयी–नयी शादी, **फिर** छुट्टी का दिन।

(23). **एक तो** रास्ते में इतने घने जंगल हैं, **फिर** 'जंगली जानवर हैं **और फिर** पता नहीं कहाँ दुश्मन की फ़ौज का मोर्चा हो।

5.3.4. 'और' से जुड़नेवाले घटकों का वर्ग, प्रकार्य व स्तर

'और' से जुड़नेवाले घटक समान शब्दवर्ग के होते हैं, संज्ञा और संज्ञा, विशेषण और विशेषण, क्रिया और क्रिया, इत्यादि। जैसे–

राम और **मोहन** गये।

वह **स्वस्थ** और **सुंदर** है।

लड़का **सुबह** और **शाम** आता है।

वह खूब **पढ़ता** और **लिखता** है।

निम्नलिखित प्रयोग स्वीकार्य नहीं हैं–

* वह **होशियार** और **अध्यापक** है।

* लड़का **कल** और **घर** पहुँच जाएगा।

* उसने **सावधानी से** और **मोहन से** बात की। इत्यादि।

'और' से बनी संरचना के साथ 'आदि' या 'इत्यादि' का प्रयोग घटकों के समान वर्ग तथा बराबरी का सूचक होता है–

गेंदा, गुलाब, चमेली आदि।

कलम, कागज़, पेंसिल आदि।

पहली रचना में 'आदि' से अन्य फूलों का ही ग्रहण सहज रूप में होगा, अन्य वस्तुओं का नहीं। इसी प्रकार दूसरी रचना में 'आदि' से लिखने–पढ़ने की अन्य वस्तुओं का ही ग्रहण होगा, इतर वस्तुओं का नहीं।

संयुक्त रचना में वर्गों की ही नहीं, बल्कि उपवर्गों की समानता भी अपेक्षित होती है, या सहज होती है। उदाहरण के लिए–

(1). ईश्वरचंद विद्यासागर ने **विधवा विवाह** और **लड़कियों का पढ़ाना** आरंभ किया।

(2). यहाँ **शराब पीना** और **धूम्रपान** मना है।

उपर्युक्त दोनों वाक्यों में 'और' से संज्ञा पद ही जुड़े हैं किंतु रचना अटपटी है। 'विधवा विवाह' समस्त पद है और 'लड़कियों का पढ़ाना' क्रियार्थक संज्ञा है। दोनों भिन्न उपवर्ग की संज्ञाएँ हैं। दूसरे वाक्य में भी यही बात है। दूसरा उदाहरण–

(3). ?लड़के **चार** और **होशियार** हैं।

'और' से जुड़े दोनों पद विशेषण हैं, किंतु इनमें एक संख्यावाचक है और दूसरा गुणवाचक है।

'और' से जुड़नेवाले घटकों में बराबरी का संबंध होना चाहिए, उनमें प्रसिद्ध संबंध होना चाहिए–

लड़का और लड़की	अमीर और गरीब
घोड़ा और हाथी	स्वस्थ और सुंदर आदि।
आग और पानी	सुबह और शाम आदि।

?लड़का और कुत्ता (बैठे हैं।)

?घोड़ा और ऊँट (आ गये।)

'और' से जुड़नेवाले घटकों में केवल शब्दवर्ग की समानता पर्याप्त नहीं है, उनमें प्रकार्य की समानता भी अपेक्षित होती है। वस्तुतः शब्दवर्ग के निर्माण में प्रकार्य की समानता एक महत्वपूर्ण कारक है। समान प्रकार्यवाले तत्व समान शब्द कोटि के अंतर्गत आते हैं। इस संदर्भ में निम्नलिखित प्रयोग द्रष्टव्य हैं–

(4). ***लड़के से** और **इस चाबी से** ताला नहीं खुलेगा।

(5). *वह **घर से** और **सायकिल से** आया है।

वाक्य (4) में 'और' से जुड़ा एक घटक कर्ता कारक में है और दूसरा घटक करण कारक में है, यद्यपि दोनों समान शब्द वर्ग के घटक हैं। वाक्य (5) में एक घटक अपादान कारक में है और दूसरा करण कारक में है। प्रकार्य की असमानता के कारण उपर्युक्त दोनों वाक्य अस्वीकार्य हैं।

संयुक्त संरचना में घटकों के उत्तराघर क्रम में मेल न होने से भी रचना शिथिल होती है। उदाहरण के लिए वाक्य (1) और (2) देखिए। एक घटक पद है, दूसरा पदबंध है। दोनों इकाइयों में छोटे–बड़े या ऊपर–नीचे का संबंध है।

'और' से जुड़नेवाले घटकों की एक अत्यंत महत्वपूर्ण विशेषता है, उनका भिन्न व्यक्ति, भिन्न पदार्थ, भिन्न गुण, भिन्न हैसियत आदि का वाचक होना। जहाँ घटकों में अंगागी संबंध हो, उनमें अभेद विवक्षित हो वहाँ उनका संयोजन 'और' द्वारा नहीं किया जाता। 'गंगा और यमुना', 'गोदावरी और कृष्णा' इन संयुक्त रचनाओं में प्रयुक्त पद भिन्न नदियों के वाचक हैं। 'गंगा नदी' 'उषा मशीन', 'होटल अशोक' आदि रचनाओं में प्रयुक्त पद भिन्न पदार्थों के वाचक नहीं हैं, इसलिए इनका प्रयोग इस रूप में नहीं किया जा सकता है, *'गंगा और नदी', *'उषा और मशीन', *'होटल और अशोक'। इनमें सामान्य–विशेष का संबंध है और विशेष का अंर्तभाव सामान्य में होता है।

अन्य उदाहरण –

संस्थान के निदेशक डॉ. गोपाल शर्मा (एक व्यक्ति)

संस्थान के निदेशक और डॉ. गोपाल शर्मा (दो व्यक्ति)

(6). श्री द्विवेदी जी हिंदी विभाग के **अध्यक्ष** और साहित्य सभा के **सचिव** हैं।

(7). हिंदी विभाग के **अध्यक्ष** और साहित्य सभा के **सचिव श्री द्विवेदी** जी बैठक में उपस्थित नहीं होंगे।

वाक्य (6) में व्यक्ति एक है, किंतु उसकी हैसियत या पद भिन्न हैं, अध्यक्ष और सचिव। वाक्य (7) में एक व्यक्ति दो भिन्न प[illegible] का भी अर्थ निकाल सकते हैं और दो भिन्न व्यक्ति का भी अर्थ निकाल सकते हैं। ये वाक्य देखिए–

(8). मैं नाटक का **पाँचवा** और **अंतिम भाग** नहीं देख सका।

(9). वह एक **खूबसूरत** और **उपयोगी ढक्कन** बना रहा है।

(10). **उषा** और **मोहन** के दो बच्चे हैं।

वाक्य (8) के दो अर्थ हैं (1) नाटक के दो भाग नहीं देखे, या (2) एक भाग नहीं देखा, जो पाँचवाँ और अंतिम दोनों था। इस वाक्य को इस रूप में रखें–

(11). मैं नाटक का पाँचवाँ **भाग** और अंतिम **भाग** नहीं देख सका।

केवल एक अर्थ होगा।

वाक्य (9) में ढक्कन एक है, उसके गुण दो हैं। इस वाक्य को इस रूप में रखें–

(12). वह **एक** खूबसूरत और **एक** उपयोगी ढक्कन बना रहा है। (दो ढक्कन)

वाक्य (10) में उषा और मोहन के बच्चे एक हैं।

इस वाक्य को इस रूप में रखें–

(13). उषा **के** और मोहन **के** दो बच्चे हैं।

दोनों के बच्चे अलग–अलग हैं।

इन वाक्यों पर विचार करें–

(14). वह **बाएँ हाथ से चाकू से** सब्जी काट रहा है।

(15). लड़का **कल दोपहर को** आएगा।

(16). मोहन **घर में चौकी पर** बैठा है।

रेखांकित पदों के मध्य 'और' का प्रयोग नहीं होगा। पदों में सामान्य–विशेष या विस्तार–संकोच का संबंध है।

*वह **बाएँ हाथ से और चाकू से** सब्जी काट रहा है।

इत्यादि।

ऊपर के वर्णन से स्पष्ट है कि पदार्थों, गुणों आदि की भिन्नता और 'और' का संबंध गहरा है। पदार्थों की ही नहीं, कथनों की भिन्नता भी 'और' के प्रयोग का आधार है। संयुक्त वाक्य तथा मिश्र वाक्यों को एक साथ देखें। भिन्न और तुल्यबल कथनों का संग्रह संयुक्त वाक्य में होता है, वहीं स्वतंत्र और आश्रित या मुख्य और गौण कथनों का संग्रह मिश्र वाक्य में होता है। संज्ञा उपवाक्य, विशेषण उपवाक्य और क्रियाविशेषण उपवाक्य मुख्य उपवाक्य के अंग या घटक के रूप में होते हैं। उनमें दृढ़ और अभेद संबंध होता है। इसलिए मिश्र वाक्यों में 'और', 'या' आदि के प्रयोग की संभावना नहीं होती। कथनों में भेद और अभेद संबंध को समझने के लिए यह उदाहरण देखिए–

(17). मैंने उसे खाना खिलाकर विदा किया।

इस वाक्य का रूपांतरण इस रूप में हो सकता है–

(18). मैंने उसे खाना खिलाया **और** विदा किया।

'खाना खिलाना' तथा 'विदा करना' दो भिन्न व्यापार हैं। यह वाक्य देखिए–

(19). मैंने उसे यहाँ बुलाकर गलती की।

इस वाक्य का रूपांतरण देखिए–

(20). *मैंने उसे यहाँ बुलाया **और** गलती की।

यहाँ 'बुलाना' और 'गलती करना' अलग–अलग घटनाएँ नहीं हैं। वाक्य (19) को इन रूपों में रख सकते हैं, जहाँ बुलाने तथा गलती करने की अभिन्नता स्पष्ट है। सभी रूपांतरित वाक्य मिश्र वाक्य हैं–

(21). मैंने गलती की **कि/जो** उसे यहाँ बुलाया।

(22). मैंने उसे यहाँ बुलाया, **यह** गलती की।

(23). मैंने **यह** गलती की **कि** उसे यहाँ बुलाया।

(24). मैंने उसे यहाँ बुलाने **की** गलती की।

दो कथनों में भेद और अभेद वक्ता की विवक्षा के किस तरह अधीन हैं, यह देखने के लिए यह उदाहरण देखिए–

(25). मोहन की माँ बीमार है। वह घर जा रहा है।

(26). मोहन की माँ बीमार है **और** वह घर जा रहा है।

(27). मोहन की माँ बीमार है **और इसलिए** वह घर जा रहा है।

(28). मोहन की माँ बीमार है, **इसलिए** वह घर जा रहा है।

(29). **चूँकि** मोहन की माँ बीमार है **इसलिए** वह घर जा रहा है।

(30). मोहन **इसलिए** घर जा रहा है **कि/क्योंकि** उसकी माँ बीमार है।

(31). मोहन घर जा रहा है **क्योंकि** उसकी माँ बीमार है।

(32). मोहन **इस वज़ह से** घर जा रहा है **कि** उसकी माँ बीमार है।

वाक्य (25) और (26) में दो भिन्न कथनों की स्थिति स्पष्ट है। पहले वाक्य में खड़ी पाई का प्रयोग हुआ है और दूसरे वाक्य में 'और' का प्रयोग हुआ है। वाक्य (27) तथा (28) में कथनों में भेद और अभेद की स्थिति है। 'और' भेद तथा 'इसलिए' अभेद का सूचक है। वाक्य (29) से (32) तक के वाक्यों में दो भिन्न कथन नहीं, बल्कि एक ही कथन है। इन वाक्यों में 'और' का प्रवेश नही हो सकता। स्पष्ट है, हम संयुक्त वाक्य से चलकर किस तरह मिश्र वाक्य तक पहुँचते हैं। वाक्य (32) में तो पूरक उपवाक्य का प्रयोग हुआ है जो 'वज़ह' के अर्थ को पूरा करता है।

दो कथनों में भेद, भेदाभेद तथा अभेद की श्रेणी बनाते हुए 'और' और उससे जुड़े हुए विभिन्न संयोजकों को निम्नलिखित रूप में प्रदर्शित किया जा सकता है। जहाँ भेदाभेद की स्थिति है वहाँ अन्य संयोजकों से पूर्व विकल्प से 'और' का प्रयोग किया जा सकता है।

बंध

पूर्वापर	प्रकार	उपप्रकार	भेद (+और)	भेदाभेद (± और) शिथिल संयोजक: एकल	भेदाभेद (± और) शिथिल संयोजक: युगल	अभेद (—और) दृढ़ संयोजक: एकल	अभेद (—और) दृढ़ संयोजक: युगल
(+पूर्वापर)	कारण कार्य	अनुकूल	और	इसलिए इससे इस वजह से		क्योंकि	चूँकि……इसलिए इसलिए……कि/क्योंकि
		प्रतिकूल	और किंतु	फिर भी			यद्यपि……{किंतु, फिर भी / तथापि……} भले……किंतु नहीं……बल्कि
	घटना क्रम	लक्षित	और	फिर, इसके बाद तब, बाद में, तत्पश्चात्	पहले……(और) फिर, तब, इसके बाद…… पहले……और फिर, इसके बाद		
		अलक्षित	और	इतने में		कि कि इतने में	ज्यों (ही)……त्यों (ही)…… जैसे ही……वैसे ही ही था……कि नहीं……कि
(—पूर्वापर)	दृश्यांकन सूचना संचयन		और	इसके अलावा इस पर, साथ ही, इसके साथ, यहाँ तक कि	एक ओर……(और) दूसरी ओर एक तो……(और) दूसरे, इस पर		एक ओर जहाँ…… वहाँ दूसरी ओर इतना ही नहीं……बल्कि/ वरन् ही नहीं……बल्कि/अपितु
	वस्तु संचयन		और	—	—	—	—

आरेख—(ख)

(गवेषणा, अंक–43, 1984)

5.3.5. लोप

संयुक्त वाक्य में लोप पर विचार करने से पूर्व लोप प्रक्रिया की दृष्टि से संयुक्त तथा मिश्र वाक्य की प्रकृति का पुनः एकबार अवलोकन कर लेना उपयुक्त होगा। किसी रचना के घटकों में तीन प्रकार के संबंध दिखायी देते हैं (1) घटकों में **युगपत संबंध**, अर्थात दोनों घटक एक साथ रहते हैं, एक के बिना दूसरा नहीं रहता, जैसे, उद्देश्य और विधेय का संबंध। वाक्य में दोनों एक साथ उपस्थित होते हैं, (2) घटकों में **चयन संबंध**, अर्थात एक है तो दूसरा अवश्य होगा किंतु दूसरा है तो पहले का होना आवश्यक नहीं है, जैसे, विशेषण–विशेष्य की रचना या मुख्य और गौण की रचना। गौण उपवाक्य मुख्य उपवाक्य के बिना नहीं रहता किंतु मुख्य उपवाक्य गौण उपवाक्य के बिना रह सकता है, (3) घटकों में **संयोग संबंध,** अर्थात दोनों घटक साथ–साथ भी रह सकते हैं और एक दूसरे के बिना भी रह सकते हैं, जैसे, संयुक्त वाक्य के घटक उपवाक्य। संयुक्त वाक्य के सभी उपवाक्य स्वतंत्र तथा तुल्यबल होते हैं। किंतु मिश्रवाक्य के उपवाक्यों में चयन संबंध होने से वे असमान होते हैं, एक उपवाक्य मुख्य होता है, दूसरा गौण। संयुक्त और मिश्र वाक्य के उपवाक्यों में समानता तथा असमानता का यह भेद लोप प्रक्रिया को प्रभावित करता है। संयुक्त वाक्य में उपवाक्य समानबल होते हैं और इन समानबल उपवाक्यों में जिन घटकों की आवृत्ति होती है वे भी सहज ही समानबल होते हैं। ऐसी स्थिति में सामान्य रूप से आवृत्त घटकों में पहले को छोड़कर शेष का लोप कर देते हैं। इन लुप्त अंशों का सहजता से अध्याहार किया जा सकता है। संयुक्त वाक्य में लोप के उदाहरण नीचे दिये जा रहे हैं–

(1). क. मोहन को **किताब दो** और सोहन को **किताब दो**।
　　ख. मोहन को किताब दो और सोहन को ϕ दो।
　　ग. मोहन को किताब दो और सोहन को ϕϕ।

(2). क. मोहन घर **जाएगा** और सोहन बाजार **जाएगा**।
　　ख. मोहन घर **जाएगा** और सोहन बाजार ϕ।

वाक्य (1) के उपवाक्यों में घटकों की आवृत्ति हुई है इसलिए दूसरे उपवाक्य में इनमें से एक या दोनों का लोप हो सकता है। वाक्य (2–क) में केवल एक घटक की आवृत्ति हुई है। इसलिए दूसरे उपवाक्य में इस आवृत्त घटक का ऐच्छिक लोप है। 'और' की तरह 'या' तथा 'किंतु' से बने संयुक्त वाक्यों में भी लोप की प्रक्रिया क्रियान्वित होती है।

मिश्रवाक्य के उपवाक्य असमान होते हैं इसलिए इन उपवाक्यों में प्रयुक्त घटक भी असमान होते हैं, भले उनकी आवृत्ति हुई हो। इस असमानता के कारण आवृत्त घटकों में लोप की प्रक्रिया बाधित होती है। उदाहरण के लिए–

(3). क. वह घर **जा रहा है** और मोहन दफ़्तर ϕ।
　　ख. *वह घर **जा रहा है** क्योंकि मोहन दफ़्तर ϕ।

(4). क. तुम **चलोगे** और वह ϕ।

ख. *यदि तुम **चलोगे** तो वह ϕ।

मिश्र वाक्य में आवृत्त घटकों में बाद के घटक का सर्वनामीकरण हो सकता है–

(5). जिन लड़कों ने खाना खाया है **और ϕ/जिन्होंने/?उन्होंने** पैसे नहीं दिये हैं उन्हें रोको।

(6). जिन लड़कों ने खाना खाया है **यदि *ϕ/*जिन्होंने/उन्होंने** पैसे नहीं दिये हैं तो उन्हें रोको।

वाक्य (6) में यदि–उपवाक्य में 'उन्होंने' का प्रयोग 'लड़कों' के लिए हुआ है।

लोप के विषय को आगे बढ़ाने से पहले आवृत्त घटकों की तद्रूपता पर विचार करना आवश्यक है। घटकों की तद्रूपता दो स्तरों पर दिखायी देती है– (1) केवल रूप के स्तर पर या (2) रूप और पदार्थ दोनों स्तरों पर।

निम्नलिखित वाक्यों पर विचार करें–

(7). मोहन **किताब**$_1$ खरीद रहा है और सोहन **किताब**$_2$ खरीद रहा है।

(8). मोहन **आम**$_1$ खा रहा है और सोहन **आम**$_2$ खा रहा है।

(9). रमेश **कमरे**$_1$ में बैठा है और सुरेश **कमरे**$_{1/2}$ में बैठा है।

(10). उसने **लड़कों**$_1$ को रुपये दिये और मैंने **लड़कों**$_{1/2}$ को रुपये दिये।

वाक्य (7) में किताब$_1$ तथा किताब$_2$ में केवल रूप स्तर की तद्रूपता है क्योंकि दोनों भिन्न पुस्तकों के वाचक हैं। मोहन और सोहन अलग–अलग किताबें खरीद रहे हैं। इसी तरह वाक्य (8) में आम$_1$ तथा आम$_2$ में केवल रूप स्तर की तद्रूपता है क्योंकि दोनों भिन्न पदार्थों के वाचक हैं। भिन्न संख्या भिन्न पदार्थों की सूचक है। जहाँ केवल रूप स्तर की तद्रूपता है वहाँ लोप करना या न करना केवल शैलीगत महत्व रखता है, अर्थ निर्धारण में कोई द्विविधा की स्थिति नहीं बनती। वाक्य (7) तथा (8) के इन रूपों को देखें–

(11). क. मोहन किताब$_1$ खरीद रहा है और सोहन ϕ खरीद रहा है।

ख. मोहन किताब$_1$ खरीद रहा है और सोहन $\phi\,\phi$।

(12). क. मोहन आम$_1$ खा रहा है और सोहन ϕ खा रहा है।

ख. मोहन आम$_1$ खा रहा है और सोहन ϕ ϕ।

वाक्य (9) में एक कमरा हो सकता है या अलग–अलग दो कमरे हो सकते हैं। भिन्न संख्या केवल रूप की तद्रूपता का सूचक है और समान संख्या रूप और पदार्थ दोनों की तद्रूपता का सूचक है। यदि रूप और पदार्थ दोनों की तद्रूपता ईप्सित है अर्थात यदि एक ही कमरे में रमेश और सुरेश दोनों बैठे हैं तो लोप वांछनीय है। यहाँ लोप न करने पर पदार्थ की भिन्नता का ही सहज रूप में ग्रहण होगा। वाक्य (9) का यह रूप देखिए–

(13). (क) रमेश कमरे$_1$ में बैठा है और सुरेश ϕ बैठा है।

(ख) रमेश कमरे$_1$ में बैठा है और सुरेश ϕ ϕ।

उपर्युक्त वाक्यों में दोनों के बैठने का स्थान एक है। वाक्य (9) में अर्थ की अस्पष्टता है, एक कमरे का अर्थ ले सकते हैं या दो अलग–अलग कमरों का अर्थ ले सकते हैं। इसी प्रकार वाक्य (10) की व्याख्या की जा सकती है। लड़कों के एक होने पर लोप वांछनीय है–

(14). क. उसने लड़कों1 को रुपये दिये और मैंने ϕ रुपये दिये।

ख. उसने लड़कों1 को रुपये दिये और मैंने ϕ ϕ।

लोप न करने पर पदार्थ स्तर की भिन्नता का बोध अधिक सहज है। ये वाक्य देखिए–

(15). क. मैं तस्वीर बनाता हूँ और वह तस्वीर बेचता है।

ख. मैं तस्वीर बनाता हूँ और वह ϕ/**उसे** बेचता है।

वाक्य (15–ख) में पदार्थ स्तर की तद्रूपता अधिक स्पष्ट और प्रबल है, जो तस्वीर मैं बनाता हूँ वही तस्वीर वह बेचता है। किंतु (15–क) अर्थ की दृष्टि से अस्पष्ट है।

आवृत्त घटकों में कभी पहले घटक को छोड़कर परवर्ती घटकों का लोप करते हैं और कभी अंतिम घटक को छोड़कर पूर्ववर्ती घटकों का लोप करते हैं। पहले को परलोप तथा दूसरे को पूर्वलोप की संज्ञा दी जा सकती है। एक तीसरी स्थिति है जहाँ सभी आवृत्त घटक उपस्थित रहते हैं, उनमें से किसी का लोप नहीं किया जाता। उदाहरणार्थ–

(16). मैंने मोहन को **पुस्तक** दी, और सोहन को ϕ दी और उसके भाई को ϕ दी। (परलोप)

(17). मैंने मोहन को ϕ और सोहन को ϕ और उसके भाई को **बुलाया** है। (पूर्व लोप)

(18). मैंने मोहन को **बुलाया है** और सोहन को **बुलाया है** और उसके भाई को **बुलाया है।** (आवृत्त सभी घटक उपस्थित)

परलोप तथा पूर्वलोप की दिशाओं पर आगे विचार करने से पूर्व घटकों या शब्दों की अर्थगत प्रकृति को देख लेना सही होगा। कुछ शब्द प्रकृति से ही असंख्येय तथा एकात्मक होते हैं। ये भावप्रधान होते हैं। क्रिया, विशेषण, भाववाचक संज्ञा, विधेय अंश तथा अन्य क्रियाधर्मी शब्द इस कोटि में आते हैं। दूसरे प्रकार के शब्द वे हैं जो संख्येय तथा अनेकात्मक होते हैं। ये प्रकृति से सत्त्वप्रधान होते हैं। अनेकात्मक होने से इन शब्दों के वाच्यार्थ में व्यक्तिभेद की विशेषता होती है। इस कोटि में मुख्य रूप से जातिवाचक संज्ञाएँ आती हैं। पहले प्रकार के आवृत्त घटकों में लोप ऐच्छिक है। लोप न करने पर भी अर्थ निर्धारण में कोई कठिनाई

नहीं होती। चूँकि इस कोटि के शब्द स्वभाव से असंख्येय तथा एकात्मक होते हैं इसलिए लोप न करने पर भी पदार्थ भेद या व्यक्ति भेद की संभावना नहीं बनती और अर्थ निर्धारण का केवल एक ही रास्ता खुला होता है। दूसरे प्रकार के आवृत्त घटकों में–विशेषकर जातिवाचक संज्ञाओं में–लोप का होना और न होना अर्थ की दृष्टि से महत्वपूर्ण होता है। लोप की दृष्टि से पहले प्रकार के आवृत्त घटकों की दूसरी विशेषता यह है कि इनमें परलोप तथा पूर्वलोप दोनों विकल्प प्राप्त होते हैं जबकि दूसरे प्रकार के आवृत्त घटकों में सामान्य रूप से केवल परलोप का विकल्प प्राप्त होता है। उदाहरण के लिए–

क्रियापद

(19). क. उसने लड़के को कुर्ता **पहनाया** और लड़की को फ्राक **पहनाया**। (दोनों आवृत्त घटक उपस्थित)

ख. उसने लड़के को कुर्ता ϕ और लड़की को फ्राक **पहनाया**। (पूर्वलोप)

ग. उसने लड़के को कुर्ता **पहनाया** और लड़की को फ्राक ϕ। (परलोप)

विधेय अंश

(20). क. उसने मोहन को **रुपये दिये** और मैंने सोहन को **रुपये दिये।** (दोनों आवृत्त घटक उपस्थित)

ख. उसने मोहन को ϕ और मैंने सोहन को **रुपये दिये**। (पूर्व लोप)

ग. उसने मोहन को **रुपये दिये** और मैंने सोहन को ϕ। (परलोप)

संज्ञा पद

(21). क. वह **लड़कों को** डाँटता है और मैं **लड़कों को** दुलारता हूँ। (दोनों आवृत्त घटक उपस्थित)

ख. *वह ϕ डाँटता है और मैं **लड़कों को** दुलारता हूँ। (पूर्वलोप)

ग. वह **लड़कों को** डाँटता है और मैं ϕ दुलारता हूँ। (परलोप)

वाक्य (21–क) में यह स्पष्ट नहीं है कि आवृत्त घटक 'लड़कों' एक ही व्यक्तियों का वाचक है या भिन्न व्यक्तियों का। वाक्य (21–ग) में परलोप है और आवृत्त घटक 'लड़कों' एक ही व्यक्तियों का वाचक है। संज्ञा का पूर्वलोप सही नहीं है, देखिए, वाक्य (21–ख)। नीचे कुछ उदाहरण उद्धृत हैं जिनमें संज्ञापद का परलोप तथा क्रिया या विधेय अंश का पूर्व या परलोप दिखायी देता है–

(22). वह किसी भी **व्यक्ति को** खूब प्रभावित करके, ϕ प्रलोभन देकर उससे अपना काम निकालती है।

(23). आज का **एकलव्य** अंगूठा काटकर तो नहीं देता, गुरु को अंगूठा दिखाकर भी बस नहीं करता, ϕ सिर काटकर गुरु दक्षिणा देता है।

(24). सुंदर वस्त्रों से सभा ϕ, घर में गौ होने से भोजन ϕ, सवारी होने से मार्ग ϕ और शील होने से सब कुछ **जीत लिया जाता है।**

(25). पर मुझे **मिलती** एक लिजलिजाहट भरी ठंडक, ϕ एक अनाम उदासीनता, ϕ बर्फ़ मिली जैसी निष्क्रियता।

(26). वह मुझे **माफ़ कर** सकते हैं, ϕ करना भी चाहिए किंतु ϕ करेंगे नहीं।

(27). जैसी शोक संताप में अब हूँ वैसी त्रिवुभन में जो ढूँढो तो न कोई देवतों की **कन्या** ϕ, न गंधर्व ϕ ϕ और असुरों की ϕ ϕ, न नागों की ϕ ϕ, न किसी किन्नर और मनुष्यों की ϕ होगी।

वाक्य (27) में 'कन्या' का परलोप तथा 'होगी' का पूर्वलोप है।

ऊपर कहा गया कि संज्ञापद का सामान्य रूप से परलोप तथा क्रिया एवं क्रियाधर्मी पदों का परलोप या पूर्वलोप, यानी किसी भी दिशा में लोप हो सकता है। किंतु कुछ स्थितियों में पूर्वलोप नियत जान पड़ता है। पदबंध में, समास में तथा संयुक्त क्रिया में आवृत्त घटकों में पूर्व घटक का ही लोप सामान्य रूप से दिखायी देता है। नीचे कुछ उदाहरण दिये जा रहे हैं–

(28). क. उसके पास दो नयी ϕ और चार पुरानी **पतलूनें** हैं।

ख. ?उसके पास दो नयी **पतलूनें** और चार पुरानी ϕ हैं।

(29). क. यहाँ की ϕ और वहाँ की **दुकानों में** फ़र्क है।

ख. ??यहाँ की **दुकानों में** और वहाँ की ϕ फ़र्क है।

(30). क. हम दोनों पुस्तक पढ़ते ϕ और रेडियो सुनते **रहे**।

ख. *हम दोनों पुस्तक पढ़ते **रहे** और रेडियो सुनते ϕ।

(31). क. सो सब असिपत्र में डाले ϕ व अंगारों पर घसीटे **जाते हैं।**

ख. *सो सब असिपत्र में डाल **जाते हैं** व अंगों पर घसीटे ϕ।

सहायक क्रिया का परलोप देखिए–

(32). भाँति–भाँति के बाजन **लगे** बाजने, वो कथक ϕ गाने, बनठन वेश्यागण जहाँ तहाँ ϕ नाचने, ... (नासिकेतोपाख्यान)

(33). क. यह काम परिश्रम ϕ और व्यय**साध्य** है।

ख. *यह काम परिश्रम**साध्य** और व्यय ϕ है।

(34). क. इस काम के लिए लंबे ϕ और स्वस्थ **आदमी** चाहिए।

ख. ??इस काम के लिए लंबे **आदमी** और स्वस्थ ϕ चाहिए।

(35). क. न कभी वह घर की ϕ, बच्चों की ϕ और स्वयं उसकी **चिंता करता** देखा गया।

ख. *न कभी वह घर की **चिंता**, बच्चों की ϕ और स्वयं उसकी ϕ **करता देखा गया।**

(ख) वाले वाक्य या तो अटपटे हैं या स्वीकार्य नहीं हैं।

विधेयरहित अंशों में भी संज्ञा का पूर्वलोप दिखायी देता है–

(36). गलत ही ϕ सही, उसने **उत्तर** तो दिया।

(37). पुराना ही ϕ सही, उसके पास **मकान** तो है।

संयुक्त वाक्य में लोप के प्रकरण में पॉल किपास्की का लेख 'Tense and mood in Indo-European syntax' उल्लेखनीय है। आधुनिक आर्य भाषाओं में अतीतार्थक वर्तमान (historical present) का प्रयोग अतीत की घटनाओं का प्रत्यक्ष एवं जीवंत चित्रण करने के लिए होता है, मानो अतीत की घटनाएँ आँखों के सामने घट रही हों। किंतु इंडोयूरोपीयन भाषाओं के पूर्वरूपों में प्रयुक्त अतीतार्थक वर्तमान की इस प्रकार की व्याख्या किपास्की को स्वीकार नहीं है बल्कि वे आर्यभाषा के प्राचीन रूपों में प्रयुक्त अतीतार्थक वर्तमान को भूतकाल का ह्रस्वीकृत रूप मानते हैं। ह्रस्वीकृत रूप एक प्रकार का लोप ही है। उनके विचार में अतीतार्थक वर्तमान भूतकाल का अचिह्नित, निर्विशिष्ट या शून्य रूप है। संयुक्त वाक्य के पहले उपवाक्य में जहाँ भूतकाल का प्रयोग हुआ है, दूसरे उपवाक्य में वहाँ अतीतार्थक वर्तमान का प्रयोग हुआ है। यहाँ ग्रीक तथा प्राचीन आयरिश के वाक्यों के अंग्रेजी रूपांतर द्रष्टव्य हैं–

ग्रीक

(38). At daybreak he **attaked** the town and **takes** it.

(39). They captured the fort and **drive out** the garrison.

प्राचीन आयरिश

(40). After that he **arose** and **exults.**

(41). He **came** to meet them himself and **welcomes** them.

ऊपर के उदाहरणों से स्पष्ट है कि संयुक्त वाक्य के पूर्व उपवाक्य में भूतकाल का प्रयोग हुआ है और उत्तर उपवाक्य में अतीतार्थक वर्तमान काल का प्रयोग हुआ है। आधुनिक आर्य भाषाओं में अतीतार्थक वर्तमान का इस प्रकार भूतकाल के साथ एक ही संयुक्त वाक्य में प्रयोग नहीं होता। आज की आर्यभाषाओं में अतीतार्थक वर्तमान स्वतंत्र वाक्यों में दूर तक फैला हुआ होता है–

उसने दरवाजा **खोला,** अंदर **घुसा**, लाइट **जलायी** और खाट पर **बैठ गया**

⇒

वह दरवाजा **खोलता है**, अंदर **घुसता है**, लाइट **जलाता है** और खाट पर **बैठ जाता है**।

किपास्की ने ऐसे उदाहरण भी दिये हैं जहाँ संयुक्त वाक्य में वृत्तिवाचक संदर्भों में भी भूतकाल और वर्तमान काल का साथ–साथ प्रयोग मिलता है। ग्रीक भाषा में संयुक्त वाक्य में इस तरह के उदाहरण मिलते हैं–

(क) अनिर्दिष्ट भूतकाल (Aorist subjunctive) के हेतुहेतुमत् या संभावनार्थक (subjunctive) रूप के बाद वर्तमान हेतुहेतुमत् या संभावनार्थक (present subjunctive) का प्रयोग।

(ख) अनिर्दिष्ट भूतकाल (aorist) के इच्छार्थक (optative) रूप के बाद वर्तमान इच्छार्थक (Present Optative) रूप का प्रयोग।

(ग) अनिर्दिष्ट भूतकाल के आज्ञार्थक (imperative) रूप के बाद वर्तमान आज्ञार्थक (present imperative) रूप का प्रयोग।

लेखक का दावा है कि इन स्थितियों में अनिर्दिष्ट भूतकाल (aorist) तथा वर्तमान काल के रूपों में कोई अर्थगत भेद ढूँढ़ना व्यर्थ है। बाद में आनेवाले वर्तमान काल के रूप लेखक के विचार से वस्तुतः अनिर्दिष्ट भूतकाल के ह्रस्वीकृत रूप, अचिह्नित या शून्य रूप हैं।

ऊपर किपार्स्की ने कहा कि ग्रीक में अनिर्दिष्ट भूतकाल (aorist) तथा उसके ह्रस्वीकृत रूप वर्तमान काल में अर्थगत भेद ढूँढ़ना व्यर्थ है, अर्थात् दो रूप, एक अर्थ है। संस्कृत में लुङ् लकार (aorist) के रूप का भूतकाल तथा भविष्य या वर्तमान काल, दोनों अर्थों में प्रयोग मिलता है, अर्थात् एक रूप, दो अर्थ। उदाहरण के लिए–

मा निषाद प्रतिष्ठां त्वमगमः शाश्वतीः समा।

यत्क्रौंचमिथुनादेकमवधीः काममोहितम्।।

'अगमः' तथा 'अवधीः' दोनों लुङ् लकार के रूप हैं किंतु 'अगमः' भविष्य काल का तथा 'अवधीः' भूत काल का अर्थ देता है। 'तुमको चिरकाल तक प्रतिष्ठा न **मिले / मिलेगी** क्योंकि तुमने काममोहित क्रौंच के जोड़े में से एक का **वध किया है।**' संयुक्त रचना में भूत काल और वर्तमान काल के रूपों का एक साथ प्रयोग देखिए–

'पश्य, देवस्य काव्यं न **ममार** न **जीर्यति**'

'देवताओं का काव्य न मरता है न जीर्ण होता है।

'ममार' लिट् लकार (भूतकाल) का रूप है तथा 'जीर्यति' लट् लकार (वर्तमान काल) का रूप है।

किपार्स्की संयुक्त वाक्य में काल की तरह वृति में भी ह्रस्वीकरण (reduction) की बात उठाते हैं। इस संदर्भ में उन्होंने Thurneysen (1961) का उल्लेख किया है। Thurneysen पुरानी आयरिश भाषा से उदाहरण देते हैं। पुरानी आयरिश में यदि हेतुमत्–उपवाक्य (Protasis) में एक साथ दो शर्तें हैं तो केवल पहली शर्त में क्रिया के हेतुमत् रूप का प्रयोग मिलता है, दूसरी शर्त में सामान्य निश्चयार्थक (indicative) रूप का प्रयोग मिलता है। यह निश्चयार्थक वृत्ति हेतुहेतुमत (subjunctive) वृत्ति का ह्रस्वीकृत या अचिन्हित रूप है, उदाहरण–

पुरानी आयरिश का अंग्रेजी रूपांतर–

(42). If aught of the mysteries **should come** before the mind of the man... and he **rises**... (then)

(43). Though christ <u>be</u> in you and the soul <u>is</u> alive thereby, the body nevertheless is dead through the old sins,

इस प्रकार काल में जैसे वर्तमान काल भूत का अचिह्नित रूप है वैसे ही वृत्ति में निश्चयार्थक वृत्ति (indicative mood) हेतुहेतुमत् वृत्ति (subjunctive mood) का अचिह्नित रूप है।

संस्कृत में भी निश्चयार्थक (indicative) रूप का अचिह्नित, निर्विशेष प्रयोग मिलता है, उदाहरणार्थ–

क्रोधं प्रभो! संहर संहरेति यावद् गिरः खे मरुतां **चरन्ति**।

तावत् स वह्निर्भवनेत्रजन्मा भस्मावशेषं मदन'चकार।

'चरन्ति' निश्चयार्थक वर्तमान का रूप है किंतु यहाँ उसका प्रयोग क्रियातिपत्ति के अर्थ में हुआ है, 'जब तक देवताओं की वाणी 'प्रभु, क्रोध का संवरण करें, संवरण करें' आकाश में **गूँजती**, शिव के कानों तक **पहुँचती** तब तक शिव के तीसरे नेत्र से उत्पन्न अग्नि ने मदन को भस्म कर दिया।'

विभक्ति का भी ह्रस्वीकृत रूप (reduction) मिलता है। ऋगवेद में यदि संयुक्त रूप में संबोधन है तो केवल पहला पद संबोधन विभक्ति में मिलता है, दूसरे पद का प्रथमा विभक्ति में प्रयोग होता है। विभक्तियों में प्रथमा विभक्ति विभक्ति का अचिह्नित रूप है। उदाहरण–

'वायव् इंद्रश्च।'

'वायव्' संबोधन विभक्ति में तथा 'इंद्रः' प्रथमा विभक्ति में है।

5.3.6. 'और' तथा अन्य वृद्धिवाचक शब्द

संयोजक 'और' जैसे दो वाक्यों को जोड़ता है वैसे ही कई अन्य संयोजक, जो शब्द या पदबंध के रूप में होते हैं, दो वाक्यों को जोड़ते हैं। किंतु दोनों में महत्वपूर्ण भेद दिखायी देता है। जहाँ 'और' से जुड़नेवाले वाक्यों में स्पष्ट संबंध हो अथवा न हो, वहाँ अन्य संयोजकों से जुड़नेवाले वाक्यों में स्पष्ट संबंध दिखायी देता है। यह संबंध प्रायः किसी–न–किसी मनोविकार को या जुड़नेवाले वाक्यों की सन्निकर्षता को व्यक्त करता है, उदाहरण के लिए–

(1). सुबह सैर करने से शरीर स्वस्थ रहता है **और (इसके साथ)** मन प्रसन्न रहता है।

(2). वह खाना खा रहा है **और (?इसके साथ)** रमेश सोया है।

वाक्य (1) में दोनों वाक्य जिस तरह संबंधित हैं वैसे वाक्य (2) में नहीं, इसलिए वाक्य (2) में 'इसके साथ' का प्रयोग खटक रहा है। दूसरा उदाहरण देखिए–

(3). कपड़ा पुराना है **और (ऊपर से)** फटा हुआ है।

(4). कपड़ा पुराना है **और (?ऊपर से)** यह घड़ी नयी है।

स्पष्ट है, वाक्य (3) में जुड़नेवाले वाक्यों में जैसी संगति है वैसी वाक्य (4) के वाक्यों में नहीं।

किसी–किसी रचना में केवल 'और' का प्रयोग काफ़ी नहीं होता। उसके साथ 'इसके साथ' का प्रयोग वांछनीय होता है, देखिए–

(5). क. स्तनपान के दौरान उचित पोषण से माता के स्वास्थ्य की रक्षा तो होती **ही** है **और** शिशु का उत्तम पोषण व विकास सुनिश्चित होता है।

ख. स्तनपान के दौरान उचित पोषण से माता के स्वास्थ्य की रक्षा तो होती ही है **और इसके साथ** शिशु का उत्तम पोषण व विकास सुनिश्चित होता है।

(क) वाक्य में 'इसके साथ' का प्रयोग न होने से संरचना शिथिल है।

'इसके साथ', 'ऊपर से' सदैव 'और' के साथ नहीं आते। ये स्वतंत्र रूप से आकर भी दो वाक्यों को जोड़ते हैं। इनके और इनके समान अन्य संयोजकों के बारे में विशेष बात यही दिखायी देती है कि ये प्रायः विभिन्न मनोविकारों–हर्ष, चिंता, झुँझलाहट आदि–को व्यक्त करते हैं। आगे इस वर्ग के कतिपय संयोजकों का उदाहरण के साथ उल्लेख किया गया है।

इसके साथ, साथ–साथ, साथ ही इत्यादि

(6). ...., **साथ ही** इसकी उत्पादन क्षमता मूंग, उड़द, लोविया से कहीं अधिक है।

(7). ...इन्हें **साथ के साथ** वर्णानुक्रम में रखा जा सकता है।

उस पर (भी), इस पर (भी), ऊपर से आदि

(8). हफ़्तों से चलते दंगे–फ़साद के कारण शहर सुनसान हो गया है, **ऊपर से** करफ़्यू भी लगा दी गयी है।

(9). वह बीमार तो था ही **उस पर/इस पर** नहा भी लिया।

(10). सभी चित्र उसकी बेटी के थे, **वह भी** निर्वस्त्र अवस्था में।

(11). उसने मुझे बाज़ार भेजा, **वह भी** पैदल।

(एक)–दूसरे, एक तो–दूसरे/ऊपर से आदि

(12). मोहन जवान था, **दूसरे** उसकी पत्नी लाखु अभी हाल में ही गौना लेकर आयी थी।

(13). गरमी का मौसम **एक तो** वैसे ही खराब होता है, **ऊपर से** मच्छर मक्खियाँ भी परेशान करने लगती हैं।

'अन्ततोगत्वा', 'आखिर (में), 'इस प्रकार', 'अब' आदि पद भी 'और' का काम करते हैं। इनके पूर्व 'और' का ऐच्छिक प्रयोग किया जा सकता है। नीचे कुछ उदाहरण प्रस्तुत हैं–

(14). **अन्ततोगत्वा** उसके कानों में समाज के निंदक मुखों से पुत्री के साथ अनुचित संबंध होने की आवाज़ें भी पड़ने लगीं।

(15). **आखिर** मौनी ने मकई की रोटी का वह टुकड़ा अपने दाँतों में दबा लिया।

(16). स्नेहलता सुंदर तो थी ही, **अब** शरीर में कसाव आते ही वह और अधिक आकर्षक दिखने लगी थी।

(17). **इस प्रकार** यह जाति मण्डल जिले में अपना विशिष्ट महत्व रखती है।

5.3.7. अल्पविराम तथा 'और'

संयुक्त रचना में 'और' की बार–बार होनेवाली आवृत्ति को रोकने के लिए अल्पविराम की सहायता ली जाती है। संयुक्त रचना में अंतिम 'और' को छोड़कर शेष स्थानों पर अल्पविराम का प्रयोग किया जाता है। सर्वत्र 'और' रखने से रचना में कोई व्याकरणिक दोष नहीं पैदा होता, बल्कि सुकरता के लिए 'और' के स्थान पर अल्पविराम का प्रयोग किया जाता है। संयुक्त रचना में अल्पविराम की यह एक महत्वपूर्ण भूमिका है। किंतु अल्पविराम की यह एकमात्र भूमिका नहीं है। संयुक्त रचना में जुड़नेवाले घटक यदि भिन्न पदार्थों, व्यक्तियों या गुणों के वाचक नहीं होते तो 'और' के स्थान पर अल्पविराम का प्रयोग अधिक उपयुक्त एवं सहज होता है। अनुभाग (5.3.4.0) में पहले यह कहा जा चुका है कि 'और' से जुड़नेवाले घटक प्रकृति से भिन्नार्थी होते हैं, उनमें भेद होता है। इस दृष्टि से अल्पविराम तथा 'और' में महत्वपूर्ण भेद है। अल्पविराम की यह भूमिका इसकी पहली भूमिका से कम महत्ववाली नहीं है।

संयुक्त रचना के घटक जो भिन्न पदार्थों या व्यक्तियों के वाचक नहीं होते उनमें परस्पर पर्याय, अनुवाद, व्याख्या, भावपल्लवन, निहितार्थ आदि का संबंध दिखायी देता है। इन स्थलों पर 'और' की अपेक्षा अल्पविराम का प्रयोग अधिक मिलता है। नीचे कुछ उदाहरण दिये जा रहे हैं। सभी उदाहरण पाठ से लिए गए हैं, सुविधा के लिए बनाये नहीं गये हैं–

पर्याय

(1). इसका अर्थ है कि ज्ञान **असीम** है, **अपार** है।

(2). वह ज़रा सा **हँसा**, **मुसकराया**।

(3). अपने बच्चों के बर्ताव से अत्यंत तिक्त हुई सावित्री बची–खुची जिंदगी को ही **पूरे, संपूर्ण** पुरुष के साथ बिताने की आकांक्षा रखती है।

(4). हम काम की **शुद्धि** और **शुद्धता** की कद्र करते हैं।

अनुवाद

(5). वे **परिश्रम करना नहीं चाहते**, **आलस्य नहीं छोड़ते**।

(6). वह **सत्यवादी** है, **कभी झूठ नहीं बोलता**।

(7). उसने मुझे **धोखा दिया**, मेरे साथ **छल किया**।

(8). मैं **आरामतलब** हूँ, **घरघुसरा** हूँ, **मेरी हड्डियों** में जंग लगा है।

स्पष्टीकरण

(9). सहेली ने सुझाव दिया, "तुम एक **काम** करो, **डकैत बन जाओ**।"

क्या काम करना है, यह स्पष्ट करने के लिए डकैत बनने की बात कही गयी है।

निहितार्थ

(10). ब्राण्डी से होंठ भीगते ही वे फिर कहने लगे "मैं **संगीत** को, **कला** को अव्वल दर्जा देता हूँ।

(11). लोगों ने चोर को बहुत **मारा**, उसके **हाथ–पाँव तोड़ दिये**, **सिर फोड़ दिया।**

(12). मैंने घर **साफ़ किया, झाड़ू लगाया, धोया** और **पोंछा।**

(13). उसके भाई ने मेरा खूब **स्वागत–सत्कार किया**, **बड़े आदर से बैठाया**, **हालचाल पूछा**, **जलपान कराया**।

(14). बुढ़िया बहुत **गरीब** थी, उसके **पास न पहनने को कपड़े** थे, न **खाने को रोटी**।

वाक्य (10) में कला में ही संगीत का अर्थ निहित है। जो कला को अव्वल मानता है वह संगीत को भी अव्वल मानेगा। (11) से (14) तक के वाक्यों में संयुक्त होने वाले पहले घटकों में ही बाद के संयुक्त घटकों का अर्थ निहित है। हाथ–पाँव तोड़ना, सिर फोड़ना मारने के अर्थ में ही निहित है। इसी तरह झाड़ू लगाना, धोना, पोंछना, साफ़ करने का ही हिस्सा है, आदर से बैठाना, हालचाल पूछना, जलपान कराना स्वागत के अंतर्गत ही आता है, गरीबी का मतलब ही है कि न पहनने को कपड़ा है न खाने को रोटी। उपर्युक्त सभी वाक्यों में 'और' के बदले अल्पविराम का प्रयोग अधिक सहज एवं उपयुक्त है।

संयुक्त घटकों में पदार्थों की अभिन्नता होने पर 'और' का कभी प्रयोग नहीं होगा, ऐसा भी नहीं है। अनेक स्थलों पर 'और' से जिन घटकों का संयुक्तीकरण होता है उनमें पदार्थ की दृष्टि से अभिन्नता होती है, अर्थात् जुड़नेवाले घटकों में भेद नहीं किया जा सकता।

नीचे कुछ उदाहरण दिये जा रहे हैं–

(15). उसने अपनी **आन** निबाही और **मुसलमानों को अपनी लड़की नहीं दी।**

(16). वह **सच** बोला और **यह मान लिया कि रुपया खो गया।**

(17). दूसरे ही प्रकार के सौंदर्य के लिए हम **प्रयत्न** और **चेष्टा** क्यों न करें?

(18). धन्य है इनके **धैर्य** और **सबर** को।

(19). **कोकाकोला पीजिए** और **खुशियाँ मनाइए**।

(20). **मेहरबानी कीजिए** और **बैठ जाइए**।

उसने मुसलमानों को लड़की नहीं दी, यही उसकी आन थी। दोनों अभिन्न हैं। 'रुपया खो गया', यह कथन 'सच' से भिन्न नहीं है। 'प्रयत्न' और 'चेष्टा', 'धैर्य' और 'सबर' पर्यायवाची हैं। इसी तरह वाक्य (19) और (20) में जुड़नेवाले घटक वास्तव में अभिन्न हैं। कोकाकोला पीना खुशियाँ मनाने का ही एक प्रकार है। इसी तरह मेहरबानी करना और बैठ जाना अलग–अलग क्रियाएँ नहीं हैं।

शब्द भिन्न हों, उनके वाच्यार्थ भिन्न हों किंतु यदि उनमें समाहार या समूह का भाव हो या प्रभाव या प्रकार्य साम्य हो तो 'और' से जुड़ने के बाबजूद भी क्रिया एकवचन की प्रयुक्त होती है, उदाहरणार्थ–

(21). कलम उठाकर कागज पर **लिखना** और फिर उसका **संशोधन करना** तो रचना प्रक्रिया का सबसे अंतिम चरण **है**। (क्रिया–एकवचन)

(22). उसका **नाम** और **पता** क्या **है**? (क्रिया–एकवचन)

(23). उस मुनि का कौन–सा **आश्रम** और क्या **नाम** है? (क्रिया–एकवचन)

(24). उनमें जो **उदासी** और **रुखाई है वह खलता है**। (क्रिया–एकवचन)

(25). **सुख** और **आराम** क्या **है**, यह जाना नहीं। (क्रिया एकवचन)

5.3.8. संयुक्त रचना में घटकों का क्रम

सिद्धांततः संयुक्त रचना में सभी घटक तुल्यबल होते हैं और इसलिए उनमें क्रम का विशेष महत्व नहीं होता। किंतु तब भी उनमें क्रम बनाते समय कई दृष्टियों से विचार करना पड़ता है। उनमें से कुछ का उल्लेख नीचे किया जा रहा है–

(1). समय में क्रम का ध्यान रखा जाता है–सोमवार और मंगलवार, जुलाई और अगस्त, सुबह और शाम आदि।

(2). स्थान में उच्च–निम्न की दिशा में पहले उच्च स्थान फिर निम्न स्थान का क्रम–ऊपर और नीचे, हाथ और पैर, सिर और धड़, आकाश और पाताल आदि।

(3). संकेत में पहले निकट फिर दूर का क्रम–यहाँ और वहाँ, इधर और उधर, यह और वह, अब और तब, आना और जाना आदि।

(4). ध्वन्यात्मक रूप में लघु और गुरु का क्रम–घर और बाहर, बाग और बगीचा, नर और नारी, धन और दौलत। पहले घटक एक अक्षर के हैं और दूसरे घटक अनेकाक्षर हैं।

(5). सकारात्मक शब्द पहले, नकारात्मक बाद में–हाँ और नहीं (हाँ–नहीं), अच्छा और बुरा, भला और बुरा, दोस्त और दुश्मन, सुख और दुख, मान और अपमान आदि।

(6). सामाजिक आधार पर क्रम–ब्राह्मण और क्षत्रिय, ऊँच और नीच, अमीर और गरीब, राजा और रंक, माता और पिता, राम और लक्ष्मण, भीम और अर्जुन आदि।

वर्ण, आयु, पद तथा पैसा, क्रम स्थापित करते समय इन पर ध्यान दिया जाता है। जो बड़ा है वह पहले, जो छोटा है वह बाद में।

5.3.9. 'और' तथा 'जो'

संयुक्त वाक्य के संदर्भ में 'और' तथा वर्णनात्मक जो–उपवाक्य के संबंध पर दृष्टिपात करना आवश्यक है। निम्नलिखित वाक्यों पर विचार करें–

(1). हाथ में टेलीग्राम था, **जो** अम्मा ने भेजा था, **जिसके** शब्द–शब्द को पढ़ते उसकी आँख पथरा गयी थी।

(2). चारों तरफ अंधेरे का गहराता समुद्र फैलता दिखायी देता, **जिसे** पार करना मेरे बस में नहीं था।

उपर्युक्त वाक्यों में जो–उपवाक्य वर्णनात्मक है और 'जो' के स्थान पर 'और वह' को रखा जा सकता है, जैसे–

(1). क. हाथ में टेलीग्राम था **और वह** अम्मा ने भेजा था **और उसके** शब्द–शब्द को पढ़ते उसकी आँख पथरा गयी थी।

(2). क. चारों तरफ अंधेरे का गहराता समुद्र फैलता दिखायी देता **और उसे** पार करना मेरे बस में नहीं था।

'जो' के स्थान पर 'और वह' का प्रयोग यह दर्शाता है कि वर्णनात्मक जो–उपवाक्य स्वतंत्र उपवाक्य के समान है। इसके अन्य संरचनात्मक संकेत भी विद्‌यमान हैं। 'जो' से पूर्व अल्पविराम का चिह्न तथा पूर्व उपवाक्य का अवरोही अनुतान में अवसान इसी ओर संकेत करते हैं कि जो–उपवाक्य स्वतंत्र है और नया आरंभ है।

'जो' से पूर्व 'और' का प्रयोग भी किया जा सकता है। देखिए–

(1). ख. हाथ में टेलीग्राम था **और जो** अम्मा ने भेजा था, **और जिसके** शब्द–शब्द को पढ़ते उसकी आँख पथरा गयी थी।

(2). ख. चारों तरफ अँधेरे का गहराता समुद्र फैलता दिखायी देता **और जिसे** पार करना मेरे बस में नहीं था।

किसी आश्रित उपवाक्य से पूर्व 'और' का प्रयोग नहीं होता। निर्देशात्मक जो–उपवाक्य, जो पूर्णतया आश्रित उपवाक्य होता है, उससे पूर्व न अल्पविराम का प्रयोग होता है, न 'और' का प्रयोग होता है और न पूर्व उपवाक्य का अवसान अवरोही अनुतान में होता है।

इस तरह हम देखते हैं कि वर्णनात्मक 'जो' को लेकर तीन स्थितियाँ बनती हैं–

(3). चारों तरफ अँधेरे का गहराता समुद्र फैलता दिखायी देता, **जिसे / और उसे / और जिसे** पार करना मेरे बस में नहीं था।

यह ध्यान देने योग्य है कि वर्णनात्मक 'जो' के स्थान पर केवल 'और' का प्रयोग करना पर्याप्त नहीं है। 'और' के साथ 'जो' या 'वह' का प्रयोग अपेक्षित है।

'जो' के स्थान पर केवल 'वह' का प्रयोग किया जा सकता है किंतु तब उपवाक्य अधिक स्वतंत्र हो जाता है, और इसलिए 'वह' से पूर्व पूर्ण विराम का भी प्रयोग किया जा सकता है, जबकि 'जो' से पूर्व पूर्ण विराम का प्रयोग नहीं किया जा सकता–

(4). हाथ में टेलीग्राम था **जो / वह / ??और** अम्मा ने भेजा था।

(5). हाथ में टेलीग्राम था। **वह** अम्मा ने भेजा था।

(6). हाथ में टेलीग्राम था। **??जो** अम्मा ने भेजा था।

वस्तुतः वर्णनात्मक 'जो' तथा 'और' में महत्वपूर्ण अंतर है। 'जो' संयोजक भी है तथा अन्वादेशक (anaphoric) भी है। 'और' केवल संयोजक है। 'जो' के अन्वादेशक होने से वाक्य में जो–उपवाक्य का स्थान महत्वपूर्ण होता है। इसका प्रयोग या तो वाक्य के अंत में होगा या उस संज्ञा के बाद होगा जिससे इसका संबंध होता है। अर्थात वर्णनात्मक जो–उपवाक्य का प्रयोग वाक्य के आरंभ में या वाक्य में पहले स्थान पर नहीं होता। इससे स्पष्ट है कि वर्णनात्मक जो–उपवाक्य स्वतंत्र होते हुए भी क्रम की दृष्टि से स्वतंत्र नहीं है, जबकि विशुद्ध संयुक्त वाक्य में उपवाक्य क्रम की दृष्टि से भी स्वतंत्र होते हैं।

वर्णनात्मक जो–उपवाक्य वाक्यांत के अलावा मुख्य उपवाक्य के मध्य में भी आ सकता है किंतु मध्य में आने पर भी वह उस संज्ञा के पश्चात् ही आता है जिसका वह वर्णन करता है, उदाहरण के लिए–

(7). इतने में **एक वीर नागरिक**, **जिसका** नाम होरेशस था, सामने आया।

(8). **कर्ण**, **जो** एक महान योद्धा था, बहुत बड़ा दानी था।

यह ध्यान देने योग्य है कि जब वर्णनात्मक 'जो' वाक्य के मध्य में आता है तब उसके स्थान पर 'और वह' या 'और जो' का प्रयोग नहीं किया जा सकता–

(9). ??इतने में **एक वीर नागरिक, और उसका** नाम होरेशस था, सामने आया।

वैसे सामान्य प्रवृत्ति यही दिखायी देती है कि वर्णनात्मक जो–उपवाक्य जिस संज्ञा का वर्णन करता है उसके अधिक से अधिक निकट रहता है, बीच में अन्य संज्ञा पद का व्यवधान न हो तो अच्छा है। अभीष्ट संज्ञापद से वह जितना दूर होता है, संरचना उतनी ही शिथिल पड़ जाती है, बल्कि कभी–कभी तो द्विविधा की स्थिति भी बनने लगती है। नीचे कुछ उदाहरण प्रस्तुत हैं, जिनमें वर्णनात्मक जो–उपवाक्य अभिप्रेत संज्ञापद के निकट हैं–

(10). जो बहन मर गयी उसका **पुत्र**, **जो** अब अठारह बरस का था, पिछले दो बरस से शहर में कालेज में पढ़ रहा था।

(11). उनमें दो–चार **बातें, जो** अब तक नहीं भूलीं, और अचरज के कारण चित्त में खचित–सी हो रही हैं, उन्हें आपको कह सुनाता हूँ।

(12). **एक नये अध्यापक**, **जो** हाल ही में वहाँ आये थे, उनका इस आदर्श में पूरा विश्वास नहीं था।

वर्णनात्मक जो–उपवाक्य जब पद विशेष का वर्णन न करके पूरे पूर्व उपवाक्य का वर्णन करता है तब उसका प्रयोग वाक्यांत में होता है और इसके साथ ही एक अन्य बात यह भी दिखायी देती है कि 'और वह' के बदले सामान्य रूप से 'और यह' का प्रयोग 'जो' के स्थान पर होता है, बल्कि 'वह' की अपेक्षा 'यह' का प्रयोग ही अभीष्ट होता है। उपवाक्य के लिए 'वह' के बदले 'यह' का प्रयोग अन्यत्र भी दिखायी देता है।

उदाहरण–

(13). मौसम बदल रहा है, **जो / और जो / और यह / ?और वह** तुम्हारे स्वास्थ्य के लिए अच्छा है।

(14). वह बहुत ही ईमानदार है, **जो / और जो / और यह / ?और वह** तुम अच्छी तरह जानते हो।

(15). अब श्वास छोड़ने पर वायु स्वरयंत्र मार्ग से बाहर भी जाती है तथा पिचके फुफ्फुस में भी थोड़ा भर जाती है, **जिससे / और जिससे / और इससे / ?ओर उससे** यह फूल जाता है।

'जो' का स्थानापन्न 'और' की भाँति दूसरा समानाधिकरण संयोजक 'किंतु' भी बनता है। अन्य विशेषताएँ यथावत रहती हैं, उदाहरणार्थ–

(16). ये सारे सवाल आने चाहिए थे मेरे सामने, **जो / किंतु वे / किंतु जो** नहीं आये।

(17). पाँव धोने के बाद वह आया तो उसने तौलिया तलाशा, **जो / किंतु वह / किंतु जो** नहीं मिला।

(18). वह कल आया था, **जो / किंतु यह / किंतु ?वह / किंतु जो** अभी किसी को मालूम नहीं है।

वर्णनात्मक 'जो' की भाँति वर्णनात्मक 'जहाँ' और 'जब' के स्थान पर भी 'और' का प्रयोग हो सकता है, देखिए–

(19). उसके घर के सामने एक शिवालय है, **जहाँ / और वहाँ / और जहाँ** एक सुंदर तालाब है।

(20). वह पिछले महीने 10 तारीख को आया था, **जब / और तब / और जब** यहाँ खूब पानी बरस था।

5.4.0. या

'और' की भाँति 'या' भी समानाधिकरण समुच्चयबोधक है। किंतु दोनों में भेद है। 'और' योगात्मक है, वृद्धि का अर्थ देता है। 'या' विभाजक, वियोजक या विकल्पात्मक है, जो चयन का अर्थ देता है। 'और' की तरह 'या' से जुड़नेवाले घटक उपवाक्य या पद तुल्यबल व स्वतंत्र होते । तुल्यबल होने से क्रम की दृष्टि से घटक स्वंत्र होते हैं अर्थात उनमें क्रम परिवर्तन करने से संरचना या अर्थ में परिवर्तन नहीं होता, उदाहरणार्थ–

(1). क. मोहन घर जाएगा या सोहन घर जाएगा।

ख. सोहन घर जाएगा या मोहन घर जाएगा।

'या' से जुड़नेवाले घटक दो या दो से अधिक हो सकते हैं, जैसे–

(2). मोहन जाएगा या सोहन जाएगा या रमेश जाएगा...

सामान्य रूप से 'या' का प्रयोग दूसरे या इसके बाद आनेवाले घटकों से पूर्व होता है, जैसे वाक्य (2) में दूसरे और तीसरे उपवाक्य से पूर्व 'या' का प्रयोग हुआ है। उपवाक्य के पूर्व ही 'या' का प्रयोग होता है, उपवाक्य के मध्य नहीं। कभी–कभी 'या' पहले घटक के पूर्व भी आता है–

(3). या मोहन जाएगा या सोहन जाएगा या रमेश जाएगा।

'या' से पद भी जुड़ते हैं–

(4). मोहन या सोहन या रमेश जाएगा।

वाक्य (4) वाक्य (2) का लघूकृत रूप है। वाक्य (3) का लघूकृत रूप वाक्य (5) है–

(5). या मोहन या सोहन या रमेश जाएगा।

'या' से जुड़े पदों का 'या' से जुड़े उपवाक्यों में रूपांतरण किया जा सकता है किंतु इसका विपरीत सदा संभव नहीं है–

(6). क. वह कल या परसों आएगा।

ख. वह कल आएगा या (वह) परसों आएगा।

किंतु 'या' से जुड़े उपवाक्यों का सदा लघूकरण नहीं किया जा सकता–

(7). मोहन घर जाएगा या मैं रमेश को भेजूँगा।

'या' के स्थान पर अल्पविराम का प्रयोग भी किया जा सकता है किंतु अंतिम घटक से पूर्व प्रयुक्त 'या' को छोड़कर, जैसे–

(8). मोहन, सोहन, रमेश या दिनेश को बुलाओ।

अंतिम घटक के साथ प्रयुक्त 'या' सूची की पूर्णता का भी संकेत करता है। यदि अंतिम 'या' को भी हटा दिया जाए तो संरचना से योगात्मक 'और' के प्रयोग का अर्थ निकलेगा। जैसे–

(9). मोहन, सोहन, रमेश, दिनेश को बुलाओ।

वैसे 'या' की तरह अंतिम 'और' भी सूची की पूर्णता का संकेत करता है, इसलिए वाक्य (9) में अंतिम घटक से पूर्व 'और' का प्रयोग उत्तम है–

(10). मोहन, सोहन, रमेश और दिनेश को बुलाओ।

यदि 'या से जुड़नेवाले घटक उपवाक्य हैं तो सामान्य रूप से 'या' के स्थान पर अल्पविराम का प्रयोग नहीं करते।

पहले घटक को छोड़कर सभी घटकों के साथ 'या' का प्रयोग करना चाहिए। यदि मध्य में 'या' के स्थान पर कहीं अल्पविराम का प्रयोग होता है तो संरचना खंडित हो जाती है, अर्थात एक के स्थान पर दो वर्ग या सूचियाँ बन जाती हैं–

(11). क. मोहन या सोहन या रमेश या दिनेश जाएँगे।

ख. मोहन या सोहन, रमेश या दिनेश जाएँगे।

वाक्य (क) में विकल्पों का एक समूह है, जबकि वाक्य (ख) में विकल्पों के दो समूह हैं। यदि अंतिम घटक के पूर्व 'या' को छोड़कर सर्वत्र अल्पविराम रखे जाएँ तब भी समूह एक बना रहता है–

(12). मोहन, सोहन, रमेश या दिनेश जाएँगे।

वाक्य (12) में विकल्पों का एक ही समूह है।

विकल्पात्मक 'या' की दो विशेषताएँ ध्यान देने योग्य हैं। **पहली विशेषता**, विकल्पों की सूची पूर्ण होती है अर्थात सारे के सारे विकल्प दिये जाते हैं। यह नहीं है कि कुछ विकल्प देकर 'आदि' कह दिया जाए। इस अर्थ में 'या' सर्वव्यापी (universal) होता है। इसके विपरीत 'और' से जुड़नेवाले घटकों की सूची पूर्ण भी होती है और अपूर्ण भी। जहाँ सभी घटकों को नहीं गिनाया जाता वहाँ 'आदि' रख दिया जाता है। उदाहरण–

(13). क. मोहन या सोहन या रमेश जाएँगे।

ख. ??मोहन या सोहन या रमेश **आदि** जाएँगे।

(14). क. मोहन और सोहन और रमेश जाएँगे।

ख. मोहन और सोहन और रमेश **आदि** जाएँगे।

(15). क. *मोहन, सोहन या रमेश **आदि** जाएँगे।

ख. ??मोहन, सोहन और रमेश **आदि** जाएँगे।

(15) के दोनों वाक्य अटपटे हैं। वाक्य (क) में अंतिम पद के साथ प्रयुक्त 'या' विकल्पों की पूर्णता का सूचक है और 'आदि' अपूर्णता का। दोनों में सामंजस्य नहीं है। इसी प्रकार वाक्य (ख) में अंतिम पद के साथ प्रयुक्त 'और' सूची की पूर्णता का संकेत करता है और 'आदि' अपूर्णता का। बेमेल स्थिति है। निम्नलिखित वाक्य देखिए–

(16). मोहन, सोहन, रमेश आदि जाएँगे।

केवल 'और' के अर्थ में ही इस वाक्य का अर्थ लगाया जा सकता है क्योंकि 'आदि' स्पष्ट ही सूची की अपूर्णता का संकेतक है।

'या' की **दूसरी विशेषता** यह है कि यह सदैव स्वीकारात्मक होता है, नकारात्मक नहीं। यदि विकल्पात्मक वाक्य में 'नहीं' का प्रयोग होता है तो सभी विकल्पों का निषेध होता है। सभी विकल्पों का निषेध होने से वाक्य स्वरूप से भले विकल्पात्मक हो किंतु अर्थ की दृष्टि से वह योगात्मक (conjunctive) बन जाता है और सहज ही उसका रूपांतरण 'न–न' संरचना में हो सकता है, जैसे–

(17). क. मोहन या सोहन नहीं जाएँगे।

ख. न मोहन जाएगा (और) न सोहन जाएगा।

(क) तथा (ख) दोनों वाक्यों का एक ही अर्थ है। वाक्य (17–क) में 'या' 'नहीं' के प्रभाव में है। (17–क) में क्रिया का बहुवचनत्व भी दोनों विकल्पों के एक साथ निषेध का अर्थ देता है। यह वाक्य देखिए–

(18). मोहन नहीं जाएगा या सोहन नहीं जाएगा या रमेश नही जाएगा।

इस वाक्य में 'या', 'नहीं' के प्रभाव में नहीं है, बल्कि इस वाक्य में निषेधात्मक विकल्पों का वियोजन (disjunction) है। उक्त वाक्य में 'या' को 'नहीं' के प्रभाव में लेने के लिए वाक्य (18) का रूपांतरण इस रूप में किया जा सकता है–

(19). ऐसा **नहीं** है कि मोहन नहीं जाएगा या सोहन नहीं जाएगा या रमेश नहीं जाएगा। (सब जाएँगे)

दो नकार मिलकर स्वीकारात्मक बन गये।

'और' तथा 'या' के संबंध पर विचार करते समय इस विषय पर पुनः लौटेंगे।

'या' का प्रयोग दो रूपों में होता है; कभी दिये हुए विकल्पों में से कोई एक या सभी चुन सकते हैं, कभी दिये हुए विकल्पों में से कोई एक चुन सकते हैं, सभी नहीं। पहले अर्थ में प्रयुक्त 'या' को अभ्यावर्तक 'या' (inclusive 'or') कहते हैं और दूसरे अर्थ में प्रयुक्त 'या' को व्यावर्तक 'या' (exclusive 'or') कहते हैं। उदाहरण–

(20). यह दवा लखनऊ या कानपुर में मिल सकती है।

यदि वाक्य का अर्थ है कि दवा किसी एक जगह मिल सकती है, दोनों जगह नहीं तो 'या' व्यावर्तक है। यदि वाक्य का अर्थ है कि दवा किसी भी जगह मिल सकती है, लखनऊ में भी और कानपुर में भी, तो वाक्य में प्रयुक्त 'या' अभ्यार्वतक है। 'या' के व्यावर्तक और अभ्यावर्तक प्रयोगों को स्पष्टता से देखने के लिए वाक्य (20) को इन रूपों में रखा जा सकता है–

(21). यह दवा लखनऊ, **नहीं तो** कानपुर में मिल सकती है। (व्यावर्तक)

(22). यह दवा लखनऊ **या/और** कानपुर में मिल सकती है। (अभ्यावर्तक)

यदि विकल्प परस्पर विरोधी हों तो 'या' की केवल व्यावर्तक व्याख्या ही संभव होती है, जैसे–

(23). रेखा सीधी या टेढ़ी होती है।

(24). जगत के पदार्थ जड़ या चेतन होते हैं।

ऊपर के वाक्यों का अर्थ है, रेखा सीधी नहीं तो टेढ़ी होती है, पदार्थ जड़ नहीं तो चेतन होता है। कभी एक ही स्थान पर दोनों रूपों में 'या' का प्रयोग दिखायी देता है–

(25). वाक्य में संज्ञा उपवाक्य कर्ता, कर्म या क्रियाविशेषण के रूप में प्रयुक्त होता है।

संज्ञा उपवाक्य एक समय में एक ही रूप में प्रयुक्त होता है किंतु बारी–बारी से तीनों रूपों में प्रयुक्त होता है।

तर्कशास्त्र तथा लोक व्यवहार में 'या' के प्रयोगों में भेद है। लोक व्यवहार में हम सामान्य रूप से व्यावर्तक 'या' का प्रयोग करते हैं जबकि तर्कशास्त्र में सामान्य रूप से अभ्यावर्तक 'या' का प्रयोग करते हैं। वाक्य (20) का लोक में सामान्य अर्थ यही है कि दवा दोनों शहरों में से किसी एक शहर में मिल सकती है। इस सामान्य अर्थ को बदलने के लिए हम वाक्य के अंत में यह जोड़ सकते हैं, 'हो सकता है, दवा दोनों शहरों में मिल जाए।' वाक्य (20) का परिवर्धित रूप यह होगा–

(26). यह दवा लखनऊ या कानपुर में मिल सकती है, हो सकता है, दोनों जगह मिल जाए।

वाक्य में 'हो सकता है'–यह अंश जोड़ने का मतलब ही यह है कि वाक्य (20) का पहला अर्थ व्यावर्तक 'या' का है। जहाँ दोनों विकल्पों को लेना होता है वहाँ लोक में 'या' के स्थान पर 'और' का प्रयोग ही सही माना जाता है, 'या' का प्रयोग भ्रामक होता है। इसलिए यदि वाक्य (20) में वक्ता का अभिप्राय दवा के दोनों शहरों में उपलब्ध होने से है तो उत्तम यह होगा कि 'और' का प्रयोग किया जाए, 'यह दवा लखनऊ और कानपुर में मिल सकती है।'

किंतु, जहाँ अलग–अलग एक विकल्प भी स्वीकृत है और दोनों विकल्प भी स्वीकार्य हैं वहाँ 'और' का प्रयोग नहीं किया जा सकता, जैसे–

(27). इस पद के लिए हिंदी या संस्कृत में एम.ए. होना आवश्यक है।

यदि कोई अभ्यर्थी दोनों विषयों में एम.ए. है तो और अच्छा है। किंतु दोनों विषयों में एम.ए. होना आवश्यक नहीं है।

तर्कशास्त्र और लोकव्यवहार में दूसरा महत्वपूर्ण भेद यह है कि लोक में 'या' का प्रयोग संशय की स्थिति में ही होता है। संस्कृत में 'किंवा' 'या' के अर्थ में प्रयुक्त होता है। 'किंवा' में 'किम्' प्रश्नवाचक है और प्रश्न का संबंध अनिश्चय या संशय से होता है। यदि वक्ता को ज्ञात है कि मोहन काशी जा रहा है, सोहन नहीं, तो उसका यह कहना सही नहीं है, 'मोहन या सोहन काशी जा रहे हैं।' यह श्रोता को भ्रमित करना है, एक हद तक धोखा देना है। इसी तरह यदि वक्ता को ज्ञात है कि यह दवा लखनऊ और कानपुर दोनों शहरों में मिल सकती है तो उसका 'लखनऊ या कानपुर' कहना भ्रामक है, श्रोता को गुमराह करना है। दूसरी तरफ़ तर्कशास्त्र में 'पानी बरस रहा है या पानी नहीं बरस रहा है' जैसे निरर्थक वाक्यों को भी स्थान दिया जाता है। यह वाक्य लोक में निरर्थक इसलिए है कि इसमें कोई नयी बात नहीं कही जा रही है, दो में से एक स्थिति तो होगी ही होगी।

आरंभ में यह कहा गया कि 'या' से जुड़नेवाले उपवाक्य तुल्यबल यानी समानाधिकरण होते हैं। समानाधिकरण होने से वे क्रम की दृष्टि से स्वतंत्र होते हैं। उनमें किसी को भी आगे–पीछे किया जा सकता है और इससे कोई अर्थक्षति नहीं होती। किंतु ऐसे प्रयोग भी मिलते हैं जिनमें 'या' से जुड़नेवाले उपवाक्य सचमुच समानाधिकरण नहीं होते, और न क्रम की दृष्टि से स्वतंत्र होते हैं। क्रम बदलने पर अभिप्रेत अर्थ चला जाता है। उपवाक्य समानाधिकरण न होने से इस प्रकार के संयुक्त वाक्यों का सहज ही मिश्रवाक्य में रूपांतरण किया जा सकता है। मिश्र वाक्य की तरह इन संयुक्त वाक्यों में भी उपवाक्यों की संख्या दो तक सीमित रहती है, जिनमें एक मुख्य के रूप में होता है और दूसरा गौण के रूप में। उदाहरण के लिए–

(28). भागो या तुम्हारे टीचर को बुलाऊँ?

(29). इस बार तुम पास होओगे या तुम्हारी नौकरी चली जाएगी।

वाक्य (28) का रूपांतरण इन वाक्यों में किया जा सकता है–

(30). भागो **नहीं तो** तुम्हारे टीचर को बुलाऊँगा।

(31). **यदि** नहीं भागोगे **तो** तुम्हारे टीचर को बुलाऊँगा।

वाक्य (29) का रूपांतरण–

(32). यदि इस बार तुम पास नहीं हुए तो तुम्हारी नौकरी चली जाएगी।

'या' से जुड़नेवाले वाक्य सदा कथन वाक्य नहीं होते। प्रश्न और आज्ञा के वाक्य भी जुड़ते हैं–

(33). तुम छह बजे आओ या यह जल्दी है?

(34). तुम्हारा नाम क्या है? या रहने दो।

(35). जाओ या यहाँ बैठो। इत्यादि।

इन वाक्यों में उपवाक्य क्रम की दृष्टि से बँधे हुए हैं।

5.4.1. 'और' तथा 'या' का संबंध

'और' से जुड़े दोनों वाक्य सत्य होते हैं। 'या' से जुड़े वाक्यों में कम से कम एक वाक्य सत्य होता है या दोनों वाक्य सत्य होते हैं, उदाहरणार्थ–

(1). मोहन घर जाएगा और सोहन घर जाएगा।

(2). मोहन घर जाएगा या सोहन घर जाएगा।

पहले वाक्य का अर्थ है, मोहन और सोहन दोनों घर जाएँगे। यदि इनमें से एक या दोनों घर नहीं जाते तो वाक्य (1) मिथ्या है। वाक्य (2) का अर्थ है, मोहन और सोहन में से कम से कम एक तो घर जाएगा, हो सकता है, दोनों घर जाएँ। यदि मोहन और सोहन में से कोई घर नहीं जाता तो वाक्य (2) मिथ्या है। इस बात को स्पष्टता से देखने के लिए निम्न तालिकाओं पर दृष्टि डालें। पहले वाक्य के लिए 'क' तथा दूसरे वाक्य के लिए 'ख' वर्णों का प्रयोग किया गया है–

	क	**और**	ख
(1)	सत्य	सत्य	सत्य
(2)	सत्य	मिथ्या	मिथ्या
(3)	मिथ्या	मिथ्या	सत्य
(4)	मिथ्या	मिथ्या	मिथ्या

तालिका–1

वाक्य (1) का सत्यता मान (truth value) **और** के नीचे दिया गया है। केवल पहली पंक्ति में 'और' के नीचे 'सत्य' है, अन्य पंक्तियों में 'मिथ्या' है। अर्थात् 'और' से जुड़े दोनों वाक्यों के सत्य होने पर ही वाक्य (1) सत्य है।

	क	**या**	ख
(1)	सत्य	सत्य	सत्य
(2)	सत्य	सत्य	मिथ्या
(3)	मिथ्या	सत्य	सत्य
(4)	मिथ्या	मिथ्या	मिथ्या

तालिका–2

वाक्य (2) का सत्यता मान **या** के नीचे दिया हुआ है। केवल चौथी पंक्ति में 'या' के नीचे 'मिथ्या' है, अन्य तीन पंक्तियों में सत्य है। अर्थात् 'या' से जुड़े दोनों वाक्यों के मिथ्या होने पर ही वाक्य (2) मिथ्या है। 'और' तथा 'या' के संबंध को स्पष्टता से देखने में उपुर्यक्त तालिकाएँ सहायक होंगी।

तालिका को देखने से स्पष्ट है कि यदि वाक्य (1) सत्य होगा तो वाक्य (2) भी सत्य होगा, (क और ख implyies क या ख)। दोनों तालिकाओं में पहली पंक्ति में **और** तथा **या** के नीचे 'सत्य' लिखा हुआ है। किंतु इसका विपरीत सही नहीं है। वाक्य (2) के सत्य होने पर यह आवश्यक नहीं है कि वाक्य (1) भी सत्य हो। दूसरी तथा तीसरी पंक्ति में **या** के नीचे 'सत्य' है जबकि **और** के नीचे मिथ्या है;

(क या ख does not imply क और ख)। यह भेद महत्वपूर्ण है।

'या' से बने वाक्य की सत्यता के लिए 'और' से बने वाक्य की सत्यता पर्याप्त है। इस दृष्टि से 'या' की तुलना में 'और' बलवान है। इसलिए जहाँ 'या' से जुड़े सभी विकल्पों को स्वीकार या प्रतिपादित करने की बात हो वहाँ 'या' की अपेक्षा 'और' का प्रयोग करना उपयुक्त होता है। यही कारण है कि लोक व्यवहार में 'या' का प्रयोग सामान्य रूप से व्यावर्तक (exclusive) होता है। उदाहरण के लिए–

(3). मैं मोहन या सोहन को बुलाऊँगा।

इस वाक्य का पहला अर्थ यही है कि दोनों में से किसी एक को मैं बुलाऊँगा। यदि मन में दोनों को बुलाने का भी विकल्प होगा तो इस तीसरे विकल्प का अलग से उल्लेख करना उचित होगा–

(4). मैं मोहन या सोहन को बुलाऊँगा, (या) हो सकता है, दोनों को बुलाऊँ।

'और' से जुड़े सभी वाक्य सत्य होते हैं, इसलिए सबका ग्रहण होता है, दूसरी ओर 'या' से जुड़े सभी वाक्य सामान्य रूप से सत्य नहीं होते। इसलिए 'और' से जुड़े घटकों के बाद 'सब' का प्रयोग हो सकता है, 'कोई' का नहीं और 'या' से जुड़े घटकों के बाद 'कोई' का प्रयोग हो सकता है, 'सब' का नहीं, जैसे–

(5). मोहन और सोहन और सुरेश (**सब / *कोई**) चले जाएँगे।

(6). मोहन या सोहन या सुरेश (**कोई / ??सब**) चला जाएगा।

वाक्य (6) में यदि सबका विकल्प रखना है तो उसे अलग से जोड़ा जाएगा–

(7). मोहन या सोहन या सुरेश या सब चले जाएँगे।

वाक्य (3) से (7) तक के वाक्यों में 'और' या 'या' से जुड़े घटक पद हैं। वस्तुतः ये सभी वाक्य 'और' या 'या' से जुड़े वाक्यों के ही लघूकृत रूप हैं। सुविधा के लिए वाक्यों या उपवाक्यों के बदले पदों के संयोजनवाले वाक्य लिए गए हैं। इससे नतीजों में कोई फ़र्क नहीं पड़ता। आगे भी पदों के संयोजनवाले वाक्यों को लिया गया है।

इस वाक्य पर विचार करें–

(8). मोहन और सोहन घर जाएँगे।

इस वाक्य का केवल एक अर्थ है, मोहन और सोहन दोनों जाएँगे। यह वाक्य देखिए–

(9). मोहन और सोहन घर नहीं जाएँगे।

इस वाक्य के तीन अर्थ हैं–

क. केवल मोहन घर जाएगा, सोहन नहीं।

ख. मोहन घर नहीं जाएगा; केवल सोहन जाएगा।

ग. न मोहन घर जाएगा न सोहन घर जाएगा। (कोई नहीं जाएगा)

वाक्य (9) के तीन अर्थों को और स्पष्टता से देखने के लिए इसे इस रूप में रखा जा सकता है–

(10). मोहन और सोहन **दोनों** घर नहीं जाएँगे।

वाक्य (9) के तीनों अर्थ इस वाक्य के भी हैं। वाक्य (9) और (10) से स्पष्ट है कि 'और' से बने संयुक्त रचना का निषेध करने पर कम से कम एक अथवा दोनों घटकों का निषेध होता है।

वाक्य (8) स्वीकारात्मक वाक्य है और वाक्य (9) उसका निषेधात्मक रूप है। किंतु क्या सचमुच वाक्य (8) का निषेध वाक्य (9) है? वाक्य (8) का अर्थ है कि सब जाएँगे और 'सब' का निषेध 'कोई नहीं' है। किंतु 'कोई नहीं' वाक्य (9) के तीन अर्थों में से केवल एक अर्थ है, (वाक्य–ग), 'कोई नहीं जाएगा, न मोहन न सोहन'। वाक्य (8) का वास्तविक निषेध वाक्य (11) है–

(11). मोहन या सोहन घर नहीं जाएँगे।

वाक्य (11) वस्तुतः संयोजक (conjunctive) वाक्य है और निषेधात्मक है–

(12). न मोहन घर जाएगा (और) न सोहन घर जाएगा।

इस वाक्य का अर्थ है, कोई घर नहीं जाएगा। तालिका–1 और तालिका–2 पर दृष्टिपात करें, पहली पंक्ति का ठीक उलटा चौथी पंक्ति है। पहली पंक्ति में तीनों स्थान पर 'सत्य' है और चौथी पंक्ति में तीनों स्थान पर 'मिथ्या' है।

निम्नलिखित वाक्य पर विचार करें–

(13). मोहन या सोहन घर जाएँगे।

इस वाक्य में अभ्यावर्तक (inclusive) 'या' का प्रयोग मानने पर वाक्य के तीन अर्थ हैं–

क. मोहन घर जाएगा। या

ख. सोहन घर जाएगा। या

ग. दोनों घर जाएँगे।

वाक्य (13) से स्पष्ट है कि 'या' से बने स्वीकारात्मक संयुक्त रचना में कम से कम एक या दोनों घटक सत्य होते हैं।

वाक्य (13) के तीनों अर्थों का मिलान वाक्य (9) के तीनों अर्थों से कीजिए। वाक्य (13) स्वीकारात्मक वाक्य है और वाक्य (9) निषेधात्मक वाक्य है। वाक्य (13) वियोजक (disjunctive) वाक्य है और वाक्य (9) संयोजक (conjunctive) वाक्य है। यहाँ यह भी देखें कि वाक्य (8) का वास्तविक निषेध वाक्य (11) है तथा वाक्य (13) का वास्तविक निषेध वाक्य (9) है। इन उदाहरणों से 'और' तथा 'या' के परस्पर संबंधों पर प्रकाश पड़ता है। तर्कशास्त्र में भी 'या' तथा 'और' का द्वैत संबंध स्वीकार किया गया है। निम्नलिखित दोनों नियम अंग्रेज गणितज्ञ और तर्कशास्त्री De Morgan के नाम से प्रसिद्ध हैं–

$(p.q) \equiv \sim(\sim pV\sim q)$

$(pVq) \equiv \sim(\sim p\cdot\sim q)$

किंतु यह ध्यान रखना चाहिए कि तर्कशास्त्र को ज्यों–का त्यों लोक व्यवहार में या सहज (natural) भाषा में नहीं उतारा जा सकता।

ऊपर यह कहा गया कि वियोजक (disjunctive) वाक्य में 'नहीं' का प्रयोग होने पर एक साथ सभी विकल्पों का निषेध होता है और वाक्य का बल संयोजक (conjunctive) 'न...न' में बदल जाता है, देखिए (11) और (12)। यदि वाक्य में एक से अधिक पदबंधों में 'या' का प्रयोग हो और वाक्य में 'नहीं' का प्रयोग हो तो सभी 'या' 'नहीं' के प्रभाव में दिखायी देते हैं; उदाहरणार्थ–

(14). वह अपने **या** पराये के साथ ममता **या** द्वेष **नहीं** रखता।

इस वाक्य का अर्थ होगा, 'वह न अपने साथ न पराये के साथ न ममता रखता है न द्वेष रखता है।

यदि मुख्य उपवाक्य निषेधात्मक है और 'या' से जुड़े गौण उपवाक्य उस निषेध के प्रभाव में हों तो दोनों का निषेध प्राप्त होता है, जैसे–

(15). हमने तो कभी देखा **नहीं** कि बुलबुल गुलाब की झाड़ी पर बैठे **या कि** गुलाव के काँटे पर बैठकर उसे अपने दिल में चुभाकर विरह में प्राण दे दे।

उक्त वाक्य में दोनों गौण उपवाक्यों का निषेध प्राप्त है। गौण उपवाक्यों में प्रयुक्त क्रियाएँ मुख्य उपवाक्य के 'नहीं' के प्रभाव के कारण इच्छार्थक वृत्ति में हैं।

जहाँ वाक्य में स्पष्ट रूप से निषेधात्मक 'नहीं' का प्रयोग होता है वहाँ तो 'या' से जुड़े सभी विकल्पों का निषेध होता ही है, जहाँ वाक्य में नकारात्मक रंग के शब्दों का प्रयोग हो वहाँ भी सभी विकल्पों का निषेध प्राप्त होता है, जैसे–

(16). मोहन या सुरेश का यहाँ आना **प्रतिबंधित** है।

(17). कालपोल या एस्प्रीन इस बाजार में **दुर्लभ** हैं।

(18). **कहीं** उषा या प्रीति यहाँ न आ जाएँ।

उपर्युक्त सभी वाक्यों में दोनों विकल्पों का निषेध है। वाक्य (18) में डर व्यक्त किया गया है, जो नकारात्मक भाव है। तुलना में भी दोनों विकल्पों का समवेत ग्रहण होता है, जैसे–

(19). वह पढ़ने में मोहन या सुरेश से तेज़ है।

इस वाक्य का पहला अर्थ यही है कि वह दोनों से तेज़ है।

'नहीं' का प्रयोग होने पर व्यावर्तक 'या' के भी सभी विकल्पों का निषेध होता है–

(20). वह जापानी या चीनी है। (कोई एक)

(21). वह जापानी या चीनी नहीं है। (न जापानी न चीनी)

5.4.2. अभ्यावर्तक तथा व्यावर्तक 'या'

इस अनुच्छेद में मुख्य रूप से व्यावर्तक 'या' का वर्णन किया जाएगा। पिछले अनुच्छेद में 'और' से 'या' का संबंध दिखलाते हुए अभ्यावर्तक 'या' को विशेष रूप से ध्यान में रखा गया था। अभ्यावर्तक 'या' से जुड़े विकल्पों में कम से कम एक सत्य होता है या दोनों/सभी सत्य होते हैं और व्यावर्तक 'या' से जुड़े विकल्पों में केवल एक सत्य होता है, दोनों सत्य नहीं होते, उदाहरणार्थ–

(1). परिश्रम से आदमी धनवान बनता है या भाग्य से धनवान बनता है।

इस वाक्य में 'या' की व्याख्या सहज रूप में अभ्यावर्तक के रूप में की जा सकती है। धनवान बनने के लिए किसी एक का होना ही पर्याप्त है, किंतु अगर परिश्रम और भाग्य दोनों मिल जाएँ तो बात ही क्या है?

(2). यह सोना है या पीतल है।

इस वाक्य में व्यावर्तक 'या' का प्रयोग हुआ है। एक ही विकल्प सत्य हो सकता है, दोनों नहीं।

'या' चाहे अभ्यावर्तक हो चाहे व्यावर्तक, दोनों को समानाधिकरण का दर्जा प्राप्त है। वाक्य (1) और (2) में सभी उपवाक्य स्वतंत्र और तुल्यबल हैं। उपवाक्यों में क्रम परिवर्तन बिना अर्थ परिवर्तन के सहजता से किया जा सकता है–

(3). भाग्य से आदमी धनवान बनता है या परिश्रम से धनवान बनता है।

(4). यह पीतल है या सोना है।

जहाँ हम वस्तुओं का वर्गीकरण करते हैं वहाँ व्यावर्तक 'या' को सहजता से प्रयोग में आने का अवकाश मिलता है। वस्तुओं के समुच्चय को उपसमुच्चयों में विभाजित करते हैं। सभी उपसमुच्चय मिलकर समुच्चय को पूर्ण या निःशेष बनाते हैं। इसके अलावा उपसमुच्चय परस्पर विरोधी भी होते हैं। जगत के पदार्थों का समुच्चय दो उपसमुच्चयों में विभाजित है; जड़ **या** चेतन, रेखाएँ दो उपसमुच्चयों में विभाजित हैं, सीधी **या** टेढ़ी। जड़ या चेतन से भिन्न कोई तीसरी श्रेणी नहीं है, जगत के पदार्थों की। जो जड़ है वह चेतन नहीं, जो चेतन है वह जड़ नहीं। दोनों उदाहरणों में व्यावर्तक 'या' का प्रयोग हुआ है।

जिस प्रकार 'और' से जुड़नेवाले उपवाक्य सदा तुल्यबल नहीं होते उसी प्रकार 'या' से जुड़नेवाले उपवाक्य भी सदा तुल्यबल नहीं होते। इस वाक्यों पर विचार करें–

(5). भागो या मारूँ?

(6). या तो तुम पढ़ोगे या मेरे हाथों पिटोगे।

(7). इस बार तुम पास हो जाओ या तुम्हारी नौकरी जाएगी।

(8). तुम मुझे पैसे दोगे या मैं जाऊँ?

इन वाक्यों में प्रयुक्त उपवाक्य तुल्यबल नहीं हैं। स्वतंत्र उपवाक्यों की तरह न ये स्वतंत्र क्रमवाले हैं। इनका क्रम बदलने से अर्थ का अनर्थ हो जाएगा–

(9). *मारूँ या भागो।

(10). *या तो तुम मेरे हाथों पिटोगे या तुम पढ़ोगे।

इत्यादि।

दूसरी ध्यान देने की बात यह है कि सभी वाक्य अधिकतम दो उपवाक्योंवाले हैं। यदि ये उपवाक्य सचमुच समानाधिकरण होते तो इनकी संख्या बढ़ायी जा सकती थी। 'और' या 'या' से जुड़नेवाले समानबल उपवाक्यों की सीमा नहीं होती, दो, तीन, चार–, उनकी मनचाही संख्या रखी जा सकती है, 'मोहन घर गया और सोहन घर गया और सुरेश घर गया... इत्यादि।

(5) से (8) तक के वाक्यों में प्रयुक्त उपवाक्यों का क्रम की दृष्टि से स्वतंत्र न होना और इनकी अधिकतम सीमा दो होना, ये दोनों विशेषताएँ इन्हें मिश्र वाक्य

के निकट ला देती हैं। सच है, इन सभी वाक्यों का रूपांतरण सहजता से मिश्र वाक्यों में किया जा सकता है–

(11). यदि नहीं भागोगे तो मारूँगा।

(12). यदि तुम नहीं पढ़ोगे तो मेरे हाथों पिटोगे।

इत्यादि।

यह ध्यान देने योग्य है कि (5) से (8) तक के सभी वाक्यों में व्यावर्तक 'या' का प्रयोग हुआ है। जिन दो विकल्पों का उल्लेख है उनमें से केवल एक विकल्प ही सत्य हो सकता है, दोनों नहीं। आगे इसी तरह के वाक्यों का वर्णन किया जाएगा और इन वाक्यों में प्रयुक्त 'या' को व्यधिकरण संयोजकों के साथ रख कर देखा जाएगा।

नहीं तो

(13). पानी बरसेगा या फसल सूख जाएगी।

यदि उपर्युक्त वाक्य में पहला उपवाक्य मिथ्या है तो 'या' के स्थान पर 'नहीं तो' का प्रयोग किया जा सकता है–

(14). पानी बरसेगा **नहीं तो** फसल सूख जाएगी।

वाक्य (14) को इस रूप में भी रखा जा सकता है–

(15). यदि पानी **नहीं** बरसेगा तो फसल सूख जाएगी।

यदि वाक्य (13) में दूसरा उपवाक्य मिथ्या हुआ तो वाक्य को यह रूप दिया जा सकता है–

(16). यदि पानी बरसेगा तो फसल **नहीं** सूखेगी।

वाक्य (15) में यदि–उपवाक्य में 'नहीं' का प्रयोग हुआ है और वाक्य (16) में तो–उपवाक्य में 'नहीं' का प्रयोग हुआ है।

दूसरा उदाहरण–

(17). यह सोना है या पीतल है।

इस वाक्य को भी निम्नलिखित वाक्यों में रूपांतरित किया जा सकता है–

(18). क. यह सोना है **नहीं तो** पीतल है।

ख. यदि यह सोना **नहीं** है तो पीतल है।

ग. यदि यह सोना है तो पीतल **नहीं** है।

न कि

यदि यह निश्चय है कि 'यह सोना है' तो हम निश्चयपूर्वक कह सकते हैं कि 'यह पीतल नहीं है।' इस अर्थ को हम इस रूप में व्यक्त कर सकते हैं–

(19). यह सोना है **न कि** पीतल है।

'नहीं तो' तथा 'न कि' में भेद है। पहला भेद यह है कि 'नहीं तो' का प्रयोग पूर्व उपवाक्य के मिथ्या होने की स्थिति में किया जाता है जबकि 'न कि' का

प्रयोग पर–उपवाक्य के मिथ्या होने की स्थिति में किया जाता है। दोनों उपवाक्यों में एक ही सत्य होगा, वाक्य (17) में व्यावर्तक 'या' का प्रयोग हुआ है। 'नहीं तो' तथा 'न कि' में दूसरा महत्वपूर्ण भेद यह है कि 'नहीं तो' का प्रयोग अनिश्चय की स्थिति में होता है, उसमें 'यदि–तो' का भाव निहित है जबकि 'न कि' का प्रयोग निश्चय की स्थिति में होता है। 'यदि–तो' की भाँति 'नहीं तो' में भी निहितार्थ (implication) का भाव होता है, जैसे, 'यह सोना नहीं है', इसका मतलब है कि 'यह पीतल है।'

'नही तो' मिश्र वाक्य की विशेषता रखता है और 'न कि' संयुक्त (compound) वाक्य की विशेषता रखता है। इसका संकेत लोप की प्रक्रिया से मिलता है।

(20). यह सोना है न कि पीतल ϕ।

(21). ?? यह सोना है नहीं तो पीतल ϕ।

वाक्य (21) में दूसरे उपवाक्य में 'है' का लोप खटकता है।

यदि यह निश्चय है कि वाक्य (17) में पहला विकल्प मिथ्या है तो यह भी निश्चय है कि दूसरा विकल्प सत्य है। इस स्थिति में 'या' की जगह 'बल्कि' का प्रयोग किया जा सकता है–

(22). यह सोना नहीं है, **बल्कि** पीतल है।

'बल्कि' भी 'न कि' की तरह निश्चयात्मक है।

कभी–कभी 'नहीं तो' के साथ 'या' का भी प्रयोग मिलता है–

(23). चाय लाओ **या नहीं तो** काफ़ी लाओ।

(24). परिश्रम करो **या नहीं तो** दरिद्र बने रहो।

कभी उसी वाक्य के स्वीकारात्मक तथा निषेधात्मक रूपों को 'या' से जोड़ते हैं, जिनमें एक सत्य होगा तो दूसरा मिथ्या, जैसे–

(25). वह आएगा या नहीं आएगा।

तात्पर्य है कि उसके आने न आने से कोई फ़र्क नहीं पड़ता, हर हाल में जो होना है वह होगा। 'या' के स्थान पर 'नहीं तो' को रखने से बलात्मक निषेध का अर्थ निकलता है–

(26). वह आएगा नहीं तो नहीं आएगा।

इस वाक्य का अर्थ है कि यदि वह नहीं आता तो न आए, कुछ नहीं बिगड़ता। वाक्य (26) वाक्य (27) के रूप में–

(27). यदि वह नहीं आएगा तो नहीं आएगा।

यह ध्यातव्य है कि 'या' तथा 'नहीं तो' की पर्यायता सर्वत्र नहीं मिलेगी–

(28). खुदा हमसे नज़रें कबूल तो करता है, लेकिन यह सिर्फ़ उसकी मेहरबानी है **नहीं तो / *या** वह किसी चीज़ का मुहताज नहीं है।

'नहीं तो' के बदले कभी–कभी केवल 'नहीं' का प्रयोग होता है–

(29). मिला तो मिला **नहीं** लौट आऊँगा।

व्यावर्तक 'या' में भी एक समय में दो से अधिक विकल्प हो सकते हैं, किंतु उनमें केवल एक ही सत्य होता है। उदाहरण के लिए–

(30). मोहन या सोहन या रमेश को भेजो। (तीनों में से एक को)

'नहीं तो' का प्रयोग करते हुए इस वाक्य को बदल सकते हैं–

(31). मोहन, नहीं तो सोहन, नहीं तो रमेश को भेजो (किसी एक को)

'नहीं तो' के अर्थ में 'वर्ना' और 'अन्यथा' का भी प्रयोग मिलता है–

(32). बाहर जाओ **नहीं तो / वर्ना / अन्यथा** पीट दूँगा।

हूपर महोदय ने 'वर्ना' का विश्लेषण इस रूप में किया है–

व (and) + अर (if) + ना (not) = वर्ना

यह ध्यान देने योग्य है कि 'वर्ना' का प्रयोग प्रायः धमकी या चेतावनी के प्रसंग में किया जाता है–

(33). यह सोना है **नहीं तो / ??वर्ना** पीतल है।

या फिर

'या' के बाद 'फिर' रखने से भी व्यावर्तक का अर्थ निकलता है और इस तरह 'या फिर' 'नहीं तो' के समतुल्य है।

उदाहरण–

(34). जाओ **या / या फिर** आराम करो।

(35). हमें नदी शीघ्र पार करनी होगी **या / या फिर** जीत की आशा छोड़ देनी है।

(36). दो दिन और रुको **या / या फिर** त्यागपत्र देकर जाओ।

(37). इस कारण ज्यादातर लोग कँपकँपा देनेवाली ठंड से बचने के लिए अलावों, अंगीठियों, हीटरों के सामने बैठे हुए थे **या फिर** कंबल या रजाइयों में दुबके पड़े थे।

'नहीं तो / या फिर' के अर्थ में **'फिर तो'** का प्रयोग–

(38). वैशेषिक जाति में जाति की सत्ता नहीं मानते **फिर तो** अनवस्था दोष उत्पन्न होने लगेगा।

'या' तथा 'या फिर' के स्थान पर 'नहीं तो' को हमेशा नहीं रख सकते–

(39). साँप का मंत्र जानते हो **या / या फिर** / ??**नहीं तो** वैसे ही बिल में हाथ डाल रहे हो?

पर/किंतु

व्यावर्तक 'या' के स्थान पर कभी 'पर' का प्रयोग मिलता है, उदाहरणार्थ–

(40). यह फ्रेम बाजार में बना–बनाया मिलता है **या/पर** आप इसे स्वयं भी आर्डर देकर बनवा सकते हैं।

(41). घटना स्थल देखकर ऐसा लगता है कि हत्या लूट के उद्देश्य से की गयी है **पर/या** यह पुलिस को गुमराह करने के लिए भी किया गया हो सकता है।

5.4.3. 'या' के अन्य पर्याय

या...या

'या' का प्रयोग युग्म के रूप में भी होता है, 'या...या'।

पहला 'या' वाक्य के आरंभ में आता है और दूसरा 'या' बाद के घटक वाक्यों के पूर्व आता है–

(1). या मोहन जाएगा या सोहन जाएगा या रमेश जाएगा...

प्रायः पहले 'या' के साथ 'तो' जोड़ देते हैं–

(2). या तो मोहन जाएगा या सोहन जाएगा।

बाद के 'या' के साथ भी विकल्प से 'तो' जोड़ा जा सकता है, 'या तो मोहन या तो सोहन जाएगा' इत्यादि।

'या' की तुलना में 'या...या' में व्यावर्तन का बल अधिक होता है। 'या...या' के कुछ उदाहरण नीचे दिये जा रहे हैं–

(3). **या तो** वह काम पूरा कर दे **या** सारे पैसे लौटा दे।

(4). **या तो** तुम यहाँ से हटोगे **या** मेरे हाथों पिटोगे।

(5). भारतवर्ष की सभी भाषाएँ **या तो** प्रत्यक्ष रूप से **और या** अप्रत्यक्ष रूप से संस्कृत से निकली हैं।

कभी–कभी 'या तो...या' से तीसरे पक्ष का व्यावर्तन होता है, दिये हुए विकल्पों में से किसी का नहीं–

(6). यह बात या तो तुम जानते हो या मैं। (तीसरा कोई नहीं)

प्रश्न में एकल 'या' का प्रयोग ही उपयुक्त होता है, 'या...' का नहीं–

(7). क. मोहन जाएगा या सुरेश जाएगा?

ख. ??या मोहन जाएगा या सुरेश जाएगा?

अनुमान में 'या' का प्रयोग करते हैं और निश्चय में 'या...या' का प्रयोग करते हैं–

(8). क. वहाँ बीस या पच्चीस आदमी आएँगे। (अनुमान)

ख. वहाँ या बीस या पच्चीस आदमी आएँगे। (निश्चय)

वाक्य (8–ख) में 'या...या' में व्यावर्तन का बल स्पष्ट दिखायी दे रहा है।

कि / या

'या' की भाँति 'कि' भी विकल्पसूचक है। इसका संबंध संस्कृत के प्रश्नवाचक 'किम्' से जुड़ता है। प्रश्न में भी विकल्प होता है। संस्कृत में 'किंवा' विकल्पसूचक है। हिंदी में 'कि' का प्रयोग प्रायः विकल्पक (alternative) प्रश्न में होता है, उदाहरणार्थ–

(9). वह घर जाएगा **या / कि** नहीं?

(10). वह घर जाएगा **या / कि** स्कूल?

किंतु अप्रश्न वाक्यों में भी इसका प्रयोग मिलता है, प्रायः पहले की हिंदी में। कुछ उदाहरण इस प्रकार हैं–

(11). **की** तज मान अनुज इव प्रभु पद पंकज भृंग।
होहि **कि** राम सरानल खल कुल सहित पतंग।।

।56। सुंदरकाण्ड।

(12). वे निकट चले आये और देखकर जी में कहा कि हो–न–हो यह अहल्या है **कि** द्रौपदी **कि** इंद्र की अप्सरा तिलोत्तमा कहीं से भूल पड़ी।

–नासिकेतोपाख्यान

(13). इनकौं ब्रजहीं क्यौं न बुलावहु।
की वृषभानपुरा, **की** गोकुल निकटहिं आनि बसावहु।

आज की हिंदी में भी अप्रश्न में 'कि' का प्रयोग है–

(14). इलाज करनेवाले डॉक्टर हों, **कि** मिलनेवाले परिचित, मित्र **या** रिश्तेदार, फर्नांडी सबसे एक ही मिन्नत करतीं।

(15). पता नहीं, वह आएगा **या / कि** नहीं।

'कि' का प्रयोग उपवाक्य स्तर पर होता है, पदबंध स्तर पर उसका प्रयोग संदेहास्पद है,

(16). उसे भूतप्रेतों **या / ??कि** चुड़ैलों का भय नहीं है।

(17). मोहन **या / ??कि** सोहन आएँगे।

(18). मोहन **या / कि** सोहन, कौन आ रहा है?

वाक्य (18) में 'कि' का प्रयोग सही है।

या कि

'या' और 'कि' दोनों का एक साथ प्रयोग भी होता है।

उदाहरण के लिए–

(19). स्पष्ट ही मानव जीवन और यथार्थ का यह सर्वथा अतिरंजित **या कि** विकृत रूप है।

(20). यह मोहन है **या कि** कोई और है?

(21). योगीजन ही जानते, **या कि** जानते संत।
नित्य एक प्रभु प्रेम है, जिसका आदि न अंत।।

'या' की भाँति 'वा' तथा 'अथवा' भी विकल्पसूचक हैं–

(22). उसका मुख चंद्रमा **वा** कमल है।

(23). तुम मेरे साथ चलोगे **अथवा** यहीं रुकोगे?

'या–या' की तरह 'क्या–क्या' का प्रयोग देखिए–

(24) **क्या/या** राजा, **क्या/या** रंक, मेरे लिए दोनों बराबर हैं।

5.4.4. चाहे–चाहे, भले

'या' की भाँति 'चाहे' भी विकल्पार्थक है। प्रयोग में इसकी आवृत्ति होती है। दूसरी बार 'चाहे' के स्थान पर 'या' का प्रयोग किया जा सकता है–

(1). **चाहे** वह बीमार हो **चाहे/या** बीमार न हो, उसे आना होगा।

विकल्पों की संख्या बढ़ायी जा सकती है–

(2). **चाहे** वह बीमार हो, **चाहे** उसके यहाँ मेहमान आये हों, **चाहे** उसके पास छुट्टी न हो, **चाहे** जो हो, उसे आना होगा।

अर्थात् हर स्थिति में उसे आना है।

'चाहे' की तरह 'भले' भी विकल्पार्थक है। किंतु दोनों में अंतर यह दिखायी देता है कि 'चाहे' में अनिश्चय का भाव अधिक होता है किंतु 'भले' में निश्चय का भाव अधिक होता है। 'भले' का प्रयोग तब करते हैं जब पहला विकल्प लगभग निश्चित या पूर्ण निश्चित होता है। इसलिए 'भले' के साथ प्रयुक्त उपवाक्य में निश्चयार्थक क्रिया का भी प्रयोग हो सकता है–

(3). **भले** वह बीमार **हो/है**, उसे आना होगा।

यह ध्यान देने योग्य है कि 'चाहे' की तरह 'भले' की आवृत्ति नहीं होती। यदि दूसरे विकल्प का उल्लेख करना है तो 'या' का प्रयोग करते हैं–

(4). **भले वह** बीमार हो **या** स्वस्थ हो, उसे आना होगा।

5.4.5. लोप

इस अनुच्छेद के साथ अनुच्छेद 5.3.5.0 भी देखें, जिसमें 'और' के प्रसंग में लोप का वर्णन किया गया है। 'और' की भाँति 'या' के भी घटक उपवाक्य तुल्यबल और स्वतंत्र होते हैं। दोनों के साथ लोप की परिस्थितियाँ भी समान हैं। संयुक्त वाक्य के उपवाक्यों में संयोग संबंध होता है। सभी उपवाक्य एक साथ भी रह सकते हैं और दूसरे से स्वतंत्र स्वयं अकेले भी व्यवहार में आ सकते हैं।

संयुक्त वाक्य में समान घटकों की यदि आवृत्ति हो रही हो तो सामान्य रूप से परवर्ती समान घटक को छोड़ देते हैं, क्योंकि पूववर्ती विद्यमान घटक के बल पर उसका अध्याहार किया जा सकता है, जिससे वाक्य के अर्थबोध में कोई बाधा नहीं पड़ती। उदाहरण के लिए–

(1). मोहन **घर जाएगा** या सोहन **घर जाएगा**।

उपर्युक्त वाक्य में 'घर' तथा 'जाएगा' की आवृत्ति हो रही है। इन आवृत्त घटकों में से एक को या दोनों को छोड़ा जा सकता है क्योंकि अर्थबोध के लिए इन घटकों का सरलता से अध्याहार किया जा सकता है–

(2). मोहन घर जाएगा या सोहन ϕ जाएगा।

(3). मोहन घर जाएगा या सोहन ϕ ϕ।

यह ध्यान देने योग्य है कि यदि आवृत्त घटकों में एक का ही लोप करना है तो 'घर' का लोप करेंगे, 'जाएगा' का नहीं–

(4). ??मोहन घर जाएगा या सोहन घर ϕ।

कभी आवृत्त घटकों में पूर्ववर्ती घटक को छोड़ देते हैं और बाद के घटक के बल पर उसका अध्याहार कर लेते हैं–

(5). मोहन घर **जाएगा** या अपने भाई के साथ बाजार **जाएगा**।

उपर्युक्त वाक्य में पूर्वबर्ती आवृत्त घटक '**जाएगा**' का लोप हो सकता है–

(6). मोहन घर ϕ या अपने भाई के साथ बाजार जाएगा।

किंतु यह ध्यातव्य है कि पूर्ववर्ती आवृत्त घटक जिसका लोप हुआ है वह क्रिया पद है। पूर्वलोप के लिए प्रायः क्रियापद या विधेय अंश ही उपलब्ध होते हैं। वाक्य (5) तथा (6) में एक और स्थान पर लोप है। दोनों वाक्यों के परवर्ती उपवाक्य में 'मोहन' संज्ञापद का लोप है। वाक्य में पूर्ववर्ती संज्ञापद का लोप नहीं किया जाता–

(7). *ϕ घर जाएगा या **मोहन** अपने भाई के साथ बाजार जाएगा।

परवर्ती उपवाक्य में संज्ञापद के लोप के बदले उसका सर्वनामीकरण किया जा सकता है–

(8). **मोहन** घर जाएगा या **वह** अपने भाई के साथ बाजार जाएगा।

पदबंध स्तर पर पूर्ववर्ती संज्ञापद का लोप दिखायी देता है–

सफ़ेद ϕ या लाल फूल।

विकल्प से इसे विशेषणों का संयोग भी माना जा सकता है।

शब्द अनुक्रमणिका

आ

ऊ

ए

ऐ

औ

क

छ

ज

थ

द

न

प

फ

ब

भ

र

ल

व

श

स

ह

संदर्भ ग्रंथ

अन्नंभट्ट (1979)	**तर्क संग्रह,** चौखम्बा सुरभारती प्रकाश, वाराणसी
अय्यंगार, वि. कृष्णस्वामी (1981)	**पाणिनि व्याकरण प्रवेश,** आगरा
–(1986)	**कारक और विभक्ति,** हिंदी भाषा की रूप रचना–संपा. भोलानाथ तिवारी, दिल्ली
कर, चित्त रंजन (2006)	**हिंदी परसर्ग,** बी.आर. पब्लिशिंग कारपोरेशन, दिल्ली–110052
काचरू, यमुना (1980)	**हिंदी का समसामयिक व्याकरण,** द मैकमिलन कं. आफ़ इंडिया लि., दिल्ली
कालरा, सुधा (1971)	**हिंदी वाक्य विन्यास,** लोक भारती प्रकाशन, इलाहाबाद
कृष्णयज्व (1989)	**मीमांसा परिभाषा,** वाराणसेय संस्कृत संस्थान, जगतगंज, वाराणसी–2
केशव मिश्र (1976)	**तर्कभाषा,** साहित्य भंडार, सुभाष बाजार, मेरठ
कौण्डभट्ट (1985)	**वैयाकरण भूषणसार,** चौखंबा, ओरयन्टालिया, वाराणसी
गुरु, कामता प्रसाद (सं. 2035)	**हिंदी व्याकरण,** नागरी प्रचारिणी सभा, काशी
दीमशित्स, ज.म. (1983)	**हिंदी व्याकरण,** रादुगा प्रकाशन, मास्को
दुनीचंद (सं. 2007)	**हिंदी व्याकरण,** होश्यारपुर
द्विवेदी, कपिलदेव (1951)	**अर्थ विज्ञान और व्याकरण दर्शन,** हिंदुस्तानी एकेडमी, इलाहाबाद

द्विवेदी, रामदेव (1986) **हिंदी भाषानुशासन,** बिहार हिंदी ग्रंथ अकादमी, पटना

नागेश भट्ट (सं. 2041) **परमलघुमंजूषा,** कृष्णदास अकादमी, वाराणसी।

पाण्डेय, रामकमल (1982) **हिंदी संरचना का शैक्षिक स्वरूप,** विराट प्रकाशन, गोपीगंज, वाराणसी

बालचंद्रन, लक्ष्मीबाई (1973) **हिंदी कारक व्याकरण,** केंद्रीय हिंदी संस्थान, आगरा

बालमुकुन्द (1970) **हिंदी क्रियाः स्वरूप और विश्लेषण,** आनंद पुस्तक भवन, वाराणसी

भर्तृहरि (1990) **वाक्यपदीयम् (ब्रह्मकांड)** चौखंबा, वाराणसी संस्कृत संस्थान, वाराणसी

भाषा **हिंदी भाषाविज्ञान अंक** (1973)

केंद्रीय हिंदी निदेशालय, दिल्ली

मम्मट (सं. 2042) **काव्यप्रकाश,** ज्ञानमंडल लि., वाराणसी

मिश्र, आज़ाद (1989), **संस्कृत के प्रत्ययों का भाषावैज्ञानिक पर्यालोचन,** मधुकर प्रकाशन, गोमती नगर, लखनऊ

मीमांसादर्शनम्, **शाबरभाष्योपेतं** (1980)

चौखंबा सुरभारती प्रकाशन, चौखंबा, वाराणसी

यास्क (1972) **निरुक्त,** इण्डोलाजिकल बुक हाउस, देहली

लौगाक्षिभास्कर (1980) **अर्थ संग्रह,** साहित्य भंडार, मेरठ

वाजपेयी, किशोरीदास (सं. 2014) **हिंदी शब्दानुशासन,** नागरी प्रचारिणी सभा, काशी

विश्वनाथ (1961) **साहित्य दर्पण,** मोतीलाल बनारसी दास, बनारस

विश्वनाथ पंचानन भट्ट (1987) **'शब्दखण्डम्'** (न्याय सिद्धांत मुक्तावली) वाराणसेय संस्कृत संस्थान, वाराणसी–2

शर्मा, दीप्ति (1975) **व्याकरणिक कोटियों का विश्लेषणात्मक अध्ययन,** बिहार हिंदी ग्रंथ अकादमी, पटना

शर्मा, हरद्वारीलाल (1956) **विचारविज्ञान,** हिंदुस्तान एकेडेमी, इलाहाबाद

श्रीवास्तव, रवीन्द्रनाथ (1973) **काल और पक्ष,** 'भाषा' (हिंदी भाषा विज्ञान अंक) केंद्रीय हिंदी निदेशालय, दिल्ली

संपूर्णानंद (प्रधान संपादक) (सं. 2022 वि.) **हिंदी साहित्य का बृहत् इतिहास (द्वितीय भाग)** ना.प्र. सभा, काशी

सहाय, चतुर्भुज (1970) **हिंदी के अव्यय वाक्यांश,** केंद्रीय हिंदी संस्थान, आगरा

—(2004) **हिंदी के मूल वाक्य साँचे,** कुमार प्रकाशन, आगरा

—(2007) **हिंदी पदविज्ञान,** कुमार प्रकाशन, आगरा

—(2018) **हिंदी वाक्य विज्ञान (सरल वाक्य)** युक्ति प्रकाशन, ए–Z, न्यू इंडिया अपार्टमेंट्स, सेक्टर–9, रोहिणी, दिल्ली–110085

सहाय, सुधा (1996) **हिंदी में प्रयुक्त अव्यय का विश्लेषण**—कुमार प्रकाशन, 8/153/जे/2 न्यू लायर्स कॉलोनी, आगरा

सिंह, बलदेव (1969) **पदपदार्थ समीक्षा**—कुरुक्षेत्र, विश्वविद्यालय, कुरुक्षेत्र

सिंह, संकठा प्रसाद (1971) **आधुनिक तर्कशास्त्र की भूमिका,** बिहार हिंदी ग्रंथ अकादमी, पटना

सिंह, सूरजभान सिंह (1985) **हिंदी का वाक्यात्मक व्याकरण,** साहित्य सहकार, दिल्ली

Austin, J.L. (1962), **How to do things with words,** Harvard University Press

Basson, A.H., O' Connor D.J. (1981)
Introduction to Symbolic Logic, Oxford University Press, Calcutta

Bloomfield, L. (1933) **Language,** Newyork, Holt

Bolinger, D.L. (1968) **Aspects of Language,** Newyork Harcourt, Brace and world

Cole, Peter and Morgan, J.L. (eds) (1975),
Speech Acts : Syntax and semantics - 3, Newyork Academic Press

Comrie, B. (1989) **Language Universals and Linguistic** Typology, The University of Chicago Press

Copi, I.M. (2000) **Symbolic Logic,** Prentice-Hall of India Pvt. Ltd., New Delhi - 110 001

Fillmore, C.J. (1968) **The Case for Case,** Bach and Harms, 1-90

Firth, J.R. (1958) **Papers in Linguistics,** London, Oxford University Press

Haiman John, (1978) **Conditionals are Topics,** Language-54, 31-89

Halliday, M.A.K. (1967-68) **Notes on Transitivity and Theme in** English, Journal of Linguistics - 3, 4

–(1973) **Explorations in the Functions of Language,** London, Edward Arnold

Hans, Reichenbach (1947) **Elements of Symbolic Logic,** Dover Publications Inc. New York

Hjelmslev, Louis (1953) **Prolegomena To a Theory of Language,** Bloomington, Ind. Indiana University.

Hook, P.E. (1974) **The Compound verb in Hindi,** University of Michigan (U.S.A.)

–(1979) **Hindi Structures,** The University of Michigan, U.S.A.

Jesperson, otto (1924) **Philosophy of Grammar,** Allen & Ulwin, London

Kellogg, S.H. (1955) **A Grammar of Hindi Language,** London

Lakoff, George, (1970) **Irregularity in Syntax,** New York Holt.

Lamb, Sidney M. (1966) **Outline of Stratificational Grammar,** Washington, D.C. George Town Univeristy Press

Langacker, Ronald W. (1968) **Language and Its Nature,** Newyork Harcourt, Brace and World

Langendoen, D.T. (1969) **The Study of Syntax,** Holt, Rinehart and Winston, Inc.

Lees, Robert B. (1960) **The Grammar of English Nominalizations,** Indiana University Press

Lenneberg, Eric (1967) **Biological Foundations of Language,** Newyork : John Wiley

Lyons, John (1968), **Introduction to Theoretical Linguistics,** New york, Cambridge University Press

–(1981) **Language & Linguistics,** Cambridge University Press

Morris R. Lohen & Ernest Nagal (1989) **An Introduction to Logic,** Allied Publishers, Pvt. Ltd., A Mayapuri Phase II Delhi-110 064

Nelson Francis, W. (1953) **The Structure of American English,** The Ronald Press Company, Newyork

Olphen, H. Van (1970) **The structure of Hindi Verb phrase,** Austin, University of Texas

Paul Arthur Schilpp (Editer) (1971)
The Philosohy of Bertrand Russell, Srishtri publishers A-79 Chittaranjan Park, Delhi-110 019

Paul Kiparsky (1968), **Tense and mood in Indo-European Syntax,** Foundations of Language, 30-57

Quirk, Randolph, and other (1972)
A Grammar of Contemporay English, London, Longman

Rodney Huddleston & Pullam, G.K. (2002)
The Cambridge Grammar of the English Language, Cambridge University Press

Rosenbaum, Peter (1967), **The Grammar of English Predicate Complement Constructions,** M.I.T. Press

Russel, Bertrand (1916), **Introduction to Mathematical Philosophy,** London, George Allen and Unwin

Sassure, Ferdinand De (1960) **Course in General Linguistics,** London

Strawson, P.F. (1977) **Introduction to Logical Theory,** London, Methven & Co. Ltd.

Subbarao, K.V. (2012) **South Asian Languages- A Syntactic Typology,** Cambridge University Press

Tarski, Alfred (1940) **Introduction to logic,** Oxford University Press, New York

Wilfrid Hodges (1977) **Logic,** Penguin Books Ltd., Middlesex, England

Wolf, A. (1976) **Text Book of Logic,** Surjet Publications, Kamalanagar, Delhi-110 007

❑❑